HEYNE <

Armin Risi

Machtwechsel auf der Erde

Die Pläne der Mächtigen,
globale Entscheidungen
und die Wendezeit

WILHELM HEYNE VERLAG
MÜNCHEN

Bildnachweis:
Fotos 1 u. 2: Archiv Armin Risi, © A. Risi
Fotos 3 u. 4: © Horst Dunkel
Fotos 5 bis 8, 19 bis 21, 23 und 24: © Armin Risi
Fotos 9 bis 18, 22, 25 bis 27: Silvia Siegenthaler, © A. Risi
Foto 28: Ölgemälde von Urs Amann, © A. Risi
Fotos 29, 31 bis 39: © Steve Alexander, www.temporarytemples.co.uk
Foto 30: © Anne Lorch
S. 106: © Axel Klitzke, „Geheimcode der Dollarnote“, www.hores.org
S. 226: www.rennes-le-chateau.com (Église / Chemin de Croix)
S. 250: Vaincre Nr. 1, September 1942, Bibliothèque Nationale Paris
S. 471: Magazin 2000, Nr. 100, Juni–September 1994
S. 524: © Steve Alexander, www.temporarytemples.co.uk

FSC
Mix
Produktgruppe aus vorbildlich bewirtschafteten Wäldern und anderen kontrollierten Herkünften
Zert.-Nr. SGS-COC-1940
www.fsc.org
© 1996 Forest Stewardship Council

Verlagsgruppe Random House
FSC-DEU-0100
Das für dieses Buch verwendete
FSC-zertifizierte Papier *München Super*
liefert Mochenwangen Papier.

3. Auflage

Taschenbucherstausgabe 03/2007
nach der 5., vollständig überarbeiteten und aktualisierten
Neuausgabe des Govinda-Verlags, Zürich, 2006

Lektorat & Layout: Helmut Kunkel
Umschlaggestaltung: HildenDesign, München
Umschlagmotiv: © Andrea Barth, HildenDesign
Satz: C. Schaber Datentechnik, Wels
Herstellung: Helga Schörnig
Druck und Bindung: GGP Media GmbH, Pößneck
Printed in Germany 2007

ISBN 978-3-453-70057-4

Inhalt

Vorwort

Die kriegerischen Ereignisse der Gegenwart sind deutliche neue Anzeichen für das, was von vielen Menschen immer stärker empfunden wird: Auf dieser unserer Erde stehen Änderungen von großer Tragweite bevor.

Wer die Wirklichkeit nicht bloß mit dem identifiziert, was man nach dem überholten naturwissenschaftlich-kausalen Weltbild gemeinhin als Realität ansieht, wird sich heute brennend für die geistigen Hintergründe der bisherigen und inskünftigen Entwicklungen auf unserem Planeten interessieren.

Menschen, die nach solchen tiefen Erkenntnissen suchen, sollten sich die spannende Lektüre des neuen Werkes von Armin Risi nicht entgehen lassen. Wie schon in den beiden ersten Büchern der Reihe „Der multidimensionale Kosmos" sind die breite weltanschauliche und entwicklungsgeschichtliche Grundlegung sowie die Fülle und die Überzeugungskraft der Gedankengänge beeindruckend.

Der Autor erläutert historische und philosophische Zusammenhänge aus neuen Perspektiven und präsentiert auf dieser Grundlage verschiedene Szenarien, die eindrücklich und aufrüttelnd sind und zum Teil fast unglaublich anmuten. Doch auch diese neuen Dimensionen des Zeitgeschehens erscheinen durch Risis Ausführungen plötzlich plausibel. Und bei alledem wird beim Leser das Bewußtsein dafür geweckt, daß die am Werk befindlichen negativen Mächte letztlich durch den Einsatz der uns Menschen zur Verfügung stehenden geistigen Energien zum Guten gewendet werden können.

Selbst wer gewissen Themen gegenüber, die in diesem Buch mutig und konsequent aufgerollt werden, skeptisch oder ablehnend bleibt, wird aus einer Auseinandersetzung mit der „multidimensionalen" Weltsicht Armin Risis großen geistigen Gewinn ziehen.

– Prof. Dr. iur. Jörg Rehberg
Zürich, Mai 1999

Nah ist
Und schwer zu fassen der Gott.
Wo aber Gefahr ist, wächst
Das Rettende auch.

– Friedrich Hölderlin (1802)[1]

Vorbemerkung zur Taschenbuchausgabe

Das Buch *Machtwechsel auf der Erde* wird immer aktueller. Man könnte sogar sagen: Es ist akut-aktuell, mehr noch als vor sieben Jahren, als es (im Sommer 1999) zum ersten Mal erschien.

Mittlerweile gehört dieses Buch bereits zu den Klassikern der deutschsprachigen „Verschwörungsliteratur". Es wurde – als letzter Band der Trilogie *Der multidimensionale Kosmos* – mit großer Spannung erwartet und sprang sogleich in die Bestsellerlisten des esoterischen Fachbuchhandels. Angesichts der zunehmenden Relevanz und Brisanz der behandelten Themen habe ich mich nun entschieden, *Machtwechsel auf der Erde* für die Taschenbuchausgabe vollständig zu überarbeiten und zu aktualisieren.

Verschwörungen sind nicht bloß Theorien, sondern historischer Fakt, wofür im vorliegenden Buch einige deutliche Beispiele angeführt werden. Es wird aber nicht nur gezeigt, *was* geschieht, sondern auch, *warum* es geschieht. Was sind die Pläne? Und was sind die dahinterstehenden Weltbilder, die bewirken, daß derartige Pläne und Aktionen, die für viele Millionen von Menschen Tod durch Krieg, Hunger, Ausbeutung, Ruin usw. bedeuteten und bedeuten, „ins Leben" gerufen werden? Welche Weltbilder, welche Ideologien können derart unmenschliche Handlungsweisen hervorrufen? In dieser Hinsicht enthält das vorliegende Buch Darlegungen von Zusammenhängen, die bisher noch nie in dieser Form aufgezeigt wurden. Das wirklich Wichtige und Neue an diesem Buch sind also nicht die politischen und historischen, sondern die philosophischen Analysen.

Obwohl ich die Beispiele für dunkle Machenschaften immer in einem höheren philosophischen Zusammenhang anführe (und acht Bücher mit literarisch-poetischem und philosophischem Inhalt veröffentlicht habe), hat mir dieses eine Buch, *Machtwechsel auf der Erde,* wegen seines politologisch unkonventionellen Ansatzes bei den Kritikern den Ruf eines „Verschwörungstheoretikers" eingebracht. Als spiritueller Theologe und Philosoph – und ehemaliger Mönch – habe ich diese Themen nicht gesucht, aber sie drängten sich auf, als ich nach den Hintergründen der vordergründig sichtbaren Ereignisse der Vergangenheit und Gegenwart zu suchen begann. So verborgen sind diese geheimen Pläne und Aktionen nämlich gar nicht!

Warum reagieren viele Menschen – Journalisten, Historiker, Politiker, Akademiker und auch „normale" Bürgerinnen und Bürger – immer sogleich mit dem Schlag-Wort „Verschwörungstheorie", um jeden Hinweis auf mögliche dunklere Hintergründe in die Ecke der Irrationalität und Lächerlichkeit zu drängen? Einer der Gründe ist wahrscheinlich *Angst.* Aber Angst ist nie ein guter Ratgeber. Haben wir Angst, Einblick in tiefere Zusammenhänge zu bekommen, weil dieses Tiefere manchmal dunklen Abgründen entspringt? Oder haben wir Angst, zugeben zu müssen, daß wir bestimmte Täuschungen nicht durchschaut haben?

„Angst", so lautete auch die Hauptkritik, die ich für dieses Buch bekommen habe: nicht etwa, daß die Inhalte falsch wären, sondern daß ich den Menschen damit Angst mache. Ich gebe zu, daß gewisse Aspekte des multidimensionalen Weltgeschehens, die ich hier beleuchte (Sie werden beim Lesen merken, welche ich meine), Angst machen könnten. Aber wir sind heute aufgefordert, uns auch diesen Aspekten zu stellen und dabei immer den größeren Zusammenhang im Blickfeld zu behalten. Dies ist auch mein Anliegen, wenn ich thriller- und science-fictionhafte Themen angehe. Wir wollen in diesem Buch nicht in die dunklen Bereiche hinabsteigen, aber wir richten einen scharfen Lichtstrahl in sie hinein, um zu erkennen, was dort vor sich geht und was von dort aus in *unsere* Lebenswelt „gestrahlt" wird. Wir tun dies nicht aus Sensationslust oder für den Nervenkitzel, sondern aus einem Gefühl der persönlichen und globalen Verantwortung heraus.

Viele Zuschriften und neue Unterlagen, die ich seit dem ersten Erscheinen von *Machtwechsel auf der Erde* bekommen habe, und auch weitere Erkenntnisse und Begegnungen haben mir dessen Inhalt sowohl in seinen lichtvollen und spirituellen als auch in seinen dunklen Aspekten weiter bestätigt, ganz zu schweigen von den vielen Büchern und sonstigen Publikationen, die in den letzten Jahren hinzugekommen sind.

Die explosivste Illustration lieferten jedoch die Verschwörer selber: durch die Anschläge vom 11. September 2001 und die nachfolgenden Kriege und Gesetzesänderungen.

Es ist hier nicht der Ort, auf die vielen Widersprüche der offiziellen Darstellung einzugehen. Ich habe im ersten Kapitel des Buches *Licht wirft keinen Schatten,* das 2004 erschienen ist, auf dreizehn Seiten die wichtigsten Punkte, die auf einen selbstinszenierten *inside job* hinweisen, zusammengefaßt. Es seien hier nur die drei wichtigsten Fakten in Erinnerung gerufen:

1) Die beiden WTC-Türme brachen innerhalb von knapp 10 Sekunden, d.h. in der *Geschwindigkeit des freien Falls,* bis in die Grundfesten in sich zusammen; dies bedeutet, daß der herabfallende Oberteil auf *keinerlei Widerstand* der Stahlträger und Verstrebungen stieß; die Fotos und Filmaufnahmen (in Zeitlupe) zeigen dann auch herausschießende Staub- und Trümmerwolken, wie sie für Sprengungen typisch sind.

2) WTC-Wolkenkratzer Nr. 7 brach am frühen Abend des 11. September 2001 ebenfalls in der Geschwindigkeit des freien Falls bis in die Grundfesten in sich zusammen, obwohl in dieses Gebäude kein Flugzeug hineingeflogen war; beim Zusammenbruch entstand genau die gleiche Art von Staub- und Trümmerwolken wie beim Zusammenbruch der beiden WTC-Türme.

3) Beim Pentagon-Einschlag zeigen die ersten Filmaufnahmen und Fotos nur ein Loch von 5 m Durchmesser; der Dachbereich sackte erst eine halbe Stunde später ein; es gab keine Spur von einer Boeing 757 (Spannweite 38 m, Eigengewicht 60 t).

Immer mehr mutige Zeugen, Wissenschaftler und Forscher, unter ihnen sehr namhafte, treten an die Öffentlichkeit und weisen auf die eklatanten Widersprüche hin, z. B. die über einhundert Mitglieder zählende Wissenschaftlergruppe „Scholars for 9/11 Truth", die mit Buch-, DVD- und Internetpublikationen sowie mit Vorträgen für Aufsehen sorgen. Ihre Website www.st911.org ist eine hervorragende Quelle für schlüssige Abhandlungen auf hohem akademischem Niveau. Daneben existieren auch Dutzende von anderen Websites und Büchern, die allesamt nachweisen, daß die offizielle Verschwörungstheorie (überraschender Anschlag, vier Flugzeugentführungen mit Teppichmessern, Flugmeisterleistungen von flugunerfahrenen Terroristen, WTC-Totaleinsturz aufgrund der Flugzeugeinschläge, usw.) nicht stimmen kann. Ob all diese Initiativen und Einzelbemühungen ausreichen, um eine globale Aufklärung einzuleiten, oder ob diese Entwicklung durch einen neuen (inszenierten?) Mega-Terror überdröhnt werden wird, ist jetzt noch nicht abzusehen.

Ich habe beim Überarbeiten des Textes darauf verzichtet, neue Themen wie den „11. September" einzufügen, denn ich wollte den zeitlosen Charakter des Buches und auch seine ursprüngliche Form beibehalten. Diesbezüglich drängten sich keine Änderungen auf, denn das Buch wird, wie eingangs erwähnt, immer relevanter, und vieles, was „damals" (vor erst sieben Jahren) noch in weiter Ferne zu sein schien, ist heute bereits Realität oder wirft deutlich seine Schatten voraus.

Bei der Überarbeitung habe ich den Text etwas gestrafft und den inhaltlichen Fluß kompakter gestaltet. Gewisse Themen sind jetzt geradliniger, andere ausführlicher dargestellt, so wie dies mit den Jahren zusätzlicher Erfahrung und Forschung möglich wurde. Nebenbei wurde auch das Schriftbild weniger gedrängt gestaltet, damit das Buch lesefreundlicher wird. Wo nötig, habe ich den Inhalt aktualisiert, vor allem beim Thema der Templer, des „Grals" und des Kampfes zwischen der Kirche und den Logen – alles Themen, die heute unter dem Begriff „Sakrileg-Themen" zusammengefaßt werden können. Daß hier ein schwelender Vulkan verborgen ist, war bereits in den 1990er Jahren erkennbar, weshalb ich auch in der Machtwechsel-Abhandlung darauf einging. Daß diese Themen aber so schnell und so publikumswirksam an die Öffentlichkeit gebracht würden, war auch für mich überraschend. Dan Browns belletristisches „Sakrileg" (so der Titel der deutschsprachigen Ausgabe seines Romans *The Da Vinci Code,* 2003) ist aber nicht das Ende dieser bibel- und kirchenkritischen Auseinandersetzung, sondern vielmehr der Auftakt zur nächsten Runde in einem alten, noch lange nicht entschiedenen Kampf. Im vorliegenden „Kursbuch zur Wendezeit" werden die wichtigen Zusammenhänge dieses titanischen Kampfes von der Vergangenheit bis in die nahe Zukunft hinein beleuchtet.

Was in Teil I beschrieben wird, ist bereits seit Jahrhunderten aktuell und trotzdem weitgehend unbekannt. Das in Teil II dargelegte Szenario der „Neuen Weltordnung" (666) muß nun spätestens seit dem 11. September 2001 ebenfalls sehr ernst genommen werden. Teil III ist heute immer noch ein scheinbares Nebenthema, aber die Anzeichen weisen darauf hin, daß dieser Aspekt unserer irdischen Realität (der „exobiologische" Faktor) plötzlich an Brisanz gewinnen könnte, denn auch hier hat sich in den letzten Jahren einiges getan, und weitere Schritte stehen bevor.

Angesichts der Verschärfung der Weltsituation seit 2001 werden die lichtvollen Inhalte des vorliegenden Buches um so wichtiger. Es handelt sich hierbei nicht um eine oberflächliche Verharmlosung oder Augenwischerei, sondern um eine Darstellung der heutigen Wendezeit aus spiritueller Sicht. Nur aus dieser Perspektive wird erkennbar, welch entscheidende Rolle uns selbst heute zukommt. Wir sind in dieser Aufgabe nicht allein, sondern wirken in Verbindung mit den Lichtwesen der höheren Parallelwelten. Ich habe deshalb dem Thema der Lichtwelten und Lichtwesen viel Platz gewidmet, ja sie sind das Hauptthema dieses Buches, denn den Machtwechsel auf der Erde können wir nicht auf eigene Faust durchboxen. Der Machtwechsel von der Dunkelheit zurück ins Licht wird nur durch einen entsprechenden Bewußtseinswandel möglich werden, und diesem Bewußtseinswandel ist das vorliegende Buch gewidmet.

Dank

Durch das erneute Aufrollen der Akte „Machtwechsel" ist praktisch ein neues Buch entstanden, ein *Kursbuch zur Wendezeit.* Viele haben mich hierbei ermutigt und unterstützt. Danken möchte ich Ronald Zürrer vom Govinda-Verlag für die Herausgabe meiner Bücher, nun schon seit fünfzehn Jahren. Vielen Dank auch an alle anderen, die zum Entstehen dieses Buches beigetragen haben, insbesondere an Helmut Kunkel (Lektorat und Layout), Miro Cucuz (Strichcode-Grafiken auf S. 325), Susanne Aubry (Erlaubnis für das Abdrucken des langen Zitats auf S. 409–411) und Urs Amann

(Gemälde im Bildteil, das er 1998 speziell für dieses Buch malte), sowie an alle, die mir ihre Fotos zur Verfügung stellten: die Indienpilger (Fotos der Bhima-Brücke), Horst Dunkel, Anne Lorch und Steve Alexander.

Mit Dankbarkeit erinnere ich mich an Prof. Jörg Rehberg, der aufgrund seines Interesses für Parapsychologie auf meine Bücher aufmerksam wurde und mir mit Herzlichkeit und erstaunlicher Offenheit begegnete. Als *Machtwechsel auf der Erde* entstand, las er das Manuskript und war mit großer Zivilcourage – als international bekannter Jurist – bereit, das Vorwort zu schreiben. (Er verstarb kurz vor Weihnachten 2001.)

Mein inniger Dank geht auch an Tom H. Smith, der mir kurz vor seinem Tod (1993) sein gesamtes „kosmisches Erbe" über den Atlantik in die Schweiz sandte, da er wußte, daß dieses für mich sehr wichtig sein würde. Er gab mir auch die Erlaubnis, diese Texte zu übersetzen und zu veröffentlichen. Auszüge daraus finden sich hier im *Machtwechsel* auf S. 398–407.

Herzlichsten Dank und mehr an meine Geliebte Silvia für die Unterstützung und das liebevolle Verständnis und natürlich auch für die Fotos im Bildteil, die auf unseren gemeinsamen Reisen entstanden sind; Silvia war die erste Leserin der vorliegenden Neubearbeitung und gab viele wertvolle Rückmeldungen. Gemeinsam möchten wir allen Leserinnen und Lesern danken, denn sie sind es, die diesem Buch seine Bedeutung schenken!

– Armin Risi
10. November 2006

Einleitung

Warnungen, Prophezeiungen, deutliche Zeichen. Dennoch ändert die moderne Zivilisation ihren Titanic-Kurs nicht. Wer hält daran fest, die Regierungen oder das Volk? Oder sitzen beide im selben Boot? Aber wer ist dann am Steuer? Warum gibt es unheilvolle Dinge, die niemand will und die dennoch geschehen?

Die logische Antwort müßte lauten: weil es nicht stimmt, daß *niemand* dies will. „Nur“ die Mehrheit der Menschen will es nicht. Einige, die von ihrer Anzahl her unbedeutend, materiell dafür aber um so mächtiger sind, wollen es anscheinend ...

Stellen wir die Frage also präziser: Warum gibt es unheilvolle Dinge, die die meisten Menschen nicht wollen und die dennoch geschehen? Eine kritische Antwort wäre: weil es Mächte gibt, die beeinflussen. Und viele, die sich beeinflussen lassen. Beide sind beteiligt, wenn auch in unterschiedlichen Rollen. Dieses ungleiche Wechselspiel wird *Manipulation* genannt, wörtlich: „Handhabung; Trick; Machenschaft, um andere den eigenen Interessen dienen zu lassen“.

Manipulation funktioniert am besten, wenn sich die Manipulierten nicht bewußt sind, daß sie manipuliert werden. Ansonsten würden sie sich zur Wehr setzen und könnten nur durch Zwang zur selben Tätigkeit bewegt werden. Weil jedoch freiwillige „Rädchen“ viel leichter zu handhaben sind als gezwungene, ist Manipulation ein wirkungsvolleres Machtmittel als Zwang.

Wenn eine Manipulation wirksam sein soll, muß sie im *Bewußtsein* des Menschen ansetzen, denn das Bewußtsein ist die Zentrale, in der sich entscheidet, was man wahrnimmt und nicht wahrnimmt, wofür man sich interessiert und nicht interessiert, wofür man Zeit hat und wofür nicht. Es ist die Wellenlänge (Frequenz) des eigenen Bewußtseins, die bestimmt, was man in vermeintlicher Freiheit tut und nicht tut. Die Manipulatoren versuchen deshalb, durch die Einimpfung ganz bestimmter Bilder und Gedankenmuster das Bewußtsein der Menschen zu programmieren, damit diese ihre Energie (Glaube, Interesse, Zeit) in die gewünschten Ziele und Projekte investieren.

Bei dieser Betrachtung darf aber nicht übersehen werden, daß wir es mit einem Wechselspiel zu tun haben, denn die meisten Menschen *wollen* die angebotenen Dinge: TV, Zeitungen, Unterhaltung, Genußmittel, Luxus usw. Natürlich ist dieses Wollen von vielen Faktoren beeinflußt, aber letztlich wählt jeder Mensch seinen Lebensstil selbst.

Es geht hier also nicht um eine einseitige Schuldzuweisung, sondern um eine Analyse des irdischen „Schachspiels", in dem alle Beteiligten meinen, das Gute und Richtige zu tun.

Der Mensch kann nur dann manipuliert werden, wenn er sich nicht mehr seines spirituellen Kerns und seiner geistigen Natur bewußt ist. Das geistige Potential des Menschen – Wahrnehmung, Erinnerung, Beherrschung astraler Energien, usw. – ist viel größer, als die heutige Norm glauben läßt. In früheren Zeitaltern, so geht aus esoterischen Quellen hervor, waren diese Fähigkeiten im ursprünglichen Zustand bewußt verfügbar, weshalb die damaligen Menschen einen natürlichen Zugang zu höheren Dimensionen hatten. Geistige Kräfte, feinstoffliche Einwirkung auf die Materie und übersinnliche Wahrnehmung waren für diese Menschen so alltäglich wie für die heutigen Menschen die Elektrizität, das Fernsehen und der Computer.

Irgendwie sind diese Kenntnisse der Menschheit abhanden gekommen, ja der „informierte" Zivilisationsmensch von heute glaubt nicht einmal mehr, daß es höhere Dimensionen und paranormale Fähigkeiten gibt. Dies ist zu einem großen Teil auf den Einfluß der „normalen" Wissenschaften und Religionen zurückzuführen, denn diese bestreiten bzw. verteufeln solche Ansichten vehement. Trotz ihrer äußeren Gegensätzlichkeit haben sie also eine ähnlich dogmatische, antispirituelle Grundhaltung.

Sowohl die materialistischen als auch die falsch verstandenen (bzw. verfälschten) religiösen Weltbilder trüben den Blick des Menschen in die Vergangenheit und in den Kosmos, was schnell zu Blindheit oder Verblendung führen kann. Wenn das Bewußtsein durch solche Denkmuster programmiert ist, glauben die Menschen auf einmal, sie seien die Krone der Schöpfung, es gebe keine höherentwickelten Wesen im Universum, ihre Wissenschaft oder ihre Religion sei die einzige Wahrheit und alle anderen Ansichten seien „unwissenschaftlich" und falsch bzw. „irreführend" und antibiblisch, da „esoterisch".

Ist es möglich, die Her- und Zukunft der Menschheit mit anderen Augen zu sehen, als dies in den heute vorherrschenden Weltbildern der Fall ist? Diese entscheidende Frage kann bejaht werden, wenn man eine *multidimensionale* Sicht annimmt. Eine solche Weltsicht ist durchaus plausibel, denn sie entspricht den neuesten Erkenntnissen der holistischen Wissenschaft[2] und auch dem Wissen der vergangenen Hochkulturen, deren Welteinsicht auf den besagten „paranormalen" Fähigkeiten beruhte. (Diese Fähigkeiten machten die früheren Gesellschaften jedoch nicht gegen Dekadenz immun. Wie die Geschichte zeigt, erliegen die Menschen mehrheitlich immer wieder der Versuchung, Macht und Wohlstand zu mißbrauchen.)

Wenn man diese verschiedenen Quellen studiert, erkennt man schnell eine grundlegende Übereinstimmung: Sie alle sind sich einig, daß die Erde Teil eines multidimensionalen Kosmos ist und daß parallel zu ihr astrale und höherdimensionale Welten existieren. Aus dieser Perspektive erscheinen die Vorgänge auf der Erde in einem gänzlich neuen Licht.

Man kann die Vorgänge auf der irdischen Bühne erst dann richtig verstehen, wenn man hinter die Kulissen der sichtbaren Materie blickt. Welche Einflüsse wirkten in der Vergangenheit auf die Weltgeschichte ein? Welche sind *heute* wirksam? Welches sind die treibenden Kräfte hinter der wachsenden globalen Aggression? Wo wirken die dunklen und wo die lichten Kräfte?

Diese Fragen werden im vorliegenden Buch in ihrem multidimensionalen Zusammenhang behandelt. Weil hierbei die Multidimensionalität der Welt, in der wir leben, als These vorausgesetzt wird – ausführlich dargelegt in Band 1 und 2, *Gott und die Götter* und *Unsichtbare Welten* –, möchte ich im folgenden eine Zusammenfassung des entsprechenden spirituellen Weltbildes vorausschicken.

Zusammenfassung der Erkenntnisse aus Band 1 und 2

Die sichtbare Materie ist die letzte, oberflächliche Schicht einer vielschichtigen Realität. Die irdische Welt ist eingebettet in eine Hierarchie von höheren Dimensionen[3], die für die Menschen unsichtbar sind, angefangen bei den niederen Astralwelten[4] bis hin zu den höchsten Lichtwelten. Nach dem Tod, d.h. nach dem Verlassen des sterblichen Körpers, durchlaufen die Menschen als Seelenwesen ihrem Bewußtsein entsprechend verschiedene Bereiche dieser Welten. Aber auch schon während des irdischen Lebens bestehen Verbindungen und Einflüsse.

Die Materie manifestiert sich in unterschiedlichsten Dimensionen, die sich grundsätzlich in zwei Kategorien aufteilen lassen: *grobstofflich* und *feinstofflich*. Dies zeigt sich im individuellen Bereich in Form des grobstofflich- und feinstofflich-materiellen Körpers und im universellen Bereich in Form der grobstofflich- und feinstofflich-materiellen Welten (Dimensionsebenen).

Demgegenüber geht die materialistische Wissenschaft davon aus, daß die wahrnehmbare Materie die einzige Realität ist. Sie lehrt, die Erde und alle darauf existierenden Lebewesen seien nur ein Produkt der Materie; aus ersten organischen Materieformen hätten sich allmählich die Einzeller und die Mehrzeller, dann die Wassertiere und die Wasserpflanzen, danach die Landpflanzen und Landtiere und am Schluß die Menschen entwickelt; der Mensch sei ein Tier, genauso seelenlos und – trotz seines größeren Gehirns – genauso ohne ein Leben nach dem Tod wie die anderen Tiere.

Abgesehen von der Unwahrscheinlichkeit dieses Szenarios (nämlich daß aus niederen Lebensformen durch zufällige Genmutationen allmählich höhere Lebensformen entstehen), ignorieren diese materialistischen Theorien von vornherein die Existenz astraler und höherdimensionaler Welten und reduzieren deshalb den Menschen auf die physikalische Materie (= Reduktionismus). Auf dieser Annahme fußt auch die Schulmeinung, Psyche und Bewußtsein seien nur ein Produkt des Gehirns.

Wie in Band 1 und 2 dargelegt, gibt es jedoch eine eigenständige Alternative zu dieser materialistischen Evolutionstheorie: *die multidimensionale Devolution* entsprechend dem geistigen Schöpfungsprinzip der *Involution.*

Gemäß dieser Weltsicht besteht das Universum aus grobstofflicher und feinstofflicher Materie. Jenseits der *Dualität der Materie* befindet sich die *Individualität des Bewußtseins,* die spirituelle Seele, das bewußte Individuum (im Sanskrit *âtmâ,* „Selbst", oder *jiva,* „Lebewesen", genannt). Hinter allen grobstofflichen Erscheinungen wirken feinstoffliche Energien und hinter diesen bewußte Intelligenzen (Individuen). Unsere Freiheit besteht darin, zu wählen, worauf wir unser Bewußtsein richten wollen. Die Resonanz unseres Bewußtseins bestimmt, mit welchen Frequenzen (Welten und Wesen) wir in Kontakt kommen. Das Ziel des Lebens besteht darin, die eigene wahre Identität als ewiges Individuum zu erkennen. Dies führt durch göttliche Gnade (Offenbarung) dazu, daß man von der Fesselung an die Materie (Reinkarnation, Illusion, falsche Identifikation) frei wird und sich als Teil oder „Strahl" Gottes, des absoluten Individuums, erkennt, in der Einheit der göttlichen Liebe.

Wer Menschen manipulieren will, „muß" sie deshalb möglichst weit vom Ziel des Lebens ablenken, denn je näher ein Mensch an dieses Ziel gelangt, desto freier und selbstbewußter wird er. Manipulation bedeutet in erster Linie, das Bewußtsein der Menschen durch Beeinflussung zu programmieren. Das wirksamste Programm ist die *Körperidentifikation* (Identifikation z.B. mit der eigenen Nation oder Konfession oder einfach mit den eigenen Vorstellungen und Trieben).

Wer das Bewußtsein der „Massen" beherrscht, bestimmt weitgehend, zeitweilig sogar total, das Weltgeschehen. Die Wesen und Gruppen, die skrupellos nach Macht und Herrschaft streben, verraten dadurch, daß sie zu den dunklen Mächten gehören, den „Dämonen" und „gefallenen Engeln", die in allen Mythologien und Mysterienschulen der Welt erwähnt werden. Diese Wesen sind durchaus real. Sie können aus den astralen oder außerirdischen[5] Bereichen auf bestimmte Menschen einwirken, oder sie können auf der Erde inkarniert sein und wie Menschen aussehen.

Wer sich näher mit astralen und höherdimensionalen Daseinsformen befaßt, entdeckt auch sehr ermutigende Perspektiven. Im

Hintergrund nämlich, oft sogar für die negativen Wesen unsichtbar, wirken viel mächtigere Wesen, die Lichtwesen und Engel, die Gottes Gesetze des freien Willens freiwillig und mit Liebe respektieren. Deshalb liegt es ihnen – trotz ihrer Macht – fern, den freien Willen anderer Wesen zu beschneiden oder zu beeinflussen. Sie manipulieren nicht, sondern *informieren* und *inspirieren,* damit diejenigen, die suchen, die Möglichkeit finden, sich für das Positive und Göttliche zu entscheiden.

Das materielle Universum ist ein Spielfeld, auf dem ein Machtspiel ausgetragen wird, mit Spielern in unterschiedlichsten Rollen. Die Entscheidung, welche Rolle wir einnehmen, und insbesondere die Entscheidung, ob wir überhaupt Teil dieses Machtspiels sein wollen, ist absolut individuell und abhängig von der Ausrichtung des eigenen Bewußtseins, d.h. von der eigenen Resonanz. Diese wiederum ist der direkte Ausdruck des freien Willens, der das höchste Gut eines jeden Individuums ist. Wenn die Freiheit des freien Willens zeitweilig verspielt wird, ist das nichts anderes als eine Folge der eigenen Entscheidungen. Diejenigen, die Gottes Willen dienen, sind bestrebt, die Menschen wieder zur Freiheit der eigenen Entscheidung zurückzuführen. Diejenigen, die eigenwillige Ziele verfolgen, versuchen, die selbstverschuldete Unfreiheit der Menschen auszunutzen.

So steht die Menschheit im Brennpunkt verschiedenster Einflüsse aus sichtbaren und unsichtbaren Bereichen. Die Interessen sind vielschichtig, und nicht alle sind gottgefällig und selbstlos. Von den meisten Menschen unbemerkt, herrscht ein Kampf um die Erde. Dieser Kampf hat sich in den letzten drei Jahrhunderten zugespitzt und tritt nun in eine entscheidende Phase.

Teil I

Kosmische Hierarchien
und der Kampf um die Erde

Kapitel 1

Der Ursprung der negativen Einflüsse

Die Erde ist kein einsamer Planet in einem leeren Weltall, sondern ein Schauplatz kosmischer Dimension. Auf dem Planeten der Menschen findet seit langem eine Auseinandersetzung verschiedener Mächte statt, bei der die meisten Menschen nur Schachfiguren sind. Sichtbar sind die Felder und „Figuren" (und die Verschiebungen der Figuren, die Schachzüge), aber die Spieler und erst recht ihre Gedanken und Pläne sind unsichtbar.

Was der Mensch aus seiner irdischen Perspektive zu Gesicht bekommt, ist das Irdisch-Materielle: das, was empirisch (mit den Sinnesorganen) wahrnehmbar ist. Denn die *überirdischen* Bereiche sind nur *übersinnlich* wahrnehmbar. Warum? Weil die Materie dieser kosmischen Dimensionen nicht derart verdichtet („grobstofflich") ist wie die Materie im irdischen Spektrum.

Die überirdischen Sphären sind Parallelwelten aus unsichtbarer Materie in höheren Raum-Zeit-Frequenzen. Ein Beispiel aus unserem alltäglichen Erfahrungsbereich sind die vielen Rundfunk- und Fernsehsendungen, die gleichzeitig und parallel im selben Äther schwingen, aber in sich geschlossene Welten mit einem eigenen Programm darstellen; diese Parallelwelten vermischen sich nicht, weil sie im selben Raum unterschiedliche Frequenzbereiche belegen.

Man sollte jedoch nicht irrtümlicherweise denken, alle höherdimensionalen Welten und Wesen seien automatisch auch höher in ihrer geistigen Entwicklung. Denn bereits auf hoher unsichtbarer Ebene scheiden sich die Geister. Viele, aber nicht alle sind Wesen des Lichts.

Gemäß dem Gesetz der Dualität gibt es in der materiellen Welt nicht nur Licht, sondern auch Dunkelheit (Schatten) und dementsprechend auch Lichtwelten und Dunkelwelten. Dies wird von allen übersinnlichen und mystischen* Quellen bestätigt. Materialistische Menschen, die nur glauben, was sie sehen, mögen zwar die Existenz von unsichtbaren Licht- und Dunkelwelten bestreiten, doch unbestreitbar sind die sichtbaren Symptome, die von den entsprechenden Einflüssen verursacht werden. Nach der Logik „Wo Rauch ist, da ist auch Feuer" darf man von den Symptomen auf die Ursachen schließen, denn nichts geschieht ohne Ursache. Nichts geschieht aus Zufall.

Zu welcher Erkenntnis diese einfache Logik führt, wurde in einer Rezension des zweiten Bandes, *Unsichtbare Welten,* sehr prägnant formuliert: „Wir werden politisch und gesellschaftlich auf unsere eigene Selbstzerstörung programmiert. Einen solchen Zynismus, einen solchen Vernichtungswillen gegenüber der Menschheit kann ich keinem Menschen zutrauen. Es müssen andere, unmenschliche Wesen sein, die diesen Betrug durchführen. Ich fühle die aggressive, zerstörerische Energie dieser exzentrischen Monster. Risi nennt sie beim Namen ..."[6]

Die heutige Weltwirtschaft, Kriegsindustrie und Geheimpolitik legt tatsächlich den Verdacht nahe, daß „unmenschliche Wesen" am Werk sein müssen. Würde der normale Mensch Kriege veranstalten, andere Menschen und die Natur ausbeuten und seine eigene Umwelt zerstören wollen? Warum konnte auf der Erde eine solch extreme Destruktivität überhandnehmen?

Eine erste Antwort lautet: weil die Erde sich im Grenzbereich der Lichtwelten und der Dunkelwelten befindet. Deshalb sind auf der Erde nebeneinander die Lichtwesen und auch die Dunkelmächte wirksam, und die irdische Menschheit wird Zeuge höchster göttlicher Offenbarungen und Inkarnationen, aber auch unglaublichster Kaltblütigkeit und Bestialität.

Die Hierarchien der Licht- und Dunkelwelten sind vielfach unterteilt; meist wird von jeweils sieben Dimensionsebenen ge-

* mystisch: von grch. *mystikos,* „die Mysterien betreffend; geheimnisvoll (mysteriös); geheim", abgeleitet vom Verb *myein,* „(Augen und Mund) schließen", was darauf hinweist, daß die wahren Mysterien nicht durch sinnliche, sondern nur durch übersinnliche (mediale bzw. offenbarte) Kanäle erkannt werden können.

sprochen, über die entsprechende Lichtwesen bzw. Dunkelwesen herrschen. Die 7 ist eine göttliche Zahl, die auch in der abendländischen Tradition häufig vorkommt. So gibt es zum Beispiel *sieben* Erzengel (die bekanntesten: Michael, Gabriel, Raphael). Sie alle sind Teil der göttlichen Hierarchie und arbeiten mit zahllosen über- und untergeordneten Engeln und Lichtwesen zusammen, die im Sanskrit zusammengefaßt als Devas, „die Göttlichen“, und Suras, „die Lichtwesen“, bezeichnet werden.

Beide Hemisphären sind höherdimensional und existieren getrennt (parallel), aber berühren sich auf der irdischen Ebene. So kommt es, daß auf der Erde sowohl göttliche als auch ungöttliche Kräfte wirksam sind. Diese gleichzeitige Präsenz von „Licht“ und „Schatten“ auf dem Schauplatz Erde macht ein klares Unterscheiden der Einflüsse oft sehr schwierig. Denn alles, was in diesem Schachspiel geschieht, auch jede Bewegung der „Könige“ und „Damen“, wird von höherstehenden Intelligenzen vollzogen, die *außerhalb* des irdischen Feldes stehen. Wenn auf dem Brett ein Zug ausgeführt wird oder wenn ein Schauspiel zur Aufführung gelangt, ist im geistigen Bereich viel Arbeit vorausgegangen. Alle Entscheidungen finden jenseits des Brettes und außerhalb der Bühne statt.

Wer also verstehen will, warum gewisse Züge und Inszenierungen stattfinden bzw. welche bevorstehen, kommt nicht umhin, die unsichtbaren Intelligenzen hinter den Kulissen mit in Betracht zu ziehen.

Wer steht hinter den Licht- und Dunkelwelten?

Die Überschrift des neunten Kapitels in Band 2 lautete: „Nichts ist Zufall: Hinter allen Energien wirken individuelle Intelligenzen.“ Auf der Grundlage der Erkenntnisse, die in jenem Kapitel dargelegt sind, stellt sich die Frage: Welche Intelligenz wirkt letztlich hinter den Lichtwelten, welche hinter den Dunkelwelten?

Die Bewohner der Lichtwelten sind die Engel und Lichtwesen. Gibt es ein höchstes Lichtwesen innerhalb des Universums?

Die Bewohner der Dunkelwelten sind die „gefallenen Engel“, die gottabgewandten Gegenkräfte des Lichts. Gibt es einen höchsten gefallenen Engel, eine ursprüngliche Dunkelmacht, eine Urkraft hinter allem Bösen?

Bei der Beantwortung dieser Fragen sollte man sich nicht nur auf ein einziges Erklärungsmodell beschränken. Die östlichen und die westlichen Quellen enthalten wertvolle Informationen, die sich gegenseitig ergänzen, und gerade in den genannten Fragen besteht der Schlüssel darin, das Trennende zu überwinden. Das soll in diesem Buch geschehen, indem verschiedenste Quellen konsultiert werden, insbesondere vedische und urchristlich-mystische.

Die göttlichen Offenbarungen sind so eingerichtet, daß sie alle in sich geschlossen sind, aber dennoch nicht isoliert. Jedes Volk bekommt einen Mosaik-„Stein der Weisen", der vollkommenes, aber nicht vollständiges Wissen über Gott und die Welt enthält. Wenn wir nach umfassendem Wissen streben, sollten wir versuchen, die verschiedenen Mosaiksteine zu finden und zusammenzulegen. Dann werden wir befähigt, ein Gesamtbild zu erkennen und rückwirkend auch die eigenen Quellen besser zu verstehen.

Konkret bedeutet dies: Jedes Volk und jede Religion kann von den anderen Völkern und Religionen lernen. Wer meint, auserwählt und einzigartig zu sein, verschließt sich selbst der Möglichkeit eines weiteren Wachstums und gerät schnell einmal in die Falle der diabolischen* Mächte.

Ist das Böse nur im Menschen?

Wörter wie „teuflisch" und „diabolisch" gehören zum bekannten Wortschatz. Aber gibt es einen „Teufel", einen Widersacher Gottes? Oder ist das Böse nur im Menschen?

Aus philosophischer Sicht müssen beide Fragen verneint werden. Es gibt keinen Teufel als Widersacher Gottes. Das Absolute steht nicht im Konflikt mit dem Negativen, denn das Negative ist ein Aspekt des Relativen, und das Relative ist nie absolut. Das Absolute ist nicht das Gegenteil oder der Gegner des Relativen; vielmehr ist alles Relative im Absoluten enthalten. Wie in diesem Ka-

---

* Diabolisch: wörtl. „auseinandertreibend, trennend" (von grch. *dia,* „auseinander", und *ballein,* „werfen").

pitel deutlich gemacht wird, gibt es nichts *absolut Negatives.* Das Negative hat eine Funktion in der materiellen Welt. Das Verstehen dieser Funktion *erklärt,* aber rechtfertigt nicht das Negative, d.h. das gottlose und lieblose, egobezogene Denken und Handeln.

Obwohl es keinen Widersacher Gottes gibt, sagt dieselbe philosophische Logik, daß es – in der Welt des Relativen – durchaus negative Mächte als *Widersacher der Menschen* gibt, ebenso wie es auch positive Kräfte gibt. Deshalb sehen und erleben wir, daß auf der Erde nebeneinander negative und positive Kräfte wirksam sind. Gemäß der eigenen Resonanz tendiert man mehr zur einen oder zur anderen Seite. Während die meisten Menschen zwischen beiden Seiten schwanken, stehen einige wie leuchtende Sonnenstrahlen gänzlich im Licht, und andere geraten in den Sog der dunklen Kräfte und werden selbst zu dunklen Führern und Verführern. Auf letztere bezieht sich das, was Jesus in Joh 8,44 sagt: „Ihr stammt vom Teufel als eurem Vater, und nach seinen Wünschen handelt ihr. Dieser ist ein Menschenmörder von Anbeginn und stand nie in der Wahrheit, weil es in ihm keine Wahrheit gibt. Von ihm kommt nur Lüge, denn er ist der Vater der Lüge."

Mächte, die mit Lügen arbeiten und über Leichen gehen – das ist uns hier auf Erden schon seit langem bekannt. Aber welche Kraft wirkt letztlich hinter diesen Einflüssen? Gibt es einen *urersten* Widersacher, einen urersten „Bösen"? – So verpönt und unangenehm diese Fragen sind, so entscheidend sind sie, denn es geht in ihnen, wie obiges Zitat betont, um nichts Geringeres als um Leben und Tod. Diese Tabu-Fragen betreffen direkt das aktuelle Zeitgeschehen und unsere unmittelbare Zukunft …

Aber bleiben wir zunächst bei der philosophischen Spurensuche: Alles Relative hat einen Anfang und ein Ende, so auch das Böse und Diabolische. Zumindest symbolisch muß es demnach einen ersten gefallenen Engel geben, einen „Luzifer". Alle haben schon von ihm gehört. Aber gibt es ihn? Ein Großteil der modernen Esoterik und Theologie deutet heute den Sturz Luzifers ausschließlich als psychologische Symbolik, die sich nur auf innere Vorgänge im Menschen beziehe.

Aber – um das Argument einmal umzukehren – wenn es einen „Luzifer" gibt, wäre er dann nicht davon abhängig, daß die

Menschen sein Wirken und sein Wesen nicht durchschauen, ähnlich wie Dunkelheit nur existieren kann, wenn kein Licht hinzukommt? Wäre es dann nicht gerade *Teil seines Plans,* wenn die Menschen ihn nicht (mehr) wahrnehmen oder ernst nehmen?

Die Existenz von negativen Mächten, deren Hierarchien von den unsichtbaren Welten ausgehen, wird vielerorts erwähnt und bestätigt: in den heiligen Schriften des Ostens und des Westens, in mystischen Visionen und auch in medialen Botschaften aus allen Jahrhunderten bis hin zur heutigen Zeit. In neuen Offenbarungen ist die Warnung vor dem Wirken des Diabolischen, des „Widersachers", sehr eindringlich, ja sogar noch eindringlicher und konkreter als in früheren Jahrhunderten. Zum Beispiel:

> Der große Negative ist eine hohe Intelligenz und hat die Menschen in ihren Schwächen genauestens studiert. So weiß der große Widersacher, wie er sich jedem einzelnen von euch nähern muß und wo er Erfolg vermuten darf. Viele Menschen scheuen es, auf diese Kraft aufmerksam zu machen, um nicht in die dogmatische Kirchenecke gestellt und verlacht zu werden. Dies ist der große Vorteil des großen Negativen. Langsam sickert jedoch die Nachricht durch, daß der Widersacher bereits über negative außerirdische Wesen Einfluß auf die Regierungen hat: Technik gegen Menschen.[7]

Die Bibel, die Apokryphen und der Koran sprechen von Satan und von gefallenen Engeln, die Veda-Schriften von Asuras. Diese Wesen sind seit einer frühen Phase der Schöpfung, aber nicht von Anfang an, Teil des multidimensionalen Kosmos. Heute, im Zeitalter der Weltraumfahrt, wird in einigen medialen Texten auch konkret von „negativen außerirdischen Wesen" gesprochen, wie z.B. im obigen Zitat.

Gemäß diesen Darlegungen werden die negativen Wesen also *nicht* vom Menschen (durch Projektion) geschaffen, wie oft behauptet wird, sondern sie sind *spezifische Lebensformen* und, wie auch die Lichtwesen, bewußt und konkret handelnde Bewohner des multidimensionalen Kosmos.

Warum ist es dann einseitig und sogar gefährlich zu glauben, das Böse sei einzig und allein im Menschen und nicht auch außen? Versuchen Sie, diese Frage selbst zu beantworten![8]

Der Fall aus der Harmonie

Die Frage nach dem Ursprung der negativen Einflüsse erfordert eine differenzierte Antwort, die den individuellen freien Willen und auch den kosmischen Schöpfungsvorgang berücksichtigt. Denn seit Menschengedenken gibt es das Böse auf Erden, und die mystischen Quellen aus Ost und West sagen sogar, das Böse sei *nicht* auf die Erde beschränkt. Um den Ursprung des Bösen zu finden, sagen sie, müsse man in der Geschichte des Universums weit zurückblicken; es stimme, daß es „gefallene Engel" und auch einen höchsten gefallenen Engel gebe; zu einem gewissen Zeitpunkt hätten sich diese vom Licht abgewandt und sich gegen das Licht gestellt, und sie warfen Schatten ...

In den Schriften des Judentums, des Christentums und des Islams wird gesagt, daß innerhalb der universalen Schöpfung einst ein erstes Wesen, ein hoher Erzengel, danach strebte, „erster" zu sein. Durch diese Auflehnung gegen Gottes Ordnung und Gottes Bevollmächtigte verlor er, der selbst zu den höchsten Bevollmächtigten gehörte, seine göttliche Harmonie und ging in die Trennung, wodurch er die Dunkelheit schuf, in die er fiel.

In den altindischen (vedischen) Schriften wird nicht explizit ein „Engelsturz" oder ein „Luzifer" beschrieben, doch um so ausführlicher das Wirken der universalen positiven Kräfte und dementsprechend auch das der negativen Kräfte, die im Sanskrit mit dem Überbegriff *asuras* bezeichnet werden („Widergötter; Lichtgegner", von *a-*, „un-; wider-; anti-", und *sura,* „Lichtwesen", vgl. auch sanskr. *sûrya,* „Sonne, Sonnengott"). Die vedischen Schriften beschreiben das Entstehen der Asuras, ihre Vielfalt und ihre Welten. Ein oberster Herr dieser gottabgewandten Welten wird nicht besonders erwähnt, jedoch bei den lichtvollen Welten wird das Oberhaupt sehr wohl identifiziert, sogar mit Namen: Brahmâ, das höchste und erste Lichtwesen im Universum, der Schöpfergott, der kosmische Demiurg*.

Brahmâ ist jedoch nicht der höchste Schöpfer, denn es gibt laut

* Demiurg: der „Weltbaumeister" im siebten Himmel, der das Universum aus der Urmaterie formt; ein wichtiger Begriff bei Platon und Plotin, deren Erkenntnisse erstaunlich viele Ähnlichkeiten mit den vedischen Quellen aufweisen.

vedischer Darstellung zahllose Universen und zahllose Brahmâs, aber in jedem Universum nur einen. Die Universen selbst (in ihrer Urform von unmanifestierter, potentieller Materie) emanieren vom absoluten Ursprung, Gott, der als Urschöpfer im Sanskrit *Vishnu,* „der Allgegenwärtige", genannt wird.

Brahmâ ist das urerste Wesen im Universum, der erste „Sohn Gottes". Von ihm werden innerhalb des Universums Stufe um Stufe die verschiedenen Dimensionsebenen materialisiert – und während dieses Vorgangs, lange vor dem Entstehen der Erde und der Menschheit, kommt es zu einer Trennung der Entwicklungswege, indem erste Lichtwesen auf ganz subtile Weise einer Asura-Mentalität verfallen und in die Trennung fallen, wodurch sie „Schatten" und Schattenwelten erschaffen.

Im Berührungsbereich der lichten und dunklen Hemisphären entsteht im siebten Schöpfungsschritt die Erde – am Tiefpunkt und Wendepunkt der materiellen Verdichtung.

Spaltung und die Entstehung der Dunkelwelten

„Der geheime Bund Luzifers, von welchem nur eingeweihte Menschen durch Gottes Offenbarung aus geistiger Welt Kenntnis erhalten, ist der Sinneswahrnehmung der Allgemeinheit entzogen; er ist aber eine Tatsache, die ihr [die Menschen] auf vielen Gebieten eures Lebens bestätigt finden könnt. Uns [den Engeln Gottes] geht es darum, euch Menschen in diese Wirklichkeit einzuweihen, so daß ihr daraus Schlüsse ziehen könnt." [9]

In vielen visionären und mystischen Offenbarungen aus mehr als zwei Jahrtausenden[10] finden sich Beschreibungen der Vorfälle, die zum Fall der Seelen in die materiellen Bereiche des Sterbens und Vergessens führten. Diese Vorfälle und der anschließende Fall *vieler, aber nicht aller* Seelen führten zu der Entstehung der Dunkelwelten, einem Ereignis kosmischen Ausmaßes, das sich die Menschen in seiner gesamten Komplexität nicht vorzustellen vermögen. Deswegen hieß es im obigen Zitat, daß von diesem Geheimnis „nur eingeweihte Menschen durch Gottes Offenbarung aus geistiger Welt Kenntnis erhalten" können.

Weil die Fassungsgabe des Menschen sehr begrenzt ist, können die Beschreibungen, die für den Menschen bestimmt sind, immer nur aus beschränkten Blickwinkeln vorgenommen werden. So ist es nicht erstaunlich, daß die Offenbarungen, die über die Jahrtausende hinweg zu den Menschen gelangt sind, dieses kosmische Ereignis unterschiedlich darstellen. Es empfiehlt sich deshalb einmal mehr, die Mosaik-Methode anzuwenden, um ein Gesamtbild zu bekommen. Das Grundschema wurde bereits in den vorherigen Ausführungen dargelegt:

Innerhalb des zyklisch wiedererschaffenen Universums erscheinen die ersten „Söhne" und „Töchter" Gottes, allen voran der „erstgeborene Sohn", durch den weitere Wesen (die „Erzengel" = „Erst-Engel") hervorgehen, die gemäß Vorgabe wiederum eigene Welten und Wesen hervorbringen. Alle diese Lichtwesen wirken im Einklang mit dem Willen Gottes.

Da sich diese Lichtwesen jedoch im Bereich der potentiellen Dualität bewegen, müssen sie fortwährend *bewußt* die Einheit mit Gottes Willen aufrechterhalten. Ihr Dienst in Gottes Schöpfung beruht auf ihrem konstanten Ja. Die materielle Schöpfung bietet jedoch die Möglichkeit, auch *nein* zu sagen. Das gilt ebenfalls für die hohen und höchsten Lichtwesen mit ihren Scharen von untergeordneten Wesen, die durch diese geistigen Ureltern ins Dasein getreten sind.

Das Lichtwesen, das als erstes begann, ein Nein zu erwägen, war einer der höchsten und erstgeschaffenen Urerzengel, dessen Name meistens als *Luzifer* („Lichtträger") angegeben wird. Einige Quellen sagen sogar, er sei das zweitgeschaffene Lichtwesen gewesen, also der direkte Bruder des ersten Gottessohnes.

Wie sein Name schon sagt, war er ein Lichtträger und besaß leuchtende, gottähnliche Eigenschaften. Als sich Luzifer seiner Schönheit und Macht bewußt wurde, glaubte er, dies seien seine eigenen Eigenschaften, und verstand nicht mehr, daß dies in Wahrheit *verliehene* Herrlichkeiten waren, mit denen er ausschließlich *Gottes* Herrlichkeit widerspiegelte. *Als Mitschöpfer begann er, sich mit seinen eigenen Schöpfungen zu identifizieren.* In ihm regte sich Hochmut, und er wollte die Stellung des ersten Gottessohnes einnehmen. Dies führte im Lauf einer langen inneren Entwicklung dazu, daß er Verbündete suchte, um mächtig genug zu werden, seinen Bruder zu stürzen.* Diese Entwicklung wurde zugelassen, weil ein göttlich-autoritärer Eingriff dem Prinzip des freien Willens widersprochen hätte. Alle Lichtwesen wurden (und werden) auf die Probe gestellt: Dienen sie Gottes Willen wahrhaft *freiwillig* oder nur mangels einer „Alternative"? Diese Alternative wurde nun durch Luzifers Bruderschaft geboten.

Das Trügerische – angefangen auf dieser hohen Ebene – ist, daß alle es immer nur „gut" meinen, so „gut", daß sie meinen, selber eine „bessere" Schöpfung oder Weltordnung herbeiführen zu müssen. Die Ereignisse auf jener hohen Ebene, die zum Ursprung des Spaltenden und Diabolischen führten, können wir Menschen nur mit mythischen Bildern in unsere Vorstellungswelt übersetzen, und diese Bilder zeigen, daß die archetypischen Muster des Spaltenden auch auf unserer Erde und in jedem Menschen ihren Niederschlag finden.

Im Luzifer-Mythos können sogar die treuen Engel Luzifer nicht völlig durchschauen oder widerlegen. Was er wollte und propagierte, klang „gut": eine bessere Welt! Er hatte entdeckt, daß es, symbolisch gesprochen, nicht „nur" Licht gibt, sondern auch Schatten – etwas, was es in der ursprünglichen Schöpfung nicht gibt, etwas, was der Schöpfer nicht schöpft und nicht schöpfen kann. „Aber *wir* können es! Also können wir etwas, was Gott nicht kann. Wir können eigene Schatten schaffen! Also schaffen wir eine neue, bessere Welt aus Schatten ..."

Solange sich dieser Gedanke nicht völlig entfaltet hatte, war es für die Lichtwesen nicht absehbar, was dessen Konsequenz war. Vielleicht bezeugte Luzifer anfänglich sogar seine Treue zu Gott, indem er behauptete, nur der Ehre Gottes und dem Wohl des „Volkes" dienen zu wollen – und war davon selber fest überzeugt. Dadurch säte er Unzufriedenheit und Spaltung und sah darin eine

* Die luziferische Parteienbildung ist der archaische, archetypische Ursprung aller Bruderschaften und Bruderkriege bzw. Vater-Sohn-/Sohn-Vater-Kriege, z. B. Kronos gegen Uranos, Zeus gegen Kronos, Kain gegen Abel, Seth gegen Osiris oder die Rivalität der sumerischen Götter (und Halbbrüder) Enlil und Enki. Etwas Ähnliches beschreiben die Veda-Schriften: Die Hauptlinie der Devas und Asuras geht aus demselben Stamm hervor, vom gleichen Vater mit verschiedenen Müttern. Am Anfang bestanden diese entgegengesetzten Linien also aus Halbbrüdern.

weitere Bestätigung, daß dem Licht etwas fehle und daß deshalb die ursprüngliche Ordnung verändert werden müsse. Zur Begründung gab er an, daß dies notwendig sei, um die Eintracht des Himmels und der Engel zu bewahren ...

In den hohen Sphären des Universums, die rein geistig sind, haben Gedanken und Gefühle eine direkte Wirkung auf die äußere Realität, weil Innen und Außen dort fast nicht verschieden sind. Luzifers Neigung zu Disharmonie bedeutete deshalb „wie von selbst" Abspaltung, und so fielen er und seine Heerscharen verwandter und verbündeter Engel mit ihren Untergebenen in eine Kluft der Trennung von Gott. Dies verursachte ebenfalls wie von selbst die Entstehung neuer Welten, die der gottabgewandten Geisteshaltung jener Wesen entsprach. Luzifer, vormals Träger des höchsten Lichtes, fand sich nun in einem Bereich größter Finsternis und meinte, ungerecht behandelt worden zu sein (er hatte sich ja nicht direkt gegen Gott aufgelehnt, sondern gegen den „ersten Sohn Gottes", den Schöpfergott). Vor allem aber meinte er nun, in dieser neuen Welt selbst „Gott" geworden zu sein – was sogar stimmte, denn in der dunklen Hemisphäre war und ist er tatsächlich das höchste Wesen. Als „Herr dieser Welt" begann er in seinem Bereich eigene Unterschöpfungen, sprich Imperien, aufzubauen und auszuweiten.

Nach seinem Fall war Luzifer nicht mehr der „Lichtträger", sondern der höchste Fürst der Dunkelwelten und der Anführer der Widersachermächte. Obwohl er sich mehr denn je als Luzifer wähnte, war er nun *Satan,* der „Gefallene". Interessanterweise hat das hebräische Wort *shatan* („Widersacher, Verfolger") eine Entsprechung im Sanskrit: *shâtana,* „zu Fall bringen, zerstören, in den Ruin treiben", von der Wurzel *shad,* „fallen, stürzen" und auch „fällen".[11] Diese Doppelbedeutung beschreibt das Wesen des Satan sehr treffend, denn der Gefallene fiel nicht nur selbst, sondern fällte auch andere, das heißt, er riß durch seine Propaganda andere mit sich in die Dunkelheit.

Luzifer ist der Prototyp der Rebellion gegen Gott (Vishnu) und die Schöpfergottheit (Brahmâ). Er geriet aus eigenem Verschulden in das Extrem der Dualität, weil ihm seine gottgegebene Position nicht mehr genügte. Er wollte *mehr.* Er wollte etwas „Besseres".

Die Psychologie des Bösen

Wer sich vom Licht abtrennt, befindet sich gezwungenermaßen in Dunkelheit. So erging es auch Luzifer und seinen Heerscharen. Sie fanden sich plötzlich in Dunkelheit und erkannten, daß sie alles, was sie ursprünglich besaßen, nun verloren hatten. Dadurch wallten in ihnen negative Gefühle auf: Neid, Zorn, Haß, Rachsucht, Selbstsucht und Selbstbetrug. Sie waren nicht mehr glücklich, redeten sich selbst aber ein, glücklich zu sein. Da sie vollständig in ihr von Gott getrenntes Ego eintauchten und sich von der göttlichen Quelle abschnitten, konnten sie Kraft und Lebenssinn nur noch aus ihrem eigenen Ego ziehen. Ihr Wesen verdunkelte und verhärtete sich, und sie waren nicht mehr fähig, sich für das Licht und die Liebe Gottes zu öffnen.

Ein weiteres Ergebnis dieser inneren Abspaltung waren die *äußeren Spaltungen:* die Auftrennung in Parteien, die einen Konkurrenz- und Machtkampf nach sich zieht. Die Asuras sind keine einheitlich verschworene Gruppe, sondern sind in verschiedenste Fraktionen zersplittert: von den gemäßigten und ethisch geprägten bis hin zu den extremen und totalitären, von den „lieben" bis zu den „bösen" Asuras (s. *Unsichtbare Welten,* S. 140 f.).

In den höherdimensionalen Welten drückt sich die Geisteshaltung direkt in der feinstofflich-körperlichen Erscheinung aus. Diejenigen, die bewußt und freudig mit Gott, der höchsten Quelle von Licht und Liebe, verbunden sind, widerspiegeln diese Eigenschaften und leben in strahlender Fülle, Wärme, Zuneigung und Angstlosigkeit.

Die Entsprechung von Mentalität und körperlicher Erscheinung trifft auch bei den negativen Wesen zu. Je weiter sich die Geschöpfe von Gott entfernen, desto weniger reflektieren sie Gottes Eigenschaften, deren erste und höchste die *Liebe* ist. Mit der zunehmenden Entfernung von Gott verlieren die Geschöpfe die Fähigkeit zu lieben, ja sogar den Wunsch zu lieben. Dies kann so weit gehen, daß gewisse Wesen in eine kaltblütige Emotionslosigkeit entarten.

Luzifer und seine Scharen kamen nicht zu Fall, weil sie unwissend gewesen wären. Sie hatten die Mahnung vielfach vernommen, aber von sich gewiesen: „Euer Äußeres sei der getreue Widerschein eures inneren Spiegels, in welchem sich die Liebe der Gottheit beschaut; sonst wird der innere Spiegel zerbrochen werden, und eure Gestalt wird schrecklich werden."[12]

Genau das geschah. Schreckliche und groteske Gestalten entstanden. Ihre Gottlosigkeit äußert sich in einer entsprechenden Gestalt, die mit tierisch-reptiloiden Charakterzügen beschrieben wird: „Der große Drache wurde hinuntergestürzt. Er ist die alte Schlange, die auch Teufel oder Satan genannt wird und die ganze Welt verführt. Mit allen seinen Engeln wurde er auf die Erde hinuntergestürzt."

Was die Apokalypse (12,9) hier kryptisch andeutet, kann heute aufgrund weiterer Offenbarungen und Enthüllungen (und sogar aufgrund von Augenzeugen!) in seiner konkreten Bedeutung verstanden werden. Mehr hierüber in Teil III dieses Buches.

Der Unterschied zwischen Polarität und Dualität

„Er ist das Ebenbild des unsichtbaren Gottes, der Erstgeborene der ganzen Schöpfung. Durch ihn ist alles erschaffen worden, was in den Himmeln und auf Erden lebt … Er war vor allem anderen da."

– Neues Testament, Kolosserbrief 1,15 ff.

Die Lichtwesen, die in den höchsten Dimensionswelten der materiellen Schöpfung leben, sind keine gefallenen Engel, sondern „Ebenbilder des unsichtbaren Gottes", die dem Schöpfungsplan bewußt dienen. Ihr Kommen in die materielle Schöpfung ist kein Wegfall von Gott, sondern gehört zum natürlichen Individuationsweg einer jeden Seele. Dort, in den reinen Lichtwelten des materiellen Universums, bietet sich die ursprüngliche Freiheit des freien Willens: Will ich in der Einheit der göttlichen Liebe sein oder mir eine eigene Ego-Welt aufbauen?

In den hohen Lichtwelten ist die Polarität (das Schöpfungsgleichgewicht der Plus- und Minuspole: Raum und Zeit, Yin und Yang, das Maskuline und das Feminine, das Aufbauende und das Auflösende, usw.) nicht gebrochen, sondern wirkt in einer dynamischen Harmonie. In dieser Definition bezieht sich der Begriff „Polarität“ auf das ungebrochene Gleichgewicht der sich ergänzenden Pole, die jeglicher Schöpfungsdynamik zugrunde liegen. *Spaltung geschieht, wenn das Gleichgewicht durch irgendeine geistige Einseitigkeit gebrochen wird.* Dualität, die „Zweiheit“, bezieht sich auf den Zustand der Spaltung, dessen Ur-Sache die diabolische Gesinnung ist, in welcher Form auch immer.

Es gibt im Universum und auch unter den Menschen also nicht nur „gefallene Engel“. Mit dem Weg durch die Materie ist jedoch ein *potentieller* Wegfall verbunden, denn im Bereich der Polarität ist der Wegfall als Möglichkeit („potentiell“) immer offen. Der *effektive* Fall geschieht, wenn man beginnt, sich mit den eigenen Schöpfungen, angefangen mit den Gedanken und Gedankenwelten, zu identifizieren.* Wie bereits erwähnt: Für Brahmâ und die hohen Lichtwesen sind Gedankenwelten konkrete Schöpfungen. Durch die Kondensierung von Materie manifestieren sie kraft ihrer Gedankenformen ganze Lebenswelten.

Beim Luzifer-Fall widerstanden viele Lichtwesen der Verführung mit selbstverständlichem, unbeirrtem Gottvertrauen, wohl wissend, was der wahre Sinn des Lebens ist. Andere jedoch zogen die Verlockung in Betracht und sannen darüber nach, bis ihre Unschlüssigkeit in Zustimmung umschlug. Die einen waren Verführer, die anderen Verführte. „Bei den Verführten lag die *Sünde der Schwachheit* vor, bei den Verführern die *Sünde der Bosheit.*“[13] Dementsprechend unterschiedlich verliefen auch ihre Schicksalswege, denn auch in der Dunkelheit gibt es Abstufungen.

Die Erde – weil sie sich im Grenzbereich der Licht- und Dunkelwelten befindet – ist ein entscheidender Ort des Wiederaufstiegs und der Möglichkeit der Wiederverbindung mit Gott. Sowohl aus den Lichtwelten als auch aus den dunklen Welten können sich Seelen auf der Erde inkarnieren, weil diese sich im Einzugsbe-

* Das potentielle und das effektive Fallen in die Materie ist vergleichbar mit einem Sprung ins Meer. Man mag zum eigenen Vergnügen oder als Rettungsschwimmer ins Meer springen, doch sobald man sich im Wasser befindet, besteht die Möglichkeit, daß man ertrinkt. Aber nur wer unvorsichtig, eigenwillig oder übermütig ist, ertrinkt tatsächlich oder wird von einem Hai angefallen. Irgendeinmal aber muß und will auch der beste Schwimmer wieder an Land gehen, und dasselbe gilt auch für die Lichtwesen der hohen Dimensionswelten.

reich beider Hemisphären befindet. Damit wird den Gefallenen die Chance geboten, wieder mit dem Licht in Kontakt zu kommen und sich an den göttlichen Weg zu erinnern. Erst hier, an der Pforte zu den Lichtwelten, bietet sich den gefallenen Engeln wieder die Möglichkeit des Wählens. Denn in den Dunkelwelten, wo nur Dunkelheit herrscht, gibt es keine Alternative.

Auf der Erde mußten also Tore geschaffen werden, die den Weg ins Licht wieder eröffnen, damit die Menschen zumindest die Chance bekommen, zwischen Dunkelheit und Licht zu wählen. Deshalb gingen auch viele nichtgefallene Engel in die Inkarnation und wurden Menschen unter Menschen, „Menschensöhne" und „Menschentöchter". Kulmination war die Inkarnation des „Erstgeborenen der ganzen Schöpfung", denn gegen ihn hatte sich die Rebellion gewandt. Und so stieg er in Satans Herrschaftsbereich hinab, um dessen Macht zu brechen: „Jetzt fällt die Entscheidung über diese Welt. Jetzt wird der Herrscher dieser Welt gestürzt." (Joh 12,31)[14]

Dieses „Stürzen" ist kein Akt von Haß oder Strafe, sondern eine Befreiung – sowohl der Verführten als auch der Verführer. Parallel zur luziferischen Abspaltung wurde sogleich auch ein Rettungsplan wirksam, denn Dunkelheit trennt sich vom Licht, aber Licht nicht von der Dunkelheit …

Kali-Yuga: die Menschheit in der dichtesten Materie

Die materielle Welt entsteht nicht als Strafe oder „Gefängnis" für die gefallenen Seelen, denn zum Zeitpunkt der Schöpfung gibt es noch keine gefallenen Seelen. „Alles war gut", heißt es an dieser Stelle in der Genesis:

> Gott betrachtete alles, was er geschaffen hatte, und war erfreut: denn alles war gut. Es wurde Abend und wieder Morgen: der sechste Tag. So entstanden Himmel und Erde mit allem, was lebt. (1 Mose 1,31 f.)

Die materielle Welt wird geschaffen als Ort des freien Willens, wo reine göttliche Liebe, aber auch verblendeter, „höllischer" Egoismus möglich ist. Philosophisch gesprochen: In der Polarität ist potentiell auch die Dualität enthalten, so wie Licht die Möglichkeit bietet, Schatten zu werfen. Als der „Engelsturz" stattfand, war offensichtlich nicht mehr *alles* gut, denn nun gab es die Dualität von Gut und Böse.

Die höheren Schöpfungsebenen sind nicht physisch, sondern geistig-feinstofflich. Auch die Erde war nicht immer so dicht wie im jetzigen Zeitalter. Der Fall der Erde in diese tiefste Verdichtung vollzog sich erst später, als sich mit dem Lauf der „Zeit" auch der „Raum" veränderte. Gemäß vedischer Beschreibung (siehe *Mahâbhârata*-Zitat in *Unsichtbare Welten,* S. 209 f.) geriet die Menschheit erst mit dem „Kali-Zeitalter" (Kali-Yuga) in die ausschließlich dreidimensionale Wahrnehmungswelt, die seit heutigem Menschengedenken deshalb „normal" ist. Der Begriff „Kali" bedeutet wörtlich „einen Keil treiben; spalten", was dem griechischen Begriff „diabolisch" entspricht. Kali* ist also der Impuls hinter aller Zwietracht und Scheinheiligkeit auf der Erde, und seine Vorherrschaft nahm gemäß vedischem Kalender vor rund 5200 Jahren ihren Anfang.

Es wurde bereits erwähnt, daß sowohl aus den Licht- als auch aus den Dunkelwelten Wesen durch Inkarnation auf die Erde kommen. Im Kali-Yuga erscheinen aus beiden Hemisphären sogar die *höchsten* Wesen und prägen dieses Zeitalter durch ihre entgegengesetzten Impulse, denn das Kali-Yuga ist im Zyklus der Zeitalter als Tiefpunkt auch ein Wendepunkt, der auf eine Wendezeit hinausläuft, in der Licht wieder die Dunkelheit auflöst.

> Schauen wir nun hin auf die *Erden-Ereignisse,* die mit diesem Mysterium zusammenhängen. Der Christus kommt zur Erde ... und ringt dem Tode auf Golgatha die Auferstehungsgestalt des menschlichen Leibes ab ... Und wir erfahren nun durch die Geisteswissenschaft das Erschütternde: *auch Luzifer war auf die Erde heruntergestiegen* und hatte sich inkarniert in einem menschlichen Leibe, nicht ganz 3000 Jahre vor Christus. Christus zieht seinem Bruder,

* Nicht zu verwechseln mit der im Indischen bekannten Göttin Kâlî, die als Verkörperung von Kâla (Zeit) hinter der transformativen Kraft der Materie steht. Kâlî ist die weibliche Schöpfungskraft, durch die „im Laufe der Zeit" alle materiellen Strukturen aufgelöst und neu geboren werden, als Wiederherstellung des natürlich-harmonischen Gleichgewichts der Polarität.

der sein Gegner geworden ist, auch auf der Erde nach, er läßt ihn vorausgehen ... am Beginn des *Kali Yuga,* des „Finsteren Zeitalters", das die Menschen für Tausende von Jahren in ihrem Empfinden und Erleben von der geistigen Welt immer mehr abschnürte und dadurch die Entwicklung des eigenen *irdischen* Verstandes förderte. ... Die Inkarnation Luzifers bewirkte, daß die Menschheit sich vom 3. Jahrtausend an immer stärker dieser Verstandesorgane *bedient* hat. Ein Gott hat es ihr vorgemacht. Die Ausstrahlung, die von ihm ausging, ergriff allmählich den Erdkreis.[15]

Seit dem Beginn des Kali-Yugas fielen die Menschen immer mehr in ein materiell beschränktes Bewußtsein und wollten deshalb alles selbst herausfinden und verstandesmäßig erfassen. Es ist nichts Falsches daran, sich der „Verstandesorgane" zu bedienen. Der luziferische Einfluß bewirkte jedoch eine zunehmende Einseitigkeit, die sich als „Fortschritt" und „Verbesserung" präsentierte, während er in Wirklichkeit das Natürliche und Harmonische immer mehr durch verstandesmäßige Pragmatik (und Technik) ersetzte, die nur auf Kosten der Natur, der Gesundheit und des Lebens um sich greifen konnte. Diese verstandesmäßige Einseitigkeit führte zu einer geistigen Erblindung und machte die Menschheit anfällig für Beeinflussung und äußere Abhängigkeit.

Eine aufschlußreiche Frage lautet hier: An welchem Ort, in welcher Kultur erschien Luzifer vor fünftausend Jahren als „Menschensohn", um diese schicksalhafte Entwicklung auf der Erde ins Rollen zu bringen? Anthroposophische Quellen geben hier folgende Information:

Es ist die chinesische Kultur im dritten vorchristlichen Jahrtausend. Diese war ursprünglich eine Kultur ohne Götter – die späteren sind von den Indern übernommen –, eine Kultur ohne Religion, ohne Opfer und Gebet, also nichts von dem, was man religiöse Verinnerlichung nennen kann; nicht ichhafte Vertiefung nach innen, sondern, im Gegenteil, ganz in die Außenwelt ergossen.[16]

Die Inkarnation Luzifers ... hat für die Menschheit – zunächst für die chinesische Kultur selber – Großes und Geniales, künstlerisch und erkenntnismäßig Erhebendes gebracht. ... Luzifer möchte dem Menschen alles zeigen, was er in seinem Ich vermag, losgelöst von der Führung durch die Götter.[17]

Der Luzifer in Menschengestalt, der historisch heute nicht mehr bekannt ist, war also kein teuflisch wütender Despot, sondern ein Kulturbringer, ein „Lichtbringer", der mit großen Versprechungen und Verheißungen die ganze Welt neu zu gestalten begann. Auch hier wirkte dasselbe Schema: Er meinte es nur „gut", und alles sollte „besser" werden. Und auch das hatte, aus höherer Sicht, seine Bedeutung und Berechtigung, denn nichts ist absolut negativ (siehe übernächstes Unterkapitel).

Als diese Weichenstellung im Fernen Osten geschah, erschien fast gleichzeitig in Indien die göttliche Inkarnation des *Krishna*. Übersetzt man die Angaben der vedischen Schriften in die heutige Zeitrechnung, so verließ Krishna die Erde im Jahre 3102 v.Chr. Krishnas Verscheiden markiert gemäß traditionellen Angaben auch den Beginn des Kali-Yugas. Fast dasselbe Datum hat auch im Maya-Kalender eine zentrale Bedeutung, denn 3113 v.Chr.[18] begann der letzte große Zyklus von 5125 Jahren, der nun bald, im ominösen Jahr 2012 (Wintersonnenwende), zu Ende gehen soll.

Es würde zu weit führen, hier ein kulturhistorisches Gesamtbild erarbeiten zu wollen. Die Rolle Chinas in den letzten fünftausend Jahren ist schleierhaft, aber nicht zu unterschätzen. Mittlerweile ist erwiesen, daß China im ersten Jahrtausend v. Chr. technisch die fortgeschrittenste Nation der Welt war. Heute verfügt China über eine fast unerschöpfliche Anzahl Menschen, die sich willig für eine seelenlose Massenproduktion einsetzen lassen, gegebenenfalls wahrscheinlich auch für militärische Aktionen. Seit einigen Jahren verlagern immer mehr westliche Konzerne ihre Produktion nach China, verlockt von den kurzfristigen Profiten, die durch die dort herrschenden niedrigen Preise für menschliche Arbeit möglich sind. Ist das nicht eine Falle, die zuschnappt, sobald sich die westlichen Konzerne gänzlich von der chinesischen Billigproduktion abhängig gemacht haben? Ist es Zufall, daß gerade China mehr und mehr zum Billiglohnland Nr. 1 und zum Inbegriff von Massenproduktion wird? Schließt sich hier nicht der Kreis einer jahrtausendelangen Fortschrittsillusion? Zumindest bekommen viele Menschen im Westen zunehmend das Gefühl, daß dort im Fernen Osten, im Reich des „roten Drachen", ein Gigant lauert, von dem man nicht weiß, was in ihm vorgeht.

Die Rolle des Bösen in der Entwicklung des Menschen

Die bisherigen Ausführungen haben gezeigt, warum das Negative negativ („verneinend") ist. Es verneint die göttliche Ordnung und meint, eigenmächtig eine andere, bessere „Ordnung" schaffen zu können, vergleichbar mit dem archetypischen Luzifer, der meinte, die von ihm geworfenen Schatten seien etwas „Besseres" als das Licht. Die Gottabgewandtheit führt zu Illusion und Selbstbetrug und ist die Wurzel des Bösen, und das Böse soll nicht verharmlost oder gerechtfertigt, es soll *korrigiert* werden, und das setzt voraus, daß man es als das erkennt, was es ist.

Auf der Grundlage dieser kategorischen Feststellung kann nun die nächste Frage angegangen werden: Was ist die Funktion des Bösen innerhalb der materiellen Schöpfung?

Ohne klares Unterscheidungsvermögen könnte man bei dieser Frage leicht in Versuchung kommen, das Böse auf einmal nicht mehr als böse zu sehen, sondern als notwendig und letztlich gut. Diesem Denkfehler erlag Luzifer und erliegen auch viele andere vermeintliche „Lichtträger" und „Erleuchtete".

Eine erste wichtige Erkenntnis besteht darin, daß „man das Böse nicht in einer polaren Stellung zum Guten betrachten darf, denn das sogenannte Böse steht dem sogenannten Guten in zwei Einseitigkeiten gegenüber. Im Grunde ist also der Gegensatz des einen Bösen das andere Böse, während das Gute den Mittelweg einnimmt."[19]

Die beiden Einseitigkeiten oder Extreme des Bösen sind das „Zuviel" und das „Zuwenig". Andere mögliche Begriffe sind das „Luziferische" und das „Satanische" oder „Ahrimanische".

Luzifer wurde bereits beschrieben. Er ist ein hohes Lichtwesen, das gegen die göttliche Ordnung (Harmonie), gegen die „Natur", rebelliert und sich selbst im Zentrum sehen will. Er repräsentiert das „Zuviel": das Streben nach immer mehr, die Selbstüberhebung (Hybris), die Verführung und Verblendung. Ahriman, der Name für den Widersacher in der altpersischen Religion, wird oft mit Satan gleichgesetzt und ist der Archetyp für das „Zuwenig": das Zerstörerische, Kaltblütige, Seelenlose.

Nicht nur der luziferische, auch der ahrimanische Geist beeinflußt die Menschen und kann als Inkarnation auf Erden erscheinen. Die Inkarnation des ersteren liegt in der Vergangenheit, beim Beginn des Kali-Yugas; die des letzteren soll in der „Endzeit" erscheinen, als Verkörperung des Zeitgeistes einer technologisch totalitären Zivilisation, und entspricht dem in der Bibel beschriebenen 666-Weltherrscher, dem „Tier" der Apokalypse.

> Als kaltfrostiger, seelenloser kosmischer Impuls strömt von Ahriman die Intellektualität aus. Und die Menschen, die von diesem Impuls ergriffen werden, entwickeln eine Logik, die in erbarmungsloser und liebeloser Art für sich selbst zu sprechen scheint – in Wahrheit spricht aber Ahriman in ihr.[20]

> Die ahrimanischen Wesenheiten ... sind dasjenige Geschlecht unter den geistigen Wesenheiten, die dem Menschen beibringen wollen ein besonderes Interesse für alles Mineralisch-Materielle, ein Interesse für alles dasjenige, was zum Beispiel Äußerlich-Maschinelles, Mechanisches ist. Sie möchten am liebsten ... eine neue Welt aus lauter Maschinen. So soll die Welt dann weitergehen. Das ist eigentlich ihr Ideal. Auf äußerem wissenschaftlichem Gebiete haben sie das Ideal, alles zur Materie zu machen, zu mechanisieren.[21]

Was ist die Funktion der luziferischen und ahrimanischen Wesen? In ihrer *direkten* Funktion sind sie, gemäß ihrer eigenen Entscheidung und Verantwortlichkeit, nichts anderes als Verkörperungen der zwei Seiten des Negativen, und das sind sie, solange sie ihre luziferische oder ahrimanische Gesinnung beibehalten. Sie haben aber auch eine *indirekte* Funktion, indem sie für den Menschen eine Prüfung des freien Willens darstellen; denn erst wenn die Möglichkeit zu Lüge, zu Ausbeutung oder zu anderen Formen des Zuviel oder Zuwenig besteht, kann man sich konkret „dagegen" entscheiden. Der Mensch als eigenverantwortliches Wesen muß aus sich selbst heraus Liebe und Wahrheit wollen, und in der Konfrontation mit dem Negativen zeigt sich, wie weit er dazu fähig ist. Diese Funktion ist indirekt, weil sie ein *Nebeneffekt* ist. Es ist ja nicht die Absicht des Negativen, diese Funktion zu erfüllen, ähnlich wie es nicht die Absicht der Dunkelheit ist, indirekt auf die Existenz des Lichtes hinzuweisen. Hinzu kommt, daß das Negative auch nicht notwendig ist, genausowenig wie der Schatten für das Licht. Diejenigen, die intuitiv gottesbewußt sind, brauchen nicht erst die Konfrontation mit dem Negativen, um sich dann für das Licht zu entscheiden. Sie *sind* bereits im Licht.

Eine weitere Möglichkeit, das Zuviel und das Zuwenig zu beschreiben, findet sich in der vedischen Philosophie: Rajo-Guna („Leidenschaft") und Tamo-Guna („Trägheit"). Guna, ein wichtiges Sanskritwort (wörtl. „Saite; Faden; Unterteilung"), bezieht sich auf das, was wir heute als „Resonanz" und „Affinität" bezeichnen. Der Weg, der aus diesen beiden Einseitigkeiten herausführt, ist der „goldene Mittelweg". Dies bedeutet nicht etwa ein Mischmasch von Kompromissen, also keine „Synthese" der beiden Einseitigkeiten, sondern eine Überwindung: nicht „sowohl zuviel als auch zuwenig", sondern *„weder zuviel noch zuwenig"*. Der Mittelweg ist der Weg der „Reinheit", der „Neutralität" und der „wahren Souveränität" (Sattva-Guna), der aus dem Teufelskreis der Dualität herausführt und wirklichen Fortschritt ermöglicht. Dieses Modell ist auch die Grundlage einer umfassenden Psychologie. Die *Bhagavad-Gita,* die „Bibel Indiens" genannt, behandelt die Guna-Psychologie in drei ihrer achtzehn Kapitel (siehe *Gott und die Götter* und *Unsichtbare Welten,* Stichwörter „Vedische Psychologie" und „Gunas").

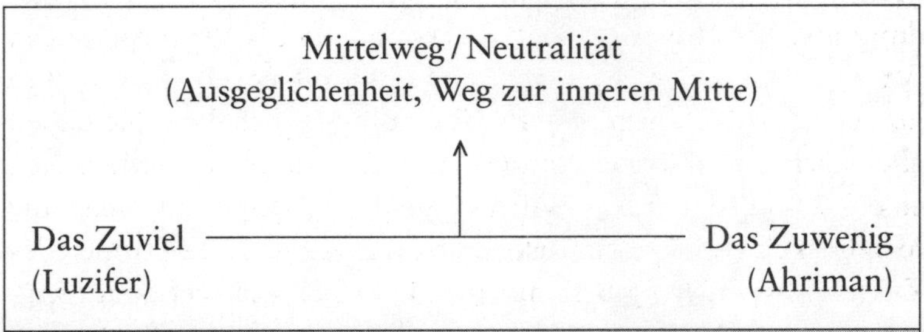

Das Böse hat zwei Gesichter, das Zuviel und das Zuwenig, denn es existiert in Form von zwei Einseitigkeiten. Die Wesenheiten, die hinter dieser Doppelform des Negativen wirken, können als „Luzifer" und „Ahriman" bezeichnet werden. Das Gute ist der „goldene Mittelweg": der wirkliche Fortschritt, der wegführt von Spaltung, Einseitigkeit (Isoliertheit) und Absonderung („Sünde").

Es gibt nichts absolut Negatives

Das Negative bis hin zum urersten Negativen ist Teil der materiellen Relativität. Alles Negative ist relativ, das heißt: Es gibt nichts absolut Negatives. Es gibt keinen Teufel als absoluten Widersacher Gottes. So wie Schatten von Licht abhängig ist, ist auch Luzifer/Satan immer abhängig, obwohl er sich gegen diese Abhängigkeit auflehnt und in der Illusion leben will, selbst ein unabhängiger Herrgott zu sein. In diesem Sinn ist er der Archetyp der egozentrierten Mentalität aller gefallenen Seelen.*

Luzifer ist nicht der Herr der gesamten materiellen Welt, sondern nur der Fürst in den dunklen Welten. Die materielle Welt ist jener Bereich innerhalb von Gottes Reich, wo immer die *Möglichkeit* des Vergessens und der Illusion (sanskr. Mâyâ) angeboten ist.

Die materielle Schöpfungskraft, Mâyâ, und Luzifer haben verwandte, aber gänzlich verschiedene Aufgaben. *Mâyâ ist reaktiv und passiv, Luzifer ist aktiv und aggressiv.* Mâyâ reagiert nur, indem sie gemäß göttlicher Führung den Lebewesen die Karma-Reaktionen zukommen läßt und durch ihr Angebot der materiellen Vielfalt die Ernsthaftigkeit der Seelen prüft. Alle Seelen wollen glücklich sein, doch wirkliches Glück kann nur in der spirituellen Realität gefunden werden. Wie aufrichtig ist der Wunsch der Seelen nach wirklichem Glück? Lassen sie sich durch materielle Verlockungen ablenken? Mâyâ stellt diese Prüfungen, indem sie einfach die Vielfalt der materiellen Ablenkungsmöglichkeiten präsentiert. Sie *präsentiert* nur, Luzifer hingegen manipuliert. Hierin besteht der große Unterschied.

Aber wir sollten nicht den Fehler machen, Luzifer als Sünden-

---

* Nicht nur das Negative ist relativ, auch das Positive. Deshalb gilt ebenso: Es gibt nichts absolut Positives. Gut und Böse, beides ist relativ, weil beides von relativen Kriterien abhängig ist. Wie definiert man „gut"? Wenn etwas „gut" ist, stellt sich sogleich die Frage: gut für wen? Was der eine für gut hält, ist nie für alle anderen gut. Die Tatsache, daß Gut und Böse relativ sind, bedeutet jedoch nicht, daß es nichts Absolutes gibt. Ohne die Perspektive des Absoluten verliert man sich in einem Relativismus. Wirklich gut ist das Göttliche, weshalb es durchaus möglich ist, im göttlichen Sinne „jenseits von Gut und Böse" zu sein. Es ist aber auch möglich, „jenseits von Gut und Böse" im diabolischen Sinne aufzufassen. Beides wird im weiteren Verlauf dieses Buches ausführlich behandelt werden.

bock zu brandmarken und ihm die Schuld für all unsere Verfehlungen zuzuweisen. Das Negative kann uns nur beeinflussen, wenn wir uns beeinflussen *lassen* – und dies ist nur dann möglich, wenn wir uns vorher auf irgendwelche Mâyâ-Vorstellungen eingelassen haben.

Alles in Gottes Schöpfung hat einen Sinn, auch das Negative! Aber deswegen ist das Negative immer noch negativ. Es wäre ein großer Fehler zu denken, das Negative (Mord, Gewalt, Lüge, Betrug usw.) sei gottgewollt, bloß weil es in der Schöpfung eine Funktion erfüllt. Denn wie bereits gesagt: Die negativen Mächte dienen diesem höheren Sinn nicht bewußt, sondern verfolgen ganz andere Absichten. Der Sinn des Negativen – die Prüfung und Stärkung des Individuums durch Widerstand – ist nur denjenigen offenbar, die bereits eine höhere Sicht des Lebens entwickelt haben. Somit ist das *Erkennen des Sinns* immer eine individuelle Herausforderung und bedeutet in keiner Weise eine Rechtfertigung des Negativen.

„Weh denen, die Böses gut und Gutes böse nennen, die aus Finsternis Licht und aus Licht Finsternis machen ... !“ So warnte bereits der Prophet Jesaja im Alten Testament (Jes 5,20).

Der Kampf um Weltherrschaft

Immer wieder haben Menschen erkannt oder erahnt, einige sogar erlebt, daß hinter der Bühne der irdischen Ereignisse nicht direkt sichtbare Mächte am Werk sind, im Guten wie im Bösen. Alle Religionen sprechen davon, auch alle Mysterientraditionen und Hochkulturen, alle Sagen und Legenden, alle Spiritisten, PSI-Forscher und medial Begabten. Auch viele berühmte Werke der Weltliteratur sind diesem Thema gewidmet, z. B. das monumentale Epos *Paradise Lost* (1667), verfaßt vom erblindeten John Milton (1608–1674), der nach Shakespeare als der größte englische Dichter gilt. In diesem Werk beschreibt Milton auf eine visionäre und politisch-metaphorische Weise die geistigen Hintergründe des Weltgeschehens, von dem er selbst eine sehr gewaltvolle, blutige Phase miterlebt hatte (Näheres darüber auf S. 221).

Das verlorene Paradies, so der Titel der deutschen Übersetzung, beginnt mit der Schilderung, wie der aus den Lichtwelten gefallene Satan und seine „Mitverbündeten“, angeführt von Moloch, Belial, Mammon und Beelzebub, eine Vollversammlung einberufen, den „Rat der Hölle“. Ihr Ziel: gegen „des Himmels Tyrannei … / Ewig und unversöhnlich Krieg zu führen, / Sei's durch Gewalt, durch List …“ So kommen sie zusammen und halten „feierlichen Rat / In Pandämonium, dem Kapitol / Satans und seiner Mitregenten“.[22] Sie fassen den Plan, als erstes die Erde, den Ort der entferntesten, dichtesten Materie („in äußerster Gemarkung seines Reiches“) zu erobern, und zwar durch Beeinflussung und Inkarnation:

Ihr Mächte, nur der Allmacht nicht gewachsen …
Es bleibt für unser Teil das Beste nun,
Verschlagen durch Betrug und Hinterlist,
Was durch Gewalt nicht glückte, zu bewirken …
Krieg also, Krieg muß jetzt, sei's offen, sei's
Verschwiegen unter uns beschlossen werden. …
Nicht weniger der Wunsch, ein neues Reich
Der Unterwelt zu gründen, welches einst
Durch Staatskunst und im Lauf der Zeit
Mit dem des Himmels sich vergleichen ließe.
[… Unser erstes Ziel ist] eine andre Welt,
Der selige Sitz eines gewissen neuen
Geschlechts, Mensch genannt …
In äußerster Gemarkung seines Reiches …
[Und sie bauen eine Brücke, die] die Hölle bis
zum äußern Ende
Mit dieser schüttern Welt verbindet, wo
Die falschen Geister nun bequem herauf
Und nieder steigen, um die Sterblichen
Zu strafen oder zu versuchen stets,
Es sei denn einer durch besondre Gnade
Von Gott und guten Engeln hier beschützt.[23]

Dieses Klassiker-Beispiel aus dem 17. Jahrhundert, so altertümlich seine Sprache und Symbolik auch sein mögen, beschreibt die überzeitlichen Hintergründe des Weltgeschehens sehr treffend und enthält auch direkte Bezüge zu unserer Zeit, insbesondere die hier zitierten Hinweise, daß offene und heimliche Kriegsbeschlüsse von einem „Kapitol" ausgehen und daß entsprechende Wesen („falsche Geister") aus der Dunkelwelt als Menschen unter Menschen erscheinen und auch hier zu „Fürsten" werden, sei es in der Politik, Wirtschaft, Wissenschaft oder in den Religionen. An ihren „Früchten" (und an ihrer Aura!) kann man sie erkennen.

Was ist die Motivation dieser Menschen, die für so viel Unmenschliches verantwortlich sind? Offensichtlich ist, daß sie nach immer mehr Macht und Herrschaft streben, letztlich nach Weltherrschaft (Weltbank, Weltkonzerne, Weltarmee, „Weltfrieden" usw.). Im Neuen Testament wird jedoch deutlich gesagt, daß Weltherrschaft das verführerische Angebot des *Satan* ist! Er ist der „Herr der Welt", und als solcher kann er seinen Verehrern und Dienern Weltherrschaft anbieten. Diese bot er auch Jesus an:

> Zuletzt führte er Jesus auf einen sehr hohen Berg, zeigte ihm alle Reiche der Welt in ihrer Größe und Schönheit und sagte: „Dies alles will ich dir geben, wenn du dich vor mir niederwirfst und mich anbetest." (Mt 4,8–9)

Nun ist es aufschlußreich zu sehen, wie Jesus reagierte. Er zweifelte nicht etwa daran, daß der Satan in der Lage wäre, jemandem Weltherrschaft zu gewähren. Aber diese Verführung fand in ihm keine Resonanz. Ohne Furcht, ohne Diskussion und ohne Interesse wies Jesus das Angebot von sich:

> „Weiche von mir, Satan! In den heiligen Schriften heißt es: ‚Vor dem Herrn, deinem Gott, wirf dich nieder. Ihn sollst du anbeten und niemanden sonst.'" (Mt 4,10)

Es gibt jedoch Menschen, die – im Gegensatz zu Jesus – dieses Angebot sehr gerne annehmen …

Viele Angebote: der Mensch vor der Wahl

Wenn man betrachtet, welches die Symptome der luziferischen und ahrimanischen Einflüsse sind, erkennt man sehr schnell, daß gerade diese Einflüsse unsere heutige Zivilisation prägen und ihren Kurs bestimmen. Die „ahrimanische“ Form von Technik (es gäbe auch ganz andere Formen) ist eine mechanische, destruktive Imitation der Natur, die Arbeitserleichterung verspricht und Zeiteinsparung in Aussicht stellt. In Wirklichkeit aber brachte diese „Hilfe“ eine Raubbau-Industrie mit sich und führte die Menschheit in eine totale Abhängigkeit von Rohstoffen und von künstlich erzeugter Energie: Elektrizität, Erdöl und Atomkraft.

Gleichzeitig greifen alte und neue Zivilisationskrankheiten um sich (Krebs, Herz- und Immunschwäche usw.), und die Symptome werden wiederum mit *industriellen* Produkten bekämpft. Je höher die „Lebenserwartung“, desto größer die Angst vor dem Tod.

Diese Art von „Fortschritt“ und „Zivilisation“ (mit Computern, Handys, Autos, Automatisierung, Gentechnik usw.) gilt heute als vollkommen normal, und nur schon das bloße Hinterfragen erscheint als Sakrileg. Man kann sich nicht einmal mehr etwas anderes *vorstellen* – so sehr beherrschen die Götzen des Kali-Yugas das Bewußtsein der Menschheit. Der Mensch soll nicht zur Ruhe kommen, damit er keine Zeit mehr findet, um innezuhalten und nachzudenken, was das Ganze eigentlich soll.

Der Mensch in Illusion (Mâyâ) richtet sein Bewußtsein nur auf materielle Ziele; er vergißt Gott, aber Gott vergißt ihn nie und schickt immer Hilfe. Diese Hilfe ist nicht auf eine einzige Religion oder Schrift beschränkt, denn sie wirkt jenseits aller menschengemachten Grenzen, Dogmen und Gottesvorstellungen. Doch Friede und Harmonie (Sattva-Guna) sind für Menschen, die unter dem Einfluß des „Zuviel“ und „Zuwenig“ (Rajo-Guna und Tamo-Guna) stehen, langweilig und kaum auszuhalten. Man will lieber „recht haben“, andere „überzeugen“ oder die anderen beherrschen, sei dies im Namen von Gott oder im Namen von Weltfrieden und neuer Weltordnung. Wahrer Friede (Harmonie in sich und in der Welt) entspricht im Kali-Yuga nicht der Resonanz des Zeitgeistes. Der ganze Lebensstil in der Dualität führt auf die eine oder andere Seite von diesem Ziel weg.

Aber selbst inmitten von Materialismus und Fundamentalismus bleibt das „Problem“, daß Gott immer hilft. Selbst wenn die Menschen die Stimme Gottes nicht mehr hören, vernehmen sie doch die Stimme des Gewissens, und sie spüren, daß irgend etwas faul ist oder schiefläuft. Und wer sich nicht vom Suchen nach Antworten ablenken läßt, wird finden.

Die negative Beeinflussung der Religionen

Materialismus, Technisierung und Industriewirtschaft bestimmen den Kurs der Menschheit erst seit einigen Jahrhunderten. Während der Jahrtausende zuvor waren die Menschen kollektiv religiös ausgerichtet und glaubten an einen Gott und/oder an Götter. Die Beeinflussung der Menschheit mußte also mit einer Beeinflussung der Religionen beginnen. Dies geschah und geschieht auf eine Weise, die beim Ego der Menschen ansetzt: „Wenn ihr diesen Gott verehrt und dieser Religion angehört, dann habt ihr die Wahrheit erkannt, und Gott ist auf eurer Seite. Ihr seid erlöst, und Gott wird alle anderen unterwerfen, und ihr werdet über sie herrschen." Diese Grundbotschaft wird meistens nicht derart plump ausformuliert, weshalb die jeweiligen Religionsanhänger nicht merken, daß sie – wenn sie dies glauben – einem diabolischen Geist dienen, der mit Liebe und Gott nicht viel zu tun hat, oft nicht einmal mit Menschlichkeit.

Die Doppelmacht des Negativen zeigt sich nirgends so extrem wie in den machtorientierten Religionen. „Zuviel" Glaube an das eigene Religionssystem bringt die Menschen dazu, „zuwenig" oder gar keine Wertschätzung für andere Religionen und deren Mitglieder zu haben. Sie meinen, sie seien im Besitz der einzigen Wahrheit, was automatisch bedeutet, daß sie alle anderen als falschgläubig und irregeführt ansehen müssen.*

Ironischerweise haben alle „anderen" ähnliche Überzeugungen, und so versuchen verschiedenste große und kleine Religionsgruppen, den „Rest der Welt" zu bekehren, zu infiltrieren oder zu be-

* Das gleiche Prinzip kann auch in einer umgekehrten Variation auftreten, z. B. in der modernen Esoterik, wo manchmal ein Zuwenig an Unterscheidung und ein Zuviel an naivem Optimismus festzustellen ist. Man meint, es gebe nichts Negatives und keine Dunkelmächte oder diese seien bereits überwunden; alles, was geschehe (und alles, was man tue), sei gut, weil es eine „notwendige Erfahrung" sei. Mit anderen Worten: In den Religionen können die Menschen durch Absolutheitsansprüche und Indoktrination getäuscht werden, in der Esoterik durch Relativismus und Ego-Rechtfertigung.

herrschen. Im Namen Gottes sind sie zu Agenten des diabolischen (spaltenden) Geistes geworden.

Religion wurde schon früh zu einem Machtmittel, das es Tyrannen erlaubte, sich auf „Gottes Gnaden" zu berufen. All diejenigen, die nicht das Privileg hatten, in der Gunst dieser „Repräsentanten Gottes" zu stehen, und erst recht diejenigen, die es noch wagten, kritisch zu sein, konnten nun als „Gotteslästerer" verdammt werden. Und die neu geschaffenen sozialen Normen sowie die entsprechenden „heiligen Schriften" gaben den theokratischen Autoritäten die Macht, diese in Ungnade Gefallenen zu verstoßen oder einfach zu töten.

Irgendwie wurde diese „Matrix" auf der ganzen Welt durchgesetzt, nicht nur durch gewisse Kasten-Brahmanen in Indien, sondern auch durch gewisse Pharisäer, Rabbis, Priester, Bischöfe, Päpste, Schamanen, Lamas, Sonnensöhne usw. Bei all diesen äußerlich so verschiedenen Religionen arbeiteten die negativen Mächte mit denselben Tricks:

1) Ein Guru, Messias oder Prophet wird verabsolutiert; alles, was er sagt, wird als unfehlbar deklariert, und jedes Hinterfragen ist verboten. Dadurch wird ein ideologisches Umfeld geschaffen, das die davon beeinflußten Menschen innerlich isoliert und in einen offenen oder subtilen Fanatismus treibt.

2) Auf dem Fundament der Verabsolutierung erheben die Nachfolger Wahrheits- und Machtansprüche für sich selbst.

3) Der nächste Schritt ist die Errichtung vorgegebener Strukturen (von kleinen sektiererischen Gruppen bis hin zu weltweiten Religionen und Logensystemen); durch Dogmen und hierarchische Regeln, oft auch durch Schwüre und Rituale, werden die Anhänger und Mitglieder an die jeweilige Institution gebunden, einerseits durch sozialen Druck und Furcht („Ich darf die Regeln und Schwüre nicht verletzen"), andererseits durch elitäre Gefühle: „Wir sind die Erlösten/Auserwählten/Erleuchteten; also sei dankbar und unterwirf dich und betrüge Gott nicht, indem du seinen exklusiven Kreis verläßt; groß wäre die Strafe und die Verdammnis."

4) In vielen Fällen war das wirksamste, erste Manipulationsmittel die Vergiftung der Mann-Frau-Beziehung. Dies begann,

als Männer – als Hohepriester, Kriegerfürsten und Familienoberhäupter („Patriarchen") – die Beherrscher der Gesellschaft wurden. Sie erklärten Sexualität und den intimen Aspekt der Liebe als Schwäche, Unreinheit und Sünde; Frauen wurden zum Besitz der Männer, wodurch sowohl die Frauen als auch die Männer in verschiedene Formen von Einseitigkeit gerieten. Wenn Frauen und Männer nicht mehr in einer gleichwertigen Beziehung leben, sind sie nicht in der Lage, sich gegenseitig durch die Einweihung der Liebe zu ermächtigen. Dann wird das Leben oberflächlich und hektisch, und die Menschen greifen nach Ersatzbefriedigung (Prestige, Veräußerlichung, Unterhaltung, Sucht usw.).

5) Die größte Ersatzbefriedigung ist das Gefühl von Macht: mehr zu wissen als andere, reicher zu sein als andere, andere bekehren zu können, von anderen verehrt oder gefürchtet zu werden. Das Extrem hiervon sind Absolutheitsansprüche, mit denen man sich selbst überzeugt, als Mitglied einer bestimmten Gruppe zu den einzigen Erleuchteten, Auserwählten oder Erlösten zu gehören; alle anderen Menschen sieht man als unwissend, vielleicht sogar als verloren und minderwertig. In allen Religionen gibt es Extremisten, die glauben, es sei nur eine Frage der Zeit, bis die ganze Erde von *ihrem* Glauben übernommen werde: Weltherrschaft des Christentums, des Judentums, des Islams, des Hinduismus usw. Hinter all diesen weltlichen Träumen wirkt Satans Versprechen einer Weltherrschaft (siehe Mt 4,9; Lk 4,7).

Zusammenfassung und Ausblick

Der Mensch ist vielen Einflüssen ausgesetzt: feinstofflichen, ätherischen, elektromagnetischen, psychischen und physischen. All diese Einflüsse haben Ursachen und entfernte Ursprünge, die direkt oder indirekt von bewußten Wesen abhängig sind. Nichts geschieht ohne Ursache einfach so durch „Zufall", weder das Gute noch das Böse.

Ohne die Manipulatoren sähe die Welt anders aus. Bekämen die Menschen echte, positive Informationen und Alternativen, wären sie bestimmt nicht abgeneigt. Würden die Massenmedien sie über das grundlegende Wissen von Reinkarnation und Karma unterrichten, würden sie ihr Leben in vielerlei Hinsicht ändern. Hätten sie eine echte Wahl, würden sie nicht den Kurs wählen, der heute vorgegeben wird. Sie würden z. B. entscheiden, daß statt der Atom-, Gen- und Pharmaforschung die *alternative* Forschung gefördert würde. Bei richtiger Aufklärung würden viele Menschen sogleich zu Vegetariern, und kaum jemand würde Waffenexporte, Finanzspekulationen oder die globale Zentralisierung befürworten. Und dennoch sind es genau diese Faktoren, die unser Leben in der heutigen Gesellschaft bestimmen.

Es ist offenbar nicht nur der einzelne Mensch, der diese Dinge verursacht. Es gibt äußere Kräfte, die den Menschen manipulieren und der Welt *ihre* Vorstellungen und Methoden aufzwingen.

Natürlich trägt auch jeder Mensch eine gewisse Resonanz für das Böse in sich. Aber gerade deshalb ist es wichtig zu wissen, daß im Äußeren entsprechende Mächte existieren, die diese Schwächen des Menschen ausnutzen, wenn nicht sogar schüren. Wüßten die Menschen dies, würden sie vieles nicht tun und anderem wiederum viel mehr Zeit und Aufmerksamkeit schenken.

Mystische Quellen weisen darauf hin, daß die „Abwendung vom Licht" weit jenseits der Erde, in höherdimensionalen Welten, beginnt. Da nicht Materie die höchste Realität ist, sondern die spirituelle Individualität, ist der freie Wille ein inhärenter Teil der Realität. Und die höchste Form von freiem Willen ist *Liebe:* die freiwillige Einheit und Harmonie des einzelnen mit dem Ganzen. Alle Lebewesen haben die Freiheit, im Licht zu sein oder sich gegen das Licht zu stellen, um eine eigene Schattenwelt zu „erschaffen". In der Welt der Polarität und potentiellen Dualität sind beide Möglichkeiten offen.

Die Freiheit, die eigene Bewußtseinsausrichtung zu wählen, ist die ursprüngliche – und einzig wirkliche – Anwendung des freien Willens. Niemand ist gezwungen, im Licht zu sein, und niemand ist gezwungen, sich gegen das Licht zu stellen. Es ist nicht notwendig, sich gegen das Licht zu stellen, um die „wirkliche" Wirklichkeit zu finden.

Die Geisteshaltung, die sich dem Licht entgegenstellt, kann mit dem Begriff „Ego" bzw. „falsches Ego" (im Gegensatz zum richtigen „Ego", dem wahren Ich oder Selbst) umschrieben werden.

„Ego“ entsteht, wenn ein Lebewesen, angefangen mit dem hohen Engel „Luzifer“, das Bewußtsein der eigenen Identität als ewiger Teil des Ganzen verliert und als Folge davon aus der göttlichen Ordnung und Einheit herausfällt, was zu einem „Schattendasein“ führt.

Die Psychologie des Egos beruht auf einem doppelten Trugschluß: Selbsttäuschung und Selbstrechtfertigung, die eigentlich nichts anderes ist als eine Ego-Rechtfertigung.

Selbsttäuschung bedeutet, daß man der Illusion verfällt, außerhalb der Harmonie mit dem Ganzen (Gott) mächtig, unabhängig und glücklich werden zu können. Diejenigen, die eine solche Mentalität annehmen, sind nicht mehr in der Lage, ihre spirituelle Individualität jenseits der materiellen Dualität wahrzunehmen. Da sie sich von der Quelle abgetrennt haben, sind sie nicht mehr direkt mit der Quelle verbunden und beziehen ihre Lebensenergie nicht mehr von dort. Deshalb beginnen sie, die Energie anderer Wesen auszubeuten – der Tiere, der Pflanzen, der Menschen und des Planeten.

Ego-Rechtfertigung bedeutet, daß man versucht, die Selbsttäuschung und die daraus resultierenden Frustrationen zu rationalisieren oder zu verdrängen (durch atheistische Philosophien, Schuldprojektionen oder Selbstmitleid). Dies zieht den Trugschluß nach sich, daß das Handeln unter dem Ego eine „notwendige Erfahrung“ und deshalb eine richtige Entscheidung sei.

Die Ausrichtung unseres Bewußtseins ist abhängig von unserem freien Willen, und sie bestimmt, welche Affinität wir entwickeln, das heißt, wofür wir empfänglich sind und wofür nicht. Dies wird das *Gesetz der Resonanz* genannt. Dieses Gesetz zu verstehen ist von entscheidender Bedeutung, vor allem heute, wo die Verhältnisse auf der Erde in eine Phase getreten sind, in der *der äußere Kampf* nicht mehr vom *Innern des Menschen* zu trennen ist.

Die negativen Kräfte streben heute nicht mehr nur danach, die Gedanken und den Intellekt des Menschen zu beherrschen, sondern auch sein *Bewußtsein*. Sie wollen das gesamte Wesen mit „Herz und Seele“.

Im folgenden Kapitel wird als erstes der individuelle Aspekt dieser Prüfung betrachtet: die Rolle des Bewußtseins im Umgang mit den verschiedenen Einflüssen und die Wirkung dieser Einflüsse auf unseren freien Willen – der nicht mehr frei ist, wenn wir uns beeinflussen lassen.

Kapitel 2

Alles beginnt im Bewußtsein

Das letzte Kapitel endete mit dem Hinweis auf die Wichtigkeit der Ausrichtung unseres Bewußtseins. Die innere Klarheit und Ruhe wird heute aber auf jeder Ebene untergraben: durch sinnliche Überreizung, Informationsflut und ständig geschürte Existenzangst (privat und global, von finanziellen Sorgen bis hin zur Angst vor Terroristen und neuen Krankheiten).

Versuchen Sie, sich hinzusetzen und zu meditieren, sei es durch Konzentration auf ein Gebet, durch eine Visualisierung oder einfach durch innere Stille. Wenn es etwas gibt, womit der moderne Mensch Mühe hat, dann ist es diese Konzentration und Reinheit des Geistes. Wie das zweite Kapitel zeigt, ist Selbstbeherrschung der Schlüssel zu innerer Freiheit und äußerer Gelassenheit.

Konstant dringen zahllose Einflüsse auf uns ein. Würden wir sie alle wahrnehmen bzw. nicht gleich aussortieren, würden wir schlichtweg verrückt. Glücklicherweise, möchte man fast sagen, bleiben die meisten dieser Eindrücke nicht im bewußten Gedächtnis hängen, sondern fallen sogleich durch das „Löchersieb“ ins Unterbewußtsein. Man vergißt sie oder nimmt sie gar nicht erst wahr. Aber: Sie sind in das Bewußtsein eingedrungen und gären nun im Unterbewußtsein. Es sind Eindrücke im wahrsten Sinn des Wortes: Ein-Drücke, d.h. Einflüsse, die sich in unser Bewußtsein oder Unterbewußtsein eingeprägt haben. Sie beeinflussen unser Verhalten, unsere Wünsche, unsere „Wellenlänge“.

Alles, was in unser Bewußtsein und Unterbewußtsein gelangt – das Alltägliche und erst recht das, was uns interessiert oder schokkiert, begeistert oder überfordert –, prägt und programmiert uns als Menschen. Wir glauben gewisse Dinge und andere nicht, nehmen gewisse Dinge wahr und blenden andere aus.

Selbst wenn wir nicht direkt auf äußere Situationen (politische Entwicklungen, Krisen, Kriege usw.) Einfluß nehmen können, können wir doch entscheiden, wie diese Situationen *uns* beeinflussen.

Der primäre Machtfaktor ist also das Bewußtsein. Wirkliche Freiheit beginnt im Bewußtsein, weshalb alle wirksamen Formen der Manipulation, wie in der Einleitung erwähnt, ebenfalls im Bewußtsein ansetzen.

Was sind die feinstofflichen Einflüsse, die auf unser Bewußtsein einwirken und uns für weitere Beeinflussungen anfällig machen? Was ist eine negative, eine positive und eine spirituelle Bewußtseinsausrichtung? Wie kann man sich von negativen Einflüssen lösen und gegen sie immun werden?

Die Konsequenzen des Materialismus

„Seit Jahrtausenden zerbricht sich die Menschheit an Begriffen wie ‚Selbst', ‚Geist' oder ‚Ich' den Kopf. Doch letztlich bezeichneten sie nichts anderes als Information – ein Stück Physik."

Mit dieser ideologischen Feststellung beginnt der Leitartikel im Schweizer Nachrichtenmagazin *Facts* 33/1997, das auf der Titelseite verkündet: „Das Gehirn bestimmt unser Bewußtsein."

Im Untertitel des Artikels wird in Großschrift nachgedoppelt: „Die Masse des Hirns birgt das Geheimnis, wer wir sind."

Und: „Das ‚Ich' ist untrennbar verbunden mit dem Schalten und Walten von Neuronen und Synapsen."

Was dieser Artikel propagiert, ist das Weltbild des Materialismus, das besagt, daß Leben und Bewußtsein Produkte der Materie sind, „nichts anderes als Information – ein Stück Physik"!

Der Materialismus behauptet, die Phänomene „Geist", „Selbst" und „Ich" seien *„untrennbar* verbunden" mit dem Gehirn, ähnlich wie Hitze untrennbar mit Feuer verbunden ist: Genauso wie Feuer Hitze hervorbringe, bringe das Gehirn Bewußtsein und Gedanken hervor; mit dem Ende des Körpers sei deshalb alles vorbei, genauso wie nach dem Erlöschen des Feuers auch die Hitze verschwinde. – Klingt logisch. Aber läßt sich dieser Vergleich auf die Phänomene der organischen Materie, des Lebens und des Bewußtseins anwenden?

Worauf dieser materialistische Glaube hinausläuft, verriet der Oxford-Professor Richard Dawkins, einer der einflußreichsten Evolutionsbiologen der Gegenwart, in einem Interview mit dem deutschen Nachrichtenmagazin *Focus* (52/1996; S. 145):

> „Das Universum, das wir beobachten, hat genau die Eigenschaften, mit denen man rechnet, wenn dahinter kein Plan, keine Absicht, kein Gut oder Böse steht, nichts außer blinder, erbarmungsloser Gleichgültigkeit."

Blinde, erbarmungslose Gleichgültigkeit ohne Gut und Böse – das sei, so glauben gewisse Menschen, die einzig wirkliche (und unsentimentale) Wahrheit im Kosmos, die jedoch nur von wenigen „Erleuchteten" bis in die letzte Konsequenz verstanden und angenommen werden könne; der Rest der Menschen müsse sich an Moral oder an einem Glauben an Gott festhalten, da sie nicht fähig seien, sich dieser „letzten Wahrheit" zu stellen.

Wer solchen Überzeugungen anhängt, betrachtet den Menschen

Materialistische Weltsicht: Bewußtsein wird als ein Produkt des Gehirns bezeichnet, und die Frage „Wer bin ich?" wird suggestiv beantwortet im Sinne von: „Du bist nichts anderes als ein materieller Körper", und: „Wenn das Gehirn tot ist, bist auch du tot; es gibt kein Leben nach dem Tod."

als einen wandelnden Bio-Computer, der, genauso wie die Tiere, aus organischer Materie besteht. Und Computer haben keinen freien Willen. Sie sind dazu bestimmt, programmiert und manipuliert zu werden …

Das materialistische Konzept ist jedoch nicht logisch und wird auch nicht durch praktische Erfahrung bestätigt. Die großen Mystiker aller Zeiten, die göttlichen Offenbarungen, paranormale Phänomene, Astralreisen, Nahtoderfahrungen, Reinkarnationsforschung sowie die moderne holistische Wissenschaft – all diese Indizienbeweise machen deutlich, daß der Mensch als immaterielles Wesen Körper und Gehirn *hat,* aber nicht Körper und Gehirn *ist.* Leben und Bewußtsein sind nicht Produkte des Gehirns. Es ist möglich, mit dem feinstofflichen Körper den grobstofflichen Körper zu verlassen, und spätestens dann merkt man, daß der sterbliche Körper (inkl. Gehirn) nur eine äußere, letztlich *unbewußte* Hülle ist. Seele und Bewußtsein werden nicht vom Gehirn ins Leben gerufen, sondern es ist die Seele mit ihrem Bewußtsein, die dem Körper Leben verleiht. Wird der Körper nicht mehr durch die Gegenwart der Seele beseelt, zerfällt er.

Leider haben viele führende Köpfe der heutigen Zeit kein Wissen über die feinstofflichen Dimensionen unseres Daseins – oder sie hüten dieses „magische" Wissen in ihren inneren Kreisen, um es möglichst exklusiv für ihre eigenen Interessen einzusetzen.

Das Meer des Mentalen und die elementalen Wellen

tad-bhâva-bhâvitah: „Das Bewußtsein bestimmt das Dasein."

– *Bhagavad-Gita* 8,6

Die Ausrichtung des Bewußtseins kann mit einem Scheinwerfer in einer dunklen Halle verglichen werden. Es steht uns frei, den Scheinwerfer auf x-beliebige Stellen zu richten. Durch diese Entscheidungen beleuchten wir bestimmte Stellen, und diese Eindrücke werden zurück in unser Bewußtsein reflektiert.

Die feinstoffliche Substanz, in der sich diese Eindrücke von außen sowie unsere Gedanken, Emotionen und inneren Bilder reflektieren, wird im Sanskrit *manas* genannt und ist im lateinischen Wort *mens* (Genitiv *mentis*) wiederzufinden, von dem das deutsche Fremdwort *mental* abgeleitet ist. Die Substanz der gedanklichen und emotionalen Energie kann deshalb als das „Mentale", als „Mentalkörper" oder als „Geist" bezeichnet werden („Geist" in der Bedeutung, die in Ausdrücken wie Geisteshaltung, geistesgegenwärtig, begeistert und geisteskrank erscheint).

Der Mentalkörper ist wie ein Spiegel oder ein unentwickelter Film, auf den wir konstant sinnliche Eindrücke projizieren und der dementsprechend eine ununterbrochene Folge von Bildern, Eindrücken und Emotionen als „mentalen Film" aufzeichnet.

Das Mentale existiert nicht nur im feinstofflichen Körper des einzelnen Menschen, sondern auch im Universum. Das Mentale ist ein materielles Schöpfungselement genau wie „Erde", „Wasser", „Feuer", „Luft" und „Äther", nur eben ein *feinstoffliches*. Dieses Element ist eine fluidale Geistsubstanz mit einer äußerst empfindlichen Formbarkeit; es reagiert auf alle Bewußtseinsimpulse und registriert sie allesamt (als sogenanntes Unterbewußtsein).

So wie sich aus den grobstofflichen Elementen sichtbare Formen herstellen lassen, bilden die feinstofflichen Elemente *mentale* Formen (in Form von Gedanken, Gefühlen und Wünschen). Die mentale Energie dient als Träger aller geistigen Bilder und Formen. Aus diesem Grund nehmen die Menschen ihre Gedanken und Träume bildlich und plastisch wahr, doch sie ahnen nicht, daß diese Bilder nicht bloß auf das private Kino innerhalb des eigenen Kopfes beschränkt sind.

Wie in Kapitel 1 erwähnt wurde, ist für die höherdimensionalen Wesen jeder Gedanke eine sofortige konkrete Realität. In gewissem Sinne gilt das auch für uns Menschen! Jeder Gedanke ist sofort eine Realität, nicht auf der grobstofflichen, aber auf der *feinstofflichen* Ebene. Wenn Gedanken stark genug sind, können sie sich auch materialisieren – durch physische Umsetzung („Arbeit"), durch eine Fügung des Schicksals („Zufall"), durch eine plötzliche Wunscherfüllung („Wunder") oder durch eine psychosomatische Reaktion („Krankheit" oder „Spontanheilung"). In all diesen Fällen ist es der Mentalkörper, der als Zwischenglied zwischen dem Bewußtsein und der physischen Materie wirkt.

Mit anderen Worten, jeder Gedanke stellt in der Dimension des kosmischen Mental-Elementes eine *konkrete Form* dar – und wird von den Wesen, die auf den entsprechenden Ebenen leben, als solch konkrete Form wahrgenommen. Wenn unser Mentalkörper von harmonischen Gedanken, Gefühlen und Wünschen in Liebe und Zufriedenheit erfüllt ist, steht er mit entsprechenden feinstofflichen Welten und Wesen in Resonanz. Wenn Menschen sich von Angst, Haß, Fanatismus, Berauschung usw. beeinflussen lassen, verändert sich ihre Resonanz, und sie verbinden sich mit Wesen derselben „Frequenz", die sich von solchen negativen Schwingungen ernähren und diese sogar verstärken.

Das Element des Mentalen könnte man mit einem Meer von endloser fluidaler Energie vergleichen. Genauso wie das Aufwühlen von Wasser Wellen verursacht, die sich selbständig ausbreiten und fortpflanzen, so löst auch jede mentale und emotionale Regung des Bewußtseins Wellen von feinstofflicher Energie aus, die eine selbständige Existenz annehmen. Sie sind nur zeitweilige Formen, genauso wie Wellen zeitweilige Formen des Wassers sind, doch im Gegensatz zu einer gewöhnlichen Wasserwelle können mentale Wellen sehr lange existent bleiben, nämlich so lange, bis sie *durch eine bewußte Gegenbewegung aufgehoben (neutralisiert)* werden.

Für gewöhnlich gehen Gedanken und Emotionen im Fluß des Lebens wie Wellen ineinander über, ohne daß irgendwelche Sperren oder Blockaden entstehen. Man richtet die Aufmerksamkeit einfach auf etwas anderes, und das Vorherige geht problemlos in das bewußte oder unterbewußte Gedächtnis über. Starke mentale Kreationen und Eindrücke können jedoch eine dauerhaftere Form annehmen, wenn sie nicht richtig und vollständig „verdaut" werden. Diese unaufgelösten, selbständigen Formen im Element des Mentalen werden „Elementale" genannt.*

Elementale sind wie feinstoffliche Computerchips, die das Bewußtsein des Menschen, der sie mit sich trägt, programmieren und in ihm immer wieder bestimmte mentale Reaktionen auslösen, oft sogar gegen seinen Willen. Elementale (Gedankenbilder,

* Nicht zu verwechseln mit dem alchimistischen Ausdruck „Elementale", der dort als Synonym für „Elementarwesen" bzw. „Elementargeister" verwendet wird.

Gefühlsblockaden, Vorstellungen) können einen Menschen sogar über mehrere Leben hinweg verfolgen, denn sie haben die Kraft, bestimmte Wünsche und Handlungen, ja die gesamte Bewußtseinsausrichtung eines Menschen zu beeinflussen.

Wie nachhaltig solche elementalen Muster und „Programmierungen" sein können, zeigt sich, wenn diese *sehr stark* sind. Man sagt dann, ein Mensch werde „von einem Gedanken verfolgt", sei „von einer Idee besessen", sei „der Sklave seiner Begierden", er „könne nicht anders". Besonders intensiv sind die Elementale bei Haß, Eifersucht und Süchten aller Art (Sammelsucht, TV-Sucht, Drogen, Sexsucht usw.), die einen Menschen immer wieder zu fixen Gedanken, Gefühlen und Handlungsweisen zwingen.

Feinstoffliche Einflüsse und Diktate

Die Menschen sind vielen feinstofflichen Einflüssen ausgesetzt: den eigenen Elementalen, den Elementalen anderer Menschen und astralen Wesen. Ein bewußter und reiner Lebensstil, der den feinstofflichen Körper nicht schädigt oder schwächt, ist deshalb essentiell, denn von Natur aus ist jeder Mensch immun gegen Übergriffe von „astralen Parasiten". Wenn jedoch eine materialistische Lebensweise gefördert wird, wie das heute der Fall ist, verlieren die Menschen ihre feinstoffliche und psychische Immunität und werden anfällig für verschiedenste Formen von Beeinflussung.

Aber auch anerkannte Akademiker weisen auf die Realität astraler Zusammenhänge hin. Ein Beispiel hierfür ist der australische Arzt *Dr. Samuel Sagan,* der Psychologe, Sanskritexperte und Metaphysiker ist. Seit den 1980er Jahren führt er in Australien seine *Clairvision School* und bringt viele schulmedizinisch unerklärliche Heilungen zustande (auch von Krebs und Tumoren), indem er die Patienten von astralen Einflüssen befreit (Engelmeditationen sind ein Teil seiner Therapie). Er verhilft den Menschen durch eine geführte Hellsichtigkeit zur Fähigkeit, ihren eigenen Energiekörper zu sehen. Viele entdecken dabei plötzlich ein „Ding", das für sie bisher unsichtbar gewesen war.

In seinem Buch *Entities – Parasites of the Body of Energy* führt er viele Fallbeispiele von feinstofflicher Beeinflussung und Krankheitsverursachung an. Aufschlußreich ist die Liste von Konsumgütern, die von solchen *Entities* bevorzugt werden – einmal mehr genau die Dinge, die den Menschen heute weltweit industriell verabreicht werden:

> Klienten sagen, daß diese fremden Präsenzen ihre eigenen Wünsche, Gefühle und Gedanken haben. Sie spüren, daß diese Präsenzen eine eigene Existenz haben und in ihrer eigenen Psychologie und in ihren Lebensfunktionen in vielerlei Hinsicht Störungen verursachen. ... In nahezu allen Fällen sagen die Klienten, daß dieses „Ding" von ihren Energien zehrt, indem es ihre Lebenskraft anzapft ... In den meisten Fällen sagen die Klienten, daß die Präsenz reagiert, wenn sie bestimmte Speisen zu sich nehmen, ja die Präsenz kann sogar Gelüste und ein impulsives Verlangen nach diesen bestimmten Speisen erzeugen. Die Substanz, die bei weitem am meisten genannt wird, ist Zucker. Bei der Frage „Könnte es sein, daß dieses Ding von gewissen Speisen profitiert?" lautet die Antwort bei mehr als der Hälfte sogleich „Zucker", „Süßigkeiten" oder „Schokolade". Andere Nahrungsmittel, die oft erwähnt werden, sind schwerverdauliche Dinge, Kuchen und weißes Brot, insbesondere Hefe. In anderen Fällen werden auch Fleisch sowie scharfe oder salzige Speisen genannt ... Weitere Verlangen, die von Präsenzen stimuliert werden, sind Kaffee, Tabak, Alkohol und verschiedene andere Drogen ... Das bedeutet jedoch nicht, daß alle Süchte und Verlangen von Entitäten hervorgerufen werden. Wenn man meint, man könne die Schuld für alle menschlichen Schwierigkeiten den Entitäten zuschieben, dann ist dies eine lächerliche Haltung, genauso lächerlich, wie wenn man sagt, es gebe keine Entitäten. (S. 8 ff.)

Resonanz entsprechend den Elementalen

Elementale sind selbständig, aber nicht unabhängig. Sie sind völlig vom Bewußtsein des Menschen, der sie erzeugt hat, abhängig, auch wenn sich der Mensch ihrer Existenz nicht bewußt ist.

Gedanken, Gefühle und Wünsche erscheinen in den höherdimensionalen Ebenen als belebte Mentalgebilde und werden von entsprechenden feinstofflichen Wesen plastisch wahrgenommen. Deshalb lautet ein feinstoffliches Gesetz: „Gleiches zieht Gleiches an." Dieses *Gesetz der Resonanz* gilt sowohl in positiver als auch in negativer Hinsicht. Positive und gottesbewußte Geisteshaltungen verursachen keine Elementale, da es sich hier um Bewußtseinszustände handelt, die keine psychischen Blockaden nach sich ziehen. Diese lichtvolle Bewußtseinsfrequenz ist höher als die „Wellenlänge" der astralen Ebenen.

Niedrig schwingende mentale Formen hingegen stellen für feinstoffliche Parasiten und Energievampire Nahrung dar. Aus unserer irdischen Sicht scheinen negative Gedanken, Gefühle und Emotionen etwas Abstraktes und Formloses zu sein. Aber aus der Sicht der Astralwesen sind diese mentalen Kreationen konkrete Formen, die angezapft oder sogar „konsumiert" werden können. Deshalb sind solche Wesen sehr interessiert daran, daß negative mentale Kreationen entstehen. Einige von ihnen können sogar in menschlichen Verkörperungen auf der Erde erscheinen und einflußreiche Positionen bekleiden, die es ihnen ermöglichen, die Geschicke der Welt derart zu manipulieren, daß sie ihren „geistigen Brüdern" die entsprechende elementale Nahrung liefern. Denn es gibt Wesen, die sich von den Elementalen, die durch Angst, Wut, Horror, Fanatismus usw. geschaffen werden, ernähren.

Besonders stark sind Elementale, wenn sie von vielen Menschen gemeinsam aufgebaut werden. Das geschieht, wenn eine Gruppe ihre Aufmerksamkeit gesamthaft auf dasselbe Thema, Ereignis oder Individuum richtet. Dies erklärt die fesselnde Magie von Massenveranstaltungen, ideologischer Gruppendynamik und Personenkulten. Früher mußten die Menschen zu diesem Zweck in großen Arenen und Stadien zusammengetrommelt werden. Heutzutage ist es möglich, Millionen, ja Milliarden von Menschen vor dem TV zu versammeln, so daß sie alle dasselbe „Programm" anschauen und dieselbe „In-Formation" empfangen.

> Wir liefern durch niedrige Gedankenformen diesen asurischen Wesenheiten Nahrung. ... Darin [in diesen niedrigen Gedankenformen] verkörpern sich solche asurischen Wesenheiten, die den Menschen dann herunterziehen können.[24]

> Daß asurische Mächte in den Ausströmungen der mit Leidenschaft erfüllten Gedanken der Menschen sich verkörpern, hat zur Folge, daß gewisse astrale Wesenheiten geschaffen werden, eine

> Art „künstliche Elementarwesen", die schädlicher sind, als die natürlichen es sein können, und die aus den Sumpfgegenden der Sinnlichkeit aufsteigen und überall da gut zu brauchen sind, wo zum Beispiel magische Wirkungen böser Art hervorgerufen werden sollen.[25]

Dasselbe Schöpfungsprinzip gilt auch für die positive Resonanz: Wir ernten, was wir säen. Wer gerne gibt, wird bekommen. Ein Lächeln erntet ein Lächeln. Wer Freude ausstrahlt, trifft freudvolle Menschen und bringt Freude in das Leben anderer Menschen. Wer in Liebe lebt, wird sich nie einsam fühlen. Wenn Menschen in Liebe zusammenkommen, sei es in einer Ehe, in einer Freundschaft oder in einer Gruppe, und sich in dieser Kraft verbinden, erzeugt dies geistige Impulse, die von entsprechenden Licht- und Engelwesen empfangen und verstärkt werden. Gelingt es Menschen, in einem Geist von Liebe, Respekt und Harmonie zusammenzuarbeiten, wallt Freude durch die geistigen Welten, und Mutter Erde atmet auf. Denn die Lichtwesen, angefangen mit Mutter Erde, sind nicht emotionslos und auch nicht gleichgültig.

Die „technomagische" Wirkung der Massenmedien

Wären sich die Menschen bewußt, welch vielschichtige Folgen die Ausrichtung ihres Bewußtseins hat, wären sie in ihrem Konsumverhalten um einiges vorsichtiger und wählerischer. Dies beginnt bereits bei scheinbar so harmlosen Dingen wie Ernährung, Unterhaltung und täglicher Information. Denn Information formt unser Bewußtsein.

Die moderne Unterhaltung und Information ist voll von fiktiven bzw. realen Kriegs- und Morddarstellungen. Empfinge niemand diese Bilder und Programme, würden sie ungehört und ungesehen im Äther verpuffen. *Es braucht immer lebende Menschen, um elektromagnetische Wellen in mentale Formen umzuwandeln!* Hier zeigt sich das Grundprinzip von magisch angewandter Technologie, „Technomagie". Technisch verbreitete Information (durch Fernsehen, Rundfunk, Printmedien, Internet, Computergames, DVDs), die an sich seelenlos und unwirksam ist, kann durch die mentalen Energien der Menschen aktiviert, belebt und ins Bewußtsein projiziert werden.

Wenn wir uns in die technomagischen Netzwerke einklinken, geben wir unsere Bewußtseinsenergie in dieses System. Die Menschen werden durch den Zauberstab „Massenmedium" zu einem bioorganischen Transformationsmedium, und dies erst macht es möglich, daß elektromagnetisch oder printmedial verbreitete „tote" Information millionenfach multipliziert und belebt wird. Der Mentalkörper der Menschen ist die Leinwand, auf die fremde „Filme" projiziert werden, und dort, in unseren Köpfen, werden sie in lebendige Bilder, Formen und Gestalten transformiert, die entsprechende Elementale aufleben lassen.

Die Menschen sind also nicht nur Empfänger von übermittelten Ein-Drücken, sondern gleichzeitig auch Transformatoren sowie Sender und Multiplikatoren von entsprechenden mentalen Formen. Diese feinstofflichen Mechanismen könnten die magische Wirkung der Massenmedien erklären, vor allem wenn Bilder von Krieg und Terror auf die Population eines ganzen Planeten losgelassen werden, wie dies z. B. in einer aufdringlichen Penetranz bei den Ereignissen vom 11. September 2001 der Fall war. Was für Bilder wurden durch diese Aktion milliardenfach verstärkt und multipliziert? Was wurde dadurch ins Bewußtsein der Menschen gerufen?

Die beste und kostengünstigste Art von „Krieg gegen den Terror" bestünde darin, dem Terror einfach *keinerlei Medienpräsenz* mehr zu gewähren! Zahlreiche Themen bekommen ja auch keinen Zugang zu den Massenmedien, z. B. seriöse Darstellungen der Argumente der „Verschwörungstheorien" oder Impfkritik, alternative Heil- und Energiesysteme, spirituelle Aufklärung usw. Krieg und Terror bekommen jedoch unbeschränkten Zugang zu allen Sendestationen und durch sie in das Bewußtsein der gesamten Menschheit.

„Die Medien sind der rechte Arm des Terrors", schreibt Dan Brown mit Recht (und kursiv) in seinem Bestseller *Illuminati,* der im englischen Original den Titel *Angels and Demons* („Engel und Dämonen") trägt. Ist es nicht erstaunlich, daß einer der größten Roman-Bestseller aller Zeiten gerade diesen Titel hat?

Krieg beginnt „im Kopf"

Das globale materialistische System kann nur im Spannungsbereich von Produzieren und Konsumieren überleben. Ein Stagnieren wäre für diese Wirtschaftsform bereits eine Bedrohung. Zufriedene Menschen sind also eine potentielle Gefahr, denn sie haben andere Interessen, als bloß zu produzieren und zu konsumieren. Diese Weltordnung ist davon abhängig, daß die Menschen keine wahre, d.h. *innere* Zufriedenheit finden. Ist das der Grund, warum die Menschen ständig durch äußere Einflüsse stimuliert werden? Zumindest eines ist offensichtlich: Das Streben nach der Befriedigung immer neuer Bedürfnisse bringt nie Zufriedenheit. Befriedigung ist nicht Zufriedenheit.

Um eine Marktsättigung oder Stagnation zu vermeiden, muß der Konsum vergrößert werden, sei es durch das Angebot neuer Artikel, durch die Schaffung neuer, künstlicher Bedürfnisse oder durch die Erschließung neuer Märkte. Wenn auch das nicht mehr möglich ist und sich der Konsum nicht mehr weiter steigern läßt, muß der Konsum durch sein Gegenteil angeheizt werden: durch eine Intensivierung der Zerstörung. Wie die Geschichte zeigt, sind die wirksamsten Mittel zu diesem Zweck Wirtschaftskrisen und Kriege. Diejenigen, die die Macht haben, derartige Zusammenbrüche bzw. Zerstörungen zu inszenieren, gehen jeweils als Sieger und Profiteure hervor und haben freies Feld für den Neuaufbau. Die Macht der *global players* beruht also auf einem menschenverachtenden Teufelskreis: Verschwendung und Vernichtung von Konsumgütern zur Vergrößerung der Massenproduktion. Bezeichnenderweise geschahen die „Wirtschaftswunder" bisher immer nach Kriegen, das größte nach einem *Welt*krieg.

Weil jeder materielle Schritt durch mentale Impulse beginnt, beginnt auch Zerstörung durch eine mentale Vorbereitung des Feldes. Die Menschen müssen auf die Wellenlänge von Gewalt und Zerstörung eingestimmt werden, und genau das geschieht heute, obwohl die meisten Menschen meinen, die ständige Information bedeute „Fortschritt" und „mehr Wissen". Gemäß dem Gesetz der Resonanz besteht jedoch die Gefahr, daß solche Informationsprogramme nicht informieren, sondern *programmieren*. Dies zeigt sich z.B. darin, daß die Menschen zwar gegen Mord, Krieg und Terror sind, in ihrer Freizeit aber Reportagen und *Action*-Filme über Morde, Kriege und Terror anschauen, und die Darstellungen werden immer extremer, blutiger und brutaler. Weil „es" verlangt wird. Die Produzenten rechtfertigen diesen „Fortschritt" natürlich, denn auch sie meinen es „nur gut". Sie sagen: „Dies dient der Information und Vorbeugung. Durch solch schockierende Darstellungen werden die Menschen über die nackten Wahrheiten in Kenntnis gesetzt und abgeschreckt. Sie erkennen, wie brutal und tragisch Kriege, Morde und Terror sind, und werden sich gegen Krieg, Mord und Terror wenden."

Nun aber Hand aufs Herz: Brauchen Sie tatsächlich täglich Bilder von Blut und Gewalt zu sehen, um zu wissen, daß Krieg, Mord, Terror usw. nicht gut sind? Welch abgestumpfter Charakter müßte man sein, um eine derartige „Aufklärung" zu benötigen? Die Realität zeigt: Je mehr diese Dinge gezeigt und in den Köpfen der Menschen multipliziert werden, desto mehr geschehen sie! Wenn wir solch destruktiven Schwingungen erlauben, in unser Bewußtsein und Unterbewußtsein einzudringen, werden wir zu Multiplikatoren und Trägern solcher Bilder. Was ist der konkrete Nutzen, wenn man ständig über die neuesten Unfälle, Morde und Bombenattentate erfährt? (Ich z.B. führte für achtzehn Jahre ein Klosterleben und habe während dieser Zeit ohne Fernsehen, Radio, Zeitungen und Kino gelebt, und ich habe nicht den Eindruck, daß ich dadurch wahrhaft Wissenswertes verpaßt habe.)

Die globale Beschwörung negativer Schwingungen fördert genau die dargestellten Dinge. Dies ist ein einfaches feinstoffliches Naturgesetz. „Gleiches zieht Gleiches an."

Mentaler Schutz und spirituelle Kraft

Elementale haben eine selbständige Existenz, jedoch nur so lange, wie wir sie nicht erkennen, auflösen und loslassen. Je stärker wir uns mit ihnen identifizieren, desto mehr beeinflussen sie uns. Hellsichtige Menschen betonen, daß Elementale und negative Wesen uns – entsprechend dem Resonanzgesetz – nur in dem Ausmaß beeinflussen können, wie wir es zulassen:

> Obwohl wir für den Zustand unseres materiellen Körpers zugegebenermaßen nicht die volle Verantwortung tragen, liegt im Falle unserer Persönlichkeit die Verantwortung ausschließlich bei uns. ... Wir können die Schuld nicht auf andere oder die Zustände um uns schieben, denn Anziehung und Annahme dieser Elementale sind allein unsere Entscheidung und Verantwortung. ... Es gibt Engel und Dämonen! Es ist an uns, den Magnetpol aufzubauen, der die einen anzieht, die anderen aber abprallen läßt. Kein Dämon kann einem Menschen etwas anhaben, der nicht die ihm entsprechende Schwingungsfrequenz aufweist.[26]

> Der Mensch, gegen den wir ein böses Elemental richten, wird nur in dem Maße davon betroffen, in dem auch er auf der gleichen Frequenz schwingt wie wir, als wir das Elemental erzeugten. Ansonsten wird es auf seine Aura treffen, abprallen und mit dem Siebenfachen seiner ursprünglichen Kraft zu uns zurückkommen.[27]

Die Menschen sind den negativen Einflüssen also nicht hilflos ausgeliefert – vorausgesetzt, sie kennen die feinstofflichen Gesetze und wissen sich zu schützen. Elementale werden entweder von uns geschaffen oder gegen uns gerichtet. Sie können uns aber nur so lange beeinflussen, wie wir mit ihnen in Resonanz stehen, indem wir es entweder unterlassen, sie aufzulösen (wenn sie von uns stammen) oder uns gegen sie zu schützen (wenn sie von anderen Menschen stammen).

Die Angriffsfläche hierbei ist immer die mentale Ebene. Mit mentalen Mitteln allein können diese Einflüsse und Programmierungen nicht aufgelöst werden. Das erste, was es braucht, ist eine *innere* Loslösung von der mentalen Ebene, also eine Distanz zum Problem, und das ist durchaus möglich, denn das Mentale ist nicht der einzige und auch nicht der oberste Faktor der menschlichen Psyche:

> Das Mentale *(manas)* ist der grobstofflichen Materie und den Sinnesorganen übergeordnet, über dem *manas* jedoch steht die Intelligenz *(buddhi)*. (*Bhagavad-Gita* 3,42)

Der psychologische Schlüssel, der sich aus dem Wissen um diesen Zusammenhang ableiten läßt, lautet: Das Diktat mentaler Programme kann durch *höhere Einsicht* überwunden werden.

Zwanghafte Muster, Ängste und andere psychische Belastungen haben nur so lange Macht über uns, wie wir uns ihrer nicht bewußt sind. Sobald wir erkennen, daß es sich hier um mentale bzw. elementale Programme handelt, die wir eigentlich gar nicht wollen, können wir bewußt Schritte auf einer höheren Ebene unternehmen, um uns von ihnen zu lösen. Dies gelingt nicht, wenn wir uns gegen diese Verlangen und Gefühle stemmen, denn dadurch werden sie nur stärker! Warum? Weil wir unsere mentale Energie auf sie richten. Durch das Ankämpfen und Verdrängen fixiert sich unsere Aufmerksamkeit auf diese Eindrücke und intensiviert deren Einfluß auf unser Bewußtsein, bis der passive Widerstand bricht und man klein beigibt. „Dann tu, was du nicht lassen kannst!"

Die erste Möglichkeit, sich vom Diktat mentaler Programme zu befreien, besteht darin, daß man nicht auf diese „Elementale" eingeht und sie nicht bekämpft oder verdrängt. Die Lösung besteht im Wechseln der Frequenz: Man löst sich von der Vorstellung und stellt sie vor sich hin, um Distanz und Neutralität zu gewinnen. Man sieht sich getrennt vom Problem und kann es deshalb objektiver betrachten – was die Bedeutung von Intelligenz ist, nämlich „Unterscheidungsvermögen" (von lat. *inter-legere,* „zwischen zwei Dingen wählen; unterscheiden").

Wirkliche Intelligenz *(buddhi)* – nicht zu verwechseln mit „Intellekt" – bedeutet zu erkennen, daß wir weder materielle noch mentale Wesen sind. Durch diese Horizonterweiterung werden neue Quellen der inneren Kraft zugänglich, die es uns ermöglichen, negativen Einflüssen zu widerstehen bzw. uns von ihnen zu befreien.

> Man sollte sich mit Hilfe seines Geistes *(manas)* befreien und nicht erniedrigen. Der Geist ist der Freund der Seele, aber auch ihr Feind./ Für den, der den Geist (durch *buddhi*) unter Kontrolle hat, ist der Geist der beste Freund; doch für den, der dies versäumt hat, bleibt der Geist der größte Feind. (*Bhagavad-Gita* 6,5–6)

Die höhere, distanzierte Sichtweise von *buddhi* ermöglicht es uns, mentale Blockaden und emotionelle Wunden zu heilen. Dies ist besonders wirksam, wenn wir mit unseren Problemen nicht alleine bleiben. „Wo zwei oder drei in meinem Namen zusammenkommen, bin ich in ihrer Mitte." (Mt 18,20) In einer solchen Atmosphäre von Liebe und Harmonie sind wir mit der Quelle von Heilung und Schutz verbunden.

Regen sich im mentalen Meer erneut die Wellen von programmierten Verlangen, haßerfüllten Gefühlen oder sinnlich-sinnlosen Gedankenbildern, dann können wir mit höherem Bewußtsein einfach sagen: „Nein, das will ich nicht und tu ich nicht!" Wir sprechen das Elemental als selbständige Entität an (falls notwendig auch laut) und lösen es auf – vorausgesetzt, die bewußte Entscheidung ist stark genug. Ist dies der Fall, dann kehrt das Elemental ohne weitere Folgen in das neutrale Meer der mentalen Energie zurück, genauso wie eine Welle ins Wasser zurücksinkt. Das ist der einfachste der intelligenten Schritte: die mentale Vorstellung loslassen und durch eine entgegengesetzte, positive Bewußtseinsausrichtung neutralisieren, insbesondere dadurch, daß man sich selbst und den anderen verzeiht.

Wenn gewisse Neigungen oder Probleme zu tiefgehend sind, als daß man sie einfach abschütteln könnte, dann sollte man eine Vertrauensperson zu Rate ziehen. Auch hier ist der Ratschlag der „zwei oder drei in meinem Namen" relevant. Wenn man über (ele)mentale Lasten spricht, nimmt das ihnen sogleich einen großen Teil des Gewichts. In einem tiefgehenden Gespräch oder einer professionellen psychologischen Beratung kann man sogar versuchen, die konkrete Ursache einer bestimmten Belastung oder Programmierung herauszufinden, um deren Wirkung jetzt, lange Zeit später, endgültig aufzulösen. Oftmals liegt die Ursache weit in der Vergangenheit, in einem früheren Leben.

Angesichts all dieser weitreichenden psychologischen Lösungsmöglichkeiten wird noch deutlicher, wie fatal das materialistische Weltbild ist, das besagt, alle mentalen Vorgänge seien nur Funktionen des Gehirns, es gebe keine astralen Wesen, keine Lichtwesen, keine Reinkarnation und kein immaterielles Selbst jenseits des physischen Körpers. Wenn Psychologie und Psychiatrie die feinstofflichen und spirituellen Aspekte der menschlichen Psyche verkennen oder gar leugnen, sind sie nicht in der Lage, den Menschen wirklich zu helfen.

Verzeihen, Wiedergutmachen: die Wege zur Loslösung vom Negativen

Nichts in der relativen Welt ist absolut negativ. Auch das Negative hat eine Funktion innerhalb der Schöpfung, die man aber mit einem „negativen" Bewußtsein nicht zu erkennen vermag.

Das Negative rüttelt auf und fordert heraus, das Positive bestärkt und verbindet. Aber das Positive ist ebenfalls nicht absolut positiv, denn es hält den Menschen immer noch in der materiellen Welt. Wer nicht über das Positive hinausgeht, bleibt in einer trügerischen Selbstzufriedenheit stecken, die den Blick für die weitere Entwicklung verdeckt und auch den Ansporn zu dieser Entwicklung schwächt. Die Konfrontation mit dem Negativen kann in einer solchen Situation eine aufrüttelnde Wirkung haben, weil sie den Menschen in seiner vermeintlichen Ruhe und Zufriedenheit neu herausfordert. Hierin besteht der göttliche Zweck des Negativen, denn nichts in der materiellen Schöpfung ist von Gott unabhängig, auch das Negative nicht.

Die dunklen Mächte sind Teil der materiellen Dualität und lassen sich nicht beseitigen. Sie können für eine gewisse Zeit von der Erde vertrieben werden, aber sie werden in anderen Bereichen weiterexistieren und zu einem späteren Zeitpunkt vielleicht auch wieder auf die Erde zurückkehren. Dieses „Machtspiel" in der materiellen Welt ist endlos. Wir können das Spiel *nur für uns selbst* beenden.

Die Frage lautet deshalb nicht: „Wie können wir das Negative vernichten?", sondern: „Wie soll ich mit dem Negativen umgehen? Wie kann ich es für mich überwinden?" – „Verurteile die Sünde, aber liebe den Sünder!" Das ist die entscheidende Antwort, formuliert in den apokryphen Lehren Jesu.[28]

Während wir das Verwerfliche klar erkennen und von uns weisen, verzeihen wir demjenigen, der sich dazu hinreißen ließ. Dies heißt in keiner Weise, daß wir das Negative gutheißen oder ignorieren. Es bedeutet einfach, daß wir selbst *das Negative loslassen.* Solange wir nicht verzeihen können, halten wir immer noch am Negativen fest und nähren Haß und Rachegefühle (schädliche Elementale), statt sie aufzulösen. Dies bezieht sich sowohl auf das

„Diejenigen, deren Geist in Gleichmut und Ausgeglichenheit ruht, haben bereits die Bedingtheit von Geburt und Tod überwunden. Sie sind frei von Mängeln wie das Absolute (Brahman), da sie sich des Absoluten bewußt sind. / Wer nicht frohlockt, wenn er etwas Angenehmes erreicht, und nicht klagt, wenn ihm etwas Unangenehmes widerfährt, wessen Intelligenz im Selbst verankert ist, wer nicht verwirrt ist und die Wissenschaft Gottes kennt, befindet sich auf der Ebene der Transzendenz und wird von äußeren Verlockungen nicht beeinflußt." (*Bhagavad-Gita* 5,19–21a)

„Angst *(bhaya)* entsteht, wenn ein Mensch sich fälschlicherweise mit dem materiellen Körper identifiziert, denn dies zu tun bedeutet, das Bewußtsein auf etwas Äußerliches, Vergängliches zu richten." (*Shrimad-Bhâgavatam* 11.2.37)

„Ein Mensch gilt als selbstverwirklicht und wird als Yogi bezeichnet, wenn er kraft gelernten und verwirklichten Wissens vollkommen zufrieden ist. Ein solcher Mensch ist wie ein Berg, unerschütterlich und herausragend, und läßt sich durch nichts erregen. Er sieht alles – ob Kiesel, Steine oder Gold – mit gleicher Losgelöstheit. / Als noch fortgeschrittener gilt derjenige, der wohlmeinende Freunde, Gönner, Feinde, Neutralgesinnte, Vermittler, Neider, Verwandte sowie die Frommen und die Sünder alle mit gleicher Geisteshaltung sieht." (*Bhagavad-Gita* 6,8–9)

„Ihr wißt auch, daß es heißt [im Alten Testament]: ‚Liebe alle, die dir nahestehen, und hasse alle, die dir als Feinde gegenüberstehen.' Ich aber sage euch: Liebt eure Feinde und betet für die, die euch verfolgen. So erweist ihr euch als Kinder eures Vaters im Himmel. Denn er läßt die Sonne scheinen auf böse wie auf gute Menschen, und er läßt es regnen auf alle, ob sie ihn ehren oder verachten. Fördert es euch, wenn ihr nur die liebt, die euch auch lieben? Sogar Betrüger tun dies. Was ist Besonderes daran, wenn ihr nur zu euren Brüdern freundlich seid? Das tun auch die, die Gott nicht kennen. Ihr aber sollt vollkommen sein, so wie [Einheitsübersetzung: weil] euer Vater im Himmel vollkommen ist." (Mt 5,43–47)

„Liebt eure Feinde; tut denen Gutes, die euch hassen; segnet die, die euch verfluchen, und betet für die, die euch schlecht behandeln. Wenn dich einer auf die Wange schlägt, dann halte ihm auch die andere hin [und durchbrich auf diese Weise den Teufelskreis von Schlagen und Zurückschlagen]. ... Verurteilt niemanden, dann wird Gott auch euch nicht verurteilen. Verzeiht, dann wird Gott euch verzeihen. ... Kein Blinder kann einen Blinden führen, sonst fallen beide in die Grube. Kein Jünger steht über seinem Meister. Wer aber vollendet ist, wird wie sein Meister sein. Was siehst du den Splitter im Auge deines Bruders und bemerkst nicht den Balken in deinem eigenen?" (Lk 6,27–41)

Quellentexte: Befreiung durch Selbstbeherrschung, Liebe und Verzeihen

Opfer als auch auf den Täter. Sind wir Opfer, sollten wir nicht in ein „Opferbewußtsein“ fallen, sondern sollten lernen zu verzeihen – im Geiste und auch aktiv, im Idealfall sogar, indem wir dem Täter helfen (sofern er bereit ist), seine Tat zu verarbeiten und die entsprechenden Lehren daraus zu ziehen. Das Opfer reicht dem Täter die Hand – was gibt es Versöhnlicheres und Heilsameres? Haben wir selbst etwas Negatives getan, müssen wir einerseits diese Schwäche eingestehen und uns selbst verzeihen und gleichzeitig Schritte zur Wiedergutmachung einleiten, angefangen mit einer Entschuldigung, das heißt: Man bittet um Verzeihung.

Verzeihen ist die Aufgabe des Opfers, Wiedergutmachen die des Täters.

Wer die Wirkungsweise der Dualität durchschaut, ist den Tätern und den Opfern (den „Bösen“ und den „Guten“) gleich wohlgesinnt. Nur dadurch kann wirkliche, allseitige Heilung entstehen, auf privater, nationaler und internationaler Ebene. Eine solche Heilung können diejenigen bewirken, die selbst heil, d.h. heilig* sind: vollständig, ungetrennt, in Einheit mit der Quelle, verbunden mit Gott.

Heilige Menschen reagieren angesichts von Unheil nicht mit Zorn und nicht mit Ohnmacht, aber auch nicht mit Gleichgültigkeit, sondern mit gottesbewußter Nächstenliebe. Die von Liebe beseelten Menschen wünschen allen nur das Beste (nämlich das Erlangen des ursprünglichen Gottesbewußtseins), auch den negativen Wesen, den Unmenschen und den Manipulatoren. Selbst wenn solche Wesen ihnen Gewalt und Unrecht zufügen, reagieren sie nicht mit Haß oder Rachsucht, sondern sie *verzeihen,* weil sie dank ihrer göttlichen Sicht wissen, daß diese Taten nichts anderes sind als der verzweifelte Ausdruck eines frustrierten Individuums, das sich von Gott und von wahrer Liebe entfernt hat.

Deshalb sagte Jesus am Kreuz: „Vater, vergib ihnen, denn sie wissen nicht, was sie tun.“ (Lk 23,34)

Aus all den genannten Gründen betonen die göttlichen Offenbarungen die Wichtigkeit des Verzeihens. Diese Perspektive soll auch im vorliegenden Buch immer wieder vor Augen geführt werden.

---

* Vom griechischen Wort *holos,* „ganz; vollständig“, heute noch enthalten in vielen Sprachen, z.B. in den englischen Wörtern *whole, holy, hail.*

Wie unschön die Enthüllungen auch sein mögen, wir nehmen sie zur Kenntnis und durchschauen die gottlose Motivation, die dahintersteckt, um uns selbst von dieser Motivation zu befreien und diejenigen, die von solchen Motivationen getrieben sind, in unsere Gebete mit einzuschließen, damit auch sie bald erkennen mögen, wie hoffnungslos und sinnlos ihr gottloses Streben ist.

Zusammenfassung und Ausblick

Der Mensch hat einen freien Willen, und dieser besteht darin, zu wählen, worauf er sein Bewußtsein ausrichten will. Diese Ausrichtung bringt uns in Verbindung mit entsprechenden Menschen, Gedanken und Dimensionen. *Jede Ausrichtung ist eine Auswahl,* und mit jeder Ausrichtung treffen wir eine Entscheidung. Welchen Themen und Zielen will ich meine Energie, meine Zeit und meine Aufmerksamkeit schenken und welchen nicht?

Auch die heutigen Massenmedien, Wissenschaften und Gesellschaftsformen setzen Schwerpunkte und fällen damit Entscheidungen, und zwar gemäß Kriterien, die dem herrschenden Weltbild und Zeitgeist entsprechen. Dies wiederum prägt und „programmiert" das Bewußtsein der Menschen. Wenn heute hauptsächlich negative und nichtspirituelle Informationen und Bilder verbreitet werden, bewirkt dies eine entsprechende Bewußtseinsausrichtung und schafft global eine Resonanz für ebenjene Einflüsse.

Angesichts der Mächte, die Kriege, Terror und Umweltzerstörung bewirken, wäre es naheliegend, sie als böse und schuldig zu bezeichnen. Das sind sie auch, aber die Realität hört nicht auf dieser Ebene auf. Wenn wir uns auf diese relative Realität beschränken, binden wir uns selbst an den Teufelskreis der Dualität: Wir würden fortfahren, andere als Feinde und uns selbst als Opfer zu sehen. Sogar als Täter würden wir uns als Opfer der Umstände sehen. Dualität ist ein Ego-Spiel, das wir nicht für andere beenden können, aber wir können es *für uns selbst* beenden.

Nichts scheint naheliegender, als die „anderen" schuldig zu nennen, vor allem die Verursacher des Unheils. Spirituelle Einsicht jedoch zeigt, daß das global herrschende Unheil nur aufgrund der individuellen Unheiligkeit entstehen konnte. *Heil* kommt vom griechischen Wort *holos* („ganz; vollständig") und beschreibt das Bewußtsein, daß man nie von Gott getrennt ist und daß man als ewiger Teil Gottes (als spirituelle Seele) kein Teil der materiellen Dualität ist.

Diejenigen, die sich selbst und alle anderen Lebewesen als ewige Teile des Ganzen sehen und sich dementsprechend verhalten, sind heilig („ganzheitlich wahrnehmend; harmonisch; nicht-diabolisch"). Sie können unterscheiden und erkennen auf jeder Ebene, was Liebe und was nicht Liebe ist. „Verurteile die Sünde, aber liebe den Sünder." Nur wer lieben kann, kann verzeihen, und wer heil genug ist, um zu verzeihen, kann sich vom Negativen lösen. *Wer das Negative hundertprozentig loslassen kann, gibt dem Negativen null Prozent seiner Energie.* Solch gottesbewußte Menschen sind wirklich revolutionär, weil sie die Dunkelheit nicht nähren, sondern ihre Energie dafür verwenden, Licht in die Dunkelheit zu bringen. Sie tun dies, weil sie dank ihrer spirituellen Sicht in der Lage sind, die wahren Ursachen des Unheils zu erkennen.

Mit einer göttlichen Bewußtseinsausrichtung entwickeln wir eine entsprechende Resonanz; wir werden immun gegen alle Formen von negativen Beeinflussungen, und wir werden ermächtigt, die Sünde zu erkennen und die Sünder zu lieben, da wir den Sinn des Relativen im Licht des Absoluten erkennen.

Dies alles mag sehr fromm und philosophisch klingen, ist aber essentiell angesichts der Herausforderungen, die auf uns zukommen – in diesem Buch und in der nahen Zukunft.

Die folgenden Kapitel werden zeigen, wie unheilige Menschen spirituelle Zusammenhänge mißverstehen und deshalb mit diabolischen Mitteln arbeiten, die heute immer extremer und perfider werden. Obwohl ihre Halbwahrheiten manchmal kaum von den spirituellen Wahrheiten zu unterscheiden sind, liegen im wahrsten Sinn des Wortes Welten zwischen diesen Auffassungen.

Kapitel 3

Die geheimen Mächte hinter der Weltpolitik

Nichts geschieht zufällig, vor allem nicht in der Weltpolitik. Kriege und Revolutionen erfordern eine international koordinierte Planung, Aufrüstung und Finanzierung. Dies gilt auf jeder Ebene, von Bürgerkriegen bis hin zu Weltkriegen. Ein offensichtliches Beispiel hierfür ist das große Blutvergießen zu Beginn des 20. Jahrhunderts (Erster Weltkrieg 1914–1918, Russische Revolution 1917). Heute ist es kein Geheimnis mehr, daß dieser entscheidende Coup auf dem Weg zur Internationalisierung und Technisierung der Welt nur eine erste Phase in der Durchsetzung eines konkreten Schlachtplanes gewesen war, der als nächstes einen zweiten Weltkrieg vorsah, welcher dann auch stattfand.

Die Veröffentlichungen über diese Hintergründe sind mittlerweile sehr zahlreich, und sie haben viele unterdrückte Fakten an den Tag gebracht. Dennoch werden sie von der offiziellen Geschichtsschreibung ignoriert oder als Verschwörungstheorie diskreditiert, weshalb die Studenten der Weltgeschichte kaum etwas über die Dimension der geheimen Politik, der Drahtzieher hinter den Kulissen, erfahren.

Dies ist um so erstaunlicher, als daß die diesbezüglichen Sachverhalte nie wirklich geheim waren, denn es gab immer Aussteiger und Außenstehende, die dank Sachkenntnis und gesundem Menschenverstand wußten bzw. erkannten, daß Geschichte auf mehreren Ebenen „gemacht“ wird.

Fragen wir also zuerst, welche Mächte hinter dem großen Blutvergießen in Phase I standen. Welche Mächte auch immer im Verborgenen wirkten, hier in dieser Phase hinterließen sie sehr deutliche Spuren. Dem Ersten Weltkrieg und der Revolution in Rußland wird heute allerdings nur noch ein relativ geringes Interesse entgegengebracht. Zahlreiche Filme und Dokumentationen beziehen sich auf den *Zweiten* Weltkrieg, in dessen Schatten der Erste in den Hintergrund gerückt wird.

Der Zweite war jedoch die Folge des Ersten. Die kriegführende Nation des Zweiten Weltkriegs, Deutschland, war am Ende des Ersten Weltkriegs zerstört und schachmatt gewesen, mit einem dezimierten Volk, das gar nicht wußte, was mit ihm geschehen war. „Das deutsche Volk hat in den vier Jahren Krieg [1914–1918] neben den dreiviertel Millionen Toten [aus der Zivilbevölkerung], die die Hungerblockade an Opfern forderte, zwei Millionen gefallene und vermißte Soldaten verloren! Bei allen Kriegführenden zusammen zählten die Gefallenen und Vermißten rund achteinhalb Millionen. Auf die Frage nach dem Sinn dieser Opfer gab es keine überzeugende Antwort." Dies muß sogar die offizielle Geschichtsschreibung (dtv-wissenschaft) zugeben.[29]

Trotz der Aushungerung, der gewaltigen Verluste und der Last der „Friedensbedingungen" (Versailler Vertrag 1919) war dieselbe Nation, ja dieselbe Generation, zwanzig Jahre später wieder genug aufgerüstet, um in den Zweiten Weltkrieg zu ziehen. Es ist jedoch nie das *Volk*, das in den Krieg zieht. Es sind immer die Führermächte, die ein Volk in den Krieg zwingen, und dieses Verlierervolk des Ersten Weltkriegs mußte zuerst aufgepeitscht, wenn nicht sogar hypnotisiert werden, damit es wiederum „Kriegsbegeisterung" mobilisieren konnte.

Ein paar Jahre später wurden Hitlers Staat vernichtet und seine Nazi-Mithelfer scharf verurteilt, einige sogar hingerichtet. Doch bei den Siegermächten saß ein anderer Massenmörder, Stalin, der bekanntlich noch mehr Morde als Hitler auf dem Gewissen hatte. Aber *er* blieb unbehelligt und unverfolgt, ja ihm wurde ein großer Teil des „Kuchens" zugesprochen. Auch die Amerikaner mit ihren zwei Atombomben, die politisch „unnötig" (sind Atombomben jemals nötig und gerechtfertigt?) und aus menschlicher Sicht bestialisch waren (300 000 zivile Opfer; mehr als bei allen Terroranschlägen der letzten sechzig Jahre zusammengenommen), wurden nie zur Rechenschaft gezogen. Vielmehr waren die USA die gefeierte Siegernation.

Was wurde hier gespielt? Und vor allem: *Wer* spielte? Denn man muß annehmen, daß die geheimen Mächte, die damals „spielten“, auch heute noch aktiv sind, ist doch die heutige Situation das Ergebnis ihrer damaligen Weichenstellungen.

Die bedeutsamen Ursachen sind jedoch nicht in der äußerlich sichtbaren Diplomatie, Politik und Kriegspropaganda zu finden. Wer sie dort sucht, verwechselt Ursache und Wirkung und verkennt die großen Zusammenhänge, die weit über die vordergründigen Vorgänge und Akteure hinausgehen.

„Die Großen Vier“

Um Phase II, den Zweiten Weltkrieg, und die darauf folgende und sich heute zuspitzende Phase III besser verstehen zu können, lohnt es sich, Phase I genauer in Erinnerung zu rufen. Heimtückische Inszenierungen hatten zum Ersten Weltkrieg geführt, der Millionen von Todesopfern forderte, und Rußland in den Kommunismus gestürzt (Stichwörter Lenin, Trotzki, Bolschewismus).

Wie bereits erwähnt, hat es immer auch Personen gegeben, die dank Sachkenntnis, Insider-Wissen und gesundem Menschenverstand erkannten und in Publikationen dokumentierten, daß hinter all diesen Ereignissen geheime Mächte aktiv sind. Während einige dieser Zeugnisse umstritten oder legal verfänglich sind, soll hier zum Auftakt ein getarntes, aber leicht erhältliches Zeugnis herangezogen werden. Es wurde neun Jahre nach Beendigung des Ersten Weltkrieges in England veröffentlicht und stammt von einer Frau, die den Vorteil hatte, über jüngste historische Ereignisse schreiben zu können, ohne Historikerin sein zu müssen: die berühmte englische Kriminalromanautorin Agatha Christie (eigentl. Clarisse Miller, 1890–1976). Sie stammte aus der High-Society des britischen Empires, weshalb sie zahlreiche Personen kannte, die einen direkten Einblick hinter die Kulissen der Weltpolitik hatten. In der Nach- bzw. Zwischenkriegszeit, als sie mit ihren ersten Romanerfolgen bekannt wurde, waren die Ereignisse in Rußland und der Erste Weltkrieg das Hauptgesprächsthema, denn diese noch frischen Eindrücke waren schauerlicher gewesen als alles bis dahin Gekannte. So kam auch der jungen Erfolgsautorin Agatha

Christie zu Ohren, daß es verschworene Organisationen gibt, die bei ihren Machenschaften über Leichen gehen. Solche Themen waren ohnehin ihr Spezialgebiet. Daß sie in ihren adligen britischen Kreisen davon hörte, ist nicht verwunderlich, denn diese Mächte hatten und haben auch heute noch einen ihrer Hauptsitze in England, in der sogenannten *City of London.*

Agatha Christie wollte ihre Berühmtheit verwenden, um die Welt auf diese Gefahr aufmerksam zu machen. Man erzählte sich nämlich, es werde nicht bei diesem einen Krieg bleiben; dieselben Mächte hätten auch einen zweiten Weltkrieg geplant, vielleicht sogar einen dritten. Die Botschaft war heikel, und deshalb bot ein Roman die ideale äußere Form, um die Menschen vorsichtig für gewisse Wahrheiten zu sensibilisieren. Und so entstand 1927 der Roman *Die Großen Vier.* Es war eine aktuelle, spannende Geschichte, die direkt in der damaligen Gegenwart spielte. Dieses Zeitdokument ist zwar fiktiv, vermag dadurch aber um so deutlicher das grundlegende Szenario der geheimen Mächte hinter der Menschheit darzulegen. Was Agatha Christie als junge Dame über dieses Thema wußte und der Öffentlichkeit verriet, ist nämlich erstaunlich. (1928 wurde ihre Ehe mit Archibald Christie, einem hohen Offizier der britischen Luftwaffe, geschieden.)

Der Roman *Die Großen Vier* sticht unter allen Christie-Werken hervor. Der Held dieser Geschichte, der Privatdetektiv Hercule Poirot, sagt am Schluß über das Vorgefallene: „Ich werde mich von meinen Geschäften zurückziehen. Der größte Fall meines Lebens liegt hinter mir. Alles, was noch nachkommen kann, dürfte äußerst uninteressant sein im Vergleich zu diesem Erlebnis."

Aber es folgten noch viele Fälle für Hercule Poirot. 1927 stand Agatha Christie erst am Anfang ihrer bereits erfolgreichen Karriere. Die Aussage, die sie Poirot in den Mund legt, weist also deutlich auf die einzigartige Bedeutung dieses Buches hin. Alle anderen Fälle, die sie später beschreiben werde, seien „uninteressant" im Vergleich mit diesem „größten Fall meines Lebens".

Agatha Christie macht kein Geheimnis daraus, was sie damit meint: „Es gibt Leute, und zwar keine Schwätzer, die behaupten, daß eine geheime Macht hinter dem Weltgeschehen steht", sagt ein Informant in diesem Buch. „Eine Macht, die nach nichts Geringerem strebt als nach der völligen Auflösung der Zivilisation. Wie Ihnen bekannt ist, sprach in Rußland alles dafür, daß Lenin und Trotzki nichts weiter als Marionetten waren, deren Handlungen durch das Gehirn eines anderen geleitet wurden." (S. 22)

Damals, zehn Jahre nach der Russischen Revolution, lebten alle Drahtzieher noch und waren gerade dabei, den Zweiten Weltkrieg in die Wege zu leiten. Aus dem Buch geht hervor, daß Agatha Christie über Insider-Wissen verfügte und die Menschheit mit ihrer Geschichte der Großen Vier an diesem alarmierenden Wissen teilhaben lassen wollte.

Dies gibt sie deutlich zu erkennen, indem sie gegen Ende des Buches eine Szene beschreibt, in der Hercule Poirot einen hohen Politiker über die Existenz einer solchen geheimen Macht aufklärt. Deren Ziel sei es, „die bestehende Weltordnung zu zerstören und sie durch eine Anarchie zu ersetzen mit dem Ziel, als alleinige Diktatoren aufzutreten". (S. 142)

Neben dem Hinweis auf die Einzigartigkeit dieses Falles baut die Autorin noch ein anderes deutliches Zeichen ein, und zwar einen Paukenschlag gleich zu Beginn der Geschichte: Der in London ansässige Meisterdetektiv Hercule Poirot, der berühmt dafür ist, Kriminalfälle größtenteils vom Armsessel aus zu lösen, nur mit Hilfe seiner unbestechlichen Logik, will nicht nur eine große Reise über den Ozean antreten, sondern sogar England für immer verlassen. Er hatte von der Existenz einer mysteriösen Geheimgesellschaft namens „Die Großen Vier" gehört und soeben begonnen, eine „interessante Untersuchung auf eigene Rechnung" anzustellen, wie er es nannte – als er plötzlich vom reichsten Mann der Welt kontaktiert wurde! Dieser lud ihn ein, nach Südamerika zu kommen, denn „mit einer großen Gesellschaft in Rio seien Unstimmigkeiten aufgetreten". Poirot empfand es schon fast als impertinent, daß man ihn mit Geld nötigen wollte, diesen Fall anzunehmen. „Jedoch war die Summe, die mir dafür geboten wurde, so erstaunlich, daß ich zum ersten Mal in meinem Leben der Lockung des Geldes nicht widerstehen konnte."

Später stellt sich heraus, daß dieser reichste Mann der Welt einer der Großen Vier ist, und so ist es für den aufmerksamen Leser nicht schwierig zu erkennen, was Agatha Christie mit diesem Detail zu Beginn der Geschichte andeuten wollte. Die Information, die Poirot über die Großen Vier bekommen hatte, war ein Köder gewesen, um ihn für die Hierarchie dieser Geheimgesellschaft zu gewinnen, und die Einladung nach Rio war der nächste Schritt in diesem Plan gewesen.

Es ist also deutlich, welche Aufgabe Agatha Christie als Hercule Poirots „größten Fall" bezeichnet: nicht die Verfolgung irgendeines Mörders, sondern die Entlarvung einer übernationalen Vereinigung von Leuten höchsten Ranges, die mit allen Mitteln nach der Weltherrschaft streben.

Wer sind die Großen Vier?

Am Anfang des Romans, wo noch nicht bekannt ist, daß der reichste Mann der Welt zu den Großen Vier gehört, findet sich eine fast unauffällige Bemerkung: „Weißt du zufällig, wer der reichste Mann der Welt ist", fragt Hercule Poirot seinen Freund Hastings, „reicher noch als Rockefeller? – Abe Ryland!" – „Der amerikanische Seifenkönig?" – „Genau der ..."

Nur selten tauchen in diesem Buch, wie hier, echte Namen der Weltgeschichte auf. Alle Handelnden sind frei erfunden. Einen Seifenkönig Abe Ryland hat es natürlich nie gegeben. Wen also meinte Agatha Christie? Man braucht kein Hercule Poirot zu sein, um das zu erkennen.

Die Ereignisse, die von den Großen Vier inszeniert werden, sind weltumspannend, doch alle Impulse gehen von einem ganz bestimmten Ort aus: China! (Man fühlt sich an den Hinweis in Kapitel 1 erinnert.)

Im Roman wird die China-*connection* so dargestellt, daß der Kopf der Großen Vier ein magischer Mann in China ist, der jedoch nie persönlich in Erscheinung tritt. „Li Chang Yen kann als das Gehirn der Großen Vier betrachtet werden. Er hat die Leitung und ist die treibende Kraft. ... ein Streben nach absoluter Macht. Bis zu unseren modernen Zeiten waren stets Armeen zu Eroberungszwecken notwendig, heute jedoch kann ein Mann wie Li Chang Yen vielleicht andere und weitaus wirksamere Mittel ergreifen. Ich habe Beweise, daß ihm für Propaganda und Bestechungszwecke unbeschränkte Geldmittel zur Verfügung stehen, daß technische Errungenschaften in seinen Händen liegen, von deren Wirksamkeit die Welt keine Ahnung hat." (S. 12, 22)

„Er [ein Agent Li Chang Yens] sprach im Vertrauen von Experimenten an Kulis, bei welchen in ekelerregender Geringschätzung von Leib und Leben Operationen durchgeführt wurden." (S. 24)

Dokumente, die entdeckt werden, weisen darauf hin, daß die Großen Vier auch neue Technologien und Waffen erproben, z. B. „eine außerordentlich wirksame drahtlose Erfindung – eine Konzentration von Energie ... [eine] neue magnetische Waffe" (S. 39, 41). Diese war als Test auf mehrere englische Torpedoboote angesetzt worden, die alle versanken. „Wer sind die Menschen, die eine von ihren Einheiten einfach der Vernichtung preisgaben, um ihre Macht zu erproben?" fragt Poirot. Die Antwort gibt er selbst: „Die Großen Vier verfolgen nur ihr eigenes Interesse. Ihr Ziel ist die Weltbeherrschung." (S. 41)

Der Wissenschaftler, der diese neue Wirkungsweise des Magnetismus entdeckt hat, verschwindet. Seine Spur führt zur berühmten französischen Atomphysikerin und Chemikerin Madame Olivier. Diese wird als das dritte Mitglied der Großen Vier entlarvt.

Als der besagte Wissenschaftler wieder auftaucht, ist er völlig verstört, muß aber wegen Gewaltandrohung gegen seine Familie schweigen. „‚Mein Gott!' stieß er hervor. ‚Ich habe Höllenqualen ausgestanden, wahre Höllenqualen! Jene Leute sind Teufel in Menschengestalt.'" (S. 52)

„Ja, Hastings, nun wissen wir, wer Nummer drei ist, die Frau, die wahrscheinlich als die größte Kapazität auf wissenschaftlichem Gebiet in der ganzen Welt gilt. Denke daran. Das Gehirn des Ostens und die Wissenschaft des Westens." (S. 64) Und die Weltfinanz in der Gestalt des Amerikaners „Abe Ryland"!

Nummer vier ist ein „obskurer englischer Schauspieler", genannt „der Zerstörer" (S. 142, 12), der namentlich nicht genannt wird, jedoch zum innersten Kreis gehört und all jene Morde erledigt, die solch brisante Motive haben, daß kein Außenstehender eingeweiht werden kann. Es ist offensichtlich, daß dieser namenlose, fast allgegenwärtige „Schauspieler" die *Geheimdienste* symbolisiert.

Mit spektakulären Aktionen läßt Hercule Poirot die Großen Vier auffliegen. Er erfährt, daß sich die drei westlichen Mitglieder an einem geheimen Ort treffen wollen, nämlich in einer *unterirdischen Anlage* in den Dolomiten, in der sie eigene Machtzentralen und Experimentieranlagen besitzen, gebaut in Abe Rylands Auftrag. „Von dort werden die Leiter der Organisation drahtlos ihre Befehle an ihre Agenten ergehen lassen, die zahlenmäßig zu Tausenden in jedem Lande verfügbar sind.“ (S. 173)

In der Geschichte geht alles in letzter Minute gut aus, weil die Regierungen und die Polizeisysteme willig Poirots Plänen folgen und glücklicherweise nicht infiltriert sind. Die drei Mitglieder sprengen die Höhlenanlage, als ihnen klar wird, daß es kein Entrinnen mehr gibt, und in China begeht Nummer 1 Selbstmord.

Von allem Anfang an läßt Agatha Christie keinen Zweifel aufkommen, daß es sich hier um eine fiktive und künstlich überkonstruierte Geschichte handelt. Um so nachhaltiger ist der Eindruck, den ihre Geschichte hinterläßt, wenn man den Bezug zur realen Weltgeschichte sieht, den sie immer wieder in Erinnerung ruft: „... die neuen Diktatoren der Welt ... Glaubst du wirklich im Ernst an all dies, Poirot?“

Eine häufige Frage, offensichtlich auch schon im Jahr 1927. Agatha Christies Antwort durch Hercule Poirot ist eine rhetorische Frage: „Wie ist es denn in Rußland gewesen [bei der Russischen Revolution]? Dies [die Neue Weltordnung] soll ein Rußland von weit größerem Ausmaß sein – und dazu kommt noch die drohende Gewißheit, daß Madame Oliviers Experimente bereits weiter fortgeschritten sind, als die Öffentlichkeit jemals ahnen kann.“ (S. 174)

Die machtorientierte Forschung und Wissenschaft, verkörpert durch Madame Olivier, dazu „die Macht von Rylands beinahe unbeschränkten Geldmitteln und als Krönung des Ganzen zur Leitung der Operationen den Kopf von Li Chang Yen und den ausgeklügeltsten kriminellen Charakter, der je existierte [die Geheimdienste] ...“ – das (S. 174) sind die Großen Vier, wie Agatha Christie sie darstellt. Diese Ausführungen deuten an, daß die Großen Vier vier vereinte Mächte sind und nicht vier Individuen. Oder letztlich vielleicht doch?

Die heimlichen Hintergründe der unheimlich Mächtigen

Wie kommt es, daß eine elitäre Machtorganisation einen ganzen Planeten beeinflussen kann? Im Buch über die Großen Vier gibt die Autorin keinen Hinweis auf die Vorgeschichte, doch dürfte jedem klar sein, daß sich solch einflußreiche Personen nicht einfach zufällig eines Tages beim Golfspielen getroffen haben. Pläne für eine Weltherrschaft wurden im Lauf der großen Menschheitszyklen (Yugas) von verschiedensten Gruppen ausgebrütet und teilweise auch umgesetzt, entspringen also einer langen Tradition.

Auch aus Agatha Christies programmatischer Geschichte geht hervor, daß die Mächtigen ihre Macht nicht nur aus Geld und skrupelloser Wissenschaft schöpfen, sondern daß durch sie ein ganz besonderer Geist wirkt. Auffällig oft fallen Bemerkungen über das „Teuflische" hinter dieser „Macht" (S. 112), der man „beinahe überirdische Kräfte" beimessen müsse (S. 113). „Sie sind ein Teufel in Menschengestalt!" (S. 158)

An den Früchten kann man erkennen, daß es sich hier um inkarnierte Wesen aus den Dunkelwelten handelt, mit denen sie auch in Menschengestalt wie magisch verbunden bleiben. Der Mann in China, der Kopf der höchsten irdischen Loge, wird von Agatha Christie symbolisch als „Mandarin, ein hoher Würdenträger", beschrieben (S. 22), der alle Insignien eines magischen Großmeisters trägt. „Die Personen, die in der breiten Öffentlichkeit auftreten, haben meistens nur geringen oder gar keinen Einfluß. Es sind Marionetten, die von Meisterhand geleitet werden, und diese Hand ist Li Chang Yens Hand. Er ist der leitende Kopf im Fernen Osten. Wir verstehen den Osten nicht und werden ihn niemals verstehen." (S. 23)

Der „Ferne Osten" wirkte damals für die Menschen im Westen wie eine unheimliche Fremde und steht hier auch symbolisch für eine unverständliche, rätselhafte Welt: die dunkle Astralwelt mit ihren Asura-Fürsten. Wie in den bereits beschriebenen 99er-Logen (*Unsichtbare Welten,* S. 264) bleibt auch bei den Großen Vier der Stuhl des Anführers (des astralen Asura-Fürsten?) leer: „Der Stuhl zur Linken stand leer, doch war er drapiert mit dem Mantel eines chinesischen Würdenträgers. ... Obgleich weitab im Fernen Osten, kontrollierte und leitete er doch seine verderbenbringende Organisation." (S. 180)

Auch das Genie der destruktiven Wissenschaften, die „Chemikerin", hat ein magisches Charisma: „Sie glich eher einer Priesterin alter Zeiten als einer modernen Französin." (S. 45)

Als die drei Spitzenleute ihren Plan nicht durchzusetzen vermögen und auffliegen, begeht der Würdenträger im Fernen Osten Selbstmord. Dies erinnert an eine Regel der Schwarzmagie, nämlich daß ausgesandte negative Kräfte bei Erfolglosigkeit auf den Absender zurückfallen.

Hercule Poirot: „Die größte Macht, das größte Übel, welches heute auf der Welt existiert, das sind die Großen Vier." (S. 93)

Damit meint Agatha Christie nicht einfach eine Untergrund-Mafia, sondern das destruktive Zusammenwirken von Hochfinanz, Wissenschaft, Geheimdiensten und Okkultismus: eine weltumspannende geheime Machthierarchie mit „Agenten, die zahlenmäßig zu Tausenden in jedem Lande verfügbar sind"; „eine geheime Macht hinter dem Weltgeschehen", in deren Händen „Lenin und Trotzki nichts weiter als Marionetten waren"; ihr Programm: „die bestehende Weltordnung zu zerstören und sie durch eine Anarchie zu ersetzen mit dem Ziel, als alleinige Diktatoren aufzutreten"; „für Propaganda und Bestechungszwecke unbeschränkte Geldmittel ... technische Errungenschaften, von deren Wirksamkeit die Welt keine Ahnung hat"; ebenso erwähnt werden geheime unterirdische Machtzentralen und Laboranlagen sowie grauenhafte Experimente an Menschen. Man erinnere sich, daß dies *1927* geschrieben wurde!

Pläne von langer Hand

Ein mehrfach erwähntes Stichwort in den obigen Ausführungen war die Russische Revolution, die im Jahr 1917, also während des Ersten Weltkriegs, stattfand. Es hieß, die Anstifter, Lenin und Trotzki, seien nur Marionetten gewesen, „Marionetten, die von Meisterhand [Großmeisterhand?] geleitet wurden".

Daß Politiker oft nur „Marionetten" sind, glauben viele. Unklar jedoch ist, in *wessen* Hand sie Marionetten sind und wie weit die Fäden reichen. Was heute als Weltsystem Form annimmt, begann konkret mit der Inszenierung des Ersten Weltkrieges. Betrachten wir also diesen Abschnitt der Weltgeschichte etwas genauer.

Durch den Ersten Weltkrieg wurde der technischen Kriegsführung und somit der globalen Industrialisierung zum endgültigen Durchbruch verholfen; das Papiergeld wurde zum beliebig manipulierbaren Machtmittel, da das Gesetz der Golddeckung von den Banken umgestoßen wurde; das mächtige Zarenreich wurde gestürzt und für die internationalen Manipulatoren zugänglich gemacht, und der Ideologie des Kommunismus wurde ein Revier zugewiesen, wodurch 80 Jahre lang weltweit für eine politische und militärische Spannung gesorgt war. Mit anderen Worten, zu Beginn des 20. Jahrhunderts wurden die Weichen für das gesamte Jahrhundert gestellt, das *blutigste aller Jahrhunderte.* Aber wenn diese Weichen nicht von den bekannten historischen Personen gestellt wurden, von wem dann? Und wie kam es, daß es bereits zu Beginn des Jahrhunderts Machthaber gab, die im geheimen Weltkriege und Revolutionen planen, ermöglichen und durchsetzen konnten? Hier erreichte eine jahrhundertelange Entwicklung einen unübersehbaren Höhepunkt, wobei die heimlichen Mächte, eben weil sie derart gewaltig eingriffen, deutliche Fingerabdrücke hinterließen.

Tatsache ist, daß die beiden offiziellen Köpfe der Russischen Revolution noch Anfang 1917 im Ausland weilten, Lenin in Europa und Trotzki in den USA. Man konnte sie nicht als wohlhabend bezeichnen. Sie waren weder Bankiers noch Industrielle, sondern Journalisten und politische Agitatoren. Sie verfügten in keiner Weise über die Mittel, die nötig sind, um eine Revolution anzuzetteln und durchzuführen. Doch beide tauchten, aus verschiedenen Kontinenten angereist, im Sommer 1917 in St. Petersburg auf und bliesen zur Revolution. Dabei konnten sie auf mysteriöse Geldquellen zurückgreifen, insbesondere für die Propaganda und die Bewaffnung. In kürzester Zeit erlangte die Partei der Bolschewiken von einer Randstellung aus plötzlich die zentrale Regierungsgewalt (ähnlich wie ein paar Jahre später die NSDAP in Deutschland). Woher kam dieses Geld? Sicher nicht von ihnen selbst und sicher nicht aus Rußland, das zu dieser Zeit – nach jahrelangen innenpolitischen Wirren und nach drei fatalen Kriegsjahren – finanziell, wirtschaftlich und moralisch am Boden war. Wer gab ihnen das nötige Geld, vielfache Millionenbeträge? Die Antwort ist offensichtlich: Natürlich diejenigen, die dieses Geld hatten. Die Bankiers des Westens.

Trotzki war zuvor im zaristischen Rußland aufgrund seiner revolutionären Umtriebe zweimal verhaftet worden, konnte aber beide Male ins Ausland entkommen. Seit dem zweiten Mal (1905) lebte er als Journalist und Publizist im Westen, zuletzt in New York. Dort war er ein häufiger Gast des Finanzmagnaten Jacob Schiff, eines Vertreters der europäischen Rothschild-Banken. Mit dessen finanzieller Hilfe und mit einem Passepartout von höchster politischer Ebene reiste Trotzki, als die Zeit gekommen war, nach zwölf Jahren Exil zurück nach Rußland und wurde sofort der führende Kopf in Lenins Revolutionsbewegung.

Lenin selbst war bereits ein paar Monate früher aus der Schweiz angereist. In der *Brockhaus-Enzyklopädie* (Stichwort „Lenin“) heißt es hierzu: „Mit offizieller deutscher Hilfe, die dem Wunsch entsprang, Rußland durch einen Umsturz zu schwächen, gelangte Lenin mit anderen russischen Revolutionären ... nach Petrograd [Petersburg].“

Doch dieser offizielle Hinweis auf die mysteriöse Hilfsquelle ist nur die eine Hälfte der Wahrheit. Lenins größter Komplize, Trotzki, kam aus den USA. Die USA und Deutschland waren im Ersten Weltkrieg erbitterte Gegner. 1917, im selben Jahr, traten die USA offiziell in den Krieg ein! Wie kam es, daß deutsche Helfer Lenin und amerikanische Helfer Trotzki unterstützten und in Sachen Rußland zusammenarbeiteten, während sich vor den Kulissen dieselben Nationen brutal bekämpften?

Der österreichische Enthüllungsautor Viktor Farkas faßt die Geschehnisse wie folgt zusammen:

> Arrangiert wurde dieser Transfer [die Rückkehr Lenins nach Rußland] vom deutschen Oberkommando in Zusammenarbeit mit einem Angehörigen der Familie Warburg, der Chef des deutschen Geheimdienstes war, sowie dem Vorstand der Rothschild/Warburg-Bank in Frankfurt, Max Warburg (Bruder von Paul und Felix War-

> burg, die die „private Notenbank der USA", das Federal Reserve Board, mitinitiiert hatten) ... Gleichzeitig wurde Trotzki aus den USA herangekarrt. Auch er kam nach Aussagen historischer Kritiker nicht mit leeren Händen, sondern mit 20 Millionen Dollar vom amerikanischen Banker Jacob Schiff, der sich später gerühmt haben soll, ohne ihn hätte die Revolution nicht gesiegt.[30]

Wie sich bald herausstellte, diente die Revolution jedoch nicht dem Volk. (Wem dann?) Nach der Oktoberrevolution errichtete Lenin, unterstützt von Trotzki und dem jungen Stalin, sogleich ein diktatorisches Regime, und zwar mit einer mörderischen Brutalität, die sprichwörtlich als der „Rote Terror" in die Geschichtsbücher einging. Durch Trotzkis Rote Armee brandete nach dem offiziellen Kriegsende von 1918 eine Massakerwelle über Rußland hinweg, die innerhalb von rund vier Jahren viele Millionen Todesopfer forderte (Schätzungen gehen bis an die 30 Millionen). Der Westen schaute nur zu, und niemand fragte sich, woher diese Armeen ihren anscheinend unerschöpflichen Nachschub an Geld, Waffen und Munition bezogen. Während Rußland selbst schon längst wirtschaftlich ruiniert war, bauten westliche Großinvestoren für diese Diktatur die Infrastruktur: Elektrizitätswerke, Industrie, Maschinenwerke, Ölraffinerien, Eisenbahnen.

Nach Lenins Tod im Jahr 1924 entbrannte ein Machtkampf zwischen Trotzki und Stalin, den letzterer für sich entschied. Trotzki mußte in den Westen emigrieren. Mit der zunehmenden totalitären Macht, die Stalin zukam, wurden auch die Massaker (noch) extremer. Wiederum fielen viele Millionen von Bürgern ihrer eigenen Regierung zum Opfer. Obwohl dies international bekannt war und Trotzki diesen „Verrat der Revolution" im Exil laut anprangerte, kam es zu keinen Maßnahmen gegen den Unmenschen Stalin, auch dann nicht, als dessen Geheimagenten Trotzki in Mexiko ermordeten (1940). Als nach dem Ende des Zweiten Weltkrieges alle Nazis aufs vehementeste verurteilt wurden, saß Stalin bei den Kongressen der Siegermächte neben dem englischen Premierminister Winston Churchill und dem amerikanischen Präsidenten Truman. Wären Gerechtigkeit und die Beachtung der Menschenrechte die Anliegen gewesen, hätte die Besetzung dieser Gipfeltreffen anders aussehen müssen. Insbesondere Stalin hätte dieselbe Behandlung wie die Nazis verdient. Aber anscheinend galt auch hier die Regel: Wenn zwei dasselbe tun, ist es nicht dasselbe ...

Durch den Ersten Weltkrieg wurden die Nationen gezwungen, ihre Reichtümer und Goldreserven zu verschleißen und bei den Banken Darlehen aufzunehmen. Als der Krieg begann, konnten die privaten Industrien, die allesamt den Finanzmagnaten gehörten, alle Bestellungen an Waffen und Kriegsgerät sofort erfüllen, als ob sie es schon lang gewußt hätten, daß demnächst die Nachfrage schlagartig um ein Vielfaches hochschnellen würde. Als es losging, waren die Kriegslieferanten parat. Oder war es umgekehrt: Als sie parat waren, ging es los?

Nach dem Ersten Weltkrieg waren alle Nationen maßlos an die Banken verschuldet. 13 Millionen Menschen (hauptsächlich Männer) waren ums Leben gekommen, von den nachfolgenden Völkermorden in Rußland, Armenien usw. ganz zu schweigen. Ein unvorstellbarer Sachschaden war entstanden. Der Wiederaufbau vergrößerte die Macht der Mächtigen und die Schulden der Verschuldeten. Dieser drastische Wandel war das Ergebnis von „nur" fünf Jahren Krieg.

Untertanen, Obertanen, Hintertanen

Wenn die Staatschefs Kriege starten, schicken sie *ihr Volk* in den Krieg, und es gibt Millionen von Todesopfern: unter der „Zivilbevölkerung" und unter den „Soldaten". Doch beides ist das „Volk", die Unterschicht. Wenn schon Kriege geführt werden, dann sollten eigentlich die Chefs an der Front stehen. Aber heute verstecken sich die Kriegsherren in Palästen, Weißen Häusern und Bunkern und befehlen ihren Steuerzahlern, in den Krieg zu ziehen und den „Heldentod" zu sterben.

Immer mehr zeigt sich, daß der Plan der Mächtigen darin besteht, eine Zweiklassengesellschaft zu errichten: die Unterschicht, die „schweigende Mehrheit", und die Oberschicht, die befehlende Minderheit. Die Mittelschicht der Selbständigen wird immer mehr untergraben und in die Enge getrieben, bis sie aufgeben und in die Unterschicht absinken oder sich an die Oberschicht verkaufen. Die

Menschen der Oberschicht haben ein gewisses Maß an Macht und Verantwortung, aber auch sie sind abhängig und untertan, denn ihre Position hängt vom herrschenden System, von ihren Vorgesetzten und auch von der Gunst des Volkes ab. Die Unterschicht könnte man als die „Untertanen" bezeichnen, die Oberschicht als die „Obertanen". Der Wortteil *-tanen* stammt vom Verb „tun" und weist darauf hin, daß beide nicht wirklich „tun", sondern daß mit ihnen „getan" wird. Beides sind, um Agatha Christies Wort zu verwenden, „Marionetten".

Zu den Obertanen gehören die Vertreter der Regierung, des Militärs und der Polizei, der Wirtschaft, der Medien und der öffentlichen Wissenschaft. Die Obertanen sind, kurz gesagt, die scheinbar Mächtigen und Einflußreichen dieser Welt.

Die „Untertanen", die Mehrheit der Menschen, werden jenseits aller schönen Worte von gewissen Ideologien abfällig als „Masse", als „Pöbel", als „Proletarier" oder sogar als „Menschenmaterial" bezeichnet, als „Tiermenschen", die man gezwungenermaßen manipulieren und kommandieren müsse. Dies sei immer die Aufgabe von *wenigen,* nämlich den „Übermenschen", den „Erleuchteten", die genauso über der Masse stünden wie die Hirten über ihrer Tierherde. Die „großen Tiere", die solchen Überzeugungen anhängen, sind nicht nur Wölfe im Schafspelz, sondern Wölfe in Hirtenverkleidung!

Hinter den „Untertanen" und hinter den ständig wechselnden Politikern und Verwaltungsräten, hinter allen „Obertanen", stehen andere, wesentlich stabilere Mächte, die für gewöhnlich kaum zu erkennen sind. Es sind jene wenigen Leute im Hintergrund, bei denen die Fäden des modernen politischen, wissenschaftlichen und wirtschaftlichen Systems zusammenlaufen. Man könnte sie deshalb als die „Hintertanen" bezeichnen.[31] Sie sind es, die die Gesetze erlassen, nach denen sich sowohl die Unter- als auch die Obertanen zu richten haben. Sie leben im Wahn, die wahrhaft Mächtigen zu sein, doch auch sie sind abhängig: von der Gunst der anderen Hintermänner, von ihrer momentanen Macht und von ihren Ideologien, mit denen sie ihr Verhalten rechtfertigen. Wie all diejenigen, die von ihnen manipuliert werden, sind auch die Hintertanen Untertanen ihres eigenen Egos und ihres Karmas.

Sobald ihre vorausbestimmte Zeit abgelaufen ist, fallen sie aus dem Rennen und werden mit ihren angestauten negativen Karma-Reaktionen konfrontiert, ihren atheistischen, magischen oder pseudoreligiösen Ideologien zum Trotz.

Wer die Hintergründe der irdischen Ereignisse erkennen will, kommt nicht umhin, die Hintertanen genauer unter die Lupe zu nehmen, denn sie sind gegenwärtig die unmittelbaren Fürsten dieser Erde, die „Erleuchteten" unter den Menschen, die Verbindungsglieder zu astralen und anderen unsichtbaren Mächten. Auch in dieser Hinsicht zeigt sich, daß die irdischen Hintertanen in keiner Weise unabhängig sind.

Die Hintertanen und ihre Geldmacht

In den vergangenen Jahrhunderten waren die meisten Hintertanen in den Reihen des politischen und feudalistischen Adels zu finden, deren Exponenten (Könige, Fürsten, Vögte usw.) mit den religiösen Machthabern zusammenarbeiteten. Konkurrenz durch Menschen, die aufgrund von Ansichten, Erkenntnissen oder Fähigkeiten eine Gefahr für deren Monopol darstellen konnten, wurden während eines Jahrtausends durch die Inquisition verfolgt und hingerichtet. Am Beispiel der Inquisition wird deutlich, wie die Staats- und Glaubenssysteme gemeinsame Sache machten. Auch im Mittelalter war viel hochstehendes esoterisches Wissen vorhanden, doch sollte es ausschließlich den Mächtigen vorbehalten sein. Das befreiende, spirituelle Wissen hingegen sollte unterdrückt, ja ausgerottet werden.

Durch ein Netz von Repräsentanten und Spitzeln konnten sich die königlichen und kirchlichen Machthaber das Volk untertan halten. Da sie aber nicht über die modernen Mittel der Kommunikation und Kontrolle verfügten, war ihre Macht immer an bestimmte Grenzen gebunden, und die Hintertanen wußten, daß die bestehenden Strukturen auf globaler Ebene verändert werden mußten, damit effizientere Methoden der Weltkontrolle entstehen konnten; sie „mußten" den technologischen Mächten den Zugang zur Erde öffnen! Wie alles, begann auch dies auf den geistigen Ebenen und im Bewußtsein einzelner Menschen. In gewissen

Köpfen sprang der Funke, es kam zu neuen Erfindungen, und die „industrielle Revolution“ nahm ihren Lauf. Eine ganz bestimmte Art von „Fortschritt“ wurde erzwungen, auf Kosten aller anderen Arten von Fortschritt.

Was geschah, entsprach dem „Geist“ des Eisernen Zeitalters (Kali-Yuga). Die Pioniere dieses Zeitgeistes dienten wie von selbst der Kali-Yuga-Entwicklung und trieben den Siegeszug der destruktiven Technik mit einer arroganten, ja mörderischen Selbstverständlichkeit voran (Fabriksklaverei, Raubbau, Umweltverschmutzung, Landraub). Alle, die sich dem „Fortschritt“ in den Weg stellten, „durften“ einfach überrollt werden, oft sogar mit Staatsgewalt: Kritiker, Konkurrenten, die Erfinder alternativer Technologien und alternativer Finanzsysteme, die Urvölker der kolonisierten Länder, usw.

Durch das neue Technologie- und Finanzsystem gelang es den elitären Kreisen, einen gewaltigen Reichtum aufzubauen und auf die eigenen Familien zu konzentrieren. Wie die europäischen Königshäuser, betrieben auch diese neuen Adligen eine systematische und internationale Familien- und Verheiratungsstrategie. Diese Vernetzung durch Blutsverwandtschaft verhalf ihnen zu einer bisher ungekannten Machtstellung in der Wirtschaft, im Finanzwesen und in der Politik (die hauptsächlich aus Kriegsgeschäften bestand). Durch die Monopolisierung entstand eine Oligarchie, eine „Herrschaft von wenigen“, die zentralisierter war als je zuvor.

Eine aufschlußreiche Oligarchie-Zwischenbilanz findet sich im Buch *Amerikas 60 Familien* aus dem Jahr 1938, verfaßt von Ferdinand Lundberg, Professor für Sozialwissenschaften und Volkswirtschaft an der Universität New York. Darin beschreibt er, mit welchen rücksichtslosen Mitteln diese Familien-Clans zu ihrem Reichtum gelangt sind und wie sie diesen Reichtum investierten, um ihre Macht exponentiell zu vergrößern:

> Eine Hierarchie besitzt und beherrscht heute die Vereinigten Staaten, die aus den sechzig reichsten Familien des Landes gebildet und von höchstens neunzig etwas weniger reichen Familien gestützt ist.... Diese Familien stellen den lebenden Mittelpunkt der modernen Industrie-Oligarchie dar, die die Vereinigten Staaten beherrscht. Sie arbeitet im Dunkeln unter einer demokratischen Regierungsform –

> demokratisch de jure [nur auf dem Papier] –, hinter der de facto eine andere Regierung steht, absolutistisch und plutokratisch in ihren Grundzügen, seit dem Bürgerkrieg [1861–1865] emporgewachsen und geformt. Diese De-facto-Regierung ist in unserer Gegenwart die Regierung der Vereinigten Staaten, formlos, unsichtbar, schattenhaft. Sie ist die Regierung des Geldes in einer Dollar-Demokratie. (S. 17)

Es ist kein Geheimnis, wer diese mächtigen Personen sind. Lundberg nennt gleich zu Beginn des Buches seitenweise ihre Namen: Morgan, Rockefeller, Du Pont, Mellon, Rothschild, Warburg, Harriman, Loeb, Ford und andere, deren Namen jedoch heute, nach sechzig Jahren, nicht mehr so bekannt sind. Lundberg vergleicht diese Drahtzieher in der Neuen Welt mit den alteingesessenen Hintermännern der Alten Welt:

> Man könnte die Morgans amerikanische Bourbonen nennen: langsam und skrupellos brachen sie die Macht jener vielen, die sich weigerten, vor ihnen in die Knie zu sinken, und umgaben sich selbst mit einer Gefolgschaft, die das Führertum der Morgans anerkannte. Und so könnte man die Rockefellers mit den Habsburgern vergleichen, die Mellons mit den Hohenzollern, die Du Ponts mit den Romanoffs, usw. Die gekrönten Dynastien des feudalen Europas teilten ihren Kontinent nach Territorien auf; ihre ungekrönten Gegenspieler des amerikanischen Kapitalismus teilten ihren Kontinent nach Industriegruppen auf. (S. 48)

„Es ist im Grunde der Beschluß dieser Männer und ihrer politischen Sachverwalter gewesen, der den Ausbruch des [Ersten] Weltkrieges diktiert hat", betont auch Prof. Lundberg. „Der Krieg hat die reichen Amerikaner auf die Zinnen der Weltmacht geführt und gleichzeitig breite Schichten der europäischen Herrenklasse vernichtet, andere an ihre Stelle gesetzt. In Deutschland und Österreich-Ungarn ist die vorherrschende Gruppe des Reichtums – Gutsbesitzer, Bankiers und Industrielle – über Nacht mehr oder weniger verarmt. In Frankreich und England wurden sie ernsthaft geschwächt und immer furchtsamer … In Rußland sind sie einfach vernichtet worden. Von den herrschenden Klassen des Weltreichtums haben nur die amerikanische und die englische ihr Geld und ihre Macht in ganzem Umfang retten können." (S. 18)

Aus irgendwelchen Gründen war es Lundberg erlaubt, seine minuziösen Kenntnisse über das Vermögen und die Machenschaften der „Räuberbarone", wie er sie nannte (S. 26), in mehreren Büchern zu veröffentlichen, die weltweit große Beachtung fanden. 1968 erschien sein Buch *The Rich and the Super-Rich* (dt. *Die Reichen und die Superreichen – Macht und Allmacht des Geldes*). Eine der markantesten Stellen dieses Buches wird auf dem Rückentext zitiert:

> Wenn es den Reichen durch ihre Interessenvertreter nicht gelingt, die Regierung für ihre Pläne einzuspannen, so können sie immerhin durch die verschiedensten Methoden die Regierung lähmen, und das auch noch mit voller Unterstützung der Öffentlichkeit. Sie verwickeln die Nation in einen schrecklichen Kreislauf grausiger Kriege, die allesamt nur dazu dienen, das Vermögen der Reichen zu sichern und auszudehnen, aber den Interessen der Nation und der Welt völlig zuwiderlaufen.

Die Hintertanen und ihre Geheimgesellschaften

Prof. Lundberg analysiert nur die *äußeren* Machtfaktoren der „Superreichen". Wer jedoch das Leben dieser Leute näher untersucht, findet schnell heraus, daß die meisten von ihnen Mitglieder von Geheimgesellschaften sind. Bezeichnenderweise fehlt dieser Aspekt in Lundbergs Büchern gänzlich, genauso wie in den meisten anderen sozialkritischen Abhandlungen. Dieser konsequente Ausschluß eines so durchdringenden Themenkomplexes ist fast schon auffällig, denn er ist eigentlich nicht zu übersehen, muß doch auch ein materialistischer Politologe wie Prof. Lundberg zugeben, daß die Macht der Mächtigen von „magischer und emsig kontrollierter Reklame" abhängig ist.[32] Dennoch wird der magische und okkulte Zusammenhang geleugnet oder dann einfach als komischer Spleen dieser Leute dargestellt.

Obwohl Lundbergs Analysen fachlich brillant sind, dient auch er den Hintermännern, nämlich dadurch, daß er die Mängel des gegenwärtigen Systems aufzeigt und die Intellektuellen mit dem

Gedanken anfreundet, daß irgendeinmal eine *neue Weltordnung* vonnöten sein wird. Lundberg bringt dies am Ende seines Buches *Die Reichen und die Superreichen* unverblümt zum Ausdruck:

> Mit einem völlig antiquierten, verbogenen politischen System – formell 178 Jahre alt ... – sind die Vereinigten Staaten unfähig, selbst einen Anfang für die Lösungen ihrer eigenen, ebenso ernsten wie zahlreichen inneren Probleme zu machen. ... Ernste Probleme können nicht auf einer Basis gelöst werden, die aus der Übereinstimmung von Dummköpfen mit verworrenen Wertvorstellungen besteht.

Diese unmißverständlich zynische Aussage ist der Schlußsatz des gesamten Buches! Mit „Dummköpfen" meint der Professor sowohl die Politiker als auch die Bürger, die diese wählen. Er sagt, mit anderen Worten: Dummköpfe wie ihr seid nicht fähig, die heute anstehenden ernsten Probleme zu lösen. Ihr braucht eine kompetente, nicht gewählte, sondern erleuchtete Führung!

Solche eingestreuten Aussagen lassen durchschimmern, welche Überzeugungen in den hohen Einweihungsgraden von Geheimgesellschaften („Bruderschaften") vorherrschen.

Um auf den Ersten Weltkrieg zurückzukommen: Auch der damalige US-Präsident Thomas W. Wilson gehörte solchen Kreisen an und war ein höriger Diener ihres Diktats. Ein historisch belegtes Beispiel hierfür ist nichts Geringeres als der Kriegsbeitritt der USA im Jahr 1917. Damals war die überwältigende Mehrheit des amerikanischen Volkes *gegen* einen Kriegsbeitritt und wollte an der altbewährten Monroe-Doktrin (1823) festhalten, die besagt, Amerika solle sich nie in europäische Kriege einmischen. Wilson sicherte sich im Jahr 1916 eine knappe Wiederwahl, und zwar nur dank der Zusicherung, er werde die USA aus dem Krieg heraushalten. Dies war jedoch eine unverfrorene Lüge. Gleich nach seiner Wahl leitete er den Kriegsbeitritt ein! Diese Tatsache (ohne Angabe über die verborgenen Hintergründe) ist offizielle Geschichte. Im *Brockhaus* (1994) heißt es unter dem Stichwort „Wilson, Thomas Woodrow":

> Nach dem knappen Wahlsieg 1916 über den Demokraten C.E. Hughes entsandte Wilson, der noch im Wahlkampf versprochen

> hatte, die USA aus dem Krieg herauszuhalten, seinen Vertrauten [und Logenbruder!] E.M. House nach Europa, um Möglichkeiten für einen „Frieden ohne Sieg" auszuloten. Die deutsche Wiederaufnahme des uneingeschränkten U-Boot-Krieges und die Zimmermann-Note bereiteten schließlich den Weg für den Kriegseintritt der USA am 6.4.1917.

Welch vielsagende diplomatische Lexikonformulierung: „bereiteten schließlich den Weg für den Kriegseintritt ..."

Übrigens: Nach diesem Krieg (1919) bekam Präsident Wilson den Friedensnobelpreis!

Der amerikanische Bürgerkrieg

Obertanen und Hintertanen mögen mächtig sein, aber wenn sie zu selbständig werden wollen, bekommen sie die Macht des übergeordneten „Ideals" zu spüren, und nicht wenige wurden einfach ermordet. Ein Beispiel hierfür ist Präsident Abraham Lincoln, den wir heute als den heldenhaften Befreier der Sklaven kennen. Doch die Realität ist etwas verstrickter und wiederum ernüchternd.

Im Verlauf des 19. Jahrhunderts wurden die Nordstaaten der USA zunehmend industrialisiert, der Süden hingegen blieb von der Baumwollproduktion abhängig, und diese wiederum war von der Sklavenarbeit abhängig. Als Abraham Lincoln 1860 Präsident der USA wurde, traten vor dessen Amtsantritt mehrere Südstaaten aus den USA aus, als Ergebnis der Aufwiegelei durch Hintertanen-Agenten, die einen Bürgerkrieg einleiten wollten (was ihnen auch gelang). Die mächtigen Nordstaaten wollten ihren Besitz zurückerobern und warteten nur darauf, die Südstaaten-Konföderation militärisch angreifen zu können. Repressalien und Blockaden von seiten Lincolns führten zur Sezession (Loslösung) weiterer Südstaaten. England und Frankreich, die lieber ein geteiltes als ein mächtiges Amerika sahen und von den Baumwollieferungen abhängig waren, wollten die Südstaaten im Krieg unterstützen, doch bevor England und Frankreich eingreifen konnten, verkündete Lincoln die *Sklavenbefreiung*.

Diese hatte zwei offensichtliche Gründe: Ohne Sklaven war die Ökonomie der Südstaaten sofort ruiniert, und die europäischen

Staaten waren moralisch abgeblockt, denn wer konnte es sich schon leisten, Sklavereibefürworter zu unterstützen? Die menschlichen Gründe für die Sklavereiabschaffung wurden erst später durch die Legendenbildung vorgeschoben. In seinem Wahlkampf hatte sich Lincoln deutlich *für* die Sklaverei ausgesprochen und die Minderwertigkeit der Schwarzen bestätigt, was auch seinen persönlichen Überzeugungen entsprach. Das folgende ist ein Zitat aus der 5. Lincoln-Douglas-Debatte, 7. Oktober 1858:

> Ich trete heute so wenig wie jemals früher dafür ein, daß zwischen der schwarzen und der weißen Rasse in irgendeiner Form soziale und politische Gleichheit herbeigeführt werde ... Während sie [die beiden Rassen] zusammenleben müssen, muß es die Stellung der Höheren und Niedrigeren *(superiors and inferiors)* geben, und ich trete ebenso wie jeder andere Weiße dafür ein, daß die übergeordnete Stellung der weißen Rasse zugesprochen wird.

Es dauerte eine beträchtliche Zeit, bis diese Fakten in den USA öffentlich diskutiert wurden. „Lincoln: Ein rassistischer Befreier", so lautete eine Charakterisierung in der Überschrift eines Artikels, der am 10. April 2002 in den *New York Times* veröffentlicht wurde:

> Lincoln glaubte, daß „zwischen der weißen und der schwarzen Rasse ein physischer Unterschied" bestehe, und dieser „verbiete es für alle Zeiten, daß die zwei Rassen im Rahmen einer sozialen und politischen Gleichstellung zusammenleben". ... Als Präsident ordnete er die Sklavenbefreiung nur als Mittel der Kriegstaktik an, und selbst dann limitierte er sie darauf, daß die Sklaven in „Rebellenterritorien" leben mußten.

Im nachfolgenden Bürgerkrieg, dem *Sezessionskrieg* (1861–1865), entbrannte eine brutale Metzelei, in der auch die Zivilbevölkerung massakriert wurde. Die Waffen und Transportmittel waren den beiden Kriegsgegnern von Fabrikanten geliefert worden, die *denselben* Finanzmagnaten gehörten, denjenigen, welche auch die Kriegsaufwiegler im Norden wie im Süden mobilisiert hatten. Dadurch machten sie gewaltige Profite und brachten die Bundesstaaten durch Verschuldung unter ihr Diktat. Als Lincoln sich dem Finanzwürgegriff zu entziehen suchte und eigene Regierungsbanknoten druckte, waren seine Tage gezählt.

Die Kapitulation der Südstaaten am 9. April 1865 beendete den Bürgerkrieg, doch gewisse Leute wollten sich mit diesem „feigen" Rückzieher nicht zufriedengeben, da die Horden der Südstaaten die Nordstaaten an Blutrünstigkeit noch übertroffen hatten. Der Kriegsminister (und „Hintertan") Edwin Stanton plante militärische Vergeltungsschläge, doch Präsident Lincoln widersetzte sich und wollte den Süden möglichst reibungslos wieder in die USA integrieren. Dies forderte er insbesondere an der Kabinettssitzung vom 14. April 1865, eine Woche nach Beendigung des Bürgerkrieges. Am Abend desselben Tages wurde er ermordet – angeblich von einem fanatischen Südstaatler! (Dabei war Lincoln derjenige, der die Südstaaten schonen wollte.)

Am gleichen Abend fanden auch Attentate auf den Vizepräsidenten und den Außenminister statt, die jedoch mißlangen. Dies führte zu einem Prozeß gegen die insgesamt acht überlebenden Attentäter, angeblich Einzeltäter(!), die alle zufällig am gleichen Tag Anschläge auf die drei führenden US-Politiker ausgeführt hatten. Vier der acht wurden hingerichtet.

Mit diesen Informationen vor Augen ist es nicht schwierig, zwischen den Zeilen der offiziellen Geschichtsschreibung zu lesen und die Hand der Hintertanen zu erkennen:

> Der Kriegsaufwand umfaßte (nach Schätzungen) im Norden rund 1,5 Mio. Soldaten (rund 360 000 Tote, 275 000 Verwundete), im Süden rund 800 000 bis 1 Million Soldaten (260 000 Tote, 225 000 Verwundete), die Zahl der beträchtlichen zivilen Opfer ist unbekannt; die Kosten betrugen insgesamt rund 10–15 Milliarden US-$. Der Sezessionskrieg, in dem *erstmals militärtechnische Neuerungen* (z. B. gepanzerte Schiffe, Maschinengewehre), Eisenbahn und Telegraf eine bedeutende Rolle spielten, *beschleunigte im Norden das wirtschaftliche Wachstum*, vernichtete aber weitgehend die Wirtschaftskraft der Südstaaten. Mit der Emanzipation der rund 4 Millionen Sklaven war die Wirtschafts- und Sozialstruktur des Südens zerstört ... Der Sezessionskrieg stellt einen wesentlichen Einschnitt in der amerikanischen Geschichte dar, da die *nationale Einheit* der USA gesichert und in der Folge *die Zentralgewalt gestärkt* wurde. (*Brockhaus* 1993, „Sezessionskrieg"; Hervorhebungen von A. R.)

Die Französische Revolution – Auftakt zur Neuen Weltordnung?

Planung von langer Hand? Tatsächlich läßt sich seit über zwei Jahrhunderten in allen wichtigen historischen Ereignissen die gleiche Handschrift erkennen. Natürlich hatte es auch vorher schon verschiedenste Kriege und Scharmützel gegeben; damals war es jedoch meistens um Religion und Territorien gegangen. Seit dem Ende des 18. Jahrhunderts, angefangen mit der Französischen Revolution (1789–1799), kamen plötzlich neue Komponenten hinzu: Regierungen wurden gestürzt, und grundlegende Änderungen in den Staatsstrukturen wurden vorgenommen. Die neuen Regierungen waren Instanzen, die unter dem Diktat der Finanzmächte standen, weil sie von Anfang an von ihnen abhängig gewesen waren. An die Spitzenpositionen der Regierungen wurden Marionetten gesetzt – Befehlshaber, die selbst Befehlsempfänger waren, Männer mit einem obskuren Doppelleben. 1789 gab es allein in Paris nicht weniger als 65 Logen![33]

Zur Französischen Revolution kam es dadurch, daß dubiose Herren, die sich als Volksvertreter ausgaben, Parteien gründeten und die Massen gegen die Monarchen aufwiegelten. Kaum herrschten anarchische Zustände, zeigten diese Herren ihr wahres Gesicht und riefen eine Diktatur aus, die alle Greueltaten der vorherigen Monarchie im Zeitraffer wiederholten und übertrafen. Die „Schreckensherrschaft“ *(La Terreur)* der Revolutionsregierung wandte sich direkt gegen das Volk, das der Propaganda der selbsternannten Volksvertreter geglaubt hatte.

Doch wie das Volk bald zu spüren bekam, war diese Propaganda eine Falle gewesen: Nach dem Aufstand von 1789 und dem Sturz in das Chaos brach die Wirtschaft zusammen, Hunger griff um sich, und immer mehr Stimmen riefen wieder nach der Monarchie. Um den Widerstand des Volkes zu bekämpfen, wurde ein systematisch organisierter Massenmord organisiert. Innerhalb von wenigen Jahren wurden über 100 000 hungerleidende, unzufriedene Bürgerinnen und Bürgern niedergemacht.

Gleichzeitig legten die Revolutionsführer auch einen großen Haß gegen die Kirche und den privilegierten Klerus an den

Tag. Kirchengut wurde beschlagnahmt und verstaatlicht, Klöster wurden niedergebrannt. Etwa 40 000 Priester verweigerten den Eid auf die humanistisch-atheistische Zivilkonstitution und wurden dafür deportiert oder hingerichtet, oder sie mußten fliehen. 1792/93 verließen Tausende von Priestern das Land. Durch ein Dekret wurde am 10. November 1793 das Christentum offiziell abgeschafft und der freimaurerische Kult der Vernunft und Natur eingeführt.

Das Volk, in Panik und Aufruhr, verstand die Welt nicht mehr. Und es war tatsächlich nicht leicht zu verstehen, was hier gespielt wurde. Wer nicht wußte, daß die entscheidenden Köpfe hinter der Revolution allesamt Mitglieder von Geheimgesellschaften waren, die eigene Pläne mit undurchsichtigen und langfristigen Zielen verfolgten, konnte diese Ereignisse unmöglich durchschauen. Auf jeden Fall war die Welt nicht mehr so wie früher. Eine neue Weltordnung machte sich bemerkbar und griff die Fundamente der bestehenden Gesellschaft an.

Im Jahr 1792, als König Louis XVI. und seine Gemahlin, Königin Marie-Antoinette, von der Revolutionsführung hingerichtet wurden, kam es zu weiteren Königsmorden. Gustav III. von Schweden, höchster Würdenträger der schwedischen Freimaurerei, hatte mit einem anderen Logenmitglied, König Leopold II. von Österreich, ein Bündnis geschlossen, um König Louis XVI. zu beschützen. Innerhalb weniger Tage wurden beide durch Attentate getötet und durch willigere „Brüder" ersetzt. Dies zeigt an der Oberfläche, wie einflußreich und international die Verschwörung bereits 1792 war.

1801 wurde Zar Paul I. in Petersburg auf Veranlassung des britischen Gesandten Lord Withworth ermordet. Dieser wurde danach für seine „Verdienste" in England mit dem Großen Band der Ludwig-Loge geehrt.[34]

Wie das Geld begann, die Welt zu regieren

Was 1789 in Frankreich zum Ausbruch kam und sich – auf weniger offensichtliche Weise – auch in anderen europäischen Ländern niederschlug, hatte ebenfalls wieder seine Vorgeschichte. Parallel dazu fand genau im selben Jahr, 1789, in Amerika ebenfalls ein weltbewegender Schritt statt: 13 Jahre nach der Unabhängigkeitserklärung von 1776 wurde der Freimaurer George Washington zum ersten Präsidenten der USA ernannt.

Im 18. Jahrhundert gingen von Europa geistige und machtpolitische Impulse aus, die eine grundlegende Umgestaltung der Welt einleiteten. Der revolutionäre Geist war keinesfalls nur destruktiv und negativ, denn die Wendezeit kündigte sich bereits damals an. Einerseits intensivierte sich die Bosheit und Verlogenheit (im Namen der „Notwendigkeit"), andererseits wurde auch das neue Zeitalter, die Wende nach dem Ende, spürbar, und spirituell orientierte Menschen begannen, auf dieses langfristige Ziel hinzuarbeiten. Da alles im Bewußtsein beginnt (siehe Anmerkung 1 und Kapitel 2), begann auch diese konkrete Zukunft im Bewußtsein einzelner Menschen, wie in den nachfolgenden Kapiteln dargelegt wird, insbesondere in Kapitel 6.

Die positiven Impulse und Ansätze wurden aber vorderhand schnell von den dunklen Mächten vereinnahmt oder verdrängt. Dies zeigen die Ereignisse des Jahres 1789 deutlich: Die Französische Revolution führte sogleich zu einer blutigen Terrorherrschaft, während in den USA die ersten Präsidenten versuchten, die hohen Ideale der hauptsächlich von Freimaurern ausgearbeiteten Konstitution praktisch umzusetzen, was z.B. zur Monroe-Doktrin von 1823 führte. Doch auch hier dauerte es nicht lange, bis die dunklen und gewalttätigen Elemente die Überhand gewannen

Warum enthält die lateinische Formulierung für „Neue Weltordnung" auf dem Pyramidensiegel der 1-Dollar-Note zwei Abweichungen vom bekannten Latein: *seclorum* statt *saeculorum*? Die Erklärung findet sich in der verborgenen Geometrie des Siegels. Ein Hexagramm stellt die Buchstaben M-A-S-O-N, engl. für „(Frei)Maurer", unter das allsehende Auge.

(Amerikanischer Bürgerkrieg, Aufhebung von Präsident Monroes Doktrin durch Präsident Wilson, usw.), denn auch die positiven Bemühungen wurden vom Geist des Kali-Yugas überschattet, in den USA insbesondere durch die Massakrierung und Beraubung der Ureinwohner und durch die Versklavung der Afrikaner.

Im gegenwärtigen Zeitalter, das bereits seit 5000 Jahren währt, haben die negativen Hierarchien ihren großen Auftritt, denn in diesem Zeitalter bekommen sie die Möglichkeit, ihre Ideologien zu entfalten und ihre „Visionen" zu verwirklichen – gemäß ihrem eigenen freien Willen, d.h. gemäß ihrer Mentalität und Überzeugung, und deshalb auf eigene Verantwortung. An ihren Handlungen kann man sie erkennen: Wesen aus den gottabgewandten Hierarchien, die unter den Menschen geboren werden und mit unmenschlichen Mitteln Geschichte machen.

Im Kali-Yuga ging für sie ein großes Tor auf, und sie wurden in zunehmender Anzahl auf der Erde geboren. Viele wurden sogar in denselben Familien geboren, denn „Gleiches zieht Gleiches an". Das ist der geistige Hintergrund, warum Emporkömmlinge plötzlich große Familienimperien gründen konnten, in denen die Kinder genau dem Charakter der Eltern entsprachen.

Im 18. Jahrhundert entstanden in Europa mächtige Familien-Clans, die sich in der Wirtschaft (Stahl, Waffen, Erdöl, Maschinen, Textilien) und im Finanzbereich (Banken, Börse, Land- und Immobilienmarkt) eine Vormachtstellung aufbauten und dadurch zunehmend die Politik beeinflußten. Allesüberragend waren die Finanzmagnaten, die Bankbesitzer. Sie hatten sich durch perfide Handelsabkommen sowie durch Betrügereien und Tricks, insbesondere durch das neue Geld- und Zinssystem, ein Vermögen angehäuft, das ungeahnte Perspektiven eröffnete. Und so erschien plötzlich eine alte, langgehegte Utopie realisierbar: *Weltherrschaft.* Denn erst wenn alle sich demselben Diktat unterordnen, kann weltweit „Ordnung" entstehen.

Aus diesem Geist heraus entstanden im 18. Jahrhundert zahlreiche neue Geheimgesellschaften, die sich mit den bereits bestehenden verbündeten oder diese infiltrierten, um das Ideal einer „besseren Welt" durch eine neue Weltordnung Realität werden zu lassen.

Ein typisches Beispiel hierfür ist der Geheimbund der „Illuminaten“, der am 1. Mai 1776 gegründet wurde und sich zu Beginn „Bund der Perfectibilisten“ nannte. Der Führer dieser Bewegung war *Adam Weishaupt* (1748–1830), Professor an der Universität Ingolstadt, Okkultist und ehemaliger Jesuit. Er war ein Vertrauter des Neureichen *Mayer Amschel Bauer* (1744–1812), der unter dem selbstzugelegten Namen *Rothschild* in die Geschichte einging. Um den anschwellenden Fluß von Reichtum zum „Wohl der Welt“ verwenden zu können, mußten neue Kanäle und Verbindungen geschaffen werden. Durch die Gründung dieser Geheimgesellschaft wurde einer Illuminaten-Philosophie Ausdruck verliehen, die es schon immer gegeben hatte, die nun aber erstmals konkret formuliert und ausgesprochen wurde. (Was der Inhalt dieser Ideologie ist, wird im nächsten Kapitel erörtert werden.)

Weishaupt traf anscheinend den Nerv der Zeit. Er sprach von humanistischen Zielen und von einer besseren, „erleuchteten“ Welt, was jedoch eine grundlegende Umstrukturierung der Gesellschafts- und Lebensform bedingte. Er war sehr aktiv, arbeitete in hohem Auftrag mit vielseitiger Unterstützung und hatte Zugang zu exklusiven Kreisen. Eines der geheimen Ziele dieser Revolutionäre war die Zerstörung bzw. Instrumentalisierung der katholischen Kirche, denn die nichtkirchlichen („säkularen“) Gegenbewegungen sahen sich als Nachfolger der von der Inquisition verfolgten „Geheimnisträger“ der früheren Jahrhunderte. Dieses Ziel mag mit ein Grund gewesen sein, warum sich zahlreiche Vertreter aus protestantischen Adels- und Intellektuellenkreisen den „Illuminaten“ oder ähnlichen Vereinigungen anschlossen.

1785 soll es in Amerika bereits fünfzehn Logen gegeben haben, eine Zahl, die in der „Neuen Welt“ sehr schnell zunahm – ebenso wie in der „Alten Welt“ und in den Elitekreisen der afrikanischen, südamerikanischen und asiatischen Kolonien. Der Nährboden für diese schnelle Ausbreitung war das *British Empire*.

Im 19. Jahrhundert gehörten weltweit zwei bis drei Millionen Menschen solchen Gesellschaften an, darunter viele prominente und einflußreiche Männer. Die meisten Mitglieder waren getragen von einem aufrichtigen Idealismus, dem sie durch diese Gesellschaften dienen wollten, und nur wenige wußten, welche Ziele die obersten „Eingeweihten" verfolgten. Von allem Anfang an mußten die Mitglieder aber, trotz der nichtverdächtigen Ideale wie „Charakterveredelung" und „Weltverbesserung", totale Verschwiegenheit und Treue schwören.

„Wenn du ein Verräter bist und einen Meineid geschworen hast, sollst du wissen, daß unsere Brüder aufgefordert sind, die Waffen gegen dich zu erheben. Hoffe nicht zu fliehen oder einen sicheren Ort zu finden. Wo immer du sein wirst, Scham, Reue und dazu der Zorn unserer Brüder werden dir bis in die letzten Schlupfwinkel deines Innern folgen ..." So hieß es in Weishaupts Instruktionen.[35]

Dennoch konnte nicht alles verborgen gehalten werden. Im Jahr 1785 kamen beim Unfall eines berittenen Boten geheime Dokumente an den Tag, die unmißverständliche Informationen über die wahren Absichten der Illuminaten-Allianz enthielten. In der Folge kam es zu Razzien und weiteren Untersuchungen, die 1786 zu einem Verbot der „Illuminaten" führten. Die Kirchen begannen sogleich eine massive Kampagne gegen diese „Bruderschaften des Satans", wobei sie wie selbstverständlich davon ausgingen, daß sie selbst „besser" waren. Weishaupt und seine Gefolgsleute gaben sich alle Mühe, den Eindruck zu erwecken, die Geheimgesellschaft sei tatsächlich zerschlagen und aufgelöst. Um dies zu bekräftigen, veranstaltete Weishaupt im Alter von 82 Jahren auf dem Totenbett eine eindrucksvolle Reue und kehrte wieder zum katholischen Glauben zurück, von dem er sich bei seinem Austritt aus dem Jesuiten-Orden abgewandt hatte.

Weishaupts Devise lautete: „Die größte Stärke unseres Ordens liegt in seiner Verborgenheit; laß ihn bei keiner Gelegenheit, an keinem Ort unter seinem Namen erscheinen, sondern immer unter einem anderen Namen und Gewerbe."[36]

Viel wichtiger als die institutionelle Expansion war die ideologische Mission. Tatsächlich entwickelte die Bewegung des Adam Weishaupt bereits zu seinen Lebzeiten eine ideologische Eigendynamik, die unabhängig von der Institution war. Der Begriff „Illuminati", d.h. „Erleuchtete", bezieht sich in diesem Sinn nicht nur auf die Mitglieder von Weishaupts Bewegung, sondern auf *alle Vertreter dieser Ideologie und Zielsetzung*. Denn sie alle meinten (und meinen), sie seien die wirklich Erleuchteten.

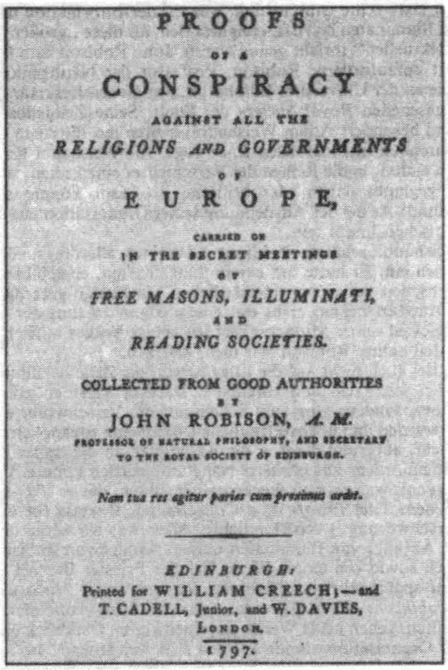

PROOFS
OF A
CONSPIRACY
AGAINST ALL THE
RELIGIONS AND GOVERNMENTS
OF
EUROPE,
CARRIED ON
IN THE SECRET MEETINGS
OF
FREE MASONS, ILLUMINATI,
AND
READING SOCIETIES.
COLLECTED FROM GOOD AUTHORITIES
BY
JOHN ROBISON, *A. M.*
PROFESSOR OF NATURAL PHILOSOPHY, AND SECRETARY
TO THE ROYAL SOCIETY OF EDINBURGH.

Nam tua res agitur paries cum proximus ardet.

EDINBURGH:
Printed for WILLIAM CREECH;—and
T. CADELL, Junior, and W. DAVIES,
LONDON.
1797.

Titelblatt von John Robisons Buch *Beweise für eine Verschwörung*, 1797, das Information aus erster Hand über die verborgenen Ziele der politisch-humanistischen Geheimgesellschaften an die Öffentlichkeit brachte.

Auch hier gilt: Nichts ist absolut negativ. Und dennoch: Als die wahren Ziele des „illuminierten" Humanismus zum ersten Mal ans Licht kamen, waren viele nichtsahnende Mitglieder der unteren Grade schockiert und wandten sich vom Illuminaten- und Freimaurertum ab. Der prominenteste Aussteiger in dieser Zeit war Prof. John Robison aus Edinburgh (Schottland), der hohe Verbindungen zur Regierung hatte und einer der führenden Intellektuellen seiner Zeit war. Er begann eigene Nachforschungen und trat 1797 mit einem aufsehenerregenden Buch an die Öffentlichkeit: *PROOFS OF A CONSPIRACY against all the Religions and Governments of EUROPE, carried on in the secret meetings of Free Masons, Illuminati and Reading Societies; collected from good authorities by John Robison, A.M., Professor of Natural Philosophy, and Secretary to the Royal Society of Edinburgh.**

Prof. Robison verrät bereits im Titel, zu welchem Ergebnis ihn seine Forschungen geführt haben. Für die meisten war es eine

* „BEWEISE FÜR EINE VERSCHWÖRUNG gegen alle Religionen und Regierungen Europas, die vor sich geht in den geheimen Zusammenkünften der Freimaurer, Illuminaten und Lesegesellschaften; zusammengetragen aus zuverlässigen Quellen von Dr. John Robison, Professor für Naturphilosophie [an der Universität Edinburgh] und Sekretär der Royal Society von Edinburgh."

Warnung, für einige aber auch ein Macht versprechender, verführerischer Geheimtip ...

Verführerisch und schönklingend

Nachdem die archetypische Illuminaten-Philosophie für eine lange Zeit im Untergrund geschwelt hatte, fand sie nun, ab der zweiten Hälfte des 18. Jahrhunderts, plötzlich unerhörten Anklang. In ganz Europa wurde in den Kreisen der Politik, des Militärs und der Intellektuellen verstohlene Mitgliederwerbung betrieben. Die weitverbreitete Unzufriedenheit nährte den Boden für die Empfänglichkeit von revolutionärem Gedankengut. Alternativen gab es nicht viele, und die Illuminaten-Ideologie klang verführerisch und idealistisch: Durchsetzung der Aufklärung, Entmachtung der Kirchen, eine Bruderschaft der Menschheit und eine Einheitsreligion, genauer eine Einheits*ethik*, um damit dem Streit der Konfessionen endlich ein Ende zu bereiten.

Die *Brockhaus-Enzyklopädie* (1989) schreibt über die „Illuminaten“:

> 1776 von A. Weishaupt in Ingolstadt gegründeter, über die Freimaurerei hinausgehender Geheimbund, der durch die Prinzipien der Aufklärung weltbürgerliche Gesinnung fördern und das monarchische Prinzip bekämpfen wollte. Mitglieder waren u. a. J. G. Herder und Goethe ...

Obwohl der Weishaupt-Orden 1786 verboten wurde, war die Bewegung in keiner Weise im Keim erstickt. Im Gegenteil, sie lebte im Untergrund weiter und ging in anderen Geheimbünden auf, insbesondere in der Vielfalt der Freimaurerlogen.

Wer immer eine einflußreiche Position erlangte oder erlangen wollte, mußte damit rechnen, irgendeinmal von einem Logenvertreter angesprochen zu werden. Die Universitäten wurden zu Hochburgen des revolutionären Gedankengutes. Viele Studenten, insbesondere diejenigen mit den größten Begabungen oder Ambitionen, wurden einzeln und heimlich eingeladen, diesen zukunftsträchtigen Bünden beizutreten.

Ein Zeugnis hierfür, das heute zu den Klassikern der deutschen

Literatur zählt, stammt von *Friedrich Hölderlin* (1770–1843). Als vielversprechendes Talent bekam auch er solche verführerischen Einladungen, vor allem, als er 1795 an der Universität Jena beim berühmten Philosophen *Johann Gottlieb Fichte* (ein Freimaurer und „Illuminat“) studierte. In seinem Roman *Hyperion,* der 1797 und 1799 in zwei Teilen erschien, schildert Hölderlin anhand einer fiktiven Geschichte, wie er und andere von verschwörerischen Geheimgesellschaften kontaktiert wurden.

Die Romangestalt namens Hyperion, ein junger griechischer Idealist und Freiheitskämpfer, macht Bekanntschaft mit einem Mann, der Mitglied eines Geheimbundes ist, dies ihm gegenüber jedoch verschweigt, um ihn allmählich auf einen Beitritt vorzubereiten. Dies geschieht mit pathetischen Worten und Bildern, die auch Hyperion zu begeistern vermögen. Zwischen Hyperion und dem getarnten Geheimbündler Alabanda entsteht eine tiefe Freundschaft, doch dann wird Alabanda von seinen Logenbrüdern aufgesucht, und Hyperion versteht, was gespielt wird. Er fühlt sich intuitiv von diesen Gestalten abgestoßen. Alabanda verläßt den Bund, weil ihm die Freundschaft wichtiger ist als die Mitgliedschaft, doch er liefert sich später seinen „Brüdern“ aus, um sich dem Blutgericht zu stellen. Anscheinend kannte Hölderlin die eiskalten Treuebedingungen, so wie sie Weishaupt formulierte und forderte (siehe Zitat auf S. 108).

Hölderlins literarisches Dokument ist eine direkte Reaktion auf die Französische Revolution, deren vermeintlich hohe Ideale er anfänglich mit Enthusiasmus unterstützt hatte, dann aber mit Entsetzen die politische Realität erkannte. Die nachfolgenden Zitate illustrieren dies (anhand der unterschwelligen Sympathie Alabandas für eine gewaltsame Revolution) und vermitteln aus erster Hand einen Eindruck, mit welch gutgemeinten und schönen Worten für die Ziele dieser Geheimbünde geworben wurde:

Wir [Hyperion und Alabanda] *wurden immer inniger und freudiger zusammen. … Alabanda, ein feurig strenger furchtbarer Kläger, wenn er die Sünden des Jahrhunderts nannte. Wie erwachte da in seinen Tiefen mein Geist, wie rollten mir die Donnerworte der unerbittlichen Gerechtigkeit über die Zunge! …*

[Alabanda:] *Man frägt nicht, ob ihr wollt! Ihr wollt ja nie, ihr Knechte und Barbaren! Euch will man auch nicht bessern, denn es ist umsonst! Man will nur dafür sorgen, daß ihr dem Siegeszug der Menschheit aus dem Wege geht. O! zünde mir einer die Fackel an, daß ich das Unkraut von der Heide brenne! die Mine bereite mir einer, daß ich die trägen Klötze aus der Erde sprenge!*

Wo möglich, lehnt man sanft sie auf die Seite, fiel ich ein.

Alabanda schwieg eine Weile. …

[Hyperion:] *Du räumst dem Staate denn doch zu viel Gewalt ein. Er darf nicht fordern, was er nicht erzwingen kann. Was aber die Liebe gibt und der Geist, das läßt sich nicht erzwingen … Komm! rief ich, und faßt Alabanda beim Gewande, komm, wer hält es länger aus im Kerker, der uns umnachtet?*

Wohin, mein Schwärmer, erwidert' Alabanda trocken, und ein Schatten von Spott schien über sein Gesicht zu gleiten.

Ich war, wie aus Wolken gefallen. Geh! sagte ich, du bist ein kleiner Mensch!

In demselben Augenblick traten etliche Fremde ins Zimmer, auffallende Gestalten, meist hager und blaß, so viel ich im Mondlicht sehen konnte, ruhig, aber in ihren Mienen war etwas, das in die Seele ging wie ein Schwert …

Alabanda sprang auf, wie gebogner Stahl, bei ihrem Eintritt. Wir suchten dich, rief einer von ihnen.

Ihr würdet mich finden, sagt' er lachend, wenn ich in den Mittelpunkt der Erde mich verbärge. Sie sind meine Freunde, setzt' er hinzu, indes er zu mir sich wandte.

Sie schienen mich ziemlich scharf ins Auge zu fassen. Das ist auch einer von denen, die es gerne besser haben möchten in der Welt, rief Alabanda nach einer Weile, und wies auf mich.

Das ist dein Ernst? fragt' einer mich von den Dreien.

Es ist kein Scherz, die Welt zu bessern, sagt ich.

Du hast viel mit einem Worte gesagt! rief wieder einer von ihnen. Du bist unser Mann! ein andrer.

Ihr denkt auch so? fragt ich.

Frage, was wir tun, war die Antwort.

Und wenn ich fragte?

So würden wir dir sagen, daß wir da sind, aufzuräumen auf

Erden, daß wir die Steine vom Acker lesen, und die harten Erdenklöße mit dem Karst zerschlagen, und Furchen graben mit dem Pflug, und das Unkraut an der Wurzel fassen, an der Wurzel durchschneiden, samt der Wurzel es ausreißen, daß es verdorre im Sonnenbrande. ... Wir haben aufgehört, von Glück und Mißgeschick zu sprechen. Wir sind emporgewachsen über die Mitte des Lebens ...

Das sind Betrüger! riefen alle Wände meinem empfindlichen Sinne zu. Mir war, wie einem, der im Rauch ersticken will und Türen und Fenster einstößt, um sich hinauszuhelfen, so dürstete ich nach Luft und Freiheit.

Sie sahn auch bald, wie unheimlich mir zu Mute war, und brachen ab. ... Ich war durch Alabandas Spott schon zu sehr gereizt, um nicht durch seine rätselhafte Bekanntschaft vollends irre zu werden an ihm.

Er ist schlecht, rief ich, ja, er ist schlecht. Er heuchelt grenzenlos Vertrauen und lebt mit solchen – und verbirgt es dir.

Mir war wie einer Braut, wenn sie erfährt, daß ihr Geliebter insgeheim mit einer Dirne lebe. ... Es ist besser, sagt ich mir, zur Biene zu werden und sein Haus zu bauen in Unschuld, als zu herrschen mit den Herren der Welt, und wie mit Wölfen zu heulen mit ihnen ...

[Bei einer späteren Begegnung erzählt Alabanda, wie er in diese Geheimgesellschaft hineingeriet; mittlerweile hatte er sie trotz seines Treue-Eides wieder verlassen. Er beschreibt, wie ihm einst in Not ein Mann mit Geld aushalf. Später traf er diesen Mann wieder.]

Der Mann, Hyperion, von dem ich spreche, war von jenen einer, die du in Smyrna bei mir sahst. Er führte gleich die Nacht darauf in eine feierliche Gesellschaft mich ein. Ein Schauer überlief mich, da ich in den Saal trat und beim Eintritt mein Begleiter mir die ernsten Männer wies und sagte: Dies ist der Bund der Nemesis. Berauscht vom großen Wirkungskreise, der vor mir sich auftat, übermachte ich feierlich mein Blut und meine Seele diesen Männern. ... [Jedoch] brach ich meinen Eid ... Soll ich büßen, was ich tat, so will ich es mit Freiheit; meine eignen Richter wähl ich mir; an denen ich gefehlt, die sollen mich haben.

Sprichst du von deinen Bundesbrüdern? rief ich; o mein Alabanda, tue das nicht!

Was können sie mir nehmen außer mein Blut? erwidert' er. Dann faßt' er sanft mich bei der Hand. Hyperion! rief er, meine Zeit ist aus, und was mir übrig bleibt, ist nur ein edles Ende. ...

Sie werden es nicht, dacht ich mitunter, sie können es nicht. Es ist zu sinnlos, solch ein herrlich Leben hinzuschlachten wie ein Opfertier, und dieser Glaube machte mich ruhig.

[Doch sie taten es.][37]

Zusammenfassung und Ausblick

Hinter allen geschichtlichen Ereignissen sind Kräfte wirksam, die planen, finanzieren und Pläne realisieren (durch Propaganda, Aufwiegelung, Verschwörung, Diplomatie usw.). Das Schicksal der Untertanen und ihrer Vorgesetzten, der „Obertanen", wird von Hintermännern gelenkt, die für die meisten Menschen unsichtbar bzw. nicht als solche erkennbar sind. Sie wurden im 18. Jahrhundert verstärkt aktiv, indem sie durch die Einführung des Papiergeldes und der Zinswirtschaft eine Machtstruktur aufbauten, die es ihnen erlaubte, Regierungen und ganze Nationen in ihre Abhängigkeit zu bringen. Die Spur des Ersten Weltkrieges und der Russischen Revolution führt über den Amerikanischen Bürgerkrieg zurück bis in die Zeit der Gründung der USA und der Französischen Revolution, in der diese Kräfte – nunmehr formiert in einem Logensystem – begannen, in die Weltgeschichte einzugreifen.

Im Verlauf der letzten dreihundert Jahre haben sich die alten Geheimgesellschaften gewandelt und aufgeteilt, und neue Ausformungen sind hinzugekommen. Aber trotz der verschiedenen und z. T. sogar konkurrierenden Fraktionen sind sie ideologisch und praktisch auf höheren Ebenen verbunden, ähnlich wie Fußballmannschaften auf einer höheren Ebene als Nationalmannschaft verbunden sind und klare gemeinsame Ziele verfolgen. Die Logenverbände sind aber nicht nur als „Nationalmannschaften" verbunden, mit Betonung auf *Mann*schaft („Bruderschaft"), sondern auch als Internationalmannschaften und Übernationalmannschaften („Bilderberger", „Council on Foreign Relations",

„Trilaterale Kommission“, Gremien von EU-, NATO- und UNO-Hintermännern sowie andere, noch viel exklusivere Hochfinanz- und Elitekreise).

Es wäre jedoch falsch und zu pauschalisierend, den Begriff „Loge“ automatisch mit einer negativen Bedeutung zu belegen. Wie die folgenden Kapitel zeigen, waren die Geheimgesellschaften über viele Jahrhunderte hinweg Hüter von verbotenem Wissen und Vermittler von progressiven Impulsen, die entscheidend dazu beitrugen, daß der mittelalterliche Dogmatismus und Hexenwahn überwunden werden konnten. Doch es ist nicht zu übersehen, daß auch viele dieser Hintergrundorganisationen von negativen Mächten infiltriert wurden und dem diabolischen Angebot der Weltherrschaft nicht zu widerstehen vermochten. Dementsprechend glitten sie in Weltbilder und Glaubenssysteme der Ego-Verblendung hinein, so sehr, daß sie meinen, „erleuchtet“ zu sein, obwohl sie Kriege inszenieren, die Erde ausbeuten, die Wirtschaft manipulieren, usw.

Die schönklingenden und pseudospirituellen Weltbilder, die solchen Ego-Rechtfertigungen entspringen, sind in Wirklichkeit atheistische Philosophien, die aus spirituell-theistischer Sicht Halbwahrheiten sind. Die Stufen dieser Weltbilder, in die man bei einer Logen-Karriere Schritt für Schritt eingeweiht wird, sind das Thema des nächsten Kapitels.

Kapitel 4

Illuminaten, „Erleuchtung" und spirituelle Erkenntnis

Wenn man erkennt, daß hinter den Kriegen, Politmanövern und Manipulationen geheime Regisseure tätig sind, stellt sich die Frage: Wie vereinbaren diese Leute ihre Machenschaften mit ihrem Gewissen? Wissen sie nicht, daß sie damit für sich selbst unheimliche Karma-Reaktionen auslösen?

Wenn man die „Hintertanen" in Aktion sieht, erkennt man, daß sie sich bei ihren Machenschaften nicht schlecht fühlen, da sie von bestimmten Ansichten überzeugt sind, die allesamt Schattierungen desselben atheistischen Weltbildes darstellen. Einige bestreiten rundweg die Existenz von höheren Welten und höheren Gesetzen (z. B. Karma-Gesetz) und glauben nur an einen zynischen Materialismus. Andere glauben zwar an die Existenz höherer Dimensionen, aber nicht an eine höchste göttliche Realität. Ersteres könnte man als einen *materialistischen Atheismus* bezeichnen, letzteres als einen *esoterischen Atheismus*.

Diese Formen des Atheismus sind die Weltbilder, die heute in der Naturwissenschaft (siehe Zitate auf S. 60 und 61) und in den Logenverbänden vorherrschend sind. Natürlich wird auch im materialistischen und im esoterischen Atheismus von „Gott" gesprochen. Doch die Frage stellt sich: Was versteht man darunter? Was ist Atheismus, Pantheismus, Deismus, Dualismus, Monismus? Was besagen die jeweiligen Weltbilder? *Wer* vertritt diese Weltbilder? Mit welchen praktischen Konsequenzen?

Das heute vermittelte „Allgemeinwissen" hinterläßt den Eindruck, all diese Philosophien seien einfach verschiedene Theorien, die man glauben könne oder nicht, denn „letztlich ist es doch egal, was man glaubt". – Ja, auch das ist ein möglicher Glaube, und die

Mächtigen, die daran glauben, bauen darauf ein eigenes Weltbild und eine entsprechende Weltordnung auf.

Wenn man untersucht, was diese Weltbilder in letzter Konsequenz bedeuten und wie sie von denen, die an sie glauben, in der Weltgeschichte umgesetzt werden, erkennt man schnell, daß es *nicht* gleichgültig ist, was man glaubt!

Aber wie kann man wissen, was man glauben soll? Wenn es einen Gott gibt, so sagen viele, dann könne niemand sagen, was Gott ist, denn „er" sei unbegrenzt und unbeschränkt, und es sei unmöglich, ihn mit Verstand, Worten oder Logik zu verstehen.

Ist der Mensch also hoffnungslos seinen eigenen unvollkommenen Mutmaßungen ausgeliefert, wenn es darum geht, das Vollkommene zu verstehen?

Der obige Einwand zeugt von einem einseitigen Verständnis des Vollkommenen. Es stimmt: Was vollkommen ist (Gott), entzieht sich dem menschlichen Verstand und der menschlichen Logik. Aber das ist nur eine halbe Wahrheit. Denn Gott ist so vollkommen, daß er nicht nur unverständlich ist, sondern auch verständlich! Wäre er nur unverständlich, würde ihm etwas fehlen, nämlich der Aspekt der Verständlichkeit. Gott ist also auch *verständlich* und *logisch*, und dies zu erkennen ist der höchste Zweck von Verstand und Logik.

Obwohl nicht auf die menschliche Logik beschränkt, ist Gott das Logischste, was es gibt, und zwar im absoluten Sinn. Gott ist so logisch, daß ohne Gott nichts wahrhaft Sinn macht. Unser Leben, unsere Tätigkeiten, unsere Leiden wären sinnlos. „Sinnlos" bedeutet auch „ziellos", „ziellos" bedeutet „haltlos", und haltlose Menschen können leicht manipuliert werden.

Wo die Geister sich scheiden

Wer sagt, die atheistischen Weltbilder seien Halbwahrheiten, provoziert damit vielerorts Protest und Widerstand: „Zu sagen, etwas sei eine ‚Halbwahrheit', setzt voraus, daß es eine ‚ganze Wahrheit' gibt. Es gibt aber keine vollkommene oder absolute Wahrheit. Und sowieso: Wer dürfte sich anmaßen zu entscheiden, was ‚Wahrheit' und was ‚Halbwahrheit' ist?"

Dieser Einwand klingt sehr „modern“, gründet aber in einem Widerspruch, denn er besagt, es gebe keine absolute Wahrheit, was selbst eine absolute Aussage darstellt, nämlich daß es *keine* absolute Wahrheit gebe. Man mag also glauben, daß es eine absolute Wahrheit gibt oder daß es keine absolute Wahrheit gibt, in jedem Fall glaubt man etwas Absolutes. Wie bereits in Band 1, Kapitel 3 („Die relative Realität“) dargelegt, lautet die entscheidende Frage also nicht: Gibt es etwas Absolutes?, sondern: *Was* ist das Absolute? Mit dieser Frage kommt man in den Bereich des wirklichen freien Willens, wo man sich entscheiden muß. Und hier scheiden sich die Geister: Licht oder Schatten, gottzugewandt oder gottabgewandt, erleuchtet oder verblendet.

> Seid vorsichtig! Gott hat dem Satan erlaubt, euch auf die Probe zu stellen und die Spreu vom Weizen zu trennen.

> Zwei Arten von erschaffenen Wesen gibt es in dieser Welt. Die einen nennt man göttlich *(daiva)* und die anderen gottlos *(asura)*.

So lauten zwei deutliche Schlüsselaussagen der westlichen und der östlichen Offenbarung: Neues Testament (Lk 22,31) und *Bhagavad-Gita* (16,6).

Wenn man diese Aussagen oberflächlich liest, könnte man meinen, hier liege ein undifferenziertes Schwarz-Weiß-Denken vor. Doch dem ist nicht so. Hier geht es um die tiefsten Lebensfragen, die sich immer wieder stellen. Wir stehen mitten auf der Treppe unseres Lebens (die Treppe ist das Symbol für den vielstufigen und immer offenen Weg ins Licht), und wir entscheiden über die Richtung: aufwärts oder abwärts? Es gibt nur das eine oder das andere. Wer auf einer Stufe stagniert, schiebt die Entscheidung einer neuerlichen Richtungswahl nur vor sich her und wird sich früher oder später ebenfalls wieder entscheiden müssen: aufwärts oder abwärts? Die oben angeführten Zitate beziehen sich auf dieses schicksalhafte Entweder-oder.

Natürlich kann die Richtung auch geändert werden. Mit jedem Moment entscheiden wir neu, wie sehr wir in die eine oder in die andere Richtung gehen. Der Schlüssel hierzu ist, wie in Kapitel 2 ausgeführt, die Bewußtseinsausrichtung.

Es ist nicht nur eine menschliche, sondern eine universelle

Psychologie, daß alle meinen, „aufwärts“ zu gehen oder bereits „im Licht“ zu sein. Einige sind es tatsächlich, andere meinen es nur. An den Früchten kann man es erkennen; doch die „Früchte“ sind nicht immer so offensichtlich. Oft werden die schlechten Früchte den „anderen“ angelastet, und man selbst präsentiert sich in bestem Licht: „Wir sind unschuldig und gut. Die anderen dort drüben sind die Bösen, und die müssen wir bekämpfen.“ So plump wie diese Psychologie klingt, sie ist eine der Haupttriebfedern hinter allen globalen Konflikten.

Um unterscheiden zu können, was „aufwärts“ und was „abwärts“ bedeutet, braucht man Kriterien. Die symbolische Treppe ist der Weg ins Licht, der Weg zu Selbst- und Gotteserkenntnis. Das entscheidende Kriterium ist also Selbsterkenntnis, die zu Gotteserkenntnis führt. *Führt uns etwas hin zu diesem Ziel oder weg von diesem Ziel?*

Nun haben die Menschen aber unterschiedlichste Vorstellungen davon, was „Gott“ und „Gotteserkenntnis“ bedeutet. Auch esoterische Materialisten und Atheisten sprechen von „Gott“, „Gotteserkenntnis“, „Liebe“, „Frieden“ und „Gerechtigkeit“, was viele Uneingeweihte verwirrt und oft auch täuscht. Immer wieder kommt es vor, daß sich gewisse Idealisten auf dieser Grundlage von Asura-Hierarchien anwerben lassen, um „Eingeweihte“ und „Wissende“ zu werden. Sie meinen anfänglich vielleicht, hier gehe es um Gott im absoluten Sinn (Theismus), doch später, auf den höheren Hierarchiestufen, wird ihnen Schritt für Schritt mitgeteilt, daß dem nicht so ist, und sie werden auf Bewährung in die „wirklichen Wahrheiten“, in die atheistisch-monistischen Weltbilder, eingeweiht.

Im folgenden sollen diese verschiedenen Schattierungen der atheistischen Weltbilder beleuchtet werden, denn sie sehen den göttlichen Erkenntnissen oft täuschend ähnlich. Gotteserkenntnis im absoluten Sinn erlaubt es jedoch, all diese Teilwahrheiten der atheistischen Weltbilder zu durchschauen:

> Ich werde dir nun das relative [materielle] und absolute [spirituelle] Wissen *(jñâna-vijñâna)* in seiner Ganzheit offenbaren, und wenn du es verstanden hast, wird es nichts mehr geben, was du nicht im richtigen Zusammenhang zu sehen verstündest./ Unter vielen Tau-

> senden von Menschen strebt vielleicht einer nach höherem Wissen, und von denen, die höheres Wissen erlangt haben, kennen nur wenige mich in Wahrheit. (*Bhagavad-Gita* 7,23)

Die höchste Aufgabe der Intelligenz als gottgegebenem Instrument besteht darin, das offenbarte höhere Wissen als wahr zu erkennen und es verstandesmäßig nachzuvollziehen. Auf diese Weise ist der Mensch nicht auf sich allein gestellt und nicht endlos seinen eigenen Mutmaßungen ausgeliefert. Die *Bhagavad-Gita* sagt über die Gottlosen (die Asuras), daß sie „sich selbst ausgeliefert“ sind und über „keine wahre Intelligenz“ verfügen, da sie sich atheistischen Halbwahrheiten verschrieben haben. Auch hier heißt es, daß man dies an den Früchten erkennen könne:

> Die Asuras, die sich nach solchen Weltbildern ausrichten, sind sich selbst ausgeliefert und haben keine wahre Intelligenz *(buddhi);* deshalb gehen sie unheilvollen, abscheulichen Tätigkeiten nach, durch die sie der Welt großen Schaden zufügen. (*Bhagavad-Gita* 16,9)

Das Relative und das Absolute

Gotteserkenntnis bedeutet Erkenntnis des Absoluten, wörtlich des „Ungebundenen; Unbedingten“ (lat. *absolutum,* von *absolvere,* „loslösen; befreien; überwinden“). *Absolut* bezieht sich auf das, was von allen relativen Aspekten frei und unabhängig ist, es gilt uneingeschränkt und unbedingt.

Wiederum sagt der programmierte Geist der Moderne sogleich, daß es nichts gibt, was uneingeschränkt und unbedingt („absolut“) gültig sei; alles sei relativ.

Hier liegt erneut der alte Widerspruch vor: Indem man behauptet, daß es absolut *nichts* gebe, was uneingeschränkt und unbedingt gültig sei, behauptet man selbst etwas Uneingeschränktes und Unbedingtes! Die Aussage, es gebe nichts Absolutes, *alles* sei relativ, ist selbst eine absolute Aussage. Über solche widersprüchlichen Halbwahrheiten sagt die *Bhagavad-Gita,* daß ihnen „keine wahre (göttliche) Intelligenz“ zugrunde liege.

Etwas Relatives ist nie absolut. Wer eine relative Wahrheit nimmt und behauptet, sie sei absolut wahr, verkennt das Absolute und macht sich des *Verabsolutierens* schuldig. Solche Ansichten, wie sie von materialistischen Ideologien und fundamentalistischen Religionen verfochten werden, sind nicht absolut, sondern *absolutistisch*.

Relativ bedeutet „verhältnismäßig; vergleichsweise; bedingt; je nach dem Standpunkt verschieden". Das Relative steht mit etwas anderem in Relation und ist in seiner Gültigkeit von gewissen Bedingungen abhängig, ist also nicht vorbehaltlos und für alle Menschen wahr oder zutreffend.

Dies gilt für alle Aspekte des Relativen, sowohl für das Positive als auch für das Negative. Weder das Negative noch das Positive sollten verabsolutiert werden. Denn das Negative und das Positive sind nicht absolut, sondern relativ. Das Absolute ist noch mal etwas ganz anderes ...

Es lohnt sich, kurz bei der Erkenntnis zu verweilen, daß sowohl das Negative als auch das Positive nicht verabsolutiert werden sollten – denn dies geschieht überall! Die materialistische Wissenschaft verabsolutiert die Materie, der Kommunismus verabsolutiert den Atheismus, nicht wenige Religionen verabsolutieren ihre eigenen Vorstellungen und Maßstäbe, usw.

Eine oft unterschätzte Gefahr ist, daß auch *positive* Erkenntnisse verabsolutiert werden können. Geschieht dies, dann ist zu beobachten, daß die entsprechend Neubelehrten oder Neubekehrten alle anderen Menschen, die nicht diesen Erkenntnissen folgen, verurteilen. Beispiele hierfür sind das Nichtrauchen und der Vegetarismus. Nichtrauchen und fleischlose Ernährung sind zweifellos gut, d. h. förderlich für die eigene Gesundheit, für die karmische Entlastung und für spirituelle Befreiung. Doch dies gilt nicht für alle Menschen. Für einige sind diese Gewohnheiten „nicht schlecht", da relativ notwendig, und ein sofortiger Verzicht würde psychologische Störungen verursachen, wäre also in ihrer momentanen Situation „nicht gut".

Mit dieser Aussage soll aber auch die Relativität des Rauchens und Fleischessens nicht verabsolutiert werden, denn es ist nicht egal, ob man Fleisch ißt und raucht oder nicht. Diese Dinge sind in vieler Hinsicht schädlich und daher „schlecht", aber nicht absolut schlecht.

Ebenso ist das Sichenthalten von Fleisch und Nikotin nicht absolut gut. Wer sich aufgrund dieser Tugenden einbildet, „gut“ zu sein und „besser als die anderen“, hat seine inneren unheiligen Neigungen nur verlagert und wird mit den gleichen Problemen in anderer Form konfrontiert werden.

Noch deutlicher zeigt sich dieses Prinzip in der Frage der sexuellen Enthaltsamkeit. Auch dieses Dogma hat nur eine relative Gültigkeit. In vielen Glaubensgruppen wird der Verzicht auf sexuelle Intimität als Tugend dargestellt und die körperliche Beziehung von Mann und Frau tabuisiert oder sogar dämonisiert. Wenn man jedoch betrachtet, was gewisse Männer in ihrem christlichen, jüdischen, islamischen, buddhistischen oder hinduistischen Patriarchat an „Ersatzbefriedigung“ ausgelebt haben – Unterdrückung der Frau, Kompensation durch Machtstreben, Perversionen, früher auch sadistische Folterungen, Steinigungen, Vergewaltigungen und Hexenverbrennungen im Namen von „Gott“ –, dann erkennt man, daß dieses scheinbar gute Prinzip auch mit schlechten, ja satanischen Aspekten durchsetzt sein kann.

Die Fragen, ob jemand vegetarisch lebt, nicht raucht oder zölibatär ist, sind also keine absoluten Kriterien, um das Gottesbewußtsein eines Menschen zu beurteilen. Das wirkliche Kriterium lautet: *Wie weit lebt ein Mensch in Harmonie mit dem Absoluten?* Die größten Störfaktoren in dieser Harmonie sind Arroganz, Lieblosigkeit und Absolutheitsansprüche.

Von der Dunkelheit ins Licht

Die von Gott abgefallenen Seelen haben sich, symbolisch gesprochen, vom Licht abgewandt, was zwangsläufig bedeutet, daß sie sich in „Dunkelheit“ befinden. In Gottabgewandtheit wissen sie nicht mehr, was Licht ist, und halten ihre Dunkelheit für die einzige Realität, denn sie kennen nichts anderes als Dunkelheit, genauso wie die sprichwörtliche Eule nur die Nacht kennt und nicht weiß, daß es auch eine Sonne gibt.

Die Symbolik von Licht und Dunkelheit vermag auf perfekte Weise darzustellen, was mit „absolut“ und „relativ“ gemeint ist. Durch die konsequente Anwendung dieser Symbolik wird sich zeigen, daß die atheistischen Halbwahrheiten nur zur Hälfte wahr sind und einen verhängnisvollen Teil Unwahrheit enthalten: „Die Asuras, die sich nach solchen Weltbildern ausrichten, ... gehen unheilvollen, abscheulichen Tätigkeiten nach, durch die sie der Welt großen Schaden zufügen."

Alles Relative ist per Definition abhängig und in seiner Existenz bestimmten Bedingungen unterworfen. Das Relative ist nie unabhängig. Wovon ist alles Relative *letztlich* abhängig? Vom Absoluten, von Gott.

Das Relative ist vom Absoluten abhängig wie Schatten vom Licht. Diejenigen, die nur die relative Existenz (die Dunkelheit) kennen, neigen dazu, Gott anhand ihrer relativen Vorstellungen zu definieren, nämlich durch die Negierung oder Verabsolutierung des Relativen. Die echten Gottesoffenbarungen hingegen betonen, daß das Absolute weder durch Negierung noch durch Verabsolutierung des Relativen definiert werden kann, genauso wie „Licht" nicht einfach als „Summe aller Schatten", „Abwesenheit von Schatten" oder „hellste Form des Schattens" definiert werden kann.

Die Existenz des Schattens ist vom Licht abhängig, aber das Licht ist nicht vom Schatten abhängig und kann vom Schatten nie erreicht werden, denn sobald „Schatten" ins Licht kommt, kann er nicht mehr Schatten sein. Solange der Schatten Schatten bleibt, ist er vom Licht getrennt. Ebenso bleiben die Asuras in ihrem Dasein als Dunkelmacht gefangen, solange sie nicht ihre Mentalität ändern und ihre Ideologien korrigieren.

So wie das Licht alle Schattenbereiche umfaßt und gleichzeitig in seinem Dasein von der Dunkelheit gänzlich unabhängig und unberührt ist, ist auch das Absolute (Gott) allumfassend und enthält in seiner Vollkommenheit auch den „Schatten": die materielle Welt, den Ort, an dem Unvollkommenheit (Trennung vom Licht, Dunkelheit, Täuschung) möglich ist.

Licht und Schatten sind parallele Realitäten, doch letztlich gibt es nur das Licht (die absolute Realität), und Dunkelheit ist eine vom Licht abhängige Existenz (eine relative Realität).

Jenseits der materiellen Welt ist also nicht einfach ein Nichts, genauso wie jenseits von Dunkelheit nicht nichts ist. Die Intelligenzen der Dunkelheit jedoch meinen genau dies: jenseits der materiellen Dualität gebe es nichts; alles sei eins (denn nur im Nichts ist alles eins), auch das Positive und Negative seien letztlich eins und nichtexistent, irreal.

Doch genau wie sich jenseits der Dunkelheit das Licht befindet, so ist *jenseits der Dualität* die spirituelle, absolute Realität: die *Individualität.* Individualität* bedeutet „das Sein, das eins und unteilbar (ewig) ist“. Gott ist ewig und individuell, und wir – als Teile des Ewig-Individuellen – sind ebenfalls ewig individuell. Wie das Ewig-Unteilbare sich in unendlich viele Teile „teilt“ und dennoch eins und ungeteilt bleibt, ist für alle außer Gott unfaßbar und unvorstellbar *(acintya),* denn dies ist das Mysterium und die Vollkommenheit Gottes: das gleichzeitige (= ewige) Sein von Einheit und Individualität.

Mit anderen Worten: Wir sind gleichzeitig *eins mit* und *verschieden von* Gott, genauso wie ein Sonnenstrahl eins mit und verschieden von der Sonne ist. Dies ist die höchste Erkenntnis, wie sie in der theistischen Mystik formuliert wird: „Eins ist Gott – ewig und unfaßbar. Und nie wird das Licht eins mit der Sonne.“[38]

In diesem Licht werden auch Jesu Worte verständlich:

„Ich und mein Vater sind eins.“ (Joh 10,30)

„Wer mich kennt, kennt meinen Vater.“ (Joh 14,7)

Mit Sätzen wie diesen betonte Jesus die Einheit, mit anderen aber auch die Verschiedenheit: „Der Sohn kann nichts von sich aus tun. Er handelt nur nach dem Vorbild seines Vaters. Was dieser tut, das tut auch der Sohn. Der Vater gibt dem Sohn Einblick in alles, was er tut; denn er liebt ihn. Er wird ihm noch viel größere Aufgaben übertragen, und ihr werdet darüber erstaunt sein.“ (Joh 5,19–20)

„Wir sind ein Ebenbild und Gleichnis des absoluten Seins – nach der Qualität gleich, in Quantität nicht. ... Wir sind ein Ebenbild und Gleichnis des Herrn – nach der Qualität gleich, in der Quantität sicherlich nicht.“[39]

Gemäß vedischer Gottesoffenbarung ist dies die allumfassende

* Individualität: das Sein als Individuum; lat. *individuum,* „das Unteilbare“, aus: *in-* und *dividere,* „trennen, teilen“, als Lehnübersetzung von grch. *átomos,* im Sinn von *âtmâ,* die unteilbare spirituelle Seele.

(absolute) Wahrheit des Theismus, die alle anderen Aspekte Gottes, auch die relativen, in sich vereint. Dies wird im Sanskrit *acintya-bhedâbheda-tattva* genannt: die Wahrheit *(tattva)* der unvorstellbaren *(acintya)* gleichzeitigen Verschiedenheit *(bheda)* und Nichtverschiedenheit *(abheda)* von Gott und Gottes Teilen.

Die absolute Wesenheit Gottes kann veranschaulicht werden durch folgende „mathemystische" Erklärung: Die Zahl 1 repräsentiert Gott, denn sie ist die einzige Zahl, die in allen anderen Werten immanent gegenwärtig ist (als Multiplikationsfaktor, als Divisor, als Grundeinheit). Obwohl die 1 überall gegenwärtig ist, existiert sie dennoch gleichzeitig als selbständige Zahl. Ebenso ist Gott durch seine Energien und Erweiterungen allgegenwärtig und alldurchdringend, aber behält dennoch gleichzeitig und ewig seine eigene, transzendente Identität und Individualität. Und wir, die *âtmâ*-Seelen, sind Teile des Unteilbaren ...

Individualität und Einheit

Der Eigenschaft nach (qualitativ) sind wir eins mit Gott, denn sowohl Gott als auch seine Teile sind ewig, bewußt und individuell. Doch der Größe nach (quantitativ) sind wir immer Teile, und Gott ist immer das Ganze. Gott ist allumfassend, allwissend und unbegrenzt, wir sind und werden nie allumfassend, allwissend und unbegrenzt. Die Synthese der qualitativen Einheit und quantitativen Verschiedenheit ist die *Einheit in Liebe*. In der reinen Liebe zu Gott hebt sich die Trennung des Teils vom Ganzen auf, obwohl Gott und die Seele immer individuell bleiben: „Jemand, der wahrhaft erleuchtet ist, sieht mich in allen Wesen und sieht auch jedes Wesen in mir. Wahrlich, die selbstverwirklichte Seele sieht mich überall. Jemand, der mich überall sieht und alles in mir sieht, ist niemals von mir getrennt, und ich bin niemals von ihm getrennt." (*Bhagavad-Gita* 6,30–31)

Konkret besagen diese Ausführungen: *Das Absolute ist sowohl Energie als auch Individuum.* Das Absolute ist nicht nur eine abstrakte Einheit, wie die Asura-Ideologie besagt, denn Gott ist allumfassend. Der Aspekt der „abstrakten Einheit" ist nicht allumfassend, denn er umfaßt noch nicht das Individuelle. Das

Individuelle enthält jedoch den Aspekt des Abstrakten und Unpersönlichen (nämlich als das ausstrahlende Energiepotential), weshalb die Erkenntnis von Gott nur dann allumfassend und allesenthaltend ist, wenn sie auch den Aspekt der absoluten Individualität Gottes beinhaltet. In Wirklichkeit ist also alles individuell: wir und auch unser Ursprung sowie alle Schöpfungsenergien. Nur deshalb ist es möglich, von „kosmischer Liebe“ und „Liebe zu Gott“ zu sprechen. Liebe ist nur zwischen Individuen möglich.

Gemäß göttlicher Offenbarung lassen sich also folgende Aussagen als absolute Wahrheiten formulieren: Unser Sein und Leben ist nicht auf den sterblichen Körper beschränkt, wir sind spirituelle Individuen, Teile Gottes, und als ewige Teile Gottes sind wir verbunden (qualitativ eins) mit und getrennt (quantitativ verschieden) von Gott, der allumfassenden Individualität. Die Vollkommenheit dieser gleichzeitigen Einheit und Getrenntheit ist die *Verbindung in Liebe.*

Diese Wahrheiten ändern sich nie, egal, ob wir an sie glauben oder nicht. Doch die praktische Erfahrung zeigt, daß ein Mensch erst dann Frieden und Zufriedenheit findet und wunschlos glücklich ist, wenn er in seinem Leben zu dieser Erleuchtung findet. *Wie* die einzelnen Lebewesen, Gottes Teile, diese Vollkommenheit und Erleuchtung finden und ausdrücken, ist jedoch *absolut individuell.* Deshalb gibt es verschiedene Glaubensstufen („Religionen“) und verschiedene Formen von bewußter Verbindung mit Gott, im Lateinischen *religio,* im Sanskrit *yoga* genannt, zwei synonyme Begriffe mit der Bedeutung „Verbindung; Beziehung; Vereinung“. In der *Bhagavad-Gita* und anderen Veda-Schriften werden folgende Pfade von *yoga* bzw. *religio* beschrieben: Gottesverbindung ...

... durch Handeln ohne Ego-Motive *(karma-yoga);*
... durch Philosophie und Wissen *(jñâna-yoga);*
... durch Meditation (*ashtânga-yoga,* der „achtstufige Yoga“ mit Körperübungen *[âsanas]* und Atemübungen *[prânâyâma],* strebend nach *unio mystica [samâdhi]*);
... durch klares Bewußt-Sein *(buddhi-yoga);*
... durch Liebe und Hingabe und durch Gnade, durch die sich Gottes Individualität offenbart *(bhakti-yoga).*

Im theistischen Sinn kann Gott kurz und prägnant als „das absolute Individuum" umschrieben werden. Dasselbe individuelle Verständnis kommt in der Bezeichnung „Gottvater" zum Ausdruck; diese weist nicht so sehr auf die philosophische Wahrnehmung hin, sondern auf die persönliche, innige Beziehung zu Gott. Dasselbe Wort verwendete auch Jesus in seiner aramäischen Muttersprache: *Abwûn,* wörtlich „Urquell; Vater-Mutter", z.B. in dem Gebet *Abwûn d'bwaschmâja,* „Vater unser im Himmel", in einer ausformulierten Übersetzung: „O Gebärer(in)! Vater-Mutter des Kosmos, alles Existierende erschaffst Du im Licht."[40]

Derselbe weiblich-männliche Urquell wird in der Sanskritsprache *Shri-Vishnu* genannt (als Quelle und Urschöpfer der Materie, der Mutter-Energie*). Ein anderer Name ist *Radha-Krishna* (als Ureinheit der absoluten Individualität und Liebe).

Mit anderen Worten, Gott ist mehr als nur ein Begriff für eine symbolische Totalität, auch mehr als „nur" der Schöpfer der materiellen Welt. Die materielle Welt ist daher auch nicht nur eine Illusion, sondern – als göttliche Schöpfung – eine *relative Realität* oder (aus absoluter Sicht) ein Schatten.

Halbwahrheiten über das Relative und das Absolute

Die Symbolik von Licht und Dunkelheit illustriert den Zusammenhang von „absolut" und „relativ". Sie hilft auch, die Mängel der materialistischen und okkulten** Ideologien zu veranschaulichen.

Diese unvollständigen Ansichten entstehen, weil ihre Vertreter keine direkte Erfahrung vom Licht haben. Ihre Welt ist die Dunkelheit, und sie kennen deshalb nichts anderes als Dunkelheit. Wenn sie überhaupt glauben, daß es jenseits der Dunkelheit so etwas wie Licht gibt, dann ist dies für sie nur eine theoretische

---

* Materie, von lat. *mater,* „Mutter", bedeutet wörtlich „Mutter-Energie".

** okkult: von lat. *occultus,* „verborgen; heimlich; geheim; im Dunkeln gehalten"; von *ob-celere,* „verdecken, verstecken". Im Ggs. zu mystisch („geheim; jenseits des materiellen Verstandes"; nur durch göttliche Schau und Offenbarung erkennbar) birgt der Begriff okkult auch etymologisch das Dunkle und Heimliche in sich und bezeichnet damit insbesondere die atheistisch-esoterischen Geheimlehren.

oder abstrakte Vorstellung. Das heißt, *sie definieren das Licht von der Dunkelheit her,* was ein verkehrter Ansatz ist, denn Licht ist nicht abhängig von Dunkelheit. Vielmehr ist Licht eine Realität, die unabhängig von Dunkelheit existiert und etwas ganz anderes ist als alle Formen von Dunkelheit.

Licht kann nur erkannt werden, wenn es sich offenbart, das heißt, wenn es *erscheint* und die Dunkelheit auflöst. Diejenigen aber, die nicht an die Realität des Lichtes glauben, begeben sich nicht ins Licht, sondern bleiben in der Dunkelheit und argumentieren immer nur von dieser Erfahrungswelt aus. Und so bleiben sie in den Weltbildern des Atheismus* gefangen, selbst wenn sie diesen Atheismus nicht als solchen erkennen.

Das folgende ist eine philosophische Analyse dieser Weltbilder. Sie sagt aber noch nichts über die Menschen aus, die sich mit diesen Weltbildern identifizieren. Denn all diese Abstufungen sind *Stufen;* man kann über sie aufwärts oder abwärts gehen. Nicht jeder „Materialist", „Pantheist", „Deist" usw. ist gottabgewandt und geht „abwärts". Die Richtung – aufwärts oder abwärts – ist von der inneren Ausrichtung abhängig, und diese ist absolut individuell. Um so wichtiger ist es, die Mängel jener Weltbilder zu erkennen, mit denen versucht wird, das Absolute („Licht") vom Relativen („Schatten") her zu definieren. Grundsätzlich lassen sich hierbei folgende Weltbilder unterscheiden:

- Materialismus: der Glaube, daß die physikalische Materie die einzige Realität sei; im Lichtgleichnis besagt dieser Glaube: „Es gibt kein Licht, es gibt nur Dunkelheit."

- Pantheismus: „Alles zusammen ist Gott"; Gott ist die Gesamtheit aller Materie, das Universum; Gott ist die Summe aller Teile; im Lichtgleichnis: „Licht ist die Gesamtheit aller Schatten."

- Deismus: „Gott als abstraktes Prinzip", als symbolischer Ursprung (Schöpfer, Baumeister) der Materie. Gott wird auf die Ma-

* Atheismus: Sammelbegriff für alle Formen von Ansichten, die dem *Theismus* widersprechen. Theismus: „Lehre von einem höchsten, überweltlichen, persönlichen [individuellen] Gott, der die Welt erschaffen hat und noch lenkt." (Wahrig: *Deutsches Wörterbuch,* [7]2002)

terie beschränkt und wird nur als Selbstorganisationsdynamik des Kosmos gesehen; Gott hat kein Bewußtsein und kein individuelles Sein, also auch keinen Willen, und wirkt nicht in der Schöpfung (d. h. keine Gnade, keine Gebetserhörung, keine innere Führung); „Licht ist das Prinzip, das Schatten erzeugt“: der Schatten wird als die eigentliche Realität betrachtet, und Licht ist nichts anderes als der Faktor, der Schatten erzeugt.

- Dualismus: „Lehre von der absoluten Zweiheit“; die Verabsolutierung des Positiven und des Negativen; die Ansicht, Gott sei das Positive und stehe im Widerstreit mit seinem Gegenteil, oder Gott bestehe gleichzeitig aus dem Positiven und dem Negativen; das Absolute als abstrakte Synthese von Gott und Teufel, Luzifer und Adonai (Jahwe?) usw.; die Übertragung auf das Lichtgleichnis zeigt auch hier die Absurdität dieser Annahmen: „Licht und Dunkelheit sind beides absolute, voneinander unabhängige Existenzen; Dunkelheit ist die andere Seite, das Gegenteil von Licht; Licht kann nicht unabhängig von Dunkelheit existieren.“

Ein christlicher Theologe faßt diese Ansichten (in einer Kritik der atheistischen Logenverbände) wie folgt zusammen:

> Durch die Verabsolutierung der Vernunft im Rationalismus und der Natur im Naturalismus wird schließlich der sich offenbarende persönliche Gott überflüssig und zum Gott des Deismus reduziert. Der Deismus sieht in Gott nur noch den symbolischen Baumeister der Welten, den großen Welt-Architekten (Demiurg), der die Welt zwar geschaffen hat, sich jetzt aber nicht mehr um sie kümmert und nicht mehr in den Lauf ihrer Geschichte eingreift. Gott und die Welt sind nach der Schöpfung ohne Beziehung zueinander. Das All mit seinen unabänderlichen Gesetzen ist eine mechanisch perfekt funktionierende Maschinerie, die man schließlich in einem weiteren Schritt mit dem unpersönlichen Gott des Deismus identifiziert. Zuletzt glaubt man auf diesen Mechanismus-Gott auch noch verzichten zu können – der deistische Gott ist in der Tat ein überflüssiger Gott – und gelangt so entweder zum Pan-Theismus (Alles ist Gott) oder zum nackten Materialismus (Alles ist Materie) und damit zum A-Theismus (Gott ist Nichts) oder Nihilismus. Endstation dieser geistigen Entwicklung ist also ein atheistischer Humanismus.[41]

Die hier dargestellten Weltbilder sind Schattierungen ein und derselben luziferischen Mentalität. Man kann oder will nicht erkennen, daß Gott die absolute Ganzheit ist und daß wir nicht Gott, sondern *Teile* Gottes sind. Wie in Kapitel 1 erwähnt, kam durch die Inkarnation Luzifers der Gedanke in die Menschheit, das Natürliche aus eigener Kraft mit künstlichen Mitteln zu manipulieren und das Leben durch diese Äußerlichkeiten scheinbar zu verbessern. Dies führte auch zum Glauben, das Absolute einseitig durch ein verstandesmäßiges Begreifen definieren zu können, was jedoch immer zu irgendeiner absurden Schlußfolgerung führen muß, wie die angeführten Schatten-Licht-Spekulationen gezeigt haben.

„Alles ist eins“: kein Unterschied zwischen positiv und negativ?

Die verschiedenen atheistischen Ansichten laufen letzten Endes allesamt auf die „wahrste Halbwahrheit“ hinaus, den *Monismus*. Der Monismus ist nicht gezwungenermaßen eine gottabgewandte Weltsicht, sondern kann auch einen ersten Aspekt der Gotteserkenntnis darstellen. In der vedischen Theologie entspricht der *theistische* Monismus der Brahman-Erkenntnis: „Die gesamte Schöpfung ist ein Ausdruck der einen göttlichen Urenergie.“

Wie die folgenden Ausführungen zeigen, ist heute jedoch der *atheistische* Monismus weltweit vorherrschend. Dieser stellt in der ausformulierten Konsequenz die Geheimwahrheit der Asura-Hierarchien dar, die „Erleuchtung“ der höchsten Grade und Einweihungsstufen.

Der Monismus besagt: „Einheit ist höchste Wahrheit; alles ist eins.“ Auf Licht und Schatten übertragen: „Licht ist Abwesenheit von Schatten.“ Dies ist die subtilste Form des Atheismus (oder der erste Schritt zum Theismus). Man glaubt, daß es etwas Absolutes gibt, und hat nichts dagegen, dieses auch „Gott“ zu nennen, doch „Gott“ ist im Monismus nichts anderes als die *Negierung der Relativität*. „Licht ist Abwesenheit von Schatten“ – das stimmt zwar, läßt aber Raum für größte Mißverständnisse. In der Ausformulierung gemäß Asura-Logik klingen diese wie folgt: „Licht ist die Abwesenheit von Schatten; deshalb gibt es für denjenigen, der diese

Wahrheit erkannt hat, weder Licht noch Schatten, denn alles ist eins; letztlich sind Licht und Schatten dasselbe." Für Okkultisten, die an diesen Monismus glauben, ist „Gott" einfach „Energie", ein abstraktes Absolutum, ein symbolisches Total, das „Gegenteil aller Dualität", die „Aufhebung der Polarität", die „Einheit".

So esoterisch und wahr diese Ansichten klingen mögen, man sollte es nicht verpassen, sie bis zur letzten Konsequenz durchzudenken, denn das tun auch die hochgradigen Hintertanen – und handeln danach. Was sie glauben, ist nicht unwahr, sondern *halbwahr.* „Die meisten Menschen leben in der Dualität", sagen sie, „und halten das Positive für gut und das Negative für böse. Doch dies ist eine Illusion, denn die Dualität ist nur ein Ausdruck der vergänglichen Materie; das Absolute jedoch ist nicht materiell, deshalb unterliegt es auch nicht der Polarität und ist frei von Dualität; genauso wie Licht Abwesenheit von Schatten ist, so bedeutet das Absolute Abwesenheit aller Dualität; alle Konzepte der Dualität sind also Illusion, insbesondere das Denken in Begriffen wie gut und böse oder Täter (Sünder) und Gott (als Richter); es gibt keinen strafenden, bösen oder zornigen Gott, und so gibt es auch keinen ‚lieben Gott'; Konzepte wie ‚ich' und ‚Gott' oder Verantwortung gegenüber einem Gott sind kindische Vorstellungen, ebenso wie das Konzept von Gebeten zu Gott oder Liebe zu Gott. Denn es gibt keinen Gott außerhalb von uns."

Diese höchstgradige Asura-Ansicht besagt also, Karma, Verantwortung und Liebe hätten in Wirklichkeit keine Existenz; an diese Dinge zu glauben sei eine Illusion, denn alles sei eins; wer diese absolute „Wahrheit" kenne, sei „erlöst" und frei von Karma, denn er wisse, daß es Karma gar nicht gebe; es gebe keinen Gott, vor dem man verantwortlich sei, denn das Konzept von „ich" und „Gott" sei ein Produkt der Illusion (Dualität), was „unerleuchtete" Menschen jedoch nicht verstünden. Ebenso sei die Dualität von „gut" und „böse" eine Illusion; wer verstanden habe, daß in Wirklichkeit alles eins sei, urteile nicht mehr gemäß dem Maßstab von gut und böse und bevorzuge weder das eine noch das andere, denn beides sei relativ; deshalb müsse man unvoreingenommen und unparteiisch beides akzeptieren; es sei „weibisch", „sentimental" und „unerleuchtet", das Positive dem Negativen vorzuziehen und zu meinen, das eine sei gut und das andere sei böse; beides seien „notwendige“ Aspekte der relativen Welt und seien deshalb auch notwendig in der Weltgestaltung; das eine sei ohne das andere nicht möglich, z. B. „Ordnung“ nicht ohne „Chaos“, weshalb vor jeder „Ordnung“ zuerst die Schürung eines Chaos notwendig sei.

Das Problem der Scheinerleuchtung

Diejenigen, die an den oben skizzierten atheistischen Monismus glauben, sind sich natürlich bewußt, daß dieses Weltbild „gottlos“ ist und den meisten Menschen als etwas Teuflisches erscheinen muß. Aber gerade das bestärkt sie in ihrer elitären Überzeugung: „Die Wahrheit tut immer weh, und nur die aufrichtigen Wahrheitssucher sind stark genug, die nackte Wahrheit zu verkraften und ihr ins Auge zu sehen. Und diese Wahrheit lautet, daß es keinen lieben Gott gibt und daß Liebe nicht die höchste Realität ist, denn dies alles sind Konzepte der Dualität; wo Liebe ist, da ist auch Haß. Die höchste, einzig wirkliche Realität ist die abstrakte Einheit, das ‚Universum‘, und dieses ist neutral, ohne inhärente Zielsetzung, ohne Sinn und ohne Gut und Böse; es ist gnadenlose Gleichgültigkeit. Wer dies erkennen und anerkennen kann, ist ein wahrer Realist und ist erleuchtet (lat. *illuminatus*). Nur wir, die Erleuchteten (lat. *illuminati*), sind berechtigt, die Welt zu führen, und deshalb ist eine neue Weltordnung mit den Erleuchteten an der Spitze der Schlüssel zum Weltfrieden. Alles, was diesem Ziel dient, ist *notwendig* und steht über Gut und Böse.“

Wenn hier von Illuminaten gesprochen wird, dann bezieht sich dies nicht nur auf die Mitglieder des Weishaupt-Ordens, sondern auf alle, die an ein solches atheistisch-monistisches Weltbild glauben und meinen, *ihr* Zweck heilige alle Mittel, da sie ja „erleuchtet“ seien. Diese Erleuchtung ist jedoch eine Scheinerleuchtung, die einer diabolischen Verblendung entspringt.

Beim Begriff „Illuminaten“ geht es also nicht um irgendeine Mitgliedschaft oder um eine bestimmte Gruppierung, sondern um eine *Mentalität:* die selbstherrliche Meinung, man sei „besser als die anderen“, weshalb „unser“ Zweck die Mittel „heilige“.

Die „erleuchteten" Atheisten sind von der Richtigkeit ihres Glaubens überzeugt und wollen dementsprechend eine Weltordnung einrichten, in der alle Menschen nach dieser „Wahrheit" leben. Sie sagen, der Mensch müsse „aufgeklärt" und „freisinnig" sein, damit er nicht mehr die Illusion eines Gottes brauche; Religion im theistischen Sinn solle abgeschafft werden und durch eine weltliche, „humanistische" Ethik ersetzt werden; erst wenn sich diese Erkenntnis durchgesetzt habe, kehre Frieden und Ordnung auf der Welt ein; dies sei der einzige Sinn in einer an sich sinnlosen Welt, und alles, was dem Erreichen dieses Zieles diene, sei nicht „gut" und daher auch nicht „böse", sondern einfach „notwendig"; das Notwendige zu tun sei die kompromißlose Konsequenz der praktisch umgesetzten Erleuchtung …

Auf der Grundlage solcher Überzeugungen gibt es einflußreiche Menschen, die glauben, das Gute und das Böse seien gleichbedeutend und gleich-gültig. Ihr einziges Kriterium ist die „Notwendigkeit": „Wir tun nichts Gutes und nichts Böses, sondern nur das Notwendige." Notwendig gemäß ihrer Ansicht ist alles, was den „Fortschritt" und die „Entwicklung" der Menschen fördert, bis sie die „Wahrheit des Monismus" erkannt haben und die entsprechende Weltordnung gutheißen.

Die Mächtigen, die solche Pläne verfolgen, denken in keiner Weise, daß sie böse seien. Im Gegenteil, sie halten sich für die Wohltäter der Menschheit, da sie sich „die Mühe machen", die äußeren Umstände derart zu lenken, daß bestimmte „evolutive Schritte" möglich werden – Fortschritte in Richtung atheistischer Weltordnung. Sie sind überzeugt, daß *„bestimmte evolutive Fortschritte nur in einem Klima von Reibung und Gegensätzlichkeit erreicht werden können, das absichtlich geschaffen wird …"*[42]

Man muß die Aussagekraft dieses Satzes in seiner gesamten Konsequenz überdenken. Hier sagt ein geadelter, hochrangiger Logenmann, daß der Mensch bestimmte Entwicklungsschritte nur mache, wenn von außen „ein Klima von Reibung und Gegensätzlichkeit", sprich Krieg, Gewalt und Zwang, „absichtlich geschaffen" werde. In einem später angeführten Zitat desselben Autors wird angedeutet, daß namentlich die Inszenierung der beiden Weltkriege eine solche Notwendigkeit gewesen sei.

Asura-Einweihung: das Geheimnis der oberen Grade

Der Kern der Illuminaten-Ideologie wurde bereits im letzten Kapitel ausformuliert, in einem Zitat, das über zweihundert Jahre alt ist. Es waren die Worte der Agenten des „Bundes der Nemesis“, die verrieten, welche Absichten ihre Geheimgesellschaft verfolgt, nämlich *„daß wir da sind, aufzuräumen auf Erden, daß wir die Steine vom Acker lesen, und die harten Erdenklöße mit dem Karst zerschlagen, und Furchen graben mit dem Pflug ... Wir haben aufgehört, von Glück und Mißgeschick zu sprechen. Wir sind emporgewachsen über die Mitte des Lebens ...“*

Nun verstehen wir, was sie damit sagen wollten. Sie sprechen nicht mehr von Heil und Unheil („Glück und Mißgeschick“), weil für sie das Positive und das Negative gleichbedeutend sind; deshalb glauben sie, sie seien erleuchtet und „emporgewachsen über die Mitte des Lebens“, das heißt, erhaben über das Mittelmaß der Massen und die Maßstäbe des normalen Lebens.

Anhand der vorher aufgerollten Darlegung läßt sich die Struktur der weltmächtigen Geheimgesellschaften leicht durchschauen. Die Asuras wissen, daß die „unerleuchteten“ Menschen entsetzt wären, wenn sie hörten, das Positive und das Negative seien gleichwertig; das eine sei nicht „gut“ und das andere nicht „böse“, ganz zu schweigen von den weiteren Konsequenzen der „nackten Wahrheit“ über Gott, die Welt und das Leben.

Die von den Asuras vereinnahmten Geheimgesellschaften bestehen demgemäß aus einer Hierarchie von unteren und oberen Stufen, die verschiedenen Graden der Einweihung entsprechen. Auf den unteren Graden werden die neuen Adepten und „Lehrlinge“ in die positiven Inhalte der Ideologie eingeführt: das Entwickeln von Tugenden wie Ehrlichkeit, Treue, Toleranz, Disziplin und Gehorsam, verbunden mit der Aussicht, geheimes Wissen über „Gott“, Metaphysik, Kabbala und Magie zu bekommen.

Viele Menschen sind von diesen esoterischen Idealen angetan und treten gerne einem Bund mit Gleichgesinnten bei, der ihnen verspricht, bei der Entwicklung dieser Ideale behilflich zu sein.

Auffällig bei diesen Gesellschaften ist jedoch, daß trotz der scheinbar harmlosen und positiven Zielsetzungen allen Mitgliedern von Anfang an ein striktes *Schweigegelübde* abverlangt wird. In den Statuten heißt es sinngemäß: Wir können und wollen dir jetzt noch nicht alles sagen. Aber du mußt schweigen, was auch immer noch auf dich zukommen wird.

Die meisten Mitglieder bleiben in den unteren Rängen und sind damit zufrieden, positiven und altruistischen Zielen zu dienen und einem idealistischen „Männerverein" oder „Service-Club" anzugehören. Diese Vereine haben den Ruf, Gutes zu tun, und sie tun auch Gutes. So weit, so gut.

Wer jedoch Ambitionen durchscheinen läßt und „mehr" will als einfach das Gute, wird irgendwann einmal zu weiteren Mitgliedschaften oder Einweihungsstufen eingeladen. In den höheren Graden wird ein „umfassenderes" Weltbild vermittelt, und man erfährt Schritt für Schritt, daß das Positive nur die eine Seite der Realität darstelle – die „These", der gegenüber gleichwertig die „Antithese" stehe: das Negative. Dies seien die beiden Seiten des dialektischen Gleichgewichts, und der Adept wird ermutigt, beide Seiten zu akzeptieren und zu „integrieren".

Auf den höheren Etagen der Asura-Hierarchien werden deshalb nicht nur positive Rituale ausgeführt, sondern auch negative: schwarze Magie, Manipulation, Beschwörung von Astralfürsten, in gewissen Kreisen sogar Blutopfer.

Diejenigen, die die erforderlichen Qualifikationen mit sich bringen (Abstammung, Bildung, Gehorsam, Ehrgeiz), gelangen in die höchsten Stufen der Machthierarchie und werden Mitglied der „erleuchteten" Elite. So kommen sie in Machtpositionen, die es ihnen erlauben, in der Politik, Wirtschaft, Wissenschaft, Forschung und Kultur (Literatur, Musik, Filmindustrie usw.) ihren Einfluß auszuüben.

Die atheistisch-monistischen Weltbilder sind sehr verführerisch, da sich mit ihnen jegliche Machtaktion rechtfertigen läßt. Absolute Priorität ist jedoch die Zielsetzung der Organisation: alles, was notwendig ist, um die neue, „bessere" Weltordnung einzuführen. Wer meint, die zugewiesene Machtposition für egoistische oder eigenwillige Aktionen mißbrauchen zu können, verstößt gegen die Schwüre, die bereits in den untersten, ersten Einweihungen abgelegt wurden: Gehorsam und Treue. Auf den höheren Stufen werden diese Pflichten immer absoluter. Die hochrangigen Mitglieder sind deshalb nicht etwa plumpe Egoisten, sondern Menschen, die mit Idealismus und Hingabe hart arbeiten, ja sogar mit einer Art Selbstlosigkeit: Es geht nicht mehr um sie selbst, sondern nur um die Sache. Wer abweicht, wird bestraft. Wer aussteigt und Geheimnisse verrät oder ein „Feind" wird, bezahlt es möglicherweise mit dem Leben.

Die Parallelen zu einem religiösen Lebensstil sind offensichtlich: Sowohl die atheistischen als auch die theistischen Eingeweihten nehmen Disziplin und Unterordnung auf sich und arbeiten mit Hingabe und Idealismus, denn beide sind überzeugt von dem, was sie glauben. Der große Unterschied liegt jedoch in der Bewußtseinsausrichtung und in der Zielsetzung. Die einen wollen Dunkelheit entfernen, um ihre Vorstellung von Licht der Welt aufzuzwingen. Die anderen wollen Licht in die Dunkelheit bringen, damit alle, auch die „Dunkelwesen", sich als individuelle Teile des größeren Ganzen erkennen können.

Illuminaten-Trugschluß: von „Liebe" zu „Notwendigkeit"

Bis zu einem gewissen Grad bzw. Einweihungsgrad halten auch die Illuminaten das Ideal der „Liebe" hoch und vertreten es nach außen hin. Wie das folgende Zitat des bereits erwähnten Hochgrad-Illuminaten enthüllt, ist für sie die Sicht der Liebe jedoch *nicht die höchste* Sichtweise. Fast nebenbei verrät er, sie sei „die zweithöchste Energieebene der Galaxis", denn darüber gebe es noch eine andere Ebene, die Ebene der Einheit, das „Universum", und dieses funktioniere nicht nach den Prinzipien der Liebe, sondern nach abstrakten Gesetzen. Man beachte die bewußte Wortwahl von „Galaxis" und „Universum" und die trügerisch-logische Rechtfertigung des Negativen, hier insbesondere der beiden Weltkriege und des Staatsterrors nach der Französischen Revolution:

> ... die zweithöchste Energieebene der Galaxis: die Einigende Energie der Liebe. [Warum gibt es Leid? Antwort: Weil Liebe eben nicht das Höchste ist.] ... Die Antwort, wenn es überhaupt eine gibt,

muß im Gedanken von Maßstab liegen. [„Alles ist relativ"!] Nehmen wir einmal an, daß wir, als menschliche Wesen, am heutigen Tag irgendein bestimmtes Ziel haben. Nach allen Maßstäben, die wir anwenden, halten wir dieses Ziel für „richtig" und „gut". Um es zu erreichen, ist es unbedingt nötig, sagen wir, einen bestimmten Bus zu erreichen. Der Bus fährt gerade an, beschleunigt schon, und nur durch einen energischen Sprint werden wir ihn noch einholen können. ... Mit unserem absichtlichen Handeln zerstören wir Millionen von Körperzellen. Jede dieser kleinen Zellen ist ein kleines Lebewesen. Sie sterben – in einem realen Sinn werden sie geopfert – für unsere Absicht. / Empfinden wir Mitleid? Können wir wirklich behaupten, wir empfänden Trauer um ihre Zerstörung durch eine Handlung, die wir begehen? Hier können wir einen Maßstabsfaktor erkennen, der von entscheidender Bedeutung ist. Alles und jedes im Universum mag wichtig sein: aber nicht alles ist gleich wichtig. [Denn das Kriterium ist die „Notwendigkeit".] Ob sich ein solcher Gedanke mit unseren Vorstellungen von „gut" und „höherwertig" deckt, ist unerheblich. *So liegen die Dinge und nicht anders.* Wir müssen das Universum akzeptieren, wie es ist. ...

Angenommen, ein junges Kind hat sich einen Dorn tief in den Finger gestoßen. Die Mutter erkennt die Situation im Rahmen eines gegenwärtigen Augenblicks, der viel weiter gespannt ist als der des Kindes. Sie sieht das Leben des Babys, sein Wohlergehen, Wachstum und Reifwerden als ein Ganzes. Sie nimmt eine Nadel zur Hand, fährt damit unter den Dorn und holt ihn heraus. ... Analog dazu sind die Herrschaft des Schreckens und zwei Weltkriege vielleicht nichts weiter als zwei rasche Nadelstiche innerhalb eines Bewußtseins, dessen gegenwärtiger Augenblick zehntausend Jahre beträgt.[43]

Mit der hier präsentierten Logik läßt es sich also rechtfertigen, bei „Notwendigkeit" Millionen von Menschen zu opfern, um nadelstichartige Weltkriege und andere Formen von Aderlaß durchzuführen; ob die „kindgleichen" Menschen dies für „gut" halten oder nicht, sei „unerheblich"; dies seien einfach notwendige Opfer, genauso, wie wenn wir bei einer Kraftanstrengung Millionen von Körperzellen sterben lassen.

Es gibt offenbar Wesen auf der Erde und in der „Galaxis", die den Menschen gegenüber genauso empfindungslos sind wie wir Menschen unseren „geopferten" Körperzellen gegenüber ...

Alles ist individuell

Die hier erfolgte Darlegung der Asura-Philosophie bedarf einer Klärung. Stimmt es, daß es keinen Gott außerhalb von uns gibt, daß jenseits der Dualität das Nichts, die abstrakte Einheit, die absolute Realität ist? Daß deshalb in Wirklichkeit alles eins und die Unterscheidung von positiv und negativ letztlich irrelevant ist, daß also nur das Notwendige zählt und daß beim Tun des „wirklich Notwendigen“ der Zweck die Mittel heiligt?

Ja, dies alles würde stimmen und wäre die knallharte „wirkliche Wahrheit“, wenn es keinen absoluten individuellen Gott gäbe. Und genau das behauptet der atheistische Monismus, gemäß der Logik: „Licht ist nichts anderes als Abwesenheit von Schatten; es gibt kein selbständiges Licht jenseits der Dunkelheit.“

Dieser Monismus geht jedoch von einer unvollständigen Annahme aus. Jenseits der materiellen Dualität ist nicht „Einheit“ im Sinn eines abstrakten Nichts. Dies wurde bereits am Anfang des Kapitels hervorgehoben: Genau wie sich jenseits der Dunkelheit die wahre Realität befindet, so ist jenseits der Dualität nicht nichts, sondern *Individualität!*

Hier, in dieser Frage, unterscheiden sich die atheistischen von den theistischen Weltbildern. „Gott ist Energie“ oder „Gott ist das Universum“ oder „Gott ist die Einheit“ sind *atheistische* Aussagen! Man spricht zwar von Gott, beschränkt Gott aber auf eine abstrakte, neutrale, willenlose und gnadenlose Absolutheit und sagt, Bewußtsein und Individualität seien erst später, im Laufe der materiellen Entwicklung, entstanden, seien also Produkte der Materie und hätten daher keine wirkliche Realität. Was die Konsequenz dieser scheinbar unwichtigen Spitzfindigkeit ist, wurde im vorliegenden Kapitel dargelegt.

Bewußtsein und Individualität sind Phänomene, die mit materiellen Funktionen nicht zu erklären sind, weil sie immateriellen Ursprungs sind. Nur weil das Absolute *Bewußtsein* und *Individualität* ist, gibt es „etwas und nicht nichts“, wie es die klassischen Philosophen formulierten: „Warum gibt es etwas und nicht nichts?“ Die Antwort hierauf wurde soeben gegeben und ist nichts Neues, sondern Ausdruck einer zeitlosen, immer verfügbaren und zugänglichen Einsicht – *bei entsprechender Bewußtseinsausrichtung.*

Wäre das Absolute nur ein abstraktes Nichts oder Total von neutraler, unmanifestierter Energie, gäbe es keine Welt voller Vielfalt, Leben, Bewußtsein und Individualität. Jede Pflanze, jedes Insekt, jedes Tier und erst recht jeder Mensch und jedes Lichtwesen – und indirekt auch jedes Dunkelwesen – ist jedoch der Beweis dafür, daß das Absolute, der Urgrund, nicht eine abstrakte Einheit ist, sondern eine bewußte, allumfassende Wesenheit.

Der Monismus ist unvollständig, weil er im Absoluten die Individualität und somit die spirituelle Vielfalt (Verschiedenheit) ausschließt. Der Kernsatz „Alles ist eins" ist eine Halbwahrheit, genauso wie die Aussage „Feuer ist hell, aber nicht heiß". Die differenzierte spirituelle Erkenntnis besagt, daß nicht alles eins ist: Alles ist eins *und verschieden* – und zwar gleichzeitig. Man könnte auch sagen: „Alles ist individuell." „Einheit" ist selbstverständlich die grundlegende Eigenschaft des Absoluten, aber man kann „Einheit" atheistisch oder theistisch auslegen: als abstrakte Einheit von Energie („Universum") oder als absolute Einheit von Bewußtsein („Individuum"). Beides bedeutet „Einheit", doch die Sichtweise ist eine gänzlich andere.

Weil das Absolute letztlich „Individuum" ist, ist alles, auch das Materielle, real. Man kann daher nicht sagen, die Dualität sei relativ und in „Wirklichkeit" inexistent. Dies wäre eine Halbwahrheit, denn die erste Hälfte stimmt, die zweite nicht. Weil alles individuell ist, sowohl Gott als auch das Relative, ist auch Gottes Schöpfung real, und als Individuen – Teile Gottes – sind wir vor Gott, der Ganzheit, individuell verantwortlich.

Das absolute Kriterium für die Unterscheidung von „Licht" und „Dunkelheit" ist also die Frage: *Wie sehr entspricht etwas der bewußten Einheit mit dem Absoluten?* „Bewußte Einheit mit dem Absoluten" ist eine philosophische Umschreibung von *Liebe.* Liebe ist also nicht ein Teil der Dualität, sondern die ureigene, inhärente Eigenschaft des Absoluten. Liebe ist das bewußte *Sein in der Einheit:* die Verbindung von „Teil" und „Ganzem".

Das Absolute ist also nicht nur ein „Universum" ohne Bewußtsein, ohne Willen, ohne Liebe und ohne Gnade, wie das gottlose und trostlose Weltbild des Atheismus behauptet. Das Absolute (Gott) und das Relative (die Schöpfung) sind zwei verschiedene Realitäten, wie der Dualismus betont, doch sie sind nicht *absolut* verschieden, weil Gott alles in sich vereint. Dies ist die Synthese von Monismus und Dualismus, d.h. die Vereinigung der beiden wahren Hälften dieser an sich entgegengesetzten Weltbilder.

Nichts ist von Gott getrennt, auch das Relative nicht. Deshalb ist das Relative – das Gute und das Böse – ebenfalls eine Realität und ist in der materiellen (relativen) Welt „absolut real". Das Gute und das Böse sind also nie gleichwertig und gleichgültig. Beides muß auf eigene Karma-Verantwortung unterschieden werden. Solange wir in der materiellen Welt leben, gilt das Karma-Gesetz: Aktion und Reaktion. „Was du säst, wirst du ernten." Das gilt auch für diejenigen, die meinen, dieses Gesetz mit monistischen Gedankengängen aufheben zu können. Warum? Weil alles letztlich individuell und nicht abstrakt neutral ist.

In der materiellen Welt gibt es unbestreitbar Gut und Böse. Die materielle Welt ist ja gerade der Ort, wo Gott auch die Existenz des Bösen, d.h. die Gottabgewandtheit, als „Alternative" ermöglicht. Deshalb ist das Unterscheiden für alle, die in der materiellen Welt leben, entscheidend. Was ist gottabgewandt (negativ)? Was ist gottzugewandt (positiv)? Was ist gottverbunden (spirituell)?

Ego, freier Wille und Nichteinmischung

Schatten und Dunkelheit entstehen nur, wenn irgend etwas das Licht verdeckt. So stellt sich die Frage: Was verdeckt das göttliche Licht und erzeugt „Dunkelheit", eine gottabgewandte Existenz?

Letztlich niemand anders als wir selbst. Oder, um es genauer zu sagen: *das Ego,* das „falsche Ich" (sanskr. *ahamkara,* wörtl. „Ich-Macher", der Faktor, der bewirkt, daß man sich nicht mehr als Teil des Ganzen sieht). „Falsches Ich" bedeutet eine falsche Identifikation, nämlich Identifikation mit irgend etwas anderem als mit der eigenen wahren Identität, die da ist: ewiger, individueller Teil Gottes. Wenn sich die Seele dieser Identität nicht mehr bewußt ist, hat sie sich vom Licht getrennt und befindet sich im Schattenbereich. Das Ego bewirkt also, daß man sich von der direkten Verbindung mit dem Urgrund trennt und sich nicht mehr aus dieser Quelle führen und „speisen" läßt. Das wiederum ist der Grund, warum die gottabgewandten Wesen auf eigene Faust nach Energie und Ordnung streben wollen – und müssen! Sie „müssen" andere Wesen (Pflanzen, Tiere, Menschen und den gesamten Planeten) manipulieren und ausbeuten, und zur Rechtfertigung schaffen sie sich Weltbilder entsprechend ihren Standpunkten in der Dunkelheit. Diese Verabsolutierung des Relativen ist keine hohe Erkenntnis, sondern ein *Reduktionismus,* ein treffender Begriff, den sie selbst geprägt haben: die Reduzierung der Realität auf das Relative, das Materielle.

Gottes- und Selbst-bewußte Seelen – Menschen und Lichtwesen – brauchen keine gottlosen Philosophien, da sie keine gewissenlosen Handlungen zu rechtfertigen haben. Sie leben aus dem Bewußtsein der Einheit, der Liebe, heraus und respektieren den freien Willen aller Wesen, auch den freien Willen der negativen Wesen. Weil sie die Absolutheit des freien Willens und der Individualität kennen, manipulieren sie die Menschen nie, weder zum Guten noch zum Bösen. Sie handeln als Vorbilder, sie sprechen Klartext und sind für Menschen mit der entsprechenden Resonanz eine Inspiration und Orientierung. Aber sie würden sich nie manipulierend in das Schicksal eines Menschen oder der Menschheit einmischen. Dies ist das *Gesetz der Nichteinmischung,* das direkt mit der Realität des freien Willens verbunden ist. „Nichteinmischung" bedeutet nicht Gleichgültigkeit, sondern liebevoller Respekt des freien Willens der anderen Person.

Nebenbei bemerkt: In der Asura-Philosophie wird auch das Gesetz der Nichteinmischung falsch verstanden. Wenn gesagt wird, daß die Illuminaten mit Manipulation arbeiten und Konflikte schüren, lautet ihre Rechtfertigung, sie würden nur das *Konfliktpotential* fördern; sie würden neutral und unparteiisch einfach beiden Seiten helfen, ihre Vorhaben zu verwirklichen, die sie aufgrund ihres freien Willens selbst gewählt hätten und sowieso durchführen würden. Letztlich gebe es ohnehin nichts Positives und Negatives, sondern einfach nur notwendige Erfahrungen auf dem Weg zur „Erleuchtung" …

Diese atheistisch-monistische Erklärung ist ein Versuch, die eigene Verantwortung durch eine Philosophie des „Alles ist eins“ wegzuerklären, was jedoch spirituell blind und auch heuchlerisch ist. Denn wenn diese „Erleuchteten“ so neutral sind, warum fördern sie dann nur ihr eigenes Weltbild und ihre eigene „Weltordnung“ und bekämpfen alles, was nicht *ihren* Plänen dient?

Während die Asuras meinen, letztlich sei alles eins und gleichgültig, zeigt die Wirklichkeit, daß *nichts* eins und gleichgültig ist. Mit anderen Worten, es kommt sehr wohl darauf an, was wir tun und unterstützen, und auch, was wir denken, fühlen, sprechen, lesen, konsumieren usw. Denn all diese Tätigkeiten haben eine Wirkung auf unser Bewußtsein und beeinflussen dessen Frequenz, was wiederum bestimmt, mit welchen Energien, Gedanken, Weltbildern und Wesen wir in Resonanz stehen.

Zusammenfassung und Ausblick

Die Weltbilder, die von einem Standpunkt in der Dunkelheit (Relativität) heraus das Absolute definieren wollen, unterliegen verschiedenen Mängeln und Einseitigkeiten, die sich wie folgt zusammenfassen lassen:

• **Definition des Absoluten durch Negation des Relativen:** das Absolute sei das Nicht-Relative, sei also ohne Gestalt, Bewußtsein und Individualität, denn dies seien alles nur Konzepte der materiellen Relativität und Dualität. [In Wirklichkeit ist das Absolute das, was alles umfaßt; alles, was im Relativen existiert, ist auch im Absoluten gegenwärtig, jedoch nicht in einer relativen Form, sondern in der spirituellen Urform. Das Absolute ist also nicht leer und abstrakt, sondern ist unbegrenzte Vielfalt in spiritueller, individueller Einheit.]

• **Gott sei „Energie“, eine abstrakte „Einheit“**, und habe kein absolutes individuelles Sein. Die Konsequenz dieses Glaubens ist: Es gibt keine bewußte höchste Instanz. Es gibt keinen Gott außerhalb von uns, alles ist relativ, und jeder ist sein eigener Gott. [Wenn Gott, das Absolute, nicht „Individuum“ wäre, wären auch wir keine *spirituellen* Individuen, und dann wären die obigen Ansichten tatsächlich die letzte, „absolute“ Wahrheit!]

• Daraus folgt **der Monismus: der Glaube, jenseits der materiellen Dualität sei alles eins;** alle Aspekte der Dualität, wie Aktion und Reaktion (Karma) oder Gut und Böse, seien aus der Sicht der „Realität" inexistent; wer dies wisse, sei ein wahrer Realist, ein „Erleuchteter", und akzeptiere sowohl das Gute als auch das Böse als gleichwertige notwendige Aspekte des materiellen Daseins. [Da in Wirklichkeit jedoch alles gleichzeitig eins *und verschieden* ist, sind auch die Unterschiede real; das Gute und das Böse sind nicht dasselbe und zeitigen deshalb auch unterschiedliche Ergebnisse.]

Die genannten atheistisch-monistischen „Wahrheiten" sind *Halbwahrheiten.* Es stimmt, daß in der spirituellen Welt die Dualität des Karmas aufgehoben ist. In der materiellen Welt ist Karma jedoch eine Realität. Man kann die Karma-Fesseln sehr wohl überwinden, aber nicht mit Asura-Philosophien. Die Dualität von positivem und negativem Karma überwindet man, indem man das Positive und Negative *transzendiert,* also weder positiv noch negativ, sondern *gottesbewußt* handelt, und nicht, indem man die Gegensätze negiert und scheinbar neutral beides praktiziert, in der Annahme, beides sei notwendig, damit aus Chaos „Ordnung" entstehen könne.

Welchem Geist diese Ansichten entspringen, kann man an den Früchten erkennen: verantwortungsloses, gewissenloses eigennütziges Handeln gemäß materiellen Identifikationen („*unsere* Ziele, *unsere* Nation, *unsere* Loge, *unsere* Religion"). Was aus der Sicht der Dunkelheit für „Erleuchtung" oder „Erlösung" gehalten wird, ist bei genauerer Betrachtung nichts anderes als eine *Selbstrechtfertigung des Negativen.*

Obwohl heute alle Machtorganisationen, die religiösen genauso wie die säkularen, von einer „Illuminatenmentalität" beeinflußt sind, war dies, wie im nächsten Kapitel dargelegt wird, nicht immer so und wird auch nicht immer so bleiben.

Kapitel 5

Kirche und Logen – Machtkampf der Hierarchien

Zyklisch wird die Erde von Kataklysmen heimgesucht. Für das griechische Lehnwort *Kataklysmus* (wörtlich „Überschwemmung“) gibt es in den modernen Sprachen keinen Begriff, der eine entsprechende Vorstellung vermitteln könnte, schlicht und einfach deshalb, weil die Menschen keine Vorstellung davon haben, welche Dimensionen sich hinter diesem Wort verbergen. Kataklysmen sind Mega-Katastrophen, Sintfluten und Weltbrände, ausgelöst durch gigantische Kometeneinschläge, Polsprünge, ruckartige *vertikale* Verschiebungen der Kontinentalplatten und noch gewaltigere, für den heutigen Menschen unvorstellbare Faktoren (insbesondere Magnetfeldveränderungen und Dimensionssprünge des Erdplaneten).

Durch solche Kataklysmen wird die Menschheit immer wieder in ein naturverbundenes, „primitives“ Dasein versetzt, was eine vollkommen neue Ausrichtung des Lebens erlaubt. Die weltweiten Umwälzungen, die oft mit globalen Transformationen einhergehen, verwischen fast alle Spuren der früheren Zeitalter und Zivilisationen, so daß die später wiedererstehenden Menschheiten nur noch vage Vorstellungen von der Vergangenheit haben. Im heutigen Extremfall meinen sie sogar, sie seien die Krönung einer „Evolution“; noch nie sei der „nackte Affe“, der „Adam aus Afrika“, so fortgeschritten und zivilisiert gewesen wie in Form der Spezies, die sich selbst *Homo sapiens* nennt.

Es bleiben jedoch immer einige Spuren, die erkennen lassen, daß der Mensch eine lange, verborgene Geschichte hat, die nicht auf eine Evolution aus dem Tierreich zurückgeht, sondern auf eine Involution aus nichtphysischen Dimensionen. Wenn wir eine metaphysische Perspektive, die über das materialistische Weltbild hinausgeht, nicht ausschließen, wird es uns möglich, die Legenden und kulturellen Überreste der alten Kulturen, die all die nachfolgenden Zeitalter überlebt haben, neu zu interpretieren. Wir werden uns nicht mehr auf die „logische" Schulbuchgeschichte beschränken, sondern eine „mythologische" Sicht der fernen, prähistorischen Vergangenheit entwickeln, die gekennzeichnet war vom Aufstieg und Niedergang verschiedenster Kulturen im Lauf der multidimensionalen Zeitzyklen der Erde.

Das Konzept von zyklischen Zeitaltern ist nichts Neues. In der alten Sanskritsprache werden sie Yugas genannt, „Weltalter", die in einer nichtlinearen, spiralförmig verlaufenden Entwicklung aufeinanderfolgen und von planetaren, solaren und galaktischen Zyklen bestimmt werden. Eingebunden in diesen Lauf von kosmischer Geschichte, geht die Erde durch eine multidimensionale Spirale von Raum und Zeit und verändert dabei ihre physische Erscheinung und an gewissen Punkten sogar ihre physische Dichte. Da Raum und Zeit miteinander verbunden sind (Albert Einstein sprach von „Raumzeit"), ändert sich im Lauf der Zeit nicht nur die Zeit, sondern auch der Raum. Im Konzept der Yugas ist dieses Wissen enthalten, weshalb Yugas nicht bloß „Zeitalter" sind, sondern „Raumzeitalter".

Geheimes Wissen und Geheimhaltung

Der letzte Kataklysmus ging (im Vorfeld des Übergangs in das gegenwärtige Yuga) vor rund 10 000 Jahren über die Erde hinweg und ließ von den früheren Hochkulturen nur wenige Spuren übrig. Doch in der Überlieferung der ältesten Traditionen blieb unauslöschlich die Erinnerung an eine sagenhafte Vorzeit und an ihren jähen Untergang lebendig. Auf allen Kontinenten finden sich uralte Berichte über eine gewaltige Sintflut, die für die damaligen Kulturen das Ende bedeutete.[44]

Die weltweit erhalten gebliebenen Erinnerungen zeigen, daß trotz der globalen Katastrophe eine beträchtliche Anzahl von Menschen überlebte. Verschiedenen Gruppen war es dank der Hellsichtigkeit ihrer Eingeweihten möglich gewesen, sich rechtzeitig in Sicherheit zu bringen, denn es existierten auch Gebiete, die mehr oder weniger verschont blieben. Dank dieser Überlebenden ging das alte Wissen nicht verloren, sondern wurde im geheimen überliefert, damit es zu gegebener Zeit wieder mit der Menschheit geteilt werden konnte: Wissen um die astralen und außerirdischen Realitäten, die höheren Fähigkeiten des Menschen (insbesondere die telepathischen Kontakte mit höherdimensionalen Wesen), die Reinkarnation, die Existenz früherer Hochkulturen und die Prophezeiung der bevorstehenden Entartung und Gewalt bis hin zum Anbruch eines neuen Zeitalters.

Nach der großen Umwälzung begann eine lange Zeit des Ausharrens. Die letzte Ernte des vorigen Zyklus war eingebracht, und die Saat für die nächste Phase der Entwicklung war gesetzt. Die Eingeweihten wußten, daß bis zum Entstehen neuer Hochkulturen Jahrtausende vergehen würden. Geduld und Einkehr waren angesagt. Auch die medialen Kontakte erfuhren anfänglich eine weitgehende „Funkstille", denn es gab nicht mehr viel zu sagen. Die göttlichen Wesen der höheren Dimensionen wußten, daß die Menschen ihr eigenes Schicksal durchleben mußten, um viele wichtige Lernerfahrungen zu machen. Diese konnten und wollten sie ihnen nicht abnehmen.

Während im Äußeren die Wirren des Kali-Yugas einsetzten, wurde in Mysterientraditionen das Urwissen von weisen Menschen behütet und lebendig erhalten – eine Aufgabe, die mit großen Verpflichtungen verbunden war. Dazu gehörten insbesondere die *Geheimhaltung* und die *Nichteinmischung*.

Geheimhaltung war erforderlich, um dieses Wissen vor Mißbrauch zu schützen. Die Generationen nach der großen Katastrophe verloren schon bald die Erinnerung an die vorangegangene Epoche. Sie hörten, wie ihre Großeltern erzählten, daß deren Groß- und Urgroßeltern von unvorstellbaren Ereignissen gesprochen hatten, die über deren Groß- und Urgroßeltern hereingebrochen waren. Aber dies alles war auch für sie bereits eine weit entfernte Vergangenheit, die sie nicht mehr direkt betraf, denn sie kannten „seit Menschengedenken" nichts anderes als das Leben in der Natur, mit Berghöhlen als Zuflucht, bis sich langsam eine steinzeitliche Dorfkultur entwickelte. Das Leben war ein täglicher

Überlebenskampf, und nur wenige wußten, daß dies nicht „schon immer so" gewesen war und daß gewisse Gruppen von Menschen trotz der scheinbar primitiven Lebensbedingungen eine bewußte Erinnerung an die Vergangenheit und das einst vorhandene Wissen lebendig erhielten. Denn diese ferne Vergangenheit stand in Zusammenhang mit der noch ferneren Zukunft ...

Aber das Wissen ging auch im Volk nie ganz verloren. Was die Alten sagten, wurde zu Sagen. Die „Mär" aus alter Zeit (*mär* kommt von derselben Wortwurzel wie grch. *mòros,* „groß, bedeutend") wurde zu Mythen und Legenden, die von Göttern erzählten, die zu Menschen gesprochen hatten oder gar zu den Menschen gekommen waren, von Helden, von märchenhaften Kulturen und paradiesischen Zuständen und vor allem von einer großen Flut, von Erdbeben und von „Feuer, das vom Himmel fiel". Diese entschwindenden Erinnerungen vermischten sich mit Volksmythen und nationalen Legenden und wurden nicht zuletzt auch in religiöse „Testamente" aufgenommen oder sogar zu solchen umgewandelt.

Stellen wir uns die ersten Jahrzehnte und Jahrhunderte nach dem Kataklysmus vor: Die Menschen zogen herum, lebten in Berghöhlen oder errichteten im überschwemmten, sumpfigen Flachland Pfahlbauten und standen unter der beängstigenden Erinnerung an die allesverschlingenden Kräfte der Natur. In dieser Situation traten einzelne Menschen und Menschengruppen auf, die aufgrund paranormaler Begabung oder lebendiger Erinnerung bzw. Überlieferung über höheres Wissen und höhere Fähigkeiten verfügten. Solche Personen oder Gruppen hatten alle Möglichkeiten, ganze Stämme unter ihre Herrschaft zu bringen und ihrem Willen gefügig zu machen.

Wer hätte der dargebrachten Verehrung und Ehrfurcht und den damit verbundenen Machtperspektiven widerstehen können? Niemand außer denjenigen, die wahrhaft weise und gottesbewußt waren. Solch erleuchtete Menschen stiegen jedoch nur selten in die theokratischen Hierarchien ein, und so geschah es, daß überall auf der Welt Führer, die nicht wirklich erleuchtet waren, mit ihrem Wissen und ihren Fähigkeiten neue Gesellschaftsformen aufbauten, mit ihnen selbst an der Spitze. Man stelle sich nun vor, diese machthungrigen Priester und Gottkönige hätten Zugriff auf das wirklich höhere, vollständige Wissen gehabt!

Aber nicht nur Mißbrauch, auch *Mißverständnis* war eine Gefahr und ein weiterer Grund für die Geheimhaltung, insbesondere des Wissens über die Transzendenz und das Absolute (Realität jenseits der Dualität). Spirituelle Schlüsselerkenntnisse wie „Es gibt nichts absolut Negatives" können sehr leicht mißverstanden und dadurch auch mißbraucht werden, indem man sie durch eine einseitige Auslegung zu Halbwahrheiten macht, mit denen man als Machtgruppe jede „erleuchtete" Ego-Aktion rechtfertigen kann. Wie im vierten Kapitel dargelegt, sind solche Ideologien heute weit verbreitet und sehr einflußreich. Offensichtlich war es nicht möglich gewesen zu verhindern, daß absolute Wahrheiten in Halbwahrheiten verzerrt wurden. Viele Eingeweihte wurden von den Verlockungen der Macht verführt und/oder von negativen Gefühlen beeinflußt, was zur Gründung eigener Machthierarchien führte.

Geheimhaltung und Nichteinmischung

Heiliges Wissen beinhaltet, neben vielen anderen Themen, auch das Wissen um die Zeitzyklen auf der Erde und deren Zusammenhang mit den solaren und galaktischen Zyklen. Nach der großen Katastrophe kündete sich nun ein Zyklus an, in dem es den Menschen nicht besser, sondern noch schlechter gehen würde. Das Kali-Yuga stand bevor. Das war die ernüchternde Wahrheit, die sich den Sehern und Propheten zeigte.

Kali-Yuga ist jenes Raumzeitalter, in dem die materielle Verdichtung der Erde der „Wellenlänge" der Dunkelwelten am nächsten kommt, weshalb Inkarnationswellen aus diesen Welten auf die Erde herüberschwappen können. Die mystischen Seher erkannten, daß über diese Kanäle Egoismus und Falschheit auf die Erde „importiert" würden, verbunden mit Grausamkeit, Kriegen, Sklaverei und Ausbeutung, und zwar in einer derart extremen Form, daß die Menschheit letztlich an den Rand der Selbstzerstörung geraten wird. Das vierte Yuga (Kali-Yuga) der Inder, die „Vierte Welt" der uramerikanischen Stämme, das „Eiserne Zeitalter" der nahöstlichen Propheten, die „Nacht" der alten Europäer – diese bevorstehende dunkle Zeit sollte *Jahrtausende* dauern. Hätte man den Menschen vor Augen geführt, daß das Negative – trotz aller individuellen positiven Bemühungen – über die nächsten fünf- bis siebentausend Jahre hinweg zunehmen würde, wären sie zutiefst überfordert, verwirrt und vor allem entmutigt gewesen, und die daraus resultierende Resignation oder Gleichgültigkeit hätte sie in ihrer Entwicklung blockiert. „Wenn es soooo lange dauert, was ist dann der Nutzen, sich hier und jetzt für das Gute einzusetzen?" Oder sogar: „Wenn die Mächte ‚dort drüben' sowieso die Herrscher sein werden, dann kann ich mich ja gleich ihnen anschließen."

Prophetisches Wissen im falschen Schulzimmer hätte einen verhängnisvollen Fatalismus ausgelöst. Nur diejenigen mit einem zeitlosen Bewußtsein waren in der Lage, dieser fast endlos erscheinenden Zukunft von Rückschlägen und Demütigungen entgegenzublicken, ohne den Mut oder das Gottvertrauen zu verlieren.

Das höhere Wissen mußte aus all diesen Gründen geheimgehalten werden. Solange die Wissenden und Eingeweihten alle Formen von Manipulation vermieden, blieben sie unbestechlich und unbeeinflußbar. Diese Männer und Frauen lebten eremitisch zurückgezogen oder als Väter und Mütter in niederen oder höheren gesellschaftlichen Positionen, je nach ihrer persönlichen Berufung. Gleichzeitig hatten sie eine intuitive, vielleicht sogar telepathische Verbindung mit ihren unsichtbaren Begleitern und Schutzengeln. Innerlich wußten sie immer, woher sie kamen, und blieben so im Bewußtsein der Einheit.

Solch selbstlose Hingabe und Wahrheitsliebe war natürlich der Idealfall: Einzelpersonen und Gruppen, die das heilige Wissen hüteten und durch die Generationen hindurch am Leben erhielten, ohne es zu mißbrauchen. In diesem Sinn waren die vorchristlichen Mysterienlinien die ursprünglichen „Geheimgesellschaften". Wie die Geschichte zeigt, blieben einige rein und erhaben, andere lösten sich auf, und wieder andere wurden durch weltliches Machtstreben verunreinigt, sei es aufgrund von Infiltration oder weil sie selbst einer schleichenden Verführung und Korruption nachgaben.

Verlust von Neutralität und Reinheit

Heiliges Wissen zu bewahren bedeutete, nicht in der Hektik und der Ungeduld der linearen Zeit zu leben. Die Hüter wußten, daß sie zu einem spirituellen Netz von innerlich verbundenen Individuen gehörten, von denen einige inkarniert waren und andere nicht. Die Verbindung zu beiden war hauptsächlich geistig. Wenn in seltenen Fällen wahrhaft Wichtiges als konkrete Botschaft (von den Lichtwesen oder von Mensch zu Mensch) mitgeteilt werden mußte, geschah dies meistens über einen telepathischen Kontakt, der auf einen engen Kreis von Eingeweihten beschränkt war. Oder die Eingeweihten gingen auf Wanderschaft ...

Nur wenige wußten überhaupt um die Existenz des geheimen Wissens. Die Gründe für diese Exklusivität wurden bereits erwähnt: um die Reinheit des Wissens zu bewahren, um die Vertraulichkeit zu erhalten (es sollte niemand nur aus Neugier teilnehmen wollen), um dem Mißbrauch des Wissens vorzubeugen und um das Gesetz der Nichteinmischung zu respektieren (durch das Vermeiden, Außenstehende zu verwirren oder zu entmutigen).

Bald wurde aber ein weiterer Grund der wichtigste: der *Selbstschutz*. Mit dem Aufkommen der tyrannischen Religions- und Staatsformen kamen Personen an die Macht, die alle Andersgläubigen als „Abtrünnige" oder „Häretiker" und „Gotteslästerer" verfolgten. Diese Despoten und Diktatoren waren des öfteren inkarnierte Seelen aus den Dunkelwelten, weshalb sie eine ganz andere Sicht des Lebens hatten als die „normalen" Menschen. Sie waren kaltblütig und dem Leid und Schmerz ihrer Untergebenen gegenüber gleichgültig, weshalb es für sie nur natürlich war, unmenschliche Mittel einzusetzen, um sich ein unangefochtenes Monopol an Reichtum und Macht zu sichern. Wer immer in den Verdacht geriet, für dieses Monopol eine Gefahr darzustellen, wurde entweder gekauft oder eliminiert, insbesondere die unabhängigen Denker und Beobachter, die politischen Kritiker und nicht zuletzt die Hüter des heiligen Wissens.

Verleumdet und verfolgt zu werden, obwohl man selbstlos dem Wohl der Menschen dient, ist wahrscheinlich die schwierigste aller Prüfungen. Welcher Mensch ist fähig, zentriert in der bedingungslosen Liebe zu bleiben, wenn er von einer scheinheiligen oder scheinerleuchteten Obrigkeit gequält, gefoltert und öffentlich hingerichtet wird – während diese Herren auch noch meinen, damit etwas Gutes zu tun?

Es ist nur allzu verständlich, wenn hier jemand mit Haß und Rachegefühlen reagiert und die negativen Mächte mit antinegativen Mitteln bekämpfen will. Und genau das taten viele der verfolgten Gruppierungen. Denn diese Eingeweihten besaßen geheimes Wissen, das eine vielseitige magische Anwendung erlaubte. Die Versuchung zurückzuschlagen war immens, und viele ließen sich provozieren. Sie dachten, daß sie für die gute Seite kämpften – was sie anfänglich vielleicht auch taten –, wurden im Lauf der Zeit jedoch selbst zu einer Dunkelmacht, indem sie gegen die herrschenden religiösen und politischen Systeme Verschwörungen einleiteten, um diese zu infiltrieren und für die eigenen Zielsetzungen zu verwenden. Sie nahmen zunehmend die gleiche Mentalität an wie diejenigen, die sie bekämpften.

Das dunkle Zeitalter griff um sich, so wie es von den Propheten aller alten Kulturen vorausgesehen worden war.

Am Anfang waren die Priester

Wenn gesagt wird, es habe schon immer politische und religiöse Kriege, Tyrannen und Manipulationen gegeben, dann ist dies nichts anderes als eine Beschreibung des Kali-Yugas, das vor rund fünftausend Jahren begann, was interessanterweise ziemlich genau dem Zeitrahmen der heute bekannten „Kulturgeschichte" entspricht.

Der Anfang der Epoche unserer Zivilisation ist mit einem typischen Merkmal verbunden, nämlich dem plötzlichen Auftreten einer Oberschicht von Priestern, die zunehmend eine totalitäre Macht für sich in Anspruch nahmen. Sie behaupteten, die Menschen würden sie als Vertreter Gottes auf Erden brauchen, da der sündige Mensch keine eigene Verbindung zu Gott haben könne. Sie setzten die Menschen unter den Bann der „Furcht vor Gott", indem sie unter anderem behaupteten, die große Katastrophe sei ein Strafgericht Gottes über die Menschen gewesen, weil diese nicht mehr gehorsam gewesen seien, vor allem weil sie das Darbringen von Opfern vernachlässigt hätten; denn „Gott“, so sagten diese Priester, verlange als Sühnegabe *Blut* – Blutopfer von Tieren und auch von Menschen; Gott verlange Blut auf Altären und Blut von Feinden auf Schlachtfeldern. Wenn das Volk nicht wieder von Gott bestraft werden wolle, müsse es solche Opfer darbringen, und dafür brauche es *Priester:* Opferpriester, Hohepriester, Priesterkönige.

Auf allen Kontinenten erschienen „Gottesvertreter“, die solche Rituale einführten und die Menschen ihrer kultischen Herrschaft unterwarfen. Ein berüchtigtes Beispiel sind die Azteken, die nach einer langen Phase des Abgleitens in Dekadenz und Aberglauben begannen, die Tempel ihrer Vorfahren für Menschenopfer zu mißbrauchen.

Blutrituale haben immer mit schwarzer Magie zu tun, denn die wahren Lichtwesen stehen nicht in Resonanz zu derartigen Beschwörungen. Diejenigen, die solche Beschwörungen ausführen, entspringen demselben Geist wie diejenigen, die sie beschwören.* Eine Kali-Yuga-Prophezeiung der altindischen Schriften (*Varâha Purâna*) besagt: *râkshasâh kalim âshritya jâyante brahma-yonishu.* „Wesen aus den dunklen Welten *(râkshasâh)* werden vom Zeitalter des Kali profitieren *(kalim âshritya),* indem sie als Priester/Lehrer auftreten *(jâyante brahma-yonishu,* wörtl.: ‚indem sie als *brâhmanas* geboren werden‘).“

In Indien führte diese Art von Priestern das korrupte Kastensystem ein, was bedeutete: Der soziale Status wurde durch die Geburt festgelegt. Aufgrund dieses Erbrechtes wurden die „inkarnationalen“ Tore zur Erde geöffnet, und fragwürdige Gestalten bekamen führende Positionen, einfach nur weil sie die „Söhne ihrer Väter“ waren. Im Namen von Gott und heiligen Schriften wurden ein

* „Es gibt Mächte, die kämpfen gegen den Menschen, weil sie nicht wollen, daß er gerettet wird. Denn wenn der Mensch gerettet wird, werden keine Opfer mehr dargebracht. Dann werden keine Tiere mehr geopfert. ... Gott ist ein Menschenfresser. Deshalb werden für ihn Menschen geschlachtet. Bevor man Menschen schlachtete, hat man Tiere geschlachtet. Denn die Götter, denen sie geopfert wurden, waren keine wirklichen Götter, sondern Götzen.“ – Worte Jesu, wie sie im Philippus-Evangelium (14,1–3; 50,1–4) aufgezeichnet sind; zitiert aus: *Das Neue Testament und frühchristliche Schriften,* übersetzt von Klaus Berger und Christiane Nord.

patriarchaler Personenkult und eine religiöse Tyrannei eingeführt, die z. B. Tieropfer und Witwenverbrennung beinhaltete.

Während derselben Zeit geschah auch im Nahen Osten ähnliches, und um 500 v. Chr., zweieinhalbtausend Jahre nach dem Beginn des Kali-Yugas, machten sich die schriftgelehrten Führer der Priesterkaste daran, die älteren Schriften zu sammeln und auf ihre eigene Art zu ergänzen und zu redigieren. Aufgrund ihrer theokratischen Macht waren sie in der Lage, Schriften zu erstellen und sie als autoritativ und „heilig" zu bezeichnen. Diesen Absolutheitsanspruch anzuzweifeln wurde von denselben Schriften bzw. Autoren verboten, und zwar unter Androhung der Todesstrafe (z. B. Steinigung) oder anderer schwerwiegender Strafen.

Trotz dieser Einschüchterungen traten überall in der Welt spirituelle Pioniere und prophetische Einzelkämpfer auf, die die schwierige Aufgabe hatten, sich der Hegemonie dieser Priester entgegenzustellen.

Im 5. Jahrhundert v. Chr. war der historische Gautama Buddha einer der ersten großen Kritiker in Indien, die gegen diese entartete Form von Scheinreligiosität protestierten.[45]

Auch im Nahen Osten und in Griechenland herrschten in kultischer Hinsicht blutige Zeiten:

> „Wozu (soll) mir die Menge eurer Schlachtopfer (dienen)?" spricht der Herr. „Ich habe die Brandopfer von Widdern und das Fett der Mastkälber satt, und das Blut von Stieren, Lämmern und jungen Böcken ist mir zuwider. ... Und wenn ihr eure Hände ausbreitet, verhülle ich meine Augen vor euch. Auch wenn ihr noch so viel betet, höre ich es nicht, denn eure Hände sind voll Blut." (Jesaja 1,11/15)

> Pythagoras verbot [seinen Schülern] das Essen von Tieren, denn er wollte die Menschen lehren und daran gewöhnen, ihr Leben auf Einfachheit zu gründen ... Er verbot ihnen, den Göttern Tieropfer darzubringen, und hieß sie, nur an Altären, die nicht mit Blut besudelt waren, Zeremonien auszuführen. (*Leben des Pythagoras* von Diogenes Laertius, 3. Jh. v. Chr.)

Als die Blutopfer und die damit verbundenen irreführenden Gottesbilder durch „göttliche Gesetze" auch noch festgeschrieben wurden, kam ein weiteres Übel über die Religionen: die Tyrannei des geschriebenen Wortes, heute „Fundamentalismus“ genannt. Einer der ersten, die diese Gefahr bereits im Keim erkannten, war der Prophet Jeremias (7./6. Jh. v. Chr.), der sowohl das leichtgläubige, manipulierbare Volk als auch die herrschende Priesterklasse und deren „Lügengriffel“ heftig kritisierte:

> „... mein Volk will nichts wissen von der Ordnung, die ich ihm gegeben habe. Wie könnt ihr dann sagen: ‚Wir sind weise, denn wir haben das Gesetz des Herrn‘? Nein, das habt ihr nicht, denn der Lügengriffel der Schriftgelehrten hat es zur Lüge gemacht. ... Siehe, das Wort des Herrn haben sie verworfen. Und was für eine Weisheit haben sie nun?“ (Jer 8,7–9; Elberfelder Übersetzung)

Als die authentischen Überlieferungen und Offenbarungen und die neuen Priesterschriften immer mehr zu einer einzigen „heiligen Schrift“ zusammengefaßt wurden, wurden auch legendäre Personen wie Noah, Abraham, Moses, Joshua, David, Salomon, Jesaja und Jeremia, die allesamt zweifelsohne ein historisches Vorbild haben, entsprechend der Sichtweise der herrschenden Schicht dargestellt und in der gewünschten Form in die Vergangenheit projiziert. So hieß es, Jesaja und Jeremia hätten mit ihrer Kritik nur die damaligen „falschen Priester“, nicht die jetzt herrschenden Priester gemeint. Wir müssen also davon ausgehen, daß die biographischen Beschreibungen und die seitenlangen Lehrpredigten, die heute in ihrem Namen in den verfügbaren Schriften zu finden sind, nicht in jeder Hinsicht historisch und authentisch sind – was eigentlich offensichtlich ist (wenn man die Bibel nicht mit einer fundamentalistischen Brille liest) und von den meisten Bibelphilologen und -archäologen, auch von christlichen und jüdischen, bestätigt wird.[46]

(Dieses Plädoyer für eine nichtfundamentalistische Lesart der Bibel und anderer heiliger Bücher ist in keiner Weise eine pauschale Anzweiflung oder Ablehnung dieser Schriften. Vielmehr soll damit die Wichtigkeit des selbstverantwortlichen Unterscheidens betont werden, was auch von der Bibel, 1 Thess 5,19–21, gefordert wird: „Unterdrückt [Mißachtet] nicht die Offenbarungen des göttlichen Geistes. Prüft aber alles, und das Gute behaltet.“)

Die Priester und Schriftgelehrten, die von Propheten wie Jesaja und Jeremia scharf kritisiert wurden, änderten ihre Mentalität und ihre Praktiken nicht. Dieselbe Linie von „Blutpriestern" und „Gesetzesverfälschern" wurde einige Jahrhunderte später von Johannes dem Täufer und von Jesus als „Schlangenbrut" (Mt 3,7; 12,34; 23,13; Lk 3,7; Joh 8,44) und als „Prophetenmörder" (Mt 21,45; 23,31–37; Lk 11,47–49; 13,34) bezeichnet.

Die Spannung zwischen den Priestern und denen, die sich ihnen nicht unterwarfen oder sich ihnen sogar widersetzten, hat die „Religionen" in eine Brutstätte von selbstvermehrenden Konflikten verwandelt – was in keiner Weise die Absicht der obengenannten (nunmehr vereinnahmten) Propheten, Pioniere und Einzelkämpfer gewesen war. Auch Jesus wandte sich unmißverständlich gegen jeden Schriftfundamentalismus und verfaßte wohlweislich selber keine Schriften:

> „Ihr wißt, daß unseren Vorfahren gesagt wurde: ‚Schwört nicht falsch, und haltet, was ihr im Namen Gottes geschworen habt.' *Ich aber sage euch:* Schwört überhaupt nicht! ... Ihr wißt auch, daß es heißt: ‚Auge um Auge, Zahn um Zahn.' *Ich aber sage euch:* Bekämpft Böses nicht mit Bösem ... Und ihr wißt auch, daß es heißt: ‚Liebe alle, die dir nahestehen, und hasse alle, die dir als Feinde gegenüberstehen.' *Ich aber sage euch:* ‚Liebt eure Feinde und betet für die, die euch verfolgen.' So erweist ihr euch als Kinder eures Vaters im Himmel." (Mt 5,38–45)

Mit den Worten „Ihr wißt, daß es heißt" bezieht sich Jesus auf gewisse Stellen im Alten Testament, und er stellt sich offen gegen diese angeblichen Gottesgesetze, indem er sie entsprechend den praktischen Konsequenzen eines echten, theistischen Gottesbewußtseins umformuliert: „Ich aber sage euch!"

Jesus blieb offensichtlich auch den heiligen Schriften gegenüber kritisch und unterschied zwischen den Worten, die einer göttlichen Inspiration entsprangen, und denen, die anderen Quellen entsprangen. Die Menschen mußten von der religiösen Bevormundung durch Priester und Schriften befreit werden, um den Weg zu ihrem individuellen, freien Gottesbewußtsein zu finden. „Wenn ihr meinen Worten [und nicht irgendwelchen Dogmen und

Dogmatikern] folgt, ... werdet ihr die Wahrheit erkennen, und diese Wahrheit macht euch frei.“ (Joh 8,31–32)

Aber es sollte noch zweitausend Jahre dauern.

Die Opfer werden die Feinde ihrer Feinde

„Worauf auch immer das Bewußtsein im Moment des Todes gerichtet ist, wenn man den Körper verläßt, das ist das Prägende, denn das Bewußtsein bestimmt das Dasein.“

– *Bhagavad-Gita* 8,6

Zweitausend Jahre. Heute wissen wir, was geschehen ist. Die Welt wurde voll von Religionen, die alle „Ungläubigen“ und „Falschgläubigen“ bzw. „Abtrünnigen“ verfolgten und töteten, immer im Namen Gottes und immer mit dem offensichtlichen Motiv, möglichst viel weltliche Macht an sich zu reißen.

Seit fast zweitausend Jahren haben die Mächte des institutionalisierten Christentums Millionen von Menschen ermordet: Gegner und Feinde, „heidnisch“ verdächtige Menschen und Ureinwohner in den kolonisierten und missionierten Ländern. Nicht alle dieser Ermordeten begegneten ihren Mördern mit bedingungsloser Liebe, indem sie ihnen verziehen und in ihrer tödlichen Erfahrung nichts anderes als die spirituelle Prüfung sahen. Die meisten von ihnen starben – verständlicherweise – in einem Schock und voller Haß und blieben dadurch in der Konstellation von Täter und Opfer. Als sie reinkarnierten, empfanden sie „ganz natürlich“ einen Haß auf diese Machtorganisationen und wollten Rache nehmen, indem sie sie bekämpften. Und so fühlten sie sich zu den gegnerischen Lagern hingezogen: zu den weltlichen Hierarchien und Logenverbänden.

Beide Seiten warfen sich gegenseitig vor, die „böse Macht“ zu sein, und hatten damit in gewissem Sinne sogar recht, da hinter beiden Seiten dieselbe diabolische Kraft wirkte. Die Einseitigkeit beschränkte beide Seiten auf Halbwahrheiten – und daran hat sich bis heute nicht viel geändert. Ihr verdeckter Kampf spitzt sich nun sogar zu, und alle sind überzeugt, daß *sie* als Sieger aus diesem „endzeitlichen“ Kampf hervorgehen werden.

Einseitigkeit bedeutet, daß man sich mit gegenseitigen Anti-Ideologien bekämpft. Die Konfrontation zweier Halbwahrheiten führt jedoch nie zu einer höheren Wahrheit. Die Lösung kann also nicht darin bestehen, daß beide Seiten sich vermischen oder daß die eine die andere ausschaltet bzw. übernimmt (durch Infiltration, Unterwanderung usw.). Eine wirkliche Lösung erfordert von beiden Seiten, von den „Religionen“ und den „Antireligionen“, einen grundlegenden inneren Wandel: gegenseitige Aussöhnung und allseitige Transformation, d.h. Überwindung der jeweiligen Halbwahrheiten und Absolutheitsansprüche. Sonst bleiben die Menschen aufgrund ihrer Gegnerschaft im gleichen Teufelskreis gefangen – bis sie sich von ihrer ideologischen Spaltung befreien, einer Spaltung, die weit in die Vergangenheit zurückgeht.

Im folgenden soll nun beleuchtet werden, was die Motivationen und historischen Hintergründe jener einflußreichen Organisationen sind, die seit zweitausend und mehr Jahren die Weltgeschichte tiefgreifend beeinflussen. Hier stehen sich grundlegend zwei Lager gegenüber: einerseits die Weltreligionen, insbesondere die nahöstlichen (Judentum, Christentum, Islam), und andererseits die übernationalen Logenverbände, die atheistisch oder monistisch ausgerichtet sind und sich mit Okkultismus, Geheimlehren, „heidnischen“ Religionen (Buddhismus, Hinduismus usw.) und „häretischen“ Glaubenssystemen befassen. Die Situation wird zusätzlich verkompliziert, weil sich verschiedene Gruppen beider Lager auch gegenseitig bekämpfen und aus Eigeninteresse manchmal mit gewissen Gruppen der anderen Seite Verbindungen eingehen.

Widerstand gegen die Machtreligionen

Die Konflikte des Kali-Yugas begannen, als sogenannte Priester anfingen, Machtpositionen einzunehmen, um die Menschen im Namen Gottes zu beherrschen. Später redigierten sie auch die heiligen Schriften, stellten die verbindlichen Kanons zusammen und veränderten oder vereinnahmten die älteren Texte, die tatsächlich auf göttlicher Offenbarung und prophetischer Eingebung beruhten. Einige dieser Texte blieben unverändert bestehen und sind heute Perlen in einem Meer mit vielen Strömungen. Gleichzeitig wurden auch Geschichten und Worte Gottes erfunden, um durch sie die Machtinteressen der Priester zu untermauern. Plötzlich war Gott genauso eifersüchtig und monopolistisch wie „seine" Priester und Schreiber, und es hieß, Gott könne nur durch *Blut* versöhnt werden, insbesondere durch das Blut seines einzigen Sohnes und das all jener, die nicht daran glauben oder sich dem „Segen" dieses Blutes widersetzen.

Diese neue Situation zwang die Hüter des geheimen Wissens, sich gänzlich hinter den Mauern des Schweigens und des gesellschaftlichen Inkognitos zu verbergen. Nichtsdestoweniger wurden viele von ihnen verhaftet und hingerichtet. Um ihre Reihen zu stärken, mußten sie neue, noch geheimere Gesellschaften gründen und eine steigende Anzahl von Mitgliedern rekrutieren, um erneut aktiv und einflußreich werden zu können. Ein bekanntes und tragisches Beispiel hierfür ist der Orden der Templer, der scheinbar katholisch war, im geheimen aber einige Ansichten und „Infos" hütete, die nicht dem katholischen Katechismus entsprachen.

Im Jahr 1307 wurden die Templer, knapp zweihundert Jahre nach ihrer Gründung, von den Armeen des französischen Königs verhaftet und (in Frankreich) fast ausgetilgt, obwohl sie den mächtigsten katholischen Orden der damaligen Zeit darstellten. Der Papst billigte die Vernichtung und das Verbot der Templer und wollte diese „Säuberung" auf ganz Europa ausdehnen, was ihm aber nicht gelang. Die verbliebenen Templer tauchten unter und gaben ihr religiöses Erscheinungsbild auf. Sie wollten nicht mehr Ritter und nicht mehr Mönche sein und wählten – in Erinnerung an die Kathedralen-Erbauer, die Templer gewesen waren oder von den Templern finanziert worden waren – eine „gotische" Symbolik: Sie sahen sich von nun als „freie Maurer" (Lehrling, Geselle, Meister usw.) und bezeichneten ihre Versammlungsorte nach den „Logenhütten" ihrer anonymen Vorbilder.

Zu Beginn des 14. Jahrhunderts wurden die Templer verfolgt, gedemütigt, verleumdet und in vielen Fällen gefoltert und ermordet. Es überrascht also nicht, daß die überlebenden Templer, die ja Krieger waren, Zorn und Rachegefühle empfanden. Einerseits waren sie voll von neuem Enthusiasmus und Idealismus, andererseits wollten sie wieder eine weltliche Macht werden, um ihre Feinde besiegen und die Welt dadurch in eine „bessere Welt" umwandeln zu können. Diese Geisteshaltung öffnete das Tor für dunkle Philosophien, für Korruption und Manipulation.

So entstanden neue Geheimbünde, die aufgrund ihres Machtstrebens in der Auswahl der Einweihungskandidaten große Kompromisse eingingen. Bald schon gelang es entsprechend machtsüchtigen Männern, hohe und höchste Positionen zu besetzen, von wo aus sie neue, elitäre Einweihungsgrade einführten, die nur ihresgleichen zugänglich waren. Hier, in den höchsten Positionen und in eigenen geheimen Zirkeln, unsichtbar sogar für die Mitglieder der unteren Hierarchiestufen, verstärkten sie den Kontakt mit den dunklen Astralfürsten und enthüllten das wahre Gesicht ihrer Asura-Philosophien.

Das Schweigegelübde, das einst hohen Idealen diente, wurde nun zu einem taktischen Mittel, um verschworene Praktiken und Machenschaften geheimzuhalten. Wahre Erleuchtete lassen sich nie in weltliche Konflikte hineinziehen und ergreifen für keine Seite Partei.* Die „Illuminaten" jedoch fördern mit politischen und finanziellen Mitteln *beide* Konfliktparteien, sofern sie den Konflikt nicht sogar selbst inszenieren! („Wenn zwei sich streiten, freut sich der Dritte.")

Die Geheimbünde, ursprünglich der schweigenden Nichteinmischung verpflichtet, pflegen nunmehr die verschwiegene Einmischung, und das schon seit geraumer Zeit. Ihre hohen Ideale dienen in vielen Fällen nur noch als Fassade von schönen Worten, mit denen sie ihre eigentlichen Ziele verschlüsselt umschreiben. Heute sind ihre Vertreter vielschichtig in das Karma der Welt verstrickt, denn die Versuchung, Geheimwissen und Macht zu

---

* Um nur ein Beispiel zu nennen: Als in Indien der politische Unabhängigkeitskampf unter Mahatma Gandhi stattfand, geriet auch die jahrtausendealte Veda-Schülernachfolge (die durch Shri Caitanya neu belebt worden war) ins Kreuzfeuer. Die Eingeweihten, und es waren Zehntausende, widerstanden allen Anwerbungen von seiten der indischen Front und allen Anfeindungen von britischer Seite. So waren sie in der Lage, auch in den größten Wirren neutral zu bleiben und nie ihre eigentliche Aufgabe aus den Augen zu verlieren. Gandhi wurde ermordet, die Unabhängigkeit brachte für Indien neue Probleme mit sich, doch die Veda-Linie blieb bestehen, unabhängig von den äußeren Gegebenheiten.

mißbrauchen, ist groß, und der Mißbrauch findet statt, schon seit Jahrtausenden.

Indem die Geheimgesellschaften begannen, ähnliche Methoden zu verwenden wie diejenigen, die sie bekämpften, gerieten sie in eine doppelte Problematik: dualistisches Denken und diabolisches Intrigieren, gegründet auf skrupelloses Machtstreben („unser Zweck heiligt die Mittel"). Wenn eine solche Mentalität überhandnimmt, fällt man in die Falle der Verblendung und Selbsttäuschung, wie in Kapitel 4 dargelegt. Diese Falle stellt sich sowohl den weltlichen Logen-Organisationen als auch den religiösen Institutionen. Und Gott sei Dank gibt es auf beiden Seiten Menschen, die fähig sind, diese Fallen zu vermeiden – trotz der auferlegten Dogmen und Treueschwüre, die den Eingeweihten verpflichten, ausschließlich den Interessen der Gruppierung, der er angehört, zu dienen.

Der Konflikt zwischen der Kirche und den Logen

Wer die neuere Geschichte und die entsprechende kritische Literatur studiert, erkennt sehr bald, daß das Weltgeschehen nicht bloß auf der „Bühne" stattfindet, sondern daß hinter den Kulissen seit rund dreihundert Jahren eine unsichtbare Hand wirkt, eine konkrete Macht, die in vielschichtiger Vernetzung, aber geeint durch eine gemeinsame Ideologie, den Kurs der Welt beeinflußt und ihre Pläne (insbesondere durch die Steuerung der Finanzflüsse) global durchsetzt. Diese Hintergrundmächte kann man übergeordnet als „Logen-Organisationen" bezeichnen, denn damit wird ihr Hauptmerkmal herausgehoben: Sie waren und sind die parallele Gegenmacht zu den religiösen Machtorganisationen.

Je mehr die absolutistische Macht des Christentums abnahm, desto mehr vermochten die Logen-Organisationen ihre Macht auszuweiten. Das bekannteste Netzwerk ist das Freimaurertum, das offiziell im Jahr 1717 in London gegründet wurde (Näheres hierüber im weiteren Verlauf dieses Kapitels):

> Die Freimaurer-Bewegung ist eine 600 Jahre alte Bruderschaft mit einer 3000 Jahre alten Tradition. Als älteste, größte und bekannte-

ste Bruderschaftsorganisation der Welt ist sie ein Prototyp für die meisten modernen Bruderschaften und Service-Organisationen.[47]

Seit der offiziellen Gründung ist das Freimaurertum durch verschiedenste Phasen hindurchgegangen. Neben der eigenen institutionellen Entwicklung ist aus diesen Verbindungen auch ein übernationales Netz von *global players* hervorgegangen, die sich den bereits dargelegten Illuminaten-Ideologien verschrieben haben. Selbst wenn die dazugehörenden Männer über die Kanäle der Freimaurer oder einer ähnlichen Organisation in diese elitären Kreise vorgedrungen sind, ist es fraglich, ob man solche Akteure noch als „Freimaurer" bezeichnen kann. Mit anderen Worten, seit dem 19. Jahrhundert haben sich gewisse Logenkreise verselbständigt und eine Eigendynamik entwickelt, die mit dem offiziellen Freimaurertum nicht mehr viel gemein hat außer einigen geheimen, aber sehr „osmotischen" Berührungspunkten.

Daß die Freimaurer oft mit Verschwörungen oder sogar einer „Weltverschwörung" in Verbindung gebracht werden, ist heute kein Tabu mehr und wird mittlerweile sogar von freimaurerischen Autoren thematisiert. „Sind die Freimaurer die großen Weltverschwörer? Oder sind sie die Erben der wahren Lehre Jesu?" Diese Fragen stehen auf der Rückseite des Buches *Unter den Tempeln Jerusalems – Pharaonen, Freimaurer und die Entdeckung der geheimen Schriften Jesu* (1996) der Autoren Christopher Knight und Robert Lomas, die sich in ihrer biographischen Vorstellung beide als Freimaurer zu erkennen geben. Im Buch wird die zweite Frage bejaht und die erste nicht verneint.

Was über die vergangenen Jahrhunderte einer strikten Geheimhaltung unterlag, wird nun offen und provokativ ausgesprochen. Die Logen behaupten, die „Erben der wahren Lehre Jesu" zu sein, womit sie indirekt sagen, daß die christlichen Kirchen nicht die wahre Lehre Jesu vertreten. Um diese kirchliche Verfälschung und Verschwörung aufzudecken, dürfen die „Erben der wahren Lehre" – der „wahren Lehre" der Pharaonen, der Eingeweihten und Jesu –, also die „Erleuchteten", ebenfalls mit Tricks, Manipulationen und Verschwörungen arbeiten …

„Tatsächlich beeinflussen Geheimorganisationen seit Jahrtausenden den Lauf der Welt. Ihre Macht erreicht erst jetzt den Zenit", stellt auch das jeder Verschwörungstheorie abholde populärwissenschaftliche Magazin *welt der wunder* in der Titelgeschichte seiner Ausgabe vom Juli 2006 fest. Dieser Artikel beschreibt, was Insidern schon längst bekannt ist: Die Gründung der USA war das Werk von Freimaurern. „Die Bibel, auf die George Washington seinen Schwur ablegt, kommt aus keiner Kirche. Sie gehört der Freimaurer-Loge St. John's. 300 der Männer, mit denen Washington zur Federal Hall gezogen ist, sind Freimaurer." Und auch hier wird erwähnt, daß die anfänglich „gute" Macht schon längst infiltriert ist: „Aus gut wird böse: Ab dem 17. Jh. setzten sich die Freimaurer für eine humanitäre Weltordnung ein. Ihr größter Coup: die Gründung der USA – unter Bezug auf altägyptische Mystik. Heute kehren neue Geheimbünde wie ‚Skull and Bones' das Freimaurer-Erbe in das Gegenteil um."

Zu *Skull and Bones* (gegründet 1832) gehören Männer wie George Bush jun. sowie sein Vater und Großvater! Angesichts der Indianer-Ausrottung vor und bis einhundert Jahre nach der Gründung der USA stellt sich die Frage, wie „gut" und „humanitär" dieser Staat und seine Führer tatsächlich waren.

Es ist eine unbestrittene historische Tatsache, daß ein Großteil der Gründerväter der USA, einschließlich George Washingtons, Freimaurer waren, ebenso wie König James VI. von England (der Patron der berühmten King-James-Bibel), Friedrich der Große, Mozart, Goethe und viele andere, z. B. auch zentrale Figuren der beiden Weltkriege: Milner, Wilson, Rothschild, Lenin, Trotzki, Baruch, Battistini, Barzilai, Clémenceau, Delcassé, Montague, Balfour, Tardieu, Chamberlain, Morgenthau, „Hitlers Bankier" H. G. Schacht, Stalin, Churchill, Roosevelt, Truman usw.[48]

Nur zwei Beispiele aus der Nachkriegszeit: Auf einer der ersten Briefmarken, die Fidel Castro nach seiner Machtübernahme 1959 in Kuba drucken ließ, war der Freimaurertempel von Havanna abgebildet, mit dem Lehrsatz an das kubanische Volk: „Die Freimaurerei ist eine aktive Form der Gedankenfreiheit."

1970 sagte der chilenische Präsident Salvador Allende in einem Interview: „Es ist bekannt, daß die alte Unvereinbarkeit zwischen der Freimaurerei und der Kirche überholt ist. Was noch bedeutsamer ist: die katholische Kirche hat bedeutsame Wandlungen durchgemacht ...“ (*New York Times*, 27.10.1970)

Was der damals neugewählte freimaurerische Staatspräsident – der drei Jahre später bei dem von den USA geförderten Putsch vom 11. September 1973 starb – andeutete, war entweder Wunschdenken oder eine diplomatische Formulierung. Denn zwischen der Freimaurerei und den christlichen Kirchen, besonders der katholischen, bestand ein sehr gespanntes, ja feindliches Verhältnis – und das ist auch heute noch der Fall.

Bereits im Jahr 1738 ließ Papst Klemens XII. verlauten, daß die Zugehörigkeit zu den Freimaurern mit der Exkommunikation bestraft werde, was Papst Benedikt XIV. mit seiner Bulle *Providas* von 1751 bestätigte und bekräftigte. Diese päpstlichen Edikte waren regelrechte Verdammungen, denen weitere folgten, insbesondere die von Papst Pius VIII., der 1829 gewählt wurde und bereits 1830 starb, kurz nachdem er seine Enzyklika gegen die Freimaurer herausgegeben hatte, und die von Papst Leo XIII. mit der Überschrift *Humanum genus* („Das Menschengeschlecht“, veröffentlicht am 20. April 1884), in der die Freimaurerei als antichristliche Bewegung bezeichnet wird. Papst Leo XIII. gebrauchte massive Worte und sprach direkt vom „Reich Satans, ... unter dessen Herrschaft all jene stehen, die dem ewigen göttlichen Gesetz den Gehorsam verweigern, die über Gott hinweggehen oder gegen ihn etwas unternehmen. ... [Die Gegner Gottes sind] miteinander verschworen zu einem erbitterten Kampf unter der Leitung und Hilfe des Bundes der sogenannten Freimaurer. Ohne ihre Pläne zu verheimlichen, stacheln sie gegen die Majestät Gottes auf. Offen und unverhohlen arbeiten sie daran, die heilige Kirche zu vernichten ...“[49]

1917 veröffentlichte Papst Benedikt XV. den *Codex Iuris Canonici* („Kodex des kanonischen Rechts“), in dem für Katholiken eine Mitgliedschaft bei den Freimaurern als Sünde bezeichnet und unter Strafe gestellt wurde.

Trotz dieser scharfen Worte gab es immer wieder „freidenkerische“ Kleriker, die aufgrund ihres Reform-Idealismus insgeheim der Freimaurer-Bewegung beitraten, und gerade sie machten des öfteren in der Kirchen-Hierarchie Karriere, einige bis hin zur Position eines Kardinals – und noch weiter! So war z.B. Giovanni Mastai-Ferretti, der Sohn eines italienischen Grafen, Mitglied der Großloge Italiens, und das sogar noch als Kardinal. Nach seiner Ernennung zum Papst (Pius IX., Pontifikat 1846–1878) trat er aus der Loge aus und wandte sich in seinen späteren Schriften gegen die Freimaurerei.[50]

> In Frankreich bezeugten pensionierte Angehörige der republikanischen Garde, daß Kardinal Roncalli, der spätere Papst Johannes XXIII., als Nuntius in Paris in Zivilkleidung an den Donnerstag-Abend-Sitzungen des Großorients von Frankreich teilgenommen hat.[51]

> An ein und demselben Tag wurden in Paris der Profane Angelo Roncalli und der Profane Giovanni Montini in die erhabenen Mysterien der Bruderschaft eingeweiht. Daher kommt es, daß vieles von dem, was auf dem Konzil [II. Vatikanisches Konzil, 1963–1965] erreicht wurde, auf freimaurerischen Grundsätzen beruht.[52]

Kardinal Roncalli war als Johannes XXIII. ein sehr populärer und beliebter Papst, weil er sich für die Ökumene und den innerchristlichen Dialog einsetzte. 1960 gründete er das „Sekretariat für die Einheit der Christen“, und er pflegte Kontakte zu der orthodoxen und der protestantischen Kirche sowie zum „Ökumenischen Rat der Kirchen“. Diese Öffnung und Modernisierung, vorangetrieben durch das von Papst Johannes XXIII. einberufene II. Vatikanische Konzil, entsprangen anscheinend eher dem Geist des Freimaurertums als dem des Vatikans.

Der im obigen Zitat erwähnte „Profane“ Giovanni Montini, der zusammen mit Angelo Roncalli am selben Tag in die „Bruderschaft“ eingeweiht wurde, war ebenfalls Kardinal und wurde als Paul VI. Nachfolger von Johannes XXIII. Auch er vertrat eine Philosophie des Humanismus, wie z.B. aus folgendem Zitat aus seiner *Pastoralkonstitution* hervorgeht, die typisch freimaurerische Formulierungen enthält:

> ... wenn wir uns die Einswerdung der Welt vor Augen stellen, eine bessere Welt in Wahrheit und Gerechtigkeit ..., so sind wir Zeugen der Geburt eines neuen Humanismus, in dem der Mensch sich vor

> allem in der Verantwortung für seine Brüder und die Gemeinschaft versteht.[53]

Nach dem Tod von Papst Paul VI. (6.8.1978) setzte sich wieder der „orthodoxe", römisch-katholische Teil der Kurie durch und strebte nach einer Beendigung der freimaurerisch-humanistischen Aufweichung der Kirchenstruktur. Eingeläutet wurde diese Gegenbewegung durch die Wahl des venezianischen Kardinals Luciani, der als erster Papst einen Doppelnamen wählte: Johannes Paul I. Er lebte nach seiner Wahl jedoch nicht mehr lange und starb nach nur 33 Tagen unter mysteriösen Umständen.[54]

Sein Nachfolger, Kardinal Wojtyla, übernahm dessen Mission und Namen und nannte sich Johannes Paul II., sah sich aber zwischen den Fronten und wollte um jeden Preis verhindern, daß der innere Konflikt an die Öffentlichkeit drang und die Weltgemeinde verunsicherte. Während er durch seine vielen Reisen die Basis stärkte, ließ er die freimaurerischen Kurienmitglieder gewähren, ohne jedoch den kirchlichen Standpunkt in der Freimaurerfrage zu verändern. 1983 veröffentlichte Kardinal Ratzinger, der spätere Benedikt XVI., eine überarbeitete Fassung des *Codex Iuris Canonici* von Papst Benedikt XV. In dieser werden die Freimaurer zwar nicht mehr namentlich erwähnt, doch Kardinal Ratzinger stellte in einem offiziellen Schreiben der „Kongregation für die Glaubenslehre" als deren Vorsitzender („Präfekt") klar:

> Das negative Urteil der Kirche über die freimaurerischen Vereinigungen bleibt ... unverändert, weil ihre Prinzipien immer als unvereinbar mit der Lehre der Kirche betrachtet wurden und deshalb der Beitritt zu ihnen verboten bleibt. Die Gläubigen, die freimaurerischen Vereinigungen angehören, befinden sich also im Stand der schweren Sünde und können nicht die heilige Kommunion empfangen. ... Papst Johannes Paul II. hat diese Erklärung, die in der ordentlichen Sitzung dieser Kongregation beschlossen wurde, bei der dem unterzeichneten Kardinalpräfekten gewährten Audienz bestätigt und ihre Veröffentlichung angeordnet. (26.11.1983)

Der stille Krieg zwischen der Kirche und der „Loge", der seit mehr als zweihundert Jahren geführt wird, ist also längst bis in den Vatikan vorgedrungen. Was ist die Situation heute?

Die „direkte Auseinandersetzung"

Am 2. April 2005 starb Papst Johannes Paul II., sechs Tage nach seinem letzten Auftritt im Rahmen der Osterfeier. Sehr schnell wurde Kardinal Joseph Ratzinger zum Nachfolger gewählt. Was für „Nichteingeweihte" überraschend war, wird jedoch verständlich, wenn der größere Zusammenhang in Betracht gezogen wird. Die gegenwärtige Situation läßt erahnen, was sich hinter den Kulissen und weltweit anbahnt.

Wichtige Einblicke vermittelt ein Enthüllungsbuch, mit dem eine anonyme Gruppe von zwanzig Vatikan-Insidern („Prälaten") Anfang 1999 an die Öffentlichkeit trat und das in Italien zum Nummer-1-Bestseller des Jahres wurde: *Via col Vento in Vaticano* (wörtl. „Vom Winde verweht im Vatikan"), dt. *Wir klagen an – Zwanzig römische Prälaten über die dunklen Seiten des Vatikans.* Die klerikalen Autoren nennen sich „I Millenari", womit sie andeuten, daß sie eine messianisch-endzeitliche Gruppierung innerhalb der katholischen Kirche repräsentieren.[55]

Aus der Sicht der Millenari wird die katholische Kirche von zwei inneren Feinden ausgehöhlt, und gegen sie wendet sich ihre schonungslose Denunzierung: (1) die parasitären Profiteure im Vatikan, die ihre Privilegien und die Infrastruktur der Kirche für die persönliche Bequemlichkeit und Profilierung mißbrauchen, und (2) „die unkontrollierbaren okkulten Mächte, [... die] sich immer weiter ausbreiten, bis ihre Wurzeln den ganzen mystischen Körper der Kirche durchziehen und ihn mit tumorartigen Metastasen angreifen." (S. 137)

Was die erste Kategorie betrifft, so prangern sie die Inkompetenz, die Heuchelei und die Korruption innerhalb der Vatikan-Kurie an. Sie sprechen von Tyrannei und Despotismus, wofür sie viele schockierende Beispiele anführen, und sie kritisieren das Dogma des obligatorischen Zölibats. (Die jüdische Religion kennt kein Pflichtzölibat und das Christentum ursprünglich ebenfalls nicht, es wurde erst rund 1000 Jahre n. Chr. eingeführt.)

Was die zweite Kategorie betrifft, die „okkulten Mächte", so sagen die Millenari geradeheraus und mit schärfster Verurteilung, wen sie damit meinen: „Die unsichtbare Hand der Freimaurerei im Vatikan, im Mittelpunkt verborgener Mächte zwischen Hochfinanz und hohen Ämtern ... Der Polyp im Vatikan ist allgegenwärtig, auf allen Ebenen und in allen Bereichen, mehr denn je auch in hohen Ämtern.“ (S. 269; Titel dieses Kapitels: „Satansrauch im Vatikan“)

Als ein Beispiel für die Macht des freimaurerischen Einflusses führen sie das II. Vatikanische Konzil an. Eine der treibenden Kräfte hinter der „Zerstörung der antiken liturgischen Traditionen“ durch dieses Konzil war Erzbischof Annibale Bugnini, der damalige Sekretär der päpstlichen „Kongregation für den Gottesdienst“. Wie spätere Untersuchungen zu Tage brachten, war Bugnini mit der Freimaurer-Loge *Grande Oriente d'Italia* verbunden gewesen und hatte von ihrem Großmeister monatliche Schecks bekommen. Fotografien eines solchen Schecks wurden 1975 in mehreren italienischen Magazinen veröffentlicht. Nach diesem Skandal wurde Bugnini als Nuntius „in den Iran geschickt, wo er bis zum Juli 1982 blieb, als er eines natürlichen Todes starb, dem ein wenig nachgeholfen worden war“. (S. 253 f.)

Die Millenari führen eine ganze Litanei von Enthüllungen an, z. B. auch die Unterstützung des italienischen Medienzaren und Milliardärs Silvio Berlusconi als Ministerpräsident im Jahr 1994 durch Vatikan-Kardinäle, obwohl „dessen Zugehörigkeit zu den Freimaurern erst kurz zuvor bekannt geworden war“ (S. 222), oder Giovanni Montinis Intrigen auf seinem Weg zum Papstamt. Mitte der 1950er Jahre erfuhr Pius XII. durch den Vatikan-Geheimdienst, daß Giovanni Montini, der damals das Amt des Stellvertretenden Staatssekretärs des Vatikans bekleidete, geheime Kontakte mit dem kommunistischen Regime der UdSSR aufgenommen hatte, um den dortigen Katholiken, die nicht seinen Vorstellungen und „Idealen“ entsprachen, in den Rücken zu fallen: „Aus einer sorgfältigen Untersuchung ging hervor, daß der Jesuitenpater Tondi, der dem Kreis um Montini angehörte, den Sowjets eine Liste der im Untergrund tätigen Bischöfe sowie jener Priester übergeben hatte, die dorthin gesandt worden waren oder gar im Untergrund erst ihre Weihe empfangen hatten. Nach diesem Verrat wurden sie alle verhaftet und ermordet oder starben in den Lagern.“ (S. 206) Nach diesem internen Skandal wurde Montini seines Amtes als Stellvertretender Staatssekretär enthoben und nach Mailand versetzt (in der Position eines Erzbischofs), was einer empfindlichen Degradierung gleichkam. Durch diesen Schachzug wollte Pius XII. Montinis Möglichkeiten, Kardinal und evtl. Papst zu werden, zunichte machen. In Mailand machte Montini den „katholischen“ Freimaurer Michele Sindona zu seinem, d.h. zum erzbischöflichen Finanzberater. Nach dem Tod von Pius XII. ernannte sein Nachfolger, Montinis Freimaurer-Bruder Roncalli, als Johannes XXIII. den Erzbischof von Mailand zum Kardinal, und dieser wurde dann sogar sein Nachfolger! Als Papst Paul VI. übertrug er Michele Sindona und anderen Logenmitgliedern, insbesondere Roberto Calvi, zentrale Positionen in der Finanzwelt des Vatikans (S. 271). Diese beiden Männer steckten tief in den korrupten und kriminellen Affären des Vatikans mit der Mafia und der Organisation P2. Als Calvi sich in die Enge getrieben sah, wollte er den Vatikan erpressen, indem er drohte auszupacken. 1982 wurde Calvi erhängt aufgefunden, nach offizieller Darstellung ein Selbstmord. 1986 wurde Sindona nach seiner Verhaftung in einem Hochsicherheitsgefängnis durch Gift ermordet. Auch Richter, Journalisten und andere Ermittler wurden während dieser Jahre der Enthüllungen ermordet.[56]

Die Millenari traten an die Öffentlichkeit, nachdem sie zwanzig Jahre lang zugeschaut hatten, wie es Johannes Paul II. diskret vermied, gegen die „Feinde“ vorzugehen. Nun, da der polnische Papst zu alt und zu krank war, um noch etwas zu unternehmen, ergriffen die Millenari als Sprachrohr der Kirchentreuen die Initiative und wollten im Hinblick auf die Jahrtausendwende den „notwendigen Skandal“ (S. 10) forcieren. „Als Papst Wojtyla [1978] zum Oberhaupt der Kirche ernannt wurde, hofften viele auf radikale Veränderungen in der römischen Kurie. Das Erdbeben blieb aus, dafür aber wurde er von allem abgeschottet. ... Nach diesen zwanzig Jahren Amtszeit kann man zusammenfassend sagen, daß der Heilige Vater mehr andere hat regieren lassen, als daß er selbst regiert hätte.“ (S. 338)

Johannes Paul II. hatte nicht so sehr *gegen* die „Feinde“, sondern *für* die eigenen Truppen gearbeitet. Aber irgendeinmal mußte es zur „direkten Auseinandersetzung“ kommen, und die Formulierungen der Millenari verraten, wie erbittert die Fronten hinter den Kulissen sind: „Der ewige Gott, ... Sein großartiges Werk, die Universalkirche, ... die Kirche Gottes“, auf der einen Seite und der „Satan“ auf der anderen Seite, der bereits in die katholische Kirche, „die Kirche Gottes“, eingedrungen ist. Es gibt keine Kompromisse, keine Versöhnung. Die „Kirche Gottes“ sieht sich in einem apokalyptischen Endkampf mit Satan, in der „direkten Auseinandersetzung“: „Satan, der Fürst der Finsternis, lenkt mit List die Wege seiner Gefolgschaft. Heute nun kommt es zur *direkten Auseinandersetzung*, er tritt ans Licht. Und er zeigt deutlich, daß er mit seinen infernalischen Künsten am Werke ist, daß die satanischen Sekten an seiner Seite stehen, daß sie auf dem Vormarsch sind“ (S. 264, Hervorhebung A. R.), was sich insbesondere auf die „ruchlose Freimaurersekte“ (S. 288) bezieht.

„Der größte Papst der Zukunft wird derjenige sein, der die Kühnheit besitzt, alle in Purpur gekleideten Schneiderpuppen, die zur Zeit den Saal des Kardinalskollegiums schmücken, aus dem Atelier der Kirche zu entfernen ...“ (S. 72 f.)

Die fast wie nebenbei eingeschobene Formulierung „der größte Papst der Zukunft“ verrät viel über die Hoffnungen und Pläne der katholischen Führung, nämlich daß sie „in Erwartung des messianischen Zeitalters“ (S. 9) meinen, der wiedergekehrte „Christus“ werde als Messias selbstverständlich zur katholischen Kirche kommen, um als „der größte Papst der Zukunft“, d. h. der größte Papst aller Zeiten, aus der katholischen Kirche eine „Universalkirche“ (S. 122) zu machen.

Wenn katholische Hardliner „Wahrheit“ und „die vom Evangelium gepredigte Transparenz“ (S. 327) fordern, dann besagen solche diplomatischen Formulierungen nichts anderes, als daß man nun endlich „Klartext reden“ (S. 314) und offen sagen müsse, wer die „Kirche Gottes“ und wer die „satanischen Sekten“ sind. Denn auch letztere hoffen auf einen Messias und Weltenherrscher ...

In diesem Zusammenhang läßt sich auch die Wahl von Kardinal Ratzinger zum Papst verstehen. Ratzinger steht in engster Verbindung mit der katholischen Organisation *Opus Dei* und ist deren Ehrendoktor! Die römisch-katholische Kirche als Nachfolgerin des „Imperium Romanum“ will in der „direkten Auseinandersetzung“ mit Satan natürlich als Siegerin und Weltherrscherin hervorgehen und muß dafür zuallererst ihren großen Feind, den „Polypen der Freimaurerei“, besiegen. Das Buch der Millenari war ein gewaltiger Schlag gegen die Korruption im Vatikan und noch mehr gegen die freimaurerischen Kräfte im Vatikan.

Die Millenari als Kirchenkatholiken (im Gegensatz zu den Logenkatholiken) nennen viele korrupte und skandalbeladene Kardinäle beim Namen, auch die Leiter der „Schattenregierung der Kirche“ (S. 147), aber der Name von Joseph Ratzinger erscheint in diesen Zusammenhängen nirgendwo, ebensowenig der Name der Organisation *Opus Dei* (lat. „Werk Gottes“). Der Grund ist einfach: Diese Namen haben tatsächlich nichts mit Skandalen und persönlichem Eigennutz zu tun, denn sie verkörpern die Hingabe an die Institution und *deren* Ziele. Joseph Ratzinger (geb. 1927) ist nicht der erwähnte „größte Papst der Zukunft“, aber er soll sein Wegbereiter sein, weshalb er manchmal in den Medien auch als „Übergangspapst“ bezeichnet wird.

Wie sehr sich Kardinal Ratzinger ebenfalls in einem Krieg gegen apokalyptische Tiere sieht (die Millenari sprechen von einem Polypen, er von Wölfen), ließ er in der Rede anläßlich seiner Amtseinführung als Papst Benedikt XVI. durchschimmern: „Betet für mich, daß ich nicht furchtsam vor den Wölfen fliehe. Beten wir füreinander, daß der Herr uns trägt und daß wir durch ihn einander zu tragen lernen.“

Kardinal Ratzinger war für mehr als zwanzig Jahre die rechte Hand von Johannes Paul II. gewesen. Seine Wahl zu dessen Nachfolger soll Kontinuität markieren, denn die Kirchenführung kann es sich nicht leisten, gegen außen hin eine innere Spaltung sichtbar werden zu lassen. Ein solches Eingeständnis von Schwäche würde den Glauben der Mitglieder weltweit erschüttern und wäre somit ein Sieg für den „Polypen“. Die Kirche will gerade heute, im Vorfeld der „direkten Auseinandersetzung“, Stärke und Einheit demonstrieren und kann dabei auf das weltweite Ansehen des verstorbenen Papstes Johannes Paul II. aufbauen. Niemand anders verkörpert diese „Kontinuität“ besser als Joseph Ratzinger, der als Spitze der internen „Säuberungsbewegung“ die von den Millenari angeprangerten Probleme still und ohne Skandal überwinden will. Von nicht zu unterschätzender Bedeutung ist hierbei der Orden Opus Dei, der als „Kirche innerhalb der Kirche“ eine Art Gegenloge zu den Freimaurern darstellt.[57]

Vor der zweiten Papstwahl im Jahr 1978 begab sich Kardinal Karol Wojtyla ins römische Hauptquartier des Opus Dei, um am Grab von *Josemaría Escrivá de Balaguer y Albás,* dem Gründer von Opus Dei, zu beten. 1970 war er erstmals eingeladen worden, das heißt noch zu Lebzeiten des Gründers, der 1975 im Alter von 73 Jahren verstarb. Drei Jahre nach dem Tod von „Vater Escrivá“ wurde der Opus-Dei-Freund Karol Wojtyla Papst und erhob Opus Dei 1982 in den kirchenrechtlichen Status einer Personalprälatur, was eine Sonderregelung darstellte, denn Opus Dei ist die einzige „Personalprälatur“, die es gibt. Dieser Sonderstatus bedeutet, daß das „Werk Gottes“ eine weltweite Diözese ist, also ein Bistum ohne Territorium, das als globales Netzwerk nur dem Papst unterstellt ist; das Oberhaupt ist der in Rom amtierende Prälat. Praktisch bedeutet dies, daß Opus Dei in der gesamten katholischen Welt eigenmächtig handeln kann und weder der örtlichen Kirche noch dem dort amtierenden Bischof unterstellt ist. Spätestens seit 1982 ist Opus Dei tatsächlich eine „Kirche innerhalb der Kirche“, eine kirchliche Parallelorganisation, und handelt als katholische Geheimloge, denn die meisten Mitglieder sind nicht als solche bekannt. Es existieren keine veröffentlichten Mitgliederlisten.

Nachdem Johannes Paul II. Opus Dei zu einer Personalprälatur erhoben hatte, vollzog er 1992 die Seligsprechung Escrivás und nochmals zehn Jahre später, 2002, dessen Heiligsprechung. Dies war der schnellste Selig- und Heiligsprechungsprozeß in der Geschichte der katholischen Kirche! Damit wurde der umstrittene Opus-Dei-Gründer der innerkirchlichen Kritik entzogen und dem Kirchenvolk als „leuchtendes Vorbild“ präsentiert. Ab Oktober 2002 gilt: Wer als Katholik behauptet, Escrivá sei nicht heilig, kann disziplinarisch bestraft werden. Tatsächlich verstummten sogleich einige namhafte Opus-Dei-Kritiker und akzeptierten die „höhere Entscheidungskraft Gottes“.

Josemaría Escrivá de Balaguer y Albás (1902–1975) gründete Opus Dei gemäß einer „göttlichen Inspiration“ 1928 in Madrid als junger Priester mit jesuitischem Hintergrund. Ihm schwebte eine Organisation vor, die „die Heiligkeit und das persönliche apostolische Engagement" der Christen fördern sollte. Seit 1930 konnten auch Frauen auf unteren Rängen Mitglieder werden. Da es verheirateten Männern und erst recht Frauen nicht möglich war, in der vatikanischen Hierarchie höhere Posten zu erreichen, sollte diese Organisation helfen, auch Laien und Verheiratete direkt in den Dienst der katholischen Kirche einzubinden. (Hier setzt auch die Kritik der Millenari am Pflichtzölibat an. Zölibat ist das Privileg der Starken und der Oberen, aber all die Priester, Bischöfe und Kardinäle, die zu schwach sind, sollten besser als verheiratete Männer den Interessen der Kirche dienen, statt durch Pädophilie und Sex-Skandale der Kirche zu schaden.)

Escrivás System ermöglichte es, daß Katholiken als Opus-Dei-Aktivisten, die aufgrund der Geheimhaltung nicht als solche zu erkennen waren, die Gesellschaft stärker zu durchdringen vermochten, indem sie möglichst hohe Stellungen in der Wirtschaft, in der Politik und im öffentlichen Leben einnahmen. In dieser Geheimhaltung und Infiltrierungstaktik ist die Parallele zu den freimaurerischen Logen offensichtlich, ebenso wie in ihren Methoden der Mitgliederwerbung und Mitgliederbetreuung: Man kann nur Mitglied werden, wenn man von einem Vertreter der Organisation eingeladen und eingeführt wird – und sich dadurch in die strikte Kontrolle der Hierarchie einfügt. Jedes Mitglied untersteht einem anderen Mitglied, einem „Leiter", der über seinen Schützling ein Dossier anlegt und an seine eigenen Vorgesetzten regelmäßig Berichte abliefert.

1950 wurde Opus Dei vom Vatikan als „Säkularinstitut" anerkannt, eine Bezeichnung, die es erst seit 1947 gibt und die sich auf Vereinigungen bezieht, in denen Kleriker und Laien gemeinsam in der Kirche und in der Gesellschaft tätig sind. Als 1962 bis 1965 das freimaurerisch beeinflußte Reformkonzil („II. Vatikanum") stattfand, war Escrivá ein erbitterter Kritiker und Gegner aller Reformen, so wie später auch die Millenari.

Während Escrivá in Spanien sein „Werk Gottes" aufbaute, arbeitete er auch mit der faschistischen Franco-Regierung zusammen, ähnlich wie die katholische Kirche mit Hitler zusammenarbeitete (Hitler zahlte Kirchensteuer!), gemäß der Maxime: Mit den

Mächtigen gehen, wenn sie mächtig sind, und die Seite wechseln, sobald die anderen mächtig werden. Acht Opus-Dei-Mitglieder bekamen unter Franco einen Ministerposten, und in einem Brief an Papst Paul VI. im Jahr 1964 betonte Escrivá, „daß Franco ein guter Christ ist".

Im Zentrum von Escrivás Opus-Dei-Lehre steht die „Heiligung der Alltagsarbeit", was konkret bedeutet, daß jedes Mitglied all seine Tätigkeiten dem „Werk Gottes" zu unterstellen hat, nicht zuletzt auch finanziell. Seine Lehren und Anweisungen faßte Escrivá in der Schrift *El Camino* zusammen (dt. *Der Weg*). Neben erbaulichen Weisheiten und Inspirationen zur Gotteshingabe enthält diese Schrift auch Aussagen, die erkennen lassen, warum Escrivá sehr umstritten war:

> „Demütige dich: Weißt du nicht, dass du ein Eimer für Abfälle bist?"
> „Wenn deine Demut dich dahin bringt, dich als Unrat, als einen Haufen Unrat, zu erkennen, können wir aus all dieser Erbärmlichkeit noch etwas Großes machen."
> „... und aus der Schweineherde wollen wir die herausholen, die nicht mehr unrein sein wollen."
> „Blind dem Vorgesetzten gehorchen ... [ist] der Weg der Heiligkeit. ... Gehorcht, wie ein Werkzeug in der Hand des Künstlers gehorcht, das nicht danach fragt, warum es dieses oder jenes tut. Seid überzeugt, daß man euch nie etwas auftragen wird, das nicht gut ist und nicht zur Ehre Gottes gereichen würde."*

Als Joseph Ratzinger – ehemaliger Dozent für Fundamentaltheologie und seit 1977 Erzbischof von München – im Jahr 1981 an die Spitze der römischen „Kongregation für die Glaubenslehre"

* In den ersten zwei Auflagen der deutschen Übersetzung hatten die Opus-Dei-Herausgeber all diese Stellen getreulich übersetzt, aber seit der dritten Auflage (Köln 1967) sind einige Stellen beschönigt oder einfach weggelassen worden. Eine Textstelle aus *Der Weg*, die durch Dan Brown bekannt geworden ist, lautet: „Gesegnet sei der Schmerz, geliebt sei der Schmerz, geheiligt sei der Schmerz, verherrlicht sei der Schmerz." Man kann es Dan Brown nicht verübeln, daß er angesichts derartiger Autoritätsstrukturen die Figur des Opus-Dei-Mönches Silas kreierte, der als psychopathischer Handlanger in Mönchskutte blind gehorsam einen Mord nach dem anderen begeht. Diese Romanfigur ist jedoch ein Zerrbild, denn die meisten Opus-Dei-Mitglieder sind angesehene Bürger und Bürgerinnen in Zivil.

(die ehemalige Inquisitionsbehörde) berufen wurde, stand er dem Opus Dei noch skeptisch gegenüber und meinte, dessen Einfluß sollte eingeschränkt werden. Er wurde aber bald ein Freund des Opus Dei, nahm viele Einladungen an und bekam von der Opus-Dei-Universität in Pamplona am 31. Januar 1998 sogar den Titel eines Ehrendoktors der Theologie, überreicht aus der Hand des „Prälaten“, des Opus-Dei-Vorsitzenden, der für diesen Anlaß extra von Rom nach Pamplona anreiste.

Im August 2000 veröffentlichte Kardinal Ratzinger die Schrift *Dominus Iesus*, die erneut offiziell den Absolutheitsanspruch der römisch-katholischen Kirche verkündete: *DOMINUS IESUS – Über die Einzigartigkeit und Heilsuniversalität Jesu Christi und der Kirche.* Diese „Erklärung“ beginnt mit Zitaten aus der Bibel, unter anderem: „Wer glaubt und sich taufen läßt, wird gerettet; wer aber nicht glaubt, wird verdammt werden.“ (Mk 16,16) Theologisch soll nachgewiesen werden, daß sich diese Aussage einzig und allein auf die römisch-katholische Kirche bezieht, was direkt impliziert, daß alle, die nicht zu dieser Kirche gehören, „verdammt“ sind.

> 16. Der Herr Jesus, der einzige Erlöser, hat nicht eine bloße Gemeinschaft von Gläubigen gestiftet. Er hat die Kirche als *Heilsmysterium* gegründet ... 17. Es gibt also eine einzige Kirche Christi, die in der katholischen Kirche subsistiert und vom Nachfolger Petri und von den Bischöfen in Gemeinschaft mit ihm geleitet wird. ... die katholische Lehre vom Primat [Vorrang über alle anderen Kirchen und Religionen ...], den der Bischof von Rom nach Gottes Willen objektiv innehat und über die ganze Kirche ausübt. (*Dominus Iesus,* „IV. Einzigkeit und Einheit der Kirche“)

Gemäß dieser Glaubenslehre besitzt der „Bischof von Rom“ (der Papst) den „Primat“, das heißt, er steht „nach Gottes Willen objektiv“ über allen Kirchen und Religionen! Die Kirche sieht ihn sogar als den eigentlichen geistlichen Weltherrscher, nur daß die Welt dies noch nicht erkannt oder anerkannt hat. Was immer diesem Ziel dient, entspricht demnach „objektiv“ Gottes Willen!

Mit der „Erklärung“ *Dominus Iesus* verkündet die Kirche nichts anderes, als was sie schon immer verkündet hat, was jedoch aufgrund interner reformatorischer Bestrebungen für eine gewisse Zeit scheinbar relativiert wurde. Deutlicher sind die Formulierungen z. B. im Buch *Der Glaube der Kirche in den Urkunden und ihren Lehrverkündigungen,* herausgegeben von Josef Neuner und Heinrich Roos. Dies ist ein offizielles Lehrbuch der bis heute gültigen Glaubenssätze der römisch-katholischen Kirche, das im Jahr 1991 in der 13. Auflage erschien:

> Glaubenslehre Nr. 369: „So verwerfen und verabscheuen Wir die gottlose Lehre von der Gleichwertigkeit aller Religionen, die auch der menschlichen Vernunft widerstreitet."
>
> Glaubenslehre Nr. 370: „Darum kann nicht das Heil erlangen, wer trotz seines Wissens, dass die Kirche von Christus in göttlicher Weise gestiftet wurde, sich weigert, sich der Kirche zu unterwerfen, oder dem römischen Papst, dem Stellvertreter Christi auf Erden, den Gehorsam verweigert. ..."
>
> Glaubenslehre Nr. 381: „... dass niemand außerhalb der katholischen Kirche, weder Heide noch Jude noch Ungläubiger oder ein von der Einheit Getrennter, des ewigen Lebens teilhaftig wird, vielmehr dem ewigen Feuer verfällt, das dem Teufel und seinen Engeln bereitet ist, wenn er sich nicht vor dem Tod ihr [der Kirche] anschließt. ..."
>
> Glaubenslehre Nr. 382: „Die Kirche hat kraft ihrer göttlichen Einsetzung die Pflicht, auf das gewissenhafteste das Gut des göttlichen Glaubens unversehrt und vollkommen zu bewahren und beständig mit größtem Eifer über das Heil der Seelen zu wachen. Deshalb muß sie alles entfernen und ausmerzen, was gegen den Glauben ist oder dem Seelenheil irgendwie schaden könnte. ..."
>
> Glaubenslehre Nr. 430: „Dem römischen Papst sich zu unterwerfen, ist für alle Menschen unbedingt zum Heile notwendig. Das erklären, behaupten, bestimmen und verkünden Wir."
>
> Glaubenslehre Nr. 434: „Wir bestimmen, dass der Heilige Apostolische Stuhl und der römische Bischof den Vorrang über den ganzen Erdkreis innehat."[58]

Im Jahr 2004 besuchte Präsident Bush Rom und den Vatikan und beklagte sich bei dieser Gelegenheit gegenüber dem Kardinalstaatssekretär Angelo Sodano, daß „nicht alle amerikanischen

Bischöfe auf meiner Seite stehen". Er bat die Kirche deshalb, Druck auf die Bischöfe in den Vereinigten Staaten auszuüben, damit diese sich öffentlich gegen John Kerry stellten, da dieser sich für das Recht auf Abtreibung und Sterbehilfe einsetze. Im Juni 2004 erfolgte dann prompt ein Schreiben aus Rom an die Bischöfe der USA, verfaßt von – Kardinal Ratzinger! Darin hieß es, daß sich ein Katholik „der formellen Zusammenarbeit mit dem Bösen schuldig mache", wenn er für einen Kandidaten stimmt, der „eine tolerierende Haltung zu Abtreibung und/oder Sterbehilfe einnimmt". Bei diesem Appell sah sich Kardinal Ratzinger in einer kniffligen Lage, weil der Vatikan offiziell die Todesstrafe und die US-Invasion im Irak verurteilt hatte. Warum stellte sich die Kirche nun gegen Kerry und nicht gegen Bush (beide übrigens Mitglieder von *Skull and Bones*)? Immerhin hatte Bush mit einer Lüge („Massenvernichtungswaffen") einen Angriff gegen den Irak gestartet und als Gouverneur von Texas mehr als 140 Hinrichtungen durchführen lassen. Ratzingers theologische Erklärung zu diesem Dilemma:

> Nicht alle ... Fragen haben dasselbe moralische Gewicht wie Abtreibung und Sterbehilfe. Es mag selbst unter Katholiken eine legitime Meinungsvielfalt über das Führen eines Krieges und die Anwendung der Todesstrafe geben, aber nicht ... in Hinblick auf Abtreibung und Sterbehilfe.

Dies ist ein typisches Beispiel für eine „jesuitische" Sophisterei, mit der intellektuell alles gerechtfertigt werden kann. Hier geschieht es im Namen von Kirche und Jesus (deshalb „jesuitisch"), in der Illuminaten-Ideologie geschieht es über den atheistischen Monismus, aber in den Früchten sind sich beide Extreme gleich. Ratzinger behauptet, das Führen eines Krieges habe nicht „dasselbe moralische Gewicht" wie die Sterbehilfe – wie wenn Krieg nicht auch „Sterbehilfe" wäre, und zwar eine viel brutalere. Denn die Patienten, die sterben wollen, leiden und sind todkrank und *bitten* um den Tod. Aber die Zivilisten, die in einem Krieg getötet werden, sind nicht alt und todkrank und wollen nicht sterben, sie *wollen leben* – und werden dennoch getötet, was neuerdings von den Kriegsherren als „Kollateralschaden" bezeichnet wird.

Ein Jahr später, 2005, wurde Kardinal Ratzinger Papst und nannte sich *Benedikt XVI.* „Benedikt" hatte sich auch der Autor des ersten *Codex Iuris Canonici* (1917) genannt. Dieser Name erinnert insbesondere an Benedikt von Nursia (480–547), der 529 den nach ihm benannten Orden gründete. Er wird „Patriarch der abendländischen Mönche" und manchmal sogar „Patron Europas" genannt, und sein erstes Kloster, das sich auf dem Monte Cassino zwischen Rom und Neapel befand, gilt als die „Wiege der abendländischen Kultur". In seinen Regeln des klösterlichen Lebens, niedergeschrieben im Buch *Regula,* betont Benedikt, daß das Zentrum des Lebens der Mönche die Liturgie, das *„opus dei"*, sein soll![59]

Der Papstname Benedikt ist angesichts seiner Bezüge zur „abendländischen Kultur", zu „Europa", zu einer neuen Epoche und zum *opus dei* bestimmt nicht zufällig gewählt worden, sondern hat einen programmatischen Charakter.* Benedikt XVI. führt die während der Amtszeit seines Vorgängers begonnene Strategie weiter, nämlich die römische Kirche zu stärken, um dadurch fast nebenbei der Infiltration durch die Freimaurer den Boden zu entziehen. Im Rahmen der Ökumene soll auch der Einfluß der katholischen Kirche im Christentum vergrößert werden, Hauptziel: Reintegration der Protestanten. Bereits im Jahr 2000 hat der evangelisch-lutherische Landesbischof Johannes Friedrich aus München erklärt, das Papsttum sei für Lutheraner denkbar *(Evangelisches Sonntagsblatt Bayern,* 17.12.2000), wenn einige reformierte Bedingungen eingeräumt würden. Diese Gedanken wurden derart laut geäußert, daß die *Bild*-Zeitung in ihrer Ausgabe vom 9. März 2001 die Schlagzeilenfrage stellte: „Folgen die Protestanten bald dem Papst?"

In der Sendung des ZDF vom 31. Juli 2005, „100 Tage Papst Benedikt XVI.", wurde u. a. Erzbischof Ludwig Schick aus Bamberg interviewt, der sinngemäß sagte: „Wir sind derzeit eine Mil-

* 1992 vollzog Johannes Paul II. die Seligsprechung des erst 1975 verstorbenen Opus-Dei-Gründers Josemaría Escrivá und 2002 die Heiligsprechung. 2005 wurde an der Außenseite des Petersdoms in Rom eine fünf Meter hohe Marmorskulptur des Hl. Josemaría aufgestellt, und Papst Benedikt XVI. vollzog als eine seiner ersten Amtshandlungen persönlich die Einweihungsrituale für diese Statue.

liarde Katholiken. Wenn die Ökumene vorankommt, was ich sehr wünsche, werden es bald zwei Milliarden sein." Eine Verdoppelung durch die Ökumene? Damit verrät der Erzbischof, welche Vision den Kirchenfürsten vorschwebt. Die Anzahl der Protestanten beträgt weltweit rund eine Milliarde ...

Als der neue Papst zum katholischen Weltjugendtag in Köln 2005 kam, traf er auch die damalige Kanzlerkandidatin Angela Merkel, wonach sie, die Tochter eines evangelischen Pfarrers, betonte, daß sie den deutschen Papst „mehr denn je" als Hoffnungsträger sehe: „Ich bin nach diesem Treffen mehr denn je überzeugt: Papst Benedikt XVI. ist genau die Persönlichkeit, um die wachsende Sehnsucht vieler Menschen nach einem religiösen Bekenntnis und einem festen Wertefundament zu erfüllen."[60]

Im September 2006 besuchte der Papst seine Heimat Bayern und traf dabei zu einer persönlichen Gesprächsrunde mit Bundeskanzlerin Merkel, Bundespräsident Köhler und dem bayerischen Ministerpräsidenten Stoiber zusammen. Ein zentrales Thema dabei war die verstärkte Zusammenarbeit zwischen den beiden großen christlichen Konfessionen. Der Papst: „Wir werden uns mit Herz und Verstand bemühen, daß wir zueinander kommen." (zitiert nach: *Der Bund,* Bern, 11. September 2006, S. 3)

Das neue Erstarken der katholischen Kirche und die Förderung von Opus Dei ist ein direkter Schlag gegen das Freimaurertum: Welt-Kirche gegen Welt-Loge. Wie sehr die Welt-Kirche interessiert ist, eine eigene (theokratische) Weltordnung einzuführen, verriet Papst Benedikt XVI. in seiner Weihnachtsansprache 2005 im Rahmen des weltweit übertragenen Papstsegens *Urbi et Orbi,* als er konkret den „Aufbau einer neuen Weltordnung" erwähnte, „die auf gerechte ethische und wirtschaftliche Beziehungen gegründet ist". Der Papstsegen *Urbi et Orbi* (wörtl. „Der Stadt und dem Erdkreis") enthält direkt die Definition dieser Weltordnung: die „Stadt" soll das Zentrum des Erdkreises sein; die ganze Welt soll sich um die Vatikan-Macht drehen, d. h. vom weltweiten Rom-Netzwerk abhängig sein. Nur schon der Begriff „katholisch" bringt diesen globalen Anspruch zum Ausdruck: „allgemein gültig; alle betreffend; die Erde umfassend", von grch. *kata,* „über; hin; hinweg", und *holos,* „ganz; alles; alles beinhaltend".

Daß Papst Benedikt XVI. in seiner ersten Weihnachtsansprache den typischen Logen-Begriff „neue Weltordnung" gebraucht, bedeutet nicht etwa, daß er ein Sprachrohr des „Polypen" geworden ist, vielmehr ist dies eine diskrete, aber offene und globale Kriegserklärung der „Kirche Gottes" an die „Sekte Satans". So unerbittlich die Fronten sind, beide Gegner hoffen auf „gottgegebene" Macht in *dieser* Welt – und auf *ihren* „Messias".

Die „direkte Auseinandersetzung" mit dem „Satan" hatten die Millenari bereits im Jahr 1999 beschworen, mit klaren Fronten: Wir sind die Guten, die anderen sind die Bösen. „Gott vermag in seiner Einfachheit, das Gute dem Bösen genau entgegenzusetzen." (S. 158) So einfach kann „Wahrheit" sein!

Die Kirchenführer sind „in Erwartung des messianischen Zeitalters" und der „direkten Auseinandersetzung", die gemäß ihrer Bibel-Interpretation stattfinden *muß,* bevor der Messias erscheinen kann. Einer der Millenari-Autoren, der in Italien nach dem Erscheinen des Buches von Journalisten identifiziert werden konnte, Monsignore Luigi Marinelli, kommentierte: „Dieses Buch ist für den nächsten Papst geschrieben, er wird es verstehen."[61]

Sowohl die Kirchenvertreter als auch die Logenvertreter sind überzeugt, daß sich die Worte des 2. Korintherbriefes (11,13–14: „Diese Leute sind falsche Apostel, die mit Lügen arbeiten; sie tarnen sich als Apostel Christi, denn auch der Satan tarnt sich als Engel des Lichts") selbstverständlich nur auf die Gegenseite beziehen. Die Kirchen wie auch die Logen-Organisationen behaupten, die „wahre Lehre Jesu" und die „wahre Identität Christi" zu kennen (siehe: *The Templar Revelation – Secret Guardians of the True Identity of Christ,* 1997, von Lynn Picknett und Clive Prince). Was die beiden Lager darunter verstehen, unterscheidet sich jedoch gewaltig. Wer von beiden hat recht? Oder hat keiner von beiden recht? Halten beide an Halbwahrheiten fest? Wie wird ihre „direkte Auseinandersetzung" ausgehen?

Die Millenari geben eine kryptische Prognose: Die Aussicht auf einen baldigen neuen Papst gebe „Anlaß zu der Hoffnung auf zukünftige radikale Veränderungen" (S. 151), doch gerade aufgrund der Hoffnung auf Veränderungen „spielen die beiden großen Mächte, die des Lichtes und die der Dunkelheit, in den geheimsten Räumen des Vatikan vor aller Augen und unter den hellen Scheinwerfern der Medien Schach auf dem Spielfeld der Kirche. Und es ist durchaus möglich, daß der Zwischensieg des Satans Christus am Karfreitag auf dem Kreuzweg in Schach setzen wird!" (S. 289)

Was damit gemeint ist und was dies konkret bedeuten könnte, wird in Teil II des vorliegenden Buches dargelegt.

Jesus aus der Logen-Perspektive

Was meinen die Logen-Organisationen, wenn sie sagen, sie würden die „wahre Lehre Jesu" und die „wahre Identität Christi" kennen? Was die Kirche darunter versteht, wurde bereits dargestellt: Jesus ist der einzige Sohn Gottes, und die „Kirche" ist die einzige legitime Vertreterin dieses einzigen Gottessohnes und seiner Erlösungsmission. Gottes Heil können die Menschen daher einzig und allein durch die römische Kirche erlangen – wobei betont werden muß, daß auch die meisten anderen Kirchen und Freikirchen von sich dasselbe behaupten.

Dieser „christliche" Absolutheitsanspruch mußte im Lauf der Jahrhunderte mit einer Litanei von Dogmen zementiert werden: Die Bibel ist die einzig wahre Offenbarung Gottes; Jesus = Gott; Gott wurde durch eine „unbefleckte Empfängnis" Mensch; seine Geburt als Menschensohn war eine Jungfrauengeburt; da Jesus der einzige Sohn Gottes ist, gibt es für den Menschen auch nur eine einzige Möglichkeit der Rettung und deshalb nur ein einziges Leben, also keine Reinkarnation; diese einzige Möglichkeit der Rettung wird nur durch die Kirche angeboten, usw.

Aber nicht nur die katholische Kirche erhebt einen Absolutheits- und Unfehlbarkeitsanspruch. Die anderen christlichen Kirchen und Gruppierungen mögen zwar den Papst kritisieren und ablehnen, aber gleichzeitig erklären sie alle ihren eigenen Bibelglauben für absolut und unfehlbar.

Viele Menschen fühlen sich von dieser Art von Religion abgestoßen, und deshalb herrscht heute vielerorts die Meinung, der „göttliche Jesus" (Jesus als göttliche Inkarnation, als Gottesverkünder und Gottesvermittler) sei ebenfalls nur ein kirchliches bzw.

biblisches Dogma. Tatsächlich verkündet die römisch-katholische Kirche, der „göttliche Jesus“ sei der von ihr präsentierte *Dominus Iesus,* der zölibatäre Kirchengründer und Erlöser, dessen „Heilsuniversalität“ einzig und allein durch die römische Kirche wirke. *Dieser* Jesus ist eine durch menschengemachte Dogmen konstruierte Erlöserfigur, weshalb die Kritiker zu Recht darauf hinweisen, daß der „Kirchenjesus“ nicht viel mit dem „historischen Jesus“ zu tun habe. Weil sie den „Kirchenjesus“ mit dem „göttlichen Jesus“ gleichsetzen, schlußfolgern sie daraus, daß der historische Jesus nicht göttlich gewesen sei. Diese Logik ist nicht zwingend, aber naheliegend für alle, die die Kirche ablehnen und ihr eine totale, *katholische* (wörtl. „allumfassende“) Verfälschung der Lehre und der Identität Jesu vorwerfen. Wenn die Kirche also sagt, Jesus sei Gottes Sohn und ein göttlicher Erlöser, so muß gemäß obiger Logik auch diese Ansicht falsch sein, d.h. auf eine Verfälschung durch die Kirche zurückgehen. „Glaube das Gegenteil von dem, was die Kirche sagt, und du hast die Wahrheit.“ Ist Wahrheitsfindung aber wirklich so simpel?

Im Rückentext von Dan Browns Megaseller *Sakrileg* wird verkündet: „Ein Roman über die größte Verschwörung der letzten 2000 Jahre ... [deren Enthüllung] die Grundfesten der Kirche erschüttert“. Worin besteht diese angeblich „größte Verschwörung der letzten 2000 Jahre“? Was könnte die Kirche in ihren Grundfesten erschüttern? Es sind genau jene Ansichten, die während Jahrhunderten in Logenkreisen geheim weitergereicht wurden und die seit einigen Jahrzehnten nun auch offen verkündet werden: Jesus war nicht Gottes Sohn und auch keine göttliche Inkarnation, er war ein gewöhnlicher Mensch, der keine religiöse, sondern eine *politische* Revolution auslösen wollte und dabei die Rolle des nationalistischen Befreiers spielte; er wurde von seinen zelotischen Anhängern für den „Messias“ gehalten, d.h. für den „gesalbten“ König, der die römische Besatzungsmacht vertreiben würde – eine Erwartung, die er bekanntlich nicht erfüllte.

Daß die Ansichten der christlichen Kirchen über Jesus nicht wahr sind, wird auch von anderen einflußreichen Traditionen geglaubt, insbesondere vom Judentum und vom Islam. Und genau diese zwei Traditionen hatten schon vor mehr als eintausend Jahren einen starken Einfluß auf jene Gruppen, aus denen später die europäischen Geheimgesellschaften hervorgehen sollten.

Die Menschen in Europa, die zum Christentum „bekehrt" worden waren, kannten anfänglich nichts anderes als die Lehren der römischen Kirche, die ihnen zudem oft mit Gewalt aufgezwungen worden waren. Als im Lauf der Jahrhunderte Ansichten, die den Lehren der Kirche entgegengesetzt waren, im geheimen verbreitet wurden (hauptsächlich durch den Kontakt mit jüdischen und islamischen Kreisen), fühlten sich nicht wenige zu diesen „Alternativen" hingezogen, insbesondere Mitglieder des Adels.

Obwohl zwischen dem Judentum und dem Islam große Differenzen herrschen, sind sich doch beide in dem einen Punkt einig, daß die biblische und kirchliche Beschreibung von Jesu Wirken, insbesondere die von Jesu Kreuzigung und Auferstehung, nicht der Wahrheit entspricht. In der Frage, was dann die Wahrheit ist, gehen ihre Ansichten jedoch wieder auseinander.

Jüdische Quellen sagen, daß Jesus tatsächlich gekreuzigt worden sei; aber er sei dabei einfach gestorben und nicht auferstanden. Wenn das Grab am Morgen des Passah-Sonntags tatsächlich leer gewesen sei, dann sei dies darauf zurückzuführen, daß einige Jesus-Anhänger den Leichnam stahlen, um eine Auferstehung vorzutäuschen. Anscheinend verbreiteten die Leiter des Jerusalemer Tempels diese Ansicht gleich vom ersten Tag an:

> Am nächsten Tag – es was Sabbat – gingen die Hohenpriester und die Pharisäer gemeinsam zu Pilatus und sagten: „Herr, wir haben daran gedacht, daß dieser Verführer, als er noch lebte, gesagt hat: Nach drei Tagen werde ich auferweckt. Gib deshalb die Anweisung, daß das Grab bis zum dritten Tag bewacht werde, nicht daß seine Jünger kommen und den Leichnam stehlen und dann unserem Volk erzählen, er sei von den Toten auferweckt worden." ... [Am Ostermorgen] liefen einige Wächter vom Grab zurück und meldeten den Hohenpriestern, was geschehen war. Diese begaben sich zu den Ältesten, hielten Rat und gaben dann den Soldaten viel Geld mit dem Auftrag: „Sagt allen: ‚Seine Jünger sind des Nachts gekommen und haben ihn gestohlen, während wir schliefen.' Wenn der Prokurator davon erfährt, werden wir mit ihm sprechen. Ihr habt nichts zu befürchten." ... Diese Geschichte wird bei den Juden bis heute weitererzählt. (Mt 27,62–64; 28,11–15)

Im Gegensatz zu diesen Ansichten hat der Islam eine hohe Meinung von Jesus, doch die entsprechenden Quellen deuten an, daß Jesus nicht am Kreuz gestorben sei, wie „von den Ungläubigen behauptet wird, die den Bund gebrochen haben"; höchstwahrscheinlich sei er überhaupt nicht am Kreuz gewesen!

> Und weil sie nicht (an Jesum) geglaubt und wider Maria große Lästerungen ausgestoßen haben, darum haben wir sie verflucht. Auch weil sie gesagt haben: „Wir haben den Messias, den Jesus, Sohn Marias, den Gesandten Allahs, getötet." Sie haben ihn aber nicht getötet und nicht gekreuzigt, sondern einen anderen, der ihm ähnlich war. In der Tat sind die verschiedenen Ansichten hierin nur Zweifel, weil sie keine bestimmte Kenntnis haben, sondern nur vorgefaßten Vermutungen folgen. Sie haben ihn aber nicht wirklich getötet, sondern Allah hat ihn zu sich erhoben, denn Allah ist allmächtig und allweise. (Koran 4,157–159)

Die jüdischen und die islamischen Quellen vertreten gegensätzliche und widersprüchliche Ansichten über Jesus, aber beide sagen, daß die Lehren der römisch-katholischen Kirche eine Verfälschung darstellen. Wir können uns also vorstellen, wie die europäischen Adligen, Kirchengegner und Freidenker reagierten, als ihnen zum ersten Mal solche „Geheimlehren" zu Ohren kamen. Ähnliches gilt auch für viele heutige Logen-Organisationen, wobei die einen mehr der jüdischen, die anderen mehr der islamischen Darstellung folgen. (Im „Shriner"-System der Freimaurerei z.B. wird auf den Koran geschworen, und die Mitglieder stellen bei sich zu Hause einen arabischen Schrein auf.)

Daß die römische Kirche die Wahrheit über Jesus unterdrückt bzw. verfälscht, wird auch von all jenen Autoren verkündet, die kritische Jesus-Bestseller geschrieben haben, insbesondere von Henry Lincoln, Michael Baigent und Richard Leigh in ihren Büchern: *Der Heilige Gral und seine Erben – Ursprung und Gegenwart eines geheimen Ordens* (1982); *Das Vermächtnis des Messias – Auftrag und geheimes Wirken der Bruderschaft vom Heiligen Gral* (1986); (nur Baigent und Leigh:) *Der Tempel und die Loge – Das geheime Erbe der Templer in der Freimaurerei* (1989); *Verschlußsache Jesus – Die Qumranrollen und die Wahrheit über das frühe Christentum* (1991).

Der Heilige Gral und seine Erben (engl. *The Holy Blood and the Holy Grail*) ist seit 1982 ein internationaler Bestseller und hat durch Dan Browns Buch *The Da Vinci Code* nochmals einen globalen Schub bekommen. Noch ein weiteres Buch hatte einen entscheidenden Einfluß auf Dan Brown: *The Templar Revelation – Secret Guardians of the True Identity of Christ* (von Lynn Picknett und Clive Prince, 1997).

2006 veröffentlichte Michael Baigent ein weiteres Buch zu diesem Thema: *Die Gottesmacher – Die Wahrheit über Jesus von Nazareth und das geheime Erbe der Kirche;* Titel des englischen Originals: *The Jesus Papers – Exposing the Greatest Cover-Up in History.* Wiederum geht es, laut Untertitel dieses Buches, um die „Enthüllung der größten Vertuschung der Geschichte".

In diesen und vielen ähnlichen Büchern wird zuallererst die Vergöttlichung Jesu durch die katholische Kirche kritisiert und zurückgewiesen: Jesus sei kein Gottessohn oder einzigartiger Messias gewesen, sondern ein Mensch, der erst später, durch die Propaganda der Kirche, zur Erlöserfigur hochstilisiert worden sei. Die einen sagen, „Jesus" sei durch eine biographische Verschmelzung mehrerer Personen entstanden, und andere, der historische Jesus sei ein Prediger gewesen, der durch Wundertaten und Messiasversprechungen nach politischer Macht strebte, um seine Ziele zu erreichen; Maria Magdalena, die „Sünderin", sei in Wirklichkeit Jesu Begleiterin, wenn nicht sogar Jesu Gemahlin gewesen, denn alle Rabbis (und Jesus wurde „Rabbi" genannt) seien verheiratet; Jesus sei am Kreuz nicht gestorben, sondern sei nach seiner Heilung untergetaucht, höchstwahrscheinlich in Südfrankreich; auch wenn er am Kreuz gestorben sei, so seien die Auferstehung und die Himmelfahrt ganz bestimmt eine spätere Mystifikation der Person Jesu durch seine Anhänger, wenn nicht „womöglich gar ein ausgemachter Schwindel"[62]; auf jeden Fall sei Maria Magdalena später nach Südfrankreich gegangen und habe dort (mit dem Kind von Jesus) eine eigene Dynastie gegründet …

So absurd und „antichristlich" dies alles für viele Christen klingen mag, es gibt mächtige Organisationen, die derartige Ansichten vertreten. Sollten diese wahr sein, dann würde ihre Enthüllung tatsächlich die Kirche, ja die gesamte christliche Religion in ihren

Grundfesten erschüttern. Dann hätten wir es hier mit einer der größten Betrügereien der Weltgeschichte zu tun. Die Kirche hätte auf der Grundlage gefälschter Tatsachen Millionen von Menschen verfolgt, gefoltert und ermordet!

Es ist also zu erwarten, daß die Vertreter dieser Ansichten nicht mehr allzulange warten, bis sie zum großen Schlag gegen die Kirche ausholen. Dies kann auch getarnt geschehen, so daß es gar nicht wie ein Schlag gegen die Kirche aussieht.

> Dieser große Plan hätte zu einer „spirituellen Renaissance“ führen sollen, die das Christentum „in seinen Grundfesten erschüttern (*turn Christianity upside down*, das Christentum auf den Kopf stellen) sollte“. Offensichtlich ist das nicht geschehen – noch nicht, obwohl unsere Nachforschungen zeigen, daß die Enthüllung, die zu einem solchen Umsturz führen könnte, bereits auf dem besten Weg dazu ist, auf der Weltbühne einen dramatischen Auftritt zu machen …[63]

Jesus – ein politischer Messias?

Das hebräische Wort *mashîah* („Gesalbter“), grch. „Messias“, hat ursprünglich tatsächlich eine politische Bedeutung. *Könige* wurden gesalbt, weshalb der Begriff „Gesalbter“ für die Israeliten der vorchristlichen Zeit die gleiche Bedeutung hatte wie der Begriff „Gekrönter“ für uns, die wir mehr das Attribut der Krone als das der Salbung kennen.

Im Alten Testament wird das Wort *mashîah* mit vier verschiedenen Bedeutungen verwendet:

> 1) für Könige, da sie bei der Inthronisation mit Öl gesalbt wurden; der amtierende König wurde der „Gesalbte *(mashîah)* Jahwes“ genannt (z. B. 1 Sam 24,7; 2 Sam 1,14);
>
> 2) für den Hohenpriester (z. B. Lev 4,3/5/16), weil auch er, analog zum König, gesalbt wurde;
>
> 3) für die Patriarchen, insbesondere Abraham, Isaak und Jakob;
>
> 4) für den verheißenen Erlöser; in diesem Sinn erscheint das Wort *mashîah* jedoch erst spät, nämlich (mit Ausnahme von Psalm 2,2) in den Schriften seit dem 1. Jahrhundert v. Chr.[64]

Der letzte Hinweis ist sehr wichtig: Der Begriff „Messias“ hat kurz vor Jesu Erscheinen auch eine prophetische Bedeutung bekommen, weil in dieser Zeit eine intensive Vorahnung und Erwartung von etwas Großem um sich griff. Viele, aber nicht alle, die Jesus nachfolgten, erkannten die *spirituelle* Bedeutung der Messias-Prophezeiung und übersetzten *mashîah* in diesem Sinn mit dem griechischen Begriff *christos* (von *chriéin,* „bestreichen, salben“). Das griechische Lehnwort *Messias* erscheint in der Bibel nur zweimal, nämlich im Neuen Testament bei Johannes (1,41 und 4,25), und bezieht sich dort direkt auf Jesus.

Wenn die Grals- und Logen-Autoren also behaupten, Jesus sei nur im Sinn der ersten und zweiten Definition als *mashîah* bezeichnet worden, dann stimmt dies offensichtlich nicht, ebensowenig wie die Behauptung, der Begriff „Messias“ habe erst durch die Kirche eine religiöse Bedeutung bekommen.

Natürlich gab es zu Jesu Zeit im Volk und auch unter seinen Anhängern solche, die ihn als „Heilskönig“ und als Befreier sahen und hofften, er sei ein politischer Messias, aber dies waren nur die Zeloten und die Sikarier, die militanten Extremisten. Ihre weltlichen Erwartungen wurden durch Jesus offensichtlich nicht erfüllt, und sie verkannten die grundlegendsten Lehren Jesu (Nächstenliebe, Feindesliebe) und die deutliche Botschaft: „Das Reich Gottes ist in euch.“ (Lk 17,21) Diejenigen, die nur eine weltliche Sensation suchten, wollten dies alles nicht hören und versuchten sogar, Jesus zu zwingen, eine politische Rolle zu übernehmen:

> Als die Leute sahen, was Jesus vollbracht hatte, sagten sie: „Dies ist in Wahrheit der Prophet, der in die Welt kommen soll.“ Jesus wußte, daß sie kommen und ihn gewaltsam wegführen wollten, um ihn zum König zu machen, und so zog er sich wiederum auf den Berg zurück, er allein. (Joh 6,16)

Der Kampf um den Messias

Obwohl Jesus weder König noch Priesterkönig sein wollte, behaupten die besagten Autoren und Logen, Jesus sei ein *politischer* Messias gewesen. Als solch gewöhnlicher Mensch kann er natürlich keine Wunder vollbracht haben und nicht drei Tage nach der Kreuzigung auferstanden und vierzig Tage später in eine höhere Dimension entschwunden sein; dies sei nur Propaganda, die später von den Jesus-Anhängern verbreitet worden sei; Jesu Bedeutung liege eben gerade *nicht* in einer göttlichen Messiasfunktion, schlicht und einfach deshalb, weil er sie nicht gehabt habe, sondern nur darin, daß er ein *Nachkomme des Hauses David* gewesen sei. Und aus diesem Haus solle dereinst der „echte" *mashîah* kommen, der tatsächlich fähig sein werde, als König und Priester in einer Person Herrscher – *Weltherrscher* – zu sein.

Diejenigen, die solche Ansichten vertreten, sind davon abhängig, daß Jesus kein göttlicher Messias war und daß die gesamte Botschaft der Kirche und des Neuen Testaments eine Fälschung ist. Deshalb gehört die „historische Wahrheit" über Jesus zu ihren zentralen Themen. Sie betonen immer wieder, das Verständnis „eines nichtpolitischen, ausschließlich spirituellen Messias" sei Erfindung und Lüge, ja „Treuebruch" (gegenüber dem ursprünglich politischen Ziel) und „schändliche Feigheit", die einzig und allein durch Paulus und die von ihm geschaffene Kirche in die Welt gekommen sei.[65]

Die freimaurerischen Autoren Knight und Lomas drücken es noch deutlicher aus: „Doch egal, von welcher Seite wir es betrachten – Jesus war nichts anderes als ein Republikaner, der versuchte, die Herrschaft der ‚Gerechten' zu erreichen, mit sich selbst als Gesetzgeber ... Er mußte einen Massenaufstand gegen die Römer und Sadduzäer in Szene setzen und so viele Menschen bewaffnen, wie er konnte. Das mußte erreicht werden, ohne daß der Feind wußte, wie stark die Bewegung war."[66]

„Jesus selbst zeigt in den Evangelien einen aggressiven Militarismus ..." Als Beweis wird angeführt: „Im Lukas-Evangelium befiehlt er denjenigen seiner Gefolgsleute, die kein Schwert besitzen, eines zu erwerben, selbst wenn sie ihre Kleidung verkaufen müßten." (Lk 22,36)[67]

Stimmt diese gewaltige Behauptung? Oder werden damit bestimmte Motive verfolgt?

Die Textstelle, in der Jesus angeblich „einen aggressiven Militarismus" vertritt, ist aus dem Zusammenhang gerissen. In Wirklichkeit stellt sie die letzte Sequenz des letzten Abendmahls dar! Gleich danach begibt sich Jesus mit seinen Jüngern hinaus in den Garten Gethsemane am Ölberg, wo es zur Verhaftung kommt. Hätte Jesus wirklich gemeint, seine Apostelschar müsse sich bewaffnen, um militant und aggressiv zu werden, dann hatte er mit seiner Mobilmachung unverständlich lang gewartet – drei Jahre lang –, und erst jetzt, am letzten Tag, kam es ihm in den Sinn, daß für eine militante Aktion vielleicht ein paar Schwerter vonnöten sein könnten. Nur schon aufgrund dieser Logik ist die militärische Interpretation absurd und irreführend.

Wir haben es hier mit der Abschiedsszene zu tun. Es ist das letzte Mal, daß Jesus mit seinen zwölf Jüngern vor der Verhaftung zusammen ist. Würde Jesus ihnen wirklich als letzten Ratschlag sagen, sie sollten sich Schwerter kaufen? Daß dem nicht so war, geht aus dem Zusammenhang klar hervor:

> Dann fragte Jesus die Jünger: „Als ich euch ohne Geldbeutel, Tasche und Schuhe aussandte, hat euch da etwas gefehlt?“ Und sie antworteten: „Nein, nicht das geringste.“ Da sprach Jesus: „Von jetzt ab gilt etwas anderes: Wer einen Geldbeutel und eine Tasche hat, soll sie mitnehmen, und wer kein Schwert hat, verkaufe seinen Mantel und kaufe eins! Denn ich sage euch: Das Wort der Schrift muß sich an mir erfüllen: Man hat ihn unter die Übeltäter gezählt. Denn was mir bestimmt ist, kommt jetzt zu seinem Abschluß.“ Sie aber sagten: „Herr, siehe, hier sind zwei Schwerter!“ „Ihr versteht mich nicht“, antwortete Jesus. (Lk 22,36–38, Einheitsübersetzung 1982; in anderen Bibelausgaben wird Jesu Antwort übersetzt mit „Es ist genug“ oder „Genug damit!“.)

Irgendwo im Raum des Abendmahls, vielleicht sogar im privaten Besitz der Jünger, befanden sich zwei Schwerter, von denen Jesus offenbar nichts wußte! Ein militanter Anführer hätte bestimmt ein größeres Interesse am Waffenarsenal seiner Gefolgsleute gehabt. Sowieso zeugt diese geradezu lächerliche Ausrüstung nicht von ernsten Kampfabsichten, vor allem angesichts der Tatsache, daß es jeden Tag zu einer offenen Konfrontation kommen konnte. Mit anderen Worten: Die ganze Schwert-Episode hat nichts mit einer militanten Verschwörung zu tun.

Was Jesus hier sagt, bezieht sich auf eine bekannte frühere

Anweisung: „Gehet hin! Seht, ich sende euch wie Lämmer mitten unter die Wölfe. Traget keinen Geldbeutel, keine Tasche, keine Schuhe ...“ (Lk 10,3–4)

Dies war eine erste Aussendung mit einer damals selbstverständlichen Abmachung: Sie würden Jesus bald wieder treffen! „Danach bestimmte der Herr siebzig weitere und sandte sie zu zweit vor sich her in alle Städte und Ortschaften, wohin er selbst kommen wollte.“ (Lk 10,1)

Damals sandte er sie für eine kurze Zeit ohne Geld, Tasche und Schuhe aus, denn sie würden sich bald wieder treffen. Jetzt aber, offenbart Jesus, werde alles anders: *Er werde nicht mehr bei ihnen sein, deshalb sollten sie sich vorbereiten, äußerlich wie innerlich;* äußerlich mit dem nötigen Geld, mit Reisetasche und Schuhen und möglicherweise zur persönlichen Verteidigung auch mit einem Schwert. Der Hinweis mit dem Schwert ist aber eher symbolisch zu verstehen: Neben den äußeren Vorbereitungen sollen sie sich innerlich mit dem *Schwert des Wissens* rüsten, denn dies sei das wichtigste; hierfür sei kein Preis zu hoch, selbst wenn man dafür das Äußere – Besitz, ja sogar den Mantel bzw. den Körper – hergeben müsse. „Wer kein Schwert hat, verkaufe seinen Mantel und kaufe eins!“ (Die symbolische Interpretation macht viel mehr Sinn, denn was für ein Messerchen könnte man für den Erlös eines gebrauchten, zerschundenen Mantels bekommen?)

Das Symbol des geistigen Schwertes ist altbekannt und wurde später auch von den Nachfolgern richtig verstanden:

> Wir kämpfen nicht gegen Menschen. Wir kämpfen gegen unsichtbare Mächte und Gewalten, gegen die bösen Geister zwischen Himmel und Erde, die jetzt diese dunkle Welt beherrschen. Darum greift zu den Waffen Gottes! ... Die Gewißheit eurer Rettung sei euer Helm und das Wort Gottes das Schwert, das der Geist euch gibt. Und vergeßt dabei nicht das Gebet ...! (Epheser 6,12–17)

Und genauso war es auch beim letzten Abendmahl, wo Jesus seinen Jüngern auftrug, sich mit dem geistigen Schwert zu bewaffnen, und dann mit ihnen hinausging – zum Gebet.

Kurz danach wurde Jesus verhaftet und von den Tempelherren an die Römer ausgeliefert. Um ein Todesurteil zu erwirken, mußten sie die römische Besatzungsmacht überzeugen, daß dieser Mann eine Gefahr für Rom sei, denn die Römer ließen den Einheimischen wohlweislich größtmögliche religiöse Freiheit und hätten sich nie in einen jüdischen Glaubensdisput eingemischt. Aus römischer Sicht war eine Hinrichtung nur dann gerechtfertigt, wenn Jesus als „König der Juden“ einen politischen Widerstand angeführt hätte – weshalb die Ankläger ihm genau das unterstellten (Lk 23,2). Bei der Anhörung vor Pontius Pilatus betonte Jesus, daß er keine politischen Absichten verfolge, und bewies dies mit einer einfachen Logik: „Mein Reich ist nicht von dieser Welt. Wäre mein Reich von dieser Welt, so würden meine Anhänger kämpfen, damit ich nicht den Juden ausgeliefert werde. Aber mein Reich ist von ganz anderer Art.“ (Joh 18,36)

Dem Volk sagten die Priester, Jesus sei ein Gotteslästerer, und diese „offizielle“ Anschuldigung schürte die öffentliche Empörung so sehr, daß sich Pontius Pilatus zum Handeln gezwungen sah. I.N.R.I. – dies ließ er auf das Kreuz schreiben, nicht ironisch oder höhnisch, sondern als legale Begründung des Todesurteils (Joh 19,19).

Verfolgen heute diejenigen, die Jesus wiederum zum politischen Messias stempeln wollen, ähnliche Absichten wie jene, die damals dasselbe behaupteten, nämlich das Ausschalten des echten, spirituellen Jesus? Die Kritik an den kirchlichen Dogmen und Absolutheitsansprüchen wäre verständlich (und alle hier erwähnten Bücher enthalten diesbezüglich wichtige Fakten und Kritikpunkte), aber die meisten dieser Autoren „schütten das Kind mit dem Bade aus“.

Später versteht man vieles besser ...

Auch nach Jesu Kreuzigung gab es militante Extremisten, die gegen die Römer agitierten. Dies seien die Vertreter des echten, *politischen* Messias gewesen, wird von seiten der Logen oft behauptet.[68] Aber diese weltlichen Aktivisten erreichten weder Frieden noch Freiheit, sondern stürzten ihr Land in größtes Unheil. Nach dreißig Jahren Provokation kam es ab dem Jahr 66 zur blutigen Niederwerfung der Aufstände in Caesarea und Jerusalem, die im

Jahr 70 in der totalen Zerstörung Jerusalems und der Brandschatzung des Tempels gipfelte. Die meisten Einwohner wurden getötet, die Überlebenden größtenteils in die Sklaverei verkauft. Jerusalem war für über sechzig Jahre ein unbewohntes Ruinenfeld.

Im Rückblick beschrieben die Evangelisten (die „kanonischen" und die „apokryphen") die verworrenen Ereignisse der damaligen Zeit mit einer geklärten Sicht. Sie hatten gesehen oder gehört, was damals geschehen war, und waren Zeuge der nachfolgenden Entwicklungen gewesen. Es gibt viele Dinge, die man erst *im nachhinein* versteht, und das Mysterium, über das sie schrieben, gehörte zweifellos in diese Kategorie.

Die späte Niederschrift der Evangelien, wahrscheinlich erst nach der Zerstörung Jerusalems, wird von den Kritikern immer als Garantie für Verfälschung und gefärbte Propaganda bezeichnet. Die historisch-kritischen Argumente haben selbstverständlich ihre Berechtigung, aber man sollte sie nicht tendenziös überbewerten. *Zeitliche Nähe garantiert nicht immer akkurate Berichterstattung!* Was ist glaubwürdiger: ein zeitgenössischer Bericht über Galileo Galilei aus dem 17. Jahrhundert oder ein Bericht, der zweihundert Jahre später verfaßt wurde? Welche Darstellung wird Galileis Bedeutung wohl gerechter? Hier im Fall Galilei ist die Antwort offensichtlich: natürlich die spätere. Aber man bedenke: Diese späteren Darstellungen stammen von Menschen, die Galilei „nicht persönlich" kannten.

Das Argument, jemand habe Jesus „nicht persönlich" gekannt, besagt also gar nichts. Die Geschichte zeigt, daß die meisten Genies und Pioniere erst lange nach ihrem Tod als das erkannt wurden, was sie waren. Je größer der Genius, desto länger braucht die Menschheit? Vielleicht beginnen *deshalb* erst jetzt immer mehr Menschen, Jesus und seine Anliegen richtig zu verstehen – jenseits von biblischer Dogmatisierung, institutioneller Vereinnahmung und materialistischer Verleugnung.

> „Was ich dir gesagt habe, soll bis zur letzten Zeit geheim und versiegelt bleiben. Diejenigen, die Gott die Treue gebrochen haben, werden es nicht verstehen, aber diejenigen, die ihre Weisheit aus Gott beziehen, werden es verstehen. Und es kommen viele Prüfungen ..." (Dan 12,9–10; Schlußabschnitt im Buch *Daniel*)

Jesus: eine göttliche Inkarnation?

Wäre Jesus nur ein gewöhnlicher Wanderprediger oder ein politischer Agitator gewesen, wie es sie damals viele gab, wäre ihm nie die herausragende Bedeutung zugekommen, die er offensichtlich hatte und immer noch hat. Es gäbe keinen Anlaß, nach zweitausend Jahren immer noch Berge von Büchern über ihn zu schreiben, zumindest würden Bücher über ihn keine Bestseller. Er wäre einer von vielen Lokalpropheten geblieben, und zwar einer, der kläglich endete und als falscher Prophet entlarvt wurde. Selbst wenn er die Kreuzigung heimlich überlebt und das Weite gesucht hätte, wäre seine Show zu Ende gewesen, und niemand hätte sich auf ihn berufen oder gar in seinem Namen eine Kirche aufgebaut.

Sogar seine Jünger waren immer wieder von Unsicherheit und Zweifeln gequält worden, und die Kreuzigung stürzte sie in Furcht und Verwirrung, so daß sie sich versteckten, nur die ihm nahestehenden Frauen und Johannes nicht. Wenn nichts Außergewöhnliches geschehen wäre, hätten sich diese Männer nach dem Karfreitagsfiasko betrogen gefühlt. All die großen Versprechungen wären leere Worte gewesen, und die Zweifel, die sie selbst gehabt hatten, sowie die Warnungen der Priester hätten sich als richtig erwiesen.* Sie hätten ihre Anhängerschaft umgehend widerrufen und die Jesus-Episode als kurzen, peinlichen „Guru-Flip" schnell und gerne vergessen.

Doch die Geschichte zeigt, daß diese verzagten und verzweifelten Männer plötzlich für die Botschaft Jesu in die Welt hinauszogen, einen unerschütterlichen Glauben besaßen und sogar bereit waren, ebenfalls ihr Leben zu opfern. Was war geschehen?

Diese Frage läßt nur eine einzige plausible Antwort zu, nämlich die altbekannte: Es *war* etwas wahrhaftig Wunderbares geschehen, und zwar nach der Kreuzigung, etwas, was sie bis ins Innerste bewegte und überzeugte. Beschreibungen und Hinweise finden

* Mt 12,24; Mk 3,22: „Er kann die bösen Geister nur austreiben, weil der oberste aller bösen Geister ihm die Macht dazu gibt. … Er steht mit dem Teufel im Bund." Mk 3,21: „Er ist ein Verrückter." Joh 10,33: „Du lästerst Gott [bist größenwahnsinnig], denn du machst dich zu Gott, obwohl du nur ein Mensch bist." Joh 23,2/5: „Er ist ein Volksverhetzer … ein Aufwiegler."

sich in den biblischen, aber auch in den apokryphen Evangelien, also in jenen Jesus-Schriften, die ab dem 4. Jahrhundert verboten waren und z.T. erst im 20. Jahrhundert wiederentdeckt wurden (insbesondere 1945 in Nag Hammadi, Oberägypten, in der Nähe des „Tals der Könige"). In diesen alten Schriften, die von der Kirche und den Bibelkonzilien bestimmt nicht verändert wurden, wird Jesus ebenfalls als „Erlöser" und als der „Auferstandene" bezeichnet. Auch viele mystische Zeugnisse, Reinkarnationserinnerungen und Neuoffenbarungen schildern Jesus als spirituellen und nicht als politischen Messias. Obwohl all diese Quellen aufgrund der Subjektivität des Erlebten und Offenbarten in den Details vielfach widersprüchlich sind, beschreiben sie doch alle dasselbe Mysterium: die Realität des lebendigen Gottes und der immateriellen Welt, das Wirken der göttlichen Liebe und Gnade durch Jesus, die Relativität der Materie und, damit verbunden, die Möglichkeit der Transformation des physischen Körpers durch „Auferstehung", „Entrückung" und „Himmelfahrt".

Antikirchliche Interpreten nennen dies alles „die größte Verschwörung der letzten 2000 Jahre": Alles sei später von der Kirche erdichtet und dann mit Gewalt als Wahrheit verkündet worden, woraus das mächtige Vatikan-Imperium entstanden sei, das bis heute mit seinem Jesus-Mythos den „historischen Jesus" verfälsche und damit die ganze Welt täusche.

Wie hier aufgezeigt, muß man jedoch klar unterscheiden: Was kommt von der Kirche, und was sagen die ursprünglichen Quellen? Das Zeugnis vom göttlichen Wirken Jesu kommt *nicht* von der Kirche. Was von der Kirche kommt, ist die Vereinnahmung und Verabsolutierung Jesu und der Bibel, gefolgt von der Instrumentalisierung dieser Machtmittel. „Viele werden in meinem Namen kommen ... und euch damit irreführen." (Mt 24,5) Warum gerade in Jesu Namen? Weil nur das Wirkliche imitiert und nur das Wirkungsvolle vereinnahmt wird. Je wirkungsvoller und mächtiger eine Person und eine Offenbarung sind, desto mehr werden sie imitiert und vereinnahmt. Die Tatsache, daß sich die mächtigsten Organisationen der Welt auf Jesus berufen (mit entgegengesetzten Interpretationen, aber gleichen Ansprüchen), läßt ahnen, welcher einzigartige *logos* sich hier verkörpert hatte (Joh 1,14).[69]

Die Johannes- und die Jesus-Bewegung

Die Behauptungen, Jesus sei ein „Verrückter“, ein „Besessener“ oder gar ein „Betrüger“ – ein falscher Messias – gewesen, wurden bereits zu seinen Lebzeiten in die Welt gesetzt. Urheber waren, wie üblich, die herrschenden Mächte, die sich bedroht fühlten. Aber sie waren nicht die einzigen, die eine ablehnende Haltung einnahmen und Ansichten vertraten, die bis in die heutige Zeit nachwirken und in naher Zukunft einen derartigen Schub bekommen sollen, daß „die Grundfesten der Kirche erschüttert“ werden: durch die Enthüllung der „größten Verschwörung der letzten zweitausend Jahre“. Woher stammt diese andere antikirchliche und jesuskritische Linie?

In den Logenorganisationen fällt auf, daß vielerorts *Johannes der Täufer* eine zentrale Rolle einnimmt. Es gibt Johannes-Logen (aber keine Jesus-Logen); die offizielle Gründung des Freimaurertums fand am Johannestag, dem 24. Juni, 1717 statt; der Johannestag ist für viele ein wichtiger ritueller oder okkulter Termin; in gewissen Kirchen, v.a. in „häretischen“ Gegenden wie Südfrankreich, hat Johannes der Täufer eine wichtigere Stellung als Jesus. Wie ist das zu erklären? Die Antwort hierauf beleuchtet die Problematik des „Kampfs der Hierarchien“ nochmals von einer anderen Seite und verhilft zu einem vertiefteren Verständnis der historischen Zusammenhänge.

Jesus begann sein öffentliches Auftreten mit der Taufe durch Johannes. Dieser Johannes, genannt „der Täufer“, war damals sehr einflußreich und hatte viele Anhänger. Er war ein revolutionärer Prediger, der den Tempel in Jerusalem hart kritisierte und neue Rituale einführte, die im Judentum unbekannt waren, insbesondere die Wassertaufe, ein Ritual aus der mystisch-ägyptischen Tradition. Die Tempelpriester von Jerusalem fürchteten seine große Anhängerschaft und hätten ihn gerne unschädlich gemacht. Der jüdische Magistrat in Roms Diensten, Herodes Antipas, ließ Johannes verhaften und erteilte später, als Folge einer Intrige, den Befehl, Johannes im Gefängnis zu töten.

Johannes der Täufer hatte zum Zeitpunkt, als Jesus auftrat, bereits eine große Anhängerschaft. Viele glaubten, *er* sei der Messias.

Es gab eine Johannes-Bewegung mit eigenen Schriften. Nach seiner Ermordung kam es zu einer Spaltung, da viele zu Jesus übertraten. Doch auch die Johannes-Bewegung wuchs weiter. Als der Apostel Paulus zwanzig Jahre später in die Stadt Ephesus kam, traf er auf Mitglieder der Johannes-Bewegung. Diese Gemeinde in Ephesus war von einem Johannes-Schüler namens Apollos von Alexandrien gegründet worden (Apg 18,24). Johannes hatte also auch nach der Kreuzigung Jesu noch eine wachsende Anhängerschaft von Alexandrien in Ägypten bis Ephesus in Kleinasien!

Mit anderen Worten, es traten nicht alle Johannes-Anhänger zu Jesus über. Viele hielten dem ermordeten Johannes die Treue und rivalisierten mit der neuen Jesus-Bewegung, ja einige argwöhnten sogar, Jesus oder Jesu Anhänger hätten etwas mit der Mordintrige gegen Johannes zu tun gehabt. Nach der Kreuzigung und mysteriösen Auferstehung kamen auch aus den Reihen der Johannes-Anhänger aufgrund von Unverständnis, Unglauben oder Konkurrenzneid Stimmen des Zweifels, die geschürt bzw. gestützt wurden durch die offizielle Stellungnahme der Tempelpriester, die besagte, die Jesus-Anhänger hätten den Leichnam entwendet, um eine Auferstehung vorzutäuschen. Es kursierten zahlreiche widersprüchliche Gerüchte, die so verbreitet waren, daß sie sogar in den Talmud aufgenommen wurden, später aber (im 17. Jahrhundert) größtenteils wieder gestrichen wurden, weil diese Textstellen sonst noch mehr Feindseligkeiten gegen die Juden provoziert hätten. Offensichtlich sagten diese Textstellen nicht viel Gutes über Jesus. Dennoch blieben einige Stellen und ähnliche Schriften (insbesondere *Toledoth Jeshu* aus dem 4./5. Jahrhundert) erhalten, die besagen, Jesus habe sich in Ägypten aufgehalten und habe als Eingeweihter der ägyptischen Magie fremde Lehren und Götter ins jüdische Land bringen wollen; der Talmud sagt, Jesus sei zum Tod verurteilt worden, „weil er Zauberei betrieben und Israel verführt und abtrünnig gemacht hat …“[70]

Nach Jesu Verscheiden existierte parallel zur Jesus-Bewegung also auch eine Johannes-Bewegung. Ihre Anhänger definierten sich weitgehend durch die Rivalität zur Jesus-Bewegung und hoben Johannes über Jesus. Das bedeutete, daß sie öffentlich oder heimlich die Besonderheit Jesu leugneten und ihn z.B. auch als gescheiterten politischen Messias bezeichneten. Einige sagten, Johannes sei der echte Messias gewesen. Andere sagten, Johannes sei der Wegbereiter des Messias gewesen, doch dieser Messias sei nicht Jesus gewesen; der wahre Messias und Erlöser werde erst noch kommen. Es dauerte auch nicht lange, bis gewisse Individuen auftraten, die behaupteten, *sie* seien der Messias.

So ist es nicht verwunderlich, daß es in der Johannes-Bewegung bald zu Spaltungen und Aufsplitterungen kam. Einer der bekanntesten Schüler von Johannes dem Täufer war *Simon Magus,* der auch in der Apostelgeschichte erwähnt wird. Dieser Simon gilt aus christlicher Sicht als „Vater aller Häresie". Er war eine Zeitlang auch Mitglied einer Jesus-Gemeinde in Samaria gewesen, begann dann aber, Jesus nachzuahmen, indem er eine eigene Bewegung startete und sich als Messias verehren ließ, zusammen mit seiner Geliebten namens Helen, die er als göttliche Mutter und Inkarnation des weiblichen Gottesaspektes *Sophia,* „Weisheit", bezeichnete. Helen gehörte möglicherweise ebenfalls zum Eingeweihtenkreis von Johannes. Dies geht aus einem alten Dokument hervor, das Clemens von Alexandrien (gest. 215) zugeschrieben wird:

> In Alexandrien schloß Simon seine magischen Studien ab. Er war ein Anhänger des Johannes, der ein Hemerobaptist [„Tagtäufer"] war ... Unter allen Schülern des Johannes war Simon der führende. Als sein Meister starb, war er nicht zugegen. Er weilte in Alexandrien, weshalb Dositheos, ein anderer führender Schüler, Oberhaupt der Schule wurde. ... Johannes hatte in seinem [inneren] Kreis neunundzwanzigeinhalb Mitglieder, da eines davon eine Frau war, die [als Frau] nicht voll gezählt wurde. Ihr Name war Helen.[71]

Als Simon nach Palästina zurückkehrte, übernahm er die Führerposition, während Dositheos eine Gegenbewegung startete. Auch er ließ sich als Messias und Prophet feiern.

> In ähnlicher Weise findet sich der samaritanische Sektenstifter Dositheos als Offenbarer der „Drei Säulen des Seth" ... Noch deutlicher ist die historische Bindung der gnostischen Erlösungsbotschaft bei den beiden Schulhäuptern Simon Magus und Menander (1. Jh.) ... Danach sollen sie sich Göttlichkeit zugeschrieben haben und als Erlöser aufgetreten sein, wobei sie sich als Antipoden des christlichen Erlösers verstanden.[72]

Im Jahr 152 verfaßte Justinian der Märtyrer seine Schrift *Apologie,* in der er versuchte, die ursprünglichen Lehren Jesu gegen die bereits damals um sich greifenden Verfälschungen abzugrenzen. Aus dieser Schrift geht hervor, daß die Simonier sehr weit verbreitet waren, denn er erwähnt sie mehrmals namentlich. Dabei sagt er auch, daß ihr Gründer Simon Magus während der Regierungszeit von Kaiser Claudius (45 n. Chr.) nach Rom reiste und dort durch seine magischen Fähigkeiten großes Aufsehen erregte, so sehr, daß viele ihn sogar für einen Gott hielten. Am Ufer des Tibers wurde eine Statue Simons mit der Inschrift *Simoni Deo Sancto* errichtet („Dem heiligen Gott Simon“). Dieses Zeugnis hat eine hohe Glaubwürdigkeit, denn Justinian konnte es sich nicht erlauben, in seiner Verteidigungsschrift, die er nach Rom sandte, über Vorfälle, die sich dort nur einhundert Jahre zuvor ereignet hatten, falsche oder widerlegbare Aussagen zu machen.

Gruppierungen, die sich auf Johannes den Täufer berufen und Jesus ablehnen, existieren auch heute noch, insbesondere im Lager der Logen und „Häretiker“. Ein anderes, etwas exotisches Beispiel sind die Mandäer aus dem Mittleren Osten, die gegenwärtig weltweit rund 50 000 Mitglieder zählen. Ihr Name geht auf das aramäische Wort *manda,* „Erkenntnis“, zurück und ist somit ein Synonym für Gnostiker. Sie werden auch Sabäer genannt (von aram. *sba,* „taufen“), sie haben ihre eigenen Schriften und sagen über sich selbst, daß ihre Tradition ursprünglich in Ägypten wurzle; sie pflegen Rituale, die Ähnlichkeiten mit einigen Freimaurer-Ritualen aufweisen, und sie berufen sich auf Johannes den Täufer, der nicht ihr Gründer, aber ihr größter Führer gewesen sei; sie sehen sich nicht als Christen, nicht als Moslems und auch nicht als Juden; ihr heiliger Tag ist der Sonntag, nicht der Sabbat.

Der früheste schriftliche Hinweis auf die Mandäer stammt aus dem Jahr 792. Ein syrischer Theologe erwähnt sie und sagt, daß sie von der Dositheos-Bewegung abstammen.[73] „Die Ansicht der Mandäer – daß Jesus ein Lügner, ein Betrüger und ein böser Zauberer war – deckt sich mit den Aussagen des jüdischen Talmud, der ihn ebenfalls sehr ablehnend darstellt: er habe die Juden mit Abweichungen verführt und sei zum Tod verurteilt worden, weil er als Okkultist verdammt worden sei.“[74]

Nicht zu unterschätzen ist auch der Einfluß des Islams, dessen Heere im 8. Jahrhundert bis nach Spanien vordrangen. Während in Europa das „dunkle Mittelalter“ herrschte, entstand dort, vor den Toren Frankreichs, eine blühende islamische Hochkultur, die für eine gewisse Zeit auch mit christlichen Gruppierungen in Südfrankreich Kontakt pflegte. Zentrum dieses Reiches, das für siebenhundert Jahre bestand, war die Stadt Córdoba, wo es auf dem Höhepunkt (um das Jahr 1000) zahlreiche Moscheen, drei öffentliche Bäder, einen Palast mit 400 Gemächern und eine Stadtbibliothek mit 400 000 Schriftstücken gab![75]

Die Araber eroberten aber nicht nur Nordafrika und Spanien, sondern auch Palästina und Jerusalem. Dies wurde von christlicher Seite zum Anlaß genommen, die Kreuzzüge zu starten. Der Erste Kreuzzug führte im Jahr 1099 zur Eroberung Jerusalems. Für fast einhundert Jahre saßen in Jerusalem christliche Könige auf dem Thron, und Palästina wurde christlich kolonisiert. In Palästina kamen Männer aus dem christlichen Europa mit jüdischen und islamischen Kreisen in Berührung, und die Informationen aus diesen Quellen wurden, gemäß den heute vorhandenen Indizien, auch Bestandteil der Geheimlehren der Templer. Nach der Zerschlagung des Templer-Ordens in Frankreich (1307) tauchten die Überlebenden unter und formierten sich während der nachfolgenden Generationen neu, was u.a. zur Gründung der Freimaurer-Bewegung führte. Die Verfolgten wurden zu den Feinden ihrer Feinde. Plötzlich hatte die Kirche, die über Jahrhunderte hinweg ungebremst herrschen und morden konnte, einen ernstzunehmenden Gegner, der schnell erstarkte und zu einer gefährlichen Gegenmacht wurde. Heute spitzt sich dieser Kampf der Hierarchien zu, und beide Seiten machen, mit all ihren Verbündeten, mobil.

Zusammenfassung und Ausblick

Die westlichen Geheimgesellschaften blicken auf eine lange geschichtliche Entwicklung zurück. Sie sind aus Traditionslinien hervorgegangen, die die Aufgabe hatten, (1) die Erinnerung an das frühere Zeitalter und die untergegangenen Zivilisationen lebendig zu erhalten und (2) das alte, zeitlose Wissen zu hüten und zu wahren, um zu verhindern, daß es verlorenging oder mißbraucht wurde. Die Eingeweihten wußten, daß eine lange Zeitspanne bevorstand, bis die Umstände es wieder erlauben würden, eine breitere Öffentlichkeit zu erreichen – dann, wenn das verheißene neue Zeitalter heraufdämmert; in dieser Phase würden die verschiedenen Traditionslinien der Welt wieder an die Öffentlichkeit treten, um gemeinsam die Vermittler eines neuen Gottesbewußtseins zu werden.

Vor rund zehntausend Jahren war die Menschheit im Lauf ihrer zyklischen Geschichte erneut durch eine globale Katastrophe hindurchgegangen und hatte dabei die meisten ihrer früheren Errungenschaften verloren. Das Leben wurde zu einem „primitiven" Kampf ums Überleben, und mit dem Vergehen der Zeit vergrößerte sich auch das Vergessen. Mit dem dunklen Zeitalter, dem Kali-Yuga, das vor fünftausend Jahren begann, griff die Mentalität von Ausbeutung und Egoismus weiter um sich und wurde zu einem globalen Phänomen, mit entsprechend gestalteten neuen Zivilisationsformen.

Nur wenige Individuen und kleine Gruppen waren in der Lage, das zeitlose Wissen durch die Jahrhunderte hindurch zu bewahren. Im Lauf der Generationen geschah es aber, daß einerseits viele der alten Mysterienschulen ihre Reinheit verloren und andererseits auch neue, äußerliche Religionssysteme im Namen von „Gott" und „Gottesdienst" gegründet wurden. Auf diese Weise gerieten Stämme und Völker unter die Macht von totalitären Priestern und Gottkönigen, die ein verstärktes Blutvergießen auf die Erde brachten, sowohl durch Rituale als auch durch Kriege. Rückwirkend vereinnahmten sie immer auch die wahren Gottesboten und deren Botschaft und schrieben als Sieger die Geschichte so, wie es ihren Zwecken diente.

Eroberungen, Ausbeutung, Versklavung, Verfolgung, Inquisition, Kreuzzüge, Kolonisation usw.: Zahllose Menschen wurden zu Opfern der Arroganz und Gewaltherrschaft dieser totalitären Elite. Die erlebte Falschheit und Gewalt hinterließ in vielen Betroffenen Haßgefühle, und die Versuchung war groß, sich zu rächen. Die Täter und die Opfer verstrickten sich in ein gegenseitiges Bekämpfen, was sowohl ihre Organisationen (und Nachfolgeorganisationen) als auch ihre eigenen späteren Inkarnationen betraf. Diejenigen, die gedemütigt, gefoltert und getötet worden waren, wurden zu Gegnern ihrer früheren Verfolger und bauten Gegenfronten auf. Indem sie sich Haß und Rachegefühlen hingaben, verloren sie ihre Reinheit und wollten Gleiches mit Gleichem vergelten. Sie begaben sich in die Arena der Dualität und wollten mehr Staats- und Finanzmacht erlangen als ihre Gegner, um diese letztlich entmachten und die Welt von ihnen „befreien" zu können. Im Kampf gegen die Dunkelmächte wurden sie selbst zu Dunkelmächten und begannen, die gleichen Mittel anzuwenden wie ihre Gegner, manchmal sogar noch extremere und brutalere.

Trotz alledem ist nicht zu bestreiten, daß in den heutigen Logen und Bruderschaften immer noch einige der ursprünglichen Ideale nachklingen. Deshalb fühlen sich auch gewisse progressive Vatikanmitglieder, Theologen und Priester (nicht nur katholische), die die alten, dogmatischen Strukturen ihrer Kirchen nicht mehr unterstützen wollen, zu ihnen hingezogen. Mit humanistischen Idealen versuchen diese heimlichen Revolutionäre, die konfessionelle Tradition, der sie angehören, zu reformieren. Auf der einen Seite haben diese neuen Impulse einige Absolutheitsansprüche relativiert und den interreligiösen Dialog gefördert, auf der anderen Seite jedoch hat die Gegnerschaft von Kirche und Loge auch die beidseitige Korruption und Infiltration gefördert.

Auffällig ist, daß beide Seiten ähnliche Strukturen aufweisen: Beide arbeiten mit einem Einweihungssystem, das Gelübde bzw. Schwüre fordert. Beide bestehen aus streng gegliederten Hierarchien, in denen die Oberen „informierter" sind als die Unteren, und beide sind, zumindest in den oberen Rängen, ausschließliche Männer-Clubs. Einmal mehr zeigt sich, daß zwei Halbwahrheiten keine höhere Wahrheit hervorzubringen vermögen, weder durch gegenseitiges Bekämpfen noch durch Vermischung.

Die Kirche amtierte als Hüterin eines transzendenten Gottesverständnisses, das Jesus verkörpert und über den Tod hinaus vorgelebt hatte, verlor aber aus eigenem Verschulden das Wissen um die esoterischen Zusammenhänge, weshalb sie einen widersprüchlichen Dogmatismus errichten mußte, der viele ursprüngliche Wahrheiten verzerrte oder ins Gegenteil verkehrte.

Die Logenverbände hingegen behielten das esoterische Wissen, verkannten aber das Wissen um die Transformation des Menschen, eingeleitet durch die Auferstehung Jesu, weshalb sie sich einer atheistischen oder monistischen Gnosis verschrieben.

Sowohl die Kirchen als auch die Logenverbände sind negativen Einflüssen anheimgefallen und wurden dadurch selbst zu Instrumenten von unmoralischen, ja unmenschlichen Machenschaften. Beide Lager meinen, die Wahrheit zu besitzen und Anspruch auf die Vorherrschaft zu haben („*unser* Zweck heiligt die Mittel"), und so folgen beide einer unterschiedlichen Halbwahrheit – mit einem fatalen Anteil Unwahrheit. An den Früchten hat sich dies in den vergangenen Jahrhunderten und Jahrzehnten nur allzu deutlich gezeigt. Und das war erst der Anfang vom Finale …

Kapitel 6

Templer, Freimaurer und die „Prieuré de Sion“

Der Machtkampf der Religionen und säkularen Gesellschaften auf der Bühne des Weltgeschehens und auf geheimer Ebene kann hier weder vollständig noch chronologisch aufgerollt werden, denn das wäre ein fast endloses Unterfangen. Zu den verschiedenen Aspekten dieses Themas liegen ohnehin bereits viele gute Abhandlungen vor.

Ziel des vorliegenden Buches ist es aufzuzeigen, *daß* es geheime und dunkle Mächte gibt, daß wir uns also in einem sprichwörtlichen „dunklen Zeitalter“ (Kali-Yuga) befinden – und daß diese Dunkelheit nicht die einzige Realität ist. Um das Licht und somit auch den Weg ins Licht sowohl im eigenen Leben als auch im Wirrwarr der Politik (Europa- und Globalpolitik) wahrnehmen zu können, muß man zuerst die Dunkelheit als solche erkennen und durchschauen. Und das ist nicht möglich, wenn man die Dunkelheit rechtfertigt oder einfach für „Licht“ erklärt. Denn wirkliches Licht bedeutet radikale Durchleuchtung und Auflösung von Dunkelheit, d.h. von aller Politik der Lügen und Täuschungen.

Bis wirkliche Erleuchtung die Menschheit von Dunkelheit erlöst, werden umwälzende Ablösungsprozesse stattfinden müssen, wobei die „Erleuchteten“ natürlich meinen, das neue Zeitalter des Lichtes werde *ihr* Zeitalter sein, da sie es bereits über Jahrhunderte vorbereitet hätten. Und sie meinen, dieses neue Zeitalter werde es ihnen dann endlich erlauben, die Welt nach *ihren* Vorstellungen zu gestalten, selbstverständlich mit ihnen als Machthabern und Weltherrschern. Ironischerweise erhoffen dies *alle* für sich, sowohl die Religionen als auch die säkularen Geheimgesellschaften.

Was diese verschiedenen Lager voneinander halten, wurde bereits dargelegt. Der harte Kern einer jeden Machtgruppe hält alle „anderen“ Menschen für unerlöst, unerleuchtet, minderwertig usw., und ihre Konkurrenz sehen sie als Wahrheitsverfälscher, Verschwörer und Hindernisse, die es zu entlarven und zu beseitigen gilt. Der Kampf wurde und wird sporadisch mit Waffen geführt, aber mehr noch mit Propaganda, Ideologie und Psychologie.

In den vielschichtigen Vorgängen der Europa- und Weltpolitik ist der Kampf „Kirche“ gegen „Loge“ nur einer von vielen Aspekten, aber ein sehr zentraler, der hilft, viele andere Schichten dieser Vorgänge besser zu verstehen. Wie in Kapitel 5 gezeigt wurde, ist der Kampf „Kirche“ gegen „Loge“ real, und er findet bereits seit Jahrhunderten statt. Er begann noch zu Zeiten des Römischen Reiches und betraf bald ganz Europa. Als die anderen Kontinente entdeckt und kolonisiert wurden, erweiterte sich dieser Machtkampf von Europa aus über die ganze Welt – und dauert bis heute an. Beiden Seiten geht es um Macht, Herrschaft und „Wahrheit“, weshalb beide Seiten glauben, sie seien berechtigt, ja berufen, dieser „Wahrheit“ mit allen Mitteln zu dienen und ihr zum Durchbruch zu verhelfen.

Dieser nie offiziell deklarierte Hintergrundkrieg ist spätestens seit dem Jahr 2003 in das Bewußtsein der Öffentlichkeit gerückt worden: nicht durch eine politische Meldung und nicht durch ein Sachbuch, sondern durch einen Roman: *The Da Vinci Code* (dt. *Sakrileg*) von Dan Brown. Ist es nicht erstaunlich, daß der Inhalt des größten Romanerfolges aller Zeiten diesen Kampf thematisiert und daß gerade dieses Thema den Nerv der Zeit trifft? Anscheinend spüren die Menschen, daß dieser alte Kampf nicht bloß Fiktion ist, sondern uns alle direkt betrifft, weil er sich in der heutigen Zeit zuspitzt …

Die zwei Fronten werden in diesem Roman repräsentiert durch die katholische Organisation Opus Dei auf der einen Seite und auf der anderen durch die Einzelperson Sir Leigh Teabing, der als angesehener Historiker und Mitglied der British Royal Society beschrieben wird. Beide kämpfen um ein Geheimnis, das behütet wird von einer mysteriösen Organisation namens „Prieuré de Sion“. Dieses Geheimnis betrifft, wie im Rückentext der deutschen Ausgabe formuliert wird, nichts Geringeres als „die größte Verschwörung der letzten 2000 Jahre"! Die einen wollen dieses Geheimnis unterdrücken, die anderen wollen es enthüllen, und beide sind entschlossen, ihre Ziele um jeden Preis und mit allen Mitteln zu verfolgen.

Die katholische Argumentation formuliert Dan Brown wie folgt – wobei betont werden muß, daß diese Argumentationsweise in jeder Religion zu finden ist, einfach mit anderen Namen, aber immer im Namen Gottes:

> „*Die Botschaft Jesu ist die Botschaft des Friedens, der Gewaltlosigkeit, der Liebe* ... Und diese Botschaft drohten die Feinde Christi jetzt zu zerstören. *Wer die Botschaft Gottes bedroht, dem wird Gewalt entgegenschlagen. Entschlossen und unausweichlich.*" (*Sakrileg,* S. 48, Hervorhebungen im Original)

Mit gleichen Gedankengängen, nur mit umgekehrten Vorzeichen, argumentiert der Logenvertreter und Kirchengegner Teabing:

> „... die angehende römisch-katholische Staatskirche [hat] den Urchristen Jesus gleichsam geraubt, indem sie über seine diesseitige Botschaft der Nächstenliebe und Menschlichkeit den undurchdringlichen Mantel einer jenseitigen Göttlichkeit breitete, um auf diese Weise ungestört ihren weltlichen Machenschaften nachgehen zu können. ... Wenn ein bestimmter Zeitpunkt in der Geschichte gekommen ist, will die Bruderschaft das Schweigen brechen und ihren letzten triumphalen Schlag führen, indem sie die wahre Geschichte Jesu Christi von den Berggipfeln ruft. ... Ich bin ein ehrenhafter Mann. Ich habe auf Ehre und Gewissen geschworen, niemanden zu opfern, es sei denn, er hat sich des Verrats am Sangreal schuldig gemacht." (*Sakrileg,* S. 321, 365, 543)

Dan Browns Erfolgsroman hat die beschriebenen Fronten nur noch verbissener gemacht. „Er spielt mit den üblichen dummen Klischees. Alles ist schlicht und einfach eine Lüge. Aber selbst Opus Dei bleibt gelassen. Sie sagen: ‚Wir werden aus der Zitrone Limonade pressen.' Und genau das machen wir auch." So lautete die offensive Stellungnahme des Leiters einer Bibelpastoralen Arbeitsstelle in der Schweiz.[76]

Aber Kritiker kommen nicht nur von kirchlicher und bibelchristlicher, sondern auch von journalistischer Seite. In ihren Artikeln und TV-Dokumentationen versuchten sie alles zu verharmlosen und sprachen wie gewohnt von „unhaltbaren" oder „längst widerlegten Verschwörungstheorien".

Mit Recht weisen die Kritiker darauf hin, daß vieles in dieser modernen Gralsgeschichte Phantasie oder Legende ist, wischen aber oftmals im gleichen Zug andere, durchaus reale Themen vom Tisch und ignorieren bzw. leugnen dabei die faktisch existierenden Verschwörungen und Kämpfe.

Tatsächlich hat Dan Brown in seiner Geschichte mehrere Informationsstränge zusammengewoben, die nicht haltbar oder rundweg unwahr sind, insbesondere was die angebliche Nachkommenschaft Jesu als heute noch existierendes Königsgeschlecht und die Prieuré de Sion mit ihrer angeblich langen Geschichte betrifft. Die Kritiker, die aufgrund dieser Fehler den gesamten Roman als „Lüge" oder „Unsinn" bezeichnen, übersehen, daß Dan Brown diese Aussagen repräsentativen Personen in den Mund legt, die ihre eigene Weltsicht und Ideologie verkünden – was aber noch lange nicht bedeutet, daß diese Ansichten wahr sein müssen. Das meiste, was in *Sakrileg* über die Prieuré de Sion gesagt wird, kommt aus Teabings Mund, und Dan Brown macht eigentlich sehr deutlich, daß dies größtenteils nur verzerrte, haßerfüllte Halbwahrheiten sind, die von den Prieuré-Vertretern, die ganz am Schluß des Romans in Erscheinung treten, abgelehnt werden! Die Prieuré de Sion ist also etwas anderes, als die bekannten Theorien, wie sie Teabing referiert, besagen!

Dan Brown gibt also sehr wohl auch falsche Theorien wieder, aber nicht, weil er diese als Wahrheit verkaufen will, sondern weil er aufzeigen will, wie *beide* Seiten von anmaßenden Überzeugungen beherrscht werden. Halbwahrheiten enthalten immer wahre und unwahre Teile. Erforderlich ist ein differenziertes Unterscheiden. (Man kann und sollte auch Dan Browns Darstellungen kritisch betrachten, aber die Kritik sollte tiefer gehen als nur bis hin zu einer Aufzählung der oberflächlichen Irrtümer; siehe hierzu z.B. die Analysen der Dan-Brown-Romane *Illuminati* und *Sakrileg* in *Licht wirft keinen Schatten,* S. 131–133 und 458–462.)

Eine geheime Templer-Geschichte?

In den Jahren 1997 bis 1999, als ich am Manuskript von *Machtwechsel auf der Erde* arbeitete, gab es bereits Anzeichen, daß im Namen der „Prieuré de Sion“ neue Schachzüge gegen die Kirche geplant waren. Deshalb ging ich ausführlich auf diesen Themenbereich ein, der sowohl die Templer und Freimaurer als auch die Kirche und das Christentum im allgemeinen betrifft – und, davon nicht zu trennen, das Judentum und den Islam und somit die ganze Welt. Ein Brennpunkt hierbei ist der Tempelberg Zion in Jerusalem, wo seit 1300 Jahren zwei der wichtigsten Moscheen des Islams stehen, aber dereinst (demnächst?) der „dritte Tempel“ errichtet werden soll. Der Begriff „Zionismus“ weist direkt auf dieses explosive Ziel hin, und auch der Name der sagenumwobenen Tempelritter* geht auf den Tempelberg in Jerusalem zurück.

Jetzt, wo der Kampf „Kirche“ gegen „Loge“ durch Dan Brown ins Bewußtsein einer breiten Öffentlichkeit gerückt worden ist, möchte ich die diesbezüglichen Schlüsselthemen in einer aktualisierten Form aufrollen: über die Spur der Tempelritter von der Vergangenheit bis in unsere Gegenwart und über die Spur der „Prieuré de Sion“ von der Gegenwart zurück in die (jüngere) Vergangenheit.

Die konspirative Beschreibung der Templergeschichte besagt, daß die Gründer dieser Organisation in Jerusalem geheime Ausgrabungen durchgeführt hätten und dort auf etwas gestoßen seien, was ihren kometenhaften Aufstieg und ihren Reichtum begründet habe. Daß der Tempelberg von einem Netzwerk aus natürlichen Höhlen und künstlichen Tunneln durchzogen ist, ist eine Tatsache. „Die Tunnel, die bis tief unterhalb des Steins [des Felsens auf dem Tempelberg] getrieben sind, gehen wahrscheinlich auf die Kreuzritter zurück, die versuchten, das vermutete Versteck der Bundeslade zu finden. Die natürliche Höhle unterhalb des Steins

* „Tempelritter“, „Templer“ und „Templer-Orden“ sind Kurznamen für den 1129 gegründeten *Ordo Pauperum Commilitonum Christi Templique Salomonici*, wörtl. „Orden der Armen Mitsoldaten Christi und des Salomonischen Tempels“, und werden hier praktisch synonym verwendet. Mit „Tempelritter“ und „Templer-Orden“ wird die historische Institution bezeichnet, mit „Templer“ dieselbe Institution in ihrer weiteren Bedeutung, die sich nicht nur auf den Orden beschränkte.

identifizierten die Kreuzritter als das Tempel-Heiligtum ... Sie vergrößerten diese Höhle, um sie als Zeremonienraum zu verwenden", schreibt der Bibelarchäologe Prof. Randall Price.[77]

Auch Zeitzeugen berichten, daß die Kreuzritter, die sich später Tempelritter nannten, Grabungen vorgenommen haben.[78] Aber haben sie auch etwas gefunden? Die Indizien sprechen dafür. Aber *was* sie gefunden haben, ist bis heute nicht bekannt. In *Sakrileg* spekuliert Teabing, der Fund habe die „Sangreal-Dokumente" beinhaltet: „Tausende Seiten originaler Schriftstücke aus der Zeit vor Konstantin ... Es sind jene Dokumente, denen die Tempelritter ihre immense Macht verdankten ..." (S. 350 f.)

Die Kritiker lehnen diese spektakuläre Zusatzdimension der Templergeschichte ab und verweisen auf die offizielle Geschichtsschreibung. Dort sei alles richtig und vollständig abgehandelt: Die Tempelritter seien christliche Kreuzfahrer gewesen, die aufgrund von Schenkungen einen immensen Reichtum anhäufen konnten. Im 14. Jahrhundert, nach der Beendigung der Kreuzzüge und nach der Niederschlagung des Templernetzwerkes in Frankreich, sei dieser Orden aufgelöst worden und habe nicht mehr weiterexistiert. Es bestehe auch keine Beziehung zu der viel später gegründeten Freimaurer-Organisation.

Ist in der Geschichte der Templer tatsächlich alles lückenlos geklärt, oder bestehen ungeklärte Fragen, vielleicht sogar Gründe zur Vermutung eines Geheimnisses?

Die Vorgeschichte der Templer

Die Entstehung des Templer-Ordens hat eine Vorgeschichte, die mit dem Ersten Kreuzzug zusammenhängt, der in den Jahren 1096 bis 1099 stattfand. Dieser Kreuzzug endete – nach einem verlustvollen Marsch über den Landweg nach Palästina – im Juli 1099 mit der blutigen Eroberung Jerusalems, das fünf Wochen lang belagert worden war. Das Kreuzzugheer bestand hauptsächlich aus französischen Truppen. Einer der Anführer war der Adelsritter Gottfried von Bouillon (Godefroi de Bouillon).

Nach dem Sieg wurde unter Gottfried von Bouillon das christliche Königreich Jerusalem gegründet. Als Gottfried ein Jahr später starb, wurde sein Bruder Balduin König. Er behielt den Thron von 1100 bis zu seinem Tod im Jahr 1118. Während seiner Regierungszeit fand ein reger und zum Teil geheimer Austausch mit der französischen Heimat statt, insbesondere mit jenen Kreisen, aus denen Gottfried und Balduin erwählt worden waren.

Eine wichtige Verbindungsperson dieser Zeit war der junge Adlige und Ritter Hugo von Payens (geb. um 1080), der Neffe des einflußreichen Grafen Hugues de Champagne, der damals einer der wohlhabendsten Männer von Frankreich war. Dieser Graf war ein enger Freund Etienne Hardings, des Abtes von Cîteaux (Mutterkloster des Zisterzienser-Ordens, der 1098 vom Benediktiner Robert de Molesme gegründet worden war). Etienne Harding hatte seine Jugend- und Ausbildungsjahre in der Abtei von Lismore in Irland verbracht, wo der druidisch-keltische Geist noch sehr lebendig war. Abt Etienne und Graf Hugues waren die Hintermänner der geheimen Jerusalem-Aktion.

Abt Etienne hatte zwei wichtige Schüler: Hugo von Payens, den Neffen von Graf Hugues, und Bernhard von Fontaine, der später als der Hl. Bernhard von Clairvaux bekannt werden sollte.

Wahrscheinlich nahm Hugo von Payens als junger Ritter am Ersten Kreuzzug teil. Um 1100 war er (wieder) in Frankreich und reiste um 1104 mit seinem Onkel, dem reichen Grafen Hugues, nach Jerusalem. Eine wenig faßbare, aber anscheinend zentrale Person in dieser Zeit war Johannes von Vézelay (Jéan de Vézelay), ein Benediktiner-Eingeweihter aus dem Burgund, der als sechzigjähriger Mönch mit den beiden Adligen nach Jerusalem reiste oder bereits seit dem Kreuzzug in Jerusalem lebte. Dieser Johannes wurde später als *Johannes von Jerusalem* bekannt, der mystische Verfasser von geheimen Prophezeiungen, die für eine lange Zeit nur in Eingeweihtenkreisen einzusehen waren, deren Vision aber die Strategie der Templer nachhaltig beeinflußte. (Sie werden am Schluß dieses Kapitels näher vorgestellt und zitiert.)

In Jerusalem kamen die französischen Adligen mit den jüdischen und moslemischen Lehren in Kontakt und vernahmen die verbotenen „Wahrheiten“: Jesus sei gar nicht der wirkliche Messias gewesen und sei vielleicht gar nicht am Kreuz gestorben; die katholische Kirche beruhe auf einem großen Betrug und sei eine Organisation, durch die der in der Bibel (Joh 8,44) erwähnte „Herr der Lüge“ wirke, usw. Dies hatten Etienne und Graf Hugues bereits in Frankreich zu hören bekommen. Vielleicht waren Kontakte mit jüdischen Gelehrten und moslemischen Kreisen (im maurischen Spanien) sogar der Anlaß gewesen, daß diese einflußreichen französischen Agenten selbst nach Jerusalem reisten. Nicht zu unterschätzen waren auch die Einflüsse der „häretischen“ Christen (Bogumilen-Nachfolger, Katharer, Maria-Magdalena-Anhänger) in Südfrankreich.

Wie lange Graf Hugues und sein Neffe Hugo in Jerusalem blieben, ist nicht dokumentiert. Um 1110 waren beide wieder in Frankreich, reisten im Jahr 1114 aber erneut nach Jerusalem und kehrten kurz darauf – nach getaner Arbeit – wieder zurück. Was war der Grund, daß sie diese beschwerliche Reise auf sich nahmen, nur um für ein paar Monate im Heiligen Land zu verweilen? Sie waren in den Besitz von geheimen Schriften und Landkarten (Weltkarten!) gekommen, die das damalige Weltbild völlig umkrempelten.

Kaum waren die beiden Verbindungsmänner wieder in Frankreich, berief Abt Etienne (1115) jüdische Hebräischgelehrte nach Cîteaux. Warum er das tat, ist offiziell nicht bekannt, ist vor dem beschriebenen Hintergrund aber nicht schwer zu erraten.

Nach seiner Rückkehr aus Jerusalem schenkte Graf Hugues seinem Freund Etienne Harding die großen Ländereien von Clairvaux, wo das berühmte Kloster entstand, dessen erster Abt der Harding-Schüler Bernhard von Fontaine wurde. Bernhard war der Neffe des Adligen André de Montbard, eines Freundes von Graf Hugues de Champagne. Diese Personen gründeten einige Jahre später die Tempelrittergemeinschaft.

Das verbotene Wissen – Kirchenverschwörung, jüdische und islamische Jesus-Deutungen, alte Dokumente und Weltkarten, die Kunde von paradiesischen Kontinenten mit märchenhaften Schätzen jenseits des großen Westmeeres – faszinierte die europäischen Adligen und Ritter. Um so größer war die Geheimhaltung, nur schon, weil sie sich vor dem tödlichen Kirchenbann schützen mußten. Damals war die Erde offiziell flach, am Horizont des großen Meeres befand sich der Rand der Erdscheibe mit Absturzgefahr in die darunterliegende Hölle – und diejenigen, die diese unfehlbare Bibelinterpretation anzweifelten, wurden durch die Inquisition verfolgt.

Im Untergrund jedoch schwelte schon seit längerer Zeit der „Unglaube“, die *Häresie.* Mit diesem Wort, das so brandmarkend war wie „Staatsfeind“ im kommunistischen Rußland, wurde alles zusammengefaßt, was der herrschenden Kirchenlehre widersprach: heidnische Lehren wie z.B. die Reinkarnation, jüdische und islamische Geheimlehren (nichtkirchliche Jesus-Ansichten, Kabbala, heilige Geometrie, Astronomie) sowie alle nicht von der Kirche abgesegneten Ansichten über die Erde und das Sonnensystem. Diejenigen, die diesen neuen, verbotenen Wissensströmungen gegenüber offen waren, schlossen sich gezwungenermaßen zu Geheimbünden zusammen.

Der kometenhafte Aufstieg der Templer

Im Jahr 1118 reiste Hugo de Payens, mittlerweile fast vierzig Jahre alt, zum dritten oder vierten Mal nach Jerusalem: diesmal mit einer Gruppe von acht ausgewählten Männern, die sich aus namhaften Rittern und zwei Zisterziensermönchen zusammensetzte. Zu den Rittern gehörten der Bruder des neuen Königs von Jerusalem (Balduin II.) und André de Montbard, der Onkel des neuen Abtes von Clairvaux. Es war eine verschworene Gruppe, die jahrelang ihren eigenen geheimen Tätigkeiten nachging. Offiziell hieß es, ihre Aufgabe sei der Schutz der Pilger auf dem Weg nach Jerusalem.

Diese Angabe war fadenscheinig, denn eine Gruppe von sieben Rittern und zwei Mönchen wäre jeder einheimischen Banditenhorde hoffnungslos unterlegen gewesen. Dementsprechend finden sich auch nicht die geringsten Hinweise darauf, daß sie dieser Tätigkeit nachgegangen wären. Sie unterstützten auch nicht das arg bedrängte Heer an der Front des „heiligen“ Krieges. Vielmehr genossen diese Männer in Jerusalem außerordentliche Privilegien und durften auf dem Tempelberg in der Aqsa-Moschee residieren, die Balduin zu einem Königspalast umfunktioniert hatte. Diese neun Männer hatten eine Sondermission zu erfüllen: Ausgrabungen im Jerusalemer Tempelberg. Eine Überlieferung besagte nämlich, daß dort im Jahr 70 n. Chr. Dinge vergraben worden seien, kurz bevor die Römer aufgrund des kulminierenden Aufstandes den Tempel total zerstörten (siehe S. 191 f.).

1127, nach neun Jahren geheimer Mission in Jerusalem, kehrte eine Delegation dieser Gruppe nach Frankreich zurück, angeführt von Hugo von Payens und André de Montbard. Andrés Neffe, Bernhard von Clairvaux (1090–1153), leitete sofort die nächsten Schritte ein. Anfang 1129 (Ende 1128 gemäß der damaligen Zeitrechnung) berief er in Troyes, unweit von Clairvaux gelegen, eigens zur Gründung des Templer-Ordens eine kirchliche Synode ein. So entstand neben dem Zisterzienser-Orden ein Verbund von zölibatär lebenden *Rittermönchen!* Zölibatäre Ritter waren etwas völlig Neues. Aber hier entstand nun eine Elite von Männern, die ohne Frau und Kinder lebten, also bürgerlich „unabhängig" waren – und daher prädestiniert, gefährliche Geheimnisse zu bewahren und eventuell für Jahre zu verschwinden, ohne daß dies jemandem außerhalb des zuständigen Ordenskreises aufgefallen wäre.

Durch Abt Bernhards Vermittlung kamen die Templer im Lauf der Jahre in den Genuß vieler Sonderrechte: Sie waren direkt dem Papst unterstellt, schuldeten also örtlichen kirchlichen und weltlichen Vorgesetzten, auch dem König, keine Rechenschaft, und sie waren berechtigt, im Namen der Kirche Spenden und Schenkungen entgegenzunehmen. Insbesondere mußten alle Beitretenden ihren gesamten Besitz (Geld, Immobilien, Ländereien) dem Orden überschreiben. Die Zisterzienser waren unbewaffnete Gelehrtenmönche, die Templer bewaffnete Rittermönche.

Neun Jahre lang hatte die französische Jerusalem-Gruppe keine oder nur wenige neue Mitglieder aufgenommen. Dann plötzlich kehrten ihre beiden Anführer nach Frankreich zurück, um Verstärkung zu holen. Nur zwei Jahre später waren sie wieder in Jerusalem – nunmehr unterstützt von einem „eingeschriebenen Verein" mit päpstlich abgesegneten Statuten und von einem ersten, 300-Mann-starken Trupp.

Innerhalb kürzester Zeit wurde der Templer-Orden zur reichsten Organisation Europas. Der Kern der Templer hütete Geheimnisse, über die wir heute nur spekulieren können, und verfolgte seine eigenen Pläne, während die äußere Organisation mit dem offiziellen Ziel, den Kreuzzügen, beschäftigt war und sich in diesem aussichtslosen Krieg schon bald aufrieb.

Gotik und die heilige Geometrie

1129 wurde der Templer-Orden kirchlich gegründet, und zeitgleich begann in Frankreich eine neue architektonische Epoche, die Gotik. Der Titel eines heutigen Standardlehrbuches lautet: *Die gotische Architektur in Frankreich 1130–1270.*[79]

1130 bis 1270, dies entspricht praktisch aufs Jahr genau der Zeitspanne von der Gründung des Templer-Ordens bis zu seinem Niedergang! Verrät dieser „Zufall“, daß die Templer in Jerusalem mit geheimen Schriften oder Lehren in Kontakt gekommen waren, die u. a. mit heiliger Geometrie zu tun hatten? Während dieser 140 Jahre entstanden in einem Umkreis von 150 Kilometern um Paris rund 150 neuartige sakrale Bauten, darunter etwa zwanzig phantastische Kathedralen, die alle den Namen „Notre Dame“ bekamen.* Von dort ausgehend, entstanden auch in anderen Ländern Meisterwerke der Gotik, die berühmtesten unter ihnen: die Westminster Abbey in London (Baubeginn 1245), der Kölner Dom (Baubeginn 1248) und der Mailänder Dom (Baubeginn 1387).

Der Name bzw. die Widmung *Notre Dame* bedeutet wörtlich „Unserer Dame“ und wird im Deutschen mit der Formulierung „Unserer lieben Frau“ wiedergegeben. Interessanterweise enthielten all diese Notre-Dame-Kathedralen ursprünglich *schwarze Madonnen,* und sie wurden an ganz besonderen Orten errichtet, die bereits in der sogenannt heidnischen Zeit Heiligtümer gewesen waren. Deshalb gibt es Vermutungen, daß die Baumeister mit ihrer Widmung nicht Mutter Maria mit dem Jesuskind meinten, sondern Maria Magdalena mit dem Jesus-Kind (Kind von Jesus)! Noch verwegenere Annahmen sehen in den schwarzen Madonnenfiguren Mutter Isis mit dem Horuskind. Im Zeitalter der mittel-

* Warum wird dieser Baustil, der in und um Paris entstand, nach den südfranzösischen Goten benannt? Eine Erklärung lautet, daß eine rätselhafte Zunft von gotischen Baumeistern, die Cagots, unter dem Patronat der Templer die ersten Kirchen und Kathedralen dieses Stils errichteten. (Schrick, *Gotische Baukunst,* S. 366)

alterlichen Symbolismen brauchen sich diese verschiedenen Optionen gegenseitig nicht auszuschließen.

Die gotischen Baumeister entfalteten mit Hilfe der Templerreichtümer und -mannschaften eine völlig neuartige Bauweise, die als Gotik bezeichnet wird: feingegliederte, hochragende *zweitürmige* Bauwerke, die lichtdurchflutet und energiegeladen sind. Dies ist um so erstaunlicher, wenn man bedenkt, daß zuvor während Jahrhunderten im romanischen Stil gebaut worden war: grottenartig, erdig, schlicht.

Dieser Quantensprung in der Entwicklung ist bereits vielen Experten aufgefallen: „Der Wandel von der sogenannten romanischen zur gotischen Architektur erfolgte ohne jeglichen erkennbaren Übergang. Es gibt keine Architektur des Mittelalters, die man als Zwischenstufe zwischen Romanik und Gotik klassifizieren könnte."[80]

Hierbei darf man nicht vergessen, daß der gotische Baustil in einer Zeit erblühte, in der die europäischen Fürstenhäuser und Bistümer praktisch bankrott waren, da sie große Teile ihres Vermögens in die Kreuzzüge investiert hatten. Doch genau während dieses prekären Jahrhunderts entstanden aufwendigste Bauwerke in einem noch nie dagewesenen Stil, mit einem Großaufgebot von Architekten, mit Heeren von Steinmetzen und Bergen von Steinen, die allesamt herantransportiert und bearbeitet werden mußten.

Die gotischen Kathedralen sind Meisterwerke der Architektur, Physik und Statik und haben mittlerweile 700 und sogar 800 Jahre überdauert. Zwischen den Maßeinheiten dieser Kathedralen und denen der Pyramiden von Gizeh lassen sich Übereinstimmungen feststellen, die kaum zufällig sind.

„Interessanterweise sind die Notre-Dame-Kathedralen des Pariser Beckens so plaziert, daß die Verbindungslinien zwischen ihnen das Sternbild der Jungfrau darstellen."[81]

Templer und Katharer

Als sich in Rom das neue Christentum formierte und sich auszubreiten begann, geschah dies nicht ohne Opposition. Von Anfang an existierten einflußreiche Strömungen, die in christlichen Kreisen heimlich und in nichtchristlichen Kreisen offen und offiziell lehrten, Jesus sei als Verurteilter am Kreuz gestorben ohne irgendwelche Auferstehung (Version des Talmud) oder Jesus sei nicht am Kreuz gestorben (Version des Koran). So widersprüchlich die jüdischen und islamischen Aussagen sind, sie fanden schon sehr früh auch in Europa Gehör. Diesem Umfeld entstammten mächtige Untergrundströmungen, denen z. B. auch der reiche Graf Hugues de Champagne angehörte. An seinem Hof bestand seit 1070 eine Schule für talmudische Studien unter der Leitung des damals berühmten Rabbi Raschi (1040–1105). Was der Talmud über die Person Jesu sagt, wurde bereits erwähnt und wurde bestimmt auch am Hof des Grafen nicht verschwiegen.

Nach der Eroberung Jerusalems 1099 gründete Gottfried von Bouillon unter der Leitung seiner Mentoren die Abtei von „Notre-Dame du Mont de Sion“ auf dem Zion-Hügel, der südwestlich vor Jerusalem liegt. Wozu wurde diese außerhalb von Jerusalem gelegene „Notre-Dame“-Basis verwendet?

Beim Betrachten all dieser historischen und ideologischen Zusammenhänge wird nachvollziehbar, was hier geschehen war: Eine Linie von heimlich kirchenkritischen Adligen und Intellektuellen hatte den Plan gefaßt, den von der Kirche geforderten Kreuzzug so zu verwenden, daß sie Jerusalem eroberten, um dort, im „Zentrum der Welt“ (nach damaliger Ansicht), ihren Hauptsitz zu errichten und von dort aus ein Netzwerk von Verbündeten aufzubauen, die alle dem gemeinsamen Ziel dienen sollten, nämlich eine Gegenmacht zur damaligen Weltmacht „Rom“ aufzubauen, um diese zu infiltrieren und zu gegebener Zeit zu stürzen, d. h. zu *übernehmen.* Das war für sie keine Utopie, denn sie hatten starke Trümpfe in der Hand: vielfältiges geheimes Wissen, Reichtum, hochrangige Beziehungen – und nicht zuletzt die „Wahrheit“.

Die antikirchlichen Impulse mit ihren Geheimlehren gingen also auf mehrere Quellen zurück: die „heidnischen“ Traditionen, die Talmudschulen und die islamische Hochkultur in Spanien, deren Einfluß weit nach Europa hineinreichte, insbesondere natürlich in das benachbarte Südfrankreich. Dort herrschte ohnehin bereits ein traditionell antikirchliches Klima, denn Südfrankreich war im ersten Jahrhundert n. Chr. und auch in den nachfolgenden Jahrhunderten ein jüdischer Exilort gewesen. So wurde z.B. Herodes Antipas, der jüdische Tetrach in römischen Diensten, der Johannes den Täufer enthaupten ließ und am Prozeß gegen Jesus mitbeteiligt war, im Jahr 39 nach Frankreich (Lyon) verbannt, als er bei Kaiser Caligula in Ungnade fiel.

Schon in den ersten nachchristlichen Jahrhunderten entstand in Südfrankreich eine eigene christliche Bewegung, in der Maria Magdalena eine zentrale Rolle innehatte. Ebenfalls sehr alt ist die Überlieferung, Maria Magdalena sei nach der Kreuzigung aus Israel geflüchtet und habe in Südfrankreich weitergelebt. Dies ist nicht unwahrscheinlich, denn damals befand sich dort, wie oben erwähnt, eine große jüdische Kolonie von Auswanderern und auch Verbannten.

Vor diesem Hintergrund wird verständlich, warum gerade in Südfrankreich ein sehr unorthodoxes, kirchenkritisches oder gar kirchenfeindliches Christentum verbreitet war: das Katharertum. Wie die Templer, so waren auch die Katharer auf ihre Weise überzeugt, die geheime Wahrheit über Jesus sowie über „Gott und die Welt" zu kennen, und sie waren bereit, dafür zu sterben. Wie weit diese Überzeugungen damals verbreitet waren, zeigte sich in der Standhaftigkeit der südfranzösischen Bevölkerung zur Zeit der Albigenserkriege (1209–1229, benannt nach der südfranzösischen Katharerstadt Albi). Das schlimmste Massaker des vatikanischen Inquisitionsheeres fand 1209 in der Stadt Béziers statt: An die 20 000 Männer, Frauen und Kinder wurden umgebracht, darunter nur etwa zweihundert praktizierende Häretiker. Auslöser war die Feier des „unchristlichen" Maria-Magdalena-Festes (22. Juli) gewesen.[82]

Wie ist es zu erklären, daß die Menschen dieser Stadt die Häretiker nicht auslieferten, sondern lieber gemeinsam mit ihnen in den Tod gingen? Nur die tiefe Überzeugung, im Recht zu sein und die Wahrheit zu vertreten, kann in Menschen eine derartige Unerschütterlichkeit und Todesverachtung auslösen.

Die kirchliche Ausrottung der Katharer fand während der Existenz der Templer statt. Keine hundert Jahre danach sollte die Templer ein ähnliches Schicksal ereilen.

Am Freitag, dem 13. Oktober 1307, holte der französische

König, Philipp der Schöne, zum großen Schlag aus: In den eintausend Templer-Zentren des ganzen Landes fand am selben Tag eine Razzia statt, und zahlreiche Mitglieder wurden verhaftet, auch der Großmeister, Jacques de Molay. (Es geht auf diesen Vorfall zurück, daß „Freitag der Dreizehnte" als ein Unglückstag gilt!)

Der kranke Papst Klemens V. protestierte zunächst gegen diesen eigenmächtigen Gewaltakt des französischen Königs, stellte sich aber einen Monat später hinter die Verhaftungen und befahl, die Mitglieder des Ordens in ganz Europa und Zypern verhaften zu lassen. Als Begründung für seinen Gesinnungswandel gab er an, daß ihn die Geständnisse der Templer von deren Ketzerei überzeugt hätten.

1312 wurde der Templer-Orden per päpstliches Dekret aufgelöst. 1314 wurden Jacques de Molay und Geoffroy de Charney, ein anderer Templer-Würdenträger, in Paris öffentlich auf einem kleinen Scheiterhaufen langsam verbrannt – nach sieben Jahren Gefangenschaft und Folter.

Die Nachfolge der Tempelritter und die Entstehung der Freimaurer

Der gestapohafte Schlag gegen die Templer war jedoch nicht lükkenlos. Die Aktion hatte nur in Frankreich stattgefunden, und auch dort hatten einige Templer fliehen können.

Die Templer besaßen eine hochwertige Flotte, und diese war am 12. Oktober 1307 im Atlantikhafen von La Rochelle stationiert. Als der königlich-kirchliche Stoßtrupp am Freitag, dem 13. in der Hafenanlage aufkreuzte, war sie leer. Von der Flotte (die Überlieferung spricht von achtzehn Schiffen) war nichts mehr zu sehen, und sie blieb spurlos verschwunden. Bis heute weiß man nicht, wo diese Schiffe geblieben sind und was mit ihnen wegtransportiert wurde.

In anderen Ländern war die Verfolgung der Templer viel zaghafter. Schottland ignorierte den Befehl. In England kam es, nachdem der Papst seinen Druck verstärkt hatte, nur zu vereinzelten Verhaftungen, wobei die meisten Templer später von den Anklagen freigesprochen wurden. Ähnlich ging es auch in Italien,

Mitteleuropa und Spanien. Gerade auf der Iberischen Halbinsel waren die Templer wichtige Stützen im Kampf gegen die Mauren, weshalb die dortigen Könige kein Interesse zeigten, ihre Kampfgenossen hinzurichten. In Portugal, wo die Templer ebenfalls wichtige Hafenanlagen unterhielten, wurde der Templer-Orden pro forma aufgelöst, und die konfiszierten Besitztümer gingen an den neugegründeten Christus-Orden über. Dieser bestand jedoch weitgehend aus denselben Personen wie der vormalige, nunmehr aufgelöste Templer-Orden. Praktisch bedeutete dies, daß die Templer einfach eine Namensänderung vollzogen.

Der Templer-Orden existierte offiziell nicht mehr und war verboten, aber ideologisch existierte er weiter. Eine Hochburg der Templernachfahren war Schottland, und es ist anzunehmen, daß die verschwundene Templerflotte diesen Zufluchtsort ansteuerte. (Verschiedene Indizien lassen erahnen, daß die Templer eine geheime Flottenabteilung für Reisen nach Nord- und Mittelamerika einsetzten. Erstaunlicherweise befanden sich die größten Hafenanlagen der Templer an der Atlantikküste!* War „Amerika" eines der großen Geheimnisse, das nur die innersten Ordenskreise kannten? Dies wäre eine Erklärung für das viele Gold und Silber, über das die Templer verfügten, und auch dafür, warum die Ureinwohner Mexikos nicht staunten, als sie bei Cortez' Ankunft weiße Männer mit Bärten sahen, und sogar die Rückkehr dieser „weißen Götter" erwarteten.[83])

Forscher fanden in Schottland namenlose Gräber von Rittermönchen aus dem 13., 14. und 15. Jahrhundert. In Schottland hatte Hugo von Payens persönlich bereits um 1130 eine Niederlassung gegründet, was bedeutet, daß die Frankreich-Flotte dort bei den eigenen Ordensbrüdern Anschluß finden konnte.

Die letzten Templer und die nachfolgenden Generationen sahen sich nicht mehr als Rittermönche, sondern integrierten sich

---

* Ein großer Atlantikhafen der Templer befand sich in La Rochelle. Auch konventionelle Historiker machen hier verdächtige Bemerkungen: La Rochelle war „eine der wichtigsten Templerniederlassungen des Abendlandes, obwohl denkbar ungeeignet für die Versorgung des Heiligen Landes – schließlich konnte man Palästina von jedem Mittelmeerhafen aus deutlich schneller erreichen. Sechs Hauptstraßen führten von La Rochelle strahlenförmig in alle Teile Frankreichs..." (Bauer, S. 262)

wieder in die Gesellschaft. Sie wollten eine „Gegenkirche", einen geistigen Salomon-Tempel, errichten, weshalb sie sich sinnbildlich als „Maurer" bezeichneten (siehe S. 159). Die Steinmetze und Kirchenbaumeister waren im Mittelalter nicht eine gewöhnliche Handwerkerzunft, sondern genossen aufgrund ihrer exklusiven Arbeit besondere Privilegien (Steuerbefreiung, eigene Gerichtsbarkeit usw.). Ein *freemason* war ursprünglich ein Steinmetz, der in die Geheimzeichen der jeweiligen Bauhütte (Loge, engl. *lodge*) eingeweiht war. In Anlehnung an diesen historischen Hintergrund begannen die Mitglieder der säkularen „Kirche", sich im übertragenen Sinn als Maurer, engl. *masons* bzw. *Free Masons* (freie, d. h. beruflich nicht als Maurer tätige Mitglieder), zu bezeichnen, woraus im Deutschen der Begriff „Freimaurer" entstand.

Die Freimaurer-Organisation wurde bezeichnenderweise in England gegründet, am Johannestag (24. Juni) des Jahres 1717. Im geheimen hatte jedoch gerade in Schottland und England schon lange eine Art Gegenkirche existiert, eigentlich schon seit der Templerzeit. Als die Macht des Vatikans im 16. und 17. Jahrhundert aufgrund der Reformation nachließ, konnten es die Templernachfolger wagen, als Organisation an die Öffentlichkeit zu treten. Den großen Schritt taten sie im numerologisch bedeutsamen Jahr 1717 mit der Gründung der „Großloge von England".

Eine *Großloge* entsteht nicht einfach über Nacht, und diese Freimaurer machten auch kein Geheimnis daraus, daß sie eine lange und bewegte Vorgeschichte hatten. So ist dokumentiert, daß der König von Schottland, James I. (1566–1625), im Jahr 1601 in die „Loge von Scoon und Perth" eingeweiht wurde.[84] 1603 wurde er zum König von ganz England ausgerufen und residierte in London. Als König von England ließ er die Bibel ins Englische übersetzen: Das ist die berühmte, im Englischen auch heute noch verwendete *King James Bible*. Ähnlich wie Luther förderte er dadurch die Unabhängigkeit von Rom und dessen Klerus.

1598 hatte James selbst, noch als König von Schottland, die organisierte Strukturierung der Freimaurerei in die Wege geleitet. „Von diesem Zeitpunkt an hatte die Freimaurerei eine Logenstruktur, die sich bald nach England und schließlich in der ganzen westlichen Welt ausbreitete."[85]

Nach dem Tod von James I. kam dessen Sohn als Charles I. auf den Thron und berief sich, im Gegensatz zu seinem Vater, wieder auf das Gottesgnadentum der Könige, was zum Zerwürfnis mit dem Parlament und zum englischen Bürgerkrieg (1642–1648) führte.

Das wichtigste Zentrum aus der freimaurerischen Frühzeit ist die Steinkapelle von Rosslyn (15. Jh.). Obwohl sie als Kapelle gilt, war sie in Wirklichkeit nicht als römisch-katholisches Bauwerk gedacht, sondern diente als Kultusstätte der Templernachfahren, d.h. der ersten „Freimaurer". Daß ihr ein besonderer Schutz zukam, wurde während dieses Bürgerkrieges deutlich, als der Königsgegner Oliver Cromwell (1599–1658) und seine Truppen Wales, Schottland und Irland verwüsteten und dabei überall, wo sie konnten, royalistische und kirchliche Besitztümer niederrissen. Cromwell kam auch nach Rosslyn, und obwohl er jede Kirche auf seinem Weg zerstörte, verschonte er dieses Gebäude gänzlich. Als kurz danach der von Cromwell entmachtete König mit schottischer Hilfe einen Revanche-Krieg aufs Feld rief, drangen Cromwells Truppen unter General Monk erneut nach Schottland und auch nach Rosslyn vor. Dabei zerstörten sie das Schloß Rosslyn, aber die nahegelegene Kapelle blieb auch diesmal unangetastet. Cromwell und Monk wußten um die Bedeutung dieses Bauwerkes, denn sie waren selbst hochgradige Logenmitglieder.

Cromwell bewirkte die Absetzung von König Charles I. und ließ ihn enthaupten (und wurde dadurch zum Logenvorbild für die spätere Französische Revolution). 1649 gründete Cromwell den „Commonwealth", die erste Republik der Welt, die jedoch bald als „Militärdiktatur der Puritaner" in die Geschichte einging. In den damit verbundenen Kriegen unterwarf er Schottland und Irland durch Massakerzüge, die „schrecklich und exzessiv waren – das Ergebnis seines brennenden Hasses sowohl auf die Iren als auch auf die Katholiken. Der Name Oliver Cromwell löst in Irland auch heute noch – 350 Jahre danach! – Angst und Wut aus."[86]

Als der Sohn des hingerichteten Königs 1660 den Thron bestieg, ließ er aus Rache Cromwells Leichnam ausgraben, hängte ihn als Verräter an den Galgen und steckte danach Cromwells Kopf öffentlich auf einen Pfahl.

Das Wirken des Bösen in der Welt der Menschen wurde damals von einer namhaften Person beschrieben: von Cromwells vormaligem Staatssekretär, John Milton (1608–1674), der nach dem Bürgerkrieg in Zurückgezogenheit lebte, erblindet und ernüchtert. In dieser Situation diktierte er seiner Tochter das visionäre Epos *Paradise Lost*. Einerseits sah er die wichtige und verantwortungsvolle Stellung der englischen Nation, die er „God's own people“ nannte. Er sah aber auch, daß die Menschen gerade in einer solchen Situation von den Dunkelmächten angegriffen und manipuliert werden, und beschreibt in seinem Epos, wie die satanischen Heerscharen konkret planen, die Erde unter ihre Herrschaft zu bringen (siehe Zitat auf S. 50).

Als es 1717 in London zur offiziellen Gründung der Großloge kam, war im Hintergrund bereits viel Vorarbeit geleistet worden. Nun wurden neue Riten und geheime hohe Grade für elitäre „erleuchtete“ Kreise eingeführt. „Indem man versuchte, sich zu einer Institution mit Regeln zu machen, war die Freimaurerei in England dabei, in die Irre zu gehen“, müssen sogar die englisch-freimaurerischen Autoren Knight und Lomas zugeben.[87]

Weniger diplomatisch drückt sich der anthroposophische Historiker Heinz Pfeifer aus:

> Die vom britischen Logentum immer abhängiger werdende Freimaurerei hatte von diesem Zeitpunkt (ab 1717) an mit der ursprünglichen nur noch die äußeren Formen gemeinsam. Mit der Zersetzung und anschließenden Beherrschung des Weltfreimaurertums durch die britische Großloge wurde der Griff nach der Weltherrschaft eingeleitet.[88]

Aus diesem Umfeld und Zeitgeist heraus entstanden viele neue Geheimgesellschaften, u. a. der berüchtigte Illuminaten-Orden, der 1776 von Adam Weishaupt in Deutschland gegründet wurde und sich schnell international ausbreitete. Schon nach wenigen Jahren wurde der Illuminaten-Orden auch in Schottland wirksam. Die prominenteste Persönlichkeit, die sich ihm anschloß, war der bereits (auf S. 110) erwähnte Prof. John Robison, der später wieder austrat und 1797 das Buch *Proofs of a Conspiracy against all the Religions and Governments of Europe* veröffentlichte. Seine

Aussagen über die eigentliche Zielsetzung dieser Geheimgesellschaften deckt sich mit den Aussagen von anderen Aussteigern und auch mit dem Inhalt der in Bayern sichergestellten Illuminaten-Dokumente. Auch der weitere Verlauf der Geschichte, bis hin zu den zwei Weltkriegen und darüber hinaus, zeigt, daß diese Programmpunkte ernst gemeint waren.

Nicht nur zwei Fronten

„Kirche" und „Loge" sind nicht zwei einheitliche Fronten. Dies zeigte sich besonders deutlich, nachdem die „Loge" offen auf die Bühne des Weltgeschehens getreten war. Offen war aber nur das äußere Auftreten. In ihrem Wesen blieben diese Gruppen Geheimgesellschaften, denn die Exponiertheit machte die Geheimhaltung der eigentlichen Ziele und Pläne um so wichtiger. Im Lauf des 18. Jahrhunderts wurden diese Pläne in gewissen Kreisen, z.B. in den Weishaupt-Kreisen, extrem pragmatisch: Allein der Zweck ist wichtig, und der Zweck heiligt die Mittel. Die neuen „Erleuchteten" planten auf Jahrhunderte hinaus.

Wie die Kirche, so hatte auch die säkulare Gegenkirche ihre Mission. Das Pendel sollte nach der anderen Seite ausschlagen. Das Bestehende sollte umgestürzt werden. Scheinbar freie Staatsformen sollten einer „freien" Marktwirtschaft die Tore öffnen, damit die Großen größer und die Reichen reicher werden konnten. Aus einem vorübergehenden Chaos sollte dann eines Tages eine neue Weltordnung geschaffen werden. Demokratie und Republik waren nur Mittel zum Zweck, um irgendwann auch wieder abgeschafft zu werden – zum Zweck von „Ordnung" und „Sicherheit".

Eine blutige Ouvertüre zu diesem neuen Abschnitt der Geschichte war die Revolution in Frankreich 1789. Wie bereits beschrieben, führte diese direkt zu einer Terrorherrschaft, die schlimmer war als alles, was ein „normaler" Bürger sich vorstellen konnte. Ebenso unvorstellbar waren auch die geheimen, weitreichenden Pläne.

Nicht alle Logenmitglieder kannten diese Pläne, und nicht alle, die sie kannten, hießen sie gut. Ebenso waren nicht alle Kirchenmitglieder dem Absolutheitsanspruch der Kirche verpflichtet. Es bildeten sich Logen neben oder sogar in der Kirche. Diese Kreise fühlten sich der Kirche mehr verbunden als den säkularen Logen, obwohl sie andere Ansichten vertraten als die Kirche.

Ein Beispiel hierfür ist der durch die modernen Gralsgeschichten bekannt gewordene Pfarrer Bérenger Saunière (1852–1917). Seine Geschichte ist mit dem Kernland der Katharer verbunden und wird meistens wegen eines großen Geheimnisses – eines möglicherweise vorhandenen Schatzes – erwähnt. (Dan Brown hat diesem Mann ein Denkmal gesetzt, indem er dem Großmeister seiner fiktiven „Prieuré de Sion“ den Namen Saunière gab.)

Die Spuren von Rennes-le-Château

Bérenger Saunière wurde berühmt, weil er in dem armen, abgelegenen 300-Seelen-Pyrenäendorf Rennes-le-Château plötzlich über immense Reichtümer verfügte und internationale Beziehungen pflegte. Seine Biographie ist sehr illustrativ, denn sie gibt Einblick in das Wirken gewisser Untergrundbewegungen, die quasi zwischen die Fronten gerieten – und aus denen später die „Prieuré de Sion“ hervorging.

In *Sakrileg*-kritischen Buch- und TV-Darstellungen wird die Saunière-Geschichte immer sehr schnell vom Tisch gewischt:

> Saunière war ein konservativer Königstreuer, der sich gegen die republikanische Regierung seiner Zeit stellte. Er wurde wegen seiner politischen Aktivitäten gerügt und als Dorfpriester in das entlegene Dorf Rennes-le-Château versetzt. Schließlich wurde ihm wegen des Verkaufs von Messen die Priesterwürde aberkannt ... Spätere Legenden behaupten, Saunière sei sehr wohlhabend gewesen, und deuten an, dass er für okkulte Geheimnisse bezahlt wurde.[89]

In Wirklichkeit jedoch lasse sich das ganze Rätsel leicht lösen: Pfarrer Saunière habe sich für das Lesen von Messen bezahlen lassen, das sei der Grund für seinen angeblichen Reichtum gewesen. Das Rätsel sei erst dann entstanden, als Saunières Universalerbin, seine Haushälterin, im Jahr 1953 starb und der Käufer von Saunières Villa, ein gewisser Noël Corbu, die ehemalige Pfarrer-

Villa in ein Restaurant umfunktionierte und sich als Werbetrick die Schatzgeschichte einfallen ließ. Alles gehe also auf eine clevere Legendenbildung zurück, die von Noël Corbu Mitte der 1950er Jahre in die Welt gesetzt worden sei.

Diese vermeintliche Aufklärung ignoriert jedoch wichtige Fakten und dient nur der Verschleierung und Verharmlosung. („Liebes Publikum, es gibt keine Verschwörungen. Alles läßt sich leicht erklären!“)

Saunière war praktisch ein Einheimischer, denn er war der Sohn des Bürgermeisters von Montazels, einem Dorf, das Rennes-le-Château gegenüber auf der anderen Talseite lag. Dieser angesehenen Familie entstammten elf Kinder. Bérengers jüngerer Bruder Alfred (1855–1905) wurde ebenfalls Priester und war mit den Jesuiten verbunden. Heute ist bekannt, daß Alfred in der Biographie seines bekannteren Bruders eine wichtige Rolle spielte.

Im Juni 1885 kam der 33jährige Bérenger Saunière als Pfarrer nach Rennes-le-Château, bekam aber schnell Probleme, weil er hinsichtlich der wichtigen Wahlen im Oktober (Rückkehr zur Monarchie oder Weiterführung der Republik?) in seinen Predigten die Pfarreimitglieder aufforderte, für die Monarchie zu stimmen; die Republik sei das „Werk des Teufels“, womit er die Illuminaten meinte, die 1789 die Revolution und nachfolgend die Hinrichtung des Königs und der Königin angezettelt hatten. Die Republikaner gewannen jedoch die Wahlen, Bérenger wurde zur Strafe für seinen Mißbrauch der Kanzel an das Priesterseminar in Narbonne versetzt, konnte im Juli 1886 aber nach Rennes-le-Château zurückkehren. Bereits 1886 bekam er die erste Spende von einer prominenten Person, der habsburgischen Gräfin von Chambord, die niemand anders war als die Witwe des drei Jahre zuvor verstorbenen Hauptanwärters auf den Thron Frankreichs!

Mit dieser Spende leitete Saunière die ersten Renovationsarbeiten in der baufälligen Dorfkirche ein. Dabei entdeckte er 1887 in einer Säule kleine Holzzylinder mit Pergamentrollen und ein Grab unter dem Kirchenboden, das einen Topf mit Goldmünzen enthielt. (Dies sind verbürgte Fakten, die nicht einmal von den Kritikern angezweifelt werden.) Weil auch das Pfarrhaus in einem baufälligen Zustand war, zog Bérenger 1888 in das Haus einer

Familie Dénarnaud, deren 20jährige Tochter Marie seine Haushälterin und größte Vertraute wurde. Sie heiratete nie und hütete Bérengers Geheimnisse bis zu ihrem Tod 1953 im Alter von 85 Jahren.

Am 21. September 1891 schrieb Bérenger in sein Tagebuch: „Entdeckung eines Grabes". Er stoppte sogleich die Renovationsarbeiten, ging verschiedenste Personen besuchen, u. a. seinen Priesterkollegen Antoine Gélis im nahegelegenen Dorf Coustassa. (Dieser Priester wurde sechs Jahre später in seinem Pfarrhaus ermordet, wobei nur einige wenige Schriftstücke gestohlen wurden; das vorhandene Geld wurde nicht angetastet.)

Ab 1892 setzten Bérengers mysteriöse Reisen ein, die ihn des öfteren wochenlang vom Dorf wegführten. Er hinterließ nicht eine einzige Spur, die verraten würde, wohin er reiste. Seit dem April 1892 führte er auch kein Tagebuch mehr.

Im März 1895 sandten die Bürger des Dorfes drei Klagen an Bérengers Vorgesetzten, weil er und seine junge Gehilfin, Marie Dénarnaud, im Friedhof bei der Kirche tiefe Grabungen vornahmen. Ab 1896 ging's erst richtig los: Er ließ die gesamte Kirche renovieren und vollständig neu ausstatten. Er kaufte mehrere Grundstücke und ließ eine Villa, einen Gartenpark und ein Turmgebäude bauen, in dem er seine gewaltige Bibliothek und seine Sammlungen (10 000 Postkarten, 100 000 Briefmarken) unterbrachte. Er empfing in diesem Bergdorf illustre und z. T. nicht näher identifizierte Gäste, die er in der Villa luxuriös bewirtete. Er bestellte für Marie die neueste Mode aus Paris und, wie bereits erwähnt, verschwand des öfteren aus dem Dorf, um zu unbekannten Zielen zu reisen. Er unterhielt Bankkonten in Paris, Toulouse und Perpignan und eines anscheinend sogar in Budapest, was nicht ganz abwegig ist, denn der habsburgische König regierte damals über Österreich und Ungarn.[90] Dieser Höhenflug hielt bis 1908 an, obwohl es 1899 zu einer bischöflichen Untersuchung kam, die jedoch ohne Folgen blieb, da der Bischof von Carcassone ihn anscheinend gewähren ließ. Dieser Bischof starb jedoch 1902, und sein Nachfolger war um einiges kritischer. 1905 starb Bérengers Bruder Alfred, der bereits als Priester abgesetzt worden war. 1909 wurde auch Bérenger als Priester abgesetzt, doch das ganze

Dorf hielt ihm die Treue und boykottierte den neuen Pfarrer. 1910 wurde er wegen Handels mit Messen angeklagt, doch nicht für schuldig befunden. Damals hatte er bereits finanzielle Schwierigkeiten und versuchte, die Villa zu verkaufen.

Die heute offizielle Erklärung mit den bezahlten Meßlesungen widerspricht also den Fakten und ist ohnehin absurd. Wie hätte ein Pfarrer in einem 300-Seelen-Bergdorf im Pyrenäengebiet plötzlich derart viele „Kunden" finden können, die alle gerade von ihm Messen gelesen bekommen wollten?

Bérenger Saunière war kein gewöhnlicher katholischer Pfarrer. Dies zeigt sich nur schon in der Art, wie er die (Maria Magdalena geweihte) Kirche renovieren ließ. Auf der einen Seite des Altars steht eine Statue von Maria, auf der anderen eine Statue von Josef, und beide tragen ein Kind in den Armen. Die Jesus-Eltern sind mit *zwei* Kindern dargestellt! Der Boden der Kirche ist schachbrettartig mit schwarzen und weißen Fliesen ausgelegt, was man auch von Freimaurertempeln her kennt. Die Darstellung von Jesu Kreuzwegstationen ließ Saunière entgegen der Tradition im Gegenuhrzeigersinn anbringen. Er wählte eine Version mit vierzehn vorgefertigten Gipsreliefbildern (aus der Werkstatt des freimaure-

„Grablegung Christi": Station XIV des Kreuzwegs in der Kirche von Rennes-le-Château. Die Gipsabgußdarstellung ließ Pfarrer Saunière auf ungewohnte Weise kolorieren. Die Bibel sagt, daß Jesus am frühen Abend vom Kreuz genommen und ins Grab gelegt wurde. Aber hier wird eine nächtliche Szene dargestellt. Was wollte der streitbare Pfarrer, der später seines Amtes enthoben wurde, mit dieser Darstellung zum Ausdruck bringen?

rischen Künstlers Giscard de Toulouse), und er ließ die Bilder farbig ausmalen. Dabei kamen nach seinen Anweisungen verdächtige Elemente in die Bilder: Der Rock eines Knaben wurde als schottischer Kilt angemalt. Eine Frau trägt einen Witwenschleier. Besonders verräterisch ist Station XIV, „Grablegung“. Hier ließ Saunière einen Nachthimmel mit Vollmond malen. Jesus wurde aber am frühen Abend des Karfreitags, noch bevor der Sabbat begann (der Sabbat beginnt, wenn die Sonne untergegangen ist), vom Kreuz genommen und ins Grab gelegt. Mit anderen Worten: Dieses Bild zeigt nicht, wie Jesus ins Grab gebracht wird, sondern wie er später *aus dem Grab* geholt wird! Mitten in seiner Kirche ließ Saunière also eine höchst ketzerische Szene malen: Jesus ist nicht auferstanden, sondern sein Leichnam wurde geraubt!

Mit all diesen Details verrät Saunière dem aufmerksamen Betrachter, daß er seinen katholischen Glauben anders verstand als die Kirche. Er gehörte einer freimaurerischen Bewegung an, die sich, wie die weiteren Ausführungen zeigen, durchaus näher einkreisen läßt, sowohl historisch als auch inhaltlich. Möglicherweise war er sogar das *Oberhaupt* dieser geheimen Gegenkirche. Dies würde erklären, warum plötzlich aus ganz Europa Geld zu ihm floß, Geld, das er offensichtlich mit Zustimmung der unbekannten Sponsoren für sich persönlich verwenden durfte.

Die Katharer-Region von und um Rennes-le-Château war im 18. und 19. Jahrhundert Sitz einflußreicher Familien, die heimlich ein häretisches Gedankengut pflegten. Sie alle waren mit Freimaurer- und Rosenkreuzer-Kreisen verbunden, einige wirkten sogar bei der Gründung von neuen Logenzweigen mit.[91] Wichtige Zentren solcher Gruppierungen befanden sich z. B. in Toulouse, wo Bérenger Saunière ein Konto unterhielt. Eine andere wichtige Linie in diesem Netzwerk war der Martinisten-Orden, mit dem Bérengers Bruder, Alfred Saunière, verbunden war.

> Welcher Spur auch immer wir in bezug auf Rennes-le-Château und die beiden Saunière-Brüder folgen, wir kommen immer wieder zu denselben zwei verbundenen Gesellschaften, zum Rektifizierten Schottischen Ritus und zum Martinisten-Orden – *genau dieselben zwei Gesellschaften, auf die wir auch in Verbindung mit dem Alpha-Galater-Orden* [Vorläufer der Prieuré de Sion] *stießen.*[92]

Die „Prieuré de Sion"

Das Pyrenäen-Geheimnis wird angeblich von einer Geheimgesellschaft namens „Prieuré de Sion" gehütet. Diese Organisation ist keine Erfindung von Dan Brown. Bereits seit Anfang der 1960er Jahre war sie das Thema mehrerer französischer Autoren, und 1982 kam das Autorenteam Lincoln, Baigent und Leigh mit einem Buch hinzu, das zu einem internationalen Bestseller wurde: *Der Heilige Gral und seine Erben – Ursprung und Gegenwart eines geheimen Ordens. Sein Wissen und seine Macht* (dt. 1984). Diesem Buch folgten viele weitere Veröffentlichungen, unter anderem (vom gleichen Autorenteam) *Das Vermächtnis des Messias – Auftrag und geheimes Wirken der Bruderschaft vom Heiligen Gral* (1986) und das Buch *The Templar Revelation – Secret Guardians of the True Identity of Christ* (von Lynn Picknett und Clive Prince, 1997). Der „geheime Orden", die „Bruderschaft vom Heiligen Gral", die „geheimen Hüter der wahren Identität Christi", damit ist die *Prieuré de Sion* gemeint: dank Dan Brown heute eine der berühmtesten Geheimgesellschaften der Welt.

Aber existiert diese Geheimgesellschaft überhaupt?

In oberflächlich-kritischen Büchern, Artikeln und TV-Sendungen zu Dan Browns Roman wurde immer betont, die *Prieuré de Sion* sei ein moderner Mythos, ein Bluff, ein Phantasieprodukt, das auf einen skurrilen französischen Exzentriker zurückgehe: Pierre Plantard (1920–2000). Dieser Mann, der seit 1972 offiziell (auch in seinem Paß) den Adelstitel „Plantard de St-Clair" trug, gründete 1956 einen Verein namens *Prieuré de Sion* (nachfolgend PdS genannt) und behauptete später, die PdS hüte das Geheimnis des alten Königsgeschlechts der Merowinger; diese hätten das scheinbare Ende ihrer Dynastie überlebt und wirkten seitdem durch die PdS. Eine Zeitlang sagte Pierre Plantard sogar, *er* sei der heute lebende direkte Nachkomme der Merowinger und damit der erbberechtigte König von Frankreich. Ob er dies sagte, weil er es selber glaubte, oder einfach nur, um die *grande nation* zu schokkieren und die Gralsforscher zu foppen, sei dahingestellt.

Als Plantard durch die PdS-Geschichte und durch seine Behauptungen eine gewisse Bekanntheit erlangte, begannen Kritiker seine

Vergangenheit zu erforschen und brachten Entlarvendes zutage: Bereits als 17jähriger hatte er mit antijüdischen und antifreimaurerischen Parolen bei der Gründung einer entsprechenden Organisation mitgeholfen. 1942 hatte er mit dem Pseudonym Pierre de France die Organisation *Alpha Galates* (die „Alpha-Galater“) gegründet, um den Geist des Rittertums neu aufleben zu lassen. 1954 wurde er wegen „Betrugs“ für sechs Monate inhaftiert. 1956 gründete er mit drei anderen Vorstandsmitgliedern den Verein „Prieuré de Sion“, geriet aber bald wieder mit dem Gesetz in Konflikt, diesmal wegen „Verführung einer Minderjährigen“. 1960 machte er einen neuen Anlauf mit der PdS und behauptete nun, diese Organisation gehe auf den Jerusalem-Eroberer Gottfried von Bouillon zurück. In dieser Zeit lernte er auch Noël Corbu kennen und hörte von ihm dessen „erfundene“ Rennes-le-Château-Story; danach habe Plantards egomanische Aktion eine Eigendynamik bekommen, die von vielen, z. B. Dan Brown, kritiklos übernommen worden sei – obwohl Plantard 1989 und 1993 seine PdS-Geschichte z. T. relativiert und z. T. als eigene Erfindung widerrufen hat.

Mit dieser unrühmlichen Biographie des PdS-Gründers Pierre Plantard wird meistens die gesamte PdS-Geschichte als Schwindel und Betrug abgetan. Es bedarf jedoch keiner allzu tiefschürfenden Nachforschung, um zu erkennen, daß hinter dieser kuriosen Geschichte mehr steckt als nur die Biographie des Pierre Plantard. Das offensichtlichste Indiz: Plantard war kein „Einzeltäter“. Und Plantard schlug nie Profit aus seiner Geschichte, auch dann nicht, als sich Bestseller-Autoren um ihn rissen. Zum Erstaunen dieser Autoren verlangte Plantard nie Geld, obwohl sie mit seiner Geschichte große Summen verdienten. Im Gegenteil: Immer wieder widerrief er Teile der profitträchtigen Geschichte und distanzierte sich von den Autoren, mit denen er ein Geschäft hätte machen können. Warum dieses Verwirrspiel über mehr als fünfunddreißig Jahre hinweg? Was waren seine Motive? Was verbarg sich hinter der PdS-Geschichte?

Pierre Plantard de St-Clair – mit ihm und hinter ihm waren Männer von Rang und Einfluß aktiv. Die royalistischen Ansprüche, die Plantard während einer gewissen Zeit erhob, waren dabei der spektakulärste, aber unwichtigste Aspekt. Er selbst mag während einer Phase seines Lebens durchaus geglaubt haben, daß er zu Hohem bestimmt sei, weil er von den Merowingern abstamme, und einige Beteiligte mögen ihm dies auch geglaubt haben, denn er war ohne Zweifel eine mysteriöse, charismatische Person.

Während alle Kritiker zufrieden waren, die PdS als einen Schwindel und Bluff abhaken zu können, hat das Autoren-Team Lynn Picknett und Clive Prince nach über zehn Jahren Recherche im Jahr 2006 ein aufschlußreiches, 530seitiges Buch veröffentlicht: *The Sion Revelation – Inside the Shadowy World of Europe's Secret Masters.** Der Schlüssel zum Sion-Thema sind „Europas geheime Meister" bzw. „die geheimen Meister", die eine ganz bestimmte Europa-Vision verfolgten, eine Vision, die sich immer mehr materialisiert. Die „geheimen Meister" sollten also nicht unterschätzt werden, ebensowenig wie ihre Nachfolger und Adepten. Pierre Plantard und seine Mitstreiter waren nur einige von vielen, vielleicht die skurrilsten und „verrücktesten", aber gerade solche Leute hinterlassen oft sehr auffällige Spuren – wobei man sich allerdings nicht von den oberflächlichen und offensichtlich gefälschten täuschen lassen sollte.

Pierre Plantard: ein exemplarischer Lebenslauf

In der Einleitung zum Buch *The Sion Revelation* schreibt das Autorenteam: „Die wahre Geschichte der Prieuré ist ziemlich verschieden von Dan Browns Version, aber sie ist sehr bedeutsam, beunruhigend und sogar alarmierend. Mit ihr geraten wir in eine dunkle und verworrene Welt, in der eine Fülle anderer unangenehmer Fakten, sowohl religiöser als auch politischer Natur, mit in Betracht gezogen werden müssen."

Das Kuriosum „Prieuré de Sion" erlaubt einen ungewohnten, aber weitreichenden Einblick in die Hintergründe der Geheimgeschichte Europas und ihrer Entwicklung in der Gegenwart. Damit dieser Blick nicht verzerrt oder in die falsche Richtung gelenkt

---

* „Die Sion-Enthüllung – In der Schattenwelt von Europas geheimen Meistern" (als Folgeband zu ihrem Buch *The Templar Revelation*).

wird, ist es erforderlich, das Ursprüngliche vom Späteren zu trennen, denn vieles, was heute im Zusammenhang mit „Gral“ und „Dan Brown“ diskutiert wird, entspringt späteren Spekulationen, die mit den ursprünglichen (Falsch-)Spuren nichts zu tun haben.

Die Person Pierre Plantards ist der öffentliche Brennpunkt der PdS-Geschichte. Die bereits genannte, scheinbar entlarvende Lebensgeschichte ist hierbei nur eine oberflächliche Betrachtung, die Plantards Wirken, ob man es nun gutheißt oder nicht, in keiner Weise gerecht wird. Immerhin ist er der Frontmann einer Konstruktion, die sich als sehr genial erwies, einer Konstruktion mit einer verborgenen Botschaft und einer fast magischen Wirkung auf Millionen von Menschen.

Pierre Plantard wurde in Paris zwei Jahre nach dem Ende des Ersten Weltkriegs geboren. Als er zwei Jahre alt war, starb sein Vater. Die Bevölkerung Europas hatte die größten Massaker seit Menschengedenken erlebt. In nur vier Jahren waren Millionen von Menschen getötet worden, und das war damals jüngste Geschichte. (Aus diesem Hintergrund heraus entstand auch Agatha Christies Roman *Die Großen Vier.*) Die Menschen fragten sich auch in Frankreich: Wie konnte so etwas geschehen? Wer ist schuld? Wer steht hinter diesen Kriegstreibern? Klischeehafte Schuldzuweisungen fielen auf die Vertreter der Hochfinanz sowie auf die „Juden“ und die „Freimaurer“ und wurden damals laut propagiert, insbesondere von der herrschenden NSDAP im benachbarten Deutschland.

Während sich gewisse Propagandisten in dieser Hinsicht mit Pauschalurteilen begnügten, argumentierten andere differenzierter und agierten vielschichtiger. In Kreisen, die der letzteren Kategorie angehörten, bewegte sich Pierre Plantard bereits von jungen Jahren an. 1937 gründete er als Siebzehnjähriger die Organisation *Rénovation Nationale Française* („Französische Nationalerneuerung“ im Sinne von „Erneuerung der französischen Nation“) und gab einen wöchentlich erscheinenden Rundbrief heraus, *La Rénovation Française,* der eine Auflage von 10 000 Kopien hatte. Gleichzeitig gründete er auch die Jugendorganisation *Groupement Catholique de la Jeuneusse,* die „Katholische Jugendgruppe“. Mit dem Begriff „katholisch“ proklamierte diese Szene damals explizit einen

Gegensatz zu den jüdischen und freimaurerischen Kreisen. Und dennoch arbeiteten Vertreter dieser Szene mit jüdischen und freimaurerischen Kreisen zusammen, so auch der junge Plantard! Wie die weiteren Ausführungen zeigen, hat dieser scheinbare Widerspruch brisante Gründe ...

1939 ging Plantard, der vielbeschäftigte Organisationsführer und Redakteur, an eine Pariser Universität, um Archäologie zu studieren. Pierre, dessen verwitwete Mutter aufgrund der Krisenzeit als Köchin arbeitete, hatte damals anscheinend bereits wohlwollende Förderer, die ihm ein Universitätsstudium und die Herausgabe eines eigenen, auflagenstarken Rundbriefes ermöglichten. Dies wurde noch deutlicher nach dem Ausbruch des Zweiten Weltkriegs, als einige seiner Förderer für eine kurze Zeit sogar mit ihm zusammen namentlich an die Öffentlichkeit traten. Diese Männer hinter Plantard gilt es näher zu betrachten.

Im Mai 1940 starteten die deutschen Truppen einen „Blitzkrieg“ und überrannten Frankreich, besetzten zwei Drittel des Landes und nahmen rund 1,8 Millionen Kriegsgefangene als Geiseln, um mit diesem Druckmittel die Kooperation der französischen Regierung zu erzwingen. Frankreich durfte eine eigene Regierung behalten (die „Vichy-Regierung“ unter Marschall Pétain, dem französischen Helden des Ersten Weltkriegs), konnte in den besetzten Gebieten aber nur unter der Autorität Deutschlands handeln.

Im Dezember 1940 schrieb der 20jährige Pierre Plantard einen Brief an Marschall Pétain, den er über einen Verbindungsmann direkt nach Vichy bringen ließ. Er schrieb:

> Bitte verzeihen Sie, wenn ich mir die große Freiheit nehme, Ihnen heute Abend zu schreiben, denn trotz meiner Aktivitäten, meiner Vorträge und meiner Zeitung bin ich für Sie bislang vielleicht ein Unbekannter, ein junger Unbekannter ... Ich schreibe Ihnen heute Abend, so wie ich am 8. September 1939 an Edouard Daladier geschrieben habe, um ihn zu bitten, „einen von Juden angezettelten Krieg zu beenden, der so viele Menschenleben kosten wird und den wir nicht gewinnen werden.“ ...
>
> ES GILT ZU HANDELN! Sofort nach Eingang des Briefes müssen strenge, aber geheime Befehle erteilt werden. Man muß die

> schreckliche Verschwörung der „Freimaurer und Juden“ im Keim ersticken, um Frankreich und der Welt ein entsetzliches Gemetzel zu ersparen.
>
> Momentan stehen mir etwa hundert vertrauenswürdige Männer zur Seite, die sich unserer Sache verschrieben haben. Sie sind bereit, unter Ihrem Befehl bis zum bitteren Ende zu kämpfen. Aber was sind schon hundert Männer angesichts der Macht unseres Feindes? Dennoch werden sie an meiner Seite für diese unsere Sache kämpfen.[93]

Dieser Brief, den Pierre Plantard mit einem Pseudonym, aber mit seiner Privatadresse sandte, zog eine Untersuchung durch die französische Polizei nach sich. Die „schreckliche Verschwörung“, über die er schrieb, war für Marschall Pétain nichts Neues, denn er glaubte ähnliches. Schrieb der junge Plantard hier also nur einen opportunistischen Brief, um sich beim Staatsoberhaupt durch die Bestärkung von dessen Überzeugungen Pluspunkte zu holen? Denn damals, 1940, sah es so aus, als ob die faschistischen, antikommunistischen Mächte Europas die schnellen Kriegsgewinner sein würden. Einen ähnlichen Opportunismus, vielleicht sogar Enthusiasmus, verrät der Artikel eines jungen *sergeant,* der in deutscher Gefangenschaft war und nach seiner baldigen Rückkehr für das Vichy-Journal einen Bericht mit einer befremdenden Überschrift verfaßte: „Pilgerreise nach Thüringen“! Der Name dieses *sergeant:* François Mitterand. Dieser Mann, der später Frankreichs Staatsoberhaupt und ein Hauptförderer der EU werden sollte, wird auch im Zusammenhang mit unserer PdS-Analyse nochmals, an zentraler Stelle, auftauchen.

Pierre Plantards Brief verrät, daß die Kreise, denen er angehörte, nicht die deutsche Besatzungsmacht als Feind sahen, sondern die angloamerikanischen Mächte! Er verrät auch, daß der junge Pierre sehr selbstbewußt war und daß ihm „vertrauenswürdige Männer zur Seite“ standen. Und die meisten dieser Männer waren *Freimaurer,* was angesichts seiner Warnung vor der „schrecklichen Verschwörung der ‚Freimaurer und Juden‘“ doch sehr erstaunlich ist. Oder auch nicht, wenn man die Hintergründe versteht.

Vom September 1942 bis zum Februar 1943 veröffentlichte Plantard den monatlich erscheinenden Rundbrief *Vaincre* (frz.

für „besiegen; erobern"), der als Organ des *Ordre Alpha Galates* („Orden der Alpha-Galater"*) deklariert war. Nach eigenen Angaben war dieser Orden bereits im Dezember 1937 gegründet worden. Als *Vaincre* erschien, war Pierre Plantard der Großmeister dieses Ordens. Die sechs Ausgaben von *Vaincre,* die erschienen, als der Ausgang des Zweiten Weltkrieges noch offen war, bildeten die Bühne, auf der die Männer hinter Plantard kurz selber an die Öffentlichkeit traten und dadurch ihre Identität verrieten.

Vaincre wurde kostenlos abgegeben, war aber professionell auf erstklassigem Papier gedruckt, trotz der damaligen strikten Papierrationierung. Wie wir heute wissen, wurde diese Schrift von Maurice Moncharville finanziert, der in *Vaincre* mit dem Namen Comte („Graf") de Moncharville Artikel veröffentlichte. Moncharville starb im Februar 1943, was das Ende von *Vaincre* bedeutete. Mit Graf Moncharville, einem Sponsor des jungen Plantard, sind wir bereits mitten in der politisch-okkulten Szene der damaligen Zeit. Moncharville war Professor an einer juristischen Fakultät und hatte sich für eine längere Zeit in den französischen Kolonien des Fernen Ostens aufgehalten, insbesondere in Siam, wo er eine prominente Rolle innehatte. Moncharville war ein Bekannter des Esoterikers und Logenmeisters Georges Monti (1880–1936), der seinerseits ein enger Vertrauter der zwei bekanntesten französischen Esoteriker war: Joseph Péladan und Dr. Gérard Encausse, der unter seinem Eingeweihtennamen „Papus" auch heute noch bekannt ist, u. a. durch sein vielfach aufgelegtes und übersetztes Buch *Tarot der Zigeuner.* Im Auftrag von Papus reiste Monti im Jahr 1908 mit geheimen Aufgaben nach Ägypten. Monti verkehrte in verschiedensten Freimaurerkreisen Frankreichs, Deutschlands und Italiens und war auch ein Mitglied des *Ordo Templi Orientis,* dessen bekanntester Exponent Aleister Crowley (1875–1947) war. Monti wurde eine Zeitlang sogar als Crowleys Vertreter in Frankreich bezeichnet. 1936 wurde Monti

---

* Die Galater sind heute noch bekannt aufgrund des biblischen „Briefes an die Galater". Sie gehen zurück auf die Gallier, die im 3. Jh. v. Chr. in Griechenland einfielen und den Tempelschatz von Delphi raubten. Einige dieser Gallier zogen nach Kleinasien weiter und wurden zu den Galatern, die anderen kehrten nach Westeuropa zurück. Wo der Delphi-Schatz geblieben ist, ist nicht bekannt.

im Bulletin der Großloge von Frankreich als Hochstapler und jesuitischer Spion bezeichnet. (Monti war von Jesuiten großgezogen worden, da ihn seine Eltern aufgegeben bzw. übergeben hatten.) Einige Tage nach dem Erscheinen dieses Freimaurer-Bulletins war Monti tot.

Zwei Jahre zuvor hatte der vierzehnjährige Pierre Plantard eben diesen Georges Monti in Paris kennengelernt. Vermittler war der Plantard-Hausarzt Camille Savoire (1868–1951), ein prominenter Mediziner, bekennender Freimaurer, Träger des Verdienstkreuzes der französischen Ehrenlegion und Gründer der *Grande Prieuré des Gaulois* („Groß-Priorat der Gallier“). Plantard bezeichnete Monti, den französischen Crowley, als seinen ersten Mentor.

Gemäß den Darstellungen in *Vaincre* war Monti der eigentliche Gründer der Alpha-Galater (im Jahr 1934). Nach dessen Tod bzw. Ermordung 1936 wurde Graf Moncharville der nächste Großmeister und trat diesen Titel im September 1942 an die nächste Generation, Pierre Plantard, ab.

Neben Moncharville traten noch andere namhafte Persönlichkeiten in *Vaincre* als Autoren auf, insbesondere Prof. Louis le Fur (1870–1943), ein namhafter Jurist und somit Fachkollege von Prof. Moncharville – die beiden waren eng befreundet –, und der junge Robert Amadou (1924–2006).

Prof. Le Fur war einer der führenden Vertreter der Bewegung für die Europäische Einheit (er hatte mit Robert Schumann, der in unserer Analyse ebenfalls nochmals auftauchen wird, die Paneuropa-Gruppe *Énergie* gegründet).

Robert Amadou, der zu einem der größten Experten Frankreichs in Sachen Parapsychologie, Freimaurerei und Martinisten wurde, war 1942 in den Martinisten-Orden und 1943 in die Loge „Alexandrie d'Égypte“ eingeweiht worden. In beiden Orden gelangte er schnell bis in die höchsten Grade. Amadou war auch ein Schulfreund von Philippe de Chérisey, den Plantard 1939 an der Pariser Universität kennenlernte und der Plantards wichtigster Mitstreiter in der PdS wurde. Des weiteren war Amadou auch mit dem Künstler Jean Cocteau befreundet, dessen Name später auf der Liste der PdS-Großmeister erscheinen sollte.

Prof. Le Fur veröffentlichte in der *Vaincre*-Ausgabe vom Januar

1943 einen Artikel, in dem er den deutschen Diplomaten Hans Adolf von Moltke zitiert und ihn dabei als einen „Meister unseres Ordens“ bezeichnet. Moltke war von 1931 bis 1939 Deutschlands Botschafter in Polen gewesen und war 1942 zu Deutschlands Botschafter in Spanien bestimmt worden, was ihn zuerst nach Frankreich führte. Moltkes Aussage in *Vaincre* bezieht sich nicht etwa auf den Krieg oder auf die politische Lage, sondern auf Pierre Plantard!

> „Zu meiner Freude kann ich vor meiner Abreise nach Spanien sagen, daß unser Orden endlich einen Leiter gefunden hat, der dieser Stellung würdig ist: Pierre de France. Deshalb kann ich mit vollem Vertrauen abreisen, um meinen Auftrag auszuführen. Denn während ich mir keine Illusionen über die Gefahren mache, die die Erfüllung meiner Pflicht mit sich bringt, weiß ich doch, daß Anerkennung von Alpha und Treue ihrem Leiter gegenüber bis zum letzten Atemzug meine Parole sein werden.“[94]

Das Bild, das sich abzeichnet, ist deutlich: Pierre Plantard war schon sehr früh von verschiedenen Logen-Insidern als eine Art Hoffnungsträger auserkoren worden und wurde entsprechend gefördert. Die Freimaurer, die hinter ihm standen, gehörten nicht zur Hauptströmung des *Grand Orient de France,* die mit den angloamerikanischen Logen zusammenhing, sondern zur kritischen Minderheit des *Rectified Scottish Rite,* die wiederum in verschiedenen Gruppierungen auftrat, eben z.B. in Form des *Ordre Alpha Galates.* Es war also nicht unmöglich, daß Freimaurer sich freimaurerfeindlich äußerten.* Während der Zeit der Nazi-Okkupation Frankreichs war dies sogar eine Methode der Tarnung und des Selbstschutzes, genauso wie die Judenanfeindung.

Acht Monate nach dem Ende von *Vaincre* wurde Plantard ver-

---

* Dies ist vergleichbar mit Christen, die sich über andere Christen kritisch bis feindlich äußern, z.B. die Reformierten über die Katholiken und umgekehrt. Man erinnere sich, was Luther über das Papsttum sagte. Auf ähnliche Weise könnte man die Hauptströmung des Freimaurertums als „katholisch“ und die neuere als „reformiert“ bezeichnen. Wie die katholische und die reformierte Kirche umfassen auch die beiden Freimaurerströmungen viele Unterorganisationen. Gruppen wie der Rektifizierte Schottische Ritus werden in der vorliegenden Abhandlung der Einfachheit halber alle zusammenfassend als „reformierte“ Freimaurer bezeichnet.

haftet und war vom Oktober 1943 bis Februar 1944 in einem Gefängnis bei Paris eingesperrt. Polizeiakten von 1945 und 1954 vermerken jedoch, daß Pierre Plantard im französischen Strafregister nicht verzeichnet ist, was bedeutet, daß Plantard nicht von der französischen, sondern von der *deutschen* Polizei verhaftet worden war. Anscheinend war Plantard in den Augen der Besatzungsmacht kein Kollaborateur und auch kein Sympathisant, sondern ein dubioser Grenzgänger.

Die „Prieuré de Sion“: auch nur ein Zwischenspiel

Nach dem Krieg heiratete Pierre Plantard und zog mit seiner Frau an die Schweizer Seite des Genfersees, ließ sich aber bald wieder in Frankreich nieder, im Städtchen Annemasse an der Grenze zur Schweiz. Was der ehemalige Großmeister der Alpha-Galater in diesen Jahren tat, ist nicht bekannt. Pierre Plantard gehörte zu den Kreisen, die General de Gaulle unterstützten. Sie alle hofften, daß er die politischen Wirren in Frankreich zu einem Ende bringen würde – was er dann auch, nach seiner scheinbar überraschenden Machtergreifung im Jahr 1958, mit quasi-monarchischer Herrschaft tat.

Plantard war ein Verbindungsmann der de-Gaulle-Anhänger in die Schweiz und wirkte an heimlichen immensen Transfers von Goldbarren mit. Gemäß einer Enthüllung aus den 1980er Jahren beliefen sich diese Verschiebungen auf einen Wert von *100 Millionen französischen Francs,*[95] was im Jahr 1953 zu Konflikten mit dem Gesetz führte. 1954 kam es zu einer Haftstrafe von sechs Monaten wegen, laut Polizeiakten, *abus de confiance,* „Vertrauensmißbrauch“ – was immer das konkret bedeutete. Im „Betrug“, den ihm seine Kritiker nachsagen, ging es also nicht um seine persönliche Bereicherung.

Private legale Schwierigkeiten bekam er jedoch, als er 1957 kurzfristig ein Verhältnis mit einer achtzehnjährigen Frau einging und ihre Eltern gegen ihn Anzeige erstatteten. Er wurde angeblich zu einer Gefängnisstrafe verurteilt, doch es ist nicht klar, ob und wie lange er im Gefängnis war, denn die heute noch vorhandenen Spuren weisen darauf hin, daß „de Gaulles freimaurerische

Unterstützer diese Angelegenheit bereinigten – und daß Plantard, zumindest während dieser Phase, Freunde in hohen Positionen hatte".[96]

Plantard wirkte bereits seit Anfang der 1950er Jahre in den Aktionen mit, die später, im September 1958, zu General de Gaulles Machtergreifung führten. Was er genau tat, ist nicht bekannt, doch muß er auf sehr hoher Ebene aktiv gewesen sein, denn sein Name tauchte im Juni 1958 plötzlich in der Presse auf. Die große Tageszeitung *Le Monde* berichtete in mehreren Artikeln folgendes: In Algerien, damals eine französische Kolonie, war vom französischen Militär ein *Comité du Salut Public* gegründet worden, um Algerien in die Unabhängigkeit zu führen und in Frankreich einen politischen Umschwung zu bewirken. Mitte 1958 war bekannt geworden, daß dieses revolutionäre Komitee auch in Frankreich zahlreiche Ableger hatte, und die französische Militärführung in Algerien ließ verlauten, daß in Frankreich demnächst ein Nationalkomitee gegründet werde. Als Generalsekretär des zeitweiligen Zentralkomitees in Frankreich fungierte ein Mann, der zuerst mit dem Pseudonym „Captain Way" mit *Le Monde* korrespondierte und zur Unterstützung von General de Gaulle aufrief. In den nachfolgenden Tagen lief die Korrespondenz mit „Captain Way" über seinen richtigen Namen: Pierre Plantard!

Sieben Wochen später informierte Plantard die Presse, daß das Zentralkomitee aufgelöst worden sei und daß nun ein *Manifeste aux Français* („Manifest an die Franzosen") geschrieben werde. In der Ausgabe vom 29. Juli 1958 berichtete *Le Monde:*

> Nachfolger des Komitees ist die „Bewegung für das Manifest an die Franzosen" ... Monsieur Pierre Plantard ist der Sekretär für die Öffentlichkeitsarbeit, und man findet unter den weiteren Mitgliedern Namen wie Monsieur Achille Fould, Industrialist ...

Genau dieser Achille Fould war in Plantards *Vaincre* (Januar 1943) als Bankier, Freimaurer und Jude persönlich angegriffen worden! Und hier sitzen beide zusammen auf höchster Ebene und arbeiten auf de Gaulles Machtübernahme hin.

Was Plantards Wirken in diesen Jahren betrifft, so schreiben Picknett und Prince zusammenfassend: „Es gibt also handfeste

Beweise, daß Plantard nicht nur ein Geheimagent war, sondern daß er auch in einem der wichtigsten Ereignisse in Frankreichs Nachkriegsgeschichte eine Schlüsselrolle spielte: in de Gaulles triumphaler Rückkehr an die Macht und in der Schaffung der Fünften Republik.“[97]

Dieser Geheimagent, der riskante Goldtransfers und nachhaltige Realpolitik betrieb, gründete 1956 die „Prieuré de Sion“ und ließ sie ordentlich als Verein eintragen.

Der Zweitname dieser PdS lautete CIRCUIT, eine Abkürzung für die künstlich wirkende Formulierung *Chevalerie d'Institution et Règle Catholique et d'Union Indépendante Traditionaliste,* „Ritterschaft der katholischen Institution und Regel und der Unabhängigen Traditionalistischen Union“. Gemäß den Statuten besteht die PdS aus einer Rangfolge von neun Graden. Das Oberhaupt trägt den Titel *Nautonnier.* Ziel war die „Errichtung eines Priorats, das als Studien-, Meditations-, Ruhe- und Gebetszentrum dient“, und zwar auf dem dreißig Kilometer von Annemasse, dem Sitz des Vereins, entfernten Hügel Col de Mont Sion.

Trotz des hochtrabenden Titels und des klar definierten Ziels beschränkte sich die Aktivität der PdS in den Jahren 1956/57 auf Plantards Herausgabe eines Gratis-Blattes mit dem Titel *Circuit,* was auch ein französisches Wort ist („Umkreis; Umweg; Stromkreis“). Das Gratis-Blatt, das zwölfmal erschien, hatte nichts mit „Ritterschaft“ und hohen Idealen und auch nichts mit der Gründung eines Zentrums zu tun, sondern widmete sich dem Thema von Sozialwohnungen und den damit verbundenen Problemen und kleinbürgerlichen Ärgernissen.

Was beabsichtigte Plantard mit dieser Aktion? Warum gründete er eine „Ritterschaft“ mit einer neunstufigen Einweihungshierarchie, nur um dann im Namen dieses registrierten Vereins ein derart banales Blatt herausgeben zu können? Hatte dieses Blatt, das viele Adressen in Form von Sozialvereinigungen und Inseraten enthielt, vielleicht etwas mit den kulminierenden Vorbereitungen für de Gaulles Rückkehr zu tun und war nur für die Empfänger verständlich? Tatsächlich entsprachen einige Adressen genau den Orten, an denen kurz danach Zweige des *Comité de Salut Public* aktiv wurden![98]

Nachdem das eine große Ziel, General de Gaulles Machtergreifung, dreizehn Jahre nach Kriegsende erreicht war, ließ Plantard die PdS wiederaufleben. Er veröffentlichte erneut den Rundbrief *Circuit,* diesmal im Stil von *Vaincre* mit esoterischen und politischen Artikeln. Wie in *Vaincre* von 1942/43 wurde erneut die Vision der „Vereinigten Staaten von Europa“ thematisiert.

Ab 1959 war Plantard ein häufiger Besucher von Rennes-le-Château und erforschte die gesamte Gegend intensiv. (1967 und 1972 kaufte er dort mehrere Grundstücke.) Während er versuchte, in das Geheimnis von Rennes-le-Château einzudringen, erfuhr er von einem anderen mittelalterlichen Rätsel, das ihn kurzfristig sehr in Anspruch nahm und zur ersten öffentlichen Erwähnung der Prieuré de Sion führte.

Der Schatz von Gisors

Gisors ist eine alte Burgstadt, die etwa 60 km nordwestlich von Paris liegt, auf halber Strecke zwischen Paris und dem Ärmelkanal. Bereits in alten Dokumenten wird erwähnt, daß es in Gisors unterirdische Tunnel gibt, auch natürliche Kavernen (die während der Besetzung Frankreichs von den deutschen Streitmächten z. T. als Waffen- und Treibstofflager verwendet wurden).

Nach dem Ende des Zweiten Weltkriegs kam es in Gisors hinsichtlich dieser alten Gerüchte zu einem sonderbaren Ereignis. Roger Lhomoy (1904–1974), Aufseher und Gärtner in der Burganlage von Gisors seit 1929, wandte sich im März 1946 an die Stadtbehörden und berichtete, er habe zusammen mit einem Freund heimliche Grabungen durchgeführt und sie hätten dabei eine sensationelle Entdeckung gemacht: Nach etwa 16 m seien sie auf eine alte Kammer gestoßen, die 30 m lang, 9 m breit und 4,5 m hoch war. In dieser „Kapelle“ befänden sich lebensgroße Statuen von Jesus und den zwölf Aposteln sowie neunzehn Steinsarkophage und dreißig große Truhen. Dieser Bericht führte dazu, daß die Behörden Lhomoys Tunnel wegen Einsturzgefahr zuschütten und versiegeln ließen. Lhomoy gab nicht auf und bemühte sich um Unterstützung. Im Jahr 1959 traf er den Autor und Journalisten Gérard de Sède (1921–2004), der 1960 in der Zeitung *Ici-Paris* einen Artikel über Lhomoys Entdeckung veröffentlichte. Dieser Artikel rief Pierre Plantard aufs Feld, der sich sofort mit de Sède in Verbindung setzte und sich als Kenner des Geheimnisses von Gisors ausgab: Hier handle es sich um den Schatz der Templer!

1962 veröffentlichte Gérard de Sède das Buch *Les templiers sont parmi nous, ou l'énigme de Gisors* („Die Templer sind unter uns, oder das Rätsel von Gisors“). Im Anhang dieses Buches finden sich Pierre Plantards schriftliche Antworten auf acht Fragen des Autors. Die Antworten, die wahrscheinlich nicht von Plantard allein stammen, zeugen von profunden historischen Kenntnissen über die Geschichte der Templer bis zurück zur Gründung der Abtei „Notre-Dame de Sion“ in Jerusalem im Jahr 1099/1100. In diesem Zusammenhang taucht der Name „Prieuré de Sion“ zum ersten Mal in einer nicht vereinsinternen Publikation auf. Plantard erwähnt die Gründung der Ur-Rosenkreuzer nach dem Templer-Schisma im Jahr 1188, das auch dazu geführt haben soll, daß die Prieuré de Sion sich von den Templern distanzierte. In einer Fußnote weist er auf folgendes Detail hin: „Der höchste Meister, der *Nautonnier* [Steuermann] genannt wird, nahm immer den Namen Johannes an. Der erste hieß Johannes II. Wir sind heute in der Zeit der Herrschaft des XXI. Johannes.“

Im selben Jahr, 1962, ordnete das französische Kulturministerium plötzlich „Routineausgrabungen“ in Gisors an. Der damalige Kulturminister war de Gaulles enger Vertrauter André Malraux, der 1958 im *Comité du Salut Public* aktiv gewesen war und mit Pierre Plantard zusammengearbeitet hatte. Dieser nahm in der Gisors-Angelegenheit wahrscheinlich direkt mit seinem ehemaligen Mitstreiter bzw. Vorgesetzten Kontakt auf. Im September und Oktober 1962 fanden in Lhomoys und Plantards Gegenwart Grabungen statt, es wurde jedoch nichts gefunden. Lhomoy beklagte sich, die Grabungen seien keine zwei Meter vor der Krypta eingestellt worden. Im Februar 1964 wurde die Grabung fortgeführt, diesmal von einer Militärabteilung, und der Grabungsort wurde als militärisches Sperrgebiet abgeriegelt. Nach einem Monat wurde mitgeteilt, man habe nichts gefunden. Der Tunnel wurde mit Zement gefüllt, um Einstürze zu verhindern. Plantard und Lhomoy protestierten nicht mehr.[99]

Picknett und Prince weisen darauf hin, daß Lhomoys Zeugnis nicht allein dasteht. Forscher fanden einen Brief, den der Priester von Gisors, Abbé Vaillant, 1938 an einen Architekten in Paris sandte. Darin erwähnt der Abbé, daß er diesem Architekten ein Bündel alter Dokumente zur Verwahrung übergeben hatte, darunter „ein lateinisches Manuskript aus der Zeit um 1500, in dem 30 Metalltruhen erwähnten werden"!

Plantards Behauptung, die Templer hätten ihren Schatz aufgrund einer geheimen Warnung kurz vor dem 13. Oktober 1307 in Gisors versteckt, ist nicht haltbar, denn zu dieser Zeit war die Burg von Gisors schon seit längerer Zeit fest in der Hand des Königs. Mitte des 12. Jahrhunderts jedoch, während der Blütezeit der Templer, waren diese Ritter auch die Herren von Gisors! Laut der alten Stadtchronik hieß der Burgherr in den Jahren 1108/1109 „de Payns"! Ob dies der junge Kreuzritter Hugo de Payens oder einer seiner Brüder oder Verwandten war, ist nicht ersichtlich, aber durchaus möglich.[100]

Nach Gisors wandte sich Pierre Plantard wieder Rennes-le-Château zu und begann, den Merowinger-Mythos aufzubauen. Die Merowinger waren bisher nie ein Thema gewesen. 1967 veröffentlichte Gérard de Sède das Buch *L'Or de Rennes* („Das Gold von Rennes"), das in der überarbeiteten Version von 1968 mit dem Titel *Le trésor maudit de Rennes-le-Château* („Der verwünschte Schatz von Rennes-le-Château") ein großer Erfolg wurde und die Gisors-Grabungen in Vergessenheit geraten ließ.

Die nicht geheimen „Geheim-Dossiers"

Die PdS bereitete die Lancierung ihrer fiktiven Selbstdarstellung sehr umsichtig vor. Bevor das Buch *L'Or de Rennes* erschien, wurden in der französischen Nationalbibliothek (*Bibliothèque Nationale* in Paris) von 1964 bis 1967 verschiedene Schriftstücke eingereicht, die alle zu einer Schriftmappe mit dem Titel *Dossiers Secrets* („Geheim-Dossiers") gehörten. Diese Schriften, die inhaltlich keinen direkten Zusammenhang haben, enthielten verborgene Anspielungen und Querverweise, die nur zu verstehen waren, wenn man Gérard de Sèdes Buch kannte, das aber erst 1967/68 erschien. Dieses Buch kann man gut ohne die *Dossiers Secrets* verstehen, aber die *Dossiers Secrets* nicht ohne das Buch. Das Buch selbst erwähnt die *Dossiers Secrets* mit keinem Wort. Das Buch und das Dossier zusammen ergeben eine neue Legende, die die PdS-Leute jedoch nicht selbst verkünden wollten. Sie legten die „Köder“ aus und warteten, bis jemand anders die Teile entdeckte und zusammenfügte.

Auf eine solche Idee war bisher noch niemand gekommen. Es war ein origineller, genialer Trick mit einer gewissen Ironie („geheime“ Dokumente in einer öffentlichen Bibliothek). Und die Rechnung ging auf! Heute ist diese Legende weltbekannt, doch kaum jemand erkennt die Absicht, die damit verfolgt wurde ...

Die *Dossiers Secrets* wurden als Privatveröffentlichung in die Nationalbibliothek eingereicht. (In dieser Bibliothek werden alle in Frankreich veröffentlichten Schriften gesammelt.) Das Außergewöhnliche an dieser Publikation war, daß sie gar keine war! Die *Dossiers Secrets* wurden nicht veröffentlicht, sondern nur in der Nationalbibliothek deponiert. Der Inhalt dieser Schritt für Schritt zusammengestellten Sammlung von kurzen historischen Aufsätzen (verfaßt von Pseudonym-Autoren), Stammbaum- und Namenslisten und ausgewählten Atikeln war die Geschichte der „Prieuré de Sion“. Von der PdS hieß es nun, sie sei ein alter Geheimorden, der direkt nach dem Ersten Kreuzzug im Jahr 1099 in Jerusalem gegründet worden sei, und zwar von Godefroi de Bouillon im Zusammenhang mit der Gründung der Abtei „Notre-Dame de Mont Sion“ bei Jerusalem. Godefroi sei ein Nachkomme der Merowinger gewesen, die durch die Ermordung von König Dagobert II. im Jahr 679 ihrer Herrschaft beraubt worden seien. Dagoberts Sohn, Sigebert, sei im Süden Frankreichs, im Dorf, das heute Rennes-le-Château heißt, verborgen worden, und über ihn sei die Erblinie heimlich fortgesetzt worden. Mit historisch falschen Querverbindungen wird in den *Dossiers Secrets* die Behauptung aufgestellt, Godefroi sei ein Nachfahre Dagoberts und habe in Jerusalem die PdS gegründet, um das Geheimnis der Merowinger zu beschützen. Die PdS, die eine Verbindung zum Hause David habe, sei die Kraft gewesen, die zur Gründung des Zisterzienser- und des Templer-Ordens geführt habe. Von der offiziellen Gründung der Templer im Jahr 1129 bis zum Jahr 1188 seien die PdS-Großmeister und die Templer-Großmeister identisch gewesen. Danach sei es zu einer organisatorischen Trennung gekommen, und die PdS habe durch eine Linie von Großmeistern bis in die Gegenwart überlebt.

In den *Dossiers Secrets* findet sich eine mittlerweile berühmt gewordene Liste mit den angeblichen PdS-Nautonniers, auf der relativ unbekannte historische Persönlichkeiten zu finden sind, wie Jean de Gisors, Jeanne de Bar oder Blanche d'Evreux, aber auch sehr bekannte wie Leonardo da Vinci und Isaac Newton sowie in näherer Vergangenheit Victor Hugo, Claude Debussy und Jean Cocteau. (Im Jahr 1989 widerrief Plantard diese Liste und sagte, die Prieuré sei erst im 18. Jahrhundert gegründet worden. Veröffentlicht wurde eine neue Liste ohne Leonardo und Newton, dafür mit einigen neuen Namen, aber immer noch mit Victor Hugo, Debussy und Cocteau.)

In anderen Schriften der *Dossiers Secrets* wird auch auf das Rätsel von Rennes-le-Château Bezug genommen, und es wird behauptet, Pfarrer Saunière habe bei der Renovation der Kirche alte Pergamente mit dem *Stammbaum der Merowingernachfahren* gefunden (was nicht stimmt).

Besonders kryptisch ist der letzte Text der *Dossiers Secrets,* der entsprechend den 13(!) Sternzeichen aus 13 kurzen Strophen besteht. In der 7. Strophe, die dem Sternzeichen Löwe zugeordnet ist, wird gesagt:

> Mögen die Wohlgerüche des Duftes, der das Grab erfüllt, von ihr, die ich zu befreien wünsche, zu mir aufsteigen. In der Vergangenheit nannten einige sie ISIS, ... andere MAGDALENA mit dem berühmten Krug voller Heilbalsam. Die Eingeweihten kennen ihren wahren Namen: Notre Dame des Cross.

Gemäß dieser Interpretation bezieht sich „Notre Dame" auf Isis und Maria Magdalena! (Bereits im Anhang zu Gérard de Sèdes Buch *Les templies sont parmi nous* brachte Pierrre Plantard den Ausdruck „Notre Dame" mit Isis in Verbindung. Er erwähnte, daß 1711 bei Grabungen in der Notre-Dame von Paris ein Stein aus römischer Zeit gefunden wurde, dessen Inschrift namentlich Isis nennt, und zwar als Göttin der Navigation. Wurde die berühmte Notre-Dame-Kathedrale von Paris an der Stätte eines vorchristlichen Heiligtums errichtet, das Isis geweiht war?[101])

1967 erschien als nächstes Puzzlestück dann das Buch *L'Or de Rennes* von Gérard de Sède. In diesem Buch wurden zwei der Schriftstücke veröffentlicht, die Saunière angeblich bei der Kirchenrenovation entdeckt hatte. Später stellte sich heraus, daß diese Schriften inkl. der eincodierten Botschaften von Plantards Freund Philippe de Chérisey konstruiert worden waren.

Auch hier, in all diesen PdS-Aktionen, war Plantard also nicht allein. Gérard de Sède war nicht etwa ein leichtgläubiger Möchtegernautor, sondern ein gebildeter Historiker. Während er am Buch über Rennes-le-Château arbeitete, veröffentlichte er ein fundiertes Buch über die Katharer (1966), und Ende 1968, nur wenige Monate nach der russischen Invasion in der Tschechoslowakei im August 1968, kam er bereits mit einer tiefschürfenden, 700seitigen Abhandlung mit dem Titel *Pourquoi Prague?* („Warum Prag?") auf den Markt.

Was führte diese Kapazitäten – de Sède, de Chérisey, Plantard und noch andere Beteiligte – dazu, in jahrelanger Arbeit Mosaiksteine für eine offensichtlich falsche Geschichte herzustellen und auszustreuen?

De Sèdes Buch über Rennes-le-Château kam 1969 in die Hände des englischen Fernseh-Journalisten Henry Lincoln, der von der Prieuré-de-Sion-Geschichte und dem Rennes-le-Château-Rätsel sogleich fasziniert war. Er begann, eigene Nachforschungen anzustellen, woraus ein BBC-Dokumentarfilm entstand, der 1972 mit dem Titel *The Lost Treasure of Jerusalem?* ausgestrahlt wurde.

1973 wurden in Frankreich mehrere Artikel über die PdS und die *Dossiers Secrets* veröffentlicht. Plantard erschien sogar auf dem Titelbild des Wochenmagazins *Pégase* und erklärte in einem Interview erstmals unverblümt, daß er der „direkte und legitime" Nachkomme von Dagoberts Sohn Sigebert sei – und damit der ungekrönte König von Frankreich!

1979 erklärte Pierre Plantard in einem BBC-Interview mit Henry Lincoln, die PdS sei die Hüterin des Tempelschatzes von Jerusalem und ihr Ziel sei eine politische Revolution in Frankreich, die Rückkehr zur Monarchie!

1982 veröffentlichte Henry Lincoln zusammen mit Michael Baigent und Richard Leigh das Buch *The Holy Blood and the Holy Grail,* dt. *Der Heilige Gral und seine Erben.* Diese Autoren glaubten an die Authentizität der *Dossiers Secrets* und nahmen deren Inhalt für bare Münze, stellten aber wertvolle historische Forschungen an und fügten eine neue Spekulation hinzu, die heute fast untrennbar mit der PdS verbunden wird, obwohl dieses Element nicht in den *Dossiers Secrets* zu finden ist und von Pierre Plantard persönlich wie auch von der PdS aufs schärfste abgelehnt wurde. Lincoln, Baigent und Leigh fragten sich: Warum sind die Merowinger derart bedeutsam, daß eine Geheimgesellschaft ihr Erbe über mehr als eintausend Jahre hinweg beschützt? Bei dieser Frage stießen sie auf die in Südfrankreich weitverbreitete Überlieferung, daß Maria Magdalena nach Frankreich gekommen sei und von Jesus ein Kind hatte, eine Tochter namens Sarah. Von hier bis zur neuen Theorie war es nicht mehr weit – immerhin enthalten die *Dossiers Secrets* mehrere Hinweise auf Maria Magdalena und auf eine Beziehung der PdS zum Hause David. Deshalb kamen die drei Autoren zu folgender Theorie: Im Judentum verläuft die Erblinie über die Mutter; Jesus und Maria Magdalena hatten eine Tochter; diese Tochter gab das Erbe des Hauses David weiter; aus dieser Erbfolge gingen die Merowinger hervor; hierin besteht die wahre Bedeutung der Merowinger; all die Mythen vom „Heiligen Gral“ als Kelch, mit dem Jesu Blut aufgefangen worden sein soll, beziehen sich ursprünglich auf Maria Magdalena, da durch sie Jesu Blutlinie weiterlebte.

Was in Dan Browns Roman, oberflächlich betrachtet, das Hauptelement ist – die geheime Nachkommenschaft Jesu bis in die heutige Zeit –, hat nichts mit der Plantard-PdS zu tun und wurde von den PdS-Gründern bzw. PdS-Erfindern abgelehnt.

Als die PdS durch das Buch von Lincoln/Baigent/Leigh Weltbekanntheit erlangte, hätten Plantard und seine Verbündeten das große Geld machen können: Sie hätten nur die als Verein real existierende PdS den Statuten entsprechend als neunstufigen neotemplerischen Einweihungsorden zu aktivieren brauchen. Nach dem Vorbild anderer Neotempler-Logen hätten sie gegen hohe Beitrittssummen reiche Adlige und Möchtegernadlige einweihen und mit entsprechenden Titeln belohnen können. Aber Plantard tat nichts dergleichen, sondern versuchte, dieser Gralsgeschichte den Boden zu entziehen. Ihm ging es nie um Geld und persönliche Bereicherung, sondern um den Dienst an einer Idee.

1983 und 1984 kam es in Frankreich zu Kampagnen gegen Plantard und die PdS. Plantard trat 1984 als Großmeister der PdS zurück. 1989 startete er erneut den Rundbrief *Vaincre,* aber nur, um sich im Namen der PdS von den *Dossiers Secrets* zu distanzieren. Er widerrief die Geschichte der Merowinger-Erblinie und betonte, die PdS sei erst im 18. Jahrhundert gegründet worden und stehe in keiner Verbindung zu den Templern.

Warum wurde jetzt der Merowinger- und PdS-Mythos, den er und seine Kollegen über dreißig Jahre hinweg aufgebaut hatten, auf diese banale Weise gestoppt? Weil der Mythos nur Mittel zum Zweck war! Um den Zweck, also die Zielsetzung und Motivation dieser Organisation(en), zu erkennen, müssen wir die Spur der PdS zurückverfolgen und ihre ideologischen Wurzeln aufspüren.

Die geheimen Wurzeln der „Prieuré de Sion“

Obwohl Pierre Plantard später die *Dossiers Secrets* ablehnte, ist es erwiesen, daß diese konstruierten Dokumente direkt aus seinem Umfeld stammten. Der Inhalt sowie die über Jahre abgestimmte Planung (zuerst die *Dossiers Secrets,* dann Gérard de Sèdes Buch) weisen auf eine vielschichtige Teamarbeit hin.

Die *Dossiers Secrets* enthalten nur schwer zu eruierende historische Angaben, insbesondere eine Liste der Templer-Großmeister und eine Liste der Äbte des Jerusalemer Klosters „Prieuré de Mont-Sion“. Diese Namenslisten waren in keinem Geschichtsbuch zu finden, ja nicht einmal die Information, daß diese Abtei im Jahr 1099 vom Kreuzzuganführer Godefroi de Bouillon gegründet worden war. Hatten die pseudonymen PdS-Autoren vielleicht tatsächlich Zugang zu alten, nicht öffentlichen Archiven?

Über die Nachfolge der Templer-Großmeister liegen keine verbindlichen Listen vor. Picknett und Prince fanden aber heraus, wo die PdS-Autoren *ihre* Version abgeschrieben hatten: bei der Liste des Freimaurers Baron von Hund (1722–1776). Dieser eigenwillige Reformer hatte Mitte der 1750er Jahre bekanntgegeben, er habe von „unbekannten Instruktoren“ eine Liste der Templer-Großmeister bekommen, die beweise, daß *seine* Form von Freimaurerei, die „Strikte Observanz“, auf die Templer zurückgehe und somit die authentische Form wiedergebe. Eine zentrale Loge dieser Bewegung befand sich in Jena, wurde von einem „Prior“ geleitet und nannte sich „Orden von Sion“!

Diese eine Freimaurerspur führt also sogleich zu zwei Volltreffern: Sie verrät den Ursprung der Templer-Großmeister-Liste und führt zu einer älteren „Prieuré de Sion“. Welche geheimen Verbindungen verrät nun die Liste der Äbte vom Kloster Mont Sion?

Nach Baron von Hunds Tod im ominösen Jahr 1776 wurde seine „Strikte Observanz“ beim Konvent von Wilhelmsbad 1782 von der Hauptströmung des Freimaurertums abgelehnt. Sie existierte jedoch weiter und ging im „reformierten“ Freimaurertum auf. Zu diesem Kreis gehörte auch der Archivar und Altertumsforscher Jules Doinel (1842–1902), der die Dokumente der Jerusalemer Abtei von „Notre-Dame de Mont Sion“ in Frankreich wiederentdeckte. Diese Dokumente waren nach dem Verlust des Heiligen Landes nach Frankreich gebracht worden, wo die Jerusalem-Mönche in Orléans die „Prieuré de Mont-Sion“ gründeten. Während der Französischen Revolution, die zu vielen Klosterschließungen führte, landeten diese Dokumente im Staatsarchiv von Orléans und blieben dort in irgendwelchen Kisten liegen, wo sie dann Jules Doinel und seine Mitarbeiter um 1880 wiederentdeckten. Und diese Dokumente enthielten die Information über die Gründung des Klosters durch den Kreuzritter Godefroi de Bouillon sowie die Liste der Äbte.

Aus denselben Dokumenten ging auch hervor, daß in Südfrankreich schon im 11. Jahrhundert gnostisch-christliche Gruppierungen existiert hatten und durch die Inquisition weitgehend ausgerottet worden waren. Jules Doinel war von diesen Entdeckungen derart erschüttert, daß er 1890 die *Église Gnostique Universelle* („Universelle Gnostische Kirche“) gründete. 1893 kam es zu einer Verbindung mit den Martinisten und dem Rektifizierten Schottischen Ritus, indem der Martinistengründer und Ritus-Großmeister Dr. Encausse (Papus) ein Bischofsamt in dieser Kirche bekam.

Die *Dossiers Secrets* verraten, daß die PdS-Autoren ihre Informationen direkt aus den Quellen dieser Organisationen bezogen. Doinel hatte eine akribische historische Forschung betrieben, und die nachfolgenden Mitglieder konnten dank seiner Vorarbeit mit erstaunlichem Detailwissen brillieren. Man kann also schlußfolgern, daß „die gesamten *Dossiers Secrets* aus Doinels privaten Arbeiten und Archiven konstruiert wurden".[102]

Der scheinbar antifreimaurerische Orden der Alpha-Galater und die nachfolgende Prieuré de Sion sind also direkt aus dem Umfeld der Gnostischen Kirche, des Martinismus und der „reformierten" Freimaurerei hervorgegangen. Der gegenwärtige Generalsekretär der PdS, Gino Sandri, ist ein Experte der Geschichte der reformierten Freimaurerei und des Martinisten-Ordens, in dem er selbst ein führendes Mitglied ist. Die PdS entpuppt sich also als Außenposten von real existierenden, sehr mächtigen Geheimgesellschaften, die namentlich zwar bekannt sind, aber sehr wohl geheime Ziele verfolgen.

Neue Weltordnung: eine Vision, viele Varianten

Wie bereits mehrfach angedeutet, vertraten die esoterischen und gnostischen Gruppierungen, denen die Männer der PdS angehörten, konkrete politische Vorstellungen. Immer wieder taucht der Begriff „Vereintes Europa" auf, im 20. Jahrhundert sogar der Begriff „Vereinigte Staaten von Europa". Es ist bekannt, daß bei der Gründung der „Vereinigten Staaten von Amerika" Freimaurer eine entscheidende Rolle spielten. So ist es nicht verwunderlich, daß diese Gruppierung für Europa ein ähnliches Ziel verfolgt.

Alle maßgeblichen Personen im Umfeld von Pierre Plantard gehörten zu solchen Gruppierungen und Logenorganisationen. Dies zeigte sich besonders deutlich im Rundbrief *Vaincre* und bei den dort auftretenden Autoren.

In der ersten Ausgabe von *Vaincre* (September 1942) wurde eine Zeichnung veröffentlicht, die das politische Programm des Alpha-Galater-Ordens und der dahinter wirkenden Patron-Orden deutlich zum Ausdruck bringt: Auf einer Straße mit der Inschrift ETATS-UNIS d'OCCIDENT („Vereinigte Staaten des Westens") reitet ein Ritter gegen Osten in Richtung aufgehende Sonne. Links steht die Jahreszahl 1937, rechts in der Sonne 1946. In der Sonne ist auch das astrologische Zeichen des Wassermanns eingezeichnet – bereits 1942 ein direkter Hinweis auf das kommende Wassermannzeitalter. (1937 hatte Paul Le Cour das Buch *L'Ère du Verseau,* „Das Zeitalter des Wassermannes", veröffentlicht, das in *Vaincre* mehrfach zitiert wurde.) Der Reiter trägt eine Fahne, die das Aussehen der heutigen Europaflagge auf erstaunliche Weise vorwegnimmt – ein Kreis von Pentagrammsternen, hier sieben, heute zwölf –, nur daß im Sternenkreis ein Logensymbol eingezeichnet ist, das später von der PdS übernommen bzw. weitergeführt wurde. Auf der einen Seite der Straße steht „Bretagne", auf der anderen „Bavière" (Bayern), eine deutliche Benennung der vorgesehenen Größe dieser „Vereinigten Staaten des Westens". 1942 kannten also gewisse Insider bereits das Jahr des Neuanfangs in Europa – und somit auch das Jahr des (geplanten?) Kriegsendes – sowie das Aussehen der künftigen Europaflagge.

Bildliche Darstellung des politischen Ziels des Alpha-Galater-Ordens und der dahinter wirkenden Logenorganisationen, veröffentlicht in *Vaincre* Nr. 1, September 1942, mit dem 22jährigen Pierre Plantard als Herausgeber.

Ein geeintes Europa, in dem die Menschen in Frieden zusammenleben, ist ein erstrebenswertes Ziel. Doch hier wird nicht nur von einem geeinten oder vereinten, sondern von einem *vereinigten* Europa gesprochen. Was verstehen die nunmehr identifizierten Gruppierungen unter diesem Begriff? Welche Vision einer neuen Weltordnung schwebt ihnen vor? Um dies zu verstehen, ist es notwendig, historisch etwas weiter auszuholen.

Aufklärung, Wissenschaft und Geisteswissenschaft

Bis in die Mitte des zweiten Jahrtausends wurde Europa von der Macht der Kirche beherrscht und bevormundet, ja terrorisiert, wenn man an die Inquisition und an die Religionskriege denkt. Mit der Renaissance und der Aufklärung entstand eine Gegenbewegung: Der Mensch wollte nicht mehr glauben, sondern *wissen*. So entstanden der Rationalismus und der Reduktionismus als Ausdruck des „wissenschaftlichen“ Materialismus. Der Mensch glaubte nun, objektiv und wissenschaftlich zu sein bedeute, ein materialistisches Weltbild zu haben. Die Welt und alles Leben wurde auf die materiell greifbare Gegenständlichkeit reduziert. Man meinte, nicht mehr an einen „Geist“ und „geistige Welten“ zu glauben sei wahrer Fortschritt; man wisse ja aus der objektiven Beobachtung, daß es keinen von der Materie unabhängigen „Geist“ gebe, somit auch keine Seele, kein Leben nach dem Tod, keine geistigen Welten und keine Geistwesen.

Aber nicht alle Intellektuellen der Aufklärung schwenkten zu diesem atheistischen oder deistischen Materialismus über. Eine bestimmte Art von Menschen befreite sich konsequent von Aberglauben und Dogmatismus, ohne jedoch dem anderen Extrem, dem Materialismus in irgendeiner seiner reduktionistischen oder okkulten Ausprägungen, zu verfallen. Diese Menschen befaßten sich mit Christentum und Gnostik, mit Wissenschaft, Kabbala und Magie, oft auch mit Spiritismus, denn sie wollten die Phänomene „Geist“ und „geistige Welten“ frei von kirchlichen und materialistischen Vorurteilen erforschen. Man könnte sie deshalb *Geisteswissenschafter* nennen. Sie hatten eine innere und oft auch eine äußere Distanz zur Kirche, denn diese verteufelte jede Form von Geisteswissenschaft. Ebenso gehörten sie (meistens) nicht zu den Kreisen der „anerkannten" Wissenschaft, eben weil sie ein metaphysisches Weltbild vertraten. Und so bildeten sie eigene Kreise oder traten bestehenden alternativen Kreisen bei, meistens Rosenkreuzer- oder Freimaurergruppierungen.

Diese Gruppierungen waren jedoch selten neutral, sondern verknüpften ihre Esoterik mit konkreten politischen Vorstellungen. Sie sahen sich als Nachfolger der von der Kirche verfolgten Wissenshüter und deshalb auch als die prädestinierten heimlichen Reformer. Von Europa aus war die ganze Welt entdeckt und kolonisiert worden, also konnte von Europa aus auch weiterhin die Welt geformt werden, und diese „Freidenker", sehr oft Männer von hohem gesellschaftlichem Rang, wollten Europa nach *ihren* Vorstellungen gestalten. So wie das Papsttum Europa für Jahrhunderte mit seiner katholischen Macht vereint und geführt hatte, wollten nun die säkularen „Kirchen" Europa formen und führen; Grundlage sollte aber nicht mehr die römische Religion sein, sondern der Humanismus – was immer die jeweiligen Gruppierungen darunter verstanden.* Symbol des Humanismus ist das international verwendbare Emblem des Fünfzacksterns.

Ein Hauptziel aller humanistischen Bestrebungen ist die Einheit der Menschen, um dadurch Frieden zu erreichen. Die Religionen waren (und sind) anscheinend unfähig, dieses Ziel zu erreichen. Also fühlten sich die „Religionsfreien" berufen, diese Aufgabe in Angriff zu nehmen, um tragfähige Visionen für Europa und die

* Humanismus: eine kulturelle und philosophische Weltsicht, die die Freiheit und Selbstverantwortung des Menschen als höchstes Prinzip sieht; formierte sich als Bewegung im 15. Jahrhundert, um der kirchlich-dogmatischen Indoktrination entgegenzuwirken und sich für die Emanzipation des Menschen einzusetzen; förderte die rationalistische und wissenschaftliche Forschung und wurde dadurch zur Grundlage des modernen Bildungssystems. Der *theistische* Humanismus betont den freien Willen und die damit verbundene Selbstverantwortung des Menschen auf der Grundlage seiner individuellen, ewigen Beziehung zu Gott, die unabhängig von religiösen Institutionen und Vermittlern ist. Der *atheistische* Humanismus definiert den Menschen als „natürliches" (= materielles) Wesen, das nur sich selbst gegenüber verantwortlich ist, denn „es gibt keinen Gott außerhalb von mir"; es gibt keinen göttlichen, absoluten Sinn im Leben; das Leben hat nur den Sinn, den man selbst ihm gibt, denn das Leben entwickelt sich entsprechend den „natürlichen" Gesetzen von Evolution und Notwendigkeit.

Welt zu finden. Anfänglich geschah dies mit hohen Idealen, die einer echten Spiritualität (Gottes- und Menschenliebe) und einem wahren Respekt für alle Menschen entsprangen – und nicht nur schönklingenden diplomatischen Worten:

> „Liebe Gott mit Herz, Verstand und Seele, und liebe deine Mitmenschen wie dich selbst!“ (Mt 22,37–40; Mk 12,29–31; Lk 10,26–28)

> „Behandelt die Menschen so, wie ihr selbst von ihnen behandelt werden wollt – das ist der Kern aller Gottesgesetze und aller Prophetenworte.“ (Mt 7,12; Lk 6,31)

Einer der ersten, der den europäischen Einheitsgedanken programmatisch und philosophisch ausformulierte, war der aus Böhmen stammende Jan Amos Comenius (1592–1670), ein Priester und rosenkreuzerischer Gelehrter. Er verfaßte an die 150 Schriften und Bücher, von denen eines den Titel *Pansophia* trug, der zu einem neuen Grundbegriff wurde. Die Pansophie, wörtlich „Gesamtweisheit“ oder „allumfassende Weisheit“, sollte eine Grundlage für alle verschiedenen Geistesrichtungen bieten, auf der eine gemeinsame Zusammenarbeit möglich werden sollte, sowohl auf der geistigen als auch auf der politischen Ebene. Seine Vision war die Bildung eines Kollegiums aller verschiedenen Institutionen, Bruderschaften und Logen, in dem alle Mitglieder offen, ohne Geheimnisse und ohne selbstische Interessen mitwirken – als eine Art „Theokratie“ von wahren Weisen, die beratend und inspirierend über allen nationalen Regierungen steht. Modern gesprochen, ging es ihm um „Vernetzung“, um ein „Miteinander statt Gegeneinander“. 1641 wurde Comenius sogar nach England eingeladen, wo sich das Parlament mit seinen Vorschlägen und Modellen befaßte, aber die guten Ansätze versandeten schnell (Bürgerkrieg, Cromwell usw.). 1958 wurde er von der UNESCO als einer ihrer Vordenker gewürdigt.

Aus der Pansophie entstand über verschiedene Stationen die Paneuropa-Bewegung, wobei allerdings ein Großteil des ehrlichen Idealismus auf der Strecke blieb.

47 Jahre nach Comenius’ Tod wurde in England die Freimaurerorganisation gegründet. Sie sollte ein Gefäß für die freidenkeri-

sche Geisteswissenschaft darstellen, verfolgte aber auch heimliche politische Ziele (durch Infiltration, Agitation usw.) und band ihre Mitglieder mit Schwüren und Ritualen. Kein Wunder, daß viele enthusiastische Neumitglieder bald ernüchtert waren und sich wieder distanzierten, um ihren wahren, inneren Idealen treu bleiben zu können. Zwei typische Beispiele aus der damaligen Zeit sind Johann Heinrich Jung-Stilling (1740–1817) in Deutschland und Louis-Claude de Saint-Martin (1743–1803) in Frankreich.

Jung-Stilling förderte (und verteidigte) als Professor und Doktor der Medizin die „Geisterkunde", d.h. die parapsychologische Forschung, wandte sich deutlich gegen die deistische Scheinreligion vieler Freimaurerlogen und ging einen eigenen geistchristlichen Weg. Er war wahrscheinlich der erste der Neuzeit, der die Pyramiden von Gizeh als Einweihungsstätten erkannte. In seinem vierbändigen Roman *Das Heimweh* (erschienen 1794–1796) beschreibt er in Briefform einen Weg der inneren Entwicklung, der in einer Einweihung in den Pyramiden gipfelt. Dieser Roman bewegte verschiedene Freimaurer, im Äußeren nach Ägypten zu pilgern. In den Jahren 1798 bis 1801 fand auch Napoleons Ägypten-Feldzug statt, in dessen Gefolge viele Akademiker und Zeichner die altägyptische Kultur zum ersten Mal systematisch erforschten und bildlich dokumentierten.

Der Romantitel *Das Heimweh* verrät die Grundstimmung dieser religiösen Esoteriker: Bewußtheit der inneren Verbindung mit Gottes Lichtwelten und gleichzeitig das schmerzliche Empfinden der vorherrschenden Gottesferne in der äußeren Welt, auch in den Logenorganisationen.

Ein Buch mit einem ähnlichen Titel verfaßte auch Louis-Claude de Saint-Martin: *L'homme de désir* (1790), dt. *Des Menschen Sehnen und Ahnden* (1813).

1792 schrieb Saint-Martin an einen Freund in der Schweiz:

> Ich gestehe Ihnen, daß … ich manchmal traurig bin, wenn Sie mich über Logen und andere Lappalien dieser Art um Rat fragen – mich, der ich in meiner schmerzlichen Lage nötig hätte, daß man mich immerfort in jenes Heimatland trüge, wohin alle meine Wünsche und Bedürfnisse mich rufen … Ich sehe mich an wie der Robinson Crusoe des Geisterreiches.[103]

Jung-Stilling und Saint-Martin – noch viele andere könnten genannt werden – waren theistische Humanisten und eine Art von privaten Mystikern. Saint-Martin hatte mit seinen Schriften und Gedanken einen nachhaltigen Einfluß und gilt heute als eine der Schlüsselfiguren der modernen Esoterik, insbesondere weil andere sich später auf ihn beriefen. Neunzig Jahre nach seinem Tod wurde in seinem Namen eine freimaurerähnliche Organisation gegründet, der Martinisten-Orden.

Was Saint-Martin in seinem Brief schrieb, war Ausdruck seiner eigenen Erfahrung und Reifung. Er lebte direkt in der Zeit, in der Emanuel Swedenborg (1688–1772), der mysteriöse Graf von Saint-Germain (ca. 1710–1784) und der Okkultist Allesandro Cagliostro (1743–1795) von sich reden machten. Saint-Martin befand sich anfänglich mitten in dieser Szene. Er traf als junger Offizier Jacques Martinez de Pasqually (1727–1774), der als Sohn eines zum Katholizismus konvertierten Juden und Freimaurers aus Spanien den „Orden der auserwählten Cohen“ *(Ordre des Élus-Coëns)* gegründet hatte. „Cohen“ ist ein hebräisches Wort mit der Bedeutung „Priester“, „Schriftkundiger“.

Saint-Martin wurde Pasquallys Sekretär und eröffnete später in Toulouse einen eigenen „Tempel“. In der Nachfolge oder Nachahmung von Swedenborg, Saint-Germain usw. führten geheime Zirkel innerhalb dieser „Orden“ und „Tempel“ spiritistische Experimente durch, um mit unsichtbaren Wesen in Kontakt zu treten und so eventuell exklusive Informationen zu bekommen. Diese medialen Experimente gehörten zu den hermetischen Geheimnissen der höchsten Grade und wurden bei den „auserwählten Cohen“ einfach *la chose,* „die Sache“, genannt. „Zur Sache zu kommen“ bedeutete also, daß streng gehütete Rituale praktiziert wurden, die helfen sollten, Kontakt mit unsichtbaren Welten und Wesen zu bekommen.

Saint-Martin arbeitete in Paris auch mit Franz Anton Mesmer (1734–1815) zusammen, der im heilerischen Bereich die Wirkung von feinstofflichen Energien demonstrierte und auch mit Trance-Zuständen arbeitete. Mesmer gründete die „Gesellschaft der Harmonie“, zu der nur Freimaurer zugelassen waren.

In den Cohen- und Harmoniekreisen um Saint-Martin verkehrte auch Jean-Baptiste Willermoz (1730–1824), der Baron von Hunds „Strikte Observanz“ zum „Rektifizierten Schottischen Ritus“ umwandelte. Das oberste Gremium dieses Systems nannte sich *Grand Prieuré* („Groß-Priorat“). Der Begriff *Prieuré* weist also einmal mehr auf einen ganz bestimmten Hintergrund hin!

Auch bei Willermoz ging es im innersten Kreis um Spiritismus und Medialität durch Hypnose und Tiefentrance. 1784 kam es zu ersten Durchbrüchen, als ein weibliches Medium den „Kontakt“ schaffte. Durch sie sprachen unter anderem verstorbene Templer, die geheime bzw. unbekannte Informationen über ihre Geschichte und ihre Weiterexistenz nach 1307 mitteilten. In dieser Zeit bekam Willermoz auch die legendären elf Notizbücher voller schreibmedialer Texte. Von einer anderen medialen Quelle, die einfach *L'Agent Inconnu* („der unbekannte bzw. anonyme Agent“) genannt wurde, sollen sogar 166 Bücher voll schreibmedialer Instruktionen diktiert worden sein.

In seinen späteren Jahren, vor allem als er die Schriften von Jakob Böhme (1575–1624) entdeckte, wandte sich Saint-Martin von diesen Kreisen ab und nannte die sensationalistischen Praktiken des Spiritismus „Lappalien“.

Aus den Pasqually-, Willermoz- und Mesmer-Kreisen stammte auch Antoine Fabre d'Olivet (1767–1825), der selbst ein bekannter „Magnetisierer“ mit medialer Begabung war. Er schrieb über wissenschaftliche Sprachforschung und daneben auch über die vergessene esoterische Vergangenheit der Menschheit; er sagte, er wisse aus seinen Quellen, daß früher einmal eine globale spirituelle Zivilisation existiert habe, die einem eigenen gesellschaftlichen System folgte, das er auch detailliert beschrieb. Inhaltlich entsprach es dem Pansophie-Modell.

Zu einer Kulmination all dieser Ideen kam es mit dem heute fast vergessenen Visionär Saint-Yves d'Alveydre (1842–1909), der als Vater der modernen Esoterik bezeichnet werden kann. Blavatsky, Guénon, Gurdjeff, Steiner – so unterschiedlich diese Personen sind, sie alle wurden von Saint-Yves stark beeinflußt und übernahmen zentrale Elemente seiner Lehren, so wie auch viele Exponenten der freimaurerischen Europa-Bewegung dies taten, jedoch mit veränderten Vorzeichen.

Synarchie: Gesellschaftsmodell des religiösen Idealismus

Joseph Alexandre Saint-Yves – den Titel Marquis d'Alveydre bekam er 1880 vom Papst! – blieb während seines ganzen Lebens Katholik und trat nie einer Loge bei.[104] Saint-Yves war ein enger Freund von Edward Bulwer-Lytton, dem englischen Gesandten in Paris, der 1878 Vizekönig von Indien wurde. Er kannte deshalb bestimmt auch die Werke von dessen Vater, Earl Edward Bulwer-Lytton (1803–1873), der ein Mitglied des englischen Unterhauses sowie ein bekannter Autor und Esoteriker (Rosenkreuzer-Großmeister und Freimaurer) war. Besonders bekannt ist heute noch sein letztes Werk, der Roman *The Coming Race,* in dem er eine geheime Zivilisation beschreibt, die in einem unterirdischen Reich lebt und über eine „Freie Energie“ namens Vril verfügt. (Direkt auf diese Quelle geht die später gegründete Vril-Gesellschaft zurück, die zusammen mit der Thule-Gesellschaft zu den okkulten Wurzeln des „Dritten Reiches“ gehörte.)

Im Jahr 1877 trat Saint-Yves mit seinem ersten Buch an die Öffentlichkeit: *Clefs de l'Orient* („Schlüssel zum Osten“), in dem er die Pansophie zu einem konkreten gesellschaftlichen Modell ausarbeitete, das er *Synarchie* nannte. In diesem Buch betonte er gleich auf der ersten Seite, daß Europa politisch vereint sein sollte, und zwar aus zwei Gründen: wegen der Bedrohung, die der erstarkende Islam darstellt, und wegen der inneren Bedrohung durch die Mächte des „Materalismus und Industrialismus“ (inkl. Hochfinanz). „Die Lösung für beide Probleme sah er darin, daß sich Europa unter einem christlichen Banner vereinen sollte, inspiriert durch ein ‚göttliches Licht‘ und eine ‚grundlegende oder definitive Offenbarung‘.“[105]

Die Diskussion um gesellschaftliche Modelle war damals sehr aktuell und wurde z. B. durch *Das kommunistische Manifest* angeheizt, das 1848 zum ersten Mal erschienen war. Im selben Jahr wurde in Frankreich Napoleon III. zum Präsidenten der Zweiten Republik gewählt und nahm 1852 den Kaisertitel an (blieb im Amt bis 1870; starb 1873).

Synarchie bedeutet wörtlich „gemeinsames Herrschen“ und soll die Synthese der guten Aspekte aller anderen Gesellschaftsmodelle sein. Die Grundlage der Synarchie ist die *Dreigliederung der Gesellschaft* in die Bereiche Gesetz (Politik), Wirtschaft und Religion, die alle eigenständig sein sollen, um auf dieser Grundlage gleichwertig zusammenarbeiten zu können. So sollen z.B. die Vertreter der Wirtschaft nicht den Bereich der Politik manipulieren können; Geld solle nicht der Schlüssel zur Macht sein, usw. Für jeden dieser Bereiche solle ein „Europäischer Rat“ bestehen.

Mit dem Kriterium der Synarchie analysierte Saint-Yves die ganze Weltgeschichte und sagte, von 7500 bis 4000 v.Chr. habe im Bereich von Asien, Europa und Afrika ein synarchisches goldenes Zeitalter geblüht, das vom indischen König Râma begründet worden sei (Saint-Yves sah die Ägypter als Nachfahren der Atlanter und vertrat die Meinung, die Sphinx sei älter als 4500 Jahre); die ägyptische Kultur der Pharaonen sei nur noch ein unvollkommenes Abbild der vorherigen Weltkultur gewesen, und die späteren Religionen seien nur noch ein Bruchstück der ursprünglichen „universellen“ Religion. Gemäß Saint-Yves bekamen Moses und Jesus die gleiche synarchische Offenbarung, weshalb auch das Urchristentum dieses Wissen noch hatte. Der göttliche Idealismus sei aber korrumpiert worden, als die Rom-Kirche entstand und begann, nach weltlicher Macht zu streben. Für Saint-Yves ist die „Kirche“ das Ideal der Synarchie-Hierarchie, nur müsse sie transformiert werden:

> Aus dem Grab Christi wird die zyklische Synarchie und ihr Oberstes Pontifikat *(Souverain Pontificat)* wieder auferstehen ... die Transfiguration des Papsttums in ein Pontifikat, das ökumenisch und universell sein wird, sei es in Rom, in Konstantinopel, in Jerusalem ...[106]

Dies waren Spekulationen und Hoffnungen hinsichtlich der Möglichkeiten einer universell-religiösen Verbindung der Menschheit, denn damals spürten Menschen wie Saint-Yves die heraufziehende Katastrophe von immer größeren Kriegen, die von Menschen heraufbeschworen wurden, die eine andere „Weltordnung“ anstrebten. Seine utopischen Visionen, so veraltet oder verdächtig sie für uns heute klingen mögen, unterschied Saint-Yves aber bewußt von den diabolischen Formen einer verdeckt totalitären

Eine-Welt-Regierung und einer entsprechend vereinheitlichten Weltreligion:

> Es werden also noch verschiedene Formen des Martyriums auf die Völker zukommen, und das *Gouvernement général* [„Allgemeinregierung“; Saint-Yves' Ausdruck für die manipulativen Mächte] wird mit seiner Doppelzüngigkeit und Gewalt für einige Zeit noch weiterfahren, das zu verdunkeln, was Moses das Ebenbild Gottes nannte. Der Anti-Gott und der Anti-Christus, wie sie der Prophet Daniel beschrieb, werden weiterhin das Tier der Apokalypse streicheln ...[107]

Saint-Yves betonte, daß in der synarchischen Gemeinsamkeit alle Gesellschaftsschichten und alle Völker entscheidende Beiträge zu leisten haben; es gibt keine „Herrenrasse“. Deshalb veröffentlichte er manifestartige Schriften wie *Mission actuelle des souverains* (1882; „Aktuelle Aufgabe der Staatsoberhäupter“), *Mission actuelle des ouvriers* (1882; „Aktuelle Aufgabe der Angestellten“), *Mission des juifs* (1887; „Aufgabe der Juden“), *La France vraie, ou Mission des Français* (1887; „Das wahre Frankreich, oder die Aufgabe der Franzosen“) und *Mission de l'Inde en Europe – Mission de l'Europe en Asie* (1886/1910; „Aufgabe/Rolle Indiens in Europa – Aufgabe/Rolle Europas in Asien“).

Mission de l'Inde erschien im Jahr 1886, aber Saint-Yves ließ es gleich nach dem Druck wieder einstampfen, bevor überhaupt bekannt wurde, daß dieses Buch existiert hatte. Nur zwei Exemplare blieben erhalten; es wurde erst nach Saint-Yves' Tod wieder gedruckt. Privat sagte er, er habe dieses Buch vernichtet, weil ihm die „Meister“ mitgeteilt hätten, er habe Geheimnisse zu früh verraten. Wahrscheinlich in Anlehnung an Bulwer-Lyttons Buch *The Coming Race* hatte er ein synarchisch organisiertes Reich von Mahâtmâs im Himalaya namens „Agarttha“ beschrieben, das in einem unterirdischen Netzwerk von Höhlenwelten existiere.

> Der Name Agarttha bedeutet „frei von Gewalt, jenseits von Anarchie“. Dieses Hierogramm gibt den Schlüssel zur Antwort ... auf den Triumph des *Gouvernement général*, das mit brutaler Gewalt agiert, sei es in Form von militärischen Eroberungen, politischer Tyrannei, sektiererischer Intoleranz oder kolonialer Raffgier.

> Seit dieser Zeit ist die Kommunikation zwischen Agarttha und dem Westen vorübergehend unterbrochen, denn es sei hier nochmals an den Namen dieser großen Universität erinnert: „jenseits von Anarchie"![108]

Ein begeisterter Anhänger von Saint-Yves und Saint-Martin war Dr. Gérard Encausse, „Papus", dem wir bereits mehrfach begegnet sind. Papus kannte Saint-Yves seit 1887 persönlich, war ein überzeugter Synarchie-Vertreter und gründete einen Saint-Yves-Freundeskreis *(Les Amis de Saint-Yves)*. Nach dem Tod von Saint-Yves veröffentlichte er das Buch *Mission de l'Inde* (1910).

Papus gründete in Anlehnung an Saint-Martins Werke und Namen auch den Martinisten-Orden (um 1882, das Gründungsdatum ist nicht genau bekannt), der schnell sehr einflußreich wurde. Um 1900 gab es bereits Logen in England, in den USA, in Südamerika und in „Indochina", d.h. in den asiatischen Kolonien Frankreichs. Zur Koordination gründete Papus einen „Höchsten Rat", zu dem unter anderem Joseph Péladan gehörte, dessen Sekretär für eine gewisse Zeit Georges Monti war, der erste Mentor von Pierre Plantard. Eine andere wichtige Person im Kreis der Alpha-Galater war Robert Amadou, der 1942 als 18jähriger in den Martinisten-Orden eingeweiht wurde und noch im selben Jahr in den höchsten Grad, zu den S.I., den *Silencieux Inconnus,* den „Schweigenden Unbekannten", berufen wurde. Ein Jahr später trat er auch dem „Rektifizierten Schottischen Ritus" der Freimaurerei bei,[109] was einmal mehr zeigt, wie eng diese Gesellschaften verbunden sind. Zwischen 1917 und 1945 hatten der Martinisten-Orden und Doinels Gnostische Kirche sogar dieselben zwei aufeinanderfolgenden Großmeister.

Der Einfluß dieser Kreise auf die nachfolgende Generation zeigt sich am Beispiel des Alpha-Galater-Ordens und dessen Rundbrief *Vaincre*. Die erste Ausgabe von *Vaincre* begann mit dem Artikel „Die Legende von Ram". Das ist Saint-Yves pur: Ram bzw. Râma war der legendäre Begründer des synarchischen goldenen Zeitalters. Und es wurde aus Paul Le Cours Buch *L'Ère du Verseau,* „Das Zeitalter des Wassermannes", zitiert. (Le Cour war Mitglied des Martinisten-Ordens und schrieb als Saint-Yves-Anhänger auch über Themen wie Agarttha, Atlantis usw.)

In *Vaincre* Nr. 4 (Dezember 1942) schrieb Prof. Camille Savoir trotz Weltkrieg und deutscher Besatzung ohne Pseudonym, daß die Alpha-Galater „resolut an die Synarchie glauben ... und Anarchie in all ihren Formen ablehnen“.

Was war diese Überzeugung, die so viele verschiedene Gruppierungen über Generationen hinweg zusammenarbeiten ließ – mit direktem Bezug zur heutigen Zeit?

Die Gesellschaft als lebendiger Körper: Eine gesunde Organisation muß organisch sein!

Die Geisteswissenschafter, von Comenius über Saint-Martin bis Saint-Yves und weiter, sahen die Gemeinschaft der Menschen nicht als eine pyramidale Rangordnung, wo wenige Mächtige den Rest der Menschheit dirigieren, sondern als ein organisches Ganzes, als lebenden Körper, in dem jedes Organ, ja jede Körperzelle ihre genaue Funktion und Position hat. Unordnung und Anarchie in den Körperzellen führt zu Krankheit und Tod. *Organisation soll organisch sein!* In einem gesunden Körper wirkt alles gemeinsam zum Wohl des Ganzen. Nichts wirkt eigennützig oder parasitär. Saint-Yves betonte, daß Synarchie eine *natürliche* Ordnung, also keine diktatorische Ordnung ist, denn eine solche widerspräche der natürlichen (und göttlichen) Ordnung von Gemeinsamkeit, Gerechtigkeit und Harmonie.

In den indischen Schriften, die Saint-Yves durch sein persönliches Studium und durch seine Freundschaft mit dem Vizekönig von Indien gut kannte, wird der gesellschaftliche Körper ebenfalls mit dem menschlichen Körper verglichen, und Saint-Yves sprach des öfteren auch von der „vierfachen Hierarchie der Wissensbereiche“ *(la quadruple hiérarchie des connaissances).*[110] Jeder Bereich der dreigegliederten Gesellschaft sollte über diese Viererstruktur organisiert sein:

Der Kopf symbolisiert die *Brâhmanas,* die „Kenner des Geistigen“, die Priester, Lehrer und Berater, die materiell anspruchslos leben und deshalb unbestechlich sind.

Die Arme sind die *Kshatriyas,* die „Beschützer“, die Adligen, die Politiker, die Militär- und Polizeikräfte, die nie eigenwillig oder diktatorisch handeln, sondern immer in Rücksprache und Übereinstimmung mit den *Brâhmanas.*

Der Bauch sind die *Vaishyas,* die „Säer; Vermehrer", die mit ehrlichen Mitteln Land- und Geldwirtschaft und sonstigen Handel treiben; sie sollen den ganzen Körper ernähren und stärken und nicht ausbeuten; in dieser organischen Gesellschaft haben die Besitzer des Geldes nicht die politische Macht.

Die Beine sind die *Shûdras,* die „Träger; Stützen", die Mitarbeiter und Angestellten, ohne die der Gesellschaftskörper unvollständig und nicht lebensfähig wäre.

Es ist anzunehmen, daß auch die medialen Quellen die Frage nach einer natürlichen und gerechten Gesellschaftsform mit diesem Körperbeispiel beantworteten.[111]

Doch auch dieses System kann korrupte und ausbeuterische Formen annehmen. In Indien wurde es zum *Kastensystem,* was bedeutet, daß die „Oberen" auf einmal meinten, sie seien besser als die „Unteren". Nicht mehr die individuelle Qualifikation bestimmte, welchem Berufsstand jemand angehörte, sondern die Familienzugehörigkeit, das *Geburtsrecht.* Die Kinder der Priester und der Adligen nahmen automatisch die Positionen ihrer Eltern ein, auch wenn sie charakterlich oder von der Befähigung her nicht für diese Positionen geeignet waren, und sie ließen die Gesellschaft eine Form annehmen, die es verbot, daß Menschen aus den „unteren" Ständen „obere" Positionen einnehmen konnten.

In Europa zeigte sich dasselbe Problem auf eine etwas andere Art. Da alle Menschen in der natürlichen bzw. göttlichen Ordnung ihren Platz und ihre Aufgabe haben, so wurde argumentiert, hätten gewisse Menschen gemäß dieser Vorsehung die Aufgabe, Herrscher zu sein, und zwar diejenigen, die von eben jener „Vorsehung" mit den entsprechenden materiellen Mitteln ausgestattet worden seien. Die Macht solle also in den Händen einer prädestinierten Elite sein, die letztlich niemandem gegenüber verantwortlich sei, weil sie sich durch ihre prädestinierte Machtposition selbst kontrolliere und selbst wähle. (Solchen Vorstellungen entspringt ein zentrales Element der PdS-Geschichte: Die „Merowinger" sind das Sinnbild für die prädestinierten Herrscher, und der charismatische „Gesalbte" aus diesem Kreis ist der König!)

Der springende Punkt hierbei ist: Selbst wenn gewisse Eliten selbstgewählt sind, sollten sie nicht selbstkontrolliert sein. Wenn jedoch der Kopf der Gesellschaft fehlt, sind sie selbstkontrolliert und daher unkontrolliert. Dies führt sogleich zu geheimen Machtplänen und verborgenen Manipulationen. Und genau das geschah mit dem Synarchiegedanken. Die geheimen Eliten erkannten, daß die populären Ideale „Demokratie“ und „individuelle Freiheit“ ihrem Machtanspruch entgegenstanden, ja mehr noch: daß Demokratie für eine gewisse Zeit die beste Tarnung für ihre Weichenstellungen hinter der Kulisse ist.

„Synarchie wurde gleichbedeutend mit ‚Herrschaft durch Geheimgesellschaften‘ – was nicht genau dem entsprach, was Saint-Yves selbst angestrebt hatte.“[112]

Utopie und „praktischer Idealismus“

Die Vorstellung, daß die menschliche Gesellschaft gemäß der natürlichen Ordnung durch eine Synarchie, ein „gemeinsames Herrschen“, organisiert sein könnte, vermochte viele zu begeistern, aber sie war, praktisch gesehen, eine Utopie und eine Illusion. Während die wahren Humanisten durch die Jahrhunderte hindurch auf diese natürliche Einheit und Menschlichkeit hinarbeiteten – aber im Äußeren nicht viel Konkretes erreichten, da ihre Ideale „unpraktisch“ waren –, verfolgten andere Mächte einen „praktischen Idealismus“: Ideal ist, was praktisch ist, und wenn Kriege ideal sind, um ein Ziel zu erreichen oder ihm näherzukommen, dann gehören auch diese zum „praktischen Idealismus“.

Die dunkle Form von Synarchismus ist identisch mit Totalitarismus, Rassismus, Faschismus usw.: Lenkung der Politik durch eine geheime Elite; Diktatur; „Ordnung“ aus dem Chaos.

Wenn die Autoren des Buches *The Sion Revelation* in der Einleitung schreiben, die „wahre Geschichte der Prieuré“ sei „sehr bedeutsam, beunruhigend und sogar alarmierend“ (siehe Zitat auf S. 230), dann meinen sie *diese* Hintergründe. Wie ihre Nachforschungen ergaben, hatten die negativ-synarchistischen Logenkreise bereits Ende des 19. Jahrhunderts folgende politische Ziele:

(1) die Beseitigung des zaristischen Rußlands, (2) die Beseitigung des Kaisertums von Deutschland und von Österreich-Ungarn und (3) die Errichtung der „Vereinigten Staaten von Europa".[113]

Die ersten zwei Ziele wurden durch den Ersten Weltkrieg und durch die Russische Revolution innerhalb weniger Jahre erreicht, das dritte ist ein längerfristiges Ziel, das aber ebenfalls systematisch angestrebt wird.

Praktischer Idealismus, so lautete der Titel eines Buches des österreichischen Grafen und Freimaurers Richard Coudenhove-Calergi (1894–1972), das 1925 erschien. Zwei Jahre zuvor hatte er die Paneuropa-Union gegründet, 1926 führte er in Wien den ersten Paneuropa-Kongreß durch. In diesem Buch enthüllte er Erstaunliches: „Der Kampf zwischen Kapitalismus und Kommunismus ist ein Bruderkrieg des geistigen Adels. ... So hat eine gütige Vorsehung Europa ... eine neue Adelsrasse von Geistes Gnaden geschenkt."[114]

Der Kampf zwischen Kapitalismus und Kommunismus ist ein Bruderkrieg *desselben „geistigen Adels"?!* Und dieser „Kampf" habe etwas mit einer „gütigen Vorsehung" zu tun? Immerhin forderte dieser „Bruderkrieg" mit der Russischen Revolution, der dortigen Diktatur und den beiden Weltkriegen innerhalb von vierzig Jahren (bis Stalins Tod 1953) mehr als 100 Millionen Todesopfer, Todes*opfer* im wörtlichen Sinn: Menschen wurden dem „praktischen Idealismus" geopfert. Warum? Damit Europa und der Welt „eine neue Adelsrasse von Geistes Gnaden geschenkt" werden kann?

Bei der gesamten Europa-Politik sollte also nie vergessen werden, daß hier Leute am Werk sind, die meinen, eine „Adelsrasse von Geistes Gnaden" zu sein. Mit den ursprünglichen Synarchie-Idealen von Gemeinsamkeit, Ehrlichkeit und Menschlichkeit hat dies nicht mehr viel zu tun.

Um 1935 verfaßten Logen-Intellektuelle in Frankreich ein geheimes Manifest mit dem Titel *Der synarchistisch-revolutionäre Pakt für das Französische Empire.* Dieser Text kam erst an die Öffentlichkeit, als 1941 in Paris ein Geschäftsmann namens Jean Coutrot Selbstmord beging, worauf in seiner Wohnung eine Kopie dieses Paktes gefunden wurde. Aus diesem Text geht hervor, worauf all diese dunklen Aktionen hinauslaufen sollen: auf eine „unsichtbare Revolution“ und dann eine „Revolution von oben“, mit dem Ziel einer „Weltsynarchie“. Betont wird: „Alle relativen Formen von Anarchie bekämpfen wir ohne Gnade.“[115] Das ist Absolutismus! „Alle relativen Formen von Anarchie“ bedeutet: alles, was nicht ihren Plänen entspricht. Dies wurde *vor* dem Zweiten Weltkrieg geschrieben, und zwar von Männern, die nach dem Zweiten Weltkrieg zentrale Stellungen in der Europa-Politik einnehmen sollten oder mit diesen in engen Verbindungen standen, wie z. B. Jean Monnet und Robert Schumann.

Der Pakt sagt auch konkret, was der nächste wichtige Schritt in dieser Entwicklung ist: die Gründung einer „Europäischen Union“ *(Union Européenne)*. Genau das geschah dann, genau mit diesem Namen.[116]

Einer der direkten Autoren dieses Paktes, Postel du Mas, war ein esoterischer Lehrer und Logenmeister, der nur im Hintergrund wirkte und seine Aufgabe darin sah, „das Kommen eines politischen Messias vorzubereiten“![117]

Demselben Ziel dient auch die „Prieuré de Sion“ …

Nach dem Zweiten Weltkrieg bot das zerstörte Europa Gelegenheit, aus dem Chaos eine neue Ordnung zu schaffen. Winston Churchill sagte in seiner berühmten Rede an der Universität Zürich im September 1946: „Wenn Europa einmal einträchtig sein gemeinsames Erbe verwalten würde, dann könnten seine drei- oder vierhundert Millionen Einwohner ein Glück, einen Wohlstand und einen Ruhm ohne Grenzen genießen … Wir müssen eine Art von Vereinigten Staaten von Europa schaffen …!“

Das entspricht dem vorgenannten Ziel 3.

Im Mai 1948 wurde in Den Haag das „Komitee für die Internationale Koordination der Bewegungen zur Vereinigung Europas“ gegründet. Vorsitzender: Winston Churchill. Er unterstützte auch die Gründung des *„American Committee on a United Europe“* im Jahr 1949. Vize-Chef war Allen Dulles, der spätere Direktor der CIA.

1951 wurde als Folge der „Schumann-Deklaration“ des Französischen Parlaments die EGKS, „Europäische Gemeinschaft für Kohle und Stahl“, gegründet. Vorsitzender dieses übernationalen

Zusammenschlusses war der Schumann-Mentor Jean Monnet. Robert Schumann, der „Vater von Europa“, hatte in den 1930er Jahren zusammen mit Prof. Le Fur die Gruppe „Énergie“ gegründet. Prof. Le Fur war später auch im Alpha-Galater-Orden eine zentrale Person. Jean Monnet gehörte direkt zu den Kreisen, aus denen der Synarchistische Pakt hervorgegangen war.[118] Als 1958 das Europa-Parlament gegründet wurde, war Robert Schumann der erste Präsident. Wir sehen also: An allen Schlüsselstellen saßen Logenmitglieder, d. h. hochrangige Freimaurer.

„Un pharaon républicain“

Nachdem General de Gaulle 1958 an die Macht gekommen war, geschah es in der Nacht vom 15. auf den 16. Oktober 1959, daß auf den de-Gaulle-Gegner François Mitterand geschossen wurde, während er in seinem Auto fuhr. Mitterand sprang aus dem Auto, um der Polizei und der Presse zu erzählen, was geschehen war. Es war naheliegend: De Gaulles Leute mußten hinter diesem Anschlag stecken. Als die Täter, Robert Pesquet und Abel Dahuron, gefaßt wurden, verrieten sie zu ihrer Verteidigung den Namen ihres Auftraggebers: *François Mitterand!* Dahuron hatte erst auf das Auto schießen dürfen, nachdem das angebliche Opfer ausgestiegen war und sich in sicherer Entfernung befand. Und die beiden konnten ihre Aussagen beweisen. Pesquet hatte vor dem Scheinattentat Briefe an zwei seiner Postfächer gesandt, in denen er den geplanten Ablauf im Detail vorab schilderte: wo Mitterand das Auto anhalten und aussteigen wollte, usw. (Hätten andere Attentäter, wie Lee Harvey Oswald oder Mohammed Atta, solche Vorsichtsmaßnahmen getroffen, dann sähe die Weltgeschichte heute anders aus …)

Dieser Fall wurde strafrechtlich untersucht, aber es kam nie zu einem Gerichtsfall. Als vormaliger Justizminister stritt Mitterand alles ab und behauptete, dies sei eine Hetzkampagne gegen ihn.[119] 1981 wurde er bei seinem dritten Anlauf zum Präsidenten gewählt – und wurde sieben Jahre später wiedergewählt. (Während seiner Wahlkampfreisen im Jahr 1981 besuchte Mitterand mit großem Interesse Rennes-le-Château.)

Ein enger Freund Mitterands seit dem Zweiten Weltkrieg war André Rousselet, der nach Mitterands Wahl zum Präsidenten ein Mitglied des Regierungskabinetts wurde und nach Mitterands Tod im Jahr 1996 als Testamentvollstrecker fungierte. 1964 heiratete Rousselets adoptierte Tochter, Chantal, einen Mann namens Jean Plantard – den Sohn von Pierre Plantards Onkel François! Pierre Plantard hatte eine gute Beziehung zu seiner Familie und hatte daher über seinen Onkel François bzw. seinen Cousin Jean direkten Zugang zum persönlichen Umfeld von François Mitterand![120]

Während Mitterand innenpolitisch, gelinde gesagt, ein Opportunist war, galt seine Leidenschaft der Europa-Politik. Als 1989, im Jubiläumsjahr der Französischen Revolution, am 9.11. die Berliner Mauer fiel und der „Kalte Krieg“ beendet wurde, übernahmen die über ihren Logen-Hintergrund „verbrüderten“ Staatsoberhäupter François Mitterand und Helmut Kohl die Initiative, um den nächsten Schritt hin auf die „Vereinigten Staaten von Europa“ zu realisieren. Die seit 1958 existierende EG (Zusammenschluß von EGKS, EWG und EURATOM) sollte eine *politische* Union werden, was im Februar 1992 durch die Unterzeichnung des Maastricht-Vertrags undemokratisch in die Wege geleitet wurde. Die EG wurde zur EU, wodurch das Europaparlament einen erweiterten Einfluß auf die Innenpolitik der Mitgliedstaaten bekam. „Brüssel“ hat seit diesem Zeitpunkt die Macht, Verordnungen und Verbote zu erlassen, an die sich die Mitgliedstaaten zu halten haben. Wenn „Brüssel“ z. B. im Gesundheitsbereich etwas verbietet, was den Pharma-Interessen widerspricht (gewisse Heilkräuter, Naturheilmittel usw.), dann gilt dies für alle Mitgliedstaaten.

Daß die Logen in der Politik eine entscheidende Rolle spielen, wurde von François Mitterand im großen Stil demonstriert. Kaum war er Präsident, wurden Pläne in Angriff genommen, um in der Hauptstadt Paris neue, symbolträchtige Monumente zu errichten. Der äußere Anlaß war das bevorstehende 200-Jahr-Jubiläum der Französischen Revolution im Jahr 1989. Vor dem Louvre wurden *Glaspyramiden* (eine große, drei kleine und eine nach unten gerichtete) gebaut, die im Jubiläumsjahr, am 29.3.1989, von Präsident Mitterand eingeweiht wurden. Kurz danach folgte die nächste Einweihung: *La Grande Arche de la Défense,* ein gigantisches weißes Tor, das 108 m lang, 110 m hoch und 112 m breit ist. Dieses futuristische „Triumphtor" befindet sich genau auf der Linie, die durch den Louvre, den Obelisken und den Arc de Triomphe geht, steht aber leicht schräg zur Linie der *Axe historique.* Die Erbauer betonen, daß die Abweichung genau 6,33° beträgt. (Der 33. Grad ist die höchste Einweihungsstufe der Freimaurer!) Der umgangssprachliche Name des Monuments richtet sich nach seinem Standort beim Place de la Défense. Der weniger bekannte *offizielle* Name lautet: *La Grande Arche de la Fraternité,* „der Große Bogen der Brüderlichkeit/*Bruderschaft*"! *Fraternité* kann im Französischen beides bedeuten. Ebenso doppeldeutig ist das Wort *arche.* In der Wendung *l'arche sainte* bedeutet es *Bundeslade!* Da *La Grande Arche* gar kein Bogen ist, lautet die esoterische Bedeutung des Namens in einer präziseren Übersetzung *„Die Große Lade der Bruderschaft"!* Eingeweiht wurde sie am 14. Juli 1989 – anläßlich des *G7-Gipfeltreffens* in Paris.

Als ob das Jubiläum der Französischen Revolution ein „Jubeljahr" sein müsse, wurde auch noch ein drittes Monument eingeweiht: das „Denkmal der Menschen- und Bürgerrechte" im Parc du Champs-de-Mars (beim Eiffelturm). Dieses weniger bekannte Monument ist unverhüllt freimaurerisch. Der Zentralkörper hat die Form eines quadratischen, tempelartigen Schreines (etwa 7 m hoch) und ist auf die Sommersonnenwende ausgerichtet. Auf der Ost- und der Westseite stehen je zwei Säulen, die salomonischen Säulen Jachin und Boas! Auf dem Monument und insbesondere auf den zwei Säulen der Westseite (hohe, spitzige Bronzeobelisken) finden sich zahlreiche Freimaurer-Symbole.

François Mitterand starb im Jahr 1996, kurz nach dem Ende seiner vierzehnjährigen Präsidentschaft. Wie einige danach erscheinende Biographien erkennen lassen, blieb der esoterische Hintergrund dieses Mitbegründers der EU auch den konventionellen Historikern nicht verborgen: *Un pharaon républicain* („Ein republikanischer Pharao"; 1999) von Marie Delarue und *Mitterand, le grand initié* („Mitterand, der große Eingeweihte"; 2001) von Nicolas Bonnal.

Aber auch die EU und der nachfolgende Euro sind nur Zwischenstufen auf dem Weg zur Neuen Weltordnung.

Eine entlarvende Prophezeiung

Viele träumen von einer neuen Weltordnung, die sie gemäß ihren Überzeugungen anstreben – eine Diktatur der „nationalen Sicherheit“, eine Zwei-Klassen-Plutokratie, eine absolutistische Theokratie, eine Messias-Monarchie usw.

Bezeichnenderweise war es der Urvater der Templer, des ersten modernen Geheim- und Politordens, der den Templernachfahren und heutigen Geheimgesellschaften bereits ganz am Anfang in die Zukunft hinein einen Spiegel vorhielt, als Warnung und als Prophezeiung. Am Ende des Jahrtausends, so sagte er voraus, werde es „eine dunkle und geheime Ordnung“ geben, die die Welt mit Gift regiere, immer mehr Gold wolle und untereinander „durch einen Kuß des Blutes verbunden“ sei.

Dieser Urvater der europäischen Geheimgesellschaften ist der burgundische Abt, Rittermönch und Mystiker Jéan de Vézelay (1043–1120). Es ist nicht klar, ob er am Kreuzzug teilnahm oder erst nach der Eroberung Jerusalems ins Heilige Land reiste. Das dort geschehene Massaker erschütterte ihn derart (70000 Männer, Frauen und Kinder waren vom Kreuzfahrerheer niedergemetzelt worden), daß er in Jerusalem blieb, um der Versöhnung der Christen, Juden und Moslems zu dienen. Als *Johannes von Jerusalem* war er eine der Schlüsselpersonen in den Vorbereitungen, die zur Gründung des Templer-Ordens führten.

In seinen letzten Lebensjahren hatte er starke mystische Erfahrungen, und er schrieb das „Buch der Prophezeiungen“ nieder, das für Jahrhunderte zu den geheimen Besitztümern einiger auserwählter Kreise gehörte. Es existierte nur in siebenfacher Ausführung und durfte nicht kopiert werden. Die Eingeweihten wußten, daß das Manuskript dann wieder aus der Versenkung erscheinen würde, wenn die Zeit reif ist. Und 1991 wurde es für die Öffentlichkeit entdeckt, kurz vor jener Zeit, die Johannes vor über achthundert Jahren als Wendezeit vorausgesehen hatte: „Wenn das Jahrtausend beginnt, das nach dem Jahrtausend kommt ...“

Das entdeckte Manuskript ist das einzige, das heute noch verfügbar ist. Es stammt aus den Archiven des KGB, wo es von Stalins Agenten abgelegt worden war. Sie hatten es 1945 in Berlin in Hitlers Führerbunker sichergestellt. Es war 1941 in Warschau in einer Bibliothek der jüdischen Gemeinde erbeutet worden.[121]

So werden die heutigen Geheimgesellschaften mit einer entlarvenden Stimme aus ihrer eigenen Anfangszeit konfrontiert. Die präzise Zeitangabe macht klar, daß mit dem Ausdruck „eine dunkle und geheime Ordnung" *sie* gemeint sind:

Wenn das Jahrtausend beginnt,
das nach dem Jahrtausend kommt,
Wird es eine dunkle und geheime Ordnung geben.
Ihr Gesetz wird der Haß sein und ihre Waffe das Gift,
Sie wird immer mehr Gold wollen und
ihre Herrschaft über die Erde verbreiten,
Und ihre Diener werden untereinander durch einen
Kuß des Blutes verbunden sein.

Die Gerechten und die Schwachen
werden ihren Regeln gehorchen müssen,
Die Mächtigen werden zu ihren Diensten sein,
Das einzige Gesetz wird sein, was
sie [die geheime Ordnung] im Schatten diktiert,
Sie wird das Gift bis in die Kirchen hinein verkaufen,
Und die Welt wandert mit dem Skorpion unter ihren Sohlen.
(Strophe 19)

Vor über achthundert Jahren wurde das Wirken der geheimpolitischen Mächte von diesem Templer-Pionier beschrieben, wie man es treffender nicht zusammenfassen könnte. Doch Johannes warnt seine Brüder der fernen Zukunft, daß sie mit ihrem selbstherrlichen Treiben letztlich keinen Erfolg haben werden. Sie werden sich selbst zerstören, und die Erde wird den Rest vollbringen:

Wenn das Jahrtausend beginnt,
das nach dem Jahrtausend kommt,
Wird die Erde an mehreren Stellen erbeben,
und die Städte werden untergehen.
Alles, was ohne den Rat der Weisen gebaut wurde,
wird bedroht und zerstört werden.

Der Schlamm wird die Dörfer unter sich begraben,
Und der Boden wird sich unter den Palästen öffnen.
Der Mensch wird starrköpfig sein,
denn er ist vom Stolz besessen.
Er wird die Warnung nicht hören,
die ihm die Erde immer wieder zuruft.
Feuersbrünste werden die neuen Roms zerstören,
Die Armen und Barbaren werden trotz der Legionen
die verlassenen Reichtümer plündern. (Strophe 22)

Wenn das Jahrtausend beginnt,
das nach dem Jahrtausend kommt,
Wird die Sonne die Erde verbrennen,
Die Luft wird nicht mehr vor dem Feuer schützen,
Sie wird nur noch ein löchriger Vorhang sein,
Und das brennende Licht wird Haut und Augen verzehren …
(Strophe 23)

Der Mensch wird jedes Lebewesen so gestalten,
wie es ihm gefällt,
Und er wird unzählige davon töten.
Was wird aus dem Menschen werden,
der die Gesetze des Lebens verändert hat,
Der aus einem lebenden Tier einen Lehmklumpen machte?
Wird er das Ebenbild Gottes oder das Kind des Teufels sein?
(Strophe 25)

Johannes von Jerusalem warnt: Der Mensch in seiner materialistischen Verblendung wird nicht merken, daß sein vermeintlicher Fortschritt in die falsche Richtung geht und in Wirklichkeit ein Rückschritt ist, der den Menschen zu „Kindern des Teufels“ macht. Aber der prophetische Blick des Johannes reicht noch weiter: „Wenn das Jahrtausend, das nach dem Jahrtausend kommt, zu Ende geht …“ Dieses „Jahrtausend“ ist die verkürzte Endzeit, denn: „Wenn Gott diese Schreckenszeit nicht abkürzen würde, würde kein Mensch gerettet werden. Aber um der Auserwählten willen werden jene Tage verkürzt werden.“ (Mt 24,22)

Wenn das Jahrtausend, das nach dem Jahrtausend kommt,
zu Ende geht,
Werden die Menschen endlich die Augen geöffnet haben,
Sie werden nicht mehr in ihren Köpfen und
in ihren Städten gefangen sein …
Die Menschen werden einen einzigen großen Körper bilden,
Von dem jeder von ihnen ein winziger Teil ist,
Und gemeinsam werden sie das Herz sein.
(Strophe 31)

Wenn das Jahrtausend, das nach dem Jahrtausend kommt,
zu Ende geht,
Wird der Mensch wissen, daß alle Lebewesen
Träger des Lichts sind …
Er wird keine Angst mehr haben vor seinem eigenen Tod,
Denn er wird mehrere Leben in einem Leben gelebt haben,
Und er wird wissen, daß das Licht niemals erlöscht.
(Strophe 40; Schlußstrophe)

Fazit und Ausblick

Die jahrhundertelange Gewaltherrschaft der Kirche rief bereits früh Gegenkräfte hervor, innerhalb der eigenen Reihen und erst recht außerhalb (bei den unterworfenen „Heiden" und „Häretikern", bei den Juden, Moslems usw.). In diesem Spannungsfeld entstand Anfang des 12. Jahrhunderts in Jerusalem aus einer kleinen, geheim wirkenden Gruppe von Adligen und Mönchen der Orden der Tempelritter, der als die erste moderne Geheimgesellschaft bezeichnet werden kann. Während die meisten Mitglieder nach den bekannten Statuten lebten und als Rittermönche der Kirche dienten, existierte im Kern eine elitäre Gruppe mit einer hochgradigen Geheimhaltung.

Im Jahr 1307 wurde dieser Orden, keine zweihundert Jahre nach seiner Gründung, in Frankreich durch die Armee des Königs niedergemacht, was der Papst tolerierte und bald danach sogar guthieß, auch die Folterung und Verbrennung von Templern. Der Papst befahl allen Königen Europas, die Templer zu verfolgen, und im Jahr 1312 wurde der Orden beim päpstlichen Konzil von Wien aufgelöst und wegen „Ketzerei“ verboten.

Aber die Geheimnisse blieben geheim. „Viele der verhörten Brüder [Templer] berichteten von heimlichen Zusammenkünften einiger Eingeweihter, die meistens in der Ordenskapelle stattgefunden hätten. Während dieser Versammlungen seien die Türen und sogar das Dach streng bewacht worden …“[122]

Und so hielten es auch die Nachfolgeorganisationen. Die wirklichen Ziele und Strategien kannte nur die Chef-Etage, wobei die Gradabstufungen immer vielschichtiger wurden, je größer die Gemeinschaften – nach der anfänglichen Zerschlagung – wieder wurden. Die Überlebenden, die Sympathisanten, die Geistesverwandten, sie und ihre Nachfahren gaben sich nicht geschlagen, sondern formierten sich neu und wurden zu einer Art Gegenkirche, die aus unterschiedlichsten, zum Teil sogar gegensätzlichen Strömungen bestand: gnostische Kirchen, neotemplerische Orden, Freimaurerlogen usw. Aber sie alle waren sich in dem Punkt einig, daß der dogmatische und tyrannische Einfluß der Kirche gebrochen werden mußte, damit ein „neues Europa“ und eine „bessere Welt“ entstehen könnten.

Solchen Kreisen gehörte auch der häretische Pfarrer Saunière von Rennes-le-Château an. Einerseits distanzierte er sich klar von den pseudohumanistischen Logen, deren mörderische Revolution und Terrorherrschaft er als das „Werk des Teufels“ bezeichnete. Andererseits vertrat er auch nicht den biblischen Glauben, wie seine Gestaltung der „Grablegung Jesu“ verrät. Er gehörte zum Kreis von gnostischen, jüdisch-christlichen Geheimbünden – und über sie zur „reformierten“ Freimaurerei –, die Jesus zwar respektieren, aber nicht glauben, daß er der Messias war und auferstanden ist; der wirkliche Messias werde erst noch kommen, und dieses Ereignis werde politische Dimensionen haben, im Gegensatz zu Jesu Wirken vor zweitausend Jahren.

Nun sagte aber auch Jesus, er werde wiederkommen. Der Glaube an ein erneutes Eingreifen Gottes bedeutet also keinesfalls, daß man dem Erscheinen des „Anti-Christus“ den Weg bereitet. Um hier nicht getäuscht zu werden, braucht man die Geistesgabe der Unterscheidung (1 Kor 12,10). Dieser Herausforderung stellten sich die Geisteswissenschafter der Aufklärung und der nachfolgenden Jahrhunderte. Durch die Kraft des göttlichen Geistes wird dereinst die ganze Welt transformiert werden („ein neuer Himmel und eine neue Erde“, Offb 21,1), und einige, wie Comenius, Saint-Martin und Saint-Yves, machten sich intensiv Gedanken, wie eine Gesellschaft aussehen müßte, die diese Transformation fördern oder gar erst ermöglichen würde.

Während dieser Idealismus theoretisch blieb, da die Realpolitik bereits einem anderen Fahrwasser folgte, wurden dieselben hohen Ziele (vereintes Europa, Erneuerung, Transformation, Weltfriede) von den Vertretern des „praktischen Idealismus“ auf eine ganz andere Weise verstanden und zur Umsetzung gebracht: Weltkriege, Russische Revolution usw.

Ihnen stellte sich scheinbar aus den eigenen Reihen eine Opposition von alternativ denkenden Kritikern entgegen. So kam es, daß Freimaurer andere Freimaurer, jüdische Aktivisten andere jüdische Kreise, Christen andere Christen beschuldigten und sogar als Verschwörer und Kriegstreiber bezeichneten. Sie wollten die Kriegsmächte und deren Hintermänner entlarven und bekämpfen und fielen dabei des öfteren in das andere Extrem, indem sie mit den faschistischen Mächten sympathisierten.

Ein typisches Beispiel hierfür ist die „Prieuré de Sion“, eine Fata-Morgana-Organisation, die reale Organisationen und Interessen widerspiegelt, insbesondere die Vision eines neuen, „humanistischen“ Europas. Dieses Anliegen, das ursprünglich durchaus aufrichtig und idealistisch empfunden war, geht auf die Strömung der Pansophie zurück, aus der sich später das politische Modell der Synarchie („gemeinsames Herrschen“ als Synthese der guten Elemente aller anderen Modelle) entwickelte. Doch angesichts der realen Weltlage konnten diese Modelle nirgendwo Fuß fassen, im Gegensatz z. B. zum kommunistischen Modell, das mit einem großen Aufwand an finanziellen Mitteln und mit vielen Menschenopfern in Rußland eingeführt wurde. Die geistigen und politischen Kräfte, die ihre Vorstellung einer „besseren“ Weltordnung sogar mit Weltkriegen förderten, brachten eine Paneuropa-Bewegung hervor, die jedoch mit den ursprünglichen Pansophie-Idealen nicht mehr viel zu tun hatte.

Daß sich die herrschenden Mächte das Steuer nicht so schnell aus der Hand nehmen lassen, mußten nach dem Zweiten Weltkrieg auch die Pansophie- und Synarchie-Idealisten einsehen, unter ihnen Pierre Plantard und seine Verbindungsleute. Auch ihr Hoffnungsträger, General de Gaulle, konnte daran nichts ändern, denn er war ebenfalls nur Teil des Systems. Aus einem revolutionären Aktivismus heraus gründeten zu diesem Zeitpunkt Personen aus Pierre Plantards Umfeld (mit Plantard als Frontmann) den Verein „Prieuré de Sion". Die Organisationen, aus denen die PdS ideologisch und personell hervorging, und nur schon die Hintergründe des Namens „Prieuré de Sion" zeigen, daß die Initiatoren „reformierten" freimaurerischen Kreisen angehörten.

In den 1960er Jahren schufen diese Aktivisten eine neue Legende, in die sie Elemente verpackten, die sowohl von religiöser als auch von politischer Brisanz sind. Die Legende, die mit konstruierten („gefälschten") Pergamentkopien, Genealogien und Großmeisterlisten aufgebaut wurde, besagt, daß das alte Königsgeschlecht der Merowinger mit der Ermordung von Dagobert II. nicht ausgestorben sei, sondern heimlich weiterlebte und heute noch existiere. Diese Merowinger würden unterstützt von einer mächtigen Geheimgesellschaft, der „Prieuré de Sion", mit der sie gemeinsam wichtige Geheimnisse und sogar den Tempelschatz von Jerusalem hüteten. Wenn die Zeit reif sei, würden diese verborgenen Herrscher an die Öffentlichkeit treten und die von ihnen gehüteten Geheimnisse offenlegen, mit all den revolutionären Folgen.

Die Geschichte mit der Merowingernachfolge über mehr als 1300 Jahre ist pure Erfindung, wie alle Dan-Brown-Entschlüßler nur schon mit Logik und erst recht mit historischen Fakten darlegen können. Die Behauptung, die Merowinger seien Nachfolger der Tochter von Jesus und Maria Magdalena, hat nichts mit der PdS zu tun. Sie stammt von den Autoren Lincoln, Baigent und Leigh und wurde von Pierre Plantard mehrfach abgelehnt. (Selbst wenn von dieser Tochter über die weibliche Linie eine Erbnachfolge ausgegangen wäre, wäre sie spätestens mit den Merowingern verlorengegangen, denn für dieses patriarchale Kriegergeschlecht war nur der Vater wichtig. Der von der PdS erwähnte Sohn von

Dagobert, Sigebert, ist fiktiv. Dagoberts Nachkommen sind unbekannt, aber Godefrois Vorfahren nicht. Er stammt aus dem Haus der Karolinger und war bestimmt kein Merowinger.)[123]

Die Behauptung, zur angeblich historischen PdS hätten Persönlichkeiten wie Leonardo da Vinci und Isaac Newton gehört, ist ebenfalls unhaltbar, nur schon deshalb, weil die PdS damals noch gar nicht existierte. Die Großmeisterliste ist aber nicht ein willkürlich zusammengestelltes Sammelsurium von Namen. Die chronologisch angeführten Personen gehörten nicht derselben Geheimgesellschaft an, aber derselben freidenkerischen, „häretischen" Strömung, die bereits seit Jahrhunderten existiert.

Diese unterdrückte historische Tatsache wieder ins Bewußtsein der Menschen zu bringen, das war das eine Ziel der PdS-Autoren, und das haben sie auf durchschlagende Weise erreicht. Das andere Ziel ist weitaus heikler: die Öffentlichkeit mit dem Gedanken anzufreunden, daß wir neue Herrscher brauchen, die eine „ritterliche" Gesinnung haben und – was nicht direkt ausgesprochen wird – die „unritterlichen" Herrscher, die schon seit langem an der Macht sind, entthronen. Bezeichnenderweise nennt die PdS-Großmeisterliste für die letzten fünfhundert Jahre keine Politiker, sondern nur Adlige, Künstler, Wissenschaftler und Autoren. (Auch Lincoln, Baigent und Leigh erkannten diesen zentralen Punkt, nämlich „daß die Prieuré die theokratischen Vereinigten Staaten von Europa anstrebt – eine trans- oder paneuropäische Föderation, geeint in einem modernen Reich ..."[124])

Der in den *Dossiers Secrets* versteckte Hinweis, die PdS habe Wurzeln im Hause David, weist auf die biblische Prophezeiung hin, daß aus dem Hause David dereinst der Messias erscheinen werde. Die PdS und viele hinter ihr wirkende Gruppierungen verstehen diesen Begriff in erster Linie politisch: *Messias* als „der Gesalbte" im Sinn von „der Gekrönte". Sie glauben, daß dieser erst noch kommen wird, und zwar in Europa – als Herrscher über die „Vereinigten Staaten von Europa"! Nach dem Vorbild der Vereinigten Staaten von Amerika (USA) solle Europa in Form der „USE" ebenfalls von einem zentralen Präsidenten (oder König) regiert werden! Damit jedoch ist die Vision der alternativen und der herrschenden Ideologen *praktisch deckungsgleich* geworden.

Etwas ganz anderes ist die „Prieuré de Sion", die Dan Brown zeichnet. Man kann ihm vorwerfen, daß er die PdS-Legende der *Dossiers Secrets* mit dem PdS-fremden Element der Maria-Magdalena-Nachkommenschaft vermengt habe. Aber mit dieser „Verfälschung" der Fälschung kommt er dem Anliegen der ursprünglichen Pansophie-Pioniere viel näher als die französischen PdS-Konstrukteure. Dan Brown schildert mit einer erfundenen Geschichte den reellen Kampf zwischen der „Kirche" und der „Loge", doch bei ihm ist die PdS nicht Teil der „Loge", sondern steht jenseits von beiden. Die „Kirche" (die fundamentalistischen Religionen) und die „Loge" (die pseudohumanistischen Logenorganisationen) sind beide in ihren selbstherrlichen Machtansprüchen gefangen; doch jenseits dieser verfeindeten Lager gibt es auch noch die *vernünftigen* Menschen – im besten Sinn des Wortes –, die von keinen „religiösen" oder „humanistischen" Einbildungen besessen sind. In Dan Browns Roman werden sie repräsentiert durch Prof. Langdon und Sophie sowie durch die nebelhafte „Prieuré de Sion". Die verwandtschaftliche Verbindung mit Jesus ist hier natürlich nicht wörtlich zu verstehen, sondern geistig, und diese Symbolik soll zum Ausdruck bringen: Weder die Kirche noch die Gegenkirche ist mit Jesus verwandt. Die wirklichen Verwandten, d.h. die *geistigen* Nachkommen Jesu, die auch „erbberechtigt" sind, haben mit keiner der verfeindeten Seiten etwas zu tun! Sie sehen Jesus nicht einseitig männlich, sondern anerkennen auch die weibliche Seite Gottes und des Göttlichen. Auch beschränken sie Gott nicht auf menschengemachte Dogmen und Systeme, sie brauchen keiner „Kirche" und keiner „Loge" anzuhängen, denn: „Die Wahrheit macht euch frei." (Joh 8,32)

Eine Szene im Film *The Da Vinci Code,* die im Buch nicht vorkommt, veranschaulicht dies besonders deutlich: Gegen den Schluß des Filmes, nach aller *action,* finden Prof. Langdon und Sophie im Garten der Kapelle von Rosslyn Zeit für einen persönlichen Gedankenaustausch. Erschüttert vom irrationalen Kampf der beiden verfeindeten Seiten, schüttelt Prof. Langdon den Kopf und fragt sich: „Warum soll Jesus nicht beides gewesen sein? Der Sohn Gottes und ein Mensch? ... Warum ist es immer wieder *entweder* menschlich *oder* göttlich? Vielleicht ist *menschlich* göttlich." Damit meint er: Es heißt doch, liebe deine Mitmenschen wie dich selbst! Wie kann man von Gott oder Wahrheit sprechen, wenn man nicht zuerst sich selbst und die anderen Menschen liebt? – Und er offenbart dabei sein Innerstes:

> „Damals, als ich ein Junge war, als ich im Brunnen fast ertrunken wäre, da dachte ich, ich müsse sterben, Sophie. Und was habe ich getan? Ich habe *gebetet.* Ich habe *zu Jesus* gebetet, daß er mich am Leben erhält ... Ich habe gebetet, daß man mich findet. Und ich wurde gefunden. Mein Gebet wurde erhört. Und ich glaube bis zum heutigen Tag, daß ich da unten nicht alleine war."

Dieses kindliche Gottvertrauen ist der Schlüssel zu wahrem Gotteserleben, zu echter Einweihung und zu wirklicher Erleuchtung. Wer sich von Gott berühren läßt, wird bescheiden und bildet sich nichts darauf ein. Menschlichkeit ist dann wichtiger als Angehörigkeit zu irgendeiner Gruppe, Konfession oder Schwurgemeinschaft. Gottesbewußtsein* führt zu Menschlichkeit, ja sie ist die Frucht, an der man es erkennen kann. „*Menschlich* ist göttlich", ist eine göttliche Eigenschaft des Menschen.

Lichtvolle Menschen, die dies erkennen, gibt es in allen Religionen und in allen Logenorganisationen, und sie werden zu gegebener Zeit hervortreten und mit denen zusammenarbeiten, die nie auf die eine oder andere Seite gegangen sind. Sie sind die prophezeiten „Menschen mit Palmzweigen in den Händen, die so zahlreich sind, daß sie keiner zu zählen vermag, Menschen aus allen Gruppen, Stämmen, Völkern und Sprachen". (Offb 7,9)

Mit diesem Zitat sind wir mitten im Thema von Teil II, denn es wird noch einiges geschehen, bis es soweit ist.

---

* Siehe Kapitel 3: Gott ist absolut = „allumfassend" („alles Relative beinhaltend, ohne selbst relativ zu sein"). Das Absolute ist „inklusive", nicht „exklusive", ist also nicht nur elitären Kreisen, Kirchen und Einweihungsgraden vorbehalten.

Teil II

Prophezeiungen und die „Geheime Offenbarung“ – Die Menschheit vor globalen Entscheidungen

Kapitel 7

Moneypulation

In den historisch-prophetischen Veda-Schriften des alten Indiens, insbesondere im *Shrimad-Bhâgavatam (Bhâgavata Purâna)*, finden sich aufschlußreiche Beschreibungen über den Beginn und den Verlauf des gegenwärtigen Zeitalters, in dem Gewalt, Lüge und Scheinheiligkeit überhandnehmen. Die Intelligenz, die hinter diesen Entwicklungen steckt, wird in der Sanskritsprache Kali genannt, wörtlich „das Auseinandertreibende" (vom Verb *kal*, „drängen, spalten, einen Keil treiben"). In diesem Sinn verkörpert Kali das diabolische, „teuflische" Prinzip (von grch. *dia-ballein*, „auseinandertreiben; entzweien").

Im *Shrimad-Bhâgavatam* – und auch im berühmten indischen Epos *Mahâbhârata* – wird beschrieben, wie die Erde in der Endphase des vorangegangenen Yugas unter einer Überzahl von kriegerischen Mächten litt, und zwar so sehr, daß sie die göttlichen Lichtwesen (Devas) um Hilfe ersuchte. Dies führte zu einem letzten Aufbäumen der damaligen Dunkelmächte, das in der Schlacht von Kurukshetra gipfelte. Es war zu Beginn dieser Entscheidungsschlacht, daß Krishna seinem Freund und Geweihten Arjuna die *Bhagavad-Gita* („Gottes Gesang") offenbarte. Arjuna galt als der heroischste Kshatriya der damaligen Zeit.

Nach der Entscheidung von Kurukshetra wurde Arjunas älterer Bruder, Prinz Yudhishthira, als rechtmäßiger Thronfolger zum König gekrönt. Unter Yudhishthira herrschte nochmals ein blühender Friede. Obwohl erste Anzeichen des Kali-Yugas sichtbar wurden, vermochten sie noch nicht die Gesellschaft als Ganzes zu beeinflussen.

Sechsunddreißig Jahre nach der Schlacht von Kurukshetra zogen sich Arjuna und seine vier Brüder in den Himalaya zurück und verließen die Erde, indem sie durch reines Gottesbewußtsein ihren Körper in einen spirituellen Lichtkörper verwandelten. Sie gingen direkt in eine höhere Dimension ein, ohne einen irdischen Körper zu hinterlassen (*Shrimad-Bhâgavatam* 1.15.41–48). Dies ist nicht die einzige, aber die bekannteste vedische Beschreibung einer physischen Entrückung, eines Phänomens, das wir erst in der heutigen Zeit wieder zu verstehen beginnen, da uns die moderne Esoterik Konzepte wie DNS-Aktivierung, Lichtkörper und Merkaba näherbringt.

Bevor die königlichen Brüder sich aufmachten, die Erde zu verlassen, wurde Prinz Parikšit, ein Enkel Arjunas, zum König bestimmt. Parikšit, der kurz nach der Schlacht von Kurukshetra geboren worden war, wählte als erstes den greisen Helden Kripâcârya zu seinem spirituellen Lehrer und veranstaltete dazu am Ufer des Ganges eine großartige *yajña*-Feier. Das *Shrimad-Bhâgavatam* (1.16.3) erwähnt, daß bei diesem Gottesdienst (sanskr. *yajña*) sogar die hohen Lichtwesen erschienen und für alle Anwesenden sichtbar waren. *Deva yatrâkshi-gocarah:* „Die Devas erschienen bei diesem Fest *(yatra)* im Schwingungsbereich *(gocarah)* der menschlichen Augen *(akshi),* so daß das gesamte Volk ihre Gegenwart sehen konnte."

König Parikšit regierte, indem er all die wunderbaren Eigenschaften unter Beweis stellte, die bei seiner Geburt von den Astrologen vorausgesagt worden waren. Aber trotz der blühenden Kultur mußte König Parikšit feststellen, daß Kalis Einflüsse entsprechend der Zeitqualität bereits auf der ganzen Erde zu sehen waren. Das *Shrimad-Bhâgavatam* (1.15.45) verwendet dabei konkret das Wort *bhuvi,* „auf der ganzen Erde", um zu betonen, daß Kalis Wirkungsbereich *global* ist.

Der kalendarische Anfang des Kali-Yugas fiel in König Parikšits Regierungszeit. Unter den vier Yugas, die sich zyklisch wiederholen, ist das Kali-Yuga das „eiserne". Charakteristisch für den Verlauf dieser vier Zeitalter ist der allmähliche Verfall der göttlichen Religion (Dharma). Es heißt, daß Dharma, sinnbildlich dargestellt als Stier, mit dem Ende eines jeden Yugas ein Bein verliert, so daß zu Beginn des Kali-Yugas nur noch eines seiner Beine vorhanden ist: die Wahrhaftigkeit. Deshalb wird im Kali-Yuga gerade diese letzte Stütze am stärksten angegriffen. König Parikšit spricht zu Dharma:

„Im ersten Yuga (Satya-Yuga) wurden deine vier Beine durch die vier Grundsätze der Losgelöstheit, Reinheit, Achtung vor allen Lebewesen und Wahrhaftigkeit gebildet. Aber nun sind drei deiner Beine durch überhandnehmende Gottlosigkeit in Form von Stolz *(smaya)*, Anhaftung *(sanga)* und Wahn *(mada)* gebrochen worden.

Du stehst jetzt nur noch auf einem Bein, der Wahrhaftigkeit, doch Kali in Person, der durch Lüge erstarkt, wird versuchen, auch dieses letzte Bein zu zerstören.

Die Last der Erde wurde ohne Zweifel durch die Gegenwart Gottes und durch das Wirken der Gottgeweihten verringert. Als Er als Inkarnation gegenwärtig war, wurde die Erde durch seine glückbringenden Fußspuren gesegnet, und überall dienten die Menschen dem wahren Glück.

Jetzt beklagt die Erde ihre Zukunft mit Tränen in den Augen, denn sie wird von Menschen niedriger Gesinnung, die sich als Herrscher ausgeben, regiert und ausgebeutet werden." (*Shrimad-Bhâgavatam* 1.17.24–27)

Kalis Angriff auf die vier Stützen des Dharma

Auf einer Reise durch sein Reich gewahrte König Parikšit eine prophetische Szene: Die Wesenheit Kali hatte die Insignien eines Königs angenommen und versuchte, von dieser Machtposition aus das letzte Bein des Dharma-Stieres zu brechen, um so zur vollständigen Herrschaft über die Erde zu gelangen.

Parikšit sah, wie Kali als falscher König im verborgenen auf einen Stier und eine Kuh einschlug; die Kuh symbolisiert die Erde. Drei Beine des Stieres waren bereits gebrochen, und die Kuh schrie vor Schmerz, ohne daß jemand sie hörte. Doch Parikšit entdeckte dieses heimliche Treiben des Kali und eilte sogleich zum Schutz des Stieres und der Kuh herbei. Dabei sprach er:

„Wer auch immer harmlosen Lebewesen Leid zufügt, hat mich zu jeder Zeit und überall zu fürchten. Ich bekämpfe die unehrlichen Missetäter und beschütze dadurch die Rechtschaffenen. Diejenigen, die mit unehrlichen, verbrecherischen Mitteln zu Macht und Reichtum gelangen, indem sie die Schwachen ausbeuten, werden

> von mir auf der Stelle bezwungen werden – selbst wenn sie nicht von dieser Erde stammen, sondern aus anderen Reichen hierher auf die Erde gelangen.“ (*Shrimad-Bhâgavatam* 1.17.14–15)

Als Kali den unbeirrbaren und unbestechlichen König sah, ergab er sich sogleich, verkündete aber, er habe ein Recht auf Existenz wie alle anderen auch. Der König wußte, daß Kali seine Herrschaft nur dann durchsetzen kann, wenn die Menschen ihm mit ihren Wünschen entgegenkommen, und deshalb hob er Kalis Einfluß nicht durch Zwang auf, sondern gewährte ihm vier Orte, wo er sich niederlassen konnte:

> Als der König so von Kali gebeten wurde, gab er ihm die Erlaubnis, an jenen vier Orten des Adharma (der Gottabgewandtheit) zu wohnen, wo Reichtum und Rauschmittel mißbraucht, Frauen mißachtet und Tiere geschlachtet werden. (*Shrimad-Bhâgavatam* 1.17.38)

Im Zitat 1.17.24 wurde bereits erwähnt, durch welche Einflüsse die vier Beine von Dharma gebrochen werden: „Die vier Beine von Dharma sind Losgelöstheit, Reinheit, Achtung vor allen Lebewesen und Wahrhaftigkeit. Drei dieser Beine sind durch überhandnehmende Gottlosigkeit in Form von Stolz, Anhaftung und Wahn gebrochen worden.“

Stolz als Grundübel entsteht, wenn man aufgrund einer materiellen Bewußtseinsausrichtung die eigene *spirituelle* Einzigartigkeit (jedes Individuum ist spirituell einzigartig) ins Äußere projiziert. Dies macht den Menschen selbstherrlich und anfällig für den Gedanken, besser als andere Menschen zu sein, gefolgt von der egoistischen Überzeugung, man sei berechtigt, die Welt für die eigenen Interessen auszubeuten: Ressourcen und Rohstoffe, Pflanzen, Tiere und Menschen.

Anhaftung ist die Folge der Ego-Projektion auf die Materie. Man geht in Verbindung (*sanga,* vom Verb *sañj,* „sich halten an; sich klammern an; haften an; sich verbinden“) mit dem Spiegelbild und beschränkt das Bewußtsein auf materielle Identifikationen, was dazu führt, daß man in der Suche nach Sinn, Genuß und Freude von äußeren Objekten abhängig wird. Die Folge davon ist Wahn (*mada,* engl. *madness*), der sich in verschiedensten Formen äußern kann: Größenwahn, Verblendung, Sucht (Berauschung, Drogen, TV, Computer, *workoholic* usw.). *Mada* schwächt die Selbstbeherrschung und erniedrigt die astrale Resonanz des Menschen, so daß Angriffsflächen für negative Einflüsse (aus astralen und anderen Quellen) geschaffen werden. Wenn man sich solchen Einflüssen öffnet, läuft man Gefahr, Fremdbestimmung, Besessenheit und Manipulationen zu unterliegen, oftmals sogar, ohne sich dessen bewußt zu sein, oder in der Meinung, man tue das, was man tue, aus dem eigenen freien Willen.

Mißbrauch von Reichtum bezieht sich auf Glücksspiel und Spekulation mit Gold und Geld, insbesondere die Zinswirtschaft.

Als dem Kali diese vier Bereiche zugewiesen wurden, machte er sich daran, über diese „Wellenlänge" Zugang zu den Menschen zu finden. Doch schon bald mußte er erkennen, daß die Menschen immun gegen solche Einflüsse waren. Kali brauchte also einen anderen Zugang und fand ihn:

> ... dort, wo Gold angehäuft wird. Denn wo immer Gold angehäuft wird, findet man auch Falschheit, Berauschung (Besessenheit), Lust, Neid und Feindschaft. ... Deshalb sollte jeder, dem wahrhaftig am Wohlergehen der Menschheit gelegen ist, vornehmlich die Könige, die anderen Verantwortlichen in der Gesellschaft und die spirituellen Vorbilder, bedacht sein, sich niemals auf diese vier Formen von Adharma einlassen. (*Shrimad-Bhâgavatam* 1.17.39–41)

Und so geschah es gemäß dieser vedischen Beschreibung, daß Kali, der diabolische Geist, bei jenen Mächten einzog, die Gold horten, um dadurch ihre Macht aufzubauen. Wer eine solche Geisteshaltung entwickelt, tritt mit jener Kraft in Verbindung, die auch das letzte Bein von Dharma zerstört: die Wahrhaftigkeit und Ehrlichkeit. Denn was in den Veda-Schriften „Kali" genannt wird, wird in der Bibel „Vater der Lüge" genannt (Joh 8,44).

Schon vor Jahrtausenden haben die Weisen also klar (und richtig) erkannt, was der verborgene Kernpunkt aller Probleme im Kali-Yuga sein wird. Die Mächte des „Anti-Dharma" arbeiten mit Manipulation, angefangen mit *Moneypulation!*

Kali → Gold → Geld. So lautet die erstaunliche Prophezeiung der altindischen Schriften.

Diese heiße Spur des Goldes und des Geldes, die weit in der Vergangenheit einsetzt, erlaubt auch einen direkten Einblick in die nähere Zukunft. Was sind die nächsten Schritte?

Betrachten wir zuerst, wie alles anfing.

Wie Gold zu Geld wurde

Über eine lange Zeit lebten die Menschen vom Naturalhandel. Das heißt, man tauschte Güter, oder man tauschte Güter gegen Gold. Schon vor Christi Geburt wurde in einigen Gegenden der Welt zur Intensivierung des Handels ein neues Bezahlungssystem eingeführt, nämlich das Bezahlen mit Silber- und Goldmünzen. Man bekam soviel Metallwert, wie man Naturalwert lieferte. Dieses System lief über eine lange Zeit hinweg parallel mit dem direkten Naturalhandel.

Mit der Schaffung von Transportwegen und mit der Internationalisierung der Eroberungspolitik erweiterte sich auch der Radius des Handels und des Warentausches. Immer mehr Händler begannen, größere Warenmengen über weitere Distanzen mit höheren Profiten zu verschieben; dabei erwies sich das Naturalwertsystem als ziemlich unpraktisch. Einerseits war es mühsam, große Mengen von Tauschgütern über weite Distanzen zu schleppen. Andererseits war es auch gefährlich, viele Gold- und Silbermünzen mit sich zu führen, denn Überfälle von Wegelagerern und Banditen gehörten zur Tagesordnung.

Was machte also ein Händler, der von einem Ort zum anderen reisen wollte, um große Mengen von Waren zu kaufen und zu verkaufen? Das einfachste und sicherste war, die erforderlichen Gold- und Silbermünzen nicht mit sich zu führen, sondern am jeweiligen Ort zu hinterlegen. So entstanden die ersten Banken, die die Münzen der Händler entgegennahmen und bewachten, während die Besitzer unterwegs waren, um weiteren Handel zu treiben. Als Beleg bekamen die Händler eine versiegelte und unterschriebene Quittung, einen „Wertbrief“ oder ein „Wertpapier“.

In Abwesenheit der Händler häuften sich bei diesen ersten Bankiers die Goldkisten. Es dauerte nicht lange, bis andere Händler sich an diese Herren wandten, jedoch nicht, um Gold zu hinterlegen, sondern um Gold zu borgen: „Schauen Sie, es ist gerade eine Seidenladung aus dem Orient angekommen. Wenn ich mehr Bargold hätte, könnte ich mehr Rohstoffe kaufen. Wenn Sie mir etwas Gold ausleihen, bringe ich es Ihnen in zwei Monaten zurück und lege noch zwei Goldstücke drauf."

Der Bankier spekulierte: „Das Gold gehört nicht mir, und ich habe es den Besitzern durch Wertbriefe hundertprozentig verbürgt. Aber das Gold wird bestimmt nicht sogleich zurückgefordert. Also kann ich es einsetzen und zusätzliche Prozente verdienen." Und so begannen die Bankiers, fremdes Gold zu verleihen, was von allem Anfang an *Betrug* war, denn das Gold war bereits einer anderen Person, nämlich dem Besitzer, verbürgt.

Die ersten, die in Europa mit dieser Praxis begannen, sind bereits in den vorangegangenen Kapiteln ausführlich vorgestellt worden. „Die Tempelritter waren des Abendlands erste Banker, sie waren die ersten multinationalen Banker und Großkapitalisten, des Abendlands erste Geldverleiher und Kredithaie. Wer immer heute einen Scheck ausstellt, sollte dabei daran denken, daß auch diese bemerkenswerte Einrichtung von den Tempelrittern eingeführt wurde."[125]

Durch das Ausleihen von fremdem Gold wurde der Bankier zum Gläubiger, der von den Darlehensempfängern Zinsen verlangte. Die Schuldner gaben dem Gläubiger eine Quittung, die besagte, daß sie ihm so und so viele Goldstücke schuldeten. Der Geldbewacher wurde auf diese Weise zum Quittungsaushändiger und Quittungsempfänger. Es dauerte nicht lange, und die Quittungen waren übertragbar, denn nicht nur die Bankleute, sondern auch die Händler wollten die Quittungen weitergeben können. Statt mit Gütern oder mit Münzen wurde mit Quittungen bezahlt! „Schau, ich habe in Paris (oder Mailand, Venedig, Frankfurt, Konstantinopel, Bagdad) so und so viel Gold hinterlegt. Ich gebe dir einfach die Quittung. Du kannst sie jederzeit bei einer dieser Filialen einlösen."

Auf diese Weise entstanden die ersten modernen Banken, die vom Quittungsempfang und Quittungsaushändigen lebten und dadurch große Profite einstrichen. Das Handeln mit Quittungen war viel praktischer und flexibler, weshalb ein reger Quittungsaustausch entstand. Natürlich mußten die Quittungen nicht nur für die Händler, sondern auch für die Banken übertragbar werden. Man wollte ja nicht nur von Fugger zu Fugger oder von Rothschild zu Rothschild gehen können, sondern auch von Fugger zu Rothschild. Dies erforderte eine Vereinheitlichung der Bankquittungen. Das Papiergeld war geboren. Gold war zu Geld geworden!

Auf einmal mußten alle Waren und Dienstleistungen in Geldwerte umgerechnet werden. Bald kursierten nur noch Bankmünzen und Banknoten. Die Menschen wurden vom Geld abhängig und damit auch von denjenigen, die den Geldfluß ermöglichten: von den Bankiers.

In der Zwischenzeit hatten die Banken schon längst begonnen, Quittungen auszuhändigen, die gar nicht gedeckt waren. „Hier haben wir eintausend Kisten Gold in Verwahrung. Wir haben diese Kisten bereits an Darlehensempfänger verpfändet, jedoch nicht in Form des Goldes, sondern in Form von *Wertpapieren.* Wir haben also eintausend Kisten Gold ausgeliehen, aber dieses Gold ist immer noch bei uns! Warum das Spiel also nicht weitertreiben?“

Heute ist dieses „Spiel“ schon längst gesetzlich erlaubt. Das Papiergeld muß nur noch bis zu einem geringen Prozentsatz mit Gold gedeckt sein. Alle Staatsbanken bedrucken Papier und deklarieren es mit einem ganz bestimmten Handelswert. Heute ist der größte Teil des kursierenden Geldwertes nicht einmal mehr als Papiergeld vorhanden, sondern nur noch als imaginäres Spiel von Computerzahlen. Doch dieses Zahlenspiel ist eine Illusion, die jederzeit wie eine Seifenblase platzen kann.

Wie die Dritte Welt entstand

Die europäischen Großmächte begannen ab dem 15. Jahrhundert, in allen Gebieten des Globus Völker auszubluten und Kolonien zu gründen. Im Verlauf des 19. und 20. Jahrhunderts wurden die Kolonieländer – nach vollendeter Ausbeutung – wieder in einen anderen politischen Status überführt. Sie waren nun „unabhängig“, aber nicht frei.

Die Unabhängigkeitskriege stürzten die ehemaligen Kolonien in

1

2

Die Bhima-Brücke im indischen Himalaya kurz vor der Grenze zum Tibet: Über eine 25 m tiefe und 10 m breite Schlucht des Flusses Alakananda ist ein grob bearbeiteter Steinquader gelegt, an der einzigen Stelle, wo sich zwei Felsvorsprünge gegenüberliegen. Der Stein ist rund 14 m lang, 8 m hoch und 4 m breit, geschätztes Gewicht: 900 t (1: Blick von Süden; 2: Blick von Norden). Die Überlieferung sagt, dieser Stein sei vor fünftausend Jahren von Arjunas Bruder Bhima mit geistigen Kräften (S. 20) über die Schlucht gelegt worden, während ihres Lichtkörpermarsches. (S. 281 f.)

3

4

Die größten künstlich bearbeiteten Steine, die je bewegt wurden, stammen nicht aus der modernen Maschinenzivilisation, sondern aus den ältesten Hochkulturen. Zu den größten Steinen dieser Art gehören diejenigen, die sich in Baalbek, Libanon, befinden. An diesem Ort, der bereits im 5000 Jahre alten sumerischen Gilgamesch-Epos erwähnt wird, befinden sich in der Stützmauer (4) einer ausgeebneten Plattform in 6 m Höhe drei aneinandergereihte Kalksteinquader mit gigantischen Ausmaßen: alle drei jeweils 20 m lang, 4 m hoch, 3,6 m breit und 800 t schwer! Sie sehen auf der ganzen Länge wie maschinell geschnitten aus. 3: Außerhalb von Baalbek liegt der bisher größte bekannte Steinquader der Welt: 21,36 m × 4,33 m × 4,60 m, Gewicht fast 1200 t. Wie diese Steine bewegt und gehoben wurden, ist nicht bekannt. (S. 527)

Viele moderne Logengruppen berufen sich auf die alt-ägyptischen Mysterienschulen (S. 163, 254). Diese lebten ursprünglich im Wissen um die geistige Natur des Menschen (S. 147) und hielten dieses Wissen durch anspruchsvolle Initiationen lebendig, zu denen auch die Prüfungen der paranormalen Kräfte, der Trance und der Astralreisen gehörten, wie z. B. hier in einer dreistöckigen unterirdischen Anlage in der Nähe der Gizeh-Pyramiden, im heute verschlossenen „Osiris-Grab", das jedoch nie ein Grab war. 5: Einstieg über den ersten der drei senkrechten Schächte. 8: Einer der „Sarkophage" auf der zweiten Ebene in 25 m Tiefe (1,1 m hoch, 2,4 m lang, 6 t schwer, aus Basalt); der Deckel ruht zur Seite gerückt auf einem Sims, was zeigt, daß dieses Einweihungs-„Bett" meist offen war und nur geschlossen wurde, wenn ein Initiand sich hineinlegte. Man beachte die perfekt flachen Schnitte der Unterseite des Deckels (7), der Außenseiten (8) sowie der Innenseiten (6). Wie wurden diese schweren Objekte durch die engen senkrechten Schächte in die Osiris-Krypta transportiert?

◀ 6

◀ 7

▶ 8

Auf der dritten Ebene der Osiris-Krypta befindet sich in 33 m Tiefe die zentrale Einweihungsstätte: ein „Bett" aus Granit, das in den Kalksteinboden eingelassen ist. Heute ist der Boden von Grundwasser überflutet, und man sieht nur noch den 4 t schweren Granitdeckel.

10

11

Die Legende von Maria Magdalenas Reise nach Südfrankreich (S. 216) ist so alt, daß sie bereits um 1210 in einem Glasfenster (11) der Kathedrale von Chartres bei Paris dargestellt wurde: „Ankunft Maria Magdalenas in der Provence“ (10). Diese Kathedrale enthält viele Details, die Ausdruck des universellen Christus-Bewußtseins der größtenteils anonymen Gotik-Baumeister sind: Melchisedek (12), Christus im Zentrum von Engeln und Fabelwesen (13), die zwölf Tierkreiszeichen (14; im Ausschnitt: Stier, Widder, Fisch und Wassermann), ein Eingeweihter mit einer Chakra-Scheibe (15), Pythagoras mit dem Monochord (16).

12

13

14

15

16

17

18

19

20

21

22

23

Das dritte der Logen-Monumente von 1989 steht im Park Champ-de-Mars und ist voll von unverhüllt freimaurerischen Symbolen: z. B. auf der Ostseite die zwei Salomon-Säulen (23), auf der Westseite zwei spitze Bronzeobelisken sowie in der Wand die drei Punkte ∴ (22); das allsehende Auge mit Winkelmaß und Senkblei (19), Totenkopf und Schlange (25, 26); das nackte Kind bei der Frauenstatue (22, links) trägt eine Schlagzeilenhaube (24).

24

25

26

Durch François Mitterand konnten die Freimaurer für ihre 200-Jahr-Feier der Französischen Revolution an drei wichtigen Orten in Paris monumentale Bauten errichten lassen, die alle im Jubiläumsjahr 1989 von Mitterand persönlich eingeweiht wurden: die große Glaspyramide mit drei kleinen Glaspyramiden auf dem historischen Platz vor dem Louvre (17 u. 18); davor in der Louvre-Verkehrsinsel die Basisseite der ebenfalls gläsernen *Pyramide Inversée* (auf 17 rechts beleuchtet zu sehen). Dann das 110 m hohe „Triumphtor" *La Grande Arche de la Fraternité* beim Place de la Défense. 20: Ansicht von Westen mit dem Steg, dessen eine Lehne die *Axe historique* markiert und mit 98 Metallplaketten versehen ist, darunter viele Logen-Symbole, z. B. auf Plakette 66: zwei sich berührende Zeigefinger als Erkennungszeichen (21). 27: Ansicht von Osten mit der spitzen Pyramide im Vordergrund. (S. 267)

27

Ölgemälde von Urs Amann

Wesen aus den dunklen Bereichen der astralen und außerirdischen Parallelwelten greifen in die irdische Welt hinein, um ihre eigenen Ziele zu verfolgen (genetische Experimente, Hybridkreuzungen, destruktive Machttechnologie, S. 450), nicht zuletzt auch über ihre inkarnierten Agenten (S. 472). Bekannt geworden sind die „Grauen" und ihre Bioroboterwesen (S. 560 f.). Ihr Aktionsradius wurde durch die Schürung einer entsprechenden Bewußtseinsresonanz auf der Erde zusätzlich vergrößert. Der Aspekt der negativen Außerirdischen wird von regierungsnahen und geheimdienstlichen Ufologen bestritten bzw. als positiv und notwendig hingestellt (S. 449). Beim Thema UFOs und ETs denken die meisten Menschen heute sogleich an die „Grauen". Die positiven und gottesbewußten Lichtwesen sind weitgehend ausgeblendet. Diese warnten die Menschen vor den Einflüssen der destruktiven Technologie und den dahinterstehenden Intelligenzen (S. 428, 461).

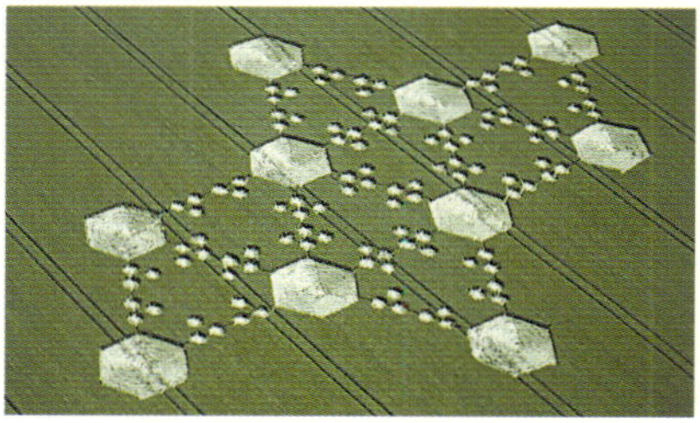

Seit den 1970er Jahren erscheinen alljährlich in Getreide- und Rapsfeldern erstaunliche Piktogramme (hauptsächlich in England, aber zunehmend auch in anderen Ländern). Sie haben einen Durchmesser bis zu 200 m, einige sind sogar noch größer (Langpiktogramme bis zu 400 m). Sie entstehen innerhalb von kürzester Zeit, meistens in der Nacht. Obwohl weltweit bereits weit über zweitausend solcher Piktogramme entstanden sind, wurde noch nie ein „Urheber" auf frischer Tat ertappt oder auch nur gesehen! (S. 447, 523 f.)
Die mangelhafte Berichterstattung der Massenmedien und *systematisch vorgenommene Fälschungen* sowie die Bluff-Aussagen von Leuten, die behaupten, sie hätten die Piktogramme gemacht, führten dazu, daß die Öffentlichkeit von diesen Wunderwerken nichts weiß oder sie für unbedeutende Machwerke irgendwelcher Spaßvögel hält.
Seit über dreißig Jahren entstehen Piktogramme mit gestochen scharfer Perfektion und Präzision. Es ist das typische Merkmal der planetaren und interplanetaren Lichtwesen, daß sie unaufdringlich wirken. Sind die (echten) Piktogramme ihr Werk? Sind sie interdimensionale Mandalas, die an Kraftorten und Chakrapunkten der Erde hervorgebracht werden? Wenn ja, dann wirken sie als eine Art von energetischer „Akupunktur" für den Körper von Mutter Erde zur Heilung und zur Vorbereitung der Höherschwingung. Und nebenbei wären sie auch Zeichen für die Menschen, die Augen haben, um „zu sehen".

Rechts: die Spirale von Stonehenge, 85 m Durchmesser, ausgerollte Länge 182 m, erschienen bei Tag in weniger als einer Stunde, 7. Juli 1996 (S. 524)

Chaos und Zerstörung. Danach wurden Regierungen eingesetzt, die unmittelbar oder mittelbar von den vormaligen Herren abhängig waren. Denn diese hatten nie daran gedacht, auf die Sklaven und Kolonien zu verzichten. Hinter der Fassade von heuchlerischer Propaganda („Menschlichkeit") starteten sie die nächste Phase ihres Plans.

Die „Dritte Welt" bestand nach der Beendigung der Kolonialzeit aus wirtschaftlich rückständigen, ausgebeuteten Ländern, die des Aufbaus bedürftig waren, um überleben zu können. Die jahrhundertelange Ausbeutung hatte die vormalige Wirtschaftsstruktur dieser Länder total zerstört. Die ehemaligen Herren boten nun großzügige Hilfe an. Sie waren bereit, diesen jungen Nationen über die Anfangsprobleme hinwegzuhelfen, indem sie ihnen Technologie und Ausbildung anboten. Um diese wertvollen und teuren Kulturgüter einkaufen zu können, brauchten die „Entwicklungsländer" Geld, das sie jedoch nicht hatten. Doch wiederum kam Hilfe von den früheren Herren: Darlehen! „Wir geben euch Geld, damit ihr bei uns einkaufen könnt. Mit diesem Geld könnt ihr eure eigenen Investitionen starten, und mit den Profiten zahlt ihr uns dann die Darlehen zurück."

Die Banken stellten verdächtig hohe Darlehen zur Verfügung und lieferten durch ihre Verbündeten auch gleich die Segnungen der Zivilisation mit: die Maschinen, die Fabriken, die Eisenbahnen, Autos und Traktoren, die Treibstoffe, die Chemie, den Dünger, das hybride Saatgut usw. Zusätzlich brauchten die „Entwicklungsländer" auch eigene Armeen zum Schutz der neuen Anlagen. Als willige Lieferanten boten sich sogleich die Verbündeten der Geldgeber an: die technologischen Mordwerkzeughersteller aus Europa, Amerika oder Rußland.

Lange bevor das versprochene große Geschäft stattfand, waren die Staaten der Dritten Welt (über 100, d.h. mehr als die Hälfte aller Staaten der Welt) derart verschuldet, daß die Gewinne aus ihren Geschäften nie ausreichten, um die Schulden zu zahlen, ja nicht einmal, um die Zinsen oder Zinseszinsen zu bezahlen. Die vielen Rohstoffländer saßen in der Schuldenfalle!

Ein ähnliches Spiel trieben die Banken auch „zu Hause". Deswegen verwundert es nicht, daß viele Industrienationen, wie z.B.

die USA, ebenfalls hoffnungslos verschuldet sind. An wen? An die *Banken ihres eigenen Landes!* Diese geben von ihren astronomischen Profiten kurzfristig kleine Brosamen an das Volk weiter, damit alle bei ihnen ihr Vermögen anlegen. Haben alle Bürger diesen Schritt vollzogen, tritt die nächste Phase des Plans in Aktion. (Diese weiteren Phasen werden in den folgenden Kapiteln dargelegt.)

Kolonien, Imperium und der Traum von einem Weltreich

Die Ausbeutung der Kolonien und der Dritten Welt verrät nicht nur die Mentalität jener Mächte, die so oft von „Menschlichkeit" sprechen, sondern erklärt auch, wie die schattenhaften Hintergrundorganisationen über die Infrastruktur der imperialistischen Nationen einen weltweiten Einfluß gewinnen konnten.

Als ein Beispiel von vielen sei hier *Cecil Rhodes* (1853–1902) angeführt, ein berühmter Exponent des britischen Imperialismus. Er war Oxford-Absolvent, reiste aber bereits früh in die britische Kolonie Südafrika. 1884 wurde er Finanzminister der Kapkolonie, ab 1888 kontrollierte er die gesamte Diamantenproduktion des Landes, was rund 95% der damaligen Weltproduktion entsprach. Durch skrupellose, z. T. auch gewaltsame politische und militärische Aktionen vergrößerte er die Kolonie (die nach ihm benannt wurde: „Rhodesien") und wurde 1890 Premierminister von Südafrika. Gleichzeitig war er auch ein Mitglied des Londoner Parlaments und Mitglied verschiedener Geheimgesellschaften.

Cecil Rhodes war also eine der reichsten und einflußreichsten Personen seiner Zeit. Die Vision, die ihn trotz seiner schwachen Gesundheit zu unermüdlicher Arbeit antrieb, war eine weltumspannende Monarchie unter britischer Vorherrschaft.

Weil sich Rhodes seiner geringen Lebenserwartung bewußt war, verfaßte er immer wieder neue, aktualisierte Testamente, insgesamt sieben. Im dritten aus dem Jahr 1888 forderte er, daß mit seinem Vermächtnis eine Geheimgesellschaft gegründet werde, um die Mission des „British Empire" zu realisieren; diese Gesellschaft solle nach der Satzung des Jesuiten-Ordens aufgebaut werden, wobei der Begriff „römisch-katholische Religion" einfach durch „British Empire" zu ersetzen sei.[126]

In den darauffolgenden Jahren nahm Cecil Rhodes die Gründung dieser Gesellschaft selbst in die Hand. So entstand im Jahr 1891 „Die Cecil-Rhodes-Geheimgesellschaft". Anfänglich gehörten ihr nur drei Personen an: Cecil Rhodes, der Journalist und Okkultist William T. Stead und Lord Esher, ein Ratgeber und Freund von Queen Victoria:

> Bald wurden einige bekannte Persönlichkeiten wie der Earl of Rosebery, Arthur James Balfour, Nathan Rothschild, Alfred Milner und H. A. L. Fisher ebenfalls in die Geheimnisse der Gruppe eingeweiht, die zunächst den Namen „The Secret Society of Cecil Rhodes" trug. Dabei ging es nicht einfach darum, noch eine weitere kultische Bruderschaft zu gründen. Die meisten der Mitglieder, wenn nicht alle, waren bereits Freimaurer. ... Das eigentliche Ziel der Gruppe war die Begründung des „heiligen Imperiums". Diese Aufgabe verlangte nach geheimer Unterstützung, denn die Verwirklichung der „heiligen Ziele" konnte nicht in aller Öffentlichkeit stattfinden.[127]

Alfred Milner wurde 1897 als Nachfolger von Rhodes neuer Gouverneur von Südafrika und förderte den dortigen Burenkrieg:

> Ein „Picknick mit Schweineschießen" sollte nach Meinung der Engländer der Krieg gegen die Buren sein, indessen dauerte er fast zwei Jahre und acht Monate. Die Buren waren eben doch nicht so schnell kleinzukriegen. Deshalb sperrte man – mangels der damals noch nicht möglichen Flächenbombardierungen – kurzerhand 117 000 Zivilisten in Konzentrationslager, die 1901 vom Feldmarschall Lord Kitchener eingerichtet worden waren, um damit den Widerstand der noch kämpfenden Männer zu brechen. Der spätere große Europäer Winston Churchill sagte damals [als Abgeordneter des britischen Unterhauses]: „Es gibt nur ein Mittel, um den Widerstand der Buren zu brechen, das ist die härteste Unterdrückung. Mit anderen Worten: Wir müssen die Eltern töten, damit die Kinder vor uns Respekt haben."
>
> Von den damals noch kämpfenden Männern fielen 5000 im Kampf, von den Zivilisten gingen indessen an die 30 000 in den 40 KZ-Lagern des Lord Kitchener zugrunde. Seltsamer Zufall

> übrigens: Lord Kitchener zählte zum Freundeskreis des „Ordo Novi Templi" des Wieners Lanz von Liebenfels [der Hitler stark beeinflußte], einer Nahtstelle zwischen Theosophie, Ariosophie und dem Thule-Orden. Und Karl Haushofer, der als die „graue Eminenz" des Dritten Reiches gilt, schrieb eine Kitchener-Biographie.[128]

Dieses Beispiel weist auf die ideologische Verbundenheit von Geheimgesellschaften hin, die äußerlich als gegensätzlich erscheinen. Was hat der britische militante Imperialist Horatio Kitchener beim Wiener Liebenfels-Neotemplerorden verloren?

Der südafrikanische Gouverneur Lord Milner wurde während des Ersten Weltkriegs britischer Kriegsminister. Nach Rhodes' Tod gründete Milner neben der *Secret Society* eine weitere Geheimgesellschaft mit dem Namen *The Round Table,* die innerhalb weniger Jahre in allen Kolonien des Empires Ableger bildete. Aus dieser Gruppe ging nach dem Ersten Weltkrieg (1919) in den USA der *Council on Foreign Relations* (CFR, „Rat für Auswärtige Angelegenheiten") hervor, der über Jahrzehnte hinweg unbekannt blieb, obwohl ihm ausgewählte Schlüsselpersonen der Weltpolitik, des Militärs, der Medien und der Wirtschaft angehörten. Erst in den 1960er Jahren hat die Öffentlichkeit von der Existenz des CFR erfahren (zuerst durch die Enthüllungen von Prof. Quigley; siehe Literaturverzeichnis).

Von den führenden CFR-Mitgliedern wurden wiederum weitere Elitegruppen gegründet, wie die sogenannten *Bilderberger* (ab 1954) oder die *Trilaterale Kommission.*[129] „Kommissionen" dieser Art funktionieren als Dachorganisationen, wo verschiedenste Fäden aus aller Welt zusammenlaufen, finanzielle, aber auch politische, geheimdienstliche und propagandistische.

Unzählige Beispiele könnten angeführt werden, die zeigen, wie sich die Vertreter der Geheimgesellschaften mit ihren unerschöpflichen Finanzkräften in die Weltgeschichte einmischten. Über den bereits genannten Lord Alfred Milner z.B. berichtet Arsene de Goulevitch, ein ehemals hoher russischer Offizier, in seinem Buch *Czarism and the Revolution:*

> Die entscheidenden Summen [für die Russische Revolution] kamen von bestimmten britischen und amerikanischen Kreisen, die

schon seit langer Zeit die Sache der Russischen Revolution unterstützten ... Im April 1917 erklärte Jacob Schiff öffentlich, daß es seiner finanziellen Unterstützung zu verdanken sei, daß die Revolution in Rußland geglückt sei. Im Frühling desselben Jahres begann Schiff, Trotzki zu finanzieren ... In privaten Gesprächen wurde mir gesagt, daß Lord Milner über 20 Millionen Rubel zur Finanzierung der russischen Revolution ausgab.[130]

„Ordnung aus dem Chaos"

Warum sind gewisse Mächte interessiert, Zwiste anzuzetteln und die Menschen in Elend und Abhängigkeit zu stürzen?

Der Grund liegt nicht nur in Menschenverachtung und Verblendung, sondern in der inneren Überzeugung, die in der Formel *ordo ab chao* zum Ausdruck kommt: „Ordnung aus dem Chaos." Das ist der Leitsatz der luziferischen Illuminaten. Die Ordnung, die aus dem beschworenen Chaos entstehen soll, ist bereits seit langem definiert als *novus ordo seclorum, new world order* (NWO). Beides zusammen ergibt: *novus ordo seclorum – ab chao!*

Novus ordo seclorum, dies ist der Begriff, der seit 1933 auf der Ein-Dollar-Note der USA oder, genauer gesagt, der US-Zentralbank, prangt. Sie wählten für ihre Dollarpyramide mit dem Schlagwort „Neue Weltordnung" einen Prospekt, den sich niemand erlauben kann wegzuwerfen! Bis heute wurde das Aussehen dieser Banknote nicht mehr verändert.

Welches Land hat sonst noch eine Banknote, die aussieht wie vor dem Zweiten Weltkrieg?

Diese symbolbehaftete Umgestaltung des Banknoten-Designs war der letzte Streich in jener Aktion, die dazu geführt hatte, daß die Zentralbank der USA aus staatlichem in privaten Besitz übergegangen war, obwohl sie nach außen hin immer noch die staatliche Fassade behielt. Der entscheidende Schritt hierzu geschah durch den *Federal Reserve Act* („Bundesrücklagengesetz"), durchgesetzt am 24. Dezember 1913.[131] Dadurch entstand die „Fed", die *Federal Reserve Bank,* die Zentralbank, die dank dieses neuen Gesetzes das Recht zugesprochen bekam, Papiergeld ohne Gegenwert zu drucken und *der amerikanischen Regierung gegen Zinsen* zu leihen. Dieses Gesetz war nichts anderes als die offizielle Erlaubnis zum Drucken von Falschgeld, einfach mit der Einschränkung, daß nicht jedermann dies tun darf, auch der Staat nicht, sondern nur die private „Staatsbank". Damit war der amerikanische Staat in die Hand der Bankiers, der Werkzeuge der übernationalen Geheimorganisationen, geraten. Wer das bezweifelt, braucht nur den Verlauf der Geschichte anzuschauen (und die in der Endnote 130 genannten Bücher zu lesen).

Ein paar Monate nach dem denkwürdigen Dezember 1913 war die Welt bereit für das Signal zum Ersten Weltkrieg. Nach der Wiederwahl Präsident Wilsons, eines Hochgradfreimaurers und Hörigen der Illuminaten, ließen die Steuermänner Amerikas die Katze aus dem Sack: Im offenen Widerspruch zu den inbrünstigen Wahlversprechen stieg Amerika in den Krieg ein, der erst durch diesen Schritt zum *Welt*krieg wurde.

Bald darauf kam es zum Zweiten Weltkrieg. Dieser wurde nur möglich durch die Wiederaufrüstung Deutschlands. Aber wie konnte Deutschland, die ruinierte und ausgehungerte Verlierernation, binnen kürzester Zeit wieder eine Weltmacht werden? Die Antwort liegt auf der Hand: durch übernationale „Hilfe". Es waren dieselben Hintermächte, die u. a. auch die Russische Revolution (1917) organisiert und finanziert hatten. Das Chaos mußte offensichtlich noch mehr angeheizt werden.

Nach dem Zweiten Weltkrieg entstand neben der Ersten Welt eine Zweite Welt, geplant am selben „Runden Tisch". Zwei Weltmächte, die sich während 44 Jahren gegenüberstanden: der kapitalistische Westen unter der Führung der US-Supermacht und der kommunistische Osten unter der Führung der SU-Supermacht. *Divide et impera:* „Teile und herrsche!"

Der „Kalte Krieg" lieferte beiden Seiten den Vorwand, die eigene Bevölkerung im Bann zu behalten und das Wettrüsten voranzutreiben. Die Technik machte „dank" dieses Drucks Quantensprünge, und es wurde eine Infrastruktur errichtet, die im Namen der „nationalen Sicherheit" neue Möglichkeiten einer totalen Kontrolle und „Einheit" in Aussicht stellten.

Als diese Infrastruktur stand, wurde der „Eiserne Vorhang" wieder geöffnet. Bühne frei für den nächsten Akt!

„Divide et impera!"

Die hier skizzierte Geschichtsdarstellung ist ungewohnt und irgendwie unvorstellbar. Man sagt zwar: „Wenn zwei sich streiten, freut sich der Dritte", aber das gilt doch nicht für die Weltpolitik! Hier gibt es einfach Feinde, aber keinen lachenden Dritten, schon gar nicht einen Dritten, die die zwei streitenden Lager erst schuf.

Die Darstellung vom „Dritten", der teilt, um zu herrschen, wird jedoch plausibel, wenn man die Vernetzung von Weltpolitik, Geheimbünden und Finanzmagnaten näher betrachtet. Die folgenden Beispiele stellen einen Exkurs dar – den man bei der Lektüre auch überspringen kann –, aber er soll hier eingefügt werden, um auch Skeptikern eine Chance zu geben, diese Zusammenhänge und die nachfolgenden Zukunftsszenarien ernst zu nehmen.

1945, nach dem Zweiten Weltkrieg, waren die USA im Besitz der Atombombe und waren die gefeierten Sieger. Rußland war wirtschaftlich schwach und wurde (seit 1917) von Massakerwellen durch die eigene Regierung heimgesucht. Dennoch wurde Rußland plötzlich zur Supermacht Sowjetunion, die der Atommacht USA ebenbürtig als Angstgegner „zur Seite stand".

Wie dies geschehen konnte, ist eine Frage, die selten gestellt und noch seltener beantwortet wird. Manchmal aber werden gewisse Indizien genannt. So veröffentlichte das amerikanische Magazin *Newsweek* mitten im Kalten Krieg (19. Mai 1980) einen Artikel, der mit genau dieser Frage beginnt:

> Warum ist die Sowjetunion – mit ihrer schwächeren Wirtschaft und Technologie – heute dem Westen militärisch ebenbürtig oder vielleicht sogar überlegen? Die Standardantwort lautet: Weil der Westen, insbesondere die Vereinigten Staaten, ihr Verteidigungsbudget in einem *spirit of détente* verringert habe, während die Sowjetunion weiterhin einen großen Teil ihres Staatshaushaltes in die Aufrüstung fließen ließ.

Diese Erklärung vermag jedoch niemanden wirklich zu überzeugen. Wo der Schlüssel zu einer tiefgründigeren Antwort zu suchen ist, verriet die Überschrift dieses Artikels: *Tricks of the Arms Trade* („Die Tricks des Waffenhandels").

Die internationale Politik wird von einem Netz roter Fäden durchzogen, die oft mit einzelnen Personen verbunden sind. Was den Aufbau der SU durch die US betrifft, so lohnt es sich, eine Schlüsselperson näher zu betrachten, die geradezu die Symbolfigur für die übernationale Politik der westlichen Geheimgesellschaften ist. Es ist der amerikanische Botschafter in Rußland in den entscheidenden Jahren 1943–1946: der relativ unbekannte Averell Harriman (1891–1986). Man könnte als Beispiel auch viele andere Individuen anführen: Rockefeller, Nixon, Kissinger, Bush sen. oder weniger bekannte, aber nicht minder einflußreiche Männer im Hintergrund. Harrimans Biographie ist eine von vielen, und sie ist typisch für das Zusammenspiel von Individuen, Geheimgesellschaften und Weltpolitik.

Harrimans Vater, Edward Henry Harriman (1848–1909), war der Eisenbahnmagnat, der die Eisenbahnlinie vom Atlantik zum Pazifik durchzog, quer durch den nordamerikanischen Kontinent. Die Eisenbahnindustrie arbeitete damals Hand in Hand mit der Metall- und der Waffenindustrie. Die endgültige Unterwerfung und Enteignung der Indianer war integraler Bestandteil des Siegeszuges der Eisenbahn. Harriman kontrollierte auch die Schiffahrt zwischen den USA und Japan. „Seine umstrittenen Geschäftsmethoden führten 1906 zu einer Kongreßuntersuchung. Das zentrale Unternehmen der Familie Harriman war das Bankhaus Brown Brothers, Harriman & Comp.“ (Brockhaus 1989, „Harriman“)

Harrimans ältester Sohn, Averell, war prädestiniert, das Erbe seines Vaters zu übernehmen und weiterzuführen, insbesondere was dessen Pläne mit Rußland betraf. Wie es sich für Sprößlinge der obersten Zehntausend gehört, studierte Averell an der Universität von Yale. Die Elite-Universitäten, insbesondere Harvard und Yale, sind Hochburgen von Studentengesellschaften, die Außenposten der Geheimgesellschaften darstellen. Sie dienen der Rekrutierung und Aussortierung ihres Nachwuchses. Weil alle zukünftigen Politiker, Anwälte, Journalisten und Wirtschaftsleute durch die Schleusen dieser Hochschulen gehen, wird es verständlich, warum viele führende Köpfe der heutigen Gesellschaft direkt mit Geheimgesellschaften affiliiert sind.

Die größte Studentengesellschaft in Yale und Harvard heißt

Skull and Bones („Schädel und Knochen"); der Name leitet sich ab von bestimmten Einweihungsritualen. Mitglied kann man nur werden, wenn man eingeladen wird, und die Einladung ist sehr verlockend, denn in diesen Bruderschaften kann man Kontakte mit Menschen knüpfen, die man sonst nie persönlich kennenlernen würde. Wer eine steile Karriere anpeilt, kann auf solche Kontakte nicht verzichten.

So wurde auch Averell Harriman ein Mitglied von *Skull and Bones* (S&B) und gehörte schnell zu den wichtigen Hintermännern. 1920 gründete er mit seinem jüngeren Bruder Roland eine Investment-Gesellschaft, die von der Zwischenkriegszeit profitierte und viel Geld in das kriegsgeschädigte Europa fließen ließ. 1926 stieg ein anderer Yale-Absolvent und S&B-Mann in die Harriman-Gesellschaft ein: Prescott Bush, der Vater des späteren US-Präsidenten George Bush sen.

1931 kam es an der New Yorker Wall Street zu einer großen Bankenfusion: Harriman Brothers & Company und die britisch-amerikanische Brown Brothers & Company schlossen sich zusammen. Unter den zwölf Direktionsmitgliedern von Brown Brothers, Harriman & Company befanden sich acht S&B-Mitglieder.

Durch geschickte Investitionen wurde dieser Bankriese vor und während des Zweiten Weltkriegs zur größten Privatbank Nordamerikas. In diesem Zusammenhang belegen die Autoren Tarpley und Chaitkin in ihrem Buch über George Bush sen., *The Unauthorized Biography,* daß die obengenannte Bank und ihre Tochterfirmen in Europa massiv Geld nach Deutschland schleusten, das auch für Hitlers Aufrüstung verwendet wurde.

In der offiziellen Geschichtsschreibung gilt der deutsche Unternehmer Fritz Thyssen, damals Exponent der großen deutschen *Stahlwerke AG,* als Hauptsponsor Hitlers und seiner Partei. Das stimmt mit Einschränkung, denn er war nicht der einzige – und er wandte sich bereits *vor* dem Zweiten Weltkrieg wieder von Hitler ab! Im Verlauf der dreißiger Jahre war Thyssen von Hitler zunehmend enttäuscht, emigrierte 1939 in die Schweiz, wurde Ende 1940 in Frankreich verhaftet und blieb bis 1945 in Konzentrationslagern inhaftiert. – Woher kam also sonst noch Geld?

Nach dem Ende des Ersten Weltkriegs reiste Averell Harriman

in die Hauptstadt des zerstörten Deutschlands und gründete dort 1922 eine Filiale von W. A. Harriman & Co. Bei diesen Besuchen trafen sich Harriman und Thyssen, worauf 1924 offiziell die *Union Banking Corporation* gegründet wurde, eine Verbindung der Harriman-Bank und Thyssens *Bank voor Handel en Scheepvaart* (BHS) in den Niederlanden. Über diese Verbindung flossen die großen Gelder aus den USA nach Deutschland.

Prescott Bush wurde 1926 Vizepräsident der Bank W. A. Harriman & Co. Im gleichen Jahr wurde in Deutschland mit amerikanischer Spritze Thyssens Vereinigte Stahlwerke AG gegründet. Daß Stahlwerke für eine militärische Aufrüstung unabdinglich sind, versteht auch jemand, der in der Geheimpolitik ein Laie ist.

1927 traf Harriman in Italien Mussolini, und auch dort entstand eine lukrative Zusammenarbeit mit den Faschisten.

In den Jahren 1929, 1931 und 1933 kam es zu drei Treffen zwischen dem Großbankier James P. Warburg (im Auftrag der angloamerikanischen Hochfinanz und Ölindustie) mit Adolf Hitler, was jedesmal zu Zahlungen in Millionenhöhe führte.[132] Hitlers Buch *Mein Kampf* war damals schon längst auf dem Markt, war also eine bekannte und noch nicht verbotene Lektüre. Diese Leute wußten daher genau, welche Pläne sie unterstützten.

1933 wurde Hitler Kanzler und kurz darauf Diktator von Deutschland. Währenddessen flossen US-Gelder in das Reich, und zwar in solchem Ausmaß, daß es 1942 in New York zu offiziellen Maßnahmen gegen die *Union Banking Cooperation* kam, in der Prescott Bush Direktor war. Aufgrund des *Trading with the Enemy Act* („Gesetz über Geschäfte mit dem Feind“) wurden die Wertpapiere beschlagnahmt, die allesamt Bush, Roland Harriman, drei Nazi-Geschäftsführern und zwei weiteren Partnern von Bush gehörten. Angesichts der heiklen Geschäfte und der übernationalen Verbindungen wurde die ganze Affäre sehr diskret untersucht und schnell fallengelassen, ist jedoch in den Akten umfassend dokumentiert.

All diese Machenschaften, die den Zweiten Weltkrieg überhaupt erst ermöglichten, werden im Kapitel „The Hitler Project“ im Buch *George Bush – The Unauthorized Biography* minuziös aufgerollt, mit Quellenangaben und Aktenreferenzen.

Die angloamerikanische Hilfe für Hitler wird auch von anderen Forschern bestätigt, z. B. vom sowjetischen Botschafter in London (von 1932 bis 1943), Iwan M. Maiski, der 1960 ein schnell verdrängtes Buch veröffentlichte: *Wer half Hitler?*

Zu ähnlichen Schlußfolgerungen kam auch Anthony Sutton, Professor am Hoover-Institut der Stanford-Universität. In seinen beiden Büchern *Wall Street and the Rise of Hitler* und *America's Secret Establishment* weist er darauf hin, daß die wichtigsten Panzerhersteller in Deutschland Opel (eine Tochtergesellschaft von General Motors) und Ford (eine Tochtergesellschaft des gleichnamigen Ford-Imperiums) waren. Anfang 1939, sieben Monate vor dem „unerwarteten“ Ausbruch des Zweiten Weltkriegs, verlagerten die deutschen Opel-Werke in Rüsselsheim den Schwerpunkt ihrer Produktion auf Militärflugzeuge, in hellseherischer Voraussicht, daß demnächst ein sprunghafter Anstieg in der Nachfrage bestehen würde. Diese Fabriken unterstützten den Bau der *Junkers 88,* des besten Bombers der deutschen Luftwaffe. Bekannte, von Prof. Sutton namentlich genannte US-Firmen brachten Ma-

aus: Reuveni, *Im Namen der „neuen Weltordnung“*

Gipfeltreffen der Logenbrüder: Winston Churchill und Averell Harriman treffen sich mit Josef Stalin im Moskauer Kreml, August 1942.

schinentechnik, Telefon- und Telegrafensysteme sowie Chemieprodukte nach Deutschland. Nachdem diese Firmen durch den Krieg gewaltige Profite gemacht hatten, bekamen sie nach dem Krieg auch noch Vergütungen in Millionenhöhe für die Schäden, die ihre Fabriken in Deutschland erlitten hatten.

Währenddessen reiste Averell Harriman im Gewand eines Politikers mehrere Male nach England, Europa und Rußland. 1941 bis 1943 war er Präsident Roosevelts Sonderbeauftragter in England und Rußland, um das „Lend-Lease-Programm“ zu koordinieren. 1943 bis 1946 war er US-Botschafter in Moskau und von 1946 bis 1948 US-Handelsminister! Er unterhielt über all die Jahre hinweg persönliche Freundschaftsbeziehungen mit Stalin und Chruschtschow und wurde von Truman, Kennedy, Johnson, Nixon und Carter immer wieder in die Sowjetunion gesandt, um Verhandlungen zu führen. (Das letzte Mal besuchte er Moskau 1983 für Gespräche mit Andropow, im Alter von 91 Jahren!)

1971 heiratete Averell Harriman mit achtzig Jahren die 51jährige Pamela Churchill, Witwe des Churchill-Sohnes Randolph. Pamela Harriman-Churchill war eine wichtige Unterstützerin von Bill Clinton. Nach dem Wahlsieg von Bill Clinton und Vizepräsident Al Gore sagte sie in einem Interview mit der *Washington Post* (6. November 1992): „Er [Averell] ist es gewesen, der die beiden [Clinton und Gore] ausgesucht, zu uns eingeladen und mit ihnen über frühere Präsidenten gesprochen hat, auch über die Krise, der ihre Generation entgegengeht.“

Ende März 1993 wurde Pamela Harriman von Clinton zur amerikanischen Botschafterin in Frankreich ernannt.

Der Bluff des „Kalten Krieges“

Eines der Bücher, in denen die US-SU-Zusammenhänge aufgedeckt werden, ist *National Suicide: Military Aid to the Soviet Union* („Nationaler Selbstmord – Militärische Hilfe an die Sowjetunion“), verfaßt von Prof. Anthony Sutton. In diesem Buch wird dargelegt, wie amerikanische Firmen direkt und indirekt (durch internationale Geschäftspartner) in der Sowjetunion Dünger- und Chemiefabriken errichteten, die in Wahrheit jedoch der Explosionsstoffproduktion dienten. Ebenso entstanden Waffen- und Munitionsfabriken sowie Lastwagen- und Panzerfabriken. Auch die sowjetischen Computernetzwerke wurden weitgehend von US-Firmen bzw. von ihren europäischen Tochterfirmen installiert. Das sowjetische Raketen- und Nuklearwaffensystem wurde von amerikanischen High-Tech-Computern koordiniert.

„Die historische Evidenz ist stark und klar. Die Vereinigten Staaten haben für die Sowjets Einrichtungen gebaut, um Militärlastwagen und andere Fahrzeuge, Panzer und Waffentransportmittel herzustellen. Diese Aufbauarbeit dauerte vierzig Jahre und fand mit vollem Wissen statt *(was undertaken with full knowledge)*", resümiert Prof. Sutton am Ende seines Buches.

Ähnliche Enthüllungen machte zur gleichen Zeit, und zwar in aller Öffentlichkeit, der US-Kongreßabgeordnete Lawrence (Larry) McDonald. Unter anderem schrieb er das Vorwort zu einem höchst brisanten Buch: *The Rockefeller File,* verfaßt vom amerikanischen Historiker und NWO-Gegner Gary Allen:

> Geld reicht nicht aus, um den Durst und die Gier der Superreichen zu stillen. Viele von ihnen verwenden deshalb ihren großen Reichtum und den Einfluß, den er ihnen sichert, um noch mehr Macht zu erwerben. Macht in einer Größenordnung, von der die Tyrannen und Despoten früherer Zeitalter nicht einmal träumen konnten. Macht im Weltmaßstab. Macht über Völker, nicht nur über Waren. ... Ich bin überzeugt, daß ein solches Komplott besteht, international in seinen Ausmaßen, seit Generationen geplant und unglaublich böse in seiner Zielsetzung. ... Das Bild, das sich bietet, wenn Sie „Die Rockefeller-Papiere" einmal aufgeschlagen haben, wird Sie vielleicht entsetzen. ...
>
> Lawrence P. McDonald
> Mitglied des US-Kongresses

1983 ereignete sich ein ungewöhnlicher Flugzeugunfall. Von der russischen Insel Sachalin (vor Japan gelegen) wurde ein Jumbo-Jet der Korea Airline (KAL 007) mit 270 Menschen an Bord abgeschossen. Auf Weisung des sowjetischen Verteidigungsministers Ustinov hatte General Kornukov den Befehl zum Abschuß gegeben. Unter den Passagieren befand sich Larry McDonald![133]

1985 veröffentlichte Ralph Epperson ein Buch mit dem Titel *The Unseen Hand* („Die unbemerkte/unsichtbare Hand"), in dem er auf rund 500 Seiten wenig bekannte Hintergründe der letzten 300 Jahre darlegt, unter anderem der Weltkriege und des Vietnamkrieges. Die Widmung dieses Buches lautet:

> ... dem Kongreßabgeordneten Larry McDonald (1935–1983), ermordet an Bord der Korean Airlines 007, die abgeschossen wurde von Menschen in der Sowjetunion, die Befehlen von Kriminellen gehorchten. Er wagte es, die Verschwörung aufzudecken, der er zum Opfer fiel.[134]

Der globale Wahnsinn: Zufall oder Absicht?

Ordnung aus dem Chaos: Laut „normalem" Weltbild ist dieses Szenario absurd, makaber und unmöglich, da unvorstellbar. Doch interessanterweise ist es genau dieses Szenario, das am besten zu erklären vermag, was heute weltweit abläuft. All die vielen Einzelereignisse, die zufällig und unzusammenhängend erscheinen, werden vor diesem Hintergrund plötzlich durchschaubar, und man erkennt, wie jedes Puzzleteil auf das Gesamtbild hinweist und *Teil* des Gesamtbildes ist.

Warum werden täglich viele Tonnen von Nahrungsmitteln vernichtet, nur um „den Preis zu halten", während *täglich* Zehntausende von Menschen, insbesondere Kinder, an Hunger sterben? Wer organisiert das, und warum wird zugelassen, daß dies bereits seit Jahrzehnten vor sich gehen kann?

Warum wird die Umwelt ausgebeutet und zunehmend zerstört? Warum braucht die Welt eine „flächendeckende" Bestrahlung und Vernetzung (Handys, drahtloses Internet usw.)?

Warum werden weltweit Waffen produziert, obwohl die große Mehrheit der Menschen keine Kriege will? Warum kommt es trotzdem zu Kriegen?

Warum wird eine abhängig machende Technologie und Medizin vorangetrieben, während alle echten Alternativen benachteiligt oder (im Fall von Krebs, AIDS usw.) sogar verheimlicht bzw. unterdrückt und bekämpft werden?

Warum wird ein globales Finanzsystem, das mit künstlicher

Geldschöpfung und ausbeuterischer Zinswirtschaft arbeitet und alle Nationen der Welt in die Verschuldung getrieben hat, mit allen Mitteln, nicht zuletzt durch Kriege, aufrechterhalten?

Warum darf für Zigaretten und Alkohol geworben werden, obwohl diese Drogen nachweislich die Gesundheit des Volkes, die physische wie die psychische, untergraben? Warum werden nachweislich gesunde bzw. nichtschädliche Nahrungsergänzungsmittel, Kräuter, natürliche Heilmittel usw. durch ständig neue Gesetze und Verbote unterdrückt und zunehmend aus dem Verkehr gezogen oder dem Pharma-Monopol unterstellt?

Warum werden die Menschen weiterhin zum Fleischkonsum angehalten, obwohl längst bewiesen ist, daß der Mensch problemlos ohne Fleisch leben könnte und daß die Fleischproduktion in bezug auf Gesundheit, Weltwirtschaft und Nahrungsmittelverteilung große Nachteile mit sich bringt, ganz zu schweigen von den Fragen der Ethik und des Karmas?

Warum werden die Menschen durch die Massenmedien (TV, Radio, Zeitungen, Internet usw.) mit nutzlosen Informationen bombardiert und mit Morden, *Action* und Sexagitation unterhalten, obwohl schon längst erwiesen ist, daß die Menschen dadurch nicht glücklicher und auch nicht weiser werden?

Warum werden immer extremere Formen der Wissenschaft (Genmanipulation, Nuklear-, Mikro- und Nano-Technologie) und der Wirtschaft (Globalisierung, Zentralisierung, Monopolisierung) gefördert, während alternative Technologien, Forschungen und Weltbilder ignoriert oder unterdrückt werden?

Einblick in die Pläne der „Erleuchteten"

Wie die obigen Fragen zeigen, wird der Kurs der Menschheit in eine ganz bestimmte Richtung vorangetrieben. Dies geschieht nicht zufällig und nicht einfach aus „Sachzwängen" heraus, denn die Wirtschaftsbosse und Politiker demonstrieren ständig, daß gewisse Dinge durchaus verboten und bekämpft werden können, während andere Dinge gefördert und sogar für obligatorisch erklärt werden. Was geschieht und nicht geschieht, entspringt also einer bewußten Steuerung.

Tatsächlich ist es fast nicht vorstellbar, daß es Menschen bzw. Unmenschen gibt, die Kriege und Terror inszenieren und mit Korruption und Lüge arbeiten, nur um ihre Ziele zu erreichen. Gerade weil sie jenseits der normalen Vorstellungskraft arbeiten, bleibt ihr global sichtbares und destruktives Wirken unerkannt. „Je größer die Lüge, desto eher wird sie geglaubt." Hitler oder Goebbels sollen das gesagt haben. Je größer die Lüge, desto weniger wird sie durchschaut, eben weil die meisten Menschen nicht glauben können oder glauben wollen, daß derartige Mächte existieren. Lieber glaubt man an Zufall: Kriege und Krisen entstehen aufgrund des zufälligen Zusammenkommens unglücklicher Umstände. Alles, was dieser „Zufallstheorie" widerspricht, wird als „Verschwörungstheorie" abgetan. Aber:

> Verschwörungen sind keine Theorien,
> Verschwörungen sind Verbrechen.[135]

Unabhängig von überdrehten oder paranoiden Verschwörungstheorien, die es natürlich auch gibt – *Verschwörungen existieren.* Dies mußten auch die Polizeikräfte erkennen, die aufgrund zufällig entdeckter Dokumente (ein geheimer Logen-Kurier zu Pferd war tödlich verunglückt) begannen, den Illuminaten-Orden des Adam Weishaupt näher zu untersuchen. Ausgestiegene und auch verhaftete Mitglieder verrieten die Pläne dieser Organisation und lieferten entlarvende Dokumente ab, was dazu führte, daß Kurfürst Karl Theodor von Bayern den Orden 1785 offiziell verbot und die ihm bekannten Mitglieder verhaften ließ. Weishaupt wurde rechtzeitig gewarnt und konnte fliehen.

Seit dieser Zeit sind Kopien und Nachschriften der sogenannten Illuminaten-Protokolle vorhanden, die in verschiedenen Fassungen veröffentlicht wurden. Bestätigt wurden diese auch durch das bereits erwähnte Buch von Prof. Robison: *Proofs of a Conspiracy against all the Religions and Governments of Europe* (1797).

Seit zweihundert Jahren weiß die Öffentlichkeit von der Existenz dieser globalpolitischen Pläne, doch weil diese Schriften von einer unvorstellbaren Menschenverachtung zeugen, werden sie verdrängt, verharmlost oder als „Fälschung" bezeichnet. Aber eine Fälschung *wovon?* Wenn ein Telefonbuch gefälscht ist, aber viele oder alle darin enthaltenen Nummern stimmen, was hat das zu bedeuten?

Im Verlauf des 19. Jahrhunderts wurden diese Dokumente z. T. „aktualisiert" und z. T. umgeschrieben (= verfälscht), weil gewisse Kreise versuchten, dadurch ihre Feinde zu diffamieren.

Wichtig jedoch ist einzig der Inhalt. Das folgende ist ein Text aus der Vielzahl von Illuminaten-Dokumenten, der erwiesenermaßen bereits Ende des 19. Jahrhunderts existierte, was angesichts ihrer heutigen Aktualität und Brisanz doch sehr erstaunlich ist. Obwohl wahrscheinlich einige andere „Instruktoren" ihre Ergänzungen hinzufügten, klingt noch unverkennbar Adam Weishaupts Stimme durch. (Die folgenden Auszüge stammen aus einer Fassung, die unter dem Titel „Protokolle der Weltdiktatur: Das neue Testament Satans" veröffentlicht wurden.[136] Das ist natürlich nicht der Originaltitel, sondern eine Formulierung des Herausgebers, Des Griffin.)

> Was hat die Tiere, die man Menschen nennt, in Schranken gehalten? Wer hat sie bisher geleitet? Zu Beginn der gesellschaftlichen Ordnung fügten sie sich der rohen und blinden Gewalt, dann dem Gesetz, das nichts anderes ist als die gleiche Gewalt in verschleierter Form. Daraus kann man folgern: Nach den Naturgesetzen liegt das Recht in der Macht! ...
>
> Aus dem vorübergehenden Unheil, das wir jetzt anrichten müssen, wird die Wohltat einer unerschütterlichen Regierung hervorgehen, die den vom Freisinn gestörten regelmäßigen Gang des völkischen Daseins wiederherstellen wird. Der Zweck heiligt die Mittel. So wollen wir denn in unseren Plänen die Aufmerksamkeit weniger auf das Gute und Sittliche als auf das Nötige und Nützliche lenken. ...
>
> Auf den Trümmern des alten Bluts- und Geschlechtsadels errichteten wir den Adel unserer Gebildeten, den Geldadel. Wir haben diesen neuen Adel geschaffen nach dem Maßstab des Reichtums, der von uns abhängig ist, und der Wissenschaft, die von unseren Männern geleitet wird. ...
>
> Durch die kommende wirtschaftliche Spannung, die alle Börsengeschäfte und Industrien lahmlegen wird, entsteht Feindschaft unter den Menschen, und diese wird noch verschärft werden. Wir werden mit allen uns zugänglichen Mitteln und mit Hilfe des

Goldes, das sich vollständig in unserer Hand befindet, eine allgemeine wirtschaftliche Spannung hervorrufen, gleichzeitig werden wir in allen europäischen Ländern ganze Scharen von Arbeitern auf die Straße werfen. …

Wenn das Volk jedoch an Gott glaubt, wird es sich von der Geistlichkeit leiten lassen. Es wird friedlich und bescheiden an der Hand seiner Seelenhirten einherschreiten und sich der von Gott gewollten Verteilung der irdischen Güter ruhig unterwerfen. Aus diesem Grund müssen wir unbedingt den Gottesglauben zerstören, jeden Gedanken an Gott und den Heiligen Geist aus der Seele der Gläubigen herausreißen und ihn durch zahlenmäßige Berechnungen und körperliche Bedürfnisse ersetzen. …

Wir rechnen darauf, alle Völker für die Errichtung eines völlig neuen Staatsgebäudes zu gewinnen, das uns schon lange vorschwebt. Deshalb müssen wir vor allem dafür sorgen, daß unsere Führer Persönlichkeiten sind, die mit einer beispiellosen Kühnheit und Geisteskraft auf ihr Ziel losgehen. Dann werden wir auf unserem Weg jeden Widerstand brechen.

Wenn wir die von uns geplante Staatsumwälzung vollzogen haben, werden wir den Völkern sagen: „Es ist alles schrecklich schlecht gegangen, denn ihr alle seid vor Leid und Gram erschöpft. Seht, wir beseitigen die Ursachen eurer Leiden: die nationale Abgeschlossenheit, die Landesgrenzen, die Verschiedenartigkeit der Währungen. …“ Dann werden sie uns zujubeln …

Keine Nachricht wird ohne unsere Prüfung in die Öffentlichkeit gelangen. Dieses Ziel erreichen wir teilweise schon jetzt dadurch, daß die Neuigkeiten aus aller Welt in wenigen Nachrichtenämtern [heute: Nachrichtenagenturen] zusammenströmen, dort bearbeitet und erst dann den einzelnen Schriftleitungen, Behörden und anderen übermittelt werden. Diese Nachrichtenämter sollen allmählich ganz in unsere Hände übergehen und nur das veröffentlichen, was wir ihnen vorschreiben. …

Leichtsinn und Kurzsichtigkeit der nichtilluminierten Herrscher in allen Fragen der staatlichen Geld- und Steuerwirtschaft sowie die Käuflichkeit und Unfähigkeit der höchsten Staatsbeamten haben alle Staaten uns gegenüber in eine derartige Schuldenknechtschaft gestürzt, daß sie sich niemals davon befreien können. … Sobald das Anleihespiel vorbei ist, steht der Staat vor der Tatsache einer empfindlichen Vermehrung seiner Staatsschuld. Um die Zinsen für diese Schuld aufzubringen, nimmt er seine Zuflucht meist zu neuen Anleihen. Dadurch wächst die Schuld und Zinslast immer mehr.

> Hat der Staat das ihm entgegengebrachte Vertrauen bis zur Neige ausgenutzt, so muß er durch neue Steuern nicht etwa die Schuld, sondern nur die Zinsenlast decken. ...
>
> Es wird noch viel Zeit, vielleicht sogar ein ganzes Jahrhundert vergehen, bis der von uns in allen Staaten für ein und denselben Tag vorbereitete Umsturz zum Ziel führt und die völlige Unfähigkeit der bestehenden Regierungen allgemein anerkannt wird. ...
>
> Die Anerkennung unseres Weltherrschers kann schon vor der endgültigen Beseitigung aller Verfassungen erfolgen. Der günstige Augenblick dafür wird dann gekommen sein, wenn die von langen Unruhen geplagten Völker angesichts der von uns herbeigeführten Ohnmacht ihrer Herrscher den Ruf ausstoßen werden: „Beseitigt sie und gebt uns einen einzigen Weltherrscher, der uns alle vereint und die Ursachen des ewigen Haders – die staatlichen Grenzen, die Religion und die Staatsschulden – beseitigt, der uns endlich Frieden und Ruhe bringt, die wir vergeblich von unseren Herrschern und Volksvertretern erhofften." Es ist klar, daß es einer langen und unermüdlichen Arbeit bedarf, um alle Völker zu einem solchen Ausruf zu bewegen. Wir müssen ohne Unterlaß in allen Ländern die Beziehungen der Völker und Staaten zueinander vergiften; wir müssen alle Völker durch Neid und Haß, durch Streit und Krieg, ja selbst durch Entbehrungen, Hunger und Verbreitung von Seuchen derart zermürben, daß die Nichtilluminierten keinen anderen Ausweg finden, als sich unserer Geldmacht und vollständigen Herrschaft zu unterwerfen. ...
>
> Brauche ich wirklich noch zu beweisen, daß unsere Herrschaft von Gott vorhergesehen ist? Die Zukunft wird den Nachweis erbringen, daß alles Übel, das wir im Laufe vieler Jahrhunderte anstiften mußten, schließlich doch zur wahren Wohlfahrt und allseitigen Ordnung geführt hat![137]

Es würde den Rahmen dieses Buches sprengen, auf all die genannten Punkte einzeln eingehen zu wollen. Es ist offensichtlich, daß viele Punkte dieses Handlungsplanes, der unbestritten über einhundert Jahre alt ist, bereits umgesetzt worden sind: die globale Herrschaft des Geldadels und der von diesem Geldadel bezahlten materialistischen Wissenschaft, der Börsen-Crash, die Monopolisierung des Goldes, die Verschuldung der Staaten, die Schürung von Arbeitslosigkeit und sozialen Unruhen, die weltumspannende Vorherrschaft der Monopolmedien, die Zerstörung von religiöser Spiritualität durch Materialismus einerseits und Fundamentalismus andererseits sowie die Beseitigung der „Landesgrenzen und der Verschiedenartigkeit der Währungen", falls „nötig und nützlich" auch durch die Schürung von Feindschaft zwischen den Nationen und Völkern, ja sogar durch die „Verbreitung von Seuchen".

Aus der Perspektive dieses scheinbar unglaublichen Szenarios bekommen Tagesthemen wie Terrorismus und „Krieg gegen den Terror", Nahostkonflikt, ergebnislose Diplomatie, neue Kriege, steigende Armut, die Zerstörung des Mittelstandes, wirtschaftliche Mega-Fusionen, EU, Euro und Wirtschaftskrisen, ja sogar Romane und Filme über geheime Mächte, besessene Politiker und ausgesetzte Viren einen ganz neuen Realitätsbezug.

Andere Punkte dieses Programms sind noch nicht durchgesetzt worden, insbesondere die totale, endgültige Zermürbung des Volkes, bis die Menschheit nach einem Weltherrscher ruft. Dieser Punkt mag dunkel-utopisch und apokalyptisch klingen, sollte aber nicht unterschätzt werden, denn immerhin sind viele Punkte, die auf diese Kulmination hinführen sollen, bereits durchgeführt worden – Dinge, die vor einhundert Jahren ebenfalls als unmöglich und wahnsinnig erscheinen mußten.

Kritiker könnten einwenden, diese Darstellung sei hysterisch und pessimistisch. Unsere Politiker würden etwas ganz anderes meinen, wenn sie von einer „neuen Weltordnung" sprechen, nämlich eine „globale Wohlfahrt und allseitige Ordnung". Aber genau das sagen auch die Illuminaten-Dokumente: „... daß alles Übel, das wir im Laufe vieler Jahrhunderte anstiften mußten, schließlich doch zur *wahren Wohlfahrt* und *allseitigen Ordnung* geführt hat."

Gibt es eine Weltverschwörung?

Gibt es eine Weltverschwörung? Gibt es eine geheime Weltmacht, die die Weltherrschaft innehat?

Nein! *Die Weltherrschaft hat niemand, aber es gibt viele, die nach Weltherrschaft streben.*

Weltverschwörungstheorien, die besagen, eine geheime Macht

beherrsche die ganze Welt, sind Desinformation. Denn niemand hat die totale Herrschaft über die Welt, schon gar nicht die negativen Mächte – obwohl sie von Weltherrschaft träumen und alles unternehmen, um sie zu erreichen.

Theorien, die behaupten, eine geheime Weltmacht beherrsche die ganze Welt, entspringen entweder einer Paranoia ohne Gottvertrauen, oder sie dienen der Ablenkung und Fehlleitung; sie schaffen Feindbilder, die „ideal“ sind, um weitere Agitation und weiteres Chaos zu erzeugen. Oder sie sind Desinformation: Es werden absurde Verschwörungstheorien vorgeschoben, die leicht widerlegt werden können, wodurch die *gesamte Thematik* tabu gemacht wird.

Zusammenfassung und Ausblick

Genauso wie ein Fernsehapparat durch elektrischen Strom betrieben wird, so wird das globale Schauspiel durch den Strom des Geldes betrieben. Die Purâna-Prophezeiung bezüglich des Kali-Yugas hat sich bewahrheitet. Man braucht nur der Spur des gehorteten Goldes und des Geldes zu folgen, und man wird direkt in die Hochburgen der Dunkelmächte geführt, die über das Leben und Sterben von Millionen von Menschen entscheiden.

In diesem Kapitel sind einige wenige Beispiele herausgegriffen worden: die Dritte Welt, die Aufrüstung des kommunistischen Reiches nach der Russischen Revolution, ausländische Gelder in Nazi-Deutschland, die Lebensgeschichte einer Schlüsselperson, Technologie-Export der US in die SU, der inszenierte Kalte Krieg und ein mysteriöser Vorfall, durch den ein Enthüller dieser Machenschaften in den Tod gerissen wurde.

Überall ist derselbe (blut)rote Faden zu entdecken. Und das Bild, das sich abzeichnet, entspricht auf verblüffende Weise den Illuminaten-Programmen, die bereits im 19. Jahrhundert, also lange vor dem Ersten Weltkrieg, bekannt waren. Wie kommt es, daß gerade dieses Programm umgesetzt wird?

Weltherrschaft ist ein verlockendes Ziel, aber diese Verlockung ist immer diabolisch. „Wenn du dich mir unterwirfst, werde ich dir Weltherrschaft geben.“ (Mt 4,9) Viele streben nach größtmöglicher Macht und kämpfen, intrigieren und paktieren zu diesem Zweck. Doch sie alle haben eines gemeinsam: Sie wollen die Menschen im Namen einer „neuen Weltordnung“ oder „im Namen Gottes“ manipulieren, um selbst als die Herrscher dazustehen. „Liebe deine Mitmenschen wie dich selbst“ und das Gebot des wahren Respekts vor allem Leben sind dann höchstens noch Floskeln, denn wer sich selbst für „besser“ oder „besonders“ hält, ist nicht fähig zu Liebe und wahrem Respekt. Was übrigbleibt, ist eine Scheinerleuchtung, die zu Überzeugungen führt, wie sie im zitierten Illuminaten-Programm zum Ausdruck kommen. Was diese besagen, klingt unter dem Strich etwa so: „Die unerleuchteten Menschenmassen würden ohne Führung nur Chaos verursachen; also ist es legitim, sie über den Weg des Leidens in die Neue Weltordnung zu führen. Es ist unsere Aufgabe, ja sogar unsere *Mission,* den Menschen unsere Ordnung aufzuzwingen, selbst wenn der dumme Bürger das nicht will. Der freie Wille des Unerleuchteten zählt nicht, genau wie der freie Wille eines Tieres nicht zählt.“

Sie sagen's zwar nicht so, aber sie meinen's so. Die obige Formulierung ist überspitzt, aber nicht übertrieben. Viele Beispiele zeigen, daß die zu Beginn des vorliegenden Buches philosophisch porträtierte luziferische Mentalität sehr wohl real ist. Menschen mit einer solchen Mentalität finden sich heute sogar in den höchsten Positionen der globalen Machtstruktur. (Natürlich gibt es auch in hohen und höchsten Positionen Ausnahmen, aber bisher haben nur wenige es gewagt, in dieser Richtung etwas Enthüllendes zu sagen, so wie Larry McDonald es tat.)

Nach der Beschreibung der Kriege, Krisen und Manipulationen im 20. Jahrhundert fragt man sich: Was ist die gegenwärtige Situation? Hat sich alles beruhigt? Oder was bahnt sich an?

Kapitel 8

Der Schlüssel zur Datierung: der Code 666

Aus multidimensionaler Sicht betrachtet, ist die Erde mit astralen Bereichen und höherdimensionalen Parallelwelten verbunden. Einige Seelen, die auf der Erde inkarniert sind, kommen aus den dunklen Astralbereichen und bringen eine entsprechende Mentalität mit sich. Andere stammen aus den Welten des Lichts und der Harmonie.

Das Kali-Yuga ist eine Zeit, in der beide Seiten zahlreich vertreten sind. Wesen aus den dunkleren Bereichen profitieren von der geringeren Lichteinstrahlung und der höheren Dichte dieses Zeitalters und haben daher sozusagen Rückenwind. Sie befinden sich in irdischen Machtpositionen und streben danach, die gesamte Welt nach ihren Vorstellungen umzugestalten. Aufgrund des Gesetzes des Gleichgewichts sind aber auch viele Lichtwesen auf der Erde gegenwärtig, einige inkarniert und andere (die viel größere Anzahl) nicht. Da die dunklen Mächte sich jedoch für erleuchtet halten und meinen, die Erde gehöre ihnen, empfinden sie die Lichtwesen als „Störenfriede", „Spielverderber" oder gar als Feinde, die es zu bekämpfen gilt.

Dieses multidimensionale Weltbild mag für gewisse Kreise verdächtig oder sogar gefährlich klingen. („Das würde ja heißen, daß *wir* Dunkelmächte sind!") Was hier beschrieben wird, entspricht jedoch dem Urwissen der Menschheit, das in allen Kulturen und in allen Mysterientraditionen zu finden ist. Es ist nicht einmal ein Geheimwissen, denn alle heiligen Schriften der Welt sprechen davon, sei es die Bibel, die Torah, der Koran, die Veden usw. Sie alle sind sich in dem einen Punkt einig, daß es jenseits der physikalischen Materie unsichtbare Welten gibt und daß aus diesen Welten unsichtbare Wesen („Engel“ und „Teufel“) auf die Menschheit einwirken: durch Inspiration, Manipulation, Inkarnation.

Im vorliegenden Kapitel betrachten wir ein prophetisches Szenario, das aus einer solchen multidimensionalen Weltsicht wahrgenommen wurde. Diese Beschreibung ist weltbekannt – und daher leicht verfügbar – und ist für unsere Zeit höchst relevant. Gemeint ist das letzte Buch des Neuen Testaments, *Apokalypse, Geheime Offenbarung* oder *Johannes-Offenbarung* genannt. Obwohl dieser Text nicht sehr lang ist, nur etwa zwanzig Seiten, sagt er mehr als viele „nichtmultidimensionale“ Analysen. Mit außergewöhnlicher Detailfülle wird darin eine dramatische Zukunft beschrieben: das Hereinbrechen der dunkelsten Dunkelheit, die zu globalen Entscheidungen führt, aus denen eine neue Erde hervorgehen wird.

Zusammen mit den Evangelien und den Apostelbriefen beschreibt die Offenbarung, wie die Mächte des „großen roten Drachen“ nach einer verlorenen „Schlacht im Himmel“ auf der Erde erscheinen und eine globale totalitäre Struktur aufbauen. Diese gefallenen bzw. verblendeten Engel werden eine Show von Weltfrieden aufziehen, die sie mit „Zauber“ und „Wundern“ vorantreiben. Während diejenigen, die sich von Sensationen und von Spektakulärem blenden lassen, begeistert sein werden und nichts merken, werden die Show-Herren das „Volk Gottes“ verfolgen und kriminalisieren. Die exakten Zitate werden auf den folgenden Seiten gegeben werden.

Viele Menschen reagieren heute fast schon angewidert, wenn sie das Wort „Apokalypse“* hören, da verschiedenste Bibelprediger es verwendet haben, um damit ihre sektiererische Mission und ihre Absolutheitsansprüche zu untermauern.

Wie in Kapitel 1 beschrieben, provoziert das eine Extrem das andere. Während der Fundamentalismus (das „Zuviel“) bei den einen Menschen Fanatismus und Selbstherrlichkeit hervorruft, treibt er andere Menschen in Atheismus und Zynismus (das „Zuwenig“). Diese Menschen merken leider nicht, daß sie nur auf die andere Seite der Kluft gegangen sind, und verschließen sich daher

* „Apokalypse“ bedeutet nicht etwa „Weltuntergang“ oder „Strafgericht“, sondern „Offenbarung“, von grch. *apokalyptein,* „enthüllen; offenbaren“.

jeder religiösen Perspektive und erst recht allen apokalyptischen Warnungen.

Aufgrund des schon lange bestehenden Einflusses des dunklen Zeitalters benötigen alle Religionen und auch alle „Logen“ eine fundamentale (nicht fundamentalistische) Erneuerung, eine apokalyptische Transformation. Ziel der vorliegenden Analyse ist deshalb ein Ergründen der Essenz der Bibelprophezeiung ohne Bibelverabsolutierung.

„Neue Weltordnung“: die große Etappe nach dem Zweiten Weltkrieg

Während die USA nach dem Zweiten Weltkrieg heimlich mithalfen, die Sowjetunion wirtschaftlich aufzubauen, führten sie gegen außen einen „Kalten Krieg“ und auch viele echte Kriege: in Korea (1950 bis 1953), Guatemala (1954, 1967 bis 1969), Indonesien (1958), Kuba (1959 bis 1961), Belgisch-Kongo (1965), Vietnam (1961 bis 1975), Laos (1964 bis 1973), Kambodscha (1969 bis 1970), Grenada (1983), Iran (via Irak, 1980 bis 1988), Lybien (1986), Panama (1989), El Salvador (1980er Jahre), Nicaragua (1980er Jahre), Irak (seit 1991), Bosnien (1995), Sudan (1998), Serbien (1999), Afghanistan (seit 2001) – und demächst Syrien? Iran? Jemen? Somalia? Noch anderswo?

Gleichzeitig fanden in der Welt auch noch andere Kriege und Bürgerkriege statt, die alle ihre finanzkräftigen Sponsoren und Profiteure hatten. All diese kriegerischen, wirtschaftlichen und politischen Schachzüge brachten jedoch keine entscheidenden Veränderungen mit sich. Welche Ziele wurden dann während der letzten sechzig Jahre verfolgt? Diese Frage wurde bereits auf den Seiten 96 f. und 294 gestreift und kann nun konkret beantwortet werden.

Während es in diesen Jahren zu keinen direkten Veränderungen in Richtung Eine-Welt-Ordnung gekommen ist, fand dennoch eine unübersehbare Veränderung statt: die explosionsartige Entwicklung der Technologie. Was sogar in den 1960er Jahren noch unbekannt war, ist heute normale Konsumware, insbesondere die Mikro- und die Chip-Technologie, die Computer, das digitale Geld und die Handys. All diese technischen Objekte sind Teil einer globalen Infrastruktur auf der Grundlage von Satelliten, drahtloser Kommunikation und zentralisierten Datenstationen.

Bestand der Sinn der vergangenen sechzig Jahre etwa im Aufbau dieser weltweiten technischen Infrastruktur? Wenn ja, dann sind wir heute an jenem Punkt angelangt, wo dieser Aufbau abgeschlossen ist; dann müßte jetzt die nächste Phase des Planes in Wirkung treten.

> An modernen Maßstäben gemessen, war sogar die katholische Kirche des Mittelalters tolerant. Das lag zum Teil daran, daß in der Vergangenheit keine Regierung die Möglichkeit hatte, ihre Bürger ständig zu überwachen.

Dies schrieb George Orwell 1948 in seinem Roman *1984*.[138] In seiner Phantasie stellte er sich damals vor, daß die ständige Überwachung der Bürger durch ein dichtes Netz von Teleschirmen geschehen werde, die sowohl Bildschirm als auch Kamera sind. Orwell ahnte damals noch nicht, welche Quantensprünge die technische Entwicklung ab der zweiten Hälfte des 20. Jahrhunderts machen würde, sonst hätte er die Überwachung nicht als eine primitive technische Beobachtungsanlage beschrieben. In diesem entscheidenden Punkt hat die Realität George Orwells Vision schon längst überholt.

„Kameras und Satelliten, Richtantennen und Sonden ... Der Überwachungsstaat, den George Orwell für 1984 voraussagte, ist mittlerweile längst zum Standard geworden. Ganz realistisch stellt ‚Enemy of the State' dar, wie gläsern der Mensch im Digitalzeitalter geworden ist." Dies sagte eine ganz normale Tageszeitung über den Film *Enemy of the State*, der Anfang 1999 in die Kinos kam.[139]

Die meisten Zuschauer waren schockiert über die eiskalte Allmacht der technischen Überwachung, die in diesem Thriller gezeigt wird. Doch der Überwachungsspezialist Larry Cox, der bei der Produktion dieses Filmes als Berater fungierte, kommentiert lakonisch: „Die Technik, die im Film gezeigt wird, zeigt den Stand vor zehn Jahren. Wir sind schon viel weiter. Die neuen Apparate und Methoden sind streng geheim."[140]

Die Technologie, die eine weltweite Beherrschung aller Menschen möglich macht, ist heute – und erst heute – verfügbar. Die gesamte Infrastruktur ist nun vorhanden. Aus dieser Perspektive betrachtet, macht die Entwicklung der vergangenen sechzig Jahre, sogar die scheinbar absurde geheime Aufmöbelung der SU durch US-Konzerne, plötzlich Sinn.

Warum Weltherrschaft?

Der technische Fortschritt wird nicht einfach vorangetrieben, damit die Masse der Menschen ein bequemes Leben führen kann. Wie die Weltsituation zeigt, verschärfen sich die Krisen weltweit und spitzen sich zu.

Mit der heutigen Weltinfrastruktur ist es möglich, jeden Menschen über Computer und zentrale Datenbanken zu kontrollieren. Diese Möglichkeit wird Wirklichkeit, wenn die Identität und das Geld aller Bürger über Mikrochips registriert werden, zum Beispiel dadurch, daß das Bargeld abgeschafft wird. Der Bürger kann dann nichts mehr unerkannt kaufen oder verkaufen. Die Begründung wird lauten: „Selbstverständlich erlaubt dieses System eine totale Kontrolle, aber dies dient der Sicherheit der Bürger. Jeder ehrliche Bürger, der nichts zu verbergen hat, braucht diese Kontrolle nicht zu fürchten, denn er wird dem System gar nie auffallen, wird also nie behelligt werden. Die einzigen, die dieses System zu fürchten haben, sind die Kriminellen, die Terroristen und die Sekten. Und genau diese wollen wir alle gemeinsam – die Weltregierung und die Weltbürger – bekämpfen und beseitigen, damit der Weltfriede endlich nicht mehr bedroht ist."

Wer aber wird festlegen, wer „kriminell" ist und was eine „Sekte" ist? Noch vor vierhundert Jahren galten diejenigen als kriminell, die an Karma, Reinkarnation und höhere Welten glaubten und die herrschende Glaubensmeinung nicht als absolut akzeptierten. Sie wurden verhaftet und durch eine offizielle Inquisition hingerichtet. Später galten in den kommunistischen Diktaturen die Christen, die Juden, die Esoteriker, die Systemkritiker, die „Verschwörungstheoretiker" usw. als kriminell oder geisteskrank und wurden verfolgt, interniert, gefoltert, ermordet.

Je mehr die Kriminalität, der Terror und der Drogenhandel zunehmen, desto mehr „Grund“ besteht für eine totale Kontrolle. Wird *deshalb* durch den sinnentleerten Konsumismus und Streß die Verbreitung dieser destruktiven Auswüchse gefördert?

Aber warum wollen diejenigen, die von „Weltfrieden“ sprechen, Weltherrschaft?

Die Antwort auf diese Frage ist keine politische, sondern eine *religiöse* Herausforderung.

Wahrer Friede ist von der Zufriedenheit der Individuen abhängig, und Zufriedenheit kann nie erzwungen werden. Friede ist deshalb nur möglich durch die göttliche Harmonie des freien Willens, und Harmonie entsteht durch die *Einheit in der Vielfalt:* wenn die Menschen Gott, das absolute Individuum, als das allumfassende, allesvereinende Zentrum erkennen.

Die Mächte jedoch, die Gott ignorieren, relativieren oder verabsolutieren, sind nicht in der Lage, an die Einheit in der Vielfalt zu glauben. Sie kennen nur die *erzwungene Einheit.* Diese Art von Einheit bedingt jedoch, daß es nur *eine* herrschende Macht gibt, und deshalb streben sie nach Monopolherrschaft („Weltherrschaft“). Viele Supermächte der Vergangenheit versuchten bereits, dieses Ziel zu erreichen – die Babylonier, die Griechen, die Römer, die Araber, die Mongolen, die Franzosen unter Napoleon, die Deutschen unter Hitler, die Briten mit ihrem *Empire* –, doch sie alle scheiterten.

Einmal jedoch, so prophezeit die Geheime Offenbarung, werde es einer Dunkelmacht gelingen, für eine kurze Zeit die Weltherrschaft zu erringen. Dies werde die Zeit der Scheidung und Entscheidung sein, die Zeit der großen Täuschung, die „Endzeit“ …

„… alles vorhergesagt“

Zahlreiche Prophezeiungen weisen uns auf eine Endzeit oder Wendezeit hin. Um die zentrale Botschaft all dieser Prophezeiungen gleich vorwegzunehmen: Wenn diese Zeit kommt, geht es nicht darum, gegen die Macht der Dunkelheit zu *kämpfen,* sondern sich ihr zu *widersetzen.*

Wer entschlossen ist, standzuhalten bis zum Schluß, wird von

Anfang an die göttliche Hilfe erkennen und sie nicht ausschlagen. „Ihr jedoch, sehet zu! Ich habe euch alles vorausgesagt", ermahnte Jesus die Welt, als er über die „Endzeit", das Ende des gegenwärtigen Zeitalters, sprach (Mt 24,25; Mk 13,23).

Wann wird es geschehen?

Viele Bibelinterpreten haben bereits versucht herauszufinden, auf welches Datum sich die Angaben der Offenbarung beziehen. In den vergangenen Jahrzehnten wurden die apokalyptischen Prophezeiungen schon des öfteren der Lächerlichkeit preisgegeben, weil falsche Propheten falschen Alarm schlugen. Dabei sagte Jesus klar: „Aber den Tag oder die Stunde, wann das geschehen soll, kennt niemand, auch nicht die Engel im Himmel – nicht einmal der Sohn. Nur der Vater weiß es." (Mt 24,36)

Das genaue Datum ist nicht bekannt. Der allgemeine Zeitraum jedoch ist sehr wohl bekannt, denn in Jesu Endzeitreden und in der Offenbarung werden die Symptome genannt, an denen man erkennen kann, wann das Datum naht:

- Kriege „fern und nah", „ein Volk wird gegen das andere kämpfen, ein Staat den anderen angreifen";
- zunehmende Naturkatastrophen, insbesondere Erdbeben und Überflutungen;
- viele neue Krankheiten;
- Menschen werden weltweit an Hunger sterben;
- Zeichen im Himmel und auf der Erde;
- gottlose Taten im Namen Gottes und/oder im Namen Jesu;
- viele falsche Propheten, die Frieden versprechen, während sie „die ganze Welt täuschen";
- Verleumdung und Verfolgung jener, die an Gott glauben und vor den dunklen Mächten warnen: „Und weil das Böse überhandnimmt [normal wird], wird in vielen Menschen die Liebe erkalten." (Mt 24,12)

Nur schon diese wenigen Angaben lassen erahnen, auf welches Jahrhundert sich die biblischen Prophezeiungen beziehen. Die

Johannes-Offenbarung enthält zusätzlich einen Schlüssel, der es ermöglicht, das Datum noch enger einzukreisen. Dieser Schlüssel ist die Zahl 666.[141] Wie die nachfolgenden Analysen zeigen, erlaubt der 666-Schlüssel eine präzise Fokussierung des Szenarios auf einen Zeitraum von wenigen Jahren, und dieser bezieht sich „zufällig" auf die Zeit, die auch Johannes von Jerusalem als Wendezeit voraussah: „Wenn das Jahrtausend beginnt, das nach dem Jahrtausend kommt ..."

„Ein Krieg im Himmel"

Die Offenbarung sagt genau, auf welche Zeit sich das in ihr beschriebene Szenario bezieht: auf jene Zeit, in der die Zahl 666 überall auftaucht, und zwar mit einer solchen Dominanz, daß niemand mehr etwas kaufen oder verkaufen kann, ohne diese Zahl zu verwenden. – Das ist eine ziemlich präzise und konkrete Aussage!

Die Textstelle mit der Zahl 666 erscheint im Zusammenhang mit der Beschreibung eines Krieges im Himmel, in dem sich der Erzengel Michael und „ein großer, roter Drache mit sieben Köpfen und zehn Hörnern" gegenüberstehen, beide mit ihren jeweiligen Engelscharen.

> Und es entstand ein Krieg im Himmel. Michael und seine Engel kämpften mit dem Drachen, und der Drache schlug mit seinen Engeln zurück, aber er wurde besiegt. So konnten er und seine Engel nicht mehr im Himmel wohnen, und er fiel, der große Drache. Er ist die alte Schlange, der Teufel oder Satan, der die ganze Welt verführt. Er wurde auf die Erde hinuntergestürzt und all seine Engel mit ihm. ... „Erde und Meer, zu euch ist der Widersacher gekommen. Sein Zorn ist ungeheuer groß, denn er weiß, daß er nur noch wenig Zeit hat ..." (12,7–9/12)

„Auf die Erde heruntergestürzt" bedeutet, daß sie in die niederen Astralwelten, die eine dunkle Parallelwelt zur Erde darstellen, fielen. Von dieser unsichtbaren Basis aus sind viele dieser „gefallenen Engel" als Menschen unter Menschen geboren worden, während sie jedoch eine okkulte Verbindung zu ihrem Hintergrund beibehielten und entsprechend dachten und handelten. Dies ist nicht einfach eine moderne esoterische Interpretation, sondern eine Erklärung, die von der Bibel selbst gegeben wird:

> „Die verborgenen Feinde der Menschheit sind nicht Wesen aus Fleisch und Blut, sondern unsichtbare Mächte und Gewalten, die bösen Geister zwischen Himmel und Erde, die jetzt diese dunkle Welt beherrschen. (Zürcher Bibel: Wir kämpfen nicht wider Fleisch und Blut, sondern wider die Gewalten, wider die Mächte, wider die Beherrscher dieser Welt der Finsternis, wider die Geisterwesen der Bosheit in den himmlischen Regionen.)
>
> Darum greift zu den Waffen Gottes! Wenn dann der schlimme Tag kommt, werdet ihr wohlgerüstet sein und den Angriffen des Feindes standhalten können. Seid also bereit! Legt die Wahrheit Gottes als Gürtel um. Zieht das Tun des Guten als Panzer an. Tragt als Schuhe die Bereitschaft, das Evangelium des Friedens zu verkünden. Haltet das feste Vertrauen als den Schild vor euch, mit dem ihr die Brandpfeile des Satans abwehren könnt. Die Gewißheit eurer Rettung sei euer Helm und das Wort Gottes das Schwert, das der Geist euch gibt. Und vergeßt dabei nicht das Gebet!" (Brief an die Epheser, 6,12–17)

Die zwei apokalyptischen „Tiere"

Nach dem verlorenen „Krieg im Himmel" verschieben die dunklen Mächte ihre Basis an den Rand der irdischen Dimension. Land und Meer der Erde werden ermahnt, vorsichtig zu sein, denn der Drache (Satan) sei sehr zornig, da er wisse, daß ihm nicht mehr viel Zeit zur Verfügung stehe. Doch aus dem Meer und dem Land, die gewarnt wurden, steigen zwei Tiere auf. Das erste Tier, das aus dem Meer erscheint, bekommt seine Macht direkt vom Drachen, und das zweite Tier, das aus dem Land erscheint, führt die weltweite Verehrung des ersten Tieres ein. „Der Drache verlieh* dem Tier seine eigene Befehlsgewalt, seinen Thron und seine große Macht. ... Alle Menschen beteten den Drachen an, weil er seine Macht dem Tier verliehen hatte." (13,2/4)

* Johannes schreibt in der Vergangenheitsform, weil er aus der Perspektive eines Zeugen berichtet. Er beschreibt im Rückblick, wie er gewisse (zukünftige) Szenen zu sehen bekam und was sie ihm zeigten.

Den beiden „Tieren“ (= Unmenschen) gelingt es, fast alle Menschen in ihren Bann zu ziehen. Die Offenbarung betont mehrfach, daß es sich hier um eine Macht handelt, die „die ganze Welt täuscht“ (12,9; 13,8/14; 18,23; 19,20). Mit anderen Worten, die Warnung bezieht sich nicht auf einige satanistische Extremisten, sondern auf ein globales Phänomen, das von den meisten entweder gutgeheißen oder verharmlost wird.

Das erste „Tier“ wird als König oder Diktator beschrieben, das zweite als religiöser Führer, falscher Messias oder Prophet. Das zweite „Tier“ wird manchmal auch „der Antichrist“ genannt. Beide arbeiten eng zusammen und errichten einen diktatorischen Weltstaat mit einer führerkultartigen Weltreligion:

> Im Auftrag des ersten Tieres übte es dessen ganze Macht aus. Es zwang die Erde und alle, die auf ihr lebten, das erste Tier mit der verheilten Wunde anzubeten. ... Durch die Wunder, die es im Auftrag des ersten Tieres zu tun vermochte, wurden alle Menschen getäuscht, die auf der Erde leben. (13,12/14)

Daran anschließend folgt die Stelle mit der Zahl 666, durch die es möglich wird, die beschriebenen Geschehnisse zeitlich einzuordnen:

> Das Tier hatte alle Menschen in seiner Gewalt: die Hohen und die Niedriggestellten, die Reichen und die Armen, die Knechte und die Freien. Und es veranlaßte, daß sich alle ein Zeichen auf ihre rechte Hand oder ihre Stirn machten mußten, so daß niemand kaufen oder verkaufen konnte als nur der, welcher dieses Malzeichen hatte: den Namen des Tieres oder die Zahl seines Namens. Hier ist Weisheit vonnöten. Wer Verstand hat, der kann herausfinden, was die Zahl des Tieres bedeutet, denn sie steht für den Namen eines Menschen. Es ist die Zahl sechshundertsechsundsechzig. (13,16–18)

Durch die Vereinigung von weltlicher und religiöser Macht in Form der beiden „Tiere“ gelingt es dem Drachen, Herrschaft über alle Menschen, über die reichen wie die armen Nationen, zu erlangen, und er besiegelt diese Herrschaft mit dem Malzeichen 666, das jeder seiner Untertanen entweder auf der rechten Hand oder auf der Stirn tragen muß. Kaufen und verkaufen können nur noch diejenigen, die dieses Zeichen tragen.

Die dreifache Sechs als technomagischer Code

Hinsichtlich der hier vorgelegten Analyse wird von philologischer Seite eingewendet, es sei falsch, die apokalyptische Zahl Sechshundertsechsundsechzig mit der dreifachen Sechs gleichzusetzen. Dieser kritische Einwand ist nicht ungerechtfertigt, denn es stimmt: In den ursprünglichen Sprachen wird die Zahl Sechshundertsechsundsechzig *nicht* als 666 geschrieben. Nur im System der arabischen Zahlen verwendet man eine dreifache Sechs. Im Griechischen wird diese Zahl mit den Buchstaben Chi (600), Xi (60) und Stigma (6) geschrieben, im Hebräischen mit den Buchstaben Taw (400), Resch (200), Samech (60) und Waw (6) und mit römischen Zahlen als DCLXVI. Vom philologischen und kabbalistischen Standpunkt aus betrachtet, haben die griechische und die hebräische Zahl Sechshundertsechsundsechzig nichts mit einer dreifachen Sechs zu tun. Sechshundertsechsundsechzig ist die kabbalistische Summe der Buchstaben eines Namens – des Namens eines Menschen, des ersten „Tieres“.

Die Analyse auf den folgenden Seiten bezieht sich jedoch nicht auf Philologie und Numerologie, sondern auf *Symbolik* und *Magie.* Der genannte Einwand hebt diese moderne Interpretation nicht auf, denn es ist ebenfalls eine Tatsache, daß alle modernen Sprachen die arabischen Zahlen verwenden. Auch die slawischen, turkischen und kaukasischen Sprachen, die mit kyrillischen oder nochmals anderen Buchstaben geschrieben werden, verwenden die arabischen Zahlen. Seit dem Mittelalter hat sich das „arabische“ Dezimalsystem zunehmend durchgesetzt, weshalb heute in der modernen Gesellschaft jeder Mensch arabische Zahlen lesen kann, wohingegen nur relativ wenige fähig sind, griechische oder hebräische Zahlen zu lesen.

Heute ist die dreifache Sechs das globale Symbol für die apokalyptische Zahl. Es ist deshalb zu erwarten, daß gewisse Interessengruppen dieses Symbol verwenden werden, um das, was sie tun, mit zusätzlicher Macht aufzuputschen. Denn die Prophezeiung sagt, daß jemand mit dieser Zahl dereinst die Weltherrschaft erringen wird! Diejenigen, die solche Ziele verfolgen, werden deshalb nicht zögern, das magisch geladene Symbol 666 offen oder verschlüsselt zu verwenden, obwohl sie wissen, was die Prophezeiung sonst noch sagt, nämlich daß die vermeintliche 666-Weltherrschaft nur eine kurze Zeit andauern wird; danach werde dieses System mit allem, was es an Tyrannei und Gottlosigkeit geschaffen habe, vernichtet werden.

Was die genannte Kritik betrifft, so müßte das philologische Argument in Anbetracht des modernen Bezuges der 666 sogar umdreht werden. Johannes erfuhr, daß die Zahl des „Tieres" sechshundertsechsundsechzig sein würde, und ihm wurde gezeigt, daß diese ominöse Zahl in der fernen Zukunft, auf die sich seine Vision bezog, in Form einer dreifachen Sechs geschrieben werden wird – im Gegensatz zu den ihm bekannten Sprachen! Ebenso wurde ihm gezeigt, daß diese Zahl bzw. ihr magischer Code 666 weltweit verwendet werden würde, auch unabhängig von ihrem numerischen Wert. Es ist also gut möglich, daß er nicht Chi-Xi-Stigma oder Taw-Resch-Samech-Waw sah, sondern das Zeichen 6-6-6, wobei ihm gesagt wurde, dies sei die Zahl Sechshundertsechsundsechzig. Und so übersetzte er diese Information zurück in die damals aktuellen Sprachen, Griechisch und Hebräisch.

Es ist also keineswegs falsch, die gegenwärtige Weltsituation anhand der Spur der dreifachen Sechs zu untersuchen – derselben Spur, die auch Johannes auf Patmos zu sehen bekam.

6-6-6 ist weltweit verbreitet

Macht über die Armen *und die Reichen,* kaufen und verkaufen – unzweideutig geht es hier um das Thema Geld! Und genau jetzt geschieht es, daß das Kaufen und Verkaufen immer mehr monopolisiert, zentralisiert und globalisiert wird. In all diesen Entwicklungen spielt der Code 666 eine zentrale Rolle!

In Offb 13,17 wird gesagt, daß eine Zeit kommen werde, in der niemand mehr etwas kaufen oder verkaufen könne, ohne ein ganz bestimmtes Zeichen zu verwenden. Noch im Jahr 1980 war eine solche Möglichkeit unvorstellbar: *Jeder Artikel, den wir kaufen oder verkaufen wollen, soll mit einem gleichen bzw. gleichartigen Zeichen markiert sein?* Aber nur ein paar Jahre später ist dieses Zeichen etwas völlig Normales, ja schon fast Allgegenwärtiges geworden. Wir nennen es Strichcode. Offiziell heißt es EAN (Europäische Artikelnummer) oder UPC (Universal Product Code).

Nur schon die Tatsache, daß eine zweitausend Jahre alte Prophezeiung diese globale Markierung aller Konsumgüter vorausgesagt hat, ist erstaunlich. Aber das ist nicht alles. Der binäre Strichcode enthält auch eine dreifache Sechs! Die technischen Details hierzu werden auf der folgenden Doppelseite erörtert.

Neben dem Strichcode wird jeder Handel und jede Geldtransaktion immer mehr vom globalen Computernetz abhängig. Und auch hier finden wir den 666-Code. Um ihn zu sehen, müssen wir wissen, daß es Sprachen gibt, die für Zahlen Buchstaben verwenden. Bekannt sind die römischen Zahlen, die sich aus den Buchstaben I, V, X, L, C, D und M zusammensetzen. Auch im Griechischen und im Hebräischen, den beiden Sprachen des Johannes, werden Zahlen mit Buchstaben dargestellt. In diesen Sprachen hat *jeder* Buchstabe einen Zahlenwert. Im Hebräischen entspricht die Zahl 6 dem Buchstaben W. Der Code 666 wird also als www geschrieben. Heute ist genau diese Buchstabenfolge der Zugangsschlüssel zum globalen Computernetzwerk, dem Internet.

Der Code www ist die Abkürzung für *world wide web,* „weltweites Netz", wobei das Wort *web* im Englischen vor allem im Zusammenhang mit Spinnennetz verwendet wird. Ansonsten ist für „Netz" im Sinn von „Vernetzung" das Wort *net* gebräuchlich, wie am Wort Internet (und nicht Interweb) leicht ersichtlich ist. Ebenso spricht man von Network, nicht von Webwork, z. B. Network Marketing. Warum wurde also nicht der Begriff *world wide net (wwn)* geprägt? Die Formulierung mit *web* führt dazu, daß alle Netzbenutzer gezwungen sind, auf eine verschlüsselte Weise mit der dreifachen Sechs zu operieren.

Der Strichcode und das weltweite Computernetz – beide enthalten die Codierung 666. Wie sehr Geld, Computer und Internet heute miteinander vernetzt sind, zeigt der bargeldlose Verkehr.

Mit diesen Hinweisen soll jedoch nicht gesagt werden, daß Computer, Internet und Strichcode „Teufelswerke" seien, die man boykottieren müsse. Dennoch ist es ratsam, sich daran zu erinnern, wovor uns die apokalyptische Prophezeiung warnt.

Ist im Strichcode eine dreifache Sechs verborgen?

Strichcodes sind ein praktisches System, das ermöglicht, Gegenstände elektronisch zu identifizieren und zu registrieren. Der Scanner kann einen Strichcode sogar lesen, wenn er umgedreht hingehalten wird.

Der EAN-Strichcode kann unabhängig von seiner Position gelesen werden, weil er aus zwei Hälften besteht, aus einer linken und einer rechten, in denen unterschiedliche Strichcode-Schlüssel verwendet werden. Der Scanner kann diese Schlüssel unterscheiden und erkennt dadurch sofort, welche Zahlen die linke und die rechte Hälfte darstellen, selbst wenn die beiden Hälften aufgrund einer Kopfüber-Position des Artikels mit vertauschten Positionen erscheinen.

Ein Strichcode besteht aus einer Serie von unterschiedlich breiten Strichen mit variierenden Zwischenräumen, wodurch eine ganz bestimmte Zahlenfolge dargestellt wird. Jede Zahl wird mit zwei Strichen und zwei Zwischenräumen binär dargestellt (binär = in einer Folge von nur zwei Elementen, hier „schwarz" und „weiß"). Jedes dieser Zweistrich-Module besteht aus sieben Stricheinheiten, von denen einige schwarz gefüllt werden und andere leer bleiben. In der binären Sprache des Computers liest der Scanner „schwarz" als 1 und „weiß" als 0 und identifiziert dadurch jede Gruppe von sieben Stricheinheiten als eine spezifische Zahl.

Für jede Zahl gibt es drei Sets von Strichcode-Definitionen. Im Standard-Strichcode werden auf der linken Seite die Sets A und B verwendet, auf der rechten Seite das Set C. Die Sets A und C sind wie ein Positiv und Negativ (schwarz wird weiß, weiß wird schwarz). Set B ist die Spiegelversion von Set C. Die gespiegelte Version von Set A wird (noch) nicht verwendet, könnte aber eingesetzt werden für eine erweiterte Strichcodeform, z. B. mit drei Gruppen zu je sechs Zahlen (drei Sechsergruppen = 6-6-6). Der jetzige Standard-Strichcode besteht aus zwei Sechsergruppen.

Die Definition der Zahl 3 im Set A ist 0111101, was den dickstmöglichen Strich darstellt (4 Einheiten schwarz nacheinander), denn jede Zahl muß zwei Striche und zwei Leerräume enthalten. Nur eine einzige Zahl enthält zwei 1 Einheit breite schwarze Striche mit einem 1-Einheit-Abstand: 0000101 und 1010000. Es ist die Zahl 6 in den Sets B und C.

Mit anderen Worten, die 101-Doppelstriche erscheinen nur in der Strichcode-Darstellung der Zahl 6. Aber gerade diese beiden 1-Einheit-Striche finden sich in jedem Standard-Strichcode links, in der Mitte und rechts als drei zusätzliche, identische Doppelstriche, die länger als die anderen Striche sind. Sie stehen nicht für eine Zahl, und der Scanner liest sie nicht als 6-6-6, aber sie stellen das freistehende Binärcode-Element 101 dar, das nur in den B- und C-Modulen der Zahl 6 vorkommt. Die drei längeren 101-Doppelstriche links, in der Mitte und rechts codieren also dreimal die Sechs. Wieder 6-6-6. Wie in www.

4 012345 678901

Der EAN-Standard-Strichcode mit den Unterteilungen der binären Grundeinheiten (7 pro Modul einer jeden Zahl), die normalerweise nicht sichtbar sind. Vom EAN-Standard-Strichcode sind andere Strichcodeformen abgeleitet worden, von denen einige die drei verlängerten 101-Doppellinien nicht mehr enthalten.

0 1 2 3 4 5 6 7 8 9

A

B

C

Die Strichcode-Sets A, B und C.

4 012345 678901

6 6 6

„… so daß niemand kaufen oder verkaufen konnte als nur der, welcher dieses Malzeichen hatte … die Zahl 666." (Offb 13,18) Bewahrheitet sich eine zweitausend Jahre alte Prophezeiung? Bis jetzt wurden nur Artikel markiert. Kommt eine Zeit, in der auch die Menschen körperlich markiert werden, vielleicht mit einem implantierten Mikrochip?

Ist 666 die „Zahl des Bösen"?

Der gesamte Kosmos ist auf Proportionen, Harmonien und Gleichgewichtsverhältnissen aufgebaut, und diese Werte lassen sich als Zahlen ausdrücken. Zahlen sind also nie „böse", auch die Zahl 666 nicht.

Die Johannes-Offenbarung sagt ebenfalls nicht, daß 666 eine Zahl des Bösen sei. Sie sagt nur, daß der „Drache", eine drakonische Macht, die Zahl Sechshundertsechsundsechzig mißbrauchen wird, um mit ihr ein weltweites Netz der Kontrolle und Diktatur aufzubauen. Wie dargelegt, ist dieser global anwendbare Code die dreifache Sechs in all ihren verschlüsselten Erscheinungsformen.

Die dreifache Sechs ist eine grundlegende Harmoniezahl unserer physischen Existenz. Die Körper aller Lebewesen bestehen aus organischer Materie, und das chemische Grundelement der organischen Materie ist der Kohlenstoff: Abkürzung C, Atomzahl 6. Dies bedeutet, daß das C-Atom aus 6 Protonen, 6 Neutronen und 6 Elektronen besteht. Unser Körper trägt in seinem Hauptelement auf der atomaren Ebene also die Schwingungsrate 666 in sich! Dies verrät, warum die dreifache Sechs im Kern sogar eine *heilige* Zahl ist. Gerade *weil* dieser Code so zentral und heilig ist, wird er mißbraucht. Nur starke Symbole werden mißbraucht. Man erinnere sich an die Swastika, ein heiliges Symbol in vielen hinduistischen und buddhistischen Tempeln.

Indem gerade die 666-Codierung verwendet wird, verraten die Hintergrundmächte, was ihre Methode ist. Sie wollen das Bewußtsein der Menschen auf die Materie reduzieren und eine übermäßige Identifikation mit dem Körper bewirken, was zwei Effekte hat: Einerseits gerät die Menschheit immer mehr unter den Bann von Materialismus, Körperkult, Oberflächlichkeit und abstumpfender Unterhaltung (und gibt sich damit zufrieden!), andererseits verursacht diese Lebensart Streß, physische Schwäche, Krankheit, unstabile Beziehungen, emotionale und mentale Verletzungen, Frustration und vor allem eine Anfälligkeit für Angstpropaganda und einen Verlust der spirituellen Bewußtseinsausrichtung. Und diese Auswirkungen der 666-Technologie haben bereits heute fast schon apokalyptische Dimensionen angenommen, sollen aber noch extrem intensiviert werden. Und „niemand“ ist für diese Entwicklung verantwortlich. Alles kommt „einfach so“, und es ist nun halt mal „so“. Etwas anderes kann man sich schon gar nicht mehr vorstellen!

Die Zahl 666 entspricht einer heiligen Körperzahl, ist also alles andere als eine „böse Zahl“. Erst in der negativen Umpolung wird der Code 666 zu einem drakonischen Manipulationsmittel und bewirkt eine materialistische Vereinnahmung des Bewußtseins.

Es besteht also kein Grund zu Panik, wenn jemand in seiner Telefonnummer oder auf dem Autoschild eine dreifache Sechs hat. Wer aber, aus welchen Gründen auch immer, mit dem Symbol der dreifachen Sechs offen oder verschlüsselt arbeitet, begibt sich in den Einflußbereich des „Drakonischen“ – oder kommt sogar von dort.

Abschaffung des Bargeldes

Heute – und erst heute – ist die 666 als Zahl und in verschlüsselter Form weltweit verbreitet. Dieses zentrale, aber keineswegs offensichtliche Element der modernen „Total global“-Gesellschaft wurde bereits vor 1900 Jahren von Johannes beschrieben, nachdem ihm der fünfzig Jahre zuvor gekreuzigte und auferstandene Jesus die apokalyptische Vision medial offenbart hatte. Diese Entdeckung zeigt zweierlei: (1) daß sich die Vision auf die gegenwärtige Zeit kurz nach der Jahrtausendwende bezieht und (2) daß die apokalyptische Prophezeiung sehr ernst zu nehmen ist. Wenn die Johannes-Offenbarung in diesem einen Punkt auf derart erstaunliche Weise stimmt, sollten wir uns fragen, was sie sonst noch sagt.

Das Szenario wurde bereits umrissen: Wenn die 666 weltweit erscheint, soll es in der Folge geschehen, daß niemand mehr ohne das „Zeichen des Tieres“ kaufen und verkaufen kann. Diese einfache Aussage ist ultramodern, ja schon fast Science-fiction. Erst heute, mit der Technik, die seit der zweiten Hälfte des 20. Jahrhunderts entwickelt worden ist, haben wir den Horizont, um zu verstehen, was Johannes im 1. Jahrhundert voraussah: Menschen, die auf ihrer Hand oder auf ihrer Stirn ein (unsichtbares) Zeichen tragen, das verwendet wird, um sie überall zu identifizieren und all ihre Transaktionen über ein zentralisiertes Computernetzwerk zu registrieren.

Die Einführung des Papiergeldes erlaubte es den Manipulatoren, immense Warenwerte zu verschieben und künstliche Werte zu schaffen; sie konnten Darlehen geben und Privatpersonen, Firmen und ganze Staaten durch Verschuldung in die Abhängigkeit treiben, gegebenenfalls sogar in den Ruin stürzen.

Diese Phase ist nun weitgehend abgeschlossen. Der nächste Schritt in Richtung apokalyptisches Szenario wäre die Abschaffung des Bargeldes, denn Bargeld ist *anonym* und läßt dem Bürger noch gewisse Freiheiten. Ein System ohne Bargeld hätte viele Vorteile: Niemand könnte mehr schwarzarbeiten oder Steuern hinterziehen; man bräuchte sich nicht mehr vor Einbrechern und Taschendieben zu fürchten, da die Bankkarte für jeden, der das Paßwort nicht kennt, nutzlos ist; man müßte nicht einmal mehr Steuererklärungen ausfüllen, denn diese Arbeit würde der zentrale Computer automatisch erledigen. Und vor allem hätten Terroristen keine Möglichkeit mehr, irgendwelche Attentate vorzubereiten und durchzuführen. Diese Neue Weltordnung verspricht „Frieden" und „Sicherheit", aber nur für die, die mitmachen. „Frieden" und „Sicherheit" auf Kosten der „Freiheit".

Gold wurde einst durch Papier ersetzt, und heute wird das anonyme Papier durch Magnetstreifen und Mikrochips ersetzt. Das einstige „Geld" soll nur noch in Form von elektronischen Zahlen in einem globalen Computernetz existieren.

Die Entwicklung zur gänzlichen Abschaffung des Bargeldes verläuft rasant: Je mehr Menschen mit Karte zahlen, desto mehr wird das Verwenden von Bargeld altmodisch und unpraktisch, ja sogar verdächtig. Überall wird der Umstieg auf Plastikkarten gefördert: ID-Karte, Bankkarte, Postbankkarte, Kreditkarte, Telefonkarte, BahnCard, Kundenkarte, Krankenversicherungskarte, Führerscheinkarte usw.

Die offensichtliche Tendenz läuft darauf hinaus, daß letztlich alles auf *eine* Karte gesetzt wird. Ein christlicher Autor gibt aus der Sicht der apokalyptischen Prophezeiung folgende Zusammenfassung der aktuellen Situation:

Zwei Voraussetzungen für die weltweit lückenlose Personenkontrolle durch die geplante antichristliche Weltregierung mittels der universalen Chip-Karte sind im Moment noch nicht erfüllt: die Zusammenfassung aller Kartengesellschaften bzw. Banken zu einer einzigen globalen Super-Bank sowie die elektronische Registrierung aller Menschen durch eine persönliche Identitätsnummer. Aber an beiden Punkten wird unermüdlich gearbeitet.[142]

Hier handelt es sich nicht um Schwarzmalerei oder Übertreibung. Bereits 1996 hieß es auch in den Massenmedien, es werde „mit Hochdruck" an dieser Entwicklung gearbeitet:

Abschied vom Bargeld: Plastikkarten mit Chips verdrängen Münzen und Noten als Zahlungsmittel. Das neue Geld besteht aus Bits und Bytes. ... Mit Hochdruck arbeiten Banken, Kreditkartenorganisationen und Software-Fachleute an der Entmaterialisierung des Geldes. ... Die elektronischen Geldbeutel sind nur ein Zwischenschritt auf dem Weg zur digitalen Währung des dritten Jahrtausends.[143]

Über die Fortschritte auf dem Weg zur „digitalen Währung des dritten Jahrtausends" hieß es Ende 1998 in einer Meldung der dpa (Deutsche Depeschenagentur):

Der Siegeszug der Chipkarte: Abschied von der Brieftasche und dem Geldbeutel. ... Was Laien an das „Raumschiff Enterprise" erinnert, rücken Informatiker in den Bereich des Möglichen. „Die Technologie ist verfügbar. So weit weg und utopisch ist das ganze daher nicht mehr", erklärte Sabine Belling, Sprecherin von Gemplus, Hersteller von Magnetstreifen und Chipkarten ...[144]

Anscheinend haben die Direktoren des technischen Fortschritts schon längst „Abschied vom Bargeld" genommen. Wenn es nach ihrem Willen geht, ist es nur noch eine Frage der Zeit, bis diese nächste Hürde genommen werden kann, möglicherweise durch die Provokation einer Finanzkrise. Ein Crash und fertig Cash!

Abschaffung des Bargeldes ist das eine, Einführung einer Smartcard, einer Karte für alles, ist das andere. Über beides wird schon seit Jahren öffentlich nachgedacht. Der Gedanke wird ausgesprochen, was ein wichtiger Schritt hin zur Materialisierung ist.

Je mehr Informationen auf eine Karte gesetzt werden, desto größer ist die Katastrophe, wenn diese Karte verlorengeht, denn der Verlust der Karte stellt für den Besitzer eine völlige Blockierung dar. Bis die Karte mit all ihren verschiedenen Funktionen ersetzt ist, vergeht eine gewisse Zeit, während der nichts läuft. Man kann weder kaufen noch verkaufen!

„Wie hilflos ist einer, der seine multifunktionale Chipkarte mit allen lebensnotwendigen Daten verliert? Kommt das nicht einem Gedächtnisschwund gleich? Büßt er gar seine ganze Identität ein? Soll man, darf man alles auf eine Karte setzen? Ist, um die Benutzung durch Unbefugte auszuschließen, für jeden einzelnen Verwendungszweck eine persönliche Geheimzahl notwendig? Wer kann sich die alle merken?" So beschreibt *Der Spiegel* (21. November 1994, S. 66) das Dilemma des Konsumenten.

Die Lösung liegt *auf der Hand!* Das Markierungszeichen soll auf der Hand angebracht werden – oder auf der Stirn. Dort ist es jederzeit verfügbar und kann nicht verlorengehen.

> Ersatz von Kreditkarten durch einen individuellen, laserlesbaren Strichcode ... Vor einigen Jahren [1988] hat die Stadt Singapur dieses System drei Monate lang an zehntausend Menschen getestet! Der Code wurde zur Hälfte auf dem Handgelenk und zur Hälfte auf der Stirn angebracht.[145]

Implantier-Chips für Menschen

In immer mehr Ländern der Welt wird es normal und auch obligatorisch, daß größere Haus- und Stalltiere mit einem implantierten Chip markiert werden. In Hongkong ist der Mikrochip für Hunde bereits seit dem 2. Dezember 1996 obligatorisch. In einer Fernsehsendung des internationalen Hongkong-Senders wurde das offizielle Plakat gezeigt: *Have your dog microchipped – Get your pet an identity!* („Lassen Sie Ihren Hund mikrochippen – Verschaffen Sie Ihrem Liebling eine Identität!") Der Fernsehzuschauer bekam glückliche Hunde und zufriedene Herrchen zu sehen. Diejenigen, die das Privileg hatten, vom TV interviewt zu werden, machten vor Begeisterung fast Purzelbäume und lobpriesen den Mikrochip in allen Tonarten: Superpraktisch! Ungefährlich! Schmerzlos!

Sicher! Vermindert Diebstahl und illegalen Hundehandel! – Und damit hatten sie sogar recht. Nicht ausgesprochen, aber intendiert war der Gedanke, daß der Chip auch für Menschen die ideale ID-Marke wäre. (TV-CNBC News, 25. November 1996)

Am 24. Juni 2004 wurde in den Schweizer Medien folgende Meldung der Schweizerischen Depeschenagentur (sda) veröffentlicht:

> **Mikrochips für Hunde Pflicht:** Bis Ende 2006 müssen in der Schweiz alle Hunde mit einem Mikrochip oder einer Tätowierung markiert sein. ... Ein Viertel aller Hunde in der Schweiz trägt schon heute einen Mikrochip. Dieser ist in den Kantonen Waadt, Genf, Wallis, Jura und Basel-Land bereits obligatorisch und wird ab Oktober 2004 auch für die Einreise in die EU verlangt.

Bereits 1995 wurde in den USA vereinzelt die Meldung veröffentlicht, daß auch Implantier-Chips für Menschen existieren. Das folgende Zitat stammt aus dem Wochenmagazin *Tucson Weekly*, Nr. 14, 1995. Überschrift: „Der implantierbare Bio-Chip existiert bereits!"

> Wenn der Chip implantiert ist, verbindet er ein Individuum mit einer Computerdatenzentrale und ermöglicht es, eine Person über Satellit zu orten. ... Wenn der Chip einmal implantiert ist, ist es praktisch unmöglich, ihn wieder zu entfernen. Sogar über einen chirurgischen Eingriff mit modernsten radiographischen Techniken ist dies nur mit extremen Schwierigkeiten zu bewerkstelligen, denn faseriges Gewebe verwächst mit dem Material, das den Chip umgibt, damit der Chip im Fleisch fixiert bleibt.

Im Dezember 1999 präsentierte die amerikanische Firma ADS (Applied Digital Solutions) einen kommerziellen Mikrochip für Menschen mit dem sinnigen Namen *Digital Angel* („Digitaler Engel"): Wer sich einen solchen Mikrochip implantieren lasse, könne überall auf der Erde über das GPS-System lokalisiert werden. Dieser Chip sei ideal für Kinder und für Prominente, da er im Fall einer Entführung große Dienste leisten könne.

Im März 2002 hörte die ganze Welt von einer amerikanischen Familie Jacobs, weil Herr, Frau und Sohn Jacobs zu den ersten nichtprominenten Bürgern gehörten, die sich einen Chip implantieren ließen. Sie meldeten sich als Versuchs-Team bei der Firma ADS, und so kamen sie als „erste gechippte Familie der Welt“ überall in die Schlagzeilen. Der Chip enthält auch Identifikationsnummer und Krankengeschichte des Trägers:

> **Chips unter der Haut:** Familie Jacobs läßt sich Datenträger einpflanzen, um Behandlungsfehlern von Ärzten vorzubeugen ... „Damit kann ein Leben gerettet werden“, erklärt Leslie Jacobs, die Mutter. „Eine Gewissheit, die mir Sicherheit und Seelenfrieden gibt.“[146]

In den USA und auch in anderen Ländern, wie z. B. Italien, haben sich bereits viele Diplomaten, Politiker, Richter usw. einen Chip einpflanzen lassen. Inoffizielle Meldungen aus den USA besagen, daß bereits auch in der Armee und in Gefängnissen Mikrochips implantiert werden.

Die Tücken des Malzeichens

Die Entwicklung der implantierbaren Mikrochips erwähnt auch der Vietnam-Veteran Dannion Brinkley, der in einer Nahtod-Erfahrung im Jahr 1975 Einblick in viele Ereignisse der näheren Zukunft bekam. Er konnte sich an 117 Ereignisse erinnern, die er alle aufschrieb. Ab 1978 bewahrheitete sich eine Vision nach der anderen, darunter der AKW-Unfall von Tschernobyl, die Beseitigung des Eisernen Vorhangs im Jahr 1989, der Golfkrieg, die Massaker im jugoslawischen Bürgerkrieg, die Verschuldung Amerikas und (zum Teil noch zukünftige) Details der wirtschaftlichen Krise in Ost und West. Dabei sah er auch, wie es einem angesehenen Wissenschaftler im Nahen Osten gelingt, die DNS zu verändern und ein Virus zu erzeugen, das in der Anfertigung einer neuen Art von Computerchip Verwendung findet.

> Alle Menschen der Erde waren gesetzlich verpflichtet, sich einen dieser Chips unter die Haut einpflanzen zu lassen. Dieser Chip enthielt die gesamten persönlichen Daten des Menschen. ... Dieser Chip besaß noch eine besonders heimtückische Eigenschaft. Man konnte das Leben eines Menschen verkürzen, indem man diesen Chip so programmierte, daß er sich auflöste und seinen Träger

> durch das Virus tötete. In dieser Weise wurden die Lebensspannen geregelt, damit die Regierung die Kosten sparen konnte, die alte Menschen verursachen. Mit diesem Verfahren wurden auch Menschen mit chronischen Krankheiten beseitigt, die das Gesundheitssystem belasteten."[147]

Etwas ähnliches sagt auch die Johannes-Offenbarung voraus: „Da bekamen alle, die das Kennzeichen des Tieres trugen, ein schmerzhaftes und schlimmes Geschwür." (Offb 16,2)

Dieses Geschwür ist nicht nur körperlich, sondern auch astral. Man ließ sich vom „Tier" infizieren und gefangennehmen.

Zusammenfassung und Ausblick

Das letzte Buch der Bibel, die Apokalypse, ist eine vielschichtige Offenbarung, die an die Menschen von damals, an alle folgenden Generationen und insbesondere an die Menschen der Endzeit gerichtet war: „Schreibe nun, was du gesehen hast und was es bedeutet, und was später geschehen soll ... Komm herauf, und ich will dir zeigen, was später geschehen soll." (Offb 1,19; 4,1)

Die Beschreibungen von dem, was „später geschehen soll", enthalten überraschend präzise Zukunftsbilder, die sich konkret auf unsere Gegenwart und die nahe Zukunft beziehen. Die 666 ist heute weltweit präsent, und die technische Entwicklung wird in eine Richtung getrieben, die genau dem entspricht, wovor die Offenbarung uns warnt.

Da die gesamte Infrastruktur mittlerweile eingerichtet ist, muß damit gerechnet werden, daß überraschende oder sogar überrumpelnde Schritte bevorstehen. Einen Vorgeschmack bekam die Welt am 11. September 2001. „Der Satan, der die ganze Welt täuscht ... Sein Wüten (‚Zorn') ist groß, denn er weiß, daß er nur noch wenig Zeit hat." (Offb 12,9/12)

> Diese Überrumpelung wird aller Voraussicht nach nicht mehr durch einen – ursprünglich wohl geplanten – dritten Weltkrieg ausgelöst, sondern durch einen künstlich herbeigeführten *weltweiten Währungszusammenbruch* ... Dann läßt sich nämlich der bisherige Bargeldumlauf als die Ursache des Übels hinstellen – und die sofortige weltweite Einführung einer rein elektronischen Währung

> als einziges Heilmittel anpreisen. Alles sähe bei einem solchen Vorgehen zudem für die große Masse der Weltbevölkerung bis zu allerletzt keineswegs nach einer Verschwörung aus und würde darum den von der Synagoge Satans (Offb 2,9; 3,9) immer noch gefürchteten Widerstand in letzter Minute ... erst gar nicht aufkommen lassen.[148]

Dieses Szenario ist ernüchternd, vielleicht sogar erschreckend. Es ist eine Herausforderung jenseits falscher Versprechungen und naiver Hoffnungen. Spirituelle Kraft und Zuversicht sind nicht von äußeren Bedingungen abhängig. Je größer die Herausforderung, desto größer ist die Hilfe, wenn man glaubt, sucht und findet. Dies ist das Thema der folgenden Kapitel.

Kapitel 9

Biblische Prophezeiungen zur Zukunft Europas

Das bildhaft formulierte Szenario der Apokalypse ist die prophetische Beschreibung der „Endzeit", d.h. jener Zeit, in der die materialistische Zivilisation zu Ende geht und durch ein neues Zeitalter abgelöst wird. Diese Vision steht nicht alleine da. Sie greift Bilder auf, die die alten Propheten, insbesondere Daniel, bereits gesehen hatten, ergänzt sie und wird selbst durch sie ergänzt und erweitert. Ein weiterer Schlüssel sind die sogenannten „Endzeit-Reden" Jesu, die in den Evangelien nach Matthäus, Markus und Lukas aufgezeichnet sind.

Seit dem Beginn des Kali-Yugas begleitet die Menschen das Wissen um die zyklische Entwicklung der Erde, verbunden mit dem für lange Zeit geheim überlieferten Mysterium der Umwandlung von Mensch und Materie. Seit zweitausend Jahren wird dieses Mysterium konkret verkündet, am deutlichsten in den Schriften des Neuen Testaments.

Die Geheime Offenbarung wird „geheim" genannt, weil sie ein offenes Geheimnis ist. Jeder kann sie lesen, aber nur wenige können sie verstehen. Aber alle verstehen, daß hier eine „Endzeit" beschrieben wird. Die Datierung jedoch und die detaillierte Entschlüsselung kann erst dann erkannt werden, wenn diese Zeit gekommen ist. „Was ich dir gesagt habe, soll bis zur letzten Zeit geheim und versiegelt bleiben." (Dan 12,9)

Was „geheim und versiegelt" bleiben soll, wird in der Endzeit offenbar werden, und es wird auch verständlich, warum diese Dinge mit fast unverständlichen Bildern verschlüsselt wurden, denn sie enthalten zunächst keine erfreulichen Inhalte.

Die Siegel, mit denen das, was Daniel sah, versiegelt wurde, sind sieben an der Zahl, und das Brechen dieser sieben Siegel wird in der Apokalypse beschrieben. Da es aber von der Zeit des Johannes bis zum Eintreffen des prophetisch geschauten Zeitpunktes immer noch viele Jahrhunderte dauern sollte, blieb die Johannes-Offenbarung ähnlich verschlüsselt wie die des Daniel.

Die Prophetien des Daniel und des Johannes

Nach der Eroberung des Südreiches Juda durch die Babylonier wurden die dortigen Bewohner in das Reich der Sieger deportiert, was heute als die „Babylonische Gefangenschaft" bezeichnet wird. Dies geschah während der Zeit des babylonischen Königs Nebukadnezar II. (620[?]–562 v. Chr.). Dieser König hatte nach seinem Sieg einen Traum, der ihn so sehr erschreckte, daß er ihn nicht erzählen wollte, aber von seinen Beratern dennoch eine Deutung verlangte. „Sagt mir meinen Traum, dann weiß ich auch, daß ihr fähig seid, ihn mir richtig zu deuten!" (Dan 2,9)

Keiner der babylonischen Gelehrten, Wahrsager und Sterndeuter war dazu fähig, und der König wollte schon seine Drohung wahrmachen und sie alle umbringen lassen, als sich ein junger Prophet aus dem Lager der Deportierten meldete und sagte, er könne die Forderung des Königs erfüllen. Er bat: „Verschone die Weisen Babyloniens!", denn er war in der Lage, den Traum richtig wiederzugeben und entsprechend zu deuten:

> „Du sahst im Traum ein riesiges Standbild vor dir stehen. Sein Anblick war schreckenerregend, und blendender Glanz ging von ihm aus. Der Kopf war aus reinem Gold, Brust und Arme waren aus Silber, sein Bauch und seine Lenden waren aus Bronze, seine Schenkel aus Eisen und seine Füße zum Teil aus Eisen und zum Teil aus Ton. Du blicktest wie gebannt auf das Standbild, da löste sich von einem Felsen ein Stein ohne Zutun eines Menschen, der traf die Füße aus Eisen und Ton und zerschmetterte sie. Das ganze Standbild brach mit einem Schlag zusammen. Ton, Eisen, Bronze, Silber und Gold zerfielen zu Staub und wurden wie Spreu vom Wind weggeweht. Keine Spur blieb davon übrig. Der Stein aber, der das Bild zermalmt hatte, wurde zu einem großen Berg, der sich über die ganze Erde erstreckte. Das war dein Traum, und nun will ich ihn dir, dem König, deuten." (Dan 2,31–36)

Daniel erklärt, daß das vierfach unterteilte Standbild eine chronologische Abfolge von Weltreichen darstellt. „Das Haupt aus Gold bist du selbst." Danach werde ein silbernes und dann ein bronzenes Weltreich kommen. „Dann kommt ein viertes, das hart ist wie Eisen und alles zerschmettert, was sich ihm in den Weg stellt. Aber es wird ein geteiltes Reich sein ..." (Dan 2,40f.)

Heute wissen wir, daß auf das Babylonische Großreich das Persische Reich folgte, das um 330 v.Chr. von den Griechen unter Alexander dem Großen zerschlagen wurde. Danach folgte das Römische Reich – genauso, wie es Daniel beschrieb: Es war gefürchtet für seine eiserne Härte, aber es war geteilt, was im Traum des Königs dadurch zum Ausdruck kam, daß dieses vierte Reich durch zwei eiserne Beine dargestellt wurde. Das Römische Reich war zuerst durch die Sprachbereiche des Griechischen und des Lateinischen getrennt, und 395 n.Chr. wurde es aufgeteilt in das Weströmische und das Oströmische Reich. Daß dieses große Reich keinen Bestand haben wird, kommt durch die Vermischung von „Eisen" und „Ton" zum Ausdruck, da „Eisen und Ton sich nicht miteinander vermischen lassen" (Dan 2,43). Und Daniel fügt hinzu: „Zur Zeit dieser beiden Königreiche wird der Gott des Himmels sein Reich errichten, das niemals untergehen wird." Dies wird durch den Stein dargestellt, der „ohne Zutun eines Menschen" erscheint und das Standbild zerschlägt.

Einige Jahre später hat Daniel zwei eigene Visionen (Dan 7–8). In der ersten sieht er, wie einem aufgewühlten Meer vier Fabeltiere entsteigen, die dieselben vier Weltreiche darstellen. „Das vierte aber war völlig verschieden von den anderen dreien, und es hatte zehn Hörner." (Dan 7,8/19)

Dieses „Tier" mit zehn Hörnern ist dasselbe „Tier", das Johannes auf Patmos fast siebenhundert Jahre später in der ihm gezeigten Offenbarung zu sehen bekam. Es taucht ebenfalls aus dem aufgewühlten Meer auf (symbolisch für eine aufgewühlte Zeit) und hat ebenfalls zehn Hörner (Offb 13,1), wird nun aber viel detaillierter beschrieben.

All diese Szenen beziehen sich auf „das, was am Ende der Zeit geschehen wird" (Dan 8,17). „Halte geheim, was du geschaut hast, denn es betrifft eine ferne Zukunft." (Dan 8,26)

Wie kann das „Römische Reich“ sich auf eine ferne Zukunft beziehen? Die Symbolismen der Johannes-Offenbarung zeigen, daß sich diese Beschreibungen auf unsere hochtechnisierte Zivilisation beziehen. Gleichzeitig wird durch die Kombination der verschiedenen Offenbarungen auch deutlich gemacht, daß sich das „Tier“ mit den zehn Hörnern auf das „Römische Reich“ bezieht. Was hat das „Römische Reich“ mit der „fernen Zukunft“ 2600 Jahre nach Daniel, d. h. mit unserer Zeit, zu tun?

Bereits Daniel betonte: „Dieses Tier ist ganz anders.“ Den Schlüssel dazu finden wir in der Johannes-Offenbarung (17,8): „Das Tier, das du sahst, ist gewesen und ist dann nicht da, wird aber wieder aus dem Abgrund heraufsteigen, um dann in seinen endgültigen Untergang zu gehen. Die Menschen, deren Namen nicht von Beginn der Welt an im Buch des Lebens stehen, werden von Staunen überwältigt sein, wenn sie das Tier sehen. Früher war es, jetzt ist es nicht, und eines Tages wird es wieder sein.“

Dieses „Römische Reich“ hat also drei Phasen: Es existierte einmal, dann geht es unter und wird später, in einer „fernen Zukunft“, wieder erscheinen, wenn auch in anderer Form. Dies erklärt, warum das vierte Reich in Nebukadnezars Traum sowohl in Form der zwei eisernen Beine als auch in Form der zwei Füße aus Eisen und Ton erschien. Die zehn Zehen, die Daniel ausdrücklich erwähnt, haben ihre Parallele in den zehn Hörnern des „Tieres“. Daß dieses „Tier“ Rom darstellt, wird gleich nach der Stelle, in der es zweimal heißt, daß das Reich einmal war, dann unterging und später wieder auftauchen wird, bestätigt: „Die sieben Köpfe bedeuten sieben Hügel.“ (Offb 17,9) Es gibt nur eine Stadt, die als Sieben-Hügel-Stadt bezeichnet wird: Rom.

Das Buch Daniel und die Johannes-Offenbarung sagen also nichts Geringeres, als daß das Römische Reich, das lange als das „Heilige Römische Reich Deutscher Nation“ fortbestanden hat, in der Endzeit wieder in einer neuen Form auferstehen wird. Alle kritischen Bibelinterpreten sind sich einig, worauf sich dies bezieht: *das vereinigte Europa.* Obwohl Rom das alte, traditionelle Zentrum bleibt, kommt ein neues Zentrum hinzu: Brüssel. Auch dieser Hinweis findet sich in der Vision Daniels: „Das Tier hatte zehn Hörner. Während ich die Hörner betrachtete, brach ein weiteres Horn zwischen ihnen hervor. Drei der vorigen Hörner mußten ihm weichen. Das Horn hatte Menschenaugen und ein Maul, das großmächtig prahlte." (Dan 7,7–8)

Es ist dieses Reich, von dem Johannes sagt, es werde von einem „Menschen", dessen Namen die Zahl Sechshundertsechsundsechzig ist, beherrscht werden (Offb 13,18). Die Brisanz wird erkennbar, wenn wir uns erinnern, was in Kapitel 6 aufgerollt wurde: Mächtige Geheimgesellschaften streben nach der Bildung der „Vereinigten Staaten von Europa", wobei diese europäischen US nicht von einem Präsidenten (wie die USA), sondern von einem König regiert werden sollen. Dieser König wird schon seit längerer Zeit als ein „ritterlicher", messiasähnlicher Führer beschworen, als Mitglied einer „neuen Adelsrasse von Geistes Gnaden". Ist dies der Mensch 666 aus der Johannes-Offenbarung?

Der Schweizer Bibelexperte Roger Liebi, der zur evangelikalen jüdisch-christlichen Strömung gehört, formuliert diese prophetischen Zusammenhänge wie folgt aus:

> Hier wird ein durch und durch totalitäres, absolutes und völlig undemokratisches Reich vorgestellt. Das erstaunt uns vielleicht im ersten Moment. Wir denken: Das neue Europa kann doch nur ein demokratisches Reich sein. Nichtsdestotrotz sagt die biblische Prophetie, daß Europa einem Totalitarismus ärgster Form verfallen wird.[149]

Dies ist ein Szenario, das nicht zwingend, aber angesichts der laufenden Entwicklungen seit den zwei Weltkriegen plausibel ist. Alle EU-Verfechter sind aufgefordert, diese Warnung ernst zu nehmen und sich zu fragen, welcher Tendenz sie dienen.

Das zweite „Tier"

Meer und Erde wurden gewarnt, als der Drache in das astrale Umfeld der Erde kam. Aus dem Meer erscheint dann das erste Tier, aus der Erde das zweite.

Die Weltherrschaft, die das erste Tier vom Drachen bekommt, ist jene Macht, die der Drache auch Jesus anbot: „Alles soll dir gehören, wenn du mich anbetest ..." (Lk 4,5–7)

Das Angebot, das Jesus unberührt zurückwies, ergreift das „Tier“ mit dem Namen „Sechshundertsechsundsechzig“ nur allzu gerne – und bekommt dabei gewaltige Unterstützung:

„Dann sah ich ein anderes Tier. Es kam aus der Erde. Es hatte zwei Hörner wie ein Lamm, aber es redete wie ein Drache. Im Auftrag des ersten Tieres übte es dessen ganze Macht aus. Es zwang die Erde und alle, die auf ihr lebten, das Tier anzubeten, dessen Todeswunde nun wieder verheilt war.“ (Offb 13,11–12)

Nach den bisherigen Ausführungen läßt sich erahnen, was die verheilte Todeswunde bedeutet. Zahllose Spekulationen wurden bereits angestellt. Ist es vielleicht ein Mensch, der scheintot war und wieder ins Leben kommt, um dann zu behaupten, er sei „von den Toten auferstanden“, er sei also der echte Messias? Alles ist möglich. Aber in erster Linie geht es hier um das Reich, das war, verging und wieder auftaucht. Das Weströmische Reich wurde 410 n. Chr. von den Goten niedergeschlagen und ging unter. Aber in der „Endzeit“ ist diese Wunde wieder verheilt, und das „Tier“ wird mit neuer Kraft aktiv, mächtiger als je zuvor.

Was bedeutet: „Es kam aus der Erde“? Hier sind verschiedene Interpretationen möglich. Das erste Tier kommt aus dem aufgewühlten Meer, aus den aufgewühlten Völkern, aus dem „Völkermeer“. Demgegenüber steht das Festland, die „Erde“.

Brisant ist die evangelikale Erklärung, hier formuliert vom bereits erwähnten Roger Liebi:

> Dieses Tier kommt nicht aus dem Völkermeer. Es kommt aus der Erde. Welches Volk steht in der Bibel im Gegensatz zu all den anderen Völkern? *Israel, das auserwählte Volk!* … In Israel gibt es heute eine starke Messias-Erwartung. Dies birgt eine große Gefahr in sich. Wenn der Antichrist in Israel die Macht an sich reißen wird, wird er die große Masse des jüdischen Volkes von seinem Messias-Anspruch überzeugen und damit grausam betrügen.[150]

Der König und der falsche Messias werden eng miteinander zusammenarbeiten. Der Prophet Daniel sagt voraus, ein fremder Herrscher werde Jerusalem mit einem Heer verwüsten, das „wie eine vernichtende Flut hereinbricht; und bis zum Ende der Zeit wird es Krieg und Verwüstung geben. Der fremde Herrscher wird [in dieser Endzeit] eine Jahrwoche lang vielen die Treue zum Bund mit Gott schwer machen.“ (Dan 9,26b–27a) Er wird im Tempel von Jerusalem sogar einen „Götzen“ aufstellen und den Gottesdienst verbieten, „bis ihn selbst die Vernichtung trifft, die in Gottes Plan für ihn vorgesehen ist“ (Dan 9,27b).

Eine Jahrwoche entspricht sieben Jahren. Das ist dieselbe Zeitspanne, die auch die Johannes-Offenbarung für die Länge der „Drangsalzeit“ nennt: 2 mal 42 Monate und auch 2 mal 1260 Tage (1260 : 30 = 42). Kommt es während dieser Zeit zu einem Bündnis zwischen dem Machthaber Europas und dem Israels? Sollten diese Interpretationen richtig sein, würden auch weitere Teile der Prophezeiung aktuell werden: Kriege mit der arabischen Welt, mit Rußland und sogar mit China!

Das Heer der 200 Millionen

Die Johannes-Offenbarung beschreibt die Endzeit sowie die letzten Phasen davor und die Zeit danach. Die Phasen vor der Endzeit werden symbolisch umschrieben als das Öffnen der sieben Siegel. Nach dem Öffnen des letzten Siegels erscheinen sieben Engel, die nacheinander in ihre Posaunen blasen. Nach der siebten Posaune erscheinen sieben Engel mit je einer Schale, die eine nach der anderen über die Menschheit ausgegossen werden. Danach geschieht die letzte von vielen göttlichen Interventionen. Diese leitet den Übergang zur „neuen Welt“, zum „neuen Jerusalem“, ein.

Das, was geschieht, wenn die Siegel geöffnet, die Posaunen geblasen und die Schalen ausgegossen werden, beschreibt Johannes mit erschütternden und aufrüttelnden Bildern.

Während der Zeit der sechsten Posaune erscheint ein Heer von 200 Millionen Soldaten im Gebiet des Euphrat (9,16; 16,12). Sie gehören den „Königen des Ostens“, den „Königen aus den Ländern des Sonnenaufgangs“.

Was für Johannes gänzlich unvorstellbar war, gibt er dennoch authentisch wieder: „Es waren zwanzigtausend mal zehntausend; ich hörte ihre Zahl.“ Erst seit kurzem, 1900 Jahre nach der Niederschrift, ist ein Volk gewachsen, das ein solch gigantisches Heer zu stellen vermag, und zwar genau dort, wo Johannes sagte: im

Fernen Osten. Wir wissen, es ist China, das „Reich der Mitte“, der lauernde Gigant im Hintergrund Asiens.

In einer Dokumentarsendung über Rotchina mit dem bezeichnenden Titel „Die Stimme des Drachen“ rühmten sich die Chinesen, eine Volksarmee von 200 Millionen Menschen mobilisieren zu können.[151] Exakt jene Zahl, die auch die Apokalypse erwähnt!

Ein solches Heer könnte in China mittlerweile nur schon mit den Arbeitslosen gestellt werden. „So sind denn ständig 120 Millionen Arbeitsuchende, oft samt Familie, in dem Riesenland auf Wanderschaft und ziehen als Lohndrücker in die Städte. Pessimisten erwarten die erzwungene Untätigkeit von mindestens 100 Millionen Chinesen, womöglich wären es doppelt so viele …“[152] Doppelt so viele – damit ergibt sich erneut die Zahl von 200 Millionen.

Der China-Faktor ist nicht zu unterschätzen, wie die Öffentlichkeit Anfang 1999 erneut erfahren mußte. Es wurde nämlich eine geheime Aktion bekannt, die für jeden „nichtilluminierten“ Zeitgenossen widersinnig und unverständlich ist: US-Präsident und Logenmarionette Bill Clinton hat in geheimster Mission eingewilligt, daß neueste US-Nukleartechnologie an China verkauft wird! In der zweiten Märzwoche 1999 erschien in der *Washington Post* ein Artikel des bekannten Polit-Journalisten Michael Kelly mit der Überschrift „Lies about China“ (Die China-Lügen):

> Notra Trulock, der Chef des Geheimdienstes des Energieministeriums, hat Hinweise entdeckt, die zeigen, daß China das US-Geheimnis erfahren hat, wie man Atombomben komprimiert, um kleinere, noch gewaltigere Raketensprengköpfe herzustellen. … Das Geheimnis des Weißen Hauses wäre geheim geblieben, wenn nicht ein Forschungskomitee unter der Führung des Republikaners Christopher Cox darauf gestoßen wäre.

Die *New York Times* veröffentlichte am 6. März 1999 eine Grafik, aus der hervorgeht, daß der neueste W-88-Atomsprengkopf mit 150 kg Eigengewicht dreißigmal leichter ist als die 4500 kg schwere Hiroshima-Bombe. Letztere war über drei Meter lang, W-88 ist nur 70 cm lang, ist aber mindestens zehnmal stärker als die Hiroshima-Bombe. W-88 gehört zu jenen geheimen Waffen, von denen China nun dank der zugelassenen Spionage alle Konstruktionspläne bekommen hat!

Die Wut und Empörung des Volkes brachte der republikanische Senator von Oklahoma, James Inhofe, in einer Rede vor dem US-Senat am 15. März 1999 zum Ausdruck. In Gegenwart von Vizepräsident Al Gore sagte Senator Inhofe unter anderem:

> Herr Vorsitzender, ich verlange, daß Sie mir zuhören. Ich werde Ihnen eine Geschichte über Spionage, Verschwörung, Täuschung und Verheimlichung erzählen, eine Geschichte, in der es für Millionen von Amerikanern um Leben und Tod geht ... Die Chinesen stahlen unsere Technologie, und der Präsident hat die diesbezügliche Information zurückgehalten und verheimlicht. ... Bei zahlreichen Anlässen hat Präsident Clinton das amerikanische Volk angelogen, als es um die Gefahr von Atomraketen in der Ära nach dem Kalten Krieg ging. Während dieser Zeit hat Präsident Clinton bei über 130 verschiedenen Anlässen Aussagen gemacht wie die folgende: „Zum ersten Mal seit dem Anfang des Atomzeitalters gibt es nicht eine einzige Atomrakete, die heute abend auf ein amerikanisches Kind gerichtet ist. Keine. Nicht eine einzige!" Dabei wußte er, daß China bis zu 18 Interkontinentalraketen auf Amerikas Kinder gerichtet hat. ...
>
> Das Motiv, warum er unseren Gegnern hilft und Vorschub leistet, könnte Geld sein, oder es könnte eine Art von pervertierter Allianz sein *(some kind of perverted allegiance to these countries)* oder eine totale Gleichgültigkeit gegenüber der Sicherheit Amerikas. Das Motiv ist nicht wichtig. Die Tatsache ist, daß Präsident Clinton es getan hat, und er wußte genau, was er tat. ... Von allen Lügen, die dieser Präsident ausgesprochen hat, ist dies die ungeheuerlichste. Und er hat diese irreführende, betrügerische Lüge zwischen 1995 und 1997 über 130 Mal ausgesprochen! ...
>
> Anfang 1997 wurde in Los Alamos [im US-Atomwaffenlabor] ein Mann der Spionage verdächtigt, und das FBI drängte darauf, daß er zumindest in eine weniger geheime Abteilung versetzt werde. Doch unerklärlicherweise durfte er für über eineinhalb Jahre in seiner heiklen Stellung bleiben. Dies war genau der Spion, der für den Diebstahl verantwortlich war, und Präsident Clinton behielt ihn für eineinhalb Jahre in seiner Stellung! Nun wurde er endlich, am 8. März 1999, vom Energieminister Richardson gefeuert, aber erst, nachdem öffentlich bekannt geworden war, daß er bei zwei Lügen-

> detektortests durchgefallen ist. ... Ich bin überzeugt, daß wir mit diesen neuesten Entdeckungen noch nicht einmal die Oberfläche dieses nationalen Sicherheitsskandals angekratzt haben.

Kurz nachdem diese Affäre publik geworden war, wurde die Öffentlichkeit mit einem plumpen Manöver, dem Monica-Lewinsky-Sexskandal, abgelenkt und für dumm verkauft. In dieser Zeit begannen die NATO-Streitkräfte auch den Jugoslawienkrieg. Der China-Skandal war nicht mehr in den Schlagzeilen, und die Massenmedien in Europa waren kooperativ diskret.

Sogar der konservative Senator Inhofe kommt nicht umhin, angesichts dieser Fakten von „Verschwörung“ und einer „Art pervertierter Allianz“ zu sprechen, und er ist überzeugt, daß unter der „Oberfläche“ noch ganz andere Dinge vor sich gehen.

Der China-Faktor trat natürlich nicht erst mit Clinton in Wirkung. Drahtzieher war sein Vorgänger George Bush sen., der beste Beziehungen zu den chinesischen Zweigen der übernationalen Logenverbände unterhielt.

Ereignisse, wie man sie noch nie erlebt hat

„Wenn der siebte Engel seine Posaune bläst, wird Gott seinen geheimen Plan ausführen, so wie er es seinen Dienern, den Propheten, angekündigt hat.“ (Offb 9,7)

Der geheime Plan kann durch die Geheime Offenbarung soweit wie erlaubt erkannt werden, wenn man das, was „Gott seinen Dienern, den Propheten“, angekündigt hat, mit einbezieht. Mit dieser Offenbarung in der Endzeit gehen Ereignisse einher, „wie man sie noch nie erlebt hat“:

> Zu jener Zeit wird sich Michael erheben, der große Engelsfürst, der die Söhne deines Volkes beschützt, und es wird eine Zeit der Not und Bedrängnis sein, wie man sie noch nie erlebt hat ... Da hörte ich, wie der Engel in dem leinenen Gewand, der über den Wassern des Stromes stand, die Rechte und Linke zum Himmel erhoben, bei Gott, dem Ewigen, schwor: „Nach einem Jahr, zwei Jahren und einem halben Jahr, und wenn die Macht des Zerstörers des heiligen Volkes ein Ende hat, wird sich dies alles erfüllen. ...

Meine Worte sollen geheim und versiegelt bleiben bis zur letzten Zeit." (Dan 12,1/7/9)

Das gleiche sagt auch Jesus: „Denn was dann geschieht, wird furchtbarer sein als alles, was jemals seit Beginn der Welt geschehen ist oder noch geschehen wird." (Mt 24,21)

Wenn das Negative furchtbarer sein wird als alles bisher Dagewesene, dann wird auch die göttliche Hilfe Formen annehmen, die man bisher noch nie gesehen hat.

Die zwei Hälften der Drangsalzeit

Die 7 ist in der Johannes-Offenbarung eine heilige Zahl (7 Gemeinden, 7 Leuchter, 7 Sterne, 7 Fackeln, 7 Hörner des Lammes, 7 Geister Gottes, 7 Siegel, 7 Posaunen, 7 Schalen, 7 Donnerschläge), und sieben Jahre dauert auch das fokussierte Szenario der Endzeit, bis das Friedensreich kommt. (Inwieweit die Ausdrücke „Jahre" und „Tage" wörtlich zu verstehen sind, sei hier dahingestellt.)

Die Chronologie der sieben Jahre hilft, einen Überblick über das gesamte Szenario zu bekommen. Diese Zeit teilt sich auf in zwei Hälften. In der Mitte dieser sieben Jahre erscheinen die beiden „Tiere" und führen in der zweiten Hälfte ihre 666-Diktatur ein: „Sie werden die heilige Stadt zertreten 42 Monate lang. Und ich will meinen zwei Zeugen Macht verleihen, daß sie 1260 Tage lang als Propheten reden ... Und wenn sie ihr Zeugnis vollendet haben, wird das Tier, das aus der Unterwelt heraufkommt, mit ihnen Krieg führen und sie besiegen und töten." (11,2 f./7)

Aber nach dreieinhalb Tagen kehren die beiden Zeugen wieder ins Leben zurück und steigen vor aller Augen in den Himmel auf, wie einst Jesus.

Das erste „Tier" erscheint zum ersten Mal in der Zeit der sechsten Posaune und tötet dabei die zwei Zeugen. Dies ist noch nicht die Halbzeit, denn diese wird markiert durch den Sturz des Satans auf die Erde und die große Machtergreifung der beiden Tiere. Diese Phase wird eingeleitet durch das Blasen der siebten Posaune. Hier wird das Bild der kosmischen Frau eingeschoben, die dabei ist, ein Kind zu gebären; und es erscheint der Drache mit sieben

Köpfen und zehn Hörnern, um das Kind zu verschlingen; doch der neugeborene Sohn wird in den Himmel entrückt, und die Drachenmächte werden von Michael aus dem Himmel vertrieben.

Damit beginnt die zweite Hälfte. Das Tier steigt aus dem Meer (13,1). Es hat eine Wunde, die aber verheilt ist. Diese Wunde wird dreimal erwähnt (13,3/12/14). „Man sah, daß einer der Köpfe des Tieres eine tödliche Wunde erhalten hatte; aber die Wunde war verheilt. Die ganze Erde staunte über dieses Tier und gehorchte ihm. Alle Menschen beteten den Drachen an, weil er seine Macht dem Tier verliehen hatte." (13,3 f.)

Die zweite Hälfte dauert ebenfalls dreieinhalb Jahre, wie aus folgenden zwei Stellen hervorgeht: Die Frau, deren neugeborener Sohn vom Drachen angegriffen, aber in den Himmel entrückt wird, flieht „in die Wüste, wo sie eine Stätte hat, die von Gott bereitet ist, damit man sie dort ernähre 1260 Tage. ... und es wurde dem Tier die Macht gegeben, 42 Monate lang seine Ziele zu verfolgen." (12,6; 13,5)

Zweimal 1260 Tage ergibt 2520 Tage, eine heilige Zahl der Vollendung, die die erste ist, die sich durch 2, 3, 4, 5, 6, 7, 8, 9 und 10 teilen läßt.

Ein kurzer Scheinfriede

Die beiden „Tiere" treten in einer Zeit des Chaos an die Öffentlichkeit, in der die Menschen sich in einem verwirrten und ratlosen Zustand befinden. Die Prophezeiungen sprechen von Naturkatastrophen, wirtschaftlichen Krisen, kriegerischen Auseinandersetzungen, neuen Krankheiten und Massensterben, und gleichzeitig sollen auch rätselhafte Phänomene am Himmel und auf Erden erscheinen, durch die alle gewohnten Weltbilder über den Haufen geworfen werden.

In dieser Situation wird der neue Führer mit seinem Charisma bei weiten Bevölkerungsschichten blindes Vertrauen gewinnen. Er wird von Frieden, Vereinigung, Stabilität und Umweltschutz sprechen, aber nicht von Gott – oder wenn, dann nur abfällig und spöttisch oder heuchlerisch. Er wird die Unterstützung der Massenmedien haben, und die Leute werden seine Scheinlösungen begeistert aufnehmen, denn er wird ihre innersten Hoffnungen aufpeitschen. Wer immer es wagen wird, den Führer zu kritisieren oder ihm ablehnend gegenüberzustehen, wird auch den Zorn der überwältigenden Mehrheit zu spüren bekommen, denn für sie ist der neue Führer die langersehnte Hoffnung, die Verkörperung ihrer Sehnsucht nach Ruhe und Ordnung. Wenn sogar dieser charismatische Mann, die Verkörperung der letzten Hoffnung, ein Betrüger und Teufel sein soll, was soll man dann noch glauben? Wird die Angst vor einer Enttäuschung so groß sein, daß man alle Bedenken mit fanatischem Vertrauen verdrängen wird? Wird man ihm glauben, weil man glauben *will?*

„Wenn sie sagen: Es herrscht Friede und Sicherheit, gerade dann überfällt sie das Verderben ..." (1 Thess 5,3)

Die zweite Hälfte der Drangsalzeit

Beim Öffnen der Siegel und beim Erklingen der Posaunen bekommt Johannes viele Bilder von Krieg und Tod zu sehen, die er gemäß seinem damaligen Weltbild in Worte faßt. Was er sah, waren Szenen der technologischen Kriegsführung und Umweltzerstörung, verbunden mit vielen Naturkatastrophen. „Aber die Menschen, die bei diesen Katastrophen nicht getötet wurden, änderten sich nicht." (Offb 9,20)

In dieser Phase steigt ein Engel vom Himmel herab, setzt einen Fuß auf das Meer und den anderen auf das Land und ruft: „Die Frist wird nicht mehr verlängert! Wenn der siebte Engel seine Posaune bläst, wird Gott seinen geheimen Plan ausführen, so wie er es seinen Dienern, den Propheten, angekündigt hat." (10,7)

Daraufhin kommt es zur Machtübernahme durch die beiden Tiere. Kapitel 15 beschreibt, wie alle, die sich dem Zeichen des Tieres widersetzt haben, Gottes Barmherzigkeit erlangen, während gleichzeitig die sieben Katastrophenengel mit ihren Schalengefäßen erscheinen. Beim Ausgießen der siebten Schale erbebt die gesamte Erde, und die Städte aller Länder werden zerstört, auch Jerusalem. Landmassen und Berge verschwinden, aber die Menschen fluchen immer noch auf Gott und verstehen nicht, warum dies alles geschieht und wer die Verantwortlichen sind.

Und plötzlich, als Zeichen der göttlichen Intervention, erscheint ein Reiter auf einem weißen Pferd:

> Er heißt „der Treue und Wahrhaftige". Er urteilt und kämpft gerecht. Seine Augen waren wie Flammen, und auf dem Kopf trug er viele Kronen. Ein Name war auf ihm geschrieben, den nur er selbst kennt. Sein Mantel war voller Blut, und sein Name lautet „das Wort Gottes". Die Heere des Himmels folgten ihm ... Dann sah ich das Tier zusammen mit den Königen der Erde. Ihre Heere waren angetreten, um gegen den Reiter und sein Heer zu kämpfen. Das Tier wurde gefangengenommen und auch der falsche Prophet, der im Auftrag des Tieres Wunder getan hatte. Durch diese Wunder hatte er alle verführt, die das Zeichen des Tieres angenommen und das Standbild des Tieres angebetet hatten. (19,11/19–20)

In Kapitel 20 wird beschrieben, wie ein Engel aus dem Himmel den Drachen fesselt und ihn für eintausend Jahre einsperrt. Während dieser eintausend Jahre herrschen jene Seelen auf der Erde, die „hingerichtet worden waren, weil sie öffentlich für Jesus und das Wort Gottes eintraten. Sie hatten weder das Tier noch sein Standbild angebetet und trugen auch nicht das Kennzeichen des Tieres auf ihrer Stirn oder ihrer Hand." (20,4)

Nach einer letzten Erhebung und Niederwerfung des Satans erscheinen „ein neuer Himmel und eine neue Erde" (21,1). Mit dieser wunderbaren Vision endet die Apokalypse und mit ihr das Neue Testament und die gesamte Bibel.

Eine verdrängte Prophezeiung

Die vielen treffenden Voraussagen sollten auch den skeptischen Menschen herausfordern, das apokalyptische Szenario *gesamthaft* näher unter die Lupe zu nehmen.

Das entscheidende Element der Apokalypse ist dasjenige, das die gesamte Endzeit beendet und das Erscheinen des neuen Himmels und der neuen Erde einleitet. Dieses Element darf nicht verschwiegen werden, obwohl es auf viele Menschen befremdend wirken mag: Es ist die sichtbare Wiederkunft Jesu!

Diese Wiederkunft ist nicht nur symbolisch gemeint, wie aus den ersten Sätzen der Apokalypse hervorgeht. Nachdem Johannes die gesamte Vision gesehen hat, beginnt er, die Bilder schriftlich festzuhalten, und sagt dabei gleich am Anfang, worauf diese geschauten Ereignisse hinauslaufen: „Siehe, er kommt mit den Wolken, und sehen wird ihn jedes Auge, auch die, welche ihn durchbohrt haben ...“ (Offb 1,7)

Die Wiederkunft Jesu soll sichtbar „in den Wolken“ geschehen, was auch von Jesus selbst (Mt 24,30; 25,31; 26,64; Mk 13,26; 14,62; Lk 21,27; Joh 8,23), von den Propheten (Dan 7,13–14) und von den Aposteln (Phil 3,20; 1 Thess 4,16–17; 2 Thess 1,6–7; 2 Petr 3,10) vorausgesagt wurde.

Ein dritter Tempelbau in Jerusalem?

Im Jahr 70 zerstörten die Römer ganz Jerusalem und den Tempel, von dem kein Stein auf dem anderen blieb. Dadurch bewahrheiteten sich zwei Prophezeiungen: die Tempelzerstörung und die große Zerstreuung der Juden (genannt Diaspora), die von den alten Propheten vorausgesagt worden war. Die Römer richteten ein großes Blutbad an, und die überlebenden Juden wurden auf Schiffen in die Sklavenmärkte Ägyptens gesandt, wodurch das Angebot von Sklaven größer wurde als die Nachfrage.

> Und der Herr wird dich unter alle Völker zerstreuen, vom einen Ende der Erde bis zum anderen, und unter diesen Völkern wirst du keine Ruhe haben ... und der Herr wird dich wieder auf Schiffen nach Ägypten führen ... und ihr müßt euch daselbst euren Feinden als Sklaven und Sklavinnen verkaufen lassen; doch es wird kein Käufer dasein. (5 Mose 28,64–68)

> Nach langer Zeit wirst du [die feindliche Macht namens Gog] dann aufgeboten werden: Am Ende der Jahre wirst du nach einem Land kommen, das sich von der Verwüstung erholt hat, zu einem Volk, das aus vielen Völkern wieder gesammelt ist auf den Bergen Israels, die über eine lange Zeit öde wurden ... (Ezechiel 38,8)

Diese Prophezeiung des Ezechiel sagt, daß das „Ende der Jahre“ einen Kriegszug gegen Israel sehen wird, und zwar dann, wenn das verstreute Volk der Juden wieder in Israel versammelt sein wird. Nur schon die Vorstellung, daß die Juden unter viele Völker zerstreut werden könnten, war für die Menschen in der Zeit Ezechiels (6. Jh. v. Chr.) unfaßbar, ganz zu schweigen also von ihrer späteren Wiederversammlung in Israel.

Erst nach dem Zweiten Weltkrieg, über 1500 Jahre nach der Vertreibung, war es soweit, daß Juden aus aller Welt wieder in das Land ihrer Väter zogen. Am 15. Mai 1948 wurde der neue Staat Israel ausgerufen. 1998 feierte Israel sein 50. Jubiläum. Die junge Generation von damals ist heute die alte. Meinte Jesus diese Generation, als er sagte, „diese Generation" werde nicht vergehen, bis „dies alles geschehen sein wird"? (Mt 24,34)

Jesus, der die baldige Zerstörung des Tempels voraussagte, betonte gleich darauf, daß dieser Tempel in der Endzeit wieder stehen werde (Mt 24,15). Auch die Apokalypse erwähnt, daß der Tempel in der Mitte der Drangsalzeit wieder stehen wird (11,1 f.). Damit schließt sich der Kreis zu Daniel, der sagte, der „fremde Herrscher" werde während der endzeitlichen „Jahrwoche" im Tempel von Jerusalem einen „Götzen" aufstellen (Dan 9,27).

Nachdem der Tempel des Salomon von den Babyloniern und der zweite von den Römern zerstört worden ist, soll nun ein dritter Tempel errichtet werden, und zwar genau am Ort der vorherigen. Dort jedoch stehen seit dem 7. Jahrhundert die große Omar-Moschee und die Aqsa-Moschee! Bevor der Tempel gebaut werden kann, müssen diese Moscheen beseitigt werden …

So unglaublich dies für Außenstehende klingen mag, aber die Pläne für den Bau des dritten Tempels liegen schon längst vor. In der Talmudschule „Atara Lejoshua" ist sogar schon ein großes Modell dieses geplanten Tempels zu besichtigen.

> Die Pläne, in Israel einen neuen Tempel zu bauen, nehmen immer konkretere Formen an. Vom Zeichnen der Pläne über die Detailplanung der Innengestaltung bis hin zur Ausbildung der neuen Priester: viel wird getan für das, was das bedeutendste Bauunterfangen unserer Zeit werden könnte.

Dies schreibt Prof. Randall Price auf der Rückseite seines 736 Seiten dicken Buches *The Latest Developments in Bible Prophecy: The Coming Last Days Temple* („Die neuesten Entwicklungen in der Bibelprophetie: Der kommende Tempel der letzten Tage").

Sollte es tatsächlich zum Bau des dritten Tempels kommen, dann wird dies sehr schnell und unter unguten Vorzeichen geschehen, und er wird gemäß Apokalypse nicht lange stehen. Ein Erdbeben von bisher ungekanntem Ausmaß wird die gesamte Gegend heimsuchen und verwüsten (16,19).

Bereits 1967, kurz nach dem Sechstagekrieg, verkündete der zionistische Historiker Israel Eldad in einem Interview: „Von der Zeit, als König David zuerst Jerusalem eroberte, bis zum Tempelbau durch Salomo verging gerade eine Generation. So wird es auch bei uns sein."[153]

In Israel haben sich mittlerweile mehrere Gruppen gebildet, die sich für den Bau des dritten Tempels einsetzen. Teil der Zeremonie für die Einweihung dieses Tempels ist gemäß alttestamentarischer Anweisung (4 Mose 19,2) eine rote Kuh, die zu diesem Zweck rituell geschlachtet werden muß. Für Außenstehende mag dieses Detail unbedeutend erscheinen, für die Gläubigen jedoch ist es ein unabdingbarer Bestandteil.

> Der Bau eines dritten Tempels ist essentiell für viele orthodoxe Juden im Hinblick auf die Erlösung und das Kommen des Messias. Ohne diesen Tempel besteht keine Möglichkeit, viele der religiösen Vorschriften zu erfüllen, wie z. B. die rituellen Opfer, die von der Torah gefordert werden. Gemäß orthodoxer Theologie bedeutet dies, daß alle Juden sich in einem Zustand der Unreinheit befinden ... Laut Ansicht vieler Rabbis können die Juden nur dann wieder rein werden, wenn sie von der Asche einer roten Kuh, die vermischt ist mit dem Wasser des Teiches Siloam, besprenkelt werden. Die Mishnah, die schriftliche Version der mündlichen Tradition, sagt, daß die Opferzeremonie der roten Kuh in der Geschichte des jüdischen Volkes nur neunmal durchgeführt wurde. Wenn die zehnte rote Kuh erscheint, werde der Messias erscheinen.

Dies berichtet der Journalist Lawrence Wright in der angesehenen Zeitschrift *The New Yorker* in ihrer Ausgabe vom 20. Juli 1998. Sein zwölfseitiger Artikel erschien aus aktuellem Anlaß:

> Seit fast zweitausend Jahren gab es in Israel keine rote Kuh, die alle Bedingungen erfüllt. Aber rote Kühe sind gar nicht so außergewöhnlich. Bekannt ist in den USA die Rasse *Red Angus* ... Im

> Dezember dieses Jahres [1998] ist geplant, daß fünfhundert trächtige Kühe dieser Rasse ins Jordantal gebracht werden, importiert aus Nebraska ... Es besteht nur geringer Zweifel, daß in Israel bald die gesuchte rote Kuh geboren wird, vielleicht schon im nächsten Jahr.

Im Artikel wird auch die mit dem möglichen Tempelbau verbundene Problematik erörtert:

> Seit dem Sechstagekrieg ist der Tempelberg eine islamische Insel inmitten einer zunehmend orthodoxen Stadt, und als solche ist er der Brennpunkt für religiöse Extremisten beider Glaubensrichtungen geworden. ... Es hat bereits mehrere ernsthafte Versuche gegeben, die Heiligtümer der Moslems [Felsendom und El-Aqsa-Moschee] zu sprengen ... zum Beispiel im Jahr 1990, als mindestens 17 Moslems ums Leben kamen und Hunderte verletzt wurden.

Auch auf christlicher Seite besteht ein reges Interesse am dritten Tempel. Die einen befürworten den Tempelbau und unterstützen ihn finanziell, weil sie glauben, Jesus werde erst dann zurückkehren, wenn der Tempel stehe. Andere wiederum glauben, dieser Tempel werde die Residenz des *falschen* Messias sein: „Es gibt auch Christen, die einige der radikalen Tempelaktivisten finanziell unterstützt haben. Gemäß christlicher Theologie ist die Heiligkeit des Tempels angeblich durch das Erscheinen Christi ersetzt worden. ... Wenn die Juden von ihrem Messias sprechen, dann sei dies der falsche Messias, der Antichrist, sagen die Evangelikalen. ... Die Juden, die diese Katastrophe [Harmageddon] überleben, würden sich letzten Endes zu Jesus als dem wahren Messias bekehren. Laut einigen Interpretationen der Schrift werden es nur 144 000 sein. Solche Ansichten sind in den Kirchen der Evangelikalen und in religiösen TV-Sendern, wo das Tempelfieber brennt, häufig zu hören“, berichtet Lawrence Wright aus den USA in seinem Artikel.

Man muß sich hier in Erinnerung rufen, daß der ursprüngliche Tempelschatz wahrscheinlich immer noch vorhanden ist und sich im Besitz einer Geheimgesellschaft befindet, die selbst das Ziel eines Messias-Weltherrschers im Auge hat. Dieser Tempelschatz werde nach Jerusalem zurückkehren, wenn „die Zeit reif ist“!

Das Siegel auf der Stirn, das neue Lied und das ewige Evangelium

„Dies alles ist erst der Anfang vom Ende, so wie der Beginn von Geburtswehen. ... Wer aber bis zum Ende standhaft bleibt, wird gerettet. Zuvor aber wird das Evangelium vom kommenden Gottesreich in der ganzen Welt verkündet werden, damit es alle Menschen hören. Dann erst kommt das Ende." (Mt 24,8/12–14)

Diese kurze Zusammenfassung gibt einen Überblick über die chronologische Reihenfolge der Endzeitszenen. Wenn die ersten prophezeiten Merkmale sichtbar werden, d.h., wenn die ersten Siegel geöffnet und die ersten Posaunen geblasen werden, ist das noch nicht die Endzeit, sondern erst der „Anfang vom Ende". Das Ende der bestehenden Zivilisation kommt, wenn das „Tier" erscheint und alle mit sich ins Verderben reißt. Zuvor aber wird das Wissen um die Endzeit bzw. Wendezeit weltweit verkündet werden. Wenn die Diktatur des Tieres beginnt, wird diese Verkündung zu einem jähen Ende kommen, und die Menschen werden sich entscheiden müssen, was ihnen lieber ist: der kurze Scheinfriede oder das Bekenntnis zur göttlichen Wahrheit.

Die im Matthäus-Evangelium beschriebene Verkündung wird in der Apokalypse weiter ausgeführt: Es erscheint ein Engel vom Osten, „von dort, wo die Sonne aufgeht. Er steigt mit dem Siegel des lebendigen Gottes herauf. Er wandte sich mit lauter Stimme an die vier Engel [der vier Himmelsrichtungen] ... und sagte: ‚Verwüstet weder das Land noch das Meer, noch die Bäume! Erst müssen wir die Diener unseres Gottes mit dem Siegel auf der Stirn kennzeichnen.'" (Offb 7,2–3)

Diese Schutzgezeichneten sind die sinnbildlichen „144 000 mit dem Siegel auf der Stirn". Neben ihnen erblickt Johannes noch eine andere, viel größere Schar, die sich vor dem „Thron des Lammes" versammelt: „eine große Menge, die niemand zählen konnte, aus allen Gruppen und Stämmen und Völkern und Sprachen" (7,9). Das sind diejenigen „mit den Palmzweigen in den Händen". Sie tragen den Namen des „Lammes" und den Namen seines Vaters auf der Stirn. Sie singen ein Lied, das niemand kennt außer denjenigen, die es selbst singen (14,3). In dieser Zeit erscheint auch der Engel, der allen Menschen ein neues und zugleich zeitloses Wissen offenbart. Einige Bibelübersetzungen nennen dies das „ewige Evangelium“ oder die „Botschaft, die niemals ihre Gültigkeit verliert“:

> Er hatte eine Botschaft, die niemals ihre Gültigkeit verliert. Die sollte er allen Bewohnern der Erde verkünden, allen Völkern und Nationen, den Menschen aller Sprachen. (Offb 14,6)

Dieses ewige Evangelium kann nicht einfach die Bibel sein, denn diese braucht nicht mehr verbreitet zu werden, da sie bereits seit vielen Jahrhunderten bekannt ist. Das ewige Evangelium wird für die Menschen neu sein, genauso wie das Lied, das sie singen. Wichtig hierbei ist die Erkenntnis, daß die „Auserwählten“ in dieser Endzeit aus gottesbewußten Menschen *aller* Nationen und *aller* Völker bestehen werden, das heißt auch: aus allen Religionen! Das gemeinsame Gottesbekenntnis dieser Menschen wird nicht auf die Religionen der damaligen und der heutigen Zeit beschränkt sein.

Prophezeiungen und der freie Wille

Wenn Prophezeiungen voraussagen, daß ein Teil der Menschheit etwas nicht durchschauen wird, dann stellt dies keine Einschränkung des freien Willens dar. Alle Menschen haben die Möglichkeit, aus dem angebotenen Wissen Nutzen zu ziehen, um prophezeite Schicksalsschläge abzuwenden. Nichts ist unvermeidbar. Doch wenn die Menschen es verpassen, das Vermeidbare durch entsprechende Korrekturen zu vermeiden, wird das Vermeidbare irgendeinmal unvermeidlich.

Ob die Menschen ihren Kurs ändern oder nicht, hängt von ihrem freien Willen ab. *Wie* sie ihren freien Willen gebrauchen, ist aber sehr wohl vorhersehbar. Deshalb ist es durchaus möglich, wahre Prophezeiungen zu machen. Wahrscheinlichkeit und Wahrheit vereinen sich in göttlichen Prophezeiungen zu richtungsweisender Erkenntnis.

„Lernet von dem Gleichnis, das euch der Feigenbaum gibt: Wenn seine Zweige saftig werden und die Blätter sprießen, weiß man, daß der Sommer nahe ist. So ist es auch, wenn ihr dies alles kommen seht: Dann wißt ihr, daß es nahe ist. Ja, ich sage euch: noch dieselbe Generation wird es dann erleben. Himmel und Erde werden vergehen, aber meine Worte nicht. Den Tag und die Stunde jedoch, wann das geschehen soll, kennt niemand, auch die Engel im Himmel nicht, nicht einmal der Sohn, sondern allein der Vater." (Mt 24,32–36)

Zusammenfassung und Ausblick

Zur Zeit Jesu gab es nur die Aussagen der alten Propheten, und diese waren verschlüsselt, da sie bis zum Zeitpunkt der prophezeiten Ereignisse verschlossen bleiben sollten. Jesus schuf in seinen prophetischen Reden (Mt 24, Mk 13, Lk 21) als erster ein chronologisches Szenario, und die Apostel gingen in ihren Briefen immer wieder auf diese zukünftigen Ereignisse, Prüfungen und Aufgaben ein. Das folgende Zitat gibt eine gute Zusammenfassung des Szenarios. Weil die Apokalypse damals noch nicht existierte (Johannes bekam diese Offenbarungen etwa fünfzig Jahre später), ist es um so erstaunlicher, wie sehr die Ausführungen in diesem Brief mit der späteren Johannes-Offenbarung übereinstimmen:

> Ihr wartet darauf, Brüder, daß Jesus Christus, unser Herr, kommt und wir mit ihm vereinigt werden. Wir bitten euch aber: Laßt euch nicht verwirren oder erschrecken durch die Behauptung, der Tag, an dem der Herr kommt, stehe unmittelbar bevor ... [Zuerst werden noch viele Dinge geschehen müssen.] Viele werden vom Glauben abfallen, und der Sohn des Verderbens [der „Feind Gottes", d.h. das Tier der Apokalypse] wird auftreten, der sich widersetzt und erhebt über alles, was Gott oder Heiligtum genannt wird. Ja, er wird seinen Thron im Tempel Gottes aufstellen und behaupten, er sei Gott. ... Inzwischen wißt ihr auch, warum es noch nicht eingetroffen ist. Der Feind Gottes kann erst hervortreten, wenn die Zeit dafür reif ist. Die Macht der Auflehnung ist zwar schon am Werk, doch erst muß der den Weg freigeben, der sie bisher zurückhält. Dann aber wird der Feind Gottes offen hervortreten, doch Jesus, der Herr, wird ihn durch sein bloßes Erscheinen vernichten. Der Feind Gottes [das „Tier"] wird vom Satan [vom „Drachen"] unterstützt, so daß er aufsehenerregende Taten und Wunder vollbringen

> und alle Menschen damit blenden kann. Alle, die verlorengehen, wird er durch seine bösen Künste täuschen. Das ist die Strafe dafür, daß sie ihr Herz nicht der Liebe zur Wahrheit geöffnet haben, die sie retten könnte. Und so fallen sie in den Irrtum, weil sie der Lüge Glauben schenken. (2 Thess 2,1–11)

Das Öffnen der sieben Siegel, das Erschallen der sieben Posaunen und das Ausgießen der sieben Schalen lösen verheerende Reaktionen aus. Wenn die siebte Posaune geblasen wird, erscheinen die beiden apokalyptischen Tiere. Nachdem alles vorher nur der „Anfang vom Ende" war, leitet deren Auftreten das *Ende* ein. Zuerst werden sie jedoch einen kurzen Scheinfrieden bringen. Sie errichten ihre Weltherrschaft mit der 666-Technologie. Doch die totalitäre Weltordnung bleibt nicht lange bestehen. Der Prophet Daniel sagt über das zehnhornige Tier, das ein mächtiger König ist: „Er wird verächtlich über Gott, den Höchsten, reden und das heilige Volk des höchsten Gottes unterdrücken. Er wird versuchen, das Gesetz Gottes und die heiligen Feste abzuschaffen. Ein Jahr und zwei Jahre und ein halbes Jahr wird das Volk Gottes in seine Gewalt gegeben. Dann aber tritt das himmlische Gericht zusammen und nimmt ihm seine Macht, und nichts wird von ihm übrigbleiben." (Dan 7,25–26)

Kapitel 10

Aufstieg der Erde, Befreiung und der göttliche Schutz

Eine der Hauptbotschaften des Alten und Neuen Testaments ist die Ankündigung einer entscheidenden Zeit, in der die Menschen mit einer noch nie dagewesenen Wende, mit dem Ende ihrer bekannten Welt, konfrontiert werden. Viele Dinge, die in dieser Zeit geschehen sollen – die destruktiven (die Katastrophen und die unmenschlichen Aktionen), aber auch die positiven und transformativen (die Hilfen, Rettungsaktionen und Wunder) –, werden über die Vorstellungskraft der Menschen hinausgehen. „Denn es wird alsdann eine schlimme Drangsalzeit geben, wie noch keine von Anfang der Welt bis jetzt dagewesen ist und wie auch keine wiederkommen wird; und wenn jene Tage nicht verkürzt würden, so würde kein Mensch gerettet werden. Aber um derjenigen willen, die die Wahrheit gewählt haben, werden jene Tage verkürzt werden." (Mt 24,21–22)

Die Menschen, die „mit dem Siegel Gottes auf der Stirn gekennzeichnet sind" (Offb 9,4), werden den Katastrophen oder den Gewaltaktionen nicht zum Opfer fallen. „Ein Engel von dort, wo die Sonne aufgeht", wird all diejenigen, die die Zeichen der Zeit erkannten und sich nicht mit dem „Zeichen des Tieres" markieren ließen (14,9), mit „Gottes Siegel" schützen (Offb 7,3). Das „Siegel Gottes" auf der Stirn sollte nicht mit dem 666-Zeichen verwechselt werden, das ebenfalls auf der Stirn (oder auf der rechten Hand) angebracht werden soll. Letzteres ist nur eine leblose Imitation, die durch ein globales Technologienetz als ultimatives Machtmittel eingeführt wird.

Während der großen Siegel- und Posaunenkatastrophen, kurz bevor der Diktator und der Pseudomessias auftreten, ereignen sich aber auch unglaubliche, noch nie gesehene *göttliche* Zeichen. Wenn die Not unerträglich wird, erscheint überirdische Hilfe: „Dann wird das Zeichen des Menschensohnes am Himmel sichtbar werden. Die Völker der ganzen Welt werden am Jammern und Klagen sein, wenn der Menschensohn auf den Wolken des Himmels mit göttlicher Macht und Herrlichkeit kommt, für alle sichtbar. Wenn die [siebte] Posaune ertönt, wird er seine Engel aussenden, und sie werden seine Erwählten versammeln von den vier Winden her, von einem Ende des Himmels bis zum andern. ... So wird es sein, wenn der Menschensohn kommt. Von zwei Männern, die dann auf dem Feld arbeiten, wird der eine entrückt werden, der andere bleibt zurück. Von zwei Frauen, die dann zusammen Korn mahlen, wird die eine entrückt, die andere bleibt zurück." (Mt 24,30–31/39–41)

Das ist die göttliche Hilfe, von der es heißt, sie sei in der Geschichte der gesamten Menschheit einzigartig. Mehr noch als die Verblendeten über die Macht des „Tieres" (Offb 13,4; 17,8) werden die „Erwählten" über diese göttliche Hilfe staunen, die kommt, wenn nur noch diejenigen, die „bis zum Schluß ausharren", daran glauben.

Was bedeutet „erwählt"?

„Aber um derjenigen willen, die ‚erwählt sind', werden jene Tage verkürzt werden. ... Und sie werden seine Erwählten versammeln von den vier Winden her, von einem Ende des Himmels bis zum andern." (Mt 24,22/31)

„Erwählt" bedeutet, daß man den Weg der Befreiung gewählt hat. Es gibt „Licht" und „Dunkelheit", und es liegt an uns zu wählen, welchen Weg wir gehen wollen. Das ist unser freier Wille und damit unsere eigene Verantwortung. Diejenigen, die den Weg der Befreiung bzw. der Freiheit wählen, befinden sich ganz natürlich auf dem Weg der Erwählten. Mit anderen Worten, es *gibt* erwählte Menschen, aber es ist nicht Gott, der entscheidet, wer zu den Erwählten gehört, sondern wir selbst entscheiden dies. Die Erwählten sind diejenigen, die es gewählt haben, sich selbst zu erwählen, indem sie dem Weg Gottes folgen: „Liebe Gott den Allgegenwärtigen mit deinem ganzen Herzen und deiner ganzen Seele, und liebe damit auch dich selbst als Teil Gottes, und begegne allen Menschen und der gesamten Schöpfung immer aus dieser wahren Liebe heraus." Das ist die Essenz der Lehren Jesu und die Essenz aller Religionen und Offenbarungen.

Zu den „Erwählten" zu gehören hat aber noch eine zusätzliche Bedeutung. Aufstieg zu einer höheren Ebene des materiellen Daseins („Entrückung") ist nicht das höchste Ziel des Lebens. Das wirkliche Ziel ist die Einheit mit Gott in Liebe, was auch „die Rückkehr zu Gott" oder „das Eingehen in Gottes Reich" genannt werden kann. Heute, in der großen Wendezeit, haben die gottesbewußten Menschen verschiedenste Aufgaben und Berufungen. Einige haben die Aufgabe, die Erde während ihres Aufstiegs physisch zu begleiten, und sie werden zusammen mit der Erde ihre eigene physische Transformation erleben. Wer diese besondere Aufgabe hat, ist „erwählt" für den Weg des Aufstiegs. Andere jedoch haben andere Aufgaben und werden nicht unbedingt durch eine physische Transformation gehen. Sie sind dennoch erwählt, aber nicht für den „Aufstieg" oder die „Entrückung", sondern für eine andere Aufgabe hier auf Erden und dann in der geistigen Welt. Einige werden aus der materiellen Welt in das zeitlose, ewige Bewußtsein (in die „spirituelle Welt") eingehen. Aber sie alle gehören zu denen, die versammelt werden „von den vier Winden her, von einem Ende des Himmels bis zum andern".

Schutz durch Entrückung

Mit dem Ertönen der siebten und letzten Posaune werden Engel in alle Himmelsrichtungen ausgesandt, damit sie von überallher die Menschen zusammenbringen, die dazu erwählt sind; das werde dazu führen, daß von zwei Menschen der eine angenommen (entrückt) werde und der andere nicht. Aus den beiden Beispielen (Männer auf dem Feld, Frauen an der Mühle) geht hervor, daß bei dieser Entrückung sowohl Männer als auch Frauen dazugehören, was Jesus speziell betont, weil dies für die damalige patriarchale Gesellschaft nicht selbstverständlich war.

Was hier beschrieben wird, hat es in dieser Form in der gesamten Geschichte der Menschheit noch nie gegeben. Weil vergleichbare Erfahrungen fehlen, haben die interpretierenden Theologen größte Schwierigkeiten, diese Textstellen zu verstehen. Meistens wird gesagt, bei der „Entrückung" handle es sich um ein moraltheologisches Sinnbild für das Endzeitgericht, bei dem entschieden werde, wer vor Gott bestehen könne und wer nicht.

Die genaue Lektüre der entsprechenden Textstellen zeigt jedoch, daß die Szene der Entrückung kein Strafgericht darstellt. Es wird ein ganz anderer Zeitpunkt beschrieben, nämlich jene Phase der Endzeit, in der viele Warnungen (Erdbeben, Kriege, Hungersnöte, neue Krankheiten und Zeichen am Himmel) erscheinen, die von den meisten Menschen aber nicht als die „Zeichen der Zeit" erkannt werden. Sie fahren mit ihrem gewohnten Leben fort, wie die Menschen einstmals vor der großen Flut. Doch bevor diesmal die Wellen der „Flut" (die großen Katastrophen und Verfolgungen) über die Menschheit hereinbrechen, werde es geschehen, daß gewisse Männer und Frauen entrückt würden und andere nicht. Hier geht es nicht um ein Gericht, sondern um *Schutz!*

In Offb 13,6 heißt es demzufolge, daß diese Menschen „im Himmel ihre Wohnung haben", und der Diktator wird nichts anderes tun können, als diese „Entrückten" zu verspotten und zu lästern.

Die Toröffnung für die Transformation

Seit dem Beginn des dunklen Zeitalters sind die Menschen immer tiefer in die Verdichtung der Materie gesunken. Zeit aber verläuft zyklisch, und mit Zeit ist Raum untrennbar verbunden; deshalb durchläuft auch Raum (Materie) zyklische Veränderungen. Dies wiederum bedeutet, daß die Erde nicht statisch ist und nicht im Zustand höchster Materieverdichtung verharren, sondern wieder in höherschwingende Bereiche eingehen wird. Dies wird auch die individuelle Erfahrung des Phänomens „Tod" verändern, denn der physische Tod gehört nur zur dreidimensionalen Welt.

Die höherdimensionalen Wesen kennen keinen physischen Tod. Sie brauchen nicht ihren Körper zu verlassen, um durch Reinkarnation einen neuen Körper anzunehmen, was gleichzeitig bedeutet, daß man das vorherige Leben vergißt, so wie dies in der physischen Inkarnation der Fall ist. Für sie bedeutet Tod nur eine bewußte Wandlung ihres höherdimensionalen Daseins. Im Sanskrit werden sie deshalb *amara*, die „Todlosen“, genannt.

Wenn für die irdische Welt und Menschheit eine Transformation und Höherschwingung bevorsteht, wie wir dies heute erleben, dann kann dies nur durch das bewußte Wirken hoher und höchster Lichtwesen geschehen, denn nur sie sind zu einem solchen Schöpfungsakt befugt. Dies war auch einer der Gründe, warum der „erstgeborene“ Sohn Gottes auf der Erde erschien. Daß der *Sohn Gottes* erschien, um diese Transformation zu initiieren, zeigt, daß wir nicht nur in einem kleinen Unterzyklus leben, sondern in der außergewöhnlichsten Phase der Menschheitsgeschichte, die bereits vor zweitausend Jahren eingeleitet wurde.

Dank der Toröffnung, die Jesus vollzog, sind viele Menschen nun befähigt, durch *ihren* Aufstieg zu gehen. Dies war Jesu verborgene Botschaft, als er sagte, er werde hingehen und seinen „Erwählten“ eine Wohnung bereiten, um dann wiederzukommen und sie alle zu sich zu nehmen:

> „Euer Herz erschrecke nicht! Habt Vertrauen in Gott, dann habt ihr auch Vertrauen in mich! In meines Vaters Haus sind viele Wohnungen. Wenn dem nicht so wäre, hätte ich dann zu euch gesagt, daß ich hingehe, um euch eine Stätte zu bereiten? Und wenn ich hingegangen bin und euch eine Stätte bereitet habe, komme ich wieder und werde euch zu mir nehmen, damit auch ihr seid, wo ich bin.“ (Joh 14,1–3)

Erst heute wird durch das Bekanntwerden von esoterischem Wissen nachvollziehbar, wovon Jesus hier sprach. Während den meisten Menschen eine konkrete, vergleichbare Erfahrung fehlt, bekamen diejenigen, die das Mysterium Jesu persönlich miterlebten, einen ersten Einblick in das, was Jesus meinte – jedoch erst am Schluß, nachdem er ihnen das letzte Geheimnis gezeigt hatte:

> Nach seinem Leiden zeigte sich Jesus seinen Aposteln wiederholt und gab ihnen so die Gewißheit, daß er lebte. Während vierzig Tagen kam er immer wieder zu ihnen und sprach über das Königreich Gottes. … Da fragten sie ihn: „Herr, wirst du jetzt die Herrschaft

Gottes in Israel aufrichten?" Jesus antwortete: „Den Zeitpunkt hierfür hat mein Vater selbst festgelegt; ihr braucht ihn nicht zu kennen. Aber ihr werdet vom Geist Gottes erfüllt werden, und ihr werdet fähig sein, überall als meine Zeugen aufzutreten, in Jerusalem und in ganz Judäa, in Samarien und bis ans äußerste Ende der Welt."

Während er das sagte, wurde er vor ihren Augen emporgehoben. Eine Wolke nahm ihn auf, so daß sie ihn nicht mehr sehen konnten. Als sie noch auf diese Weise wie gebannt nach oben schauten, standen auf einmal zwei Männer in weißen Gewändern bei ihnen. „Ihr Männer aus Galiläa", sprachen sie, „was steht ihr da und blickt zum Himmel empor? Dieser Jesus, der aus eurer Mitte in den Himmel emporgehoben wurde, wird in derselben Weise wiederkommen, wie ihr ihn in den Himmel habt weggehen sehen." (Apostelgeschichte 1,3–11)

Nach der Kreuzigung, so berichten die Zeugen, erschien Jesus verschiedensten Personen und Kreisen in einem halbphysischen Körper. Er kam durch Wände oder manifestierte sich plötzlich mitten in einem Kreis von Versammelten. Nach vierzig Tagen entschwand er in einem Lichtkörper gegen den Himmel und wurde von einer Wolke aufgenommen. Das war Jesu Entrückung, in der Kirchensprache „Himmelfahrt" genannt. Zehn Tage nach dieser Entrückung kam es am Pfingstsonntag zur mystischen Ermächtigung seiner Nachfolger.

Darf man diesen unglaublichen Berichten Glauben schenken? Wären es nur erfundene Geschichten von späteren Schreibern, wäre die plötzliche unerschütterliche Hingabe und Furchtlosigkeit von Jesu Jüngern nicht zu erklären. Während der kurzen Zeit, in der Jesus (mit Maria Magdalena!) bei ihnen gewesen war, hatten sie oft Zweifel bekommen, und als es zur Kreuzigung kam, versteckten sie sich voller Angst hinter verschlossenen Türen. Die wundersame Verwandlung dieser Männer *nach* der Kreuzigung wurde bestimmt nicht bloß durch irgendwelche „nostalgischen" Erinnerungen an die guten alten Zeiten bewirkt.

In Johannes 6,60–62 findet sich die Beschreibung eines Zwischenfalls, der zeigt, wie sehr auch die Menschen im Kreis um Jesus von Zweifeln hin- und hergerissen wurden. Nachdem sie einmal Jesu revolutionäre Worte gehört hatten, waren sie verwirrt und empört: „Was er hier sagt, geht zu weit! Das ist unerhört!" Und Jesus sagte zu seiner überforderten Zuhörerschaft: „Ist euch das schon zuviel? Was werdet ihr dann sagen, wenn ihr den Menschensohn dorthin zurückkehren seht, wo er vorher war?"

Die Entwicklung des Lichtkörpers

In einer verklärten Gestalt erschien Jesus auch dem Saulus, dem späteren Apostel Paulus. Er, der ein fanatischer Christenverfolger war, wurde durch dieses Erlebnis zu einem wichtigen Zeugen der verheißenen Transformation.

Durch seine inneren Offenbarungen erkannte Paulus, *wer* hier als Jesus auf der Erde erschienen war: Der „Menschensohn" war die Inkarnation* von Gottes „erstgeborenem" Sohn, des urersten Lichtwesens des Universums – in der indischen Offenbarung Brahmâ genannt. Im Licht der kosmischen Identität Jesu erkannte Paulus auch den höheren Grund, warum Jesus auf Erden erschienen war, nämlich um den Aufstieg der Menschheit einzuleiten und sie zurück in den todlosen *(amara)* Zustand der Lichtwelten zu führen. Paulus hatte Jesus, im Gegensatz zu den Jüngern, nie persönlich getroffen, was eine gewisse Problematik darstellte, aber auch den Vorteil hatte, daß er Jesus nicht nur als Sohn der Maria oder als Mann der Maria Magdalena sah. Er erkannte die spirituellen Hintergründe des historischen Erscheinens Jesu und wurde dadurch zu einem eifrigen, eigenwilligen Verkünder der höheren Identität „unseres Herrn Jesus Christus".

Paulus, wie er in der Bibel erscheint, ist eine sehr kontroverse und widersprüchliche Figur. Hat er dem historischen Jesus eine falsche Interpretation übergestülpt? Hat er eine Kirche gegründet, die Jesus gar nicht wollte? (Einige Kritiker nennen das Christentum „Paulinismus".) Oder war Paulus anders, als die Kirche ihn darstellt? Wurde der Name des „Hl. Paulus" von denen miß-

---

* Inkarnation: von lat. *caro,* „Fleisch" (Genitiv: *carnis; in carnem,* „in das Fleisch"). Die biblische Aussage, der ursprüngliche *logos* sei „Fleisch geworden" (Joh 1,14) besagt, daß das höchste Lichtwesen („er, der bei Gott war von allem Anfang an, durch den alles Geschaffene geworden ist", Joh 1,2–3) in einer physischen Inkarnation auf der Erde erschien.

braucht, die ein Monopol auf Jesus anstrebten? Die Geschichte läßt erahnen, daß genau das geschehen ist.[154]

Im Gegensatz zu allen sektiererischen Dogmen sagen die Evangelien, die Offenbarung und auch Paulus, daß alle Menschen, die in wahrer Gottes- und Menschenliebe leben, von Gott und Jesus angenommen sind. Sie sind die wahren, universalen Nachfolger Jesu, und in der Endzeit bzw. Wendezeit werden sie „erwählt" und „berufen" sein, als Diener der Transformation zu wirken:

> Wir dagegen sind Bürger des Himmels. Von dorther erwarten wir auch unseren Retter, Jesus Christus, den Herrn. Er wird unseren schwachen, vergänglichen Körper verwandeln, damit dieser genauso herrlich wird wie sein eigener Auferstehungskörper. Denn seine Kraft ist dergestalt, daß ihr alles [sogar die Materie unseres Körpers] untergeordnet ist.

Dies schrieben Paulus und Timotheus in ihrem Brief an die Gemeinde in Philippi (3,20–21). Was heute im Heraufdämmern des *new age* allgemein bekannt wird als „Vergeistigung der Materie" und „Aufstieg in die fünfte Dimension", wurde von Jesus durch seine Auferstehung und die spätere „Himmelfahrt" vorweggenommen und eingeleitet.

Es ist wichtig, klar zu erkennen, was die beiden Apostel hier sagen: Jesus werde unseren verdichteten („schwachen") und vergänglichen Körper verwandeln, damit unser Körper genauso „herrlich" werde wie sein Körper bei der Auferstehung. Jesu Auferstehung war also einzigartig, aber als Vorgang nicht einmalig, sondern *erst*malig! Jesus hat diesen Verwandlungsprozeß eingeleitet und begleitet uns bis zum heutigen Tag, um diese Entwicklung durch sein erneutes Eingreifen bei der Entrückung, bei *unserer* „Himmelfahrt", zu vollenden. „Und das sollt ihr wissen: Ich bin immer bei euch, jeden Tag, bis zum Ende der Welt." (Mt 28,20)

Paulus hat Jesus also nicht vergöttert und nicht verabsolutiert. Aus seinen Briefen geht hervor, daß er die gleichen symbolischen Elemente der Wendezeit zu sehen bekam wie fünfzig Jahre nach ihm Johannes, insbesondere die „Posaunen" und die Entrückung der „Zeugen".

In einem Brief an die Gemeinde in Korinth schrieb er:

> Sehet, ich sage euch ein Geheimnis: Wir werden nicht alle entschlafen, wir werden aber alle verwandelt werden, auf einmal, in einem Augenblick, bei der letzten Posaune ... (1 Kor 15,51)

Noch ausführlicher formulierte er es in einem Brief an die Gemeinde in Thessaloniki (1 Thess 4,16–17):

> Wenn Gottes Befehl ergeht, wenn der Erzengel ruft und wenn Gottes Posaune erschallt, wird der Herr selbst vom Himmel herabkommen, und die Toten in Christus werden zuerst auferstehen; danach werden wir, die Lebenden, die Übrigbleibenden, zugleich mit ihnen entrückt werden in Wolken dem Herrn entgegen in die Luft; und so werden wir allezeit beim Herrn sein. (1 Thess 4,16–17)

„In Wolken dem Herrn entgegen in die Luft ...", genau so lautet die Formulierung in den meisten Bibelübersetzungen. Diese „Auffahrt" oder Dimensionserhebung (engl. *ascension,* „Aufstieg") entspricht dem, was auch mit Jesus geschah: „Er wurde vor ihren Augen emporgehoben. Eine Wolke nahm ihn auf, so daß sie ihn nicht mehr sehen konnten."

Etwas ähnliches wird auch über die beiden unverletzlichen Zeugen Gottes in der Endzeit gesagt. Am Ende der ersten Hälfte der „Drangsalzeit" erlaubt Gott, daß sie vom „Tier" getötet werden, aber nur, um an ihnen vor aller Augen das größte und unglaublichste Wunder zu offenbaren: Auch sie erleben eine Auferstehung und Himmelfahrt! „Dann hörten die zwei Propheten eine mächtige Stimme vom Himmel, die zu ihnen sprach: ‚Kommet herauf!' Da erhoben sie sich zum Himmel hinauf in einer Wolke, und ihre Feinde sahen ihnen nach. Und zu jener Stunde entstand ein großes Erdbeben ..." (Offb 11,12)

Auch hier, in diesem dritten Zitat, wird eine „Wolke" erwähnt. Anscheinend ist „Entrückung" immer mit der Gegenwart einer „Wolke" verbunden.

Aus dem biblischen Zusammenhang geht hervor, daß die Entrückung der beiden Zeugen mit der Entrückung einer großen Zahl von Menschen auf der ganzen Welt einhergeht, denn kurz nach diesem Vorfall tritt das „Tier" die Weltherrschaft an und lästert bzw. lügt über die „Im-Himmel-Wohnenden".

Die Entrückung zur Zeit des Diktators

„Das Tier durfte unerhörte Reden halten, mit denen es Gott beschimpfte, und es konnte 42 Monate lang seinen Einfluß ausüben. Es öffnete sein Maul zu Lästerungen gegen Gottes Namen und Gottes Heiligtum sowie gegen die, welche im Himmel wohnen (oder: im Himmel ihr Zelt haben; im Himmel Zuflucht gefunden haben)." (Offb 13,5–6)

Was kümmert sich der Diktator um diejenigen, die „im Himmel wohnen"? Warum erwähnt er sie überhaupt? Er und seine Union sind dabei, ihre globale Herrschaft aufzubauen. Gott und Gottes Reich sind für sie irrelevant und inexistent. Und dennoch heißt es hier, er werde hauptsächlich über Gott sprechen und, damit verbunden, über diejenigen, die „im Himmel wohnen"!

Die zwei häufigsten Interpretationen dieser Textstelle lauten: Die Im-Himmel-Wohnenden sind (1) *die gottgläubigen Menschen,* da sie im Geiste bereits im Himmel wohnen, oder (2) die *Engel des Himmels,* denn sie waren es, die die Drachenmächte besiegten.

Doch beides entspricht nicht dem, was hier gesagt wird. Was die erste Interpretation betrifft, so wird der Diktator über die gottgläubigen Menschen nicht sprechen, sondern er wird sie *verfolgen,* wie gleich im folgenden Satz (13,7) gesagt wird: „Auch wurde ihm die Möglichkeit gegeben, gegen die Gottesgläubigen Krieg zu führen ..."

Und warum sollte er über die Engel des Himmels sprechen? Falls er überhaupt weiß, daß der Drache, sein Patron, von Erzengel Michael besiegt wurde, würde er bestimmt nicht darüber sprechen, sondern es verdrängen und verheimlichen.

Dennoch wird er hauptsächlich über Gott und die Im-Himmel-Wohnenden sprechen! Warum? Weil er *gezwungen* ist, Stellung zu nehmen! Diejenigen, die „im Himmel wohnen", stellen offensichtlich etwas Spektakuläres dar, denn die ganze Welt spricht über sie, so daß der neue Weltherrscher nicht umhin kommt, sich zuallererst dieses Themas anzunehmen. Er wird es laut der Prophezeiung mit Verleumdungen und Lügen tun.

Im Licht der bisherigen Ausführungen läßt sich erahnen, was zu diesem Zeitpunkt geschehen ist: Die verheißene Entrückung hat stattgefunden. Viele Menschen wurden in die „Wohnungen im Himmel“ aufgenommen. Diese Formulierung stimmt wörtlich mit dem Versprechen Jesu in Joh 14,1–3 überein:

> „In meines Vaters Hause sind viele Wohnungen. Wenn dem nicht so wäre, hätte ich dann zu euch gesagt, daß ich hingehe, um euch eine Stätte zu bereiten? Und wenn ich hingegangen bin und euch eine Stätte (Wohnung) bereitet habe, komme ich wieder und werde euch zu mir nehmen, damit auch ihr seid, wo ich bin.“

Wenn diese Ereignisse eintreten, kann der angehende Weltherrscher nicht einfach vor die Welt treten und sagen: „Die lange verheißene und umstrittene Entrückung hat nun tatsächlich stattgefunden, und ich bin das verheißene Tier, das in drei Jahren vernichtet wird.“ Er wird die Erfüllung von Jesu Prophezeiung nicht erkennen, nur schon deshalb nicht, weil er nicht an sie glaubt. Für ihn ist das Neue Testament pauschal bloß eine alte, verfälschte Propagandaschrift der frühen Christen.

Um das spurlose Verschwinden der Entrückten zu erklären, wird er vielleicht behaupten, diese Menschen hätten sich an verschiedenen geheimen Orten der Welt versammelt und hätten in apokalyptischer Hysterie Massenselbstmord begangen. Er wird dann bestimmt auch „aktuelle“ Bilder von den zugedeckten „Selbstmordleichen“ präsentieren, produziert in „Hollywood“. Und er wird verkünden, daß dieser „Massenselbstmord“ religiös motiviert war: „Deshalb ist ab sofort jede terrorverdächtige Religion und Esoterik verboten!“

Was auch immer er sagen wird, es wird nicht die Wahrheit sein, denn hinter ihm steht direkt der Geist, den Jesus „Menschenmörder von Anbeginn“ und „Vater der Lüge“ nannte (Joh 8,44).

Trotz der weltweit verbreiteten *breaking news* werden nicht alle Menschen diese Lügen glauben. Die unglaublichen Geschehnisse werden den letzten Menschen, die Augen haben, um zu sehen, die Möglichkeit geben, die große Täuschung zu durchschauen (siehe Offb 14).

Gegen diese neue Opposition von Gottesgläubigen wird der Diktator drakonische Schritte einleiten. Doch die neu Erwachten werden nicht auf sich allein gestellt sein. Nicht alle Erwählten werden vor der Machtergreifung des Tieres entrückt werden. Viele werden auch auf der Erde bleiben, um weiterhin als Licht in der Dunkelheit zu dienen, insbesondere für die neu Erwachten. Sie werden Furchtlosigkeit und Gottvertrauen vorleben, denn sie wissen, daß Gottes Schutz immer gegenwärtig ist, in dieser Phase sogar physisch. Im Lauf der zweiten Hälfte der Drangsalzeit, der 42 Monate des „Tieres", werden alle Gottgläubigen individuell ebenfalls entrückt werden. Etwas Ähnliches erfuhr bereits der Apostel Petrus, als er von einem Engel aus der Gefängniszelle geführt wurde (Apostelgeschichte 12,7–11/18–19).

Die Offenbarung (6,9; 7,14; 11,12) verrät sogar, wie die Entrückten karmisch mit dieser Situation verbunden sind. Es handelt sich bei ihnen um Menschen, die früher als Zeugen für das Wort Gottes ihr Leben hingegeben haben. Diese Seelen sind anscheinend wieder auf der Erde reinkarniert, um in der Wendezeit erneut durch Wort und Beispiel ihr Zeugnis abzulegen. Sie werden deshalb durch die Entrückung vor einer erneuten Verfolgung und Ermordung verschont. Sie sind im Gleichnis von 12,1–6 das Kind der kosmischen Frau, das der Drache gleich nach dessen Geburt verschlingen will, das aber vor diesem Angriff gerettet und in den Himmel entrückt wird.

Das Vermeiden der 666-Markierung

*„Bleibt standhaft und laßt euch nicht täuschen! … Wer aber ausharrt bis ans Ende, wird gerettet werden."**

Wir wissen nicht, ob die prophezeite Drangsalzeit tatsächlich im apokalyptisch beschriebenen Ausmaß kommen wird. Wir wissen auch nicht, ob zwei Machtherrscher erscheinen werden, die eine technomagische „neue Weltordnung" einführen werden. Aber viele Anzeichen weisen in diese Richtung.

Sollte das apokalyptische Szenario Realität werden, dann stellt sich natürlich die Frage: Wie können wir es vermeiden, mit dem 666-Zeichen markiert zu werden?

* Mt 10,22; 24,4/13; Mk 13,5/13; Lk 21,8/19; Joh 16,1; Offb 13,10/14

Zuallererst sollten wir uns bewußt sein, daß wir dieses „Zeichen“ nicht annehmen sollten. Zum gegenwärtigen Zeitpunkt wäre es für die meisten Menschen eine Selbstverständlichkeit, hier klar abzulehnen. Diese Markierung wäre eine Verletzung der Privatsphäre, und sie würde bedeuten, daß wir total den 666-Mächten ausgeliefert wären. Aus spiritueller Sicht wäre das Annehmen dieses Implantats eine Kapitulation vor der Angst und der Lüge, was einem Verkauf der Seele gleichkäme. Wir sind gewarnt, daß diejenigen, die auf die Seelenfänger hereinfallen, nach dem Tod in eine astrale („höllische“) Gefangenschaft geraten, da sie sich dem „Drachen“ unterworfen haben. Und das „Zeichen“ wird sehr bald zu einem schmerzhaften Tod führen (Offb 14,9–12; 15,2; 16,2; 19,20).

Sollte sich die Situation jedoch verschärfen, könnte eine gewaltige Einschüchterung viele dazu bringen, das neue System anzunehmen. Wird vielleicht verkündet werden, dies sei der letzte erforderliche Schritt hin zu persönlicher Sicherheit, wirtschaftlicher Stabilität und Freiheit von Terror? Wird das Annehmen dieses „Schutzes“ fakultativ sein? Oder werden alle, die sich weigern, das Implantat anzunehmen, mit drakonischen Strafen bedroht werden? *Eine ehrliche, wirklich gut gemeinte Hilfe wird nie aufgezwungen.* Wenn mit Einschüchterung, Bedrohung und Zwang gearbeitet wird, dann geht es nicht um Hilfe, sondern um Unterwerfung und Versklavung.

Gemäß dem biblischen Szenario wird die Markierung der Menschen zu Beginn der zweiten Hälfte der Drangsalzeit befohlen werden. Zu diesem Zeitpunkt wird das Brechen der sieben Siegel und das Erschallen der sieben Posaunen (jüngste) Vergangenheit sein. Die Markierung der Menschen wird also nicht unter „normalen“ Bedingungen geschehen, wie wir sie heute kennen. Sollte der 666-Scheinfriede kommen, wird gemäß dem apokalyptischen Szenario mehr als die Hälfte der Menschheit aufgrund von Kriegen, Katastrophen und neuen Krankheiten umgekommen sein. Sogar das kontroverse Phänomen der Entrückung hat dann bereits stattgefunden. Die Agenten der neuerrichteten Weltregierung werden nicht mehr wissen, wer noch am Leben bzw. auf der Erde ist und wer nicht. In dieser Situation wird die Markierung obligatorisch werden. (Es sind auch andere Szenarien möglich, die weniger drastisch, aber nicht minder totalitär sind, z. B. ein früherer Markierungs- oder Impfzwang, ohne daß derart chaotische Zustände herrschen.)

Über das 666-Zeichen heißt es in der Prophezeiung nur, daß man nicht kaufen und verkaufen könne, wenn man es nicht habe. Es heißt nicht, daß man ohne das Zeichen nicht *leben* könne.

Die „Erwählten", die zu diesem Zeitpunkt noch auf der Erde sind, werden sich einfach nicht melden. Dann sind sie für das System inexistent und somit „tot". Auf jeden Fall werden sie sich nicht markieren lassen. Dank der göttlichen Führung und medialen Intuition werden sie in der Lage sein, die kurze „Endzeit" zu überstehen. Es handelt sich nicht um ein Ausharren für Jahrzehnte.

Sollten diejenigen, die sich weigern, das „Mal des Tieres" anzunehmen, physisch gepackt und mit einem Implantat markiert werden, dann geschieht dies gegen ihren Willen, und sie haben ihre Seele nicht „verkauft". Mit ihrer geistigen Kraft werden sie in der Lage sein, diesen Übergriff und sogar das Implantat zu neutralisieren.

Die Erde selbst wird zu diesem Zeitpunkt unmittelbar vor ihrem großen Quantensprung stehen. Die göttlichen Quellen versichern uns, daß in dieser Zeit das „paranormale" Potential eines jeden empfänglichen Menschen zunehmend aktiviert wird, da wir ebenfalls auf unseren persönlichen Quantensprung zugehen. Falls es erforderlich ist, werden wir sogar in der Lage sein, mitten im Chaos von „Luft und Liebe" zu leben, oder etwas technischer ausgedrückt: Wir werden uns von Licht und kosmischer Lebensenergie *(prâna)* ernähren, wodurch jegliches „Kaufen und Verkaufen" hinfällig wird. Dies setzt natürlich eine physische und mentale Transformation voraus, aber wir sind in diesem Lichtprozeß nicht allein. Die höherdimensionalen Lichtwesen (Engel und Schutzengel) warnen, führen und inspirieren nicht nur, sie können auch auf unserer physischen Ebene Materie gestalten und bewegen, das heißt unsere Zellstruktur transformieren, uns im Notfall unsichtbar machen, wie bei Petrus Gefängnistüren öffnen, usw.

Der Schutz, der bereits in der Zeit vor dem Erscheinen des „Tieres" stark ist, wird nach dessen Erscheinen noch intensiver.

Was Jesus über die Zeit vor dem „Ende" sagte, gilt erst recht für die Zeit der letzten „1260 Tage". Er prophezeite:

> „Bevor dies alles geschieht, wird man euch verfolgen und festnehmen. Weil ihr zu mir gehört, werdet ihr an die Synagogen und Gefängnisse ausgeliefert und vor Könige und Machthaber gestellt werden. Dies wird euch Gelegenheit geben, Zeugnis für mich abzulegen. Verzichtet aber bewußt darauf, im voraus festzulegen, wie ihr eure Sache vertreten wollt. Denn ich selbst werde euch Worte eingeben, die keiner der Gegner widerlegen kann, und eine Weisheit, der niemand etwas entgegenhalten kann." (Lk 21,12–16)

Was immer geschehen wird, wir dürfen darauf vertrauen, daß wir dank göttlicher Hilfe und Führung immer wissen werden, was zu tun ist. Wer sich nicht verführen oder einschüchtern läßt, verbindet sich mit der Dynamik der aufsteigenden Erde und wird nicht von der sich verdichtenden Dunkelheit beeinflußt. Auf ganz natürliche Weise werden die gottesbewußten Menschen mit erweiterten Fähigkeiten gesegnet werden: mit einer telepathischen und intuitiven Verbindung zu den Lichtwelten und Lichtwesen und direkt zum „Sohn Gottes", dem höchsten Lichtwesen. „Ich selbst werde euch die Worte und die Weisheit geben." Mit anderen Worten, wir werden in dieser Zeit von der göttlichen Seite inspiriert, geleitet und beschützt werden, was sogar eine physische Transformation beinhalten kann.

Beispiele von Entrückung und Evakuierung

Das Phänomen einer physischen Entrückung oder „Evakuierung", wie es in der Bibel beschrieben wird, ist in seiner Art einzigartig, doch das Phänomen an sich ist nicht exklusiv biblisch. Zu ähnlichen Ereignissen kam es bereits in früheren Zeitaltern, jedoch nur in einem lokalen, nicht in einem globalen Rahmen. Aber die Grundstruktur in diesen alten Berichten ist dieselbe: Gottesbewußte Menschen werden aus einer Situation größter Gefahr errettet, indem sie „verschwinden", sei es durch eigene Fähigkeit oder durch die Hilfe Gottes oder der Götter.

Obwohl „Entrückung" in erster Linie eine mystische Erfahrung ist, ist sie doch ein (meta)physischer Effekt und hat deshalb eine (meta)physische Ursache. Der etwas altertümliche Begriff „Entrückung" bedeutet, daß jemand physisch in eine höhere Dimension eingeht bzw. hinübergeführt wird. Seit noch nicht so langer Zeit kann sich der moderne Mensch mit technologischer Phantasie zumindest theoretisch ähnliches vorstellen, wobei Begriffe wie Hyperspace, Parallelwelten, Dematerialisation und Teleportation verwendet werden. In der Bibel wird „Entrückung" als ein Werk der Engel beschrieben.

Ein anderer Aspekt, der bei den Phänomenen „Entrückung" und „Himmelfahrt" immer explizit erwähnt wird, ist die „Wolke". Während im Neuen Testament die „Wolke" nur kommentarlos erwähnt wird, finden sich im Alten Testament Beschreibungen, die detaillierter sind, und diese weisen auf eine interdimensionaltechnische und/oder metaphysische Präsenz hin. Berühmt ist die „Nahbegegnung", die der Prophet Ezechiel erlebte:

> „Ich sah, wie ein Sturmwind daherkam vom Norden her mit einer großen Wolke, umgeben von strahlendem Glanz und einem unaufhörlichen Feuer, aus dessen Mitte es blinkte wie Glanzerz. Und darin erschienen Gestalten wie von vier lebenden Wesen ... Weiter sah ich neben jedem der vier lebenden Wesen ein Rad auf dem Boden ... Und über den Häuptern der lebenden Wesen war etwas wie eine feste Platte, die schimmerte wie furchtbarer Kristall ...
>
> Da hob mich der Geist empor, und als die Herrlichkeit des Herrn sich erhob, hörte ich hinter mir ein gewaltiges Getöse, das Rauschen der Flügel der lebenden Wesen, die einander berührten, und das Rasseln der Räder. Der Geist aber hob mich empor und entrückte mich ..." (Ez 1,4 f./15/22; 3,12–14)

Nicht jede Entrückung verläuft derart geräuschvoll wie die des Ezechiel. Die außergewöhnlich detailreiche Beschreibung, die Ezechiel liefert, wurde von *Josef Blumrich,* einem namhaften NASA-Ingenieur, Satz für Satz untersucht. Blumrich, ein Kollege von Wernher von Braun, hatte 1969 in Erich von Dänikens erstem Buch, *Erinnerungen an die Zukunft,* über die technische Interpretation des Ezechiel-Berichts gelesen, und startete seine Untersuchung, weil er diesen „Unsinn" widerlegen wollte. Aber nach genauer Lektüre mußte er zugeben, daß die technische Interpretation plausibel ist – und er konstruierte eine Flugmaschine, indem er strikt der biblischen Beschreibung folgte! Auf der Grundlage von Ezechiels Bericht machte er sogar mehrere Erfindungen und ließ sie patentieren. Natürlich mußte er dabei die bildliche Ausdrucksweise Ezechiels technisch übersetzen, was inhaltlich nicht unproblematisch ist. Aber zumindest konnte er zeigen, daß technische Konstruktionen immer nur mechanische Nachbildungen höherdimensionaler Strukturen sind. 1972 trat er mit einem aufsehenerregenden Buch an die Öffentlichkeit, in dem er seine technische Ezechiel-Interpretation vorlegte. Seine Schlußfolgerung: Ezechiel hatte eine „Begegnung mit außerirdischer Intelligenz".[155]

Der wahrscheinlich eindrucksvollste Bericht von einer Evakuierung stammt von den Hopi-Indianern, deren Stammesüberlieferung bis weit in die Vergangenheit zurückreicht. Sie erinnern sich, wie sie vor rund 800 000 Jahren aus der untergegangenen Zweiten Welt in ihre Dritte Welt zogen. Interessanterweise entspricht diese Zahl genau der vedischen Angabe für den Beginn des vorigen, dritten Yugas, das – wie die Dritte Welt der Hopis – vor rund 800 000 Jahren begann.

Während der Zeit der Dritten Welt, so erzählen die Hopis, lebten ihre Vorfahren auf einem Kontinent westlich der heutigen amerikanischen Kontinente, die es damals noch gar nicht gab. In diesem Land, das sie in ihrer Sprache Kásskara nennen, lebten sie für Hunderttausende von Jahren in Harmonie mit der Schöpfung, und sie hatten offenen Kontakt mit götterähnlichen Wesen, die sie *Kachinas* nannten.

Vor rund 100 000 Jahren begann Kásskara langsam zu sinken. In dieser Situation der Not wurden die Einwohner von Feinden aus einem anderen Inselreich angegriffen. Als es notwendig wurde, das Land zu evakuieren, teilten die Kachinas dem Volk von Kásskara mit, daß mitten im östlichen Meer neues Land aufsteige. Mit Hilfe ihrer „Fliegenden Schilde" brachten die Kachinas erste Gruppen von Pionieren in das neue Land. Bis zum heutigen Tag erinnern sich die Hopis mit Dankbarkeit und Verehrung an die Kachinas, jene göttergleichen Wesen, von denen sie einst gerettet wurden, indem sie „durch die Luft" in ein neues Land gebracht worden waren.

> In der Dritten Welt und schon immer seit der Ersten Welt haben wir mit den Kachinas in Verbindung gestanden. Kachina bedeutet „hohe, geachtete Wissende". ... Die Kachinas können sichtbar sein, aber manchmal sind sie auch unsichtbar. Sie kommen zu uns aus dem Weltenraum. Sie kommen nicht aus unserem eigenen Planetensystem, sondern von anderen, weit entfernten Planeten. ... Die Kachinas als Raumfahrer wußten, wo das neue Land lag, und brachten sie [die ersten Gruppen aus der Dritten Welt] herüber. Nur die Kachinas konnten das tun, denn sie hatten die Fliegenden Schilde, unser Volk aber nicht. Wir konnten sie nicht bauen. Aber die Atlanter besaßen Fliegende Schilde. Sie hatten sie nicht von den Kachinas bekommen, die sie verlassen hatten, sondern die Atlanter mit ihren bösen Kräften hatten sie selbst gebaut ...[156]

Die Hopis teilen diese internen Überlieferungen erst seit kurzer Zeit mit Außenstehenden und haben dafür einen konkreten Grund: die Vierte Welt gehe bald zu Ende, und auch die weißen Brüder sollten wissen, daß demnächst der Übergang in die Fünfte Welt stattfinden werde. (Mit dem Begriff „Fünfte Welt" beschreiben die Hopi-Indianer, was andere Quellen „Transformation" und „Fünfte Dimension" nennen.)

Ein weiteres Beispiel einer Evakuierung findet sich in den altindischen Sanskritschriften. Im Vergleich zur Hopi-Geschichte hat dieses Ereignis vor noch nicht so langer Zeit stattgefunden, „nur" vor fünftausend Jahren. Es ist in Indien auch heute noch sehr bekannt, weil es in mehreren heiligen Büchern niedergeschrieben wurde – und ziemlich spektakulär war.

Die Situation war folgende: Rund sechzig Jahre vor der Schlacht von Kurukshetra kam es zu großen Kämpfen um Krishnas Stadt Mathurâ. Da Krishna alle Angriffe niederschlug, schloß der Aggressor, König Jarâsandha, eine Allianz mit anderen Königen und bildete dadurch eine gigantische Armee, die aus vielen Legionen bestand. Mit diesem Meer von Soldaten, Pferden und Elefanten umschlossen sie Mathurâ von allen Seiten.

In den Originalschriften wird der Krieg von Mathurâ und sein verblüffendes Ergebnis wie folgt beschrieben:

> Als der mächtige König Kâlayavana hörte, daß sein Freund mehrere Male besiegt worden war, wurde er sehr zornig und beschloß,

selbst einzugreifen. An der Spitze eines Heeres von starken und hochmütigen Kriegern marschierte er nach Mathurâ, um dem König von Magadha [Jarâsandha] zu Hilfe zu kommen. ...

Krishna, der an die Sicherheit der Bürger dachte, ließ nun auf dem Ozean eine sichere Zuflucht erscheinen, die wunderbare Stadt Dvârakâ. (*Padma Purâna,* 6.246.37/39)

Krishna sah, daß die ganze Stadt auf allen Seiten bis zum Horizont hin von Kâlayavanas gewaltiger Armee umzingelt war, ... und Jarâsandha sollte am nächsten oder übernächsten Tag hinzustoßen. Krishna beschloß deshalb, eine Festung erscheinen zu lassen, in die niemand mit menschlicher Gewalt eindringen kann. Sie entstand mitten im Meer und hatte einen Umfang von 12 Yojanas [rund 160 km]. ... Indra, der Herr der Götter, brachte eine Versammlungshalle, in der ein sterblicher Mensch, wenn er hineingeht, nicht mehr den Gesetzen der Sterblichkeit unterworfen ist. ... Viele andere *loka-pâlâh* [Herrscher von Planeten] kamen, um ähnlich wunderbare Geschenke zu bringen. (*Shrimad-Bhâgavatam* 10.50.45–55)

Als die Stadt Mathurâ von allen Seiten belagert wurde, sah die Lage hoffnungslos aus, denn es gab keine Möglichkeit des Entkommens. An diesem Punkt vollzog Krishna ein Manöver, mit dem niemand gerechnet hatte:

Es war Nacht [die Nacht vor der Entscheidungsschlacht], und alle Bürger in Mathurâ schliefen. Plötzlich, mitten in der Nacht, hob Krishna mit seiner göttlichen Kraft sie alle empor, ohne daß sie es merkten oder sich erinnern konnten, und versetzte sie in die wunderbare Stadt im Ozean, die berühmt ist unter dem Namen Dvârakâ. Als die Männer, Frauen und Kinder aus Mathurâ erwachten, waren sie verblüfft, sich an einem anderen Ort zu finden, der zudem so wunderschön war und fernab aller Angreifer himmlische Sicherheit bot. Voller Staunen schritten sie durch die goldenen Gänge und sahen unbegrenzte Vorräte an Nahrung, Kleidern und Schmuckstücken. So verbrachten sie die Zeit in Dvârakâ und lebten wie die Gäste der Götter. (*Padma Purâna* 6.246.43–46)

Die Evakuierung der Stadt Mathurâ erfolgte durch rein spirituelle Kräfte, ohne die Zuhilfenahme von Fliegenden Schilden. Solche Fluggeräte werden aber in den Sanskritschriften ebenfalls erwähnt. Sie werden allgemein Vimânas genannt und existieren auf allen Ebenen des Universums, von den dunklen Asura-Welten bis hin zu den hohen und höchsten Welten. Je nach Ebene und Dimension haben die Vimânas eine entsprechende Beschaffenheit. Einige sind das Produkt einer leblosen interdimensionalen Technologie, andere sind energetische Raum- und Lichtschiffe, und wieder andere sind spirituelle Bewußtseinsfelder, die einer transmateriellen *Trans*portation dienen, wie es z. B. im folgenden Zitat beschrieben wird:

> Von einem Moment zum anderen verließ Krishna seine irdische Umgebung, und zusammen mit seinen Kindern und Gemahlinnen erhob er sich in einem strahlenden Vimâna und kehrte in die spirituelle Welt zurück. (*Padma Purâna* 6.252.77)

Nur schon die angeführten Beispiele zeigen, daß mit dem Begriff „Entrückung" unterschiedliche Vorgänge zusammengefaßt werden. Nicht alle geräuschvollen Flugobjekte stammen von der dunklen Seite und nicht alle lautlosen von der göttlichen. Dies wird noch offensichtlicher, wenn das *gesamte* Spektrum von Begegnungen mit nichtirdischen und höherdimensionalen Wesen in Betracht gezogen wird (Begegnungen der vierten Art). Hierzu gehören einerseits Phänomene wie echte Entrückung, Evakuierung und erleuchtende Engelkontakte, andererseits aber auch Kontakte mit neutralen bis materialistischen Wesen in unter- oder außerirdischen Bereichen. Dieses heikle und komplexe Thema wird in Teil III aufgerollt werden.

Zusammenfassung und Ausblick

Angesichts der problematischen Weltsituation fragen sich viele Menschen: Was geht vor sich? Was wollen die *global players?* Wohin führt der heutige Fortschritt? Was bedeutet das für uns?

Das waren die Fragen, um die es in Teil II ging. Unter den vielen möglichen Szenarien ist das, welches von Johannes auf Patmos vorausgesehen wurde, das berühmteste und wahrscheinlich auch das zutreffendste. Diese Prophezeiung sagt offen, wer die Hintergrundmächte sind: „der Drache und seine Heerscharen", eine Intelligenz, die „die ganze Welt täuscht". Sie offenbart auch, was deren Ziele sind: die Errichtung einer weltweiten totalitären Machtstruktur, um einen künstlichen Frieden zu erzwingen, was zur Markierung aller Menschen führen soll. Diese Markierung, wahrscheinlich ein Mikrochip-Implantat, anzunehmen bedeutet ein totales Sichausliefern an die Dunkelmächte, weshalb die Bibel uns dringlich davor warnt.

Das Szenario der Apokalypse endet jedoch nicht hier. Wiederholt wird betont, daß den Furchtlosen und Wahrhaftigen spirituеller und sogar physischer Schutz zukommen wird. Sie sind die „Erwählten", denn sie sind diejenigen, die die Essenz aller Religion und Esoterik erkannt haben und in einer klaren, unterscheidenden Liebe leben.

Man mag dieses Szenario ernst nehmen oder ablehnen oder sich darüber lustig machen, Tatsache ist, daß die alten Propheten und Seher über Jahrhunderte hinweg bildhafte Informationen erhalten haben, die sich auf erstaunliche Weise ergänzen und konkrete Details einer Zukunft beschreiben, die wir erst heute verstehen, sei es die weltweite Präsenz der 666 und der prophezeiten *pharmakeia**, das Wiedererscheinen des „Römischen Reiches" oder die genaue Größenangabe des Heeres aus dem Fernen Osten.

Die übergeordnete Vision der Geheimen Offenbarung ist jedoch optimistisch und inspirierend. Viele Menschen werden „erwachen", „mit Palmzweigen in den Händen" hervortreten und das „Siegel Gottes" empfangen. Dies führt zu einer Befreiung und Transformation der Erde, letztlich zu „einem neuen Himmel und einer neuen Erde".

Ein nicht zu unterschätzender Aspekt der neuen Realität ist der wiedergewonnene Kontakt mit den höherdimensionalen Licht- und Sternenwesen, unseren kosmischen Brüdern und Schwestern. Sie werden manchmal auch „Engel" genannt, was ein allgemeiner Begriff für ein sehr breites Spektrum von unsichtbaren Wesen ist. Engel können auch als „Außerirdische" bezeichnet werden, was

* In Offb 18,23 wird im griechischen Originaltext mit Bezug auf die babylonische Machtstruktur das Wort *pharmakeia* verwendet: „Mit deinem falschen Zauber *(pharmakeia)* hast du alle Völker verführt!" Bedeutet die heutige Bekanntheit und Bedeutung dieses griechischen Wortes, daß sich hier eine weitere apokalyptische Prophezeiung bewahrheitet? (Siehe auch: *Licht wirft keinen Schatten,* S. 33 f.)

jedoch etwas mißverständlich ist, denn nicht alle Außerirdischen sind Engel! Der Kosmos umfaßt sowohl Lichtwesen als auch „gefallene Engel“, astrale und außerirdische Wesen, die von fremden Energien leben. Sie alle sind in der gegenwärtigen Wendezeit aktiv und bedeutsam, wenn auch mit unterschiedlichen Motiven.

Diejenigen, die sich vor diesen Perspektiven verschließen, werden die Prophezeiungen und Warnungen der Apokalypse nicht glauben können. Sie werden mit Spott und Ablehnung reagieren – und nicht erkennen, daß sie damit *eine weitere Prophezeiung* erfüllen:

> Bevor es mit der Welt zu Ende geht, werden Menschen auftreten, die nur ihren eigenen Trieben folgen. Sie werden spotten und sagen: „Er hat versprochen wiederzukommen. Wo bleibt er denn? Inzwischen sind unsere Väter gestorben; aber alles ist noch so, wie es seit Beginn der Welt war“ ... Meine Freunde, ihr dürft eines nicht vergessen: Beim Herrn gilt ein anderes Zeitmaß als bei uns Menschen. Ein Tag ist für ihn wie tausend Jahre, und tausend Jahre wie ein einziger Tag. Der Herr erfüllt seine Zusagen nicht zögernd. Es ist keine Verzögerung, wie gewisse Menschen meinen. Im Gegenteil: Er hat Geduld mit euch, weil er nicht will, daß jemand verlorengehe. Er möchte, daß alle die Gelegenheit finden, von ihrem falschen Weg umzukehren. (2 Petr 3,3–4; 8–9)

Teil III

Der Mensch – nicht allein im multidimensionalen Kosmos

Kapitel 11

Die Wiederentdeckung der interdimensionalen Kontakte

Der Körper des Menschen wird im Sanskrit als Kshetra, „Feld“, bezeichnet. Das ist die wörtliche Bedeutung, die auf das gesamte Spektrum der Physik anwendbar ist. Auf der grobmateriellen Ebene bezieht sich Kshetra auf jede Art von Landstück oder Feld. Das berühmteste Schlachtfeld der vedischen Geschichte z. B. heißt Kurukshetra, „das Feld der Kuru-Dynastie“. Wenn sich Kshetra auf Energien und feinstofflich-materielle Ebenen bezieht, dann hat das Wort „Feld“ dieselbe Bedeutung, die dieses Wort auch heute noch ansatzweise hat, wenn Physiker von Energiefeldern und Feldtheorien sprechen.

Interessanterweise wird im Sanskrit auch der physische Körper als Kshetra, als ein *Energiefeld,* bezeichnet. Durch das Wählen dieses Begriffs wiesen die Sanskrit-Autoren auf eine Definition von „Körper“ hin, die weit über das Weltbild des Materialismus hinausgeht: Jede Art von Körper ist „der physische Bereich, in dem das Bewußtsein eines Lebewesens gegenwärtig ist“.

Das Kshetra eines Einzellers ist sehr beschränkt. Eine Bakterie in unserer Darmflora wird nie verstehen können, daß sie Teil eines höheren Organismus ist und einem höherstehenden Lebewesen unterstellt ist, ganz zu schweigen davon, daß dieser Organismus wiederum in andere und höhere Strukturen eingeordnet ist. Für die Bakterie ist unser Körper das *Universum,* und wir als Individuum sind für die Bakterie so weit entfernt und unwahrnehmbar, daß wir für sie gar nicht existieren! Ist der Mensch nicht auch eine solche ahnungslose „Bakterie“ innerhalb des Organismus des multidimensionalen Kosmos?

Das Bewußtsein des Menschen ist ebenfalls sehr beschränkt.

Wir nehmen nur das wahr, was in die Reichweite unseres Kshetras gelangt, d. h. das, was über die Sinneswahrnehmung (Geruch, Geschmack, Berührung, Sehsinn und Hörsinn) in unser Bewußtsein gelangt, eben weil unser Bewußtseinshorizont auf das Kshetra unseres Köpers beschränkt und begrenzt ist. Das materialistisch-wissenschaftliche Weltbild hat hieraus sogar ein Dogma gemacht: Nur das, was empirisch (mit materiellen Sinnen und Instrumenten) wahrnehmbar und nachweisbar ist, ist Realität; alles, auch Leben und Bewußtsein, kann über das empirisch Wahrnehmbare erklärt werden.

Diejenigen, die sich mit diesem materialistischen Weltbild identifizieren, beschränken ihren Bewußtseinshorizont auf die Reichweite ihres Kshetras. Das betrifft ihre Wahrnehmung und ihr gesamtes Denken und damit auch die Zielsetzungen ihres Strebens und Forschens. Deshalb können sie sich nicht einmal vorstellen, daß es etwas gibt, was über diesen Horizont hinausgeht oder jenseits dieses Horizontes Realität ist.

Unser Bewußtsein ist jedoch nicht auf die Ebene der Materie beschränkt – weil es *nicht* materiell ist. Genauso wie Licht unabhängig von Schatten und Dunkelheit ist, ist Bewußtsein unabhängig von Materie. Das Bewußtsein eines jeden Menschen hat das Potential, über die Begrenzungen der Sinneswahrnehmung, ja sogar über die Grenzen des materiellen Körpers hinauszugehen.* Ein Aufblitzen dieses Potentials zeigt sich z. B. in Fällen von „zufälliger" Telepathie, von Spontanheilungen („Wunderheilungen") oder von plötzlicher übermenschlicher Kraft, meistens in Momenten des Schocks oder der extremen Verzweiflung. Später können sich diese Menschen kaum mehr an den Vorfall erinnern. Es war, als wären sie in Hypnose gewesen – was sie wahrscheinlich auch waren. Man spricht hier von kurzfristiger spontaner Selbsthypnose. Und tatsächlich ist Hypnose die einfachste Möglichkeit, die schlummernden mentalen Potentiale zu aktivieren bzw. an Versuchspersonen zu demonstrieren. Dennoch ist Hypnose nicht die

* Beispiele von Menschen, die diese potentiellen Kräfte bewußt aktivieren, sind die Meister der asiatischen Kampfkünste, die fähig sind, Ziegelsteine mit bloßer Hand zu zerschlagen, mit verbundenen Augen zu kämpfen, eine gewisse Unverwundbarkeit zu entwickeln, jemanden umzuwerfen, ohne ihn zu berühren, usw.

empfohlene Methode zur Aktivierung dieser Kräfte, da sie immer von Suggestionen anderer Menschen abhängig ist und den feinstofflichen Körper unbewußt für andere Einflüsse öffnet. Für Zweifler können Hypnose-Demonstrationen aber eindrückliche Beweise für die Realität der paranormalen Potentiale des Menschen liefern. (Unter Hypnose kann eine Person z.B. einen verdeckten Text lesen, wenn man ihr suggeriert, die Verdeckung existiere nicht.)

Die Potentiale des Bewußtseins (*mind over matter,* „Geist über Materie") müssen sich nicht immer auf spektakuläre Weise zeigen. Von höherer Sicht aus betrachtet, ist jedes Lebewesen „spektakulär", sei es eine Pflanze, die zum Licht hin wächst, ein fliegendes Insekt, ein schwimmender Fisch, ein Chamäleon, das seine Farbe wechseln kann, usw. Ein Körper aus grobstofflicher Materie, der ansonsten leblos wäre, wird beseelt und kann durch dieses Lebendigsein Wunder vollbringen: wachsen, schwimmen, fliegen, sich fortpflanzen, mit anderen Lebewesen kommunizieren. Das *Leben* ist das größte Wunder! Und wir als Menschen sind aufgefordert, dies wahrzunehmen, angefangen bei uns selbst!

Kosmische Hierarchie

Es gibt Menschen, deren Bewußtsein nicht auf die normale Sinneswahrnehmung beschränkt ist. Man sagt deshalb, sie hätten „magische Hände", ein „drittes Auge" oder einen „sechsten Sinn". Sie verfügen über paranormale Kräfte, weil ihre feinstofflichen Energiezentren (Chakras) etwas mehr geöffnet sind, als dies bei „normalen" Menschen der Fall ist. Dies führt dazu, daß ihr Bewußtsein nicht völlig vom physischen Medium, dem Körper, abhängig ist, weshalb es ihnen möglich ist, sich mit Quellen zu verbinden, die jenseits des empirisch wahrnehmbaren Spektrums liegen.

Der Körper des Menschen ist dreidimensional verdichtet und besteht zu 60–70% aus Wasser. Viele Menschen meinen nun, die einzigen intelligenten Lebensformen im Universum seien diejenigen mit einem Körper aus 70% Wasser, nämlich sie selbst. Aber warum sollte die unendliche Vielfalt kosmischen Lebens auf Wesen mit Körpern aus 70% Wasser beschränkt sein? Wie können wir ausschließen, daß es Lebewesen gibt, deren Körper zu 70% aus Feuer, Luft oder Äther besteht – oder aus Elementen in irgendeinem anderen Mischungsverhältnis? Ganz zu schweigen von Wesen mit Körpern, die nicht aus grobstofflichen Elementen bestehen.

Aus einer spirituell-holistischen Weltsicht (wie sie in den ersten zwei Bänden dargelegt wurde) ist der Kosmos ein materielles Energiefeld, in dem nichtmaterielle Wesen („Seelen") verschiedenste Formen von Körpern annehmen: feinstoffliche, rein energetische, astrale, ätherische, halbphysische und, ganz zuunterst auf der Treppe der materiellen Verdichtung, physische. All diese Lebewesen stellen eine vielschichtige kosmische Hierarchie dar. Vom Standpunkt „Terra" aus betrachtet, befinden sich die meisten dieser Wesen auf einer höherdimensionalen Existenzebene und sind deshalb für uns „unsichtbar", denn sie haben Körper, die weniger verdichtet sind. Daher ist ihr Kshetra (Bewußtseinsfeld) viel größer als das der Menschen, was bedeutet, daß die Reichweite ihrer Bewußtheit weit über die Grenzen der grobstofflichen Materie hinausgeht.

Das Bewußtsein des Menschen durchdringt und beseelt einen irdischen Körper. Ebenso gibt es Wesen, deren Kshetras einen ganzen Planeten umfassen. So wie wir *irdische* Wesen sind, sind sie *planetare* Wesen. Jeder Planet wird vom Bewußtsein eines planetaren Wesens beseelt, das wie die Seele dieses Himmelskörpers ist, wobei auf den meisten Planeten nur feinstoffliche, auf einigen aber auch grobstoffliche Lebensformen vorhanden sind.

Über den planetaren Wesen existieren die *solaren Wesen,* deren Bewußtsein einen Stern beseelt und ein ganzes Sonnensystem umfaßt. Es war nicht nur Aberglaube, wenn die alten mythischen Kulturen von einem Sonnengott und von einem Gott oder einer Göttin der Erde sprachen. Vielmehr entsprang dies einem hohen esoterischen oder göttlichen Wissen – oder einem Überrest davon.

Über den planetaren und solaren Wesen sind die *galaktischen* Wesen, deren Bewußtsein eine gesamte Galaxie mit ihren vielen Milliarden Sonnensystemen umfaßt.

Über ihnen sind die *zentralsolaren Wesen,* die „auf" den galaktischen Zentralsonnen leben und durch deren Bewußtsein die gesamte Galaxie gemäß den multidimensionalen Zyklen von Raum und Zeit synchronisiert wird.

Über ihnen sind die *intergalaktischen* Wesen, die noch weitere und umfassendere Bereiche beseelen. Da sie intergalaktisch sind, können sie sich auf jede untere Ebene (Galaxien, Sonnensysteme, Planeten) ihres Lebensbereiches „einklinken".

Über ihnen allen, und sie alle umfassend, ist das *universale* Wesen, der kosmische Geist oder Logos, den viele „Gott" nennen. Und „er" ist es auch, denn aus der Sicht der unteren Ebenen ist er das höchste und erste Lichtwesen des Universums. Der gesamte Kosmos wurde durch das Bewußtsein dieses Wesens geschaffen und manifestiert. Alle anderen Wesen leben im Kshetra dieses universalen Schöpfergottes. In der Veda-Offenbarung hat dieses Wesen den Namen Brahmâ, der „Entfalter". Brahmâs gibt es zahllose, genauso wie es zahllose Universen gibt. Aber in jedem Universum gibt es nur *einen.*

Die holistische Perspektive führt zu einer schlüssigen Definition des Begriffs „Energie". Alle Formen von Energie sind *Bewußtseinsströme innerhalb des Kshetras entsprechender Lebewesen.* Energie ist nicht etwas Abstraktes oder Mechanisches, letztlich nicht einmal etwas Materielles. In Wirklichkeit ist Energie immer die Emanation eines bewußten Wesens. In höchster Instanz emanieren alle Energien innerhalb des Universums aus dem Bewußtsein des universalen Wesens, Brahmâ, und alle anderen Wesen können Teile dieser Energie verwenden, um ihre eigenen Welten und „Realitäten" zu formen.

Aber Realität ist nicht auf das Materielle beschränkt.

Die Gesamtheit der zahllosen Universen existiert vor einem unbegrenzten, nichtmateriellen Hintergrund und ist wie ein „Schatten" dieser ewigen, spirituellen Welt, des Absoluten jenseits aller Polarität von Raum und Zeit. Dieser raum- und zeitlose Urgrund ist alldurchdringend und allgegenwärtig, ist die ewiggegenwärtige, lebendige Realität, das Ksehtra („Reich") Gottes, des *Absoluten Wesens.* Und wir als Teile Gottes sind ewiglich mit ihm verbunden, so wie Sonnenstrahlen nie von der Sonne getrennt sind. Die Frage ist nur, inwieweit wir uns dessen bewußt sind und entsprechend leben. Mit wirklicher Erleuchtung ist es also möglich, Gottes Gegenwart auch in der materiellen Welt wahrzunehmen.

Der Mensch im multidimensionalen Kosmos

Planeten und Sonnensysteme sind wie Atome und Moleküle im Kshetra der entsprechenden galaktischen und intergalaktischen Wesen. Im Gegensatz zu den Menschen, die zu den Atomen, Molekülen und Mikroorganismen in ihrem Körper keine bewußte Beziehung haben, sind sich diese höheren Wesen aller Teile ihres kosmischen Territoriums voll bewußt, einschließlich aller Wesen, die darin leben. Wir können sie (normalerweise) nicht sehen, aber sie uns! Mit anderen Worten, wir Menschen bewegen uns innerhalb der Kshetras vieler unsichtbarer Wesen. Mit welchen wir in Kontakt treten, hängt von unserer Resonanz ab.

Kontakte mit höherdimensionalen Welten sind nur im Kali-Yuga etwas Unbekanntes oder Ungewöhnliches. Doch über parapsychologische Phänomene (Nahtoderfahrungen, Astralreisen, Telepathie usw.) hat auch der „moderne" Mensch die Möglichkeit, zumindest zu hören, daß man das Leben auch anders als nur materialistisch sehen könnte.

Wahrer Fortschritt führt zu einem bewußten Kontakt mit den *Welten des Lichtes*. In diesen Bereichen wohnen nicht die Imitationen Gottes (die luziferischen Wesen), sondern die reinen Ebenbilder Gottes, die echten Lichtwesen. Was für uns Menschen ein Buch mit sieben Siegeln ist, ist für die Lichtwesen ein offenes Buch, und sie warten nur darauf, bis sie den Menschen daraus vorlesen dürfen. Sie warten, weil sie den freien Willen der Menschen vollkommen respektieren, was das typische (und natürliche) Merkmal einer göttlichen Gesinnung ist. Sie informieren und inspirieren, aber sie würden nie manipulierend in das Leben eines Menschen – oder der Menschheit – eingreifen. Wenn sie eingreifen, geschieht dies immer als Hilfe, als Antwort auf eine Bitte.

Der Mensch ist also nie allein und auch nie hilflos. Das ist die tiefere Bedeutung der Jesus-Worte in der Bergpredigt: „Bittet, und ihr werdet bekommen! Sucht, und ihr werdet finden! Klopft an, und euch wird geöffnet! Denn wer bittet, der bekommt; wer sucht, der findet; und wer anklopft, dem wird geöffnet.“ (Mt 7,78)

Das Wahrnehmen der göttlichen Zeichen – Hilfe durch empfangene Begabung

Viele Prophezeiungen und Offenbarungen gelangen aus den Lichtwelten zu den Menschen, vor allem dann, wenn ein großer Umbruch bevorsteht. „Gott der Herr tut nichts, ohne zuvor seinen Ratschluß seinen Dienern, den Propheten, offenbart zu haben.“ (Amos 3,7)

Neben Katastrophen und Schwierigkeiten, die mit der Endzeit kommen werden, sahen die alten Propheten auch hoffnungsvolle, ermutigende Entwicklungen voraus:

> Und nach diesem wird es geschehen, daß ich meinen Geist ausgieße über alles Fleisch; und eure Söhne und Töchter werden weissagen, eure Greise werden Träume träumen, eure Jünglinge werden Gesichte [göttliche Visionen] sehen. Auch über die Knechte und über die Mägde werde ich in jenen Tagen meinen Geist ausgießen. Ich werde Wunderzeichen geben am Himmel und auf Erden, Blut und Feuer und Rauchsäulen. Die Sonne wird sich in Finsternis wandeln und der Mond in Blut, ehe der große und furchtbare Tag des Herrn kommt. Ein jeder aber, der den Namen des Herrn anruft, wird gerettet ... (Altes Testament, Buch Joël, 2,28–32)

Dies ist eine erstaunliche Prophezeiung: In der Zeit des herannahenden Übergangs („ehe der große und furchtbare Tag des Herrn kommt“) werde der Geist Gottes über alles Fleisch ausgegossen werden; das Bewußtsein des Menschen werde nicht mehr gänzlich auf das „Fleisch“ (die dreidimensional verdichtete Materie) beschränkt sein, was zur Folge habe, daß Frauen und Männer aus allen Gesellschaftsschichten, sogar aus den Reihen der „Knechte“ und „Mägde“, plötzlich fähig sein werden, Weissagungen zu machen, das innere Wort zu hören und eine mediale Verbindung zur geistigen Welt zu erlangen. In dieser Zeit würden auch göttliche Wunderzeichen am Himmel sichtbar werden.

In der Wendezeit wird die Grenze zwischen den sichtbaren und unsichtbaren Welten offener sein als früher, und die Menschen werden sich entsprechend ihrer Ausrichtung mit den Welten des Lichts oder den Welten der Dunkelheit konfrontiert sehen. Beides ist eine Herausforderung.

Es ist ein Phänomen der heutigen Zeit, daß immer mehr Menschen feinere, intuitive und auch mediale Fähigkeiten entwickeln, so wie einst die Propheten der alten Kulturen, und viele bekommen Botschaften von höheren Quellen, von Engeln und göttlichen (und auch weniger göttlichen) Außerirdischen, was aber *in allen Fällen* die eine Wahrheit bestätigt: Wir sind nicht allein im Universum; die Menschheit ist in einen multidimensionalen Kosmos eingefügt, und die Entwicklung der Erde wird nicht nur von irdischen Faktoren bestimmt.

Offensichtlich sind nicht alle medialen Botschaften fiktiv oder negativ, wie viele Skeptiker und Bibelvertreter behaupten. Im Gegenteil: Die Prophezeiung des Joël und auch die praktische Prüfung der heutigen Neuoffenbarungen und medialen Botschaften zeigen, daß der Geist Gottes nicht nur in der Vergangenheit zu den Menschen sprach, sondern durch alle Zeiten hindurch bis in die Gegenwart. Die zunehmende Anzahl von Menschen, die für die esoterischen und spirituellen Aspekte des Lebens offen sind, ist also nicht bloß eine Modeerscheinung des New Age, sondern ein *prophezeites Vorzeichen der Umbruchzeit*. Damit die Menschen dieser bewegten Zukunft furchtlos und vorbereitet entgegengehen können, gab und gibt der Geist Gottes unvermindert Inspiration und höheres Wissen. Von der irdischen Schulweisheit erfahren wir über diese Themen leider nichts. Deshalb brauchen wir andere Quellen – und wer sucht, der findet.

Kommunikation mit den höheren Welten

Der Prophet Joël sah voraus, daß eine Zeit kommen wird, in der die Menschen, die für den Geist Gottes offen sind, wieder ein erweitertes Bewußtsein erlangen, wodurch es ihnen möglich wird, mit den göttlichen Wesen der höheren Welten in Verbindung zu treten. Dies werde geschehen vor dem „großen und furchtbaren

Tag des Herrn", das heißt vor der Drangsalzeit, die in der Offenbarung des Johannes beschrieben wird.

Diese Ankündigung steht nicht allein da. Jesus selbst sagte zu seinen Aposteln: „Noch vieles hätte ich euch zu sagen, aber ihr könnt es jetzt nicht tragen. Wenn aber jener kommt, der Geist der Wahrheit, wird er euch in die ganze Wahrheit leiten; denn er wird nicht aus sich selbst reden, sondern er wird reden, was er hört, und das Zukünftige wird er euch verkündigen." (Joh 16,12–13)

Der „Geist der Wahrheit", von dem Jesus hier spricht, ist dasselbe wie der „Geist Gottes", von dem Joël gesprochen hat. Der Ausdruck „Geist der Wahrheit" beschreibt also die Verbindung, die von der geistigen Welt zum Menschen kommen wird, einen Kanal, durch den höheres Wissen offenbart wird, das der Mensch aus eigener Anstrengung allein nicht erlangen könnte. Dieser Kontakt mit der geistigen Welt wird für die Menschen eine einzigartige Offenbarung und Erfahrung sein, versichert Jesus, denn der Geist der Wahrheit wird nur Kanal sein und weitergeben, was er hört, und was er durch Hören empfängt, bekommt er vom Vater durch das Medium des Sohnes, des universalen Wesens, dessen Kshetra alles umfaßt, was ist. Nur deshalb konnte er so sprechen, wie er es hier tat:

> „... der Geist der Wahrheit wird euch in die ganze Wahrheit leiten; denn er wird nicht aus sich selbst reden, sondern er wird reden, was er hört, und das Zukünftige wird er euch verkündigen. Er wird meine Herrlichkeit sichtbar machen, denn aus dem Meinigen wird er es nehmen und euch verkündigen. Alles, was der Vater hat, gehört auch mir; deshalb habe ich gesagt: Was der Geist an euch weitergibt, hat er von mir." (Joh 16,13–15)

Gemäß diesen Worten darf man sogar erwarten, daß auch Jesus selbst durch den Geist der Wahrheit sprechen wird, denn er hatte „noch vieles" zu sagen, was er aber damals, vor zweitausend Jahren, noch nicht sagen konnte:

> „Ich habe euch dies alles mit Hilfe von Bildern gesagt. Es wird aber die Zeit kommen, da ich nicht mehr in Bildern zu euch rede, sondern in unverhüllten Worten zu euch über den Vater spreche." (Joh 16,25)

Die übliche theologische Deutung des Jesus-Wortes „Noch vieles hätte ich euch zu sagen, aber ihr könnt es jetzt nicht tragen" lautet, daß sich dieses „jetzt nicht" nur auf die Zeit bis zum Pfingstereignis beziehe; bei diesem Ereignis sei der verheißene Geist Gottes über die Apostel gekommen, und so seien sie Empfänger der ganzen Wahrheit geworden, die danach durch die „apostolische Nachfolge" durch die Jahrhunderte weitergereicht worden sei.

Lesen wir also, was damals, zu Pfingsten*, genau geschah:

> ... auf jeden von ihnen ließ sich eine Flammenzunge nieder. Alle wurden vom Geist Gottes erfüllt und begannen in verschiedenen Sprachen zu reden, jeder wie es ihm der Geist Gottes eingab.
>
> Nun befanden sich in Jerusalem fromme Juden aus vielen Ländern. Als sie das mächtige Rauschen hörten, strömten sie alle zusammen. Sie waren bestürzt, denn jeder hörte die Versammelten in seiner eigenen Sprache reden. Außer sich vor Staunen, riefen sie: „Die Leute, die da reden, sind doch alle aus Galiläa! Wie kommt es, daß wir sie in unserer Muttersprache hören?..." Erstaunt und verwirrt fragten sie einander, was das bedeute. Andere machten sich lustig über sie und sagten: „Sie sind vom Wein betrunken."
>
> Da standen Petrus und die elf Apostel auf, und Petrus rief laut: „Ihr Juden aus aller Welt und alle Bewohner Jerusalems! Hört mir zu und laßt euch erklären, was hier geschieht. Diese Menschen sind nicht betrunken; es ist ja erst neun Uhr früh. Hier geschieht vielmehr, was Gott durch den Propheten Joël angekündigt hat: ‚Wenn die letzte Zeit anbricht, werde ich alle Menschen mit meinem Geist erfüllen [und Petrus zitiert die gesamte Joël-Prophezeiung]...'"
> (Apostelgeschichte 2,3–18)

Wie Petrus mit seiner spontanen Ansprache erkennen läßt, verstanden die Apostel die Verheißung Jesu, nämlich daß der Geist der Wahrheit zu den Menschen kommen werde, als eine Erfüllung der Verheißung des Joël, und Petrus zitierte sie ausführlich in seiner Antwort an die verblüfften und lachenden Zuschauer. Was Jesus sagte, steht also in direktem Zusammenhang mit der Joël-Prophezeiung, und dort wird deutlich von Trance-Zuständen („Träumen"), Weissagungen und Visionen („Gesichten") gespro-

* Pfingsten: von grch. *pentèkoste,* „der fünfzigste (Tag)"; der jüdische Wallfahrtstag fünfzig Tage nach dem Passah-Fest.

chen. Diese Worte und die Reaktion der Apostel verraten also, was „Pfingstereignis“ bedeutet: die individuelle Öffnung der inneren Verbindung zu den höheren Welten, initiiert durch die Vermittlung Jesu. Das historische Pfingstereignis fand nur zehn Tage nach Jesu Entrückung („Himmelfahrt“) statt, und es zeigt offen, daß die „Ausgießung des Heiligen Geistes“ über die zwölf Apostel hinausging. Die „Feuerzungen“ schwebten nicht (nur) über den zwölf Aposteln, sondern über allen Männern und Frauen, die in dieser Jesus-Gemeinde zusammengekommen waren (Joh 2,1). Der Geist der Wahrheit war also kein Privileg der Apostel oder der „apostolischen Nachfolge“.

In einem veränderten Bewußtseinszustand fremde Sprachen zu sprechen ist nicht unmöglich und ist auch kein unbekanntes Phänomen. Bei Trance-Medien geschieht es immer wieder, daß nicht in der Muttersprache des Mediums, sondern in der des Empfängers gesprochen wird. Denn Wesen der astralen und höheren Welten kennen keine sprachlichen Barrieren.

Wie die biblische Pfingstbeschreibung zeigt, befanden sich die Versammelten in einem Trance-Zustand und sprachen durch dieses „Channeling“ spirituelle Botschaften. Anwesende Spötter meinten, die Sprechenden seien betrunken – was eine Beleidigung war, die jedoch schriftlich festgehalten und überliefert wurde, weil sie beweist, daß diese Gemeindemitglieder nicht in ihrem gewöhnlichen Tagesbewußtsein waren. „Betrunken“ ist eine unwissende Umschreibung für einen *veränderten Bewußtseinszustand* oder, modern ausgedrückt, für eine mediale Trance.

Für die Apostel war dieser Anblick offensichtlich nichts Außergewöhnliches. Sie verteidigten die Trance-Medien und zitierten zur Erklärung das Buch Joël. Es liegt nahe, daß auch die Apostel, insbesondere Petrus, Johannes (und Maria Magdalena!) und später auch Paulus über diese Geistesgaben* verfügten.

Für die Eingeweihten der damaligen Zeit war das Empfangen medialer Botschaften und das Sprechen des inneren Wortes eine bekannte Praxis und oft sogar ein Teil ihrer Zusammenkünfte. Deshalb ermutigt Paulus diejenigen, die „in Christus leben“, zu

* Die bekanntesten biblischen Ausführungen zum Thema „Geistesgaben“ finden sich im 12. und 14. Kapitel des Ersten Korintherbriefes.

„Rede aus Eingebung" und warnt: „Den Geist (der Wahrheit) löschet nicht aus!" Und er mahnt zu einem stets wachen Unterscheiden: „Prüfet alles, und das Gute behaltet!"

> „Seid allezeit freudigen Sinnes! Betet ohne Unterlaß, und danket bei allem! Denn das will Gott von denen, die in Christus Jesus leben. Den Geist löschet nicht aus, Reden aus Eingebung verachtet nicht! Prüfet alles, und das Gute behaltet! Von jeder Art des Bösen haltet euch fern!" (1 Thess 5,16–22)

Das ist die offene Meinung des „Kirchenpatrons" Paulus über mediale Kontakte, Neuoffenbarungen und „Reden aus Eingebung". Der oft zitierte Satz „Prüfet alles, und das Gute behaltet" bezieht sich auf Botschaften und Inspirationen aus der geistigen Welt! Paulus fordert dazu auf, solche Botschaften nicht pauschal abzulehnen, sondern zu prüfen. Er weiß, daß es unter diesen Botschaften viele gute gibt – gut, weil sie direkt dem Geist der Wahrheit entstammen –, und diese solle man behalten. Aber: „Von jeder Art des Bösen haltet euch fern!"

Der Geist der Wahrheit in der Neuzeit

Der Geist der Wahrheit hörte nicht willkürlich im Jahr 90 n. Chr. auf zu wirken – nur um spätere kirchliche Verbote und Monopolansprüche zu „respektieren". Die Johannes-Offenbarung war nicht die letzte Offenbarung.

Durch die Jahrhunderte hindurch blieben immer Kreise von Nachfolgern Jesu bestehen, die bei ihren geheimen Zusammenkünften aus dem Geist der Wahrheit Kraft und Wissen schöpften. Bücher, Kassetten und Videos gab es damals ja noch nicht, und viele waren des Lesens nicht kundig. So diente die innere Verbindung mit dem lebendigen Gott als wunderbare Möglichkeit, die Gegenwart der hohen Lichtwesen und Engel und die persönliche Gegenwart Jesu zu erleben und zu spüren – und nicht selten äußerte sich diese Gegenwart auch in hörbaren Worten. „Denn wo zwei oder drei in meinem Namen zusammenkommen, bin ich in ihrer Mitte gegenwärtig." (Mt 18,20)

Ein Zeugnis hierfür gibt Johannes von Jerusalem, der ehemalige

Abt des Klosters von Vézelay, der nach dem Ersten Kreuzzug ein Mystiker in der israelischen Wüste wurde. Am Ende seines Buches der Prophezeiungen beschreibt er kryptisch, wie es zu diesen Visionen der fernen Zukunft gekommen ist:

> Ich sehe, und ich weiß. Meine Augen entdecken im Himmel, was sein wird, und ich durchmesse die Zeit mit einem Schritt. Eine Hand führt mich an den Ort, den ihr nicht seht und von dem ihr nichts wißt.[157]

Je mehr die Macht der Kirche zunahm, desto gefährlicher wurde es, medial begabt zu sein oder auch nur privaten Jesus-Kreisen anzugehören. Die Menschen, die im „häretischen" Wissen um die höheren Welten und das innere Wort lebten, wurden gnadenlos verfolgt, gefoltert und getötet, ganz zu schweigen davon, wenn sie von Reinkarnation sprachen oder medial tätig waren. Im dunklen Mittelalter standen sogar Frauen, die als Hebammen tätig waren und Kräuterwissen hatten, im Verdacht der Teufelsanbetung. (Laut Gen 3,16 ist die Frau wegen Evas Sündenfalls von Gott verflucht worden: „Unter Schmerzen sollst du deine Kinder gebären." Wenn eine Hebamme mit Kräutern den Schmerz lindern konnte, mußte es sich dabei laut dieser Logik um Teufelswerk handeln.) Im Gegensatz zum Apostelwort: „Prüfet alles, und das Gute behaltet", verbot die Kirche dem Volk sogar das *Lesen der Bibel,* während einer gewissen Zeit sogar bei Todesstrafe. Dennoch ging das Wissen selbst nicht verloren, denn Reinkarnation ist eine Tatsache. Und so wurden viele dieser Eingeweihten und Erwählten in späteren Generationen wiedergeboren. Diejenigen, die ihr Leben verloren, gewannen es (Mt 10,39; Offb 14,13), und sie sind die spirituellen Pioniere der Wendezeit, die die symbolischen weißen Kleider der Transformation tragen (Offb 7,14).

Wie es von den Propheten und von Jesus vorausgesagt worden war, setzte mit dem Beginn der Neuzeit eine Welle der Geistesgaben und der Neuoffenbarungen ein, wie es sie vorher noch nie gegeben hatte. Die bekanntesten frühen Geistesinspirierten und Mystiker waren Jakob Böhme (1575–1624) und Emanuel Swedenborg (1688–1772). Ein Höhepunkt der christlichen Neuoffenbarung war im 19. Jahrhundert Jakob Lorber (1800–1864), der „Schreibknecht Gottes“, wie er sich selbst nannte. In den Generationen danach kam es zu weiteren und weiterführenden Neuoffenbarungen, z. B. durch Adelma von Vay, Johanna van der Meulen (Intermediarius), Rudolf Steiner, Johannes Greber, Anita Wolf, Bertha Dudde, Beatrice Brunner, Gabriele Wittek und viele andere.

All diese Werke sind praktische Beweise dafür, daß die geistige Welt eine lebendige Realität ist und daß der Geist der Wahrheit sich auch in der Neuzeit offenbart. Einerseits sind diese Offenbarungen und Neueinsichten alle in sich geschlossen und können sich in vieler Hinsicht ergänzen. Andererseits erklären sie biblische, metaphysische und spirituelle Themen immer auf ihre ganz eigene Weise. Einige scheinen sogar widersprüchlich zu sein.

Harmonie der vielen Gesichtspunkte

Viele Offenbarungen – viele Wahrheiten? Sollten die Inhalte nicht immer die gleichen sein, wenn sie aus derselben Quelle kommen? Nein. Die *Essenz* ist immer die gleiche. Aber die Art, wie diese Essenz präsentiert wird, ist absolut individuell. Der Wunsch, in allen Belangen eine vordefinierte, fixe Wahrheit geliefert zu bekommen, ist typisch für Menschen, die wollen, daß andere ihnen sagen, was sie glauben, was sie tun und was sie als „falsch“ anschauen sollen. Diese Haltung bedeutet, daß man die eigene Verantwortung abgeben will – am liebsten an die geistige Welt, an Jesus und an Gott: „Er hat doch gesagt, es sei so und man müsse und man solle …“

Und wenn die geistige Welt dies nicht sagt, tun es nur allzuoft die Menschen, die sich auf die jeweiligen Personen und Quellen berufen und in deren Namen Gruppierungen gründen. Dann dauert es meistens nicht mehr lange, bis gesagt wird: „Unser Offenbarungswerk ist das beste und reinste, wenn nicht sogar das einzig richtige, und es ist der Maßstab, mit dem wir beurteilen können, was wahr und was falsch ist.“

Wenn wir über Gott und das Absolute sprechen, müssen wir uns bewußt sein, daß dies Themen sind, die wir letztlich nicht „begreifen“ können. Aber wir müssen sie auch nicht begreifen, sondern *erleben!* Denn das Unbegrenzte ist für unseren begrenzten Verstand unverständlich. Unser Verstand ist durch Raum und Zeit begrenzt, weshalb wir uns das Raum- und Zeitlose, die spirituelle Realität, verstandesmäßig nicht vorstellen können. Dementsprechend sind Worte und Theorien, auch christologische und geisteswissenschaftliche Modelle, immer relativ und begrenzt. (Was absolut ist, sind die essentiellen Punkte, die nicht auf das jeweilige Modell begrenzt sind.)

Es wäre deshalb falsch zu meinen, es dürfe nur ein einziges Erklärungsmodell geben, um all die Themen, die mit dem Absoluten und Unbegrenzten zusammenhängen, zu erklären, Themen wie: das Materielle und das Spirituelle, die Entstehung von Zeit innerhalb der Ewigkeit, die Schöpfung des Begrenzten aus dem Unbegrenzten heraus, der Ursprung der Seelen, der Ursprung des Bösen, die Geschichte des Universums und der Erde, die Details des Lebens nach dem Tod.

Für all diese Themen gibt es sehr gute Erklärungsmodelle, aber keines dieser Themen sollte ausschließlich auf ein einziges Modell beschränkt werden. Was immer in verstandesmäßige Konzepte gefaßt wird, ist per Definition relativ, weil jede Sichtweise vom jeweiligen Gesichtspunkt abhängig ist. Und es gibt so viele Gesichtspunkte wie Individuen. Dies gilt auch für geistige Offenbarungen, und zwar sowohl für die Empfänger als auch für die „Absender". Eine wahrhaft göttliche Quelle ist sich dessen bewußt und wird deshalb nie einen Absolutheitsanspruch erheben.

Göttliche Quellen mögen unterschiedliche Perspektiven eröffnen und entsprechende Darstellungen geben, aber in der Essenz weisen sie immer auf dieselben absoluten Wahrheiten hin: die Ewigkeit des Lebens, die Realität Gottes, die Einheit der Individualität jenseits der Dualität, spirituelle Liebe als Ausdruck dieser Einheit, usw.

Im Lauf der Jahrtausende und Jahrhunderte wurden diese Inhalte in unterschiedlichen Formen und mit unterschiedlichen Prioritäten offenbart, und zwar immer individuell entsprechend dem Ort, der Zeit und den angesprochenen Menschen. Göttliche Quellen respektieren immer den freien Willen und das Glaubenssystem der empfangenden bzw. angesprochenen Personen. Sie geben nie mehr, als diese Personen verkraften und akzeptieren können. Auch Jesus hielt sich an dieses Prinzip (Joh 16,12).

Jüdische Propheten in den Jahrhunderten vor Christus bekamen deshalb ihnen entsprechende Offenbarungen, und Propheten wie Jakob Lorber, die in einem christlichen Umfeld und Denkschema lebten, bekamen ebenfalls entsprechende Offenbarungen. Das vermindert den Wert dieser Offenbarungen nicht. Sie alle sind „vollkommen, aber nicht vollständig" (siehe auch S. 30).

Die Lichtwesen wissen, daß Offenbarung ein dynamischer und fortlaufender Prozeß ist. Demgegenüber ist der diabolische Geist rigide und dogmatisch. Daher gerät man in den Einflußbereich dieses Geistes, wenn man einen bestimmten Standpunkt isoliert und ihn durch Dogmen verabsolutiert.

Zusammenfassung und Ausblick

Alles Geistige ist individuell und offenbart sich immer gemäß Ort, Zeit und Menschen. Es sollte deshalb niemanden verwundern oder irritieren, daß keine zwei Quellen genau das gleiche sagen, insbesondere dann, wenn sie unterschiedliche Kulturen betreffen.

Höherdimensionale Quellen eröffnen Perspektiven, die den Menschen sonst weitgehend, wenn nicht sogar gänzlich verschlossen wären. Deshalb versuchen Mächte, die etwas zu verheimlichen haben, diese Quellen im Namen von „Wissenschaft" oder im Namen von „Gott" zu verleugnen bzw. zu dämonisieren. Trotz der Meinung verschiedener Religionen waren die göttlichen Quellen aber nicht nur in der fernen Vergangenheit aktiv. Sie fließen auch heute noch, ja mehr noch als je zuvor, denn je mehr die Unwahrheiten in der äußeren Welt zunehmen, desto mehr offenbart sich der Geist der Wahrheit, um die Menschen „in die ganze Wahrheit zu leiten" (Joh 6,13).

Was immer wir von solch paranormalen Quellen halten mögen, eines ist unbestreitbar: Die Botschaften sind außergewöhnlich und enthalten Informationen, die weit über die gewöhnlichen irdischen Quellen hinausgehen.

Die Texte im folgenden Kapitel sind Beispiele hierfür.

Kapitel 12

Menschheitsgeschichte aus überirdischer Sicht

Es ist ein physikalisches Gesetz, daß Energie immer erhalten bleibt. Dies gilt noch viel mehr für die geistigen Bereiche des Lebens, z. B. die Geschichte der Menschheit. Keine der Erfahrungen und Ereignisse, durch die ein Mensch oder die Menschheit als Kollektiv gegangen ist, geht verloren. Alles bleibt im bewußten oder unbewußten Gedächtnis der Teilnehmer und Beobachter gespeichert – wobei die Zahl der überirdischen Beobachter immer viel größer ist als die der irdischen. Über die vielschichtig verbundenen Kshetras ist alles, was auf der Erde geschieht, auch Teil des Kosmos.

Für dieses Kapitel habe ich Auszüge aus zwei neuzeitlichen Offenbarungswerken ausgewählt. Das erste wurde schreibmedial, das zweite trancemedial empfangen. Diese Texte sind repräsentativ für viele andere und haben die besondere Eigenschaft, daß sie aus einem theistisch-spirituellen Bewußtsein heraus entstanden sind, auf der empfangenden Seite wie auch von der Quelle her.

Der erste Text wurde 1992 in den USA vom unbekannten *Tom Smith* (1942–1993) medial niedergeschrieben, gelangte aber durch eine höhere Fügung noch zu Toms Lebzeiten zu mir. Kurz vor seinem Tod übergab er mir sein gesamtes unveröffentlichtes Lebenswerk.[158]

Dieser Text gewährt einen verblüffenden Einblick in die wenig bekannte, ja sogar verheimlichte Vergangenheit der Menschheit – und damit auch in unsere Gegenwart und Zukunft. Er wird hier in seiner geballten Brisanz angeführt, denn er stellt dar, auf welche Weise viele der gegenwärtigen Entwicklungen eng mit den Weichenstellungen in der fernen Vergangenheit verbunden sind und wie die Geschehnisse auf der Erde letztlich über die irdischen Ursachen hinausgehen, denn alles ist eine Frage von Inspiration, und „Einfälle" kommen immer von den unsichtbaren Ebenen.

Unser kosmisches Erbe (aus Tom Smith' Texten)

[Die Erde vor langer Zeit:] Nach eurer Zeitrechnung wurde die Erde vor langer Zeit von Menschen bewohnt, die mit der Erde in göttlicher Harmonie lebten.* Diese Menschen waren immer im Kontakt mit ihrem inneren Selbst, mit ihrer höheren Identität. Nach euren gegenwärtigen wissenschaftlichen Maßstäben waren diese Menschen nicht sehr fortgeschritten, doch in Wirklichkeit waren sie viel weiter fortgeschritten als ihr, denn sie vermochten direkt und jederzeit mit den Bewohnern anderer Dimensionen zu kommunizieren. Ihnen war es erlaubt, mit den Raumschiffen der Lichtwesen durch das Weltall zu reisen und das Universum zu sehen. Der Kontakt mit den höheren und göttlichen Dimensionen war für diese Menschen so natürlich, daß er zum alltäglichen Bewußtsein gehörte.

Sie hatten zu allem eine ganz andere Beziehung als die Menschen heute. Sie besaßen keine Räder, um zu reisen oder schwere Gegenstände zu bewegen. Dennoch waren sie fähig, größte Gegenstände ohne die geringste physische Bemühung zu heben und zu transportieren. Sie hatten Zugang zu allen Energien, auch zu den Energien in großen Steinen, in den Bäumen, in den Blumen, in allem. Diese Beziehung beruhte auf göttlicher Liebe. Mit dieser Liebe ließen sich sogar Steine „von selbst" bewegen.

Auch in vielerlei anderer Hinsicht waren diese Menschen fortgeschritten. Sie sprachen mit der Erde und fragten, wie sie ihre Energien unterstützen können. Die Erde ihrerseits gab den Menschen alle Nahrung, die sie brauchten. Nicht die geringste Arbeit war dafür erforderlich, denn es war ein Geschenk von Mutter Erde.

Die Menschheit jener Zeit stand unter dem Schutz zahlreicher höherer Wesen. Wann immer die Menschen sie anriefen, standen sie ihnen helfend zur Seite, ohne sich jedoch in deren Entscheidungen einzumischen. So lautete die Übereinkunft. Dies lief alles sehr gut, denn die Menschen wußten, daß sie sich auf der Erde befanden, um ihre eigenen Begabungen zu entwickeln und in Harmonie mit Gottes Gesetzen zu leben. Ihr

* Dies bezieht sich auf die Menschen im Satya-Yuga und z. T. im Tretâ- und Dvâpara-Yuga, was die indianischen Kulturen als Erste, Zweite und Dritte Welt bezeichnen.

Ziel war immer, sich individuell und spirituell zu entwickeln. Die höheren Wesen mischten sich in keiner Weise ein, und die Menschen wandten sich auch nicht mit unvernünftigen Wünschen an sie, wie zum Beispiel mit dem Wunsch nach gewissen Technologien, um sich das Leben „leichter" zu machen. Die Menschen wußten, warum sie auf der Erde waren, und sie wollten keinen der Aspekte der eigenen, freudvollen Entwicklung verpassen. …

[Gut und Böse im Universum:] Es ist für die Menschen kein Geheimnis, daß es „Gut" und „Böse" bzw. „Gut" und „Schlecht" gibt. Es sollte daher niemanden überraschen, daß es auch im Universum „Gut" und „Böse" gibt, oder wie wir es ausdrücken: positive und negative Energien. Wir erwähnen dies, um auch darauf hinzuweisen, daß die Menschheit als Gesamtes die Möglichkeit hat, eine Form der Existenz jenseits der physischen Dimension zu erlangen.

Was die negativen Energien betrifft, so müßt ihr wissen, daß es verschiedenste Arten gibt. Einige von ihnen sind außerirdischen Ursprungs, und viele von ihnen sind nach menschlichem Ermessen unvorstellbar fortgeschritten. Auch sie sind abhängig vom Einen Schöpfer; nur haben sie sich für einen Weg entschieden, der Gott nicht erfreut. Haltet euch hierbei vor Augen, daß dies immer nur allgemeine Aussagen sind.

Es gibt außerirdische Mächte, die fühlen und in der Tat glauben, daß es nicht in ihrem besten Interesse sei, wenn die Menschheit die Freiheit des individuellen Entscheidens habe, das heißt den freien Willen, einen eigenen Weg zu wählen. Denn diese Mächte versuchen, die Energien der Erde und der Menschheit, soweit sie können, für ihre eigenen Bedürfnisse auszubeuten. Die menschlichen Energien sind für diese nichtirdischen Wesen eine Form der Nahrung und können sogar Bestandteil ihres Überlebens werden. Und wenn es ihnen gelingt, die Menschen auf eine bestimmte Weise zu manipulieren, können sie sogar zusätzliche Energien, die die Menschen ansonsten verwenden würden, in ihre eigenen Kanäle lenken …

In allem, was geschah, auch in jenen Ereignissen, die „jenseits" der Kontrolle der Menschen waren, darf nicht übersehen werden, daß die Menschheit einverstanden war und auf einer bestimmten Ebene selbst mitmachte. Die Menschen waren Partner mit einigen Zweifeln und unguten Gefühlen, aber nichtsdestotrotz Partner. Sie wollten sich als Spezies auf gewisse Erfahrungen einlassen, und wir respektieren dies. Gleichzeitig sind wir uns aber bis in alle Details bewußt, welche Folgen für die Menschheit und die Erde daraus erwuchsen. …

Wie bereits erwähnt, gibt es Energien, die nicht wollen, daß die Erde eine Bewußtseinsdimension erlangt, die der ihrer eigenen Planetensysteme gleichkommt oder sie sogar übertrifft. Doch die Menschheit hat dieses Potential und entfaltet es immer wieder. Das letzte Mal, wo sie dies tat und in Harmonie mit der Erde lebte, war nach den großen Zerstörungen: nach dem Untergang von Lemurien, nach dem Untergang von Atlantis. Die Menschen waren sich sehr wohl der spirituellen Verirrungen bewußt, die zu diesen Katastrophen geführt hatten ... und sie konzentrierten sich deshalb [in der Zeit nach diesen Katastrophen] auf sich selbst, denn sie hatten viel gelernt, vor allem, was man nicht tun sollte. Mit diesen neuen Vorsätzen entschlossen sie sich, die Einseitigkeit, in die sie geraten waren, auszugleichen.

[Wie negative Einflüsse auf die Erde gelangten:] Gewisse Mächte erkannten, daß sie dies nur verhindern konnten, wenn es ihnen gelänge, die Menschheit von ihren Vorsätzen abzulenken und die Energiefelder der Erde zu beeinflussen. ... Sie wußten, daß sie die Menschheit nicht einfach physisch zerstören konnten, denn es gibt höhere Wesen, die aus Liebe über die Erde wachen. Diese Lichtwesen waren den genannten Mächten nicht nur dimensionsmäßig überlegen, sondern verfügten auch über weit fortgeschrittenere technische Mittel, mit denen sie jede Form von physischen Übergriffen von vornherein unterbanden. Aber das war alles, was sie sich zu tun erlaubten, denn sie hatten vollkommenen Respekt für den freien Willen der Menschheit. Sie wollten den Menschen nicht einfach ihre Überzeugungen aufzwingen oder sich sonstwie einmischen. Und die Menschen wünschten dies auch nicht.

Das war die Chance für die dunklen Mächte – und auch eine Herausforderung. Sie mußten sich etwas einfallen lassen, um die Menschheit und auch die Erde in die Knie zu zwingen. ...

Über die nachfolgenden Jahrtausende wurden verschiedenste Versuche unternommen, die Menschen auf andere Ziele abzulenken. Bei gewissen Individuen und auch bei gewissen Gruppen hatten sie beträchtlichen Erfolg, aber das genügte noch nicht für die eigentlichen Absichten, die die Kriegsherren (orig. „war lords") verfolgten. Etwas geschah jedoch: Die Kraft der Menschen ließ in einem gewissen Sinn nach, weil sie in emotionellen und religiösen Bereichen zu experimentieren begannen. Aber immer noch waren sich diese Menschen der Kraft des Geistes und ihrer Verbindung mit dem Universum und dem Unbegrenzten Schöpfer bewußt. Aber sie wurden verwegener und begannen, nach eigenen Vorstellungen Abwechslungen zu erforschen. Dies brachte die Menschen zwar nicht vom höchsten Ziel ab, leitete jedoch eine gewisse Ablenkung ein.

Die Kriegsherren kannten noch etwas anderes: die Zellstruktur des Menschen in seinem physischen Aspekt. Sie führten auf dieser Grundlage Experimente durch und verbuchten erste Erfolge. Vor rund 5000 Jahren schafften sie mit ihren Experimenten und Manipulationen einen gewissen Durchbruch. Sie fanden heraus, wie man die Zellstruktur des Menschen auf eine sehr feine Weise beeinflussen kann, um sein Bewußtsein zu filtern und von der spirituellen Ausrichtung abzubringen. Diese Beeinflussung wirkte wie ein unscheinbarer „Gedächtnisverlust", um es einmal so zu nennen.

Und dann erkannten die Kriegsherren auch, daß ihnen auf der Erde viel größere Einflußmöglichkeiten zukommen würden, wenn es ihnen gelänge, sich unter den Menschen zu inkarnieren. Und sie taten es, obwohl das Risiko bestand, daß Agenten oder Agentinnen, wenn sie einmal inkarniert waren, ihre Verbindung zu ihnen vergessen würden. Sie gingen diese Risiken ein, ohne die geringste Rücksicht darauf, was dies für die Menschen bedeutete. Als sie auf diese Weise über beträchtliche Zeitspannen mit ihren eigenen inkarnierten Agenten gearbeitet hatten, kamen einige zum Punkt, wo sie ihre eigenen Wahrheiten lehren konnten. Die Lichtwesen konnten in diese Entwicklung nicht eingreifen. Die Menschheit sah sich nun anderen Menschen gegenüber, denen es jederzeit „einfallen" konnte, neue Überzeugungen zu verkünden.

Zu dieser Zeit begann auch die Manipulation der Zellstruktur ihre konkrete Wirkung zu zeigen. Für sich allein hätte sie noch nicht genügt, die Menschheit abzustumpfen und von ihrer spirituellen Verbindung abzuschneiden, doch stellte sie eine äußere Beeinflussung dar, die sehr durchschlagend sein konnte, wenn sie mit den Lehren gewisser Hoherpriester kombiniert wurde. Bald entbrannte eine Schlacht, ein Krieg der „Heilsbotschaften". Dies führte auch zu blutigen Auseinandersetzungen. So begann die Menschheit, am eigenen Potential zu zweifeln.

Und dann holten die dunklen Mächte zu einem brillanten Schlag aus: Sie führten die sogenannte „Religion" ein, den kontrollierten Gottesdienst. Dazu gehörte auch die Vorstellung von einem „guten" Gott und einem „bösen" Gott. Absolutheitsansprüche und Separatismus griffen um sich. Die Menschen, die Götter und Gott waren auf einmal getrennt und gegeneinander und nicht mehr Teil derselben Höchsten Wahrheit. Die Menschen wurden mit Schuldgefühlen belastet; nur durch „Buße" und „Bekehrung" konnten es die armen Sünder vermeiden, daß der böse, strafende Gott sie in die ewigen Flammen der Hölle warf. Religion bedeutete nun „Glaubenssystem" und war ein sich selbst rechtfertigendes Mittel der Macht und Manipulation, wie ein sich selbst vermehrendes Virus. Die Agenten erlangten eine solche Vormachtstellung, daß es ihnen möglich wurde, alle, die sich ihnen nicht beugten, blutig zu verfolgen. Die Würfel waren gefallen. Die Menschen traten die Verantwortung für die eigene spirituelle Entwicklung an die Agenten und Hohenpriester ab.

Doch der Einfallsreichtum der Kriegsherren hörte hier nicht auf. Sie führten weitere Konzepte ein, die ihnen eine noch nachhaltigere Herrschaft über die Menschheit einräumten. Geld, Handel und Industrie wurden eingeführt, verbunden mit den Wertvorstellungen von Lohn, Reichtum und Macht. Materialismus prägte nun das Weltbild einer Menschheit, die früher einmal gewußt hatte, daß es unnötig ist, sich auf Dinge zu konzentrieren, die nichts mit der spirituellen Entwicklung zu tun haben. ...

Aber es gab immer auch jene, die sich ihres Selbstwerts als Individuum und ihrer Stellung im Universum bewußt waren. Aber sie wurden immer seltener. Jede Zivilisation hatte ihre eigenen Propheten und Visionäre, die das Bewußtsein der Menschen auf das spirituelle Selbst und auf die Harmonie mit der Erde richten wollten. Einige sind euch bekannt, andere nicht, aber sie alle lehrten dieselben Wahrheiten. Doch die Genialität der Kriegsherren und auch die Gier und Leichtgläubigkeit der Menschen führten dazu, daß die Lehren dieser Individuen verdreht oder sogar völlig falsch wiedergegeben wurden. Auf diese Weise wurde das System selbsttragend, und Eingriffe von außen waren nur noch selten oder gar nicht mehr erforderlich. Die Menschheit lernte, sich in der eigenen spirituellen Entwicklung und auch in anderen Lebensbereichen völlig zu beschränken. Die Menschheit selbst sorgte nun für eine konsequente und kontinuierliche Verunstaltung der Erde, eine Verwüstung, die zunahm, je größer die Sucht nach Industrie und Technologie wurde. ...

Was bedeutet das für die Zukunft? Auch darauf möchte ich eingehen. Doch seid euch dabei bewußt, daß nur sehr wenig hundertprozentig gewiß ist, weil ihr immer euren freien Willen habt.

Die Menschen sind in ihrer Entwicklung als Erdbewohner und als gleichwertige Brüder und Schwestern an einer entscheidenden Verzweigung angelangt. Die Erde hat beschlossen, sich in die fünfte Dimension zu erheben und einer Menschheit Lebensraum zu gewähren, die aus Lichtwesen besteht. Die Entwicklung der Erde und die Entwicklung der Menschen verlaufen getrennt und sind dennoch eins. Deswegen liegt es nun an der Menschheit, eine Entwicklung zu wählen, die in Harmonie mit Mutter Erde verläuft, oder an der destruktiven Entwicklung festzuhalten, die sowohl in Handlungen als auch in Schwingungen zum Ausdruck kommt.

Doch wie auch immer sich das Massenbewußtsein der Menschheit entwickelt, ihr werdet Dinge erleben, die ihr für unmöglich haltet. Welches Ausmaß diese Ereignisse annehmen, hängt jedoch wieder von jedem einzelnen auf der Erde ab. Es besteht kein Grund zu Angst, aber äußerste Vorsicht und Umsicht sind sehr wohl ratsam.

Ich und auch andere haben schon darauf hingewiesen, daß die DNS-Struktur der menschlichen Spezies verändert worden ist. Aber noch einflußreicher war die Einführung von Kontroll- und Beschränkungssystemen wie Dogmatismus, Separatismus, Industrialisierung und allem, was dazugehört. Und das nachhaltigste war, daß die Menschen es hinnahmen.

Das alles war offensichtlich das Werk von gewissen technologisch überlegenen Mächten. Wenn ihr einmal anschaut, was deren Erfindungen der Menschheit und der Erde gebracht haben, dann ist es nicht schwierig zu erkennen, daß diese „höheren" Mächte nicht für das Wohl der Menschheit oder der Erde arbeiten. Diese Mächte gehören in Wahrheit zu den negativen Energien, denn sie haben sich für die Schattenseite des Lichtes entschieden.

Aber sie werden ihr Endziel nicht erreichen, weil die Menschheit und die Erde kurz davor stehen, ihrem Griff zu entkommen und sich in eine höhere Frequenz der Liebe zu erheben. Jetzt gerade und auch noch in näherer Zukunft werden die Agenten dieser dunklen Mächte daher alle möglichen Tricks anwenden, um ihre Machtpositionen zu behalten und zu untermauern. Dennoch kann ich euch sagen, daß sie die Herrschaft über die Erde verloren haben. Die Erde wird sich in die fünfte Dimension erheben. Aber der Weg dorthin kann schwierig oder angenehm sein, je nach den Entscheidungen der Menschheit. ...

Die Beeinflussung durch die veränderte DNS kann jedoch leicht überwunden werden, wenn die Individuen sich als spirituelle Wesen erkennen und verwirklichen. Damit meine ich die Harmonie des Menschen mit sich selbst, mit den Geistwesen der Erde, mit der Erde selbst, mit dem höchsten ursprünglichen Gott und mit den Brüdern und Schwestern aus dem Weltall. Das hat nichts mit den Glaubenssystemen zu tun, wie sie von den Religionen mit Autorität und sogar Gewalt verbreitet wurden. Wenn die Menschen also ihre spirituelle Identität erkennen, können sie auf ihre eigene DNS einwirken und die Einflüsse der DNS-Veränderung überwinden.

Wo führt das alles hin? Warum betone ich gerade diese Dinge so sehr? Ganz einfach. Weil mit Information und Wissen jeder von euch bessere Entscheidungsgrundlagen bekommt. Und welche großen Entscheidungen stehen bevor? Darauf möchte ich nun zu sprechen kommen.

Die Agenten und „Aliens" werden ihre Herrschaft nicht ohne Kampf aufgeben. Sie werden alle Möglichkeiten bis zum letzten ausschöpfen. Brüder werden sich gegen Brüder wenden, Söhne gegen Väter – kommt euch das nicht bekannt vor? Diese Worte beziehen sich auf die bevorstehenden Zeiten. Aber es muß nicht soweit kommen. Jetzt ist nicht die Zeit der Furcht, denn Furcht zieht das Furchterregende an. Liebe und gegenseitiges Verständnis sind heute wichtiger als je zuvor.

Eure und auch andere Regierungen werden, falls es ihnen erlaubt wird, eine größere und einschneidendere Kontrolle über euch, die Bürger, in die Wege leiten. Ihr werdet immer mehr von Gesetzen hören, die der Regierung „unter gewissen Umständen" absolute Macht einräumen. Von allen Bürgern sollen zentral gespeicherte Daten angelegt werden, was ein gigantisches Computernetzwerk erforderlich macht. Dies wird unter dem

Vorwand der Vereinfachung durchgeführt werden. Der eigentliche Zweck besteht jedoch in einer zentralisierten Kontrolle, die dafür sorgen soll, daß jede Person überwacht wird und daß die Regierung in allem, was sie tut, unumschränkte Unterstützung hat. Es wird auch die Tendenz zu kleineren, aber besser gerüsteten Armeekräften zu verzeichnen sein. Eine kleinere Anzahl ist leichter zu dirigieren und auszubilden.

Einige der gegenwärtig entwickelten Technologien werden niemandem auf der Erde einen Nutzen bringen. Diese Technologien könnten nie entstehen ohne den unmittelbaren Einfluß von Agenten, die von außerirdischen Stationen oder von anderen Planeten kommen. Eure Regierung [die amerikanische] arbeitet mit diesen negativen Außerirdischen seit rund vierzig Jahren zusammen. Das ist wieder eine andere Geschichte. Kurz, sie haben den Menschen geholfen, Waffen und Antriebssysteme zu entwickeln. Dafür haben sie freie Hand bekommen, die Menschen für ihre eigenen Bedürfnisse zu gebrauchen. ...

Während eure Regierung die Waffenproduktion vorantrieb, geschah es, daß sie plötzlich unerwartete Gäste bekam – UFOs und Wesen von weit entfernten Planeten. Mit ihnen ging sie gewisse Bündnisse und Verträge ein. Aber eurer wie auch der russischen Regierung wurde mehrfach die Möglichkeit geboten, in eine andere Richtung zu gehen als jene, für die sie sich entschieden. ...

Der amerikanischen und auch der russischen Regierung wurde damals Hilfe angeboten, denn diese Besucher handelten aus Liebe zur Menschheit und zur Erde. Weil sie in Frieden kamen, wollten sie nur dem Frieden und der Liebe dienen. Sie bestanden darauf, daß die Regierungen die Aufrüstung einstellten und mit vereinten Kräften auf eine friedliche, unbewaffnete Lösung der Weltprobleme hinarbeiteten. Aber die Regierungen trauten einander nicht und lehnten deshalb ab.

Beide Regierungen maßten sich an, im Namen ihrer Bürger die Hilfe der Lichtwesen zurückzuweisen. Sie bezeichneten sich als Volksvertreter und wiesen darauf hin, daß auch die Bevölkerung den von ihnen gewählten Kurs [das herrschende Weltbild, den technischen Fortschritt mit Autos, Telephon, TV usw.] gutheiße. Die Lichtwesen respektierten diese Entscheidung der Menschheit. So wollten sich nicht einmischen und „räumten das Feld". Sie hatten die Zerstörungsgewalt der Atomwaffen auf der Erde, aber auch schon auf anderen Planeten gesehen. Aber sie erkannten eine sogar noch zerstörerische Macht: die der negativen Gedanken [die alles andere überhaupt erst möglich macht].

Dem Auftreten der positiven Außerirdischen folgte der große Auftritt jener Außerirdischen, die schon seit langer Zeit hinter den Kulissen gewirkt hatten. Auch sie traten mit Vorschlägen an die Regierungen heran, nur versprachen sie ihnen, was diese wollten. Sie wußten, daß Macht und

Waffen die Schlüsselworte waren. So kam es, daß vor allem eure Regierung mit diesen dunklen Außerirdischen zusammenarbeitete. Die Russen stiegen nicht so tief ein, weil sie Schwierigkeiten im eigenen Land hatten, aber dennoch profitierten auch sie von den außerirdischen Allianzen. Wir können euch später mehr über diese Umstände und Vorgänge mitteilen.

Das ist einfach ein erster, allgemein gehaltener Hinweis, wie eure Regierung zu gewissen Technologien gekommen ist. Wichtig ist zu wissen, daß keiner dem anderen traute, weder die Agenten den Regierungen noch die Regierungen den Agenten, noch die Regierungen einander – wie dies für „unheilige" Allianzen typisch ist. Deshalb haben die Außerirdischen nie wirklich ihr gesamtes Technologiewissen an die Menschen weitergegeben, denn sie befürchteten, die Technologie könnte dann gegen sie selbst gerichtet werden. Aus denselben Befürchtungen hielt auch die US-Regierung einige ihrer Versprechen nicht ein; aber dennoch fand eine tiefgreifende Zusammenarbeit statt, denn beiden Seiten ging es um ihre eigenen Interessen.

Die außerirdischen Agenten lügen nicht selten, wenn sie mit eurer Regierung zu tun haben. Hinzu kommt, daß die involvierten Menschen nicht in der Lage waren, die Ereignisse der Zukunft richtig einzuschätzen oder zu verstehen, was oder wer sie verursacht. Die Regierungsmitglieder kennen die zukünftige Entwicklung des Planeten Erde nicht. Sie haben Einblick in gewisse Möglichkeiten, aber das ist alles.

Damit sind wir wieder in der Gegenwart angelangt, diesmal jedoch aus einer leicht anderen Perspektive. Viele in eurer Regierung beginnen nun, Maßnahmen zu treffen, um auch in außergewöhnlichen Situationen ihre eigene Sicherheit wahren zu können. Dies wird alles unter dem Vorwand der „nationalen Sicherheit" ablaufen, doch in Wirklichkeit dient es einzig und allein dem Interesse gewisser Führer und Machtsüchtiger im Hintergrund.

Bald wird die Regierung zugeben, daß sie mit Außerirdischen Kontakt hat, aber sie wird alles Negative abstreiten und jegliche Kritik von sich fernhalten. Sie werden die Außerirdischen vorstellen und sagen, sie seien hier, um der Menschheit zu helfen. Die meisten Menschen werden dies schlucken, weil sie nicht glauben können, daß die Regierung ihre eigenen Bürger verkauft. Aber es kann auch anders kommen.

Dies wird in der nahen Zukunft anfangen. Vergeßt nie, daß das Ziel der Agenten der dunklen Mächte darin besteht, ihre Herrschaft über die Menschen weiterzuführen und noch auszubauen. Sie kennen Teile des kosmischen Gesamtplans und wissen deshalb, daß die Zukunft der Erde sehr bewegt sein wird. Sie können die Erde nicht aufhalten, denn sie hat die Segnung des Sonnengottes und des höchsten Gottes; aber sie können die Menschheit aufhalten – falls ihr es zulaßt.

Um ihren Einfluß zu verstärken, werden die Außerirdischen in Zukunft in besonderen Umständen physisch auftreten. Die Herren, die über ihre Agenten auf der Erde eine ähnliche Macht haben [wie diese über die Menschen], werden erscheinen. Sie sind in der Tat sehr mächtig, denn sie vermögen sich mit ihren eigenen Gedanken zu ermächtigen. Sie gehören zu den dunklen Mächten und sind diejenigen, die die DNS-Veränderung ausgelöst und die verschiedenen Herrschaftssysteme eingeführt haben. Sie kennen die Menschen in- und auswendig. Ihnen kann keiner etwas vormachen.

Diese Herren werden erscheinen und sagen, sie kämen in Frieden und Liebe; sie kämen, um die Menschheit zu retten. Sie werden der Menschheit sogar einige nützliche Dienste erweisen. Dazu gehören gewisse neue Medizintechnologien und auch andere Technologien. Sie werden zum Beispiel gewisse Krankheiten heilen, die sie selbst unter die Menschen gebracht haben. Dies alles wird sie in ein gutes Licht rücken, und die Menschen werden sogar beginnen, sie zu verehren.

Diese Außerirdischen werden von Liebe und Wahrheit sprechen, und das wird bei vielen Menschen Verwirrung stiften, weil zu diesem Zeitpunkt auch die wohlwollenden Außerirdischen, die Lichtwesen, erscheinen werden. Doch diejenigen, die ihr Unterscheidungsvermögen nicht verloren haben, werden nicht im geringsten verwirrt sein. Wer sein eigenes spirituelles Bewußtsein entwickelt hat, wird den Unterschied sofort erkennen.

Aber für die Massen, die immer noch an ihren alten und begrenzten Vorstellungen festhalten, besteht sehr wohl eine Gefahr. Die negativen Außerirdischen werden nämlich eine sehr attraktive Alternative anbieten, um die aktuellen Probleme zu lösen. Das alles ist eine völlige Illusion, aber diejenigen, die darauf hereinfallen, werden es erst merken, wenn es zu spät ist.

Es gibt also Entscheidungen, die jeder für sich selbst treffen muß, und solche, die vom Massenbewußtsein getroffen werden. Jeder Mensch auf der Erde hat prinzipiell die gleiche Möglichkeit und das gleiche Wissen, um Selbsterkenntnis zu erlangen. Es gibt keinen einzigen Menschen, der sagen könnte, er hätte von nichts gewußt. Jeder von euch wurde mit dem gleichen spirituellen Potential geboren und ist fähig zu unterscheiden, was Liebe und was Illusion ist. Ihr könnt eure Eigenverantwortung wahrnehmen oder abtreten. Ihr habt eure eigene Programmierung gewählt, die euer Wissen über das spirituelle Selbst und das Universum bedeckt. – Und ebenso liegt es in euren Händen, das Steuer zu wenden.

Es geht mir nicht darum, die Wesen der dunklen Seite als etwas anderes darzustellen als Teile des Einen Höchsten Schöpfers. Denn wir alle sind Teile des Einen. Aber unser gemeinsamer Vater ist nicht erfreut, wenn jemand einen anderen Weg als den der Liebe wählt. Der Eine Schöpfer liebt alle, denn seine Liebe ist vollkommen. Aber er sagt auch, daß für jede negative Handlung eine neutralisierende, ausgleichende Handlung der Liebe ausgeführt werden muß. Für diese Aufgabe haben wir uns entschieden.

Letztlich jedoch, im Licht der Ewigkeit, müssen auch die gottabgewandten Seelen die Einheit der Liebe finden, die Gott, unser Ursprung, allen anbietet. Das wird jedoch nur möglich sein, wenn sie sich der Liebe zuwenden und so alle Nicht-Liebe und alle Negativität, die sie einzeln und als Gesamtheit verursacht haben, ausgleichen.

„… sondern in unverhüllten Worten"

Das Gotteswort des Propheten Joël und seine erste Erfüllung beim Pfingstereignis weisen darauf hin, daß es den Menschen möglich ist, zu Informationsquellen Zugang zu bekommen, die nicht auf die irdischen Strukturen beschränkt sind.[159] Wenn berufene Menschen einen Zugang zu den hohen geistigen Welten bekommen, können sie einzigartige neue Offenbarungen empfangen. Jesus selbst hatte gesagt, daß es vieles gibt, was er noch zu sagen hätte, und daß eine Zeit kommen werde, in der er nicht mehr in Bildern reden werde, sondern in unverhüllten Worten (Joh 16,25). Jesus sagte dies kurz vor seiner Verhaftung und Kreuzigung. Offensichtlich erfüllte sich diese Ankündigung während seiner physischen Gegenwart nicht. Aber er sagte voraus, daß diese unverhüllten Erklärungen zu gegebener Zeit offenbart würden, und zwar durch den „Geist der Wahrheit".

Gemäß den Prophezeiungen von Joël werden immer mehr Menschen mediale Botschaften empfangen, je näher die Endzeit kommt. Das ist nur natürlich, weil große Ereignisse immer zuerst durch Propheten und Prophetinnen kundgetan werden, sei es in Form von erneuten spirituellen Unterweisungen, sei es direkt durch göttliche Warnungen und Ankündigungen.

Es läßt sich nicht bestreiten, daß gerade in der heutigen Zeit, angefangen im letzten Jahrhundert, eine rasante Zunahme von medial tätigen Menschen zu verzeichnen ist. Obwohl sich mit der steigenden Zahl auch die Unterschiede in der Qualität und Reinheit vergrößerten, liegt hier dennoch genau der prophezeite Sachverhalt vor, nämlich daß junge und alte Frauen und Männer, auch „Knechte“ und „Mägde“ (also keine hochgestellten „Meister“ und Würdenträger), plötzlich eine mediale Begabung erfahren. Dies werde geschehen, so heißt es in derselben Prophezeiung des Joël, wenn der „Tag des Herrn“ nahe sei. Genau dieses Ereignis ist auch das zentrale Thema der Botschaften, die nun schon seit Jahrzehnten die Menschheit über den medialen Weg erreichen. Hier werden die Menschen offensichtlich auf ein höchst ungewöhnliches Ereignis in einer höchst ungewöhnlichen Zeit vorbereitet.

Dieses Thema wird auch im folgenden Text aufgegriffen, und zwar in „unverhüllten Worten“, so wie Jesus es selbst versprach und was er in jüngerer Vergangenheit auch des öfteren getan hat, z. B. in ebendieser Offenbarung. Im hier zitierten Ausschnitt geht es um die Entschlüsselung der apokalyptischen Symbolik, insbesondere von dem, was mit dem Bild des Drachen gemeint ist. Fünfzig Jahre nach seiner Entrückung – in seiner Offenbarung an Johannes – hatte Jesus immer noch Bilder und verschlüsselte Symbole verwendet, mehr noch als zu seinen Lebzeiten, denn hier ging es direkt um eine Darstellung der dunkelsten Hintergrundmächte, des „Drachen“, des „Satans oder der alten Schlange“ (Offb 12,9). Was damit gemeint ist, ist derart „jenseits“ des normal Vorstellbaren, daß die Erklärung in unverhüllten Worten nur schrittweise gegeben werden konnte. „Was ich dir gesagt habe, soll bis zur letzten Zeit geheim und versiegelt bleiben.“ (Dan 12,9)

Nun sehen wir, daß die unverhüllten Erklärungen in unseren Tagen gegeben werden. Gemäß der Logik der Propheten bedeutet dies, daß das Beschriebene bevorsteht. Und tatsächlich sind die Menschen als Empfänger erst heute in der Lage, mit diesen ungewohnten Informationen über den kosmischen Hintergrund der irdischen Geschichte umzugehen.

Der folgende Ausschnitt bezieht sich auf die Szene der Geheimen Offenbarung, in der eine Frau mit einer Krone aus zwölf Sternen ein Kind zur Welt bringt und der Drache kommt, um es zu verschlingen. Das Kind jedoch „wurde entrückt zu Gott und seinem Thron“, während die Mutter vom Drachen verfolgt wird und in die Wüste fliehen muß (Offb 12,1–6/13–17). Was wird durch diese Frau symbolisiert? Und wer ist der Drache? Wie wir nun erfahren, waren diese Worte nicht nur symbolisch gemeint, was erkennbar wird, wenn die erweiterte Perspektive auch die astralen Dimensionen mit einschließt.

Die Wesen des Lichtes und der Liebe verharmlosen das Wirken der Dunkelmächte nicht. Da sie jenseits aller Schatten leben, sind sie in der Lage, klar zu sehen, welche Faktoren das Licht abblokken und Dunkelheit erzeugen. Die erhabene Liebe, mit der dies in den folgenden Worten zum Ausdruck kommt, läßt erkennen, daß hier derjenige spricht, der sagte, er werde überall, wo zwei oder drei Menschen in seinem Namen zusammenkommen, in deren Mitte sein und werde zu gegebener Zeit weiteres von dem vielen offenbaren, was er noch nicht offenbart hatte, zumindest nicht „in unverhüllten Worten".

Der Drache auf der Erde
(aus: „Dein Wille geschehe jetzt!", 1998)

Wir haben in den vergangenen Zusammenkünften von den Geschehnissen gesprochen, die kommen werden und die zu großen Teilen schon gekommen sind. Heute will ich euch Aufschluß geben über die Verbindung zwischen dem, was euch in weit zurückliegender Vergangenheit vorausgesagt wurde, und dem, was nun begonnen hat, sich zu erfüllen. Alles wurde euch zuvor gesagt. ...
[Das folgende bezieht sich auf das Gleichnis in der Geheimen Offenbarung, Kapitel 12]. Es war ein Weib, das lag mit großen Schmerzen in den Wehen. Und die Schlange, der Drache, das böse Tier, wartete auf die Geburt des Kindes, denn der Drache wollte das Kind verschlingen. Sodann wurde das Kind geboren, und eine Hand fuhr aus dem Himmel und riß das Kind empor, so daß der Drache es nicht verschlingen konnte.

So versteht diese Worte wohl! Das Weib, das sich im Schmerz der Geburtswehen befindet, ist euer Erdball. Es ist die Erde, die sich im Augenblick beim Gebären des neuen Reiches unter Schmerzen windet. Der Drache, die Schlange, das böse Tier, ist ein Sinnbild für die vereinigten Mächte der Erde, die manipuliert werden von Wesen aus einem weit entfernten Sonnensystem, die in ihrem Ursprung der Linie des Tieres entstammen. ... Die Wesenheiten, die durch die Schlange symbolisiert werden, sind Manifestationen einer Entwicklung außerhalb des Menschengeschlechts. Sie entstammen den Regionen der Echsen und Schlangen *[Reptiloide]*, die sich über einen langen Zeitraum zu Wesen entwickelt haben, die nun über hohes Wissen und bedeutende Kräfte verfügen. Es sind jene Wesen, die keine Emotionen haben, weil ihre Evolution sich einseitig im Bereich der Intelligenz und der Kraft vollzog. Sie haben im Innern eures Erdballs Kraftstationen errichtet und sind über sie mit ihrem weit entfernten Heimatplaneten verbunden. Sie haben sich ihrer Intelligenz und ihres Wissens bedient, um die Menschen zu manipulieren, die auf der Erde das Weltengeschick lenken.

So ist also die Schlange, der böse Drache, jene Macht und Intelligenz von außerhalb, die versucht, das Kind zu verschlingen, das geboren werden soll. Und das Kind, das geboren werden soll, ist das „neue Jerusalem", das neue Reich, die künftige neue Erde. Die Hand aus den Wolken sodann, die herabfährt, um der Schlange das neugeborene Kind zu entreißen, ist ein Bild für die Sternengeschwister, die sich formiert haben, um das neue Jerusalem zu sich hinaufzuheben, wenn ihr es auf der Erde geboren habt.

Sie werden die Menschen aufsammeln und das neue Reich, das ihr verkörpert, von diesem Erdball hinwegnehmen. Etliche unter euch werden sich aus sich selbst heraus erheben, werden sich erhöhen und ohne Hilfe der Raumschiffe in den Festsaal gelangen.

So werden die Berufenen in dem geschmückten Saal sein. Und während ihr die wiederfindet, von denen ihr durch den physischen Tod, durch vielerlei Geschick getrennt wurdet; während ihr euch in Freude und Liebe mit ihnen wieder vereint, wird sich die Reinigung der Erde vollziehen. Die inneren Welten des Planeten Erde werden sich nach oben stülpen, und alle Bereiche werden erneuert. Die Erde wird neu geboren werden, und ihr werdet in jenen Augenblicken im Saal des Festes weilen.

Wißt also, die ihr hier versammelt seid, euer Dasein ist von großer Bedeutung. Viele Male habe ich diese Worte an euch gerichtet. Eure Füße sind auf mancherlei Dornen und Disteln getreten, die euer Erdengeschick waren und sind. Ich habe euch einst gesagt, daß die Berufenen teuer von der Erde erkauft werden *[siehe 1 Kor 6,20 und 7,23]*. All das, was ihr in den vergangenen Zeiten ertragen habt durch das erfahrene Leid, die Krankheiten, die Kriege, das schwere Joch der Unterdrückung – all dies habe ich gemeint, als ich sagte, die Meinen sind teuer erkauft. ... All die vergangene Schmach, all die Dornen und Disteln waren ein Teil des Preises, den ihr beglichen habt. Es war notwendig, daß ihr Erkenntnis, Weisheit und Verstehen erwerbt, damit nicht von neuem die Versuchung euer Herz erreichen kann. Auf eurer Erde schreitet ihr durch Dornen und Disteln, die eure widrigen Lebensumstände sind. Aber auf euren Häuptern, für euch unsichtbar, doch hier im Geistigen hell leuchtend, tragt ihr Kronen. Auf den Kronen ist bei dem einen „Barmherzigkeit" zu lesen, bei einem anderen „Liebe", wieder bei anderen „Demut", „Langmut", „Freundlichkeit" oder „Güte" ...

Die Schlange ist sich eurer Bedeutung, eurer Macht und eurer Möglichkeiten bewußt. So seid vorbereitet, seid achtsam, denn sie ersinnt stets aufs neue Schlingen, die sich um eure Füße legen, um euch zu Fall zu bringen. Haltet eure Kronen fest! Haltet sie fest und wißt: Die Dunkelheit wird sich noch verstärken. Ihr aber, denkt an eure Kronen, wenn sich alles so verdichtet, daß ihr glaubt, das Licht nie mehr zu erblicken! Dann wird die Hand des Vaters in die Zeit hineingreifen und euch von diesem Erdball heben. ... Die dunklen Mächte haben aufs neue eine große Trübsal ersonnen. Sie versammeln sich an ihren Orten, um ihre Kräfte zu vereinen, denn es ist ihr Plan, die, welche die unsichtbaren Kronen tragen, zu Fall zu bringen. Sie wollen ihr Reich auf dieser Welt nicht verlassen und trachten danach, das neue Reich zu verhindern. Seid also achtsam, bleibt treu und wißt: Alles, was Zweifel in euch nährt und euer Herz erkalten läßt, sind Samenkörner aus ihrem Reich. Tut sie von euch hinweg und seid bemüht, euren Lebensbereich ständig zu reinigen und zu erneuern! Wachset in der Liebe mit jedem Atemzug, geht immer mehr in der Liebe auf!

Das Reich von außerhalb, das ebenso noch auf dieser Welt ist, kennt nicht die Fähigkeit zu lieben. So nehmt das Schwert der Liebe und gebt es nicht aus eurer Hand! Euch als den Berufenen, als den Erkorenen und den Treuen ist es gegeben. Zu allen Zeiten wurde euch das Wissen um das, was kommen wird, zuvor kundgetan. Es wird euch auch künftig kundgetan werden. Ihr habt in der Vergangenheit gesehen, daß alle Worte sich erfüllten, und wahrlich, alle weiteren Botschaften, die wir euch senden, werden sich ebenso erfüllen. ...

Während ihr euch in der Sicherheit der Schiffe befindet, in der Hand, die aus dem Himmel kam, wird der Kampf beginnen. Der böse Drache wird das Weib verfolgen. Es werden von außerhalb andere Völkerschaften, andere Kulturen, herbeieilen und um diesen Planeten, die Erde, kämpfen, denn es ist ihr Ansinnen, Anspruch auf die Macht zu erheben. Und es wird Kampf geben. Der Vater wird diesen Kampf beenden, und es wird eine große Reinigung durch die Fluten stattfinden ...

Wenn die Elemente und die Wellen der Angst beginnen, sich zu erheben, bleibt gänzlich in der inneren Ruhe und im Frieden, denn alles, was geschieht, ist Ausdruck des Willens des Vaters! Ein jegliches Tun wird beobachtet, und eine jede Bewegung auf dieser Erdenwelt wird registriert. Wenn der eine oder andere in eine direkte Gefahr gerät, wird er aufgenommen. Und aus dem Himmel wird hinabfahren die Hand, welche die Engelwelt in der Gestalt der Brüder und Schwestern von den Sternen ist.

Fürchtet nichts! Die physische Wohnwelt wird neu geboren. Haltet nicht fest! Das Haus des Vaters ist groß. Die Erde befindet sich in den niederen Himmeln, und ihr Bewußtsein, ihre Seele, hat danach gerufen, ihnen zu entfliehen, um in die höheren Himmel einzugehen.[160]

Zusammenfassung und Ausblick

Die zwei zitierten Texte sind Beispiele für mediale Botschaften der heutigen Zeit. Sie wurden ausführlich zitiert, um zu zeigen, welch verborgene Perspektiven diese Quellen zu eröffnen vermögen.

Die beiden Texte wurden völlig unabhängig voneinander in den USA und in Deutschland empfangen, und dennoch enthalten sie übereinstimmende Szenarien, die sich ergänzen und die durch viele andere Quellen gestützt werden, durch vedische, indianische und biblische und erst recht durch die Vielzahl der neuzeitlichen. So entsteht ein Bild der Menschheitsgeschichte, das auch die astralen und außerirdischen Einflüsse mit in Betracht zieht.

In den zitierten Texten wurden – repräsentativ für viele andere mit ähnlichen Inhalten – revolutionäre Themen in ihrer vielschichtigen Vernetzung dargelegt: die Yuga-Zeitalter, die früheren Hochkulturen, die Rolle der außerirdischen Mächte einst und heute, die Infiltrierung der Religionen und Regierungen durch diese Mächte, die geistig-physische und genetische Manipulation der Menschheit sowie der Einfluß der gottabgewandten und der gottzugewandten Wesen.

Auch mediale Botschaften sollen nicht verabsolutiert und als einzige Wahrheit angenommen werden. Sie vermitteln jedoch weiterführende Thesen und Informationen, die unseren Horizont erweitern und ganz neue Perspektiven eröffnen. Sie verdienen es, ernst genommen zu werden, nicht weniger als die Meinungen und Texte irdischer Autoren, Journalisten, Politiker usw.

Kapitel 13

UFOs: eine Realität und warum sie verheimlicht wird

Alle alten Kulturen und Traditionen berichten von Besuchern aus anderen Welten, und einige – insbesondere die indischen, die indianischen und die afrikanischen – beschreiben dabei technisch anmutende Erscheinungen, die auffällige Parallelen zu modernen UFO-Sichtungen und UFO-Begegnungen aufweisen. Man erinnere sich nur an die Beschreibung der Hopis von den „Fliegenden Schilden". Die Sanskritschriften sprechen direkt von einer „Göttertechnik", aber nicht aus einer primitiven Ratlosigkeit heraus, sondern mit einem klaren Verständnis. Was für die moderne Zivilisation „Unidentifizierte Flugobjekte" (UFOs) sind, waren für die Informierten der früheren Kulturen *identifizierte* Flugobjekte. Im Sanskrit kennt man eine ganze Reihe von Begriffen für die verschiedenen Typen. Der allgemeine Begriff lautet Vimâna (von *vi-*, „hin und her; hindurch", und *mâ,* „messen; durchmessen; überqueren") und bezieht sich auf fliegende, oft sehr große Objekte, die mechanisch oder mit der Kraft des *manas* gesteuert werden bzw. mit der Geschwindigkeit des *manas* fliegen. *Manas* (siehe Kapitel 2) bezieht sich auf das Schöpfungselement des Mentalen sowie auf die damit verbundene mentale Energie und die entsprechende höherdimensionale Welt, den Geist-Raum oder, modern ausgedrückt, Überraum („Hyperraum", *hyperspace*).

UFOs sind also ein multidimensionales und ein jahrtausendealtes Phänomen. Die Tatsache, daß UFOs seit dem Ende des Zweiten Weltkrieges plötzlich in aller Munde sind, heißt nicht, daß das UFO-Phänomen erst seit dieser Zeit existiert, sondern nur, daß es seit dieser Zeit in eine *entscheidende neue Phase* getreten ist. Eine seriöse Erforschung des UFO-Phänomens erfordert daher ein umfassendes Weltbild, das auch die vedischen und biblischen (und noch viele andere) Quellen mit in Betracht zieht. Ansonsten wird dieses vielschichtige Phänomen einseitig interpretiert, was nur zu verzerrten Schlüssen führen kann.

In der modernen Ufologie kursiert gegenwärtig eine steigende Flut von Information und Desinformation, und jeder wirft dem anderen vor, der Desinformation zum Opfer gefallen zu sein.

Die einen sagen, die UFO-Geschichten würden von den Geheimdiensten in Umlauf gesetzt, um dadurch den *irdischen* Ursprung der unidentifizierten Flugobjekte (sprich: irdische Geheimtechnologie der USA oder eines geheimen Gegners) zu verbergen. Demnach seien auch alle Geschichten von negativen Außerirdischen, ganz zu schweigen von grauen und reptiloiden Wesen, nichts anderes als groteske Ausuferungen der menschlichen Phantasie.

Andere sagen, die Geschichten mit der irdischen Geheimtechnologie seien Desinformation, um von der *außerirdischen* Komponente des Phänomens abzulenken.

Andere bezweifeln das ganze Phänomen und sagen, alle Berichte von UFO-Sichtungen, Entführungen und medialen Kontakten seien auf psychologische Faktoren zurückzuführen, aber hätten keinen realen Gehalt; die Sichtungen seien natürlich oder technisch erklärbar (Planeten, Meteoriten, seltene atmosphärische Störungen, Wetterballons, Partyscheinwerfer usw.).

Wieder andere sagen, in den UFOs seien Zeitreisende aus der Zukunft, die in ihre Vergangenheit reisen; oder in ihnen seien nicht außerirdische, sondern innerirdische Wesen, denn in der Erde gebe es viele Hohlräume und große, alte Tunnelsysteme, in denen eigene Zivilisationen (z.B. die von „Agarttha“) oder Überlebende aus Atlantis mit ihrer Technologie bis zum heutigen Tag lebten; oder die Erde sei innen hohl und die UFOs seien Raumschiffe dieser innerirdischen Zivilisation; oder die UFOs seien die neuesten technischen Errungenschaften der Geheimgesellschaften des Deutschen Reiches, die rechtzeitig vor dem Ende des Zweiten Weltkrieges geflohen seien (nach Südamerika?, in die Antarktis?, in die „hohle Erde“?), um unterzutauchen und im verborgenen ihre Forschungen voranzutreiben.

Was ist Phantasie, was Wunschdenken, was Desinformation?

Die Tatsache, daß Vimânas, Fliegende Schilde und außerirdische Wesen seit Menschengedenken in allen Kulturen erwähnt werden, schließt aus, daß es sich bei den UFOs um nichts anderes als moderne Geheimtechnologien handelt. Dennoch ist der Faktor der irdischen Geheimtechnologien nicht zu unterschätzen. Das Thema ist offensichtlich komplex und vielschichtig, und jede Einseitigkeit verhüllt wichtige Aspekte.

Obwohl UFOs auch eine irdische Komponente haben – allein dadurch, daß sie im irdischen Sichtbereich erscheinen –, entziehen sie sich irdischer Logik und Wissenschaft. Dies zeigt sich auch in der modernen „Ufologie", die nach jahrzehntelanger Forschung immer noch an den anfänglichen Fragen herumrätselt: Warum kommen die UFOs? Was wollen die „Ufonauten"? Warum erscheinen sie nicht offen? Warum brauchen sie Flugobjekte? Warum haben auch diejenigen, die als göttliche Lichtwesen erscheinen, Fluggeräte („Sternschiffe")? Dürfte man nicht annehmen, daß solch hochentwickelte Wesen keine technischen Hilfsmittel benötigen würden? Und wenn es negative Außerirdische mit Invasionsabsichten gibt, warum haben sie dann mit ihrer überlegenen Technologie die Erde nicht schon längst erobert?

Offizielle „Enthüllungen"

Es ist unübersehbar, daß seit den 1980er Jahren die Thematik der UFOs und ETs vermehrt in die Öffentlichkeit getragen wird: durch das Auftauchen von lange geheimgehaltenen Dokumenten (durch Zufall, Zuspielung oder offizielle Freigabe), durch das Auftreten von Zeugen und durch die Massenmedien (in Form von Dokumentationen, TV-Serien und Kinofilmen).

Daß nach jahrzehntelanger Geheimhaltung nun immer mehr Informationen bekannt werden, hat damit zu tun, daß Wahrheiten auf die Dauer nicht verheimlicht werden können. Aber ein noch gewichtigerer Grund ist derjenige, daß heute eine Entwicklungsphase, die die Geheimhaltung erforderlich machte, abgeschlossen ist und daß nun eine nächste Phase eingeleitet werden soll. Man muß sich also fragen: Was wird enthüllt? Was bleibt verborgen? Oder sogar: Was soll durch die Enthüllung verborgen werden?

Sollte durch die Massenmedien einem Milliardenpublikum tatsächlich einmal eine ganz bestimmte UFO-Version als Wahrheit präsentiert werden, tun wir gut daran, uns an folgenden medialen Text aus dem Jahr 1993 erinnern:

> Wieviel eure Regierung tatsächlich weiß und wie weit sie sich auf dieses Thema eingelassen hat, wird verschwiegen werden. Sie werden euch nie das vollständige Bild präsentieren. ... Sie werden einige sehr patriotische Männer anstellen, mit denen sich der größte Teil der Bevölkerung sofort identifizieren kann. Es wird jemand sein, der in der Gunst der Öffentlichkeit steht und sogar eine respektierte Position innehat. ... Die meisten Menschen werden alles glauben, was man ihnen sagt. Vielleicht bekommt ihr sogar bald die ersten offiziellen Fotos zu sehen. Das hängt davon ab, wie das Publikum mitmacht. Man wird versuchen, in euch Angst hervorzurufen, jedoch auf eine sehr subtile Weise. Nach außen hin wird es heißen, daß man sich keine Sorgen machen müsse; all ihre Kontakte mit den Außerirdischen seien friedlich verlaufen. Aber sie werden dies so präsentieren, daß immer gewisse Zweifel und Ängste zurückbleiben, weil vieles unausgesprochen bleibt ...[161]

Astronauten bestätigen die Existenz von UFOs

Seit den ersten bemannten Raumflügen kursieren Gerüchte, die Astronauten hätten im Weltall UFOs gesehen. Daß an diesen Gerüchten mehr Wahrheit ist, als die meisten Menschen denken, geht aus den Aussagen hervor, mit denen ehemalige Astronauten und NASA-Mitarbeiter die Öffentlichkeit überraschten. Der prominenteste unter ihnen war Gordon Cooper (1927–2004), einer der ersten Menschen im Weltall. Im Mai 1963 flog er mit der legendären *Faith 7* in 34 Stunden und 20 Minuten 22mal um die Erde. 1965 war er zusammen mit Charles Conrad für 190 Stunden an Bord der *Gemini 5* und umkreiste die Erde 120mal.

Kurz nach diesen Einsätzen begann Gordon Cooper öffentlich über seine UFO-Erfahrungen zu sprechen. In einem Interview mit dem *Los Angeles Herald Examiner* (15.8.1976) erklärte er:

> Intelligente Wesen von anderen Planeten besuchen unsere Welt in dem Bemühen, mit uns Kontakt aufzunehmen. Ich bin während

> meiner Flüge verschiedenen Raumschiffen begegnet. Sowohl die NASA als auch die amerikanische Regierung wissen das und besitzen eine Menge von Beweisen, die sie jedoch zurückhalten, um die Bevölkerung nicht zu alarmieren.

1996 wurde ein Film-Statement mit Gordon Cooper herausgegeben, das um die Welt ging und von vielen TV-Stationen gezeigt wurde, in Deutschland z. B. von PRO 7 am 16. Januar 1997 in der Sendung TAFF.

In dieser zehnminütigen Darstellung erwähnt Gordon Cooper nicht mehr, was er zwanzig Jahre zuvor offenbart hatte, nämlich: „Ich bin während meiner Flüge verschiedenen Raumschiffen begegnet." Diese Aussage, vor allem in Verbindung mit dem Hinweis, daß intelligente Wesen sich bemühen, mit uns Kontakt aufzunehmen, war anscheinend zu heikel.

Cooper erzählte jedoch, er habe mehrmals *von der Erde* aus UFOs gesehen, und erwähnte dabei den Vorfall auf dem Luftwaffenstützpunkt Edwards (Edwards Air Force Base) in Kalifornien.

> Ich hatte da auch eine Kamera-Crew, und dieser gelang es [im Jahr 1957], ein UFO zu filmen! Das Ding war direkt über ihren Köpfen geflogen und dann in einem ausgetrockneten See gelandet. Meine Männer näherten sich dem UFO, doch das UFO startete plötzlich mit einer unglaublichen Geschwindigkeit und flog weg. Ich habe mir den entwickelten Film angesehen, aber nur kurz, denn wir mußten ihn sogleich nach Washington schicken. Das war das letzte Mal, daß ich von diesem Film gehört habe.

Hier bestätigt ein namhafter Gewährsmann öffentlich und fast nebenbei, daß in einer amerikanischen Luftwaffenbasis ein UFO landete! Cooper hatte dies schon früher mehrfach ausgesagt, zum Beispiel 1978 gegenüber dem Journalisten Lee Spiegel vom Magazin OVNI:

> Am Himmel über Edwards werden immer wieder seltsame fliegende Dinge gesehen. Die Leute, die dort arbeiten und leben, stellen nicht viele Fragen über die Dinge, die sie sehen, aber nicht verstehen. Sie zucken mit den Schultern und meinen, das sei wohl ein weiteres Versuchsflugzeug aus einem anderen Teil der Basis. Aber das war es nicht. Ich denke, es war ganz sicher ein UFO.

Mit anderen Worten: Was Coopers Team 1957 filmte, war nicht einzigartig und bestimmt auch nicht erstmalig, sonst hätte das Edwards-Personal anders reagiert und nicht bloß mit den Schultern gezuckt. Diese Aussage wird später im größeren Kontext wiederum wichtig sein.

„Gordon Cooper, ein hochdekorierter Pilot und Astronaut: Er will, daß die Menschen endlich die Wahrheit erfahren." Das war der Grundton im Film-Statement. Die Medien, die das Thema UFOs entweder verschweigen oder lächerlich machen, schlugen in diesem Fall ganz andere Töne an: „Major Gordon Cooper ist ein Mann, der sich am Himmel und sogar im Weltall auskennt. Er war Elitepilot der Luftwaffe und einer der ersten amerikanischen Astronauten. Wenn er von *Begegnungen mit Außerirdischen* spricht, sollten die Behörden ihm eigentlich Beachtung schenken. Diese aber zogen es vor, unbestreitbare Fakten zurückzuhalten."

Diese Darstellung gewinnt noch mehr an Brisanz, wenn man weiß, daß Gordon Cooper ein hochrangiger Freimaurer war:

> Der stellvertretende Leiter des amerikanischen Weltraumprogramms Gemini, Kenneth S. Kleinknecht, hat jetzt im Kreis von Freimaurern in der amerikanischen Bundeshauptstadt Washington die Freimaurer-Fahne gezeigt, die der Astronaut und Freimaurer Oberstleutnant Leroy Gordon Cooper auf seinem Weltraumflug in der Raumkapsel Gemini 5 vom 21. bis 29. August dieses Jahres mitgeführt hatte. Auch bei seinen vorausgegangenen Weltraumflügen hatte Cooper stets eine Freimaurer-Fahne bei sich.[162]

Einige weitere Beispiele aus der Raumfahrt

Gordon Coopers Aussage über seine UFO-Sichtungen ist die deutlichste Enthüllung, die ein NASA-Mitarbeiter (bisher) öffentlich gemacht hat, aber nicht die einzige! Eine wichtige Aussage findet sich im *Condon-Report,* einer berühmten UFO-Studie, die von der Universität von Colorado und der Nationalen Akademie der Wissenschaften im Jahr 1968 veröffentlicht wurde. Obwohl diese Studie die Realität von UFOs ablehnte, mußte darin eingeräumt werden: „Es gibt drei visuelle Beobachtungen, die durch die Astronauten im Erdorbit gemacht wurden und die nach Ansicht des Verfassers nicht ausreichend erklärt werden konnten." Dies bezog sich auf die Flüge von *Gemini 4* und *Gemini 7*.

Ungeplantes Aufsehen erregte die Raumfähre DISCOVERY im Jahr 1989. Am 14. März funkte sie folgende Meldung zur Bodenstation in Houston: „*Houston, here DISCOVERY. We still have the alien spacecraft under observance!* [Houston, hier DISCOVERY. Wir haben das fremde Raumschiff immer noch unter Beobachtung!]"

Dieser Funkspruch war von Donald Ratsch, einem Amateurfunker, der die NASA-Missionen mitverfolgte, aufgenommen und veröffentlicht worden. Allerdings folgte nach dieser Aussage sogleich eine zehnminütige Funkstille. Offensichtlich war der Funkdialog zwischen der DISCOVERY und Houston sogleich auf eine Geheimfrequenz umgeschaltet worden. Stimmanalysen zeigten, daß dieser Funkspruch tatsächlich von einem Besatzungsmitglied der DISCOVERY stammte, nämlich von Dr. James Buchli, der kein Luftwaffenmitglied, sondern Arzt war. Vielleicht machte er deshalb aus Verwirrung und aus Unkenntnis der strikten Vorschriften eine solche ehrliche Aussage via Funk![163]

Langjähriger NASA-Mitarbeiter bestätigt die Vertuschung

Zwischen dem 12. und 14. Januar 1997 strahlte das TSI, das TV der italienischsprechenden Schweiz, eine vierteilige hochklassige UFO-Dokumentation aus, produziert von Guido Ferrari. Im Anschluß an diese Sendungen fand im TSI-Studio eine Live-Diskussion mit Vertretern der betroffenen Wissenschaften statt. Unter ihnen befand sich Prof. Dr. Dino Dini (Jahrgang 1921) von der Universität Pisa, ein Raumfahrtingenieur und langjähriger Mitarbeiter der NASA. Dino Dini wartete jedoch nicht mit Dementis oder Ausflüchten auf, sondern machte live vor der Kamera sensationelle Enthüllungen:

> Überall, wo Konfusion herrscht – im Golfkrieg, im letzten Krieg, überall, wo Verwirrung ausbricht –, dort erscheinen diese fliegenden Scheiben. Diese Scheiben kommen aus Stationen, die in Erdnähe postiert sind. ... Neil Armstrong sah Objekte, die ihnen folg-

> ten, Raumschiffe, die der Apollo folgten – und auch Lebewesen. Den Raumschiffen der Apollo folgten andere Raumschiffe. Das ist eine Tatsache, die von verschiedenen Expeditionen bezeugt wurde.

Prof. Dini nahm auch kein Blatt vor den Mund, als er die Rolle der NASA bei der UFO-Geheimhaltung beschrieb:

> Das waren wir, die den globalen Diskurs unterbanden, weil man uns entsprechende Unterweisungen zukommen ließ. Wir waren in höchstem Maß erschrocken, als wir sahen, welch ein Unterschied zwischen unserer Technik und Wissenschaft und jener der UFOs bestand. Deshalb ist es evident, daß dies uns dazu gebracht hat, in ihrer Globalität ablehnende Gutachten [über UFOs] zu geben. … Zweifellos ist die Tatsache ernüchternd, daß wir keine Erklärungen haben, denn unsere Wissenschaft ist praktisch noch primitiv, verglichen mit jenen Planeten, von wo diese Raumschiffe herkommen.*

Abgelehnte Hilfe und unheilige Allianzen

Gordon Cooper bestätigte 1976 offen: „Intelligente Wesen von anderen Planeten besuchen unsere Welt in dem Bemühen, mit uns Kontakt aufzunehmen. Ich bin während meiner Flüge verschiedenen Raumschiffen begegnet."

Auch zwanzig Jahre später war in Gordon Coopers Film direkt von „Begegnungen mit Außerirdischen" die Rede, obwohl nicht näher ausgeführt wurde, worin diese Begegnungen bestanden.

Ähnliches sagte Prof. Dini: „Er sah Objekte, die ihnen folgten, … und auch Lebewesen. Den Raumschiffen der Apollo folgten andere Raumschiffe." (Die Lebewesen, die Prof. Dini erwähnt, waren bestimmt nicht nur Mikroben!)

Auch andere Astronauten sprechen von UFO-Erfahrungen, insbesondere die inzwischen pensionierten Wissenschaftler Dr. Brian O'Leary und Dr. Edgar Mitchell. Mitchell nahm an den Apollo-Missionen 10 und 16 teil und steuerte bei Apollo 14 die Mondfähre. Am Weltkongreß „The UFO Experience" in North Haven,

---

* Siehe auch: Armin Risi, Interview mit Prof. Dino Dini: „Die Existenz von UFOs: Ich mußte unwahre Aussagen machen", in *Magazin 2000,* Nr. 119, Sept. 1997; auch unter http://armin-risi.ch.

Connecticut, der im Oktober 1998 stattfand, sprach er offen über das UFO-Geheimnis und die Verheimlichung durch die offiziellen Stellen. Beim World-Mystery-Forum in Interlaken 2005 sorgte er für Schlagzeilen, weil er (nicht zum ersten Mal) öffentlich den UFO-Absturz von Roswell 1947 bestätigte.

Was Gordon Cooper versuchte, der Öffentlichkeit mitzuteilen – „Intelligente Wesen von anderen Planeten besuchen unsere Welt in dem Bemühen, mit uns Kontakt aufzunehmen" –, entspricht genau dem, was auch von vielen medialen Botschaften bestätigt wurde. Ein Beispiel hierfür wurde im letzten Kapitel zitiert, und dort wurde auch ausgeführt, was aus dem Bemühen dieser Lichtwesen geworden ist: Ihre Hilfsangebote wurden abgelehnt. Gemäß Resonanzprinzip („Gleiches zieht Gleiches an") zogen es die irdischen Kriegsherren vor, auf die Angebote der „anderen" einzugehen, allerdings zu einem hohen, noch nicht abzuschätzenden Preis.

Dieses Szenario, das verschiedenen Menschen in aller Welt medial mitgeteilt wurde, ist auch der Inhalt der umstrittensten UFO-Enthüllungen, die von Menschen vorgebracht werden, die kaum medial oder spirituell ausgerichtet sind: ehemalige hohe Logenmitglieder sowie Geheimdienst- und Untergrundbasis-Mitarbeiter. Sie alle treten mit Besorgnis oder Empörung an die Öffentlichkeit und ernten allesamt Verhöhnung und Anfeindung. Einige wurden sogar Opfer von Mordanschlägen, begingen unter mysteriösen Umständen „Selbstmord" oder verschwanden spurlos.

Vertuschung: „UFO Cover-up"

Das obengenannte Szenario (abgelehnte Hilfe, unheilige Allianz) wurde in weiten Kreisen bekannt, als in den 1980er Jahren in den USA einige namhafte Persönlichkeiten mit diesbezüglichen Enthüllungen an die Öffentlichkeit traten, u. a. der Starpilot John Lear und ein invalider Ex-Agent des Marine-Geheimdienstes, Milton William Cooper. Im Oktober 1988 kam es in den USA sogar zu einer aufsehenerregenden landesweiten Fernsehsendung mit den gleichen Enthüllungen: *UFO Cover-up: Live!* Daneben kamen aus der Bevölkerung und auch aus dem dunklen Untergrund zahlreiche Zeugenaussagen hinzu, die zwar nicht so medienspektakulär waren, aber dasselbe Szenario bestätigten.

John Lear ist der Sohn des berühmten William P. Lear, des Ingenieurs des Lear-Jet und des 8-Track-Stereo sowie des Gründers der Flugzeugfirma *Lear Incorporated* (heute Lear Sieglar Corporation). William P. Lear hatte bereits in den fünfziger Jahren gesagt:

> Ich glaube, daß die Fliegenden Untertassen aus dem Weltraum kommen und daß sie von Wesen höherer Intelligenz gesteuert werden.[164]

Sein Sohn John Lear ist wahrscheinlich der leidenschaftlichste Pilot der Fluggeschichte. Als Pilot und Flugkapitän hat er über 20 000 Flugstunden hinter sich und war unter anderem Kurierflieger der CIA in Vietnam. Er war der einzige Pilot, der jeden Flugschein der *US-Federal Administration* besaß, er hat 160 verschiedene Flugzeugtypen in über fünfzig Ländern geflogen und stellte 17 Geschwindigkeitsweltrekorde auf, unter anderem auch den *Speed-Around-the-World*-Rekord im Jahr 1966. Er ist Inhaber vieler Orden und war auch politisch tätig (Kandidat für den Senat von Nevada). Mitte der achtziger Jahre, nach seinen wilden Fliegerjahren, entwickelte er ein Interesse an der UFO-Thematik und wollte wissen, was an den vielen Gerüchten wahr ist. Während zwei Jahren benutzte er all seine Kontakte zur Luftwaffe, zu den Geheimdiensten und zu anderen Insider-Kreisen, um die Wahrheit über die UFOs herauszufinden.

Ende 1987 trat er mit dem Ergebnis seiner Nachforschungen an die Öffentlichkeit, denn was er herausgefunden hatte, beunruhigte, ja alarmierte ihn. Es war nichts anderes als das bereits genannte Szenario: Es bestehe ein Kontakt mit Aliens; die Entführungen und Verstümmelungen würden von diesen durchgeführt, und zwar mit der Deckung durch ihre irdischen Allianzpartner.[165] John Lear erwähnte auch den aktuellen Stand der Dinge, so wie er ihn durch seine jüngsten Nachforschungen in Erfahrung gebracht hatte: Man stecke in einem tiefen Dilemma, da man vor kurzem herausgefunden habe, daß die Menschen von den ETs angelogen worden seien; die Übereinkunft und der „Kuhhandel" mit den

ETs sei „*the grand deception* (die große Täuschung)“, wie die Verantwortlichen nun, erst viel später, erkannt hätten, nach Lears Ansicht: *zu* spät ...

Einige UFO-Forscher begegnen John Lear mit großem Mißtrauen, da seine Berichte mehr Fragen aufwerfen als beantworten und viele Unklarheiten enthalten. Hinzu kommt, daß er zum Zeitpunkt der Veröffentlichung Beziehungen zu den Geheimdiensten unterhielt – und Geheimdienstleute lügen „bekanntlich“ immer oder verbreiten Desinformation.

In der Zeit, in der John Lear an die Öffentlichkeit trat, kam es auch zur bereits erwähnten TV-Sendung *UFO Cover-up: Live!* Darin traten unter anderem zwei anonym gehaltene Männer aus Militärkreisen auf, die genau das Grundschema von Lears Bericht bestätigten: das Abkommen, den Technologietransfer und dessen Preis. Auffällig bei all diesen Berichten ist das gänzliche Verschweigen der positiven Außerirdischen, die nichts mit den Menschenentführungen und Verstümmelungen zu tun haben.

Die Gegenwart positiver Außerirdischer – die vor den negativen warnten! – wurde erst ein Thema, als kurz nach diesen Medienpaukenschlägen ein anderer Zeuge die Bühne betrat, der Ex-Agent des Marinegeheimdienstes Milton William Cooper, kurz Bill Cooper (1943–2001; nicht zu verwechseln mit dem Astronauten Gordon Cooper). Er wurde als Sohn eines Oberstleutnants der amerikanischen Luftwaffe geboren. Nach seinem Schulabschluß im Jahr 1961 trat er ebenfalls der Luftwaffe bei und bekam schnell höhere Dienstgrade. Bereits in dieser Zeit machte er Bekanntschaften mit Militärleuten, die sagten, daß sie einer Spezialeinheit angehörten, deren Aufgabe es sei, abgestürzte UFOs zu bergen. Damals nahm der junge Bill diese Kneipengeschichten nicht allzu ernst.

1965 ging er zur Marine und gelangte auf U-Booten und Flugzeugträgern zum Einsatz. In dieser Zeit hatte er seine erste eigene UFO-Sichtung (ein Flugobjekt, das *aus dem Meer* herausschoß). Ende der sechziger Jahre wurde er als Patrouillen-Kapitän nach Vietnam geschickt. In diesem Krieg fiel ihm die häufige Präsenz von UFOs auf, wie er in seinen späteren Veröffentlichungen berichtete. Nach dem Kriegseinsatz (1970) wurde er mit dem *Naval-Commendation*-Orden ausgezeichnet und wurde vollzeitig in den

Geheimdienst der Marine aufgenommen. Dort bekam er Zugang zu Informationen bis zur Kategorie TOP SECRET. Dabei gerieten ihm geheime Informationen in die Hände, die nicht für ihn bestimmt waren: über die Kennedy-Ermordung, über unterirdische Militärbasen, über UFOs und ET-Kontakte und die geplante Neue Weltordnung. Was er (unbefugt) im geheimen las, erschütterte sein Weltbild und alarmierte ihn aufs höchste. Er wußte nicht, wie er mit diesem Wissen umgehen sollte, trat dann aus dem Geheimdienst aus und versuchte, die Presse zu informieren.

Sogleich wurden Bemühungen unternommen, ihn auszuschalten. Bei einem Autounfall, verursacht durch ein Fahrzeug, das ihn einen Steilhang hinabdrängte, verlor er ein Bein und erlitt fast tödliche Schädelverletzungen. Im Spital wurde er von zwei Männern besucht, die ihn fragten, ob er nun schweigen wolle. Es blieb ihm nichts anderes übrig, und fünfzehn Jahre lang schwieg er. In dieser Zeit ließ er sich zum Photographen ausbilden und wurde ein erfolgreicher Geschäftsmann; unter anderem war er Direktor des *Pacific Coast Technical Institute.*

Als Milton William Cooper jedoch sah, wie Ende der achtziger Jahre in der UFO-Politik und in der Neuen Weltordnung unter Präsident George Bush neue Strategien eingeschlagen wurden, sagte er sich, daß die Zeit nun gekommen sei auszupacken. Er versandte seine Informationen mit einem Schlag an rund eintausend Mitglieder des Kongresses, des Senates und an andere wichtige Stellen. Gleichzeitig veröffentlichte er die Informationen durch die Computer-Netzwerke. Unter Verweis auf den Mordanschlag, der bereits auf ihn verübt worden war, erklärte er, er habe sich zu dieser Massenaktion gezwungen gesehen, um sein Leben zu schützen. Denn jetzt war die Information draußen, und es wäre sinnlos gewesen, ihn im nachhinein zu töten.

Sogleich setzte eine massive Propaganda gegen ihn ein, und er wurde einem Rufmord (Scharlatan, Lügner, Nazi, Rassist) ausgesetzt. Ihn als Nazi und Rassisten zu bezeichnen war blanke Verleumdung, denn er war mit einer chinesischen Frau verheiratet, und seine Texte waren die eines US-Patrioten, der mit größter Besorgnis die ursprüngliche Verfassung gegen die Machenschaften der Geheimgesellschaften verteidigen wollte.

Am Anfang arbeiteten John Lear und Bill Cooper zusammen, doch schon bald kam es wegen Detailfragen zu einem Zerwürfnis, und sie warfen sich gegenseitig die Verbreitung von Desinformation vor.

Natürlich darf man Bill Cooper *nicht alles* glauben, da er seine Informationen als Geheimdienstagent las und sie erst fünfzehn Jahre später veröffentlichte. Aufgrund der fortgesetzten Lebensgefahr und der bösartigen Verleumdungen wurde Cooper im Lauf der Zeit verbittert und, zumindest für eine gewisse Zeit, extrem paranoid, ja sogar militant. Nach dem 11. September 2001 gehörte er zu den vehementesten Aufdeckern der vielen 9/11-Lügen. Einen Monat nach den Anschlägen wurde er in einem Gefecht mit der Polizei erschossen.

Erinnerungen an die Apokalypse

Eine ausführliche Darstellung der Dokumentationen, die er gesehen haben will, liefert Milton William Cooper in seinem Buch *Behold a Pale Horse* („Siehe, ein fahles Pferd"; dt. *Die Apokalyptischen Reiter*), ein Titel, der auf eine Stelle in der Offenbarung (6,8) Bezug nimmt: „Und siehe, ein fahles Pferd, und der darauf saß, trug den Namen ‚Tod'; ihm folgte die Hölle [die höllische Macht]. Ein Viertel der Erde wurde in ihre Hand gegeben, die Menschen zu töten durch das Schwert, durch Hunger, Seuchen und wilde Tiere."

Dieses Zitat bezieht Cooper auf die geheimen Mächte hinter der Weltpolitik, deren skrupellose Mittel man tatsächlich mit „Schwert, Hunger und Seuchen" zusammenfassen könnte. Worauf Cooper die „wilden Tiere" bezieht, ist nicht klar, möglicherweise auf die negativen Außerirdischen, die mit den Geheimmächten zusammenarbeiten. Er führt viele Beispiele und Zeugen an, die darauf hinweisen, daß in den vergangenen Jahren von der Geheimregierung eine Infrastruktur aufgebaut wurde, um durch einen überraschend und künstlich inszenierten „nationalen Notzustand" einen diktatorischen Polizeistaat zu etablieren.

Hierzu gehören umfassende Personendateien, ein wachsendes Überwachungssystem und auch ein KZ-Programm, d.h. ein Netz von Einrichtungen, die heute als Militärkasernen deklariert sind, aber jederzeit zu Massengefängnissen umfunktioniert werden können. Diese Pläne beruhen auf der Grundüberzeugung der herrschenden Mächte, daß die Welt auf große Probleme und Katastrophen zugehe, sowohl durch die Überbevölkerung als auch durch die Umweltzerstörung. Ihr Motto lautet: *Wenn nicht viele sterben, sterben alle.* Deshalb scheuen sie auch nicht davor zurück, die Sterberate zu erhöhen.

Cooper deutet an, daß die Weltprobleme auch von den negativen Außerirdischen (als Halbwahrheit) verwendet würden, um sich über eine vermeintliche Zusammenarbeit mit den Menschen Zugang zur Erde zu verschaffen.

Die entsprechenden Unterlagen habe er gesehen und gelesen, schreibt Cooper, ...

> ... als ich Mitglied des Einsatzteams des Geheimdienstes des Oberbefehlshabers der Pazifikflotte war. Da einige dieser Informationen aus Quellen stammen, die ich aus verschiedenen Gründen nicht bekanntgeben kann, und von Veröffentlichungen, für die ich mich nicht verbürgen kann, muß dieses Kapitel als Hypothese angesehen werden. Falls es die Aliens wirklich gibt, dann glaube ich, daß dies die wahre Natur der Bestie ist [des Drachen und des Tieres aus der Apokalypse]. Es ist das einzige Szenario, das in der Lage war, alle diversen Elemente zu verbinden. ... Diese Abhandlung muß als Hypothese bezeichnet werden. Die meisten geschichtlichen und gegenwärtig verfügbaren Beweise jedoch unterstützen diese Hypothese.[166]

Es würde den Rahmen dieses Buches sprengen, Coopers Hypothesen Punkt für Punkt durchzugehen und auf ihren Wahrheitsgehalt zu prüfen. Hier in dieser Zusammenfassung sollen nur die zentralen Punkte herausgegriffen werden. Nochmals muß aber betont werden, daß seine Aussagen nicht allein dastehen, sondern in ihren Grundzügen den genannten medialen Quellen wie auch vielen anderen Enthüllungszeugen entsprechen. Im Umfeld der letzteren gehört Cooper zu jenen, die auch *das Hilfsangebot der positiven Außerirdischen* erwähnen. (Weitere bekannte Zeugen dieser Kategorie sind die Geheimdienst- und Militärveteranen Wendelle Stevens und Virgil Armstrong.)

Alien-Einflüsse auf der Erde?

Die wichtigen UFO-Ereignisse der Neuzeit begannen, laut Cooper, mit dem Absturz verschiedener unbekannter Flugobjekte in den Jahren 1947 bis 1952. In ihnen fand man kleine nichtirdische Wesen, in mindestens einem Objekt sogar menschliche Körperteile. (Dieses Detail wird von vielen Ufologen als unwahr und bewußt paranoiaschürend bezeichnet und heftig dementiert; andere wiederum, z. B. John Lear, bestätigen es.) Dies habe zu höchster Alarmstufe und Geheimhaltung geführt; bei diesen UFO-Abstürzen sei auch mindestens einer der Insassen lebendig gefaßt worden.

Bekannt ist, daß Präsident Truman nach geheimen Sitzungen im engsten Kreis (nur mit dem Vizepräsidenten, dem Verteidigungsminister und zwei anderen Personen) am 15. September 1947, nur zwei Monate nach dem Roswell-Absturz, den *National Security Act* unterzeichnete, was zur Gründung des *National Security Council* und der CIA führte.[167]

Da die UFOs von der ganzen Nation gesehen worden waren, entstanden abgestufte Gremien mit unterschiedlicher Geheimhaltung, wobei die niederen nichts von der Existenz der höheren wußten. So entstand eine Pufferzone zwischen den wirklichen Wissenden und der offiziellen Politik, insbesondere dem Parlament und den späteren Präsidenten.

Einer der Wissenden, dem die ganze Geschichte zu unheimlich wurde, war Trumans Verteidigungsminister, James Forrestal. Als er begann, mit Kongreßabgeordneten über das Alien-Problem zu sprechen, wurde er von Truman aufgefordert zurückzutreten. Offiziell hieß es, er habe einen Nervenzusammenbruch erlitten, weshalb er in das *Bethseda Naval Hospital* gebracht wurde. Unter mysteriösen Umständen fand Forrestal dort (laut offizieller Darstellung) die Möglichkeit, Selbstmord zu begehen. Cooper ist überzeugt, daß es ein Mord war.

Im Jahr 1952 schuf Truman ein supergeheimes Gremium, die *National Security Agency* (NSA), die den Auftrag hatte, das UFO-Phänomen zu erforschen und dessen Geheimhaltung durchzusetzen.

In dieser Zeit wurde auch Projekt SIGMA ins Leben gerufen,

dessen Aufgabe darin bestand, unter Mobilisierung aller technischen und telepathischen Kommunikationsmittel mit den ETs Kontakt aufzunehmen. Im geheimen wurden ohnehin schon seit geraumer Zeit Experimente mit psychologischer Kriegsführung, mit Bewußtseinsmanipulation (MK-Ultra-Programme) und mit PSI-Mitteln betrieben.

Neben der NSA wurde, in Zusammenarbeit mit Nelson Rockefeller, die Grundlage für ein weiteres Geheimgremium geschaffen, um das Alien-Problem auf höchster Ebene zu behandeln. Dieses Gremium war das berüchtigte MJ-12 (Majestic 12), dem alle anderen Projekte direkt oder indirekt unterstanden.

1953 wurden in hoher Erdumlaufbahn große Raumschiffe entdeckt, wobei die Astronomen sagten, die Erde habe zeitweilig „zwei neue Monde" erhalten (siehe Endnote 177). Damals, so berichten Bill Cooper und andere, kam es zu einem ersten Kontakt mit den ETs, die zu den abgestürzten UFOs gehörten.

Zur gleichen Zeit erschienen andere Außerirdische, die menschenähnlich und engelhaft waren, und warnten eindringlich vor einer Kontaktnahme mit den Wesen in jenen Objekten, die in der Erdumlaufbahn kreisten. Sie boten Hilfe bei der spirituellen Weiterentwicklung der Menschheit an. „Sie forderten als Hauptbedingung, daß wir unsere Nuklearwaffen abbauen und zerstören müssen. Sie lehnten einen Technologieaustausch ab, da wir spirituell noch nicht einmal in der Lage seien, die Technologie, die wir schon besitzen, richtig zu handhaben. Diese Vorschläge wurden abgelehnt, mit der Begründung, daß es dumm wäre, bei einer so unsicheren Zukunft abzurüsten. Es könnte eine unglückliche Entscheidung gewesen sein." Dies berichtet Bill Cooper in seinem Buch (S. 256) auf der Grundlage von geheimen Dokumenten und bestätigt damit auch die medialen Botschaften: Vor dem Kontakt mit den Techno-ETs seien die Menschen von den gottzugewandten Außerirdischen gewarnt worden.

Der verhängnisvolle Kontakt fand gemäß Cooper im Jahr 1954, gemäß Lear erst 1964 statt. Bei diesen unterschiedlichen Angaben muß es sich jedoch nicht um dasselbe Ereignis handeln. Was den Inhalt betrifft, so sagen Cooper und Lear (und viele andere Quellen, auch die medialen) dasselbe:

> Der Vertrag sagte aus, daß sich die Aliens nicht in unsere Angelegenheiten einmischen würden und wir uns nicht in die ihren. Wir würden ihre Anwesenheit auf der Erde als ein Geheimnis wahren. Sie würden uns mit fortgeschrittener Technologie ausstatten und uns bei unserer technischen Weiterentwicklung helfen. Sie würden keinen Vertrag mit einer anderen irdischen Nation abschließen. Sie durften in begrenztem Umfang und in periodischen Abständen Menschen entführen, um medizinische Untersuchungen vorzunehmen und um unsere Entwicklung beobachten zu können, unter der Bedingung, daß den Menschen kein Leid zugefügt werde, daß sie zum Punkt zurückgebracht würden, von wo aus sie entführt wurden, daß sie sich an nichts erinnern könnten und daß die Alien-Nation der Majesty 12 in regelmäßigen zeitlichen Abständen eine Liste liefert, auf der alle menschlichen Kontakte und Entführten aufgeführt sind.[168]

Es wurde auch vereinbart, daß unterirdische Anlagen errichtet werden, die den Aliens zur Verfügung stehen, und daß es auch *gemeinsame* unterirdische Basen *(Joint Bases)* geben solle, in denen der Technologie-Transfer stattfindet. Cooper erwähnt insbesondere die Area 51 in Nevada und Dulce in New Mexico sowie Mount Weather in Bluemont (Virginia) als Zentrale der geheimen Illuminatenregierung.

Als für diese Projekte gewaltige Geldmengen abgezweigt werden mußten, wurde dem Kongreß erklärt, es handle sich hier um den Bau und den Unterhalt von geheimen Einrichtungen, die dafür bestimmt seien, dem Präsidenten und der Regierung im Kriegsfall als vollausgerüstete Bunkerhauptstadt zu dienen.

Über verschiedene Stationen gelangte das Geld zu einer Abteilung der Marine-Ingenieure, und auch dort wußten nur wenige Verbindungspersonen, wofür das Geld wirklich bestimmt war. (Dies würde auch erklären, warum Cooper gerade in der Marine die besagten Dokumente zu Gesicht bekam.)

1958 wurde die NASA gegründet, und 1959 begann der große Konzern namens *Rand Corporation* eine konkrete Planung für tiefe Untergrundbauten. Ein Symposiumsbericht aus diesem Jahr beschreibt und zeigt riesige Maschinen, die bereits damals in der Lage waren, einen Tunnel mit 14 Metern Durchmesser in der Geschwindigkeit von 1,5 Metern pro Stunde zu bohren. Es ist eine unbestrittene Tatsache, daß in den folgenden Jahren massive Untergrundarbeiten stattfanden.

Viele der Wissenschaftler, Militärleute und Geheimdienstvertreter (MJ-12, NSA, CIA usw.) waren Mitglieder von Logen, Geheimorden und/oder okkulten Bünden (z. B. *Skull and Bones, Scroll and Key*) und auch der wirtschaftlich-politischen Hintergrundorganisationen wie CFR und Bilderberger.

Seit Ende der fünfziger Jahre wurde die Finanzierung der Untergrundbasen (laut Coopers Quellen) durch NASA-Nebenkanäle, durch die heute unbestrittenen *black budgets* und durch private Investitionen vollzogen sowie durch ein neues Programm mit vielfachem Zweck: die Drogen. Wenn die Menschen drogenabhängig werden (Alkohol, Nikotin, Pharmazeutika, Rauschgifte), sind sie leicht manipulierbar, und es entsteht ein Fluß von „schwarzen Milliarden". Bekanntlich kamen tatsächlich gegen Mitte der sechziger Jahre neue Drogen auf den Markt, insbesondere LSD. (Wo wurden die vielen Tonnen von LSD, die eine aufwendige chemische Produktion voraussetzten, hergestellt? Bestimmt nicht im Hinterhof der Drogen-Dealer.)

Dann läßt Bill Cooper eine weitere Bombe platzen: Der Hauptkoordinator dieser Aktion sei ein junges, ehrgeiziges Mitglied des CFR gewesen, niemand anders als der Sohn des internationalen Finanzmagnaten Prescott Bush namens George Bush, der spätere CIA-Chef und US-Präsident.

Anfang der sechziger Jahre war George Bush Direktor der Firma Zapata Oil, die im mexikanischen Golf nach Öl bohrte. Diese Bohrstationen seien die Umschlagplätze für die Drogensendungen aus Lateinamerika gewesen, insbesondere aus Panama. Von dort aus seien als Versorgungs- und Personaltransporte deklarierte Schiffe ohne weitere Kontrolle in die USA gelangt.

Dies schrieb Bill Cooper *während George Bushs Regierungszeit* öffentlich in seinem Buch und verbreitete es auch über das Internet, durch Broschüren und zahlreiche Vorträge. Man fragt sich, warum er am Leben blieb. Cooper führt dies auf seine Strategie zurück. Eine Ermordung hätte eine allzu deutliche Sprache gesprochen. Kritiker sagen, Cooper sei unbehelligt davongekommen, weil er im Auftrag der Geheimdienste Desinformation verbreitete.

Eine andere Antwort ist, daß die Illuminaten eine gewisse Kritik sogar genießen, um zu demonstrieren, daß niemand ihnen etwas anhaben kann. Teil ihres Planes zur Errichtung der Neuen Weltordnung ist ohnehin der Sturz der „alten Weltordnung“, und dazu gehört vorab, daß die Menschen immer mehr ihr Vertrauen in die bisherigen Regierungen verlieren, damit sie dann um so mehr ihr Vertrauen in den „neuen Führer“ setzen. Cooper schreibt:

> [Die Geheimmächte] wollen, daß Drogen verwendet werden, um die nächste Generation in Vorbereitung auf die Neue Weltordnung, die sie derzeit errichten, weich zu machen. Wenn dem nicht so wäre, würden sie verhindern, daß Chemikalien zur Drogenproduktion von amerikanischen Firmen nach Lateinamerika gelangen ... Genau zehn Tage nach der illegalen Invasion Bushs in Panama brachte die *Los Angeles Times* vom 30. Dezember 1989 eine Story über die tiefe Verstrickung der Bush-Familie in panamaische Finanzangelegenheiten in der Höhe von mehreren hundert Millionen Dollar! Ja, die Bush-Familie hat soviel Geld ...[169]

Es begann nach den Atombomben

Die ersten UFO-Sichtungswellen ereigneten sich im Sommer 1946 über Schweden. „Alle Nachrichten über unidentifizierte Flugkörper, die in den letzten Wochen über schwedischem Territorium beobachtet worden sind – und die man für fliegende Bomben oder Raketen hält –, unterliegen einer beschränkten Zensur. Die Behörden haben verboten, die Gegenden zu nennen, wo die unidentifizierten Flugkörper gesichtet wurden, und die Redaktionen angewiesen, bei der Berichterstattung ‚irgendwo über Schweden‘ zu schreiben.“[170]

Im August sah sich das schwedische Militär aufgrund der vielen Sichtungen gezwungen, eine Presseerklärung herauszugeben. „Sogenannte Geisterraketen – mysteriöse spulenförmige Objekte mit feurigen Schweifen – sind in Schweden beinahe ein alltäglicher Anblick geworden“; die Behörden seien überzeugt, daß es sich um elektronisch gelenkte Fernwaffen handle, die von „außerhalb von Schweden“ kämen.[171] Also außerschwedische Flugobjekte!

Obwohl auch ein amerikanischer General, David Sarnoff, zur

schwedischen Untersuchungskommission hinzustieß, blieb das Rätsel bestehen: „Schwedische Militärstellen erklärten heute, daß es ihnen nach vier Monaten intensiver Nachforschungen nicht gelungen sei, den Ursprung der Geisterraketen festzustellen, die seit Mai über Schweden hinweggeflogen sind. ... Ferner hieß es in dem Bericht, daß es sich bei den Objekten nicht um V-Waffen gehandelt habe, die die Deutschen in der Endphase des Krieges einsetzten.“[172]

Von allem Anfang war also deutlich, daß sich die unbekannten Flugobjekte nicht auf die untertassenförmigen Modelle beschränken. Das seltsame Phänomen kann anscheinend nicht nur auf eine einzige Herkunft zurückgeführt werden. Nicht alle müssen außerirdisch sein!

Die untertassenförmigen Modelle waren jedoch bald die populärsten. Die nächste große Beobachtungswelle fand in den Monaten Juni und Juli 1947 über den USA statt. Die Presse der gesamten Nation griff dieses Thema auf, als Kenneth Arnold, ein 32jähriger Geschäftsmann und angesehener Rettungspilot, am 24. Juni 1947 zu Protokoll gab, er habe während eines Fluges neun Objekte gesehen, die sich schätzungsweise mit zweitausend Stundenkilometern fortbewegten. Dies war dreimal schneller als die damals schnellsten Jagdflieger. Er erwähnte bei seiner Darstellung den Vergleich mit Untertassen, und so wurde im Juni 1947 der Begriff „Fliegende Untertassen“ *(Flying Saucers)* innerhalb weniger Wochen zu einem neuen Wort der Alltagssprache.

Das Phänomen wurde sehr ernst genommen, weil sich unter den Augenzeugen viele Piloten und Mitglieder des Militärs befanden, ganz zu schweigen von den Tausenden von nüchternen Bürgern, die alle dasselbe sahen: runde Flugobjekte, die einzeln oder in Formationen auftauchten und verschwanden.

Obwohl auch viele Zivilisten diese Objekte zu Gesicht bekamen, erschienen sie mit auffälliger Häufigkeit über militärischen Stützpunkten. Am 28. Juni 1947, drei Tage nach Kenneth Arnolds Beobachtung, wurden UFOs über der Maxwell AFB (Air Force Base) in Montgomery, Alabama, gesichtet, ein Tag danach über der White Sands AFB in New Mexico, dem berühmten, aber abgeriegelten Raketenversuchsgelände. Am 8. Juli kam es zu einer

UFO-Parade über dem Luftwaffenstützpunkt Muroc (heute Edwards AFB) in der Mohave-Wüste, Südkalifornien.

„Fliegende Untertassen jetzt in den meisten Staaten [US-Bundesstaaten] gesichtet", lautete eine Schlagzeile des *San Francisco Chronicle* vom 7. Juli 1947.

Die UFO-Verwirrung im Juli 1947

Das Phänomen war neu und verwirrend. Deshalb wurde es in den Juni-Wochen des Jahres 1947 auch vom Militär relativ offen behandelt. Dies zeigte sich insbesondere an jenen Schlagzeilen, die Anfang Juli in einigen lokalen Zeitungen erschienen. *„RAAF Captures Flying Saucer on Ranch in Roswell Region"*, verkündete z.B. die Tageszeitung *Roswell Daily Record* am 8. Juli. „Die RAAF (Roswell Army Air Force) birgt eine Fliegende Untertasse auf einer Ranch in der Gegend von Roswell" – diese Meldung war keine billige Schlagzeile eines Boulevard-Blattes, sondern stützte sich auf die offizielle Presseerklärung von Leutnant Walter Haut, die dieser auf Anweisung von Colonel William Blanchard herausgegeben hatte. Blanchard war Basiskommandant des Luftwaffenstützpunktes von Roswell, wo die 509. Bomberstaffel ihre Basis hatte, die einzige Atombombeneinheit der USA. Von Roswell aus waren auch die Atombomben versandt worden, die dann über Hiroshima und Nagasaki abgeworfen wurden.

Nachdem am Vortag die führenden Luftwaffenexperten von Roswell, angeführt von Major Jesse Marcel, die mysteriösen Trümmerstücke aus unbekanntem Material (dünn, aber unzerstörbar) untersucht und an höhere Stellen weitergeschickt hatten, schrieb Leutnant Haut am folgenden Morgen an die Presseagentur *Associated Press* folgende Mitteilung:

> Die zahlreichen Gerüchte über fliegende Scheiben wurden gestern zur Realität, als das Nachrichtenbüro des 509. Bombengeschwaders der Air Force in Roswell das Glück hatte, in Zusammenarbeit mit einem örtlichen Rancher und dem diensthabenden Sheriff von Chaves County in den Besitz einer solchen Scheibe zu gelangen. Das fliegende Objekt ging irgendwann letzte Woche auf einer Ranch bei Roswell nieder. ... Es wurden sofort Maßnahmen eingeleitet, um

die Scheibe auf der Ranch zu bergen. Sie wurde auf dem Roswell Army Air Field untersucht und in der Folge von Major Marcel an höhere Stellen weitergeleitet.

Sofort wurde diese Meldung von den Zeitungen, die am Nachmittag in den Druck gingen, aufgegriffen und veröffentlicht. Während diese Zeitungen im Druck waren, kam von höchster Stelle ein energischer Widerruf, verkündet von General Roger M. Ramey. Er setzte alle Hebel in Bewegung, um die weitere Verbreitung der ersten Meldung zu verhindern, und erklärte, die ganze Aufregung sei ein Fehlalarm gewesen. Die abgestürzte „Untertasse" sei ein Wetterballon gewesen!

Dieser Vorfall war der Wendepunkt. Bis Anfang Juli 1947 hatte sich die Luftwaffe anscheinend noch nicht näher mit diesen Flugobjekten beschäftigt und auch noch keine offizielle Devise herausgegeben, sonst hätten die Chefs der Luftwaffenelitetruppe der Atombomben-Basis von Roswell nicht so leichtfertig ihre UFO-Bergung via Telex bekanntgegeben. Das bedeutet, daß der Roswell-Absturz der erste seiner Art war und auch für die höchsten US-Behörden eine völlig neue Situation darstellte.

Nun jedoch schalteten sich die höchsten Stellen ein und befahlen totale Geheimhaltung. Dies war der Beginn der Zensurmaschinerie, die das ganze Thema für dreißig Jahre mit einem mörderischen Schweigen belegte und auch heute noch für Verwirrung, Lügen und Geheimhaltung sorgt.

Die hohen Offiziere, die noch vor wenigen Stunden überzeugt gewesen waren, daß das, was sie geborgen hatten, völlig unbekannt war und zweifelsohne zu einem der überall gesichteten untertassenförmigen Flugobjekte gehörte, konnten sich plötzlich an nichts mehr erinnern. Sie wirkten verängstigt und eingeschüchtert. Obwohl es nicht glaubhaft war, daß die hochqualifizierten Luftwaffenoffiziere von Roswell etwas so Alltägliches wie einen Wetterballon mit einem UFO verwechselten, übernahm die Presse das Dementi kritiklos und verbreitete es auf den Frontseiten, worauf diese kurze Sensation schnell vergessen war. Die Meldung über das abgestürzte UFO war ja nur ein einziges Mal in wenigen Lokalzeitungen von New Mexico aufgetaucht. Danach war sie sogleich durch die „Klarstellung" von höchster Stelle entschärft worden. Abgestürzte UFOs wurden erst 1950 ein Thema, als der populäre Journalist Frank Scully das Buch *Behind the Flying Saucers* („Was hinter den Fliegenden Untertassen steckt") veröffentlichte. Darin schrieb er von vier UFO-Abstürzen; es seien dabei auch kleine graue Außerirdische geborgen worden. Berufene Stellen machten den Autor sogleich lächerlich und schufen den Eindruck, das Thema „abgestürzte UFOs" und „Graue" sei nur ein Phantasieprodukt bzw. ein Schwindel von Frank Scully. Über zwanzig Jahre lang griff kein UFO-Forscher mehr dieses scheinbar lächerliche Thema auf!

Die Stimulierung der Dunkelmächte

Alle Beteiligten, auch die Luftwaffenberichte, bestätigen, daß in der Nacht vom 2. auf den 3. Juli 1947 „etwas" in der Prärie von Corona/Roswell abstürzte. Unbestritten ist auch die Tatsache, daß der Farmer, der am 3. Juli einige der Trümmer barg, diese erst nach dem verlängerten Wochenende (der Independence Day, 4. Juli, fiel auf einen Freitag) am Montag, dem 6. Juli, in das Sheriff-Büro von Roswell brachte. Ebenfalls unbestritten ist, daß das Gelände danach für eine Woche militärisch abgeriegelt wurde.

Diese offiziellen Fixpunkte des Roswell-Rätsels lassen bereits konkrete Schlüsse zu: Ganz bestimmt ist kein geheimes US-Objekt abgestürzt, denn sonst hätte das Militär es vermißt und gesucht. Es blieb jedoch unbemerkt liegen, was zeigt, daß die nahegelegene Militärbasis nichts von diesem Objekt wußte. Wäre es ein Wetter- oder ein Mogul-Ballon gewesen, wäre das Gebiet nicht militärisch abgeriegelt worden, schon gar nicht *eine Woche lang,* denn solche Ballons wurden des öfteren geborgen und enthielten keine geheimen Technologien.

Jahrzehnte später traten insgesamt über einhundert Augenzeugen (auch die beteiligten Roswell-Offiziere) an die Öffentlichkeit, und sie alle bestätigten dasselbe, nämlich die UFO-Erklärung, die erste und auch einzig plausible Erklärung.

Warum stürzte gerade in der Nähe der Atombombenbasis ein UFO ab? Warum stürzten sie überhaupt ab? Sie beruhen auf einer hochentwickelten Technik, die anscheinend Dimensions- und

Hyperspace-Reisen erlaubt. Und dann sollen sie wie angeschossene Segelflugzeuge vom Himmel plumpsen? Die Erklärung einiger Geheimdokumente, diese UFOs seien durch die „neuen“ irdischen Radaranlagen (anno 1947) irritiert worden und deshalb abgestürzt, ist keine Erklärung, sondern ein Erklärungs*versuch* für diese rätselhaften, ja unheimlichen Abstürze.

Eine höchst kontroverse Erklärung ist die folgende: „An den Früchten sollt ihr es erkennen.“ Was war die Folge des Roswell-Absturzes und der folgenden Abstürze? Die irdischen Geheimmächte wollten diese Wracks verstecken und mußten entsprechende Anlagen bauen; sie gründeten neue Geheimdienste und eine mit diesen Elitekreisen verbundene paramilitärische Schattenregierung; es entstand ein Teufelskreis von Lügen und Vertuschungsaktionen; die Irdischen entwickelten einen ungeheuren Drang, diese Technologie ebenfalls zu bekommen, und strebten via NSA und Projekt SIGMA nach einem konkreten Kontakt, das heißt, *sie luden die UFO-Aliens ein.* Und dann kam es zum Kontakt und dem verhängnisvollen Pakt, worauf die Entführungen und genetischen Aktionen zahlenmäßig in die Höhe schossen.

Stürzten die UFOs vielleicht gar nicht wegen Unfällen ab, sondern waren die Abstürze Teil eines Plans? Dienten sie als *Köder,* um die irdischen Geheimmächte zu angeln, so daß sie den „Absendern“ mit SIGMA-Einladung und MJ-Erlaubnis die Tür zur Erde öffneten? Denn ohne diese Erlaubnis wären die Aliens als unbefugte Eindringlinge von den planetaren Wächtern, den Lichtwesen, abgefangen worden. Aber mit Erlaubnis und NSA-Rückendeckung konnten sie nicht mehr aufgehalten werden. Die Menschen hatten sie, trotz Warnung von seiten der Lichtwesen, eingeladen und zeigten höchstes Interesse an ihrem Angebot: Technologie.

So unglaublich und ernüchternd diese These ist, sie vermag viele Fragen zu klären, insbesondere: Warum stürzen UFOs ab? Warum stürzten sie mehrmals ab, machten dieselben fatalen Flugmanöver also öfters, ohne zu lernen?! Wer steckt hinter diesen Abstürzen? Warum haben Aliens es nötig, mit irdischen Mächten ein Abkommen einzugehen, wenn sie technologisch doch so hoch überlegen sind?

„Kampf der Dimensionen"

Unter diesem Titel erschien im Jahr 1990 in der vierten, erweiterten Auflage das Buch eines medial und visionär begabten Mannes namens Edward Korkowski aus Deutschland, eines einfachen Fabrikarbeiters. Seine Texte enthalten jedoch erstaunliche und sich bestätigende Beschreibungen des Kosmos und der menschlichen Zukunft auf Erden. Man wird bei ihm an die Joël-Prophezeiung erinnert, daß in der kritischen Zeit auch einfache Arbeiter („Knechte und Mägde") göttliche Visionen bekommen werden. Und Korkowski erwähnt genau das obige Szenario als Erklärung für die Fragen rund um diese UFO-Abstürze, gestützt auf seine medialen Quellen:

> Leider ist unser herrlicher Planet immer mehr in der Gefahr chaotischer Zustände! Diktatorische, verbrecherische Regierungen, aber auch Sekten und viele fanatische Idealisten führen Tausende, ja Millionen von Menschen ins Unheil. ... Und es gibt dabei noch verschiedene andere Umstände, von denen Sie überhaupt noch nichts wissen. So wurde mir auch gesagt, daß zur Zeit unter uns Fremde von einem anderen Planeten, aus einem anderen Sonnensystem wirken – nicht als Freunde und Helfer, als die sie sich in verschiedenen Botschaften ausgeben, sondern gegen uns. Sie sind viel mächtiger als wir, und sie wollen unseren Planeten für sich! ... Sie können sogar unsere Waffen manipulieren und schieben sogar einige Waffen uns zu, indem sie *den Absturz von UFOs vortäuschen,* so daß irdische Militärmächte Beute machen können. ... Danach [nach dem Krieg] wollen sie die Überlebenden ihrer Herrschaft unterwerfen und mittels medizinischer Präparate zu Dauersklaven machen. Das alles gehört zur Perspektive der negativen UFOs und anderer geheimer Mächte, deren unheilvolles Wirken wir erkennen müssen. ... Es gibt natürlich nicht nur diese negativen UFOs, sondern auch echte Helfer aus anderen und höheren Welten, sichtbare und unsichtbare. Dazu brauche ich nicht viel zu sagen, denn es sind ja in den vergangenen Jahren viele Bücher darüber veröffentlicht worden von Forschern, die sich mit viel Idealismus dafür eingesetzt haben. Aber die meisten Ufoidealisten sehen die negative Seite nicht oder lassen sich durch schöne Reden von Außerirdischen täuschen. Darum ist es höchste Zeit, daß auch einmal über die negativen Absichten etwas publiziert wird, damit wir auf kommende unange-

nehme Überraschungen vorbereitet sind und uns mehr Mühe geben, unsere wahren Freunde zu erkennen … (S. 10–12)

Das Jahrzehnt nach den Atombomben

Wenn die Menschen anfangen, bis in die Atome hineinzugreifen, um von dorther die Materie zu manipulieren, ist dies der Anfang vom Ende ihrer Zivilisation. Die Freisetzung der nuklearen Energie löst ungeahnte (astrale) Kettenreaktionen aus, vor allem wenn sie mit einem Massenmord verbunden ist wie damals im August 1945. Noch nie waren so viele Menschen mit einem Schlag ausgetilgt worden wie durch den zweifachen Atombombenabwurf der Amerikaner. Hunderttausende von Seelen wurden innerhalb von Sekunden ins Jenseits gerissen, und eine geballte Schock- und Angstenergie floß in die niederen Astralebenen, in die Reiche jener dunklen Astralmächte, die den Impuls zu dieser „genialen" Erfindung gegeben hatten – und die sich von diesen Energien ernähren. Gleichzeitig riß die astrale Todesschwingung dieser Bomben ein Loch in den feinstofflichen Schutzmantel der Erde, weshalb plötzlich von außen her Wesen derselben Frequenz auch *physischen* Zugang zum Planeten bekamen. Magisch wurden sie zum Herkunftsort dieser Schwingung gezogen: zur Atombombenbasis Roswell. Vor den Toren dieser Stätte von Massenvernichtungswaffen wurde der Köder abgeworfen, und wie nicht anders zu erwarten, bissen die irdischen Machthungrigen an.

Der Annahme, die Roswell-Aktion habe etwas mit jenen Außerirdischen zu tun, die vor der Nuklearenergie warnten, ist nicht haltbar, denn diese Aktion bewirkte genau *das Gegenteil eines Abbaus,* und die ETs hinter den Abstürzen unternahmen nichts, um diese Entwicklung zu korrigieren. Sowieso würden die Lichtwesen, von denen die echten Warnungen stammen, nicht jämmerlich in den Wüstensand abstürzen, weder als Unfall noch als Falle.

Noch am Tag der ersten Zeitungsmeldungen über den UFO-Absturz bei Roswell wurde von höchster Stelle sogleich das totale Dementi diktiert. Erst dreißig Jahre später – als erste Geheimdokumente über den gerichtlichen *Freedom of Information Act* herausgegeben wurden – sollten die UFO-Forscher erfahren, daß am selben Tag (9. Juli 1947) der Generalstab im Pentagon im Namen des Brigadegenerals George F. Schulgen einen internen Brief an das FBI sandte, u. a. mit folgenden Zeilen:

> Da nachgewiesen wurde, daß die fliegenden Scheiben nicht das Ergebnis irgendeines Armee- oder Marineexperimentes sind, ist die Angelegenheit für das FBI interessant. ... Das Büro [FBI] sollte, falls irgendwie möglich, auf General Schulgens Antrag eingehen.

Auf diesem Dokument befindet sich auch eine handschriftliche Bemerkung des FBI-Chefs Edgar Hoover: „Ich würde es tun, doch bevor wir zustimmen, müssen wir auf vollen Zugang zu den aufgefundenen Scheiben bestehen."[173]

Unter den im Jahr 1977 freigegebenen Dokumenten befindet sich noch ein anderes, durch das bewiesen wird, daß in diesen Jahren mehrere – mindestens drei – UFOs „abstürzten". Bei diesem Regierungsdokument handelt es sich um ein Memorandum vom 22. März 1950, das vom FBI-Sonderagenten Guy Hottel seinem Chef, Edgar Hoover, zugestellt wurde:

> Ein Ermittler der Luftwaffe stellte fest, daß in New Mexico drei sogenannte Fliegende Untertassen geborgen wurden. Sie wurden in ihrem Aussehen als kreisförmig beschrieben, mit einer Erhöhung im Zentrum. Der Durchmesser betrug ungefähr 50 Fuß [15 Meter]. In jeder fand man drei Wesen von menschlicher Gestalt, die aber nur drei Fuß [rund 1 Meter] groß waren. Sie trugen eine metallische Kleidung aus sehr feinem Material.[174]

Diese Geheimdienst- und Regierungsdokumente sind garantiert echt und wurden offiziell freigegeben! Sie beweisen, daß die Deckgeschichte, die bis heute von der Luftwaffe beteuert und von den internationalen Massenmedien verbreitet wird, eine Lüge ist.

Die plötzliche Mobilmachung der Geheimmächte *nach* Roswell und die arglose Berichterstattung *bis* Roswell sind deutliche Indizien dafür, daß das UFO-Phänomen bis Anfang Juli 1947 für die offizielle und auch für die geheime Regierung etwas Unbekanntes war. Danach, bis 1953, kam die Phase, in der die Luftwaffe und die inneren Kreise der Regierung fieberhaft mehr herausfinden wollten. Sie hatten ein paar UFO-Wracks und mehrere tote sowie mindestens einen lebenden UFO-Insassen geborgen. Aber sie wußten nicht, wer diese Wesen waren und was sie wollten. Warum erschienen sie plötzlich in gehäuften Sichtungen? Waren alles die gleichen Wesen? Hatte man es mit verschiedenen Gruppen zu tun? Waren sie freundlich oder feindlich gesinnt?

Viele namhafte Militärleute und Piloten meldeten damals spektakuläre Sichtungen.

Seit Anfang der fünfziger Jahre traten auch spirituell orientierte Menschen auf, die berichteten, sie seien telepathisch mit den positiven Außerirdischen in Kontakt gekommen. Einer der berühmtesten war George van Tassel, der bereits im Frühjahr 1952 einige seiner medialen Botschaften an das Pentagon in Washington weiterleitete. In einer dieser Botschaften vom Juli 1952 bekam er von Ashtar eine Warnung vor nuklearen Experimenten und sandte diese Botschaft an Präsident Truman. „Wenige Tage später erschienen dann viele Raumschiffe über Washington, eine Begebenheit, über die van Tassel schon vorher benachrichtigt worden war.“[175] Seinen Rundbrief *Proceedings* versandte er in alle Welt, wobei bemerkenswert ist, daß das FBI-Hauptzentrum zu seinen Abonnenten gehörte.

Während dieser Zeit führten die SIGMA-Kreise ihre geheimen Forschungen und Kontaktbemühungen durch. Gleichzeitig gründeten sie mit niedrigrangigen Militärleuten eine offizielle Forschungsgruppe namens Projekt GRUDGE, das später zum Projekt BLUE BOOK wurde. Dies waren nur Attrappengremien, um der Öffentlichkeit, vor allem der Presse, sagen zu können, die Luftwaffe sei dabei, das Phänomen zu erforschen.

Im Januar 1951 wurde Luftwaffen-Captain Edward J. Ruppelt als Leiter von Projekt GRUDGE bzw. BLUE BOOK eingesetzt. Ab 1952 wurden die BLUE-BOOK-Gruppe und insbesondere der niedrigrangige Captain Ruppelt in den Nachforschungsarbeiten zusehends von den *eigenen höheren Stellen* behindert.

Am 19. Juli 1952 kam es zur ersten der zwei berühmten UFO-Sichtungswellen über Washington, am 26. Juli 1952 zur zweiten: eine UFO-Parade direkt über dem Weißen Haus. Tausende von Menschen sahen sie, und die Radaranlagen bestätigten die optischen Sichtungen. Die Schlagzeilen am Tag danach:

> **„Objekte“ wieder über der Hauptstadt – Düsenjets von ihnen abgehängt:** Die Air Force sagte heute, daß Düsenjäger gestern abend versucht hätten, unbekannte, von Radargeräten registrierte Objekte am Himmel über Washington abzufangen ... Es war das zweite Mal innerhalb einer Woche, daß am Himmel über der US-Hauptstadt unidentifizierte Objekte beobachtet wurden ... (*New York Times,* 27. Juli 1952, Titelseite)

> WASHINGTON, 28. Juli (INS): Die Luftwaffe gab heute bekannt, daß Abfangjäger für 24 Stunden landesweit in „Alarmbereitschaft“ gegen „Fliegende Untertassen“ versetzt wurden mit dem Befehl, diese abzuschießen, falls sie sich einer Landung widersetzen sollten. Es war zu erfahren, daß bei mehreren Gelegenheiten Piloten aufstiegen, mit der Absicht, die rätselhaften Objekte herunterzuholen, doch sie seien nie nahe genug gekommen, um von ihren Waffen Gebrauch machen zu können.[176]

Am Tag darauf fand eine Pressekonferenz mit Generalmajor Samford, dem Chef des Luftwaffengeheimdienstes, statt. Dieser erklärte öffentlich, bei den zwei Sichtungswellen habe es sich um die atmosphärischen Effekte einer Temperaturinversion gehandelt. Am 30. Juli 1952 berichtete die *New York Times,* wiederum auf der Titelseite:

> **Air Force entlarvt „Untertassen“ als reine Naturphänomene**
> Abwehr-Chef bestreitet, daß eine Bedrohung besteht –
> Objekte wahrscheinlich nichts weiter als Lichtreflexionen ...

Experten wie die Wissenschaftler von BLUE BOOK durchschauten natürlich den Bluff, denn es war klar, daß in den besagten beiden Juli-Nächten solche Temperaturinversionen unmöglich gewesen waren, und sowieso hätten dann die Effekte ganz anders ausgesehen als diese Flotte von zielgerichtet fliegenden Lichtobjekten, die plötzlich – nach einer eindrucksvollen Parade – mit schätzungsweise 10 000 Stundenkilometern abgezischt waren.

Hinter der Behinderung der Nachforschungen und dem befohlenen Meinungsumschwung steckte Luftwaffen- und Geheimdienstchef und MJ-12-Mitglied General Vandenberg. Er und Samford gründeten ein neues Komitee, das von Dr. Robertson, einem Mitglied des Pentagon und der CIA, geleitet wurde. Dieses Komitee

(Robertson Panel) tagte unter größter Geheimhaltung vom 14. bis 17. Januar 1953 in Washington. Trotz der vielen Sichtungen und der Arbeit, die Ruppelts Gruppe bereits geleistet hatte, äußerte sich dieser Ausschuß sehr skeptisch über BLUE BOOK und vertrat abschließend die Meinung, dieses Thema rechtfertige keine weitere aufwendige Untersuchung. Den internen Abschlußbericht an die CIA und das Pentagon bekam Ruppelt nicht zu Gesicht. Heute zugängliche Dokumente belegen, daß damals bewußt die Vertuschung, Verharmlosung und Lächerlichmachung der UFO-Thematik befohlen wurde.

Dies führte sogleich zu gesetzlichen Konsequenzen: Das US-Verteidigungsministerium gab ein neues Gesetz für die Mitglieder der Luftwaffe heraus: die *Air Force Regulation 200-2.* Dieses Gesetz besagt, daß UFO-Berichte nur dann an die Öffentlichkeit weitergegeben werden dürfen, wenn sich die Sichtung eindeutig als eine Täuschung nachweisen läßt. Alle anderen Berichte seien als geheim zu behandeln.

Ende desselben Jahres wurde ein noch schärferes Gesetz erlassen: die *Joint Army Navy Air Force Publication 146 (JANAP 146),* eine Anordnung von der vereinten Führung der Armee, der Marine und der Luftwaffe. Diese besagte, daß jedes Weitergeben von UFO-Informationen in die Kategorie von Spionage einzuordnen sei. Die Strafe für diese Spionage bestand in Gefängnis von einem bis zu zehn Jahren und/oder Bußen bis zu 10 000 Dollar.

Im August 1953 verließ ein frustrierter Ruppelt das Projekt BLUE BOOK, das sowieso nur noch aus ihm und zwei Assistenten bestanden hatte. 1956 veröffentlichte er ein Buch mit dem Titel *Report on Unidentified Flying Objects.* Darin erörterte er alle Argumente für die Realität der UFOs und für deren nichtirdischen Ursprung. Gleichzeitig erklärte er auch, mit welchen heimtückischen Mitteln die Luftwaffe und die CIA die Arbeit der BLUE-BOOK-Gruppe behindert und letztlich zum Scheitern gebracht hatten.

1959 erschien eine neue Auflage dieses Buches, und zwar eine völlig überarbeitete und veränderte. Darin widerrief Ruppelt all seine Anschuldigungen gegen die Behörden und sogar seine eigenen UFO-Analysen. In dem neuen Buch hieß es, die UFOs seien tatsächlich nichts anderes als das, was die offiziellen Stellungnahmen sagen, nämlich Sinnestäuschungen.

Mehrere kritische Beobachter äußerten sogleich den Verdacht, diese Änderungen kämen gar nicht von Ruppelt selbst. Dieser Verdacht wurde ein paar Monate später durch Ruppelts plötzlichen Tod bestätigt. Der „Tod durch Herzversagen“, wie es offiziell hieß, beseitigte den unangenehmsten Zeugen der ersten Jahre, und es bestand keine Gefahr mehr, daß der Autor des *Report on Unidentified Flying Objects* unliebsame Erläuterungen zum plötzlichen Meinungswandel in „seinem“ Buch von sich gab.

Die Robertson-Strategie und die neuen Gesetze bewirkten, daß ab 1954 die Sichtungsmeldungen von Piloten und Militärleuten drastisch zurückgingen. Offensichtlich waren die Geheimdienste *nicht mehr an Sichtungsberichten interessiert.* Warum? Diese Taktik der nach außen hin gezeigten Banalisierung und Ablehnung des Phänomens konnte nur eines bedeuten: Es wurden *geheime* Forschungen betrieben, die bereits konkrete Erfolge verzeichnet hatten, sonst wäre die Mitarbeit der eigenen Leute weiterhin erwünscht gewesen. Aber das Gegenteil war der Fall.

Die bereits erwähnten Darstellungen vermögen heute zu erklären, warum nach der anfänglichen Ahnungslosigkeit (vor dem Juli 1947) und nach der folgenden intensiven Nachforschung plötzlich (ab 1953) ein eisernes Schweigen und Dementieren einsetzte: Genau in diesem Jahr, 1952, waren durch SIGMA erste Kontakte mit den technologischen ETs zustande gekommen, was später zu geheimen Begegnungen und Abkommen führen sollte. Tatsächlich erschienen in der Zeit von 1953 bis 1954 in einer hohen Erdumlaufbahn „neue Monde“, die 1954 für Schlagzeilen sorgten.[177]

Wie Milton William Cooper zwanzig Jahre später in den geheimen Akten der Marine entdeckte (siehe S. 428), hatten die Insider diese zwei neuen „Erdtrabanten“, die plötzlich wieder verschwanden, nie für Monde gehalten, denn sie wußten, daß dies die Raumschiffe der von SIGMA gerufenen Techno-ETs waren. Bevor die Begegnung mit diesen ETs stattfand, kam es zu einem Kontakt mit den positiven Außerirdischen. Zuerst sandten sie durch George van Tassel eine mediale Botschaft an den Präsidenten, dann führten sie über Washington in majestätischer Überlegenheit eine Parade durch, und zum Schluß – als die Techno-ETs physisch ihren Fuß auf die Erde setzen wollten – erschienen sie sogar persönlich, um die irdischen „Zauberlehrlinge“ vor diesen ETs zu warnen und eine *geistige* Hilfe anzubieten, die zu einem globalen Bewußtseinswandel und dann als natürliche Folge auch zur Entwicklung einer nichtdestruktiven Technologie geführt hätte.

Die irdischen Mächte lehnten das Angebot der göttlichen Seite ab mit der Begründung, es sei nicht zu verantworten, auf die Atomwaffen zu verzichten; vielleicht sei dies ein Trick der Ufonauten; wenn die Atomwaffen beseitigt wären, würden sie möglicherweise die nunmehr wehrlosen Menschen angreifen. Doch diese Argumentation war heuchlerisch, denn sie hatten die Demonstration der Außerirdischen gesehen: Wenn es deren Absicht gewesen wäre, die Menschheit zu unterwerfen, hätten sie es mit ihrer technischen Überlegenheit jederzeit tun können. Sie hätten ohnehin die Fähigkeit gehabt, die schwerfälligen irdischen Atomwaffen von vornherein unschädlich zu machen.

Das Beharren auf der eigenen Atommacht und das Ausschlagen der Warnung waren jene satanischen Entscheidungen, die den entsprechenden Wesen die Tore öffneten (siehe Offb 12,12b).

Die Asuras konnten nicht einfach landen und sich mit Gewalt Zutritt zur Erde verschaffen, weil jeder Planet von göttlichen Wesen bewacht wird. Diese Wächter respektieren den freien Willen aller Wesen, auch den freien Willen der irdischen und außerirdischen Asuras. Wenn diese von den Erdbewohnern oder ihren tolerierten Anführern eingeladen werden, d. h. wenn es dem Karma der Menschheit entspricht, mit diesen Wesen konfrontiert zu werden, dann gewähren die planetaren Wächter den dunklen Mächten Zugang zum Planeten.

Wie es aussieht, war dieser Umstand nach dem Zweiten Weltkrieg eingetreten. Die irdischen Geheimmächte verlangten endgültig nach einer globalen 666-Technologie und riefen die entsprechenden „Götter“, und die weltweite Euphorie über den technologischen Aufschwung schaltete die Resonanz der Menschheit auf die Frequenz der technologischen ETs. Diese drangen nun auf die Erde vor, und die Lichtwesen blieben im Hintergrund, um ihren Aufgaben auf eine andere Weise nachzugehen.

Die Vertuschung geht weiter

Mitte der sechziger Jahre ließen neue Sichtungswellen über den USA das öffentliche Interesse an UFOs wieder aufflammen. Die Forderung nach einer Klärung wurde so groß, daß der damalige Führer der Republikaner, Gerald Ford, der spätere US-Präsident, eine offizielle Behandlung des Themas im Kongreß verlangte, die am 5. April 1966 auch stattfand. Es wurde eine weitere Untersuchung der Sichtungen beschlossen, die nach drei Jahren mit dem sogenannten „Condon-Report" (benannt nach dem Leiter, Prof. Condon) abgeschlossen wurde. Obwohl die einzelnen Forscher in diesem Projekt relativ objektiv und aufgeschlossen waren, diente Prof. Condon als Beauftragter des Robertson-Panel den Wünschen der Hintermächte und verkündete das abschließende „wissenschaftliche" Urteil, das bis heute offiziell gilt: UFOs sind Sinnestäuschungen oder falsch interpretierte Sichtungen von Satelliten, Wetterballons oder Naturphänomenen wie Temperaturinversionen, Spiegelungen, Planet Venus usw. Prof. Condon ließ verlauten, eine weitere Untersuchung des UFO-Phänomens habe keinen wissenschaftlichen Wert, weshalb die diesbezügliche Verwendung von Steuergeldern nicht mehr gerechtfertigt sei; das Projekt BLUE BOOK sei offiziell zu beenden.

Am 17. Dezember 1969 erklärte der Sekretär der amerikanischen Luftwaffe, Robert Seamans, die Luftwaffe stelle die UFO-Forschung ein, nachdem diese zweiundzwanzig Jahre lang ergebnislos betrieben worden sei. Im Lauf der Jahre wurden die langatmigen und langweiligen BLUE-BOOK-Berichte Nr. 1 bis 12 und 14 herausgegeben. Der Illuminatenkern der UFO-Politik erlaubte sich dabei einen deutlichen Hinweis: Sie übersprangen den Band 13 und fügten demonstrativ noch einen Band 14 an. Öffentlich hieß es, ein Band 13 sei aus Rücksicht auf Menschen, die die 13 für eine Unglückszahl hielten, nicht erstellt worden. Erstaunlich, daß die US-Luftwaffe plötzlich so rücksichtsvoll ist!

Es ist jedoch anzunehmen, daß Band 13 der BLUE-BOOK-Berichte nicht weggelassen, sondern einfach nicht veröffentlicht worden war. In den folgenden Jahren traten dann auch vereinzelte Zeugen auf, wie John Lear und der Vietnam- und Laos-Veteran

William „Bill“ English, die behaupteten, sie hätten Band 13 gesehen und darin lesen können. Inhalt: ebenjenes Szenario mit dem ET-Pakt und den unterirdischen Anlagen.[178]

Hinweise auf die Motive der ETs?

Ende der sechziger Jahre, als die offizielle UFO-Forschung zu stagnieren begann, rückte plötzlich eine neue Dimension ins Blickfeld der Grenzwissenschaftler: Der junge Schweizer Hobby-Schriftsteller Erich von Däniken landete mit seinem Erstlingswerk *Erinnerungen an die Zukunft – Ungelöste Rätsel der Vergangenheit* (1968) einen internationalen Bestseller und geriet praktisch über Nacht ins Rampenlicht (und Kreuzfeuer). Er behauptete, die Erde werde schon seit vielen Jahrtausenden von außerirdischen Raumfahrern besucht. Obwohl Desmond Leslie (Koautor des umstrittenen UFO-Botschafters George Adamski) und der Esoteriker Robert Charroux diese Themen bereits vor ihm aufgegriffen hatten, war es doch der unesoterische Erich von Däniken, der die Diskussion um die außerirdischen Astronauten der Vergangenheit weltweit anheizte und mit immer neuen Argumenten bereicherte, indem er unermüdlich viele Male alle Erdteile bereiste und ein Inventar aller historischen Rätsel erstellte. Dieser Diskussions- und Forschungsbereich bekam sogar eine eigene wissenschaftliche Bezeichnung: Präastronautik.

Es war auch Erich von Däniken, der darauf hinwies, daß in der Vergangenheit möglicherweise genetische Eingriffe von seiten der Außerirdischen, die sich als „Götter“ oder „Gott“ ausgaben, stattgefunden haben. Dabei äußerte er sich kritisch über diese „Perversionen unserer Vorfahren“ – so der Untertitel eines Kapitels in seinem zweiten Buch, *Zurück zu den Sternen.*

Wie als Ironie des Schicksals wurden die Forscher gerade in diesen Jahren auf einen neuen Aspekt des UFO-Phänomens aufmerksam: Menschen begannen zu berichten, sie seien von „grauen“ Außerirdischen entführt und für genetische Experimente verwendet worden, und gleichzeitig kam es auch zu ersten Entdeckungen von seltsam verstümmelten Tierleichen.

Waren „von Dänikens Außerirdische“ wieder zurückgekehrt?

Ängste und Hoffnungen

Während die US-Luftwaffe und damit die US-Regierung am Ende des Mondfahrtjahres 1969 mit der Beendigung von Projekt Blue Book ihr (bis zum heutigen Tag gültiges) offizielles Abschlußurteil über UFOs gefällt hatte, wurde die UFO-Forschung von privater und akademischer Seite her weiterbetrieben. Damals, Ende der sechziger Jahre, war die Vertuschung noch so dicht, daß die UFO-Forscher nicht viel mehr wußten als das, was die sporadischen Sichtungen betraf.

Erst ab Ende der siebziger Jahre stieß die neue Generation von Forschern wieder auf das Thema der UFO-Abstürze. Roswell war bis zu diesem Zeitpunkt fast dreißig Jahre lang vergessen gewesen, ganz zu schweigen von den anderen Abstürzen und Bergungen, von denen nichts mehr in die Zeitungen gekommen war.

Seit den siebziger Jahren wurde das UFO-Phänomen zunehmend verwirrender. Mit Roswell wurden auch die verwandten Themen entdeckt: Waren tatsächlich einige der damals häufig gesichteten „Untertassen“ abgestürzt? Waren sogar kleine graue ETs geborgen worden? Hatten einige sogar noch gelebt?

Parallel zu diesen Entdeckungen kamen neue Aspekte des UFO-Phänomens an die Oberfläche: die zunehmende Zahl von Menschen, die unter Hypnose oder auch im Wachbewußtsein berichteten, sie seien von kleinen grauen ET-Wesen entführt worden; die von Erich von Däniken ausgelöste Diskussion, die eine ganze Welle von „präastronautischen“ Forschern und Autoren nach sich zog; die fortlaufenden UFO-Sichtungen; die Berichte der amerikanischen Ureinwohner von positiven und negativen Kontakten in ferner wie auch jüngster Vergangenheit; die Zeugenaussagen und Berichte über die technologischen ET-Kontakte und die Untergrundbasen, die ebenfalls erst in den 1980er Jahren bekannt wurden (als Höhepunkt die bereits erwähnte Fernsehsendung *UFO Cover-up: Live!* im Jahr 1988); die Tierverstümmelungen; die Berichte über die positiven Kontakte und die ausgeschlagene Hilfe; immer mehr Channeling-Botschaften von Außerirdischen, und ab den 1970er Jahren die „Kornkreise“, die sehr schnell zu einem Phänomen von immer komplexeren Piktogrammen wurden (der

Großteil von ihnen erschien und erscheint in England, zunehmend aber auch in anderen Ländern).

Je vielfältiger und vielschichtiger sich die Thematik präsentierte, desto verworrener wurden die Meinungen. Einige sahen in den ETs eine Bedrohung der Menschheit, andere sahen und sehen in ihnen die Retter der Menschheit, die uns die Technologie bringen, mit der es uns möglich werde, die irdischen Energie- und Umweltprobleme zu lösen. Diese Kontroverse in der UFO-Frage spitzte sich noch mehr zu, als im Jahr 2001 die Kampagne des *Disclosure Project* mit einem Medienpaukenschlag an die Öffentlichkeit getragen wurde.

Zusammenfassung und Ausblick: Das „Disclosure Project"

Am Mittwoch, dem 9. Mai 2001, kam es in den Räumlichkeiten des *National Press Club* in Washington zu einer großangekündigten und aufsehenerregenden Pressekonferenz. Einberufen wurde sie von Dr. med. Steven Greer, dem Leiter des CSETI *(The Center for the Study of Extraterrestrial Intelligence)*. CSETI verfügt sogar über „Militärberater" (*military advisors,* wie Steven Greer sie nennt); diese waren es, die 1993 die Initiative zum *Disclosure Project* („Enthüllungsprojekt") ins Leben riefen. In der Folge kontaktierte Steven Greer viele hochstehende Mitglieder des US-Militärs, der Luftwaffe, der NASA und der Geheimdienste und fand rund vierhundert Personen, die bereit waren, Aussagen über das UFO-Phänomen und die Vertuschung durch die (geheime) Regierung zu machen. Viele dieser Zeugen mußten jedoch den Vorbehalt anmelden, daß sie erst öffentlich darüber sprechen könnten, wenn sie vom Kongreß eine Aufhebung ihrer Schweigepflicht bekämen.

Einundzwanzig namhafte, meist pensionierte Persönlichkeiten aus den genannten Bereichen traten an diesem Mittwoch zusammen mit Steven Greer vor die Medienvertreter und vor ein weltweites Publikum (die Pressekonferenz wurde live via Internet übertragen). Sie alle betonten: UFOs sind real. Sie sind das Produkt einer außerirdischen Intelligenz. UFOs sind abgestürzt, wurden von geheimen Abteilungen des Militärs geborgen und sogar vor der Regierung verborgen. Seit über fünfzig Jahren sind diese geheimen Abteilungen dabei, die UFO-Technologie zu erforschen, und haben längst entscheidende Durchbrüche geschafft. Steven Greer verriet in seiner Einleitungsrede zur Pressekonferenz des *Disclosure Project*, daß „mindestens 40 bis 80 Milliarden Dollar pro Jahr aus sogenannten *black budgets*" in die geheime Erforschung der abgestürzten UFOs und die darauf basierende Entwicklung fortgeschrittener Technologien fließen, und er fügte hinzu, daß diese UFO-Forschung „durch die zunehmende Macht der [hinter ihr stehenden] geheimen Kreise ins Gegenteil verdreht *(perverted)*" worden sei; weil sie nicht vom Kongreß und von internationalen Stellen kontrolliert würden, seien diese geheimen Kreise „eine Bedrohung geworden". Eine Enthüllung dieser geheimen, aber schon längst vorhandenen alternativen Technologien würde „die Welt für immer verändern" und wäre die Grundlage für „world peace".

Die Kampagne des *Disclosure Project* fordert insbesondere: eine offene Kongreßanhörung zum Thema UFOs und geheime Technologien; die Aufhebung der Geheimhaltungspflicht, der die Zeugen unterliegen; die Gründung von Gremien zur weiteren Erforschung von alternativen Energien und Antriebsformen; ein gesetzliches Verbot aller im Weltall positionierten Waffensysteme; die Einführung der alternativen Technologien zur Überwindung der weltweiten Armut und des Hungerproblems und zur Erreichung des Weltfriedens.

In der Pressekonferenz berichtete einer der Zeugen, Clifford Stone, ein hochrangiger Militär- und Polizeioffizier, er sei 1969 bei der Bergung eines abgeschossenen „außerirdischen Flugobjekts" dabeigewesen. Er sagte, man habe bisher 57 Arten von Außerirdischen katalogisiert; einige von ihnen sähen genauso aus wie Menschen. „Wenn sie unter uns wären, würden wir den Unterschied nicht bemerken."

Steven Greer unterscheidet zwischen keiner dieser Formen und besteht darauf, daß sie alle nur positiv seien. Bei seiner Einführungsrede verkündete er: „Es gibt keinerlei Hinweise, das möchte ich betonen, daß diese Lebensformen von anderswo *hostile* (uns feindlich gesinnt) sind."

Diese Meinung vertritt Greer mit allem Nachdruck und läßt im Rahmen des *Disclosure Project* niemanden zu Wort kommen, der eine andere Meinung vertritt. Dabei war 1997 ein neuer wichtiger Zeuge an die Öffentlichkeit getreten, der auf die bedrohlichen Aspekte hinwies: Philip J. Corso (1915–1998), ein pensionierter Colonel (Oberst) der US-Armee, der Mitglied von Präsident Eisenhowers *National Security Council* und Vorsitzender der geheimdienstlichen Pentagon-Abteilung „Erforschung ausländischer Technologie" (*Army Research and Development,* Abteilung *Foreign Technology*) gewesen war. In seinem autobiographischen Buch *Der Tag nach Roswell,* das 1997 erschien, berichtet Corso, daß er 1961 als Oberstleutnant im Pentagon von General Arthur Trudeau beauftragt wurde, die Arbeit an der Roswell-Akte weiterzuführen und mitzuhelfen, aus den in Roswell geborgenen UFO-Trümmern neue Technologien zu entwickeln. (Aus dieser Forschung seien z.B. diverse Laser-, Glasfaser- und Mikrochip-Technologien hervorgegangen.)

Philip Corso hatte mit dem Roswell-Vorfall direkt nichts zu tun gehabt, hatte aber in Fort Riley kurz nach dem Absturz unbefugt eines der toten „Extraterrestrischen Biologischen Entitäten" (EBE) zu Gesicht bekommen. Seine Darstellung besagt, daß die geheime Regierung einen Pakt mit den EBEs bzw. ETs eingegangen sei, um Zeit zu gewinnen, damit sie ein militärisches Abwehrsystem gegen die „Invasoren" entwickeln konnten. Dies sei mit der Entwicklung von Energiestrahlenwaffen, insbesondere dem Hochenergielaser (HEL), gelungen, wodurch es ab 1974 zum Abschuß einiger UFOs gekommen sei. Unter Ronald Reagan (US-Präsident von 1981–1989) sei deshalb die *Strategic Defense Initiative* (SDI), auch „Star-Wars-Programm" genannt, gefördert worden. Die SDI-Waffen im Weltraum seien in erster Linie gegen die UFOs und nicht gegen die Russen gerichtet gewesen.[179]

Corso ist US-patriotisch, er verteidigt die Geheimhaltung sowie die militärische Bekämpfung der UFOs, und er vermengt die verschiedenen frühen UFO-Abstürze zu einem einzigen, aber sein Zeugnis hat großes Gewicht und wird in vielen Aspekten auch von den Aussagen der Disclosure-Zeugen bestätigt.

Kapitel 14

Secret science oder Science-fiction?

Das Feld der UFO-Forschung wird heute weitgehend von Steven Greer und dem *Disclosure Project* beherrscht. In seinem Website-Newsletter vom 28. Mai 2002 berichtet er: „Im letzten Jahr haben sich 119 neue Zeugen aus Militär und Regierung gefunden, von denen viele bereit sind, bei der nächsten Disclosure-Veranstaltung auszusagen."

Greer und seine hochrangigen Zeugen bestätigen, daß es geheime Kreise hinter bzw. neben der Regierung gibt, eine „Schattenregierung", die ein Monopol auf die Geheimtechnologien haben wolle; sie sei nun zu einer Bedrohung der Menschheit geworden und strebe nach Weltherrschaft.

Dies sagt eine Gruppe von Hunderten von pensionierten und noch aktiven Militäroffizieren, Geheimdienstmitgliedern und Militärtechnologie-Experten! Wer kann hier also noch behaupten, dies seien alles nur Gerüchte und „Theorien"?

In seinem Artikel „Exopolitics or Xenopolitics" vom 2. Mai 2006, der auf der offiziellen Website des *Disclosure Project* veröffentlicht ist, verrät Steven Greer, wie diese Geheimmächte seiner Ansicht nach ihre Weltherrschaft etablieren wollen:

> Wir müssen Zurückhaltung und Vorsicht walten lassen, wenn wir es vermeiden wollen, derart manipuliert zu werden, daß wir an einen neuen falschen Feind glauben, gegen den man sich dann vereint und kämpft. Zahlreiche hochstehende Insider der Schattenregierung haben mir unabhängig voneinander geschildert, daß eine systematische Bemühung bestehe, die Öffentlichkeit zu desinformieren und den falschen Eindruck zu erwecken, es bestehe eine Bedrohung aus dem Weltall; Ziel sei es, die Massen dahin zu brin-

gen, daß sie dem Multimilliarden-Projekt einer Stationierung von Waffen im Weltall zustimmen. ... Die bekannten Verdächtigen – diejenigen, die von einer enormen Geld- und Machtkonzentration leben – wollen die Welt vereinen, aber nicht in Frieden. Dieses Vereinen und Kontrollieren hat nicht jene gute Zukunft zum Ziel, die die Menschheit erwartet, wie uns versichert wird. Vielmehr wollen sie uns durch Angst und Krieg beherrschen – durch einen Krieg der Welten –, ein Finale der Machtkonsolidierung, das dazu führt, daß die gesamte Menschheit in eine vereinte Opposition gegen irgendeine – vielleicht auch nur gegen eine einzige – ET-Rasse getrieben werden kann. Und indem sie dies tun, wollen sie durch die Angst, die dann wie ein Flächenbrand über die Menschheit hinweggeht, die ultimative Weltherrschaft erlangen.

Dr. von Braun [Wernher von Braun, 1912–1977] warnte uns auf seinem Sterbebett vor einem solchen Plan. Er warnte uns, daß nach dem Kalten Krieg die ‚Schurkenstaaten' kommen würden und daß diesen der globale Terrorismus folgen werde – und daß diesem die Bedrohung aus dem Weltall folgen werde, die endgültige Trumpfkarte der Angst ... [Als Beispiel erwähnt er den Film *Independence Day*.][180]

Welches Szenario stimmt nun?

Das Szenario, das die Disclosure-Exponenten vertreten, besagt: Die Erde wird von positiven, wohlwollenden Außerirdischen besucht, aber einige ihrer Raumschiffe sind abgestürzt oder wurden vom Militär abgeschossen, und die geheimen Kreise der Schattenregierung erforscht diese Technologie schon seit über fünfzig Jahren, hält ihre Errungenschaften der alternativen Energien jedoch zurück, um mit ihrem Energiemonopol (Öl, Industrie, Geld usw.) die Menschheit beherrschen zu können. Mit ihrer Macht wollen sie die Menschheit in eine Diktatur der Angst treiben, indem sie einen fiktiven Feind aus dem Weltraum in die Köpfe der Menschen setzen, um mit dieser Propaganda die Schaffung einer Weltregierung und Weltarmee zu erzwingen.

So lautet das Szenario, das Steven Greer vertritt. Wie weit auch die hochrangigen Militär-, Industrie- und Geheimdienstvertreter dies glauben, ist schwer abzuschätzen. Zumindest bestätigen sie alle, daß die Existenz einer Schattenregierung real ist.

Steven Greers Szenario ist nicht neu. Man findet es im Buch *Report from Iron Mountain,* das der Journalist Leonard C. Lewin 1967 veröffentlichte. Darin wird beschrieben, wie eine geheime Elite die Frage diskutiert, welche Folgen ein permanenter Friede für die Weltwirtschaft haben würde. Die Antwort lautet, daß Krieg der wichtigste Machtfaktor sei; sollte einmal „Frieden ausbrechen", müßten deshalb neue Feinde kreiert werden, z.B. durch die Propagierung einer globalen Bedrohung aus dem Weltall, denn mit einem Vorwand wie diesem wäre es möglich, die Welt unter einer einzigen Weltmacht zu vereinigen. (1972 stellte es sich heraus, daß dieses angebliche Illuminaten-Protokoll von Lewin selbst geschrieben worden war; es gehört also in die Kategorie von Romanen wie *1984* von George Orwell. Da dieses Buch aber als Tatsachenbericht verfaßt ist, erregte es anfänglich großes Aufsehen, und Präsident Johnson dementierte vehement. Es wurde in fünfzehn Sprachen übersetzt.)

Wenn es stimmt, daß Wernher von Braun 1977 auf seinem Sterbebett explizit vor einem solchen Plan warnte, dann dachte er möglicherweise an die Ausführungen im *Report from Iron Mountain.* Glauben die Disclosure-Mitglieder, die nichts von einer ET-Verschwörung wissen wollen, an die satirische Verschwörungstheorie von Leonard C. Lewin?

In der Linie des *Report from Iron Mountain* behauptet Steven Greer, alle Gerüchte über „negative Außerirdische" kämen von den Vertretern der „Schattenregierung". In Wahrheit seien alle Außerirdischen positiv, wie dies von Hunderten von namhaften Zeugen bestätigt werde. „Es gibt keinerlei Hinweise, daß diese Lebensformen von anderswo uns feindlich gesinnt sind."

Was bedeutet „feindlich gesinnt"? Wie die nachfolgenden Ausführungen zeigen, meinen auch diejenigen, die die Entführungen und genetischen Experimente vornehmen, daß sie etwas Gutes tun, da diese Eingriffe für sie selbst und für die Menschheit notwendig seien. Sie sehen sich nicht als Feinde der Menschheit.

Ist das Szenario, das im letzten Kapitel dargelegt wurde, nur Desinformation von seiten der Schattenregierung? Fakt ist: Dieses Szenario wurde noch nie von einer offiziellen Stelle vertreten. Von John Lear hört man nichts mehr. Bill Cooper wurde kurz nach dem 11. September 2001 erschossen. Andere diesbezügliche Zeugen starben oder verstummten ebenfalls. *Will hier tatsächlich jemand ein globales ET-Feindbild schaffen?* Es sieht nicht so aus: Bisher wurde gerade dieser Aspekt des Phänomens mit allen Mitteln unterdrückt. Beschwören die Disclosure-Vertreter hier eine Gefahr, die gar nicht besteht, weil man eine andere Gefahr nicht sehen will? Dennoch ist es nicht unmöglich, daß die Schattenregierung irgendwann sogar diese „Trumpfkarte" zieht, um einen Notzustand ausrufen zu können. Aber würde dies bedeuten, daß deswegen alle, die aus dem Weltraum kommen, uns wohlgesinnt und nicht eigennützig sind?

Steven Greer zieht diesen Schluß, obwohl er zugeben muß, daß wir eigentlich noch gar nichts über die ET-Absichten wissen! In seinem Artikel „Exopolitics or Xenopolitics" schreibt er: „Es gibt keine Möglichkeit, die ET-Pläne abzuschätzen, ohne zuerst die verdeckten menschlichen Pläne zu begreifen. Wir können nicht unterscheiden, was real ist und was Memorex ist – was ET ist und was Pseudo-ET-Desinformation ist –, solange wir nicht die Hallen von Rauch und Spiegeln, d. h. die weitläufige Propagandamaschinerie der Schattenregierung, durchdringen."

Der Leiter des *Disclosure Project* gibt also im Mai 2006 zu, daß er bzw. die gesamte Forschergemeinde eigentlich noch gar keinen Einblick in die ET-Pläne haben und diese nicht abschätzen können. Dennoch behauptet er zu wissen, daß es keinerlei Hinweise auf negative Aspekte gibt. Und er greift direkt all diejenigen an, die nicht so kritiklos optimistisch sind. Er bringt den Vergleich mit Hitler, der eine rassistische Hetze gegen die Juden führte, und fährt fort: „Heute sehen wir, daß rassistische Bezeichnungen auf gewisse angebliche ET-Gruppen angewendet werden: Die Grauen! Die Reptilischen! Die Großen Weißen! Müssen wir wiederum diesen mühsamen, schmutzigen Pfad hinabgehen? Müssen wir jetzt, wo wir beginnen, unsere ersten Schritte hin zu den Sternen zu vollziehen, die armselige Geschichte von Rassismus, Vorurteilen und Xenophobie [Phobie vor allem, was fremd ist] nochmals durchspielen?"

Greer als Sprachrohr der Schar von Logen-, Geheimdienst- und Militärleuten nennt diejenigen, die nicht alle reptilischen und grauen Außerirdischen als Engel bezeichnen, *rassistisch* und zieht eine Parallele zu Hitler & Co.! Er will nicht, daß mit „Außerirdischen" Feindbilder geschaffen werden, aber gleichzeitig schafft er selbst ein neues Feindbild, nämlich die *„Irdischen"*, die sagen, man solle bei den ETs kritisch sein und unterscheiden!

Greers Argumentation ist diesbezüglich entweder oberflächlich oder nicht ehrlich, denn niemand behauptet, irgendwelche „Rassen" seien negativ, sondern es geht immer nur um eine Analyse der Spuren, der Handlungen und der Absichten. Auch sagt niemand, die Außerirdischen seien allesamt nur negativ. Warum wendet sich Greer mit seinem *Disclosure Project* kategorisch gegen jedes Unterscheiden?

Der bereits zitierte Clifford Stone erwähnte 2001, daß bisher *„57 alien species"* erfaßt worden seien. Wie die nachfolgenden Ausschnitte aus seinem Interview zeigen, war Clifford Stone, heute ein wichtiges Mitglied der ersten Garde des *Disclosure Project,* Ende der 1980er Jahre selber noch sehr überzeugt, daß nicht alle „Besucher" einfach positiv seien.

Das andere Szenario, jenes, das nun anscheinend verdrängt werden soll, besagt, daß es auch im Weltall Schatten- und Lichtwesen gibt und daß es nicht die Lichtwesen waren, mit denen die irdischen Geheimkreise in Kontakt getreten sind, um eine neue Technik für die eigenen Machtbestrebungen zu bekommen; irgendwann einmal würden die Geheimkreise die ETs auch der Welt vorstellen und dabei betonen, „daß man sich keine Sorgen machen müsse; all ihre Kontakte mit den Außerirdischen seien friedlich verlaufen" (siehe Zitat auf S. 416).

Laufen die Trends heute auf Szenario 1 oder Szenario 2 hinaus? Werden „negative ETs" als Bedrohung aus dem All aufgebaut, oder werden die ETs allesamt als positiv dargestellt, als Bringer eines neuen Technologiesegens?

Offensichtlich ist letzteres der Fall – was aber nicht bedeutet, daß die über vierhundert ehrenhaften und erfahrenen Männer und Frauen des *Disclosure Project* eine Verschwörung wider besseres Wissen durchführen. Nein. Sie sind von dem, was sie sagen, überzeugt, nämlich daß die Negativen gar nicht negativ sind, sondern daß wir viel von ihnen profitieren können, wenn wir offen mit ihnen zusammenarbeiten. So lauten ihre Aussagen. Denn die „anderen", so könnte man meinen, sind nicht greifbar und bieten keine „praktische" Hilfe zur Lösung der Weltprobleme. Also arbeitet man mit denen zusammen, die verfügbar sind!

Die Welt soll nun also durch Technologie verändert werden und nicht durch einen zuerst vollzogenen Bewußtseinswandel, der es den Lichtwesen als natürliche Konsequenz erlauben würde, die entsprechenden Veränderungen zu inspirieren. Der materialistische bzw. „humanistische" Ansatz geht davon aus, daß der Technologieschub und das Auftauchen der Technologie-ETs den erforderlichen Bewußtseinswandel nach sich ziehen werden.

Zuerst die Technologie und dann der Bewußtseinswandel, oder zuerst der Bewußtseinswandel und dann die Technologie? Gemäß dem Resonanzgesetz bedeuten „Bewußtseinswandel" und „Technologie" im ersten Fall etwas anderes als im zweiten.

Conquest Earth?

Im Frühling 1989 veröffentlichte das amerikanische Magazin *UFO Universe* den Artikel „Conquest Earth? [Eroberung der Erde?] – Ein schockierender Einblick in das Austauschprogramm zwischen der Regierung und den Aliens (ein exklusives Interview mit Sergeant Clifford Stone, stationiert in Roswell, New Mexico)", verfaßt von Robert W. Boyajian.

Dieses Interview mit dem heutigen Disclosure-Mitglied wird hier auszugsweise wiedergegeben:

Clifford Earl Stone ist ein Sergeant der US-Armee, der gegenwärtig in Roswell, New Mexico, stationiert ist. Das ist der Ort des berühmten UFO-Absturzes, der sich im Jahr 1947 ereignete und bei dem angeblich mehrere tote Außerirdische durch das Militär geborgen wurden.

Was mir Sergeant Stone enthüllte, kann man nur als sensationell bezeichnen. Bevor ich jedoch das Interview wiedergebe, möchte ich darauf hinweisen, daß vieles von dem, was er sagte, heute von anderen Zeugen, die direkt mit den Geheimdiensten in Verbindung stehen, bestätigt wird. Ein Beispiel hierfür ist die zweistündige Sendung *UFO Cover-up*, die landesweit ausgestrahlt wurde. ... Condor sprach in der Sendung von einem Abkommen, das die Regierung mit den Aliens getroffen habe: „Kurz gesagt, man kam überein, daß wir ihre Existenz nicht enthüllen und daß sie sich nicht in unsere Gesellschaft einmischen. Dafür erlaubten wir ihnen, von einer bestimmten Basis in den Vereinigten Staaten aus zu operieren. Diese befindet sich im Staat Nevada, in der sogenannten Area 51 ..."

UFO Universe: *Condor erwähnte die Area 51 in Nevada. Was haben Ihre Nachforschungen zu diesem Thema ergeben?*

Clifford Stone: Ich glaube, daß die amerikanische Nation ein Recht hat zu erfahren, was hier gespielt wird. ... Ich glaube auch, daß jene Wesen, die wir als die „Grauen" bezeichnen, diejenigen sind, mit denen die Regierung einen Pakt eingegangen ist. Und ich glaube, daß sie nicht unbedingt die Positiven sind.

UU: *Glauben Sie, daß die Grauen böse, negativ sind?*

CS: Nun, es gibt gewisse Dinge, über die ich lieber nicht sprechen möchte. Zuallererst möchte ich aber sagen: Ich glaube an Gott, und ich glaube fest, daß Gott die Menschen und allen anderen intelligenten Lebensformen als Wesen mit einem freien Willen geschaffen hat, damit sie ihre eigenen gültigen und verbindlichen Entscheidungen treffen. Was nun die Entführungen betrifft, so sind sie real. Entführungen finden statt. Menschen werden gezwungen, an irgendwelchen Experimenten teilzunehmen, entsprechend den Absichten der Aliens.

UU: *Wie kamen Sie auf die Idee, daß unsere Regierung mit Aliens zusammenarbeitet? Was brachte Sie auf diese Spur?*

CS: Das Snowbird-Dokument. ... Dieses Dokument erwähnt eine Übereinkunft: Wir bekommen Technologie, dafür verschweigen wir ihre Gegenwart. Das allein ist schon suspekt. ...

UU: *Was wissen Sie über die wohlmeinenden, positiven Wesen, die es auch geben soll? Sie halten sich an die höheren Gesetze, die es ihnen nicht erlauben, sich einzumischen. Werden sie uns zu Hilfe kommen?*

CS: Sich nicht einzumischen und niemanden zu manipulieren, das ist ein universales Gesetz. Die Positiven respektieren es. Die Grauen verletzen dieses universale Gesetz.

UU: *Was können Sie sonst noch über die Positiven sagen?*

CS: Sie haben hohen Respekt vor allem Leben. Ich habe den Eindruck, daß die Positiven nicht wirklich mit uns verkehren wollen. Sie ziehen es vor, im Hintergrund zu bleiben und einfach zu beobachten.

UU: *Also eine Art von stillen Wächtern. Es scheint, daß sie das beschützen, wogegen die Grauen angehen.*

CS: Ja, man kann's auch so sagen. ... Des weiteren glaube ich, daß sie *[die Grauen]* hinter den Tierverstümmelungen stecken. Heute gibt es natürlich auch irdische Imitatoren. Sogar gewisse Agenten der Regierung führen heute solche Verstümmelungen durch, nur um die außerirdische Spur zu verwischen.

UU: *Können Sie uns noch etwas mehr sagen, wie die Wesen wirken und woran wir sie erkennen können.*

CS: Eines ist klar: Sie scheinen religiöse Gefühle nicht zu mögen. Ich kenne ein Beispiel, wo sie einmal einen Bauern zu entführen versuchten. Dieser Bauer begann einfach zu beten, und sie konnten ihn nicht wegbringen! Er betete einfach weiter, und am Schluß mußten sie von ihm ablassen. Etwas Ähnliches habe ich von einem Soldaten gehört, der in Vietnam war ...

UU: *Wissen Sie noch mehr über das, was in den unterirdischen Anlagen vor sich geht?*

CS: Ich weiß mehr, aber es ist mir nicht möglich, mehr zu sagen.

UU: *Mit anderen Worten, die Geschichte ist etwas zu brisant, als daß Sie öffentlich darüber sprechen möchten?*

CS: Ja. Ich interessiere mich für UFOs, und ich hatte vor kurzem einen Höllenkrach mit den Militärautoritäten, weil ich auf meinem ersten Recht, der freien Meinungsäußerung, bestand. Und meine freie Meinung war, daß ich die Verschweigetaktik der US-Regierung nicht gut finde.

UU: *Welcher Teil der Regierung hat mit diesen Aliens zu tun?*

CS: Wahrscheinlich ist es die NSA, die National Security Agency. Diese Instanz untersteht nur dem National Security Council. In Wirklichkeit überlappen sich diese beiden Instanzen sogar.

UU: *Sind sich die Leute in dieser Instanz bewußt, daß sie in ein Schlamassel geraten sind?*

CS: Ja, ich denke schon. Diejenigen, die in diese Geheimnisse eingeweiht sind, sind jetzt gerade untereinander wahrscheinlich ebenfalls geteilter Meinung, wenn es darum geht, was sie weiterhin geheimhalten und was sie öffentlich mitteilen wollen.

Inwieweit Clifford Stone und andere heutige Mitglieder des *Disclosure Project* eine solch unterscheidende Sicht vertreten, ließen sie in ihren Ansprachen an der Pressekonferenz nicht durchblikken. Steven Greer jedoch äußert sich deutlich und vertritt die Meinung, daß die oben erwähnten Entführungen und Tierverstümmelungen allesamt das Werk irdischer Täter mit geheimen Technologien seien. In seinem Artikel vom Mai 2006 schreibt er:

> Das *Disclosure Project* und andere Forscher haben ein über Jahrzehnte hinweg angelegtes System von UFO- und ET-bezogenen Vorfällen entdeckt, die um Pseudokontakterfahrungen (auch Entführungen, *abductions,* genannt), Verstümmelungen, Vivisektionen und dergleichen herum aufgebaut wurden. Zahlreiche Zeugen aus den Kreisen des Militärs und der Schattenregierung haben ausgesagt, daß sie selbst Entführungen und Verstümmelungen durchgeführt hätten, da dies für die psychologische Kriegsführung von großem Wert gewesen sei. Ein solcher Zeuge aus dem Militär, der mit Spezialeinsätzen beauftragt war, sagte mir: „Sie können sich gar nicht vorstellen, wie viele Leute – einschließlich prominenter Figuren aus dem Militär und der Politik – wir entführt und in Schrecken versetzt haben, damit sie anfangen, die ET-Präsenz zu hassen und einen Konflikt mit ihnen zu unterstützen ..."

Daß die geheimen Kreise Mindcontrol-Programme durchführen, ist vielfach nachgewiesen. Aber die Behauptung, daß alle *abductions* und alle Verstümmelungen von irdischen Tätern mit Geheimtechnologie durchgeführt wurden, widerspricht den Ergebnissen der jahrelangen *abduction*-Forschung, die auf hohem akademischem Niveau durchgeführt wurde, insbesondere von Prof. John Mack von der Harvard-Universität und von Prof. David Jacobs von der Temple-Universität. Im Juni 1992 kam es an der Hochburg der wissenschaftlichen Forschung in den USA, am *Massachusetts Institute of Technology* (MIT), zu einer hochkarätigen Konferenz mit 54 Experten. Das waren praktisch alle medizinischen, psychologischen und psychiatrischen Fachkräfte der USA, die sich explizit mit diesem Phänomen beschäftigen. In der Folge wurde ein 600seitiger Konferenzband mit allen Beiträgen herausgegeben, der ungekürzt auch auf Deutsch übersetzt wurde: *Alien Discussions – Von Außerirdischen entführt.* All diese Experten waren sich in dem einen Punkt einig, daß es sich bei den *abductions* um reale Ereignisse mit realen Wesen handelt und daß hier dimensionsübergreifende Vorgänge vorliegen.

In seinem abschließenden Statement an dieser Konferenz sagte der Psychiatrieprofessor John Mack: „UFOs machen die Technologie, auf die wir so stolz sind, zu etwas Lächerlichem. Sie können auf unseren Radarschirmen auftauchen und wieder spurlos verschwinden, und ihre Insassen können uns durch Wände hindurchtragen. ... Wir erhalten jedoch auch einige verwirrende Informationen über Wesen, über Reptilien und merkwürdige Geister dort draußen, über alle Arten von Kreaturen, die ungebeten auftauchen. Vielleicht gehören sie der ‚spirituellen' Welt an, aber sie zeigen sich in unserer objektiven, physikalischen Welt."[181]

Die MIT-Konferenz umfaßte alle Experten, unabhängig von ihrer Meinung zum *abduction*-Phänomen. Während Prof. Mack das Phänomen letztlich als etwas Positives und Bewußtseinserweiterndes sieht, sieht Prof. Jacobs, wie das Zitat auf S. 475 zeigt, dahinter etwas Bedrohliches und Täuschendes. Dennoch lud Prof. Mack auch Prof. Jacobs und andere mit ähnlichen und nochmals anderen Ansichten ein. Beim *Disclosure Project* wird jedoch eine ganz bestimmte Meinung vorgegeben, nämlich daß alles nur positiv sei und daß *abductions* nichts mit den „grauen" ETs zu tun hätten. Deshalb werden auch Experten, die sich mit den *abductions* als einem Alien-Phänomen beschäftigen, nicht aufgenommen.

Disclosure-Hinweise auf das „andere" Szenario

Über sechzig Zeugen, die von Greer kontaktiert bzw. mit Greer zusammengeführt wurden, haben eingewilligt, daß ihre Aussagen gedruckt veröffentlicht werden dürfen, wodurch das 570seitige Buch *DISCLOSURE* entstanden ist. Einige der Zeugen erwähnten dabei Details, die mehr in das von Bill Cooper, John Lear u. a. dargestellte Szenario als in das von Steven Greer paßt.

Dan Morris, pensioniertes Stabsoberhaupt der US-Luftwaffe und Exmitglied der supergeheimen *National Reconnaissance Organization* (NRO), sagt, er habe jahrelang mit ET-verbundenen Geheimoperationen zu tun gehabt und habe eine „Cosmic Top-Secret"-Befugnis gehabt (38 Stufen über „Top Secret"). Morris erzählt von Morden durch die NSA im Zusammenhang mit dem UFO-Geheimnis; vom Roswell-Absturz, wo tatsächlich ein ET-Objekt abgestürzt und ein Insasse lebend gefangen worden sei;

über den UFO-Nachbau der Deutschen (noch vor dem Zweiten Weltkrieg) und über die alternativen Technologien, die bereits seit den 1950er Jahren verfügbar sind.

Don Philipps, ein ehemaliges hochrangiges Mitglied der Lockheed Skunk Works und der Luftwaffe und ein Geschäftspartner der CIA, bestätigt ebenfalls die technischen Durchbrüche seit den 1950er Jahren. Mikrochips, Laser und Fiberoptik gingen auf den Nachbau von UFO-Technologie zurück. Und er sagt, daß es Ton- und Filmaufnahmen von Meetings zwischen ETs und Führern der USA in Kalifornien 1954 gebe! (Das entspricht genau dem, was Cooper und andere aus geheimen Quellen in Erfahrung gebracht haben, nämlich daß es im Februar 1954 zu einem Treffen zwischen Präsident Eisenhower und Außerirdischen gekommen sei, die vor den „anderen" ETs warnten. Tatsächlich gibt es in Präsident Eisenhowers Biographie einen unklaren Punkt. Am 20. Februar 1954 reiste er, fünf Tage nach Beendigung eines Urlaubs, nach Palm Springs in Kalifornien, um Golf zu spielen. An diesem Tag verschwand er ohne Leibwächter, was zu einer großen Aufregung führte. Nach dem Wiedererscheinen des Präsidenten hieß es, er habe kurzfristig einen Zahnarzt besuchen müssen. In der Nähe von Palm Springs befindet sich jedoch die Luftwaffenbasis von Muroc, die heutige Edwards AFB. Mehrere Zeugen sprachen später über den geheimen Muroc-Besuch des Präsidenten an jenem Tag und über die Begegnung mit den wie Menschen aussehenden Ufonauten.[182])

Bill Uhouse, ein pensionierter Offizier der US-Marine, bestätigt die Untersuchung von abgestürzten UFOs und sagt, er habe über dreißig Jahre lang im Auftrag der geheimen Regierung an Antigravitationsprojekten gearbeitet; in gewissen Untergrundanlagen hätten ETs mit Menschen zusammengearbeitet; er selbst habe diese mehrere Male mit eigenen Augen gesehen. (Das gleiche sagen auch noch andere Disclosure-Zeugen!)

Die Disclosure-Zeugen bestätigen also die geheimen Treffen mit jenen Besuchern, die keine technologische, sondern eine spirituelle Hilfe anboten. Diese wurde offensichtlich abgelehnt, was bedeutet, daß die technologischen ETs in den Untergrundbasen einer anderen Kategorie angehören. – Sollen diese nun, entgegen den schon einmal abgelehnten Warnungen, als Retter der Menschheit dargestellt werden?

Unterirdische Anlagen und Geheimtechnologie

In der September-Ausgabe 1983 des Magazins *Omni* findet sich auf S. 80 ein farbiges Bild von einer atomgetriebenen Tunnelbohrmaschine, die in der Lage ist, sich durch härtesten Felsen zu bohren, indem die Steine zu Magma verflüssigt werden, das bei der Weiterbewegung der Maschine wieder abkühlt und sich verfestigt. Tunnelbau ohne Schutt!

Heute ist es eine unbestreitbare Tatsache, daß in Amerika und auch in anderen Kontinenten mit intensivem Aufwand enorme unterirdische Anlagen gebaut worden sind, die bis zu zehn und zwanzig Etagen umfassen. Eine hervorragende Dokumentation hiervon liefert das Buch *Underground Bases and Tunnels – What is the government trying to hide?* („Unterirdische Basen und Tunnel – Was versucht die Regierung zu verbergen?"). Es wurde von Dr. Richard Sauder verfaßt und erschien 1995. Er zitiert viele bezeugte Aussagen von Militär- und Wirtschaftsvertretern, die offen zugeben, daß ausgedehnte unterirdische Anlagen bestehen. Er fand auch heraus, daß die Durchführung dieser Pläne in den fünfziger Jahren begann.

> Viele der geheimen unterirdischen Kommandoanlagen der Regierung werden von der FEMA, der *Federal Emergency Management Agency* (Bundesbehörde für Notstandsmanagement), geleitet. … Die Drehscheibe des unterirdischen FEMA-Netzes befindet sich im Berg namens Mount Weather in der Nähe der kleinen Ortschaft Bluemont in Nord-Virginia. Die Top-Secret-Anlage wurde in den fünfziger Jahren gebaut, um der Regierung der Vereinigten Staaten im Falle einer nationalen Krise, wie eines Atomkrieges, als Rückzug zu dienen. Mount Weather wird durch schwarzes Geld finanziert und ist heute praktisch immer noch genauso unzugänglich wie damals, als es gebaut wurde. (S. 50)

In dieser Anlage befinden sich künstliche Wasserreservoirs, viele Wohnungen, sogar eigene TV- und Radioeinrichtungen und noch vieles mehr. Im Zusammenhang mit Mount Weather hat Bill

Cooper auch von einer Zentrale der „Neuen Weltordnung“ gesprochen.

Über die unterirdische Zentrale der *National Security Agency* (NSA), die über der CIA steht, berichtet Dr. Sauder:

> Unter dem Hauptquartier der *National Security Agency* in Fort Meade, Maryland, befinden sich höhlenartige unterirdische Anlagen. Es wird berichtet, daß es dort Räume mit einer Gesamtfläche von mehr als fünf Hektaren gibt, die gefüllt sind mit den modernsten Super-Computern. Die NSA wirkt mit ungeheurer Geheimhaltung; auf der Grundlage von dem, was man über diese Organisation weiß, muß man jedoch annehmen, daß diese Computer verwendet werden für eine massive Überwachung ... Mit anderen Worten, Big Brother ist bereits hier, und er heißt NSA. (S. 64)

Diese Anlagen könnten noch konkretere, bedrohlichere Funktionen in sich bergen:

> In bezug auf die Möglichkeit der Existenz geheimer unterirdischer Gefängnisse will ich nur festhalten, daß in unserem Land [USA] jedes Jahr viele Menschen gänzlich verschwinden, ohne daß man von ihnen jemals wieder etwas hört. Es werden keine Körper gefunden, keine Spur gelangt an die Oberfläche. Ich weiß nicht, was mit diesen Menschen geschehen ist. Ich kann keine Beweise vorlegen, daß irgend jemand von ihnen in geheime unterirdische Gefängnisse gebracht wurde; ich kann nicht einmal beweisen, daß es geheime unterirdische Gefängnisse gibt. ... Wenn man jedoch in Betracht zieht, wie viele Menschen verschwinden und wie viele unterirdische Anlagen vorhanden sind, über die ein dicker Schleier der Geheimhaltung geworfen ist, so bekomme ich den Eindruck, daß diese Möglichkeit zumindest vorstellbar ist. (S. 70)

Daß ein System von zahlreichen tiefen und geheimen unterirdischen Anlagen existiert, ist bewiesen. Die Frage ist nur: Inwieweit stimmen die Gerüchte über die geheimpolitischen, militärischen und genetischen Aktionen, die dort vor sich gehen sollen, möglicherweise sogar im Kontakt mit gewissen „grauen“ Außerirdischen, hinter denen nochmals andere Wesen stecken könnten?

In dieser Hinsicht ließen sich ebenfalls verschiedenste Zeugenaussagen zitieren (John Lears Berichte, die Omega-Files von

„Branton“, usw.), doch diese sind z. T. sehr unglaublich und auch schwer oder gar nicht zu verifizieren, weil die meisten dieser Zeugen, die an die Öffentlichkeit traten, nach kurzer Zeit tot waren (z. B. Phil Schneider) oder verschwanden (z. B. Thomas Castello) oder wieder untertauchten (z. B. Bill English, Bob Lazar). Deshalb soll hier ein einziges Beispiel genügen.

Obwohl viele Ufologen behaupten, dies alles sei nur das Produkt einer makabren Phantasie oder einer Falschpropaganda durch die „Schattenregierung“, ist es eine Tatsache, daß auch mehrere Disclosure-Zeugen die Existenz von unterirdischen Anlagen bestätigen, in denen geheime Forschungen durchführt werden, sogar in Anwesenheit gewisser nichtirdischer Wesen! Die Frage ist also nur noch, was für „Forschungen“ dort durchgeführt werden.

Eine verborgene Welt im Untergrund?

Eine der am häufigsten genannten geheimen Untergrundanlagen befindet sich in Dulce (ausgesprochen *dalsy*), New Mexico. Wir wissen nicht, was dort geschieht, doch verschiedene Personen sagen, sie wüßten es. Ein Beispiel hierfür ist *Thomas Edwin Castello,* ein ehemaliger Sicherheitskommandant der unterirdischen Anlage von Dulce. Nur wenige Monate nach dem hier auszugsweise wiedergegebenen Interview soll er verschwunden sein.

Stimmt, was dieser Mann sagte? War er wirklich ein Insider von Dulce? Oder war er ein Agent, der auftrat, um alle Gerüchte über unterirdische Laboratorien lächerlich zu machen und die effektiv stattfindenden Experimente zu tarnen?

Das Interview führte der UFO-Forscher mit dem Pseudonym „Branton“, der viele gut recherchierte Internet-Texte zu diesem Thema verfaßt hat. Seine umfangreichsten Arbeiten sind die *Omega-Files* und ein Buch über die Dulce-Anlage. Die Spur der unterirdischen Anlagen führt immer wieder zu gewissen Repto-Humanoiden, und Branton sieht darin eine Parallele zum apokalyptischen Drachen. Er betont nachdrücklich, daß man sich mit diesen Themen in die tiefsten Bereiche der Dunkelheit begebe und daß man dies nur mit dem Schutz der Macht Gottes und im Licht Jesu tun dürfe. Er kenne viele, die sich bloß aus Neugier und Naivität auf dieses Thema eingelassen hätten, und sie alle seien in große Schwierigkeiten geraten. Deshalb warnt er all seine Leser (und auch wir haben nun seine Warnung gehört).

Im Interview betonte Castello zuerst, daß sich das meiste, was in UFO-Kreisen über die Dulce-Basis bekannt sei, nur auf die oberen Bereiche beziehe. Er habe jedoch während seiner Arbeit vor Ort herausgefunden, daß diese Basis mit viel tiefer reichenden unteren Bereichen verbunden sei, zu denen auch natürliche Höhlen und uralte künstliche Tunnel gehörten.

Branton: *Wann wurde die heutige Dulce-Basis gebaut?*

Thomas E. Castello: Ich hörte, daß die Arbeiten in den Jahren 1937/38 von Armee-Ingenieuren begonnen wurden. Im Lauf der Jahre wurde die Anlage um vieles vergrößert. In den Jahren 1965/66 wurde ein großer Teil der Arbeit beendet, als die Tunnel mit der Basis von Page, Arizona, verbunden wurden, die eine der älteren unterirdischen Anlagen ist. Die meisten eingeborenen Amerikaner [Indianer] wissen um die Existenz dieser Basis und könnten uns einiges über die unterirdischen Lebensformen erzählen, die sie dort des öfteren zu Gesicht bekommen.[183]

Branton: *Wer startete die ursprünglichen Dulce-Installationen?*

TEC: Die Natur errichtete die ersten Höhlen. Die Dracos verwendeten diese Höhlen während Jahrhunderten. Später wurden diese natürlichen Anlagen durch die Pläne der Rand-Corporation wiederholt vergrößert. Die ursprünglichen Höhlen umfaßten Tropfsteinhöhlen und Sulfurquellen, die den Bedürfnissen der „Aliens" perfekt entsprachen. ...

Branton: *Eine bestimmte Ansicht besagt, daß einige der Wesen unter Dulce nicht von außerirdischem Ursprung sind, sondern von Reptilien bzw. Sauriern abstammen.*

TEC: Nun ja, einige Reptos haben ihre Wurzeln tatsächlich hier auf diesem Planeten. Die herrschende Kaste der Aliens ist reptiloid! Die grau- und weißfarbenen werden die Dracos genannt. Andere sind grün und wieder andere braun. Sie sind eine alte Rasse der Erde, die unterirdisch lebt. Diese Reptos betrachten sich selbst mit Recht als die „ursprünglichen Terraner". Vielleicht sind sie diejenigen, die wir die „gefallenen Engel" nennen, vielleicht auch nicht. In beiden Fällen sind jedoch wir die Ansiedler auf der Erde.

Branton: *Wie passen die kleinen grauen Aliens hier hinein?*

TEC: Sie arbeiten für die Dracos und werden von den Dracos beherrscht. Es gibt aber auch andere grauhäutige Wesen, die nicht mit den Dracos verbunden sind.

Branton: *Was genau hat in Ihnen zum ersten Mal den Verdacht geweckt, daß etwas in Dulce faul ist? Ich bekomme den Eindruck, daß man dort kein Einstein sein muß, um herauszufinden, daß dies ein Horror-Ort des Verbrechens ist. Warum hat es so lange gedauert? Waren Sie derjenige, der den Stein ins Rollen brachte?*

TEC: Da gibt es verschiedene Dinge, die Sie in Betracht ziehen müssen. Ich legte einen Eid ab und schwor auf Todesstrafe, daß ich nie etwas ausplaudern würde, was auch immer ich zu hören oder zu sehen bekommen würde. Ich unterzeichnete auch eine Erklärung, daß ich freiwillig mein Leben aufgeben würde, sollte ich des Verrates für schuldig befunden werden. In der Dulce-Basis wird Verrat wie folgt definiert: „alles, was außerhalb der Grenzen der Anlage auf die täglichen Vorgänge, die innerhalb der Anlage vor sich gehen, hinweist".

Als ich dort neu ankam, galt die Regel „man weiß nur, was man wissen muß". Man sagte uns, hier handle es sich um eine „Biotransfer-Einrichtung mit hochentwickelter Technologie zum Zweck der fortgeschrittenen und innovativen Entwicklung im medizinischen und psychiatrischen Bereich". Das ist eine hochgestochene Umschreibung und bedeutet im Klartext nichts anderes, als daß sie uneingeschränkte Experimente mit dem menschlichen Leben machen, einfach nur um zu sehen, was dabei herauskommt. Wenn irgendeine brauchbare Arznei oder Heilmethode entdeckt wird, wird dies auf der Oberfläche der Erde als eine wunderbare neue Errungenschaft gefeiert, und man sagt, sie sei nach jahrelanger Arbeit in irgendeinem bekannten Labor entwickelt worden. Der wirkliche Hintergrund dieser „Errungenschaft" wird nie enthüllt. Wie könnten „sie" auch: Die Dulce-Basis ist im wahrsten Sinn des Wortes eine geheime und geheimgehaltene Einrichtung. Diese Leute sind sehr gut in dem, was sie tun. Sie werden nie die Wahrheit sagen über all die unglückseligen Menschen, die in der „Horror-Halle" *[Etage 6]* enden.

Wenn man sich dies alles vor Augen hält, bekommt man einen Eindruck von der Geheimhaltung und Sicherheitsschärfe, die an diesem Ort herrscht. Ja, ich wußte, daß dies kein gewöhnliches Hospital war, aber am Anfang kaufte ich ihnen alles ab. Durch Intercom, in den Liften usw. – überall wurde man täglich daran erinnert, an welch wichtigem Ort man sich befand. Es hieß: „An diesem Ort werden hochriskante, fortgeschrittene Medizin und Arzneiexperimente durchgeführt, um Geisteskrankheiten zu heilen. Sprechen Sie bitte nie mit den Patienten. Es könnte jahrelange Arbeiten zunichte machen."

Das leuchtete mir ein. Wenn die Ärzte sagen, ich solle nicht mit den Patienten sprechen, dann hatte ich als Laie natürlich die Anweisung der Experten zu befolgen. Da gab es jedoch einen Mann, auf den ich irgendwie aufmerksam wurde. Er sagte immer, er heiße George S. und er sei entführt worden und er wisse, daß jemand nach ihm suche. Ich weiß nicht, warum er mir auffiel. Aber irgendwie ging er mir nicht mehr aus dem Kopf, und ich dachte, daß er keineswegs verrückt aussieht oder klingt, obwohl es viele Insassen gab, die dasselbe sagten. Am nächsten Wochenende überzeugte ich draußen einen Bekannten von mir, einen Polizisten, er solle einmal diesen Namen nachschauen. Ich sagte ihm überhaupt nichts von der Basis. Mir stockte der Atem, als der Computer bestätigte, daß George S. vermißt gemeldet ist! Was noch schlimmer war: Die Polizisten dachten, George S. sei einfach ein weiterer von denen, die dem täglichen Streß nicht mehr gewachsen waren und irgendwo durchdrehten.

Das war der Anfang. Am nächsten Montag suchte ich George, aber er war verschwunden. Es gab keine Aufzeichnungen, die erklärten, was mit ihm geschehen war. Später kam ein Sicherheitsoffizier zu mir und sagte, er und einige Laborarbeiter würden gerne einmal außerhalb der Schicht mit mir sprechen. Die Neugier gewann, und ich willigte ein. An diesem Abend kamen neun Männer zu mir. Sie sagten, sie seien sich bewußt, daß ich sie anzeigen könnte, aber sie möchten mir gerne einige Dinge zeigen. So zogen sie nacheinander Hinweis um Hinweis hervor und bewiesen mir, daß es sich bei vielen Patienten um vermißte Menschen handelt. Sie zeigten mir Zeitungsartikel und sogar Fotos, die sie irgendwie in die Basis geschmuggelt hatten. Ich sah die Angst in ihren Gesichtern, während sie mit mir sprachen. Ein Mann sagte mir, er werde lieber sein Leben verlieren, indem er versuche, etwas zu unternehmen, als seine Seele verlieren, indem er nichts unternehme. Es war diese Bemerkung, die mein Leben veränderte. Ich erzählte ihnen von George und was ich über ihn herausgefunden hatte. Nach ein paar Stunden beschlossen wir, einen Versuch zu starten, um die Dulce-Basis zu entlarven. *[Zu denen, die an dieser Enthüllungsaktion teilnahmen, gehörte auch Phil Schneider.[184]]* …

So sage ich heute öffentlich, daß in diesem Land in mehreren unterirdischen Anlagen Repto-Wesen leben und daß an diesen Orten haarsträubende Dinge vor sich gehen. Sollte ich sterben, bevor ich es beweisen kann, dann bitte ich Sie alle, auf eigene Faust nach den Beweisen zu suchen. Fordern Sie, daß die Regierung es zugibt. Es gibt viele Menschen, die in der Dulce-Basis arbeiten und mich kennen. Ich fordere diese Mitarbeiter auf, ebenfalls die Wahrheit zu verkünden, zumindest anonym. Schreiben Sie einen Brief oder ein Telegramm, um zu bestätigen, was ich hier sage. Im Namen der tapferen Männer, Frauen, Kinder und Aliens, die *[im Dulce-Gefecht]* umkamen, als sie versuchten, die Öffentlichkeit zu informieren, bitte ich Sie: Entlarven Sie diesen Horror-Ort, bevor Tausende von anderen unschuldigen Menschen dort enden, gefoltert werden und einen unsäglichen Tod erleiden. …

Branton: *Die Zucht von artvermischten Wesen, Blutformeln und menschliche Körperteile in Chemiebehältern – das alles klingt wie eine geschmacklose Science-fiction-Story. Die Ärzte und Wissenschaftler sagen, man könne die Arten nicht kreuzen. Das trifft selbstverständlich für natürliche Verhältnisse zu. Aber durch Genmanipulation und Genaufspaltung ist auch diese Möglichkeit in Griffnähe gerückt. Ist es Ihnen möglich, uns eine Erklärung zu geben, die wir als „normale" Oberflächenmenschen verstehen können?*

TEC: Die Ärzte und Wissenschaftler an der Oberfläche der Erde mögen so etwas sagen, aber im Untergrund, weit entfernt von allen neugierigen Augen der Ethik-Kommissionen, experimentieren sie mit transgenetischen Wesen! Im Buchhandel gibt es hierüber bereits einiges Material. Eines der besten und leichtverständlichsten Bücher wurde bereits 1969 vom Verlag Prentice-Hall International veröffentlicht und wurde von Albert Rosenfelt verfaßt. Es heißt *The Second Genesis – The Coming Control of Life*. Dieses Buch behandelt Themen wie Tiere, die spezifisch gezüchtet werden, um genetisch verträgliche Organe für Menschen zu produzieren, oder die Produktion von ausgewachsenen Organen aus Fötus- und Embryomaterial. Er beschreibt, daß Embryokörper noch keine eigene Immunaktivität haben und deshalb im Empfänger keine Abstoßung auslösen. Organe aus Embryogewebe sind für den Empfängerkörper kein fremdes Anti-Gen, sondern ein natürliches Protein. … Die operative Geschlechtsumwandlung, die heute in der Außenwelt normal ist, wurde ebenfalls in den Dulce-Laboratorien entwickelt. Die Idee, daß Männer Frauen werden könnten, stammt aus der Etage 7. Mit den Gehirnwaschtechnologien aus Etage 4 wurde in einem Mann der „intensive Wunsch" geweckt, eine Frau zu sein, und dieser Mann glaubte danach mit felsenfester Überzeugung, daß er schon immer eine Frau sein wollte. Niemand könnte dieses Opfer dazu bringen, die eigentliche Wahrheit zu glauben. In Dulce ist alles manipuliert.

Branton: *Wie wird verhindert, daß die Menschen, die in Dulce arbeiten, irgend etwas ausplaudern?*

TEC: Implantate, Angst und Drohungen, man könnte ihren Familien etwas antun, elektromagnetische Kontrollsysteme und auch Umprogrammierung mit ELF-Wellen *[Extremely Low Frequency; extreme Niederfrequenzwellen]* und mit chemischen Mitteln – das sind die üblichsten Methoden, die eingesetzt werden, um die Arbeiter zu „ermutigen", nichts über die innere Struktur und die Aktivitäten zu verraten. …

Branton: *Bei einer solch großen Anlage müssen Abfälle und Müll ein echtes Problem darstellen. Wie geschieht die Beseitigung?*

TEC: Das war nie ein Problem. Gewisse Dinge werden umgeformt oder geschmolzen und wiederverwendet. Ein Teil des organischen Abfalls wird durch Bakterien verwertet, und alles andere wird in einer besonderen Vorrichtung vaporisiert. Die Reststoffe dieses Vorgangs brauchen Monate, bis sie ein verwendbares Ausmaß annehmen; sie werden in eine komplexe Lauge umgewandelt und als Dünger entsorgt. ...

Branton: *Wenn wir einem Grauen begegnen, kann er unsere Gedanken lesen?*

TEC: Ja, sie lesen unsere Absicht, denn sie spüren die Frequenz unseres Körpers. Ein Mensch strahlt Schwingungen aus, und diese nehmen die Grauen als elektromagnetischen Impuls wahr. Jede Person hat eine leicht andere Schwingung, und dieser Unterschied macht die „Persönlichkeit" aus. Wenn ein Mensch denkt, verbreitet er starke Impulse. Bei Angst ist die Frequenz sehr „laut" und leicht wahrnehmbar. Demgegenüber ist ein ruhiger und beherrschter Geist viel schwieriger wahrnehmbar.

Branton: *Können wir uns gegen mentale Manipulation schützen?*

TEC: Ja, wir können uns schützen, und zwar durch die Beherrschung unserer Gedanken. Aber schätzungsweise 95% der Menschen versuchen nie, ihre Gedanken zu beherrschen. Die Beherrschung der eigenen Gedanken ist jedoch die beste Waffe. Der Durchschnittsmensch denkt selten in klaren, festen Mustern, und deshalb verlaufen seine Gedanken chaotisch. Beherrscht eure Gedanken, und dann wird es euch gelingen, die Entführungs- und Manipulationsversuche von seiten der Aliens von euch zu halten. Weil ich meine Gedanken beherrschen konnte, war ich in der Lage, all diese Jahre zu überleben.

Branton: *Wie können wir mehr Informationen bekommen, um den anderen Menschen zu beweisen, daß wir von einer nichtmenschlichen Gefahr bedroht werden?*

TEC: Das ist eine gute Frage. Ich befürchte, wir werden den Beweis auf die harte Tour bekommen, nämlich dann, wenn die Invasion auch an die Oberfläche durchbricht. ...

Branton: *Wann und wo wurden Sie geboren?*

TEC: Am 23. April 1941 in Glen Ellyn, Illinois, das heißt zu Hause auf einem Bauernhof, der sich auf dem Gebiet der heutigen Ortschaft Glen Ellyn befand. Meine Geburtsurkunde befindet sich in Wheaton, Illinois.

Branton: *Können Sie uns etwas über Ihre Familie, insbesondere über den Verbleib Ihrer Frau und Ihres Sohnes, sagen?*

TEC: Cathy und Eric werden immer noch vermißt. Meine Eltern kamen bei einem Autounfall ums Leben, als ich noch keine zwanzig Jahre alt war. Ich habe nur einen Bruder. Wenn er noch am Leben ist, dann befürchte ich, daß er sich irgendwo in einer der unterirdischen Anlagen befindet. Ich habe schon seit Jahren nichts mehr von ihm gehört. Bitte betet für sie alle, bitte!

Branton: *Herr Castello, Sie haben schon viel durchgemacht und sind entschlossen, weiterzukämpfen. Was ist Ihre größte Befürchtung?*

TEC: Meine größte Befürchtung ist, daß die Öffentlichkeit die unschuldigen Menschen vergißt, die in dieser schrecklichen Situation festgehalten werden, und daß die Öffentlichkeit weiterhin ignoriert, wie monatlich Hunderte von Kindern, Frauen und Männern an diesen Ort gebracht werden.

In bezug auf die berüchtigte Anlage von Dulce gibt es eine pikante Koinzidenz: Die US-Bundesstraße in New Mexico, die durch das Navajo-Reservat führt und direkt in den Highway nach Dulce übergeht, trägt die Nummer 666!

Unterwanderung der Menschheit?

Tausende von Menschen, die sagen, sie seien physisch von UFOs entführt worden, berichten unabhängig voneinander praktisch die gleiche Geschichte: Ihnen seien Samen- bzw. Eizellen entnommen worden, die die ETs für eine Mensch-ET-Mischung verwenden würden.

Wie im Castello-Interview erwähnt wurde, wenden Kritiker hier ein, es sei eine absurde Behauptung, Menschen und Aliens könnten gekreuzt werden:

> Diese Hypothese ist wissenschaftlich so lächerlich, daß sie nicht einmal den Aufwand der Widerlegung wert ist. Sie offenbart einen traurigen Mangel an Informationen über den heutigen Wissensstand in Sachen Gentechnik, ganz zu schweigen von den Entwicklungen, die für die nächsten zehn Jahre abzusehen sind ...[185]

Dieser Einwand, vorgetragen von Dr. Jacques Vallée, einem Ufologen, über den geheimdienstliche Kreise schon mehrfach Desinformationen und Dementis (bis auf UNO-Ebene) verbreiten ließen, ignoriert grundlegende Fakten und unterstellt, man behaupte hier, es würden „Huhn und Hase“ gekreuzt, also zwei völlig unvereinbare Lebensformen. Was die Aliens und die Menschen betrifft, so geht es nicht einfach um ein perverses Kopulieren, sondern um die Einpflanzung von bereits genetisch veränderten und vermischten Samen und Eizellen. Die vielen Zeugenaussagen lassen erahnen, daß diese Vermischung anscheinend nicht unmöglich ist.

Mittlerweile ist es bereits mehrfach geschehen, daß von Aliens entführte Frauen eine Fehlgeburt hatten – und die Gestalt des Fötus verriet vieles über die ungewöhnlichen „Väter“. Ein bekannter Fall ereignete sich 1994 in Mexiko, der im mexikanischen Fernsehen zu einer hitzigen Live-UFO-Debatte führte.

Sensation im mexikanischen Fernsehen: In einem siebenstündigen „UFO-Marathon“ im Nachtprogramm wurde das erste „Hybrid-Baby“ gezeigt. Der Hintergrund: Ein junges mexikanisches Mädchen, 15 Jahre alt, wurde auf dem Heimweg von der Schule von Außerirdischen entführt. An Bord wurde sie zuerst auf einer Art OP-Tisch untersucht, dann wurde ihr ein metallisches Gerät eingeführt, kurz darauf wurde sie schwanger. (Ähnliches wurde auch schon in Hunderten von Fällen aus den USA und der UdSSR enthüllt.) Das Mädchen stammt aus einer guten katholischen Familie und lehnte eine Abtreibung ab. Doch die Schülerin hatte eine Fehlgeburt. In einem kirchlichen Hospital brachte sie den Fötus zur Welt. Er hatte riesige, schwarze mandelförmige Augen und auf dem ganzen Körper seltsame, schuppenartige Flächen, einer Reptilienhaut ähnlich.[186]

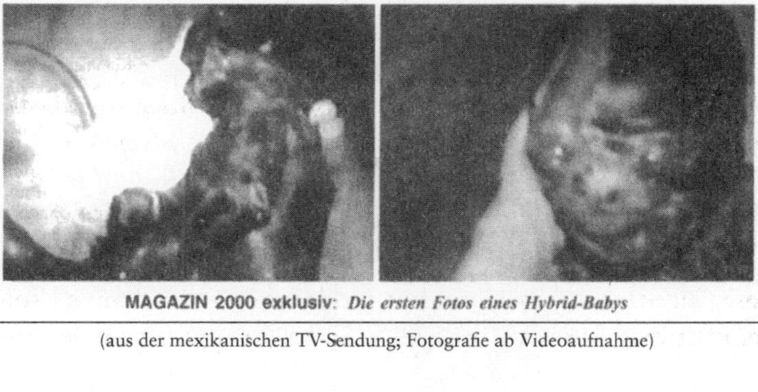

MAGAZIN 2000 exklusiv: *Die ersten Fotos eines Hybrid-Babys*

(aus der mexikanischen TV-Sendung; Fotografie ab Videoaufnahme)

Abductions und die 666-Technologie – „Wölfe“ im Schafspelz mit fremden Federn

In der Ufologie ist schon seit längerem bekannt, daß *abductions* („Entführungen“) auch eine irdische Komponente haben können. Entführte berichten, daß sie von „Grauen“ geholt und der mittlerweile bekannten Prozedur unterzogen wurden: Sie liegen wie gelähmt auf einem metallischen Operationstisch, und es werden genetische Eingriffe vorgenommen.[187] Aber im Verlauf der Jahre kamen Entführte hinzu, die berichteten, bei diesen Prozeduren seien auch normale Menschen (des öfteren militärisch Uniformierte) als Beobachter anwesend gewesen!

Das Autorenpaar Helmut und Marion Lammer veröffentlichte 1997 ein Buch, in dem sie dieser unheimlichen Spur nachgingen: *Verdeckte Operationen – Militärische Verwicklungen in UFO-Entführungen: Mind Control, Bio-Chips, Untergrundbasen, Exotische Waffen.* Darin weisen sie nach, daß „eine mächtige militärisch-politische Gruppe“ Implantat- und *Mind-Control*-Techniken einsetzt, um Informationen über das UFO-Phänomen zu bekommen. Die Spuren weisen auf zwei Aspekte der irdischen Involvierung hin: Entführte Menschen werden von den „Grauen“ nicht mehr nur auf UFOs gebracht, sondern auch in bestimmte Untergrundbasen, wo irdische Agenten als Beobachter oder als Lehrlinge hinzukommen. Und es kam auch vor, daß militärische Spezialeinheiten UFO-Entführte überwachten und mit ihrer eigenen Geheimtechnologie kidnappten, um ihnen Bio-Chips einzusetzen, damit sie bei künftigen Entführungen mitverfolgen konnten, wo diese Menschen hingebracht werden und was mit ihnen geschieht. Ganz „nebenbei“ entdeckten Helmut und Marion Lammer auch, daß diese Irdischen den Plan haben, die gesamte Menschheit mit Chips zu implantieren. Bereits im Klappentext wird offen gesagt: „*Verdeckte Operationen* … zeigt auf, daß eine mächtige militärisch-politische Gruppe die Weichen in Richtung *Brave New World* längst gestellt hat.“ Und von hier zur *New World Order* ist es nicht mehr weit …

Es geht also um hochgradige 666-Technologie! Aus der Sicht gewisser „militärisch-politischer“ Gruppen und Logen mag dies

„nichts Feindliches“ darstellen, aber das ist eine sehr subjektive Sichtweise. Gefährlich wird es, wenn dabei jede kritische Betrachtung abgelehnt wird oder sogar unter dem Schlagwort „rassistisch“ verboten werden soll.

Die Disclosure-Vertreter bestätigen die Existenz einer geheimen militärisch-politischen Machtgruppe, die sie „Schattenregierung“ nennen, und warnen vor ihr, weil sie mittlerweile eine Bedrohung für die Menschheit geworden sei. Aber gleichzeitig verharmlosen sie das gesamte ET-Spektrum und verwischen den Unterschied zwischen den Licht- und den Dunkelwesen. Sollen hier die technologischen ETs zu „Rettern in der Not“ aufgebaut werden? Soll nun behauptet werden, diese ETs seien die Positiven, *sie* hätten uns vor dem Atommißbrauch gewarnt, *sie* seien die Freunde der Menschheit, *sie* seien die Macher der Kornpiktogramme? Sollte dies der Fall sein, dann hätten die Lügen apokalyptische Ausmaße angenommen.

Die Behauptung, die *abductions*, Implantierungen und Genexperimente seien ausschließlich das Werk irdischer Täter, entspricht nicht den vorliegenden Fakten. Die Spur der *abductions* geht bis in die 1950er Jahre zurück, als die irdischen Geheimmächte noch dabei waren, das Phänomen zu untersuchen und die ersten Kontakte zu verdauen.

„Zahlreiche Zeugen aus den Kreisen des Militärs und der Schattenregierung haben ausgesagt, daß sie selbst Entführungen und Verstümmelungen durchgeführt hätten ... damit sie [die Menschen] anfangen, die ET-Präsenz zu hassen und einen Konflikt mit ihnen zu unterstützen“ – diese Aussage ist ein Scheinargument, denn weder die offizielle noch die geheime Regierung hat jemals behauptet, Entführungen und Verstümmelungen würden auf ETs zurückgehen. Vielmehr wurde gerade dieser Aspekt immer unterdrückt oder lächerlich gemacht.

Forscher und Zeugen wie Bill Cooper, John Lear, Phil Schneider und andere, die sagen, daß es auch negative ETs gebe, wurden von den wenigsten konventionellen Ufologen ernst genommen, und man findet ihre Namen nur in wenigen Büchern. Ihnen erging es ähnlich wie Frank Scully. Sie gelten heute offiziell als „Witzfiguren“ und Spinner oder als Desinformanten, neuerdings sogar als „ET-Rassisten“. Warum wird gerade diese Sichtweise derart bekämpft? Die Information, von der die Disclosure-Vertreter behaupten, sie sei eine Desinformation von seiten der „Schattenregierung“, wird von dieser nicht verbreitet, sondern bekämpft! Denn diese will ihre ET-Kontakte als positiv und „nicht feindlich“ darstellen, und sie will die entsprechende Technologie dann zum Einsatz bringen, wenn das Chaos ihnen die Bühne bietet, um als „Retter“ und „Menschenfreunde“ aufzutreten.

ETs als menschenfreundliche Umweltschützer?

Aus vielen Berichten über *abductions* geht hervor, daß die ETs den Entführten mitteilen, die Erde sei bedroht und die Ökologie stehe vor dem Zusammenbruch; sie seien deshalb hier, um zu helfen; die Entführten seien auserwählt, um an einem großen Plan teilzunehmen, und würden mithelfen, durch Vermischung (Hybridzucht) einen „neuen Menschen“ zu erschaffen; die Entführten würden durch Instruktionen und Implantate auf einen großen Einsatz vorbereitet, den sie jetzt allerdings noch nicht zu verstehen imstande seien (siehe auch: ETs und Weltprobleme, S. 426).

Die „Auserwählten“ werden während ihrer physischen Abwesenheit von der Erde nicht nur körperlichen Prozeduren unterzogen, sondern bekommen oft auch Schreckensszenarien der irdischen Zukunft gezeigt. Andere Bilder zeigen dann die nachfolgende Zeit: Die Außerirdischen leben in der hybriden Körperform auf der Erde und sind anscheinend die herrschende Kaste. Das sei die einzige Möglichkeit, um die Zukunft der Erde zu retten.

Einer der wenigen namhaften Skeptiker gegenüber dieser erwartungsvollen Akzeptanz der Alien-Aktionen ist Prof. David Jacobs von der Temple-Universität in Philadelphia. In seinem Buch *Bedrohung – Die geheime Invasion der Aliens* (1997) analysiert er die verschiedenen möglichen Strategien hinter den Entführungen sowie jene Darstellungen, in denen die Entführungen optimistisch als „Hilfe bei unserer Evolution“, „Quantensprung in unserem Bewußtsein“ oder „kosmische Metamorphose“ interpretiert werden. Dabei begegnet er auch den ökologischen Versprechungen von seiten der Aliens mit großen Vorbehalten:

> Signifikant erscheint in diesem Zusammenhang, daß die Aliens niemals etwas sagen oder tun, was wirklich der Umwelt helfen könnte ... Wenn die Aliens wirklich besorgt um das Schicksal unseres Planeten wären, dann würde dies heißen, daß sie an ihm ein Interesse haben. Es erscheint sinnlos, die Bedrohung der Ökologie lediglich gegenüber einigen Abduktionsopfern zu erwähnen. ... Die Umstände sprechen eher dafür, daß die ökologische Idee erst aufkam, als das Zuchtprogramm bereits in vollem Gang war. Deshalb sollte man Berichte über ein ökologisches Interesse der Aliens mit größter Skepsis behandeln. Es ist durchaus denkbar, daß sie dies nur als Vorwand nutzen, um das Zuchtprogramm zu entschuldigen. Wenn sie den Abduktionsopfern die Idee verkaufen können, daß sie die Menschheit vor der Selbstzerstörung bewahren wollen, ist es viel leichter für sie, ihre Aktionen zu rechtfertigen und die Abduktionsopfer zur Mithilfe zu bewegen. Zudem verleiht die ökologische Botschaft den Aliens jenen Anstrich von Gutartigkeit, den sich viele Menschen von ihnen erhoffen.
>
> Wäre es nicht denkbar, daß die Aliens so besorgt um die Ökologie unseres Planeten sind, weil sie ihn für ihre eigenen Zwecke sauberhalten wollen? ... Alle Beweise scheinen darauf hinzudeuten, daß das Endziel der Aliens darin besteht, sich [durch das Zuchtprogramm] in die menschliche Gesellschaft zu integrieren. All ihre Anstrengungen und Aktivitäten scheinen darauf angelegt zu sein, die gesamte Menschheit zu kontrollieren. (S. 246, 267)

ETs im Kampf ums Überleben?

Gemäß eigenen Aussagen sind die Grauen eine Rasse, die einst durch kriegerische Auseinandersetzungen an einen Punkt kamen, wo sie das Problem der Aggression mechanisch lösen wollten, nämlich durch genetische Manipulation, indem sie ihre eigenen Emotionen wegzüchteten. Durch dieses ungewisse Experiment gerieten sie in eine Sackgasse, in der ihre Fortpflanzungsfähigkeit zerstört und ihr Überleben bedroht wurde. Gemäß Resonanzgesetz kam es dann zu einem Kontakt mit ähnlich gesinnten Menschen auf dem Planeten Erde, wodurch es ihnen ermöglicht wurde, die irdischen Gen-Ressourcen für ihre Experimente nutzbar zu machen. Das Überleben der Menschen ist genauso bedroht wie das Überleben der Grauen, weshalb die letzteren aufgrund ihrer technologischen

Überlegenheit begannen, Menschen für ihre eigenen Zwecke zu verwenden. Auch die Grauen wissen um die kommenden Umwälzungen auf der Erde und die Notwendigkeit grundlegender Veränderungen. Aber weil sie von einem atheistisch-materialistischen Weltbild ausgehen, versuchen sie, diese Veränderung durch *materielle* Mittel (Genetik, Zuchtprogramm, Implantate) zu erreichen, um ihr eigenes Überleben und das Überleben der Erde zu sichern.

Viele Entführte haben in Hypnose oder auch in Wacherinnerungen die biotechnischen Einrichtungen dieses Hybridzuchtprogramms beschrieben. Um nur ein Beispiel zu zitieren:

> In dem Augenblick, als wir diesen riesigen Raum betreten, läuft es mir eiskalt über den Rücken. Ich sehe eine gigantische Anlage, die mindestens zehn Etagen aufweist. ... In jedem dieser Behälter sehe ich Kinder im Entwicklungsstadium eines menschlichen Fötus (ca. 3 bis 4 Monate). ... Es ist schwer abzuschätzen, um wie viele Kinder es sich handelt. Es müssen aber Tausende sein. Ich frage meinen Begleiter, was sie mit all diesen Kindern machen, und er meint, daß es etwas mit unserer Zukunft zu tun hätte, daß eine neue Rasse herangezogen würde, die uns Menschen auf der Erde durch ihr Wissen und ihre Wesensart das Überleben sichern würde.[188]

Bei dieser Beschreibung wird man an das vorhin erwähnte Buch von Aldous Huxley, *Brave New World (Schöne neue Welt)* erinnert, in dem gleich zu Beginn das „Embryonendepot" einer staatlichen „Brut- und Normzentrale" beschrieben wird: „Die bauchigen Wandungen endlos sich hinziehender Flaschenreihen über Flaschenreihen ..." (Huxley erwähnt sogar, daß dabei auch tierische Sekrete, insbesondere die von Pferden und Kühen, verwendet würden!)

> Wir benötigten eine lebende genetische Struktur, der wir die DNS entnehmen, damit wir sie uns erneut einverleiben können, um durch Wiederherstellung der chemischen Reaktionen erneut Emotionen empfinden zu können. ... Euer Planet hat all die primären Gene unserer frühen Geschichte, und das alles an *einem* Ort. Es ist einfach perfekt./ Bitte versteht, daß wir nichts gegen den Wunsch und Willen von euch tun. Ihr habt uns eingeladen, ob es euch nun bewußt ist oder nicht. Wir haben immer vorausgesetzt, daß euer Unterbewußtsein die Stimme eures Bewußtseins wäre. ... Wir emp-

> finden eure Kollektivseele als einen Teil der unsrigen. Diese Einheit gewährt uns die Erlaubnis [Menschen zu entführen]. Die Erlaubnis besteht. Wären wir unfähig, die Aktionen durchzuführen, läge keine Erlaubnis vor. ...
> Wie bekannt, werden die Föten entweder implantiert oder auf natürliche Weise empfangen. Erst später wird an ihnen genetisch gearbeitet. Irgendwann zwischen einem bis zu vier Monaten (normalerweise nicht später) müssen sie die menschliche embryonale Umgebung verlassen, damit an ihnen die nächste Stufe durchgeführt werden kann. ... Einige der nicht so erfolgreichen Linien waren viel kleiner und viel gebrechlicher. Einige hatte so große Köpfe, daß sie nicht von ihrem Körper getragen werden konnten. Als sie wuchsen, litten sie häufig an einem Genickbruch oder einer deformierten Wirbelsäule.[189]

Diese medialen Texte stammen von einer der einflußreichsten Channeling-Frauen der 1990er Jahre, Lyssa Royal, deren Bücher weltweit große Verbreitung fanden. Sie gilt als eines der wenigen direkten Medien der „Grauen“. Die von ihr übermittelte Geschichte der „Grauen“ zeigt, daß diese durch materialistische Methoden in eine physische Degeneration geraten sind. Wie es aussieht, halten sie auch heute noch an ihren Methoden fest, um eine Lösung für ihre existentiellen Probleme zu finden. Statt bei göttlichen Instanzen Hilfe zu suchen, begehen sie eigenwillig die alten Fehler nochmals und wollen sich selbst durch *weitere Übergriffe* retten. Sie sehen an ihrer Vorgehensweise nichts Falsches oder Feindliches, denn sie meinen, daß sie nur das Notwendige tun; es sei das Schicksal der Menschen, von ihnen heimgesucht zu werden; dies entspreche deren Resonanz und werde letztlich beiden Seiten zum Fortschritt verhelfen: „Ihr habt uns eingeladen, ob es euch nun bewußt ist oder nicht. ... Die Erlaubnis besteht. Wären wir unfähig, die Aktionen durchzuführen, läge keine Erlaubnis vor.“ Diese Mißverständnisse von Karma („wenn ich dir etwas zufügen kann, ist dies dein Karma“) sind typische Kennzeichen einer asurischen Denkweise.

Die hier zitierten Grauen stellen unter den grauen Rassen und den verschiedenen anderen Asura-Gruppen nicht die mächtigste und auch nicht die gefährlichste Gruppe dar. Obiges Zitat stammt von Wesen, die sich selbst als „wohlwollend“ bezeichnen, dabei aber andere Außerirdische erwähnen, die auch in ihren Augen negativ sind:

> Die negativen Außerirdischen umfassen die negativ orientierten Zeta Reticuli (manche nennen sie „die Grauen") bis hin zu jedem Typus des Orion-Kontaktes, ganz gleich, ob es sich um physische Beziehungen oder holographische Projektionen handelt. Es gibt ebenfalls andere vermischte Humanoide, die negativ orientiert sind. Hauptsächlich werden hier Daten über die menschliche Psyche gesammelt, die später vielleicht dazu benutzt werden könnten, die Menschen zu kontrollieren oder zu beherrschen.[190]

All diese Manipulatorengruppen haben jedoch auffällige gemeinsame Merkmale: das intellektuelle Rationalisieren ihrer Handlungen, die selbstisch motivierten Vorstellungen und das Agieren mit Verwirrtaktik und Verheimlichungen.

Die Frage, die sich die Menschen hier stellen sollten, lautet: Kann der für die Transformation der Erde erforderliche Bewußtseinswandel durch *genetische Zucht* erreicht werden, oder sollte die Transformation von innen her durch das Bewußtsein (und nicht von außen her durch Genmanipulation) erfolgen?

Diese beiden Ansätze sind so unterschiedlich wie Dunkelheit und Licht.

Schutz durch Gottes Namen

Im *Omega-File 002,* „The Cosmic Grand Deception" („Die kosmische große Täuschung") von Branton wird folgende eindringliche Warnung ausgesprochen:

> Ohne Zweifel geht „dort unten" etwas vor sich, was gewisse Wesen vor den Menschen auf der Oberfläche verbergen wollen. Wer nicht bereit ist, sich in dieser Forschung von Gott, durch Jesus, führen zu lassen, sollte seine Finger besser ganz von diesem Thema lassen. Wir kennen zu viele Menschen, die sich einfach aus Neugier, ohne die Bitte um Gottes Gnade, in diese Themenbereiche hineinbegeben haben und als Folge davon großen Schaden erlitten. Je mehr wir jedoch in einer vereinten Bemühung zusammenarbeiten, um uns gegen diese negativen Einflüsse zu schützen, desto stärker sind wir auch individuell.

Eine wirkungsvolle Methode, sich mit dem göttlichen Schutz zu verbinden, ist die reine Schwingung von Gottes Namen: „Geheiligt werde dein Name!“ (Mt 6,9)

> „Ich sah den Satan wie einen Blitz vom Himmel fallen. Siehe, ich habe euch die Macht gegeben, auf Schlangen und Skorpione zu treten, und Macht über alle Gewalt des Widersachers; und er wird euch nichts antun können. Doch nicht darüber freuet euch, daß die bösen Mächte vor euch weichen müssen; freuet euch vielmehr, daß eure Namen in den Himmeln aufgeschrieben sind.“ Und er sprach ekstatisch, erfüllt vom heiligen Geist: „Ich preise dich, Vater, Herr des Himmels und der Erde ...“ (Lk 10,18–21)

Aus derselben Quelle, aus der wir die unverhüllten Erklärungen zum Symbol des „Drachen“ bekommen, wird uns über den göttlichen Schutz durch Gottes Namen folgendes mitgeteilt:

> Das Wort „Amen“ ist das „Ja“ eures Herzens. Es ist die Umwandlung des ursprünglichen „Om“ oder „Aum“, das „So sei es“ bedeutet. Das ganze Universum ist Leben mittels Schwingung. Auch ihr schwingt in eurem Sein. Wenn ihr das „Amen“ sprecht, schließt ihr euch mit eurer Schwingung energetisch an die Schwingung der Quelle, an die Schwingung des Vaters selbst, an. Das Amen [Om] ist die direkte Verbindung eures Geistes mit dem Geist des Vaters.[191]

Am Anfang aller Schöpfung ist „Klang“ (Schwingung), repräsentiert durch die heilige Silbe A-U-M (ausgesprochen OM). Als OM erklingt sie in vedischen, buddhistischen und indischen Kreisen, als Amen und Omega in jüdisch-christlichen Kreisen und als Friedenssilbe im hebräischen Shalom.

„Das Leben der Menschen“, so heißt es im Ayur-Veda, „ist ein Krieg zwischen den Devas und den Asuras, den Göttern des Lichtes und den Dämonen der Dunkelheit. ... [Ein] Mantra, das den Schutz des göttlichen Lichtes gewährt, ist ‚Râma‘. Es öffnet unsere Aura für die lenkende Intelligenz des Schöpfers und verschließt sie für alle niedrigeren Einflüsse aus der Astralebene. Er hilft bei allen mentalen und psychischen Störungen, und seine Verwendung ist vollkommen ohne Probleme.“[192]

Wer sich aus dem innersten Herzen an Gott wendet, verbindet

sich mit einem unendlichen Energiestrom, der den besten Schutz gegen alle negativen Einflüsse darstellt. Diejenigen, die sich gleichgültig, unwissend oder ungeschützt durch die Welt bewegen, haben die Programmierung der Gottlosigkeit akzeptiert, wodurch sie den Dunkelmächten unbewußt eine Angriffsfläche bieten.

Unabhängig davon, ob es gelingt, die prophezeiten Ereignisse zu verändern oder abzuschwächen, dürfen wir überzeugt sein, daß überall auch gottzugewandte und gottesbewußte Individuen gegenwärtig sind: in den irdischen wie auch in den unterirdischen und in den überirdischen Bereichen. „Und ich sah einen mächtigen Engel, der mit lauter Stimme fragte: ‚Wer ist würdig, die Siegel aufzubrechen und das Buch zu öffnen?‘ Aber man fand niemanden im Himmel, auf der Erde oder unter der Erde, der das Buch öffnen und hineinsehen konnte.“ (Offb 5,2)

Zusammenfassung und Ausblick

Der verdienstvolle UFO-Forscher Timothy Good (der britische Großadmiral und NATO-Vorsitzende Lord Hill-Norton schrieb zu mehreren seiner Bücher zustimmende Vorworte) gibt im Schlußsatz seines Buches *UFOs – Top Secret* (1999) folgendes Fazit:

> Sie sind hier und werfen all unsere Vorstellungen von Zeit und Raum über den Haufen. Manche sind bösartig, andere gutwillig. Der Kontakt ist bereits hergestellt, wenn auch nicht immer zu unseren Bedingungen und so, wie wir uns das vorstellen.

Viele Spuren, Dokumente und Zeugenaussagen, auch die von Disclosure-Mitgliedern, weisen darauf hin, daß es unterirdische Anlagen gibt, in denen Menschen und nichtirdische Intelligenzen gemeinsam oder nebeneinander in geheimste Machenschaften (technische Entwicklung, genetische Experimente, politische Manipulation) verstrickt sind. Hinter dieser dunklen Parallelwelt, in die „mindestens 40 bis 80 Milliarden Dollar pro Jahr aus *black budgets*“ (Steven Greer) fließen, stehen Interessengruppen, die nach einer Vormachtstellung auf der Erde streben.

Die Geister scheiden sich nicht bei diesen Darstellungen – die ja von allen direkt oder indirekt bestätigt werden –, sondern in der Interpretation. Steven Greer und seine Gruppe, die heute die mächtigste Stimme in der UFO-Forschung darstellen, sagen, es gebe keinerlei Hinweise, daß diese „Wesen von anderswo" den Menschen feindlich gesinnt seien. Die Aussage, Einflüsse und Aktivitäten der Außerirdischen könnten auch negativ sein, bezeichnet Greer als eine Propaganda der „Schattenregierung", die Angst vor einem Feind aus dem Weltall schüren wolle, um auf dieser Grundlage eine Weltregierung und damit eine Weltdiktatur errichten zu können.

Mit anderen Worten: Auch die Disclosure-Vertreter – mittlerweile über vierhundert hochrangige (Ex-)Mitglieder des Militärs, der Technologieforschung und der Geheimdienste – sagen, daß eine Geheimmacht, eine „Schattenregierung", mit Geheimtechnologie und Lügen nach Weltherrschaft strebt. Damit bestätigen sie indirekt auch die Grundaussage der Johannes-Offenbarung.

Welches Szenario realistischer ist, kann anhand der bekannten Fakten und des heutigen Trends abgeschätzt werden. Betrachten wir folgende zwei Möglichkeiten der weiteren Entwicklung:

1) Wenn plötzlich verkündet wird, die Menschheit werde von einem Feind aus dem Weltall bedroht, und deshalb müsse nun ein globaler Notstand, d. h. eine globale Diktatur, ausgerufen werden, dann hat Steven Greer insofern recht gehabt, als dieser Plan besteht und nun umgesetzt wird. Aber selbst eine solche Entwicklung würde nicht beweisen, daß es keine „Besucher" mit weniger als nur positiven Absichten gibt.

2) Wenn plötzlich offiziell zugegeben wird, daß UFOs eine Realität seien und daß die Welt nun mit der Technologie, die aus diesem Kontakt hervorgegangen sei, „für immer verändert werden" solle und daß jegliche Skepsis oder Ablehnung ungerechtfertigt (und auch nicht mehr erlaubt) sei, dann war Greers Disclosure-Warnung unberechtigt oder schlichtweg unwahr, und man sollte sich an jenes Szenario erinnern, das von vielen verdrängten Einzelkämpfern beschrieben wurde und das auch der biblischen Offenbarung entspricht. Wir sind gewarnt, daß zuerst die „Negativen" auftreten werden. Diese sind natürlich überzeugt, daß das, was sie tun, das einzig wirklich Nützliche und Positive ist.

Wenn in der nächsten Zeit keines der beiden Szenarien eintrifft, gilt es, weiterhin wachsam zu sein und die 666-Entwicklung auch unabhängig von einem ET-Hintergrund kritisch zu verfolgen.

Die treibende Kraft hinter diesen Entwicklungen wird in der Offenbarung (12,9) mit einem konkreten Bild identifiziert. Wenn man hört, was sich letztlich hinter dem Sinnbild des Drachen verbirgt (siehe S. 409 f.), wird verständlich, warum die Entschlüsselung erst heute erfolgt, wobei sie auch heute noch für die meisten Menschen kaum zu glauben ist – trotz der vielen Zeugenaussagen und Indizien, die in diese Richtung weisen.

Die Entschlüsselung besagt, daß die Mächte, die die Menschheit manipulieren, selbst ebenfalls manipuliert werden, und zwar von Wesen aus den halbphysischen und astralen Bereichen (mit technischen „Kraftstationen" unter der Erdoberfläche). Beide sind im biologischen wie auch im ethischen Sinn kaltblütig, verfügen aber über eine hohe Technologie und manipulieren mit ihren magisch-telepathischen Kräften jene Menschen, die unter ihrem energetischen und technologischen Bann stehen (Offb 13,14).

Beim Vordringen in diese Bereiche konkretisiert sich das apokalyptische Sinnbild des Drachen. Deshalb sollte eine solche Ausleuchtung der tiefsten Dunkelheit nur *mit dem bewußten Auftrag und Schutz Gottes* gewagt werden. Daß dieses Thema hier in Kapitel 14 aufgegriffen wird, hat nur einen einzigen Grund: denselben wie Jesu Offenbarung der Drachenmacht, nämlich die Stärkung der Unterscheidungskraft und die Bewußtmachung der „unmenschlichen" Dimensionen des Weltgeschehens.

Man kann auch alles als Verschwörungstheorie abtun – selbst wenn Fakten und Zeugen auf die Richtigkeit der Theorie hinweisen.

Kapitel 15

Botschaften aus dem Kosmos – wie alles begann

Heute, zu Beginn des 21. Jahrhunderts, sind in der Esoterik-Szene Channeling-Botschaften aus dem Kosmos nichts Außergewöhnliches mehr. Der Kosmos ist multidimensional, und so ist es eigentlich nur natürlich, daß der Mensch als multidimensionales Wesen mit dem Kosmos und mit den Wesen der höheren Dimensionen verbunden ist.

Wie die Ausführungen in den beiden vorherigen Kapiteln gezeigt haben, begann der Kontakt mit dem Kosmos nicht mit Botschaften, sondern mit abgestürzten UFOs in den Jahren nach dem Zweiten Weltkrieg. Erst als gewisse militärisch-politische Elitekreise eine totale Geheimhaltung beschlossen hatten und begannen, mit psychotronischen und telepathischen Mitteln den Kontakt zu den technologischen ETs zu suchen, reagierten die positiven Außerirdischen und kontaktierten ihrerseits einzelne Menschen mit konkreten Botschaften. Das war Anfang der 1950er Jahre.

Was auf S. 394–396 über die geistchristlichen Neuoffenbarungen gesagt wurde, gilt auch hier: Die Botschaften entstehen nie unabhängig von der empfangenden Person. Dies bezieht sich sowohl auf die Qualität des Empfängers als auch auf die des Absenders, denn beide stehen über das Resonanzgesetz in Verbindung. So ist es nicht erstaunlich, daß die *contactees,* die „UFO-Kontaktler", unterschiedliche und z. T. auch widersprüchliche Informationen bekamen. Aber alle bestätigten den einen Punkt: Die Menschheit befindet sich in einer entscheidenden Phase! Folgt sie weiter dem Pfad der Selbstzerstörung, oder gelingt eine Bewußtseinsänderung und ein Kurswechsel?

Aber nicht nur die Menschheit befindet sich in einer entscheidenden Phase, auch *die Erde selbst.* Die Erde bewegt sich zusammen mit dem Sonnensystem um ein bestimmtes galaktisches Zentrum und durchläuft dabei zwölf Sternbildphasen mit jeweils einer Dauer von rund 2155 Jahren. Dies ergibt für das Sonnensystem und damit auch für die Erde ein großes galaktisches Jahr von rund 26 000 Jahren. Mit dem Übergang vom Fische- zum Wassermannzeitalter endet ein solches galaktisches Jahr, und es kommt zu einem neuen Anfang auf einer höheren Ebene.

Damit ist die Besonderheit der heutigen Zeit aber noch nicht erschöpfend beschrieben. Gemäß dem vedischen Kalender nähern wir uns dem zentralen Abschnitt innerhalb des Bestehens unseres Sonnensystems (dem „Mittag" eines Brahmâ-Tages). Interessanterweise sagt auch die Astronomie, daß die Sonne rund die Hälfte ihres Lebens hinter sich hat. Also Halbzeit und Umschwung im Sonnensystem!

Es ist daher nicht überraschend, daß bereits vor Jahrtausenden Vorbereitungen eingeleitet wurden, weil damals schon die heute bevorstehenden Veränderungen, die sowohl den materiellen als auch den geistigen Bereich betreffen, vorausgesehen wurden: Beginn einer neuen Sternbildphase, eines neuen galaktischen Jahres, Zenit eines Brahmâ-Tages und gleichzeitig auch, gemäß vedischer Kosmologie, Hälfte von Brahmâs Leben, d.h. Wendepunkt im expandierenden Universum von „Explosion" zu „Implosion" – dies alles kommt in der gegenwärtigen Wendezeit zusammen und macht sie zu einem einzigartigen Ereignis.

Neben den Veränderungen, die diese Zeit im Äußeren mit sich bringt – die Umwandlung von allem, was nicht in Harmonie mit der Höherschwingung ist –, bahnt sich in einem größeren Zusammenhang eine erhebende Wandlung an, die weit über die Erde hinausgeht. Vereinzelte Prophezeiungen erwähnen auch explizit den Einfluß einer neuen Einstrahlung aus der Galaxie, wobei auffällt, daß die meisten Prophezeiungen, die dieses galaktische Ereignis ankündigen, nicht von irdischen, sondern von außerirdischen Absendern stammen. Dies ist nicht überraschend, denn für Wesen aus dem Weltall sind interdimensionale Kontakte All-Tag, weshalb jene auch heute gegenwärtig sind, um der Menschheit und dem Planeten begleitend zur Seite zu stehen.

Kosmisches Licht aus zentraler Quelle

In der Phase des Endes und Neuanfangs sowie auch in der Phase des gegenüberliegenden Pols, in der Mitte des galaktischen Jahres (dem Wassermann liegt das Zeichen des Löwen gegenüber), durchläuft das Sonnensystem eine intensive Strahlungszone, die vom galaktischen Zentrum ausgeht. Diese Einstrahlung soll auch eine Veränderung („Höherschwingung") in der physikalischen Materie nach sich ziehen, insbesondere in der organischen.

Das Geheimnis der transformierenden Durchstrahlung des Sonnensystems ist bereits lange vor dem modernen New Age offenbart worden, zum Beispiel in Deutschland während des Zweiten Weltkrieges dem mystischen Überlebenden Paul Otto Hesse. Dies führte in den ersten Nachkriegsjahren zur Niederschrift seines Buches *Der Jüngste Tag*. Im Vorwort schreibt er, aufblickend aus dem historischen Trümmerfeld: „Die geistige und materielle Not läßt lebenswahr das Geschehen auf der Stätte Golgatha zu bewußter Erinnerung werden, mehr als das jemals zuvor der Fall gewesen ist. Es ist Ostern 1949 – dennoch strahlt in der lebendig machenden *Liebe* auf eine Welt der Trübsal und Ratlosigkeit verheißend das *Licht* für eine *Auferstehung des Geistes* ..." (Hervorhebungen im Original)

Der 1958 in Berlin verstorbene Paul Otto Hesse beschreibt in seinem Buch den Lichtgürtel um die Zentralsonne und dessen Wirkung, nämlich das Auslösen einer „Erneuerung des geistigen und auch des stofflichen Zustandes" (S. 11). Bereits 1949 weiß er, daß die Veränderung der Erde auch eine *stoffliche* Veränderung mit sich bringen wird. Der Körper wird mit geistigem Licht erfüllt und in eine höherschwingende Atomstruktur übergehen. Die Menschen, die diese Phase der Metamorphose erleben, werden den Lichtwesen näher sein, und die Gedanken, die dieser hohen Schwingung entsprechen, werden sichtbar auch die *äußere* Erscheinung prägen, so wie sie bereits jetzt, in der physischen Verdichtung, die *Aura* prägen. (Denn entsprechend unseren Gemüts- und Gefühlsregungen verändern sich Form und Farbe unserer Aura.)

Hesse nennt die schwingungserhebende kosmische Einstrahlung „manasische Vibration“, abgeleitet von dem Sanskritwort *manas,* „das Mentale; das Geistige“:

> Der Zustand nämlich, in den unser gesamtes Sonnensystem in Kürze versetzt werden wird, ist ein manasischer, d. h., er entspricht (in der Beschaffenheit der atomistischen Materie) dem des wirksam werdenden, dreifach geteilten Atoms ... [und hat] die Eigenschaft, in der stofflichen Welt der Erscheinungen mittels jeden Partikelchens zu leuchten ... (S. 12)

Um in den neuen Schwingungsverhältnissen leben oder auch nur die Realität dieser Veränderungen wahrnehmen zu können, muß sich der Mensch mit seinem Bewußtsein auf die „manasische“ Schwingung einstellen. Dann werden die „diesen Empfindungen entsprechenden Gedanken des Menschen in vibrierender Art und Weise als Strahlerscheinung sichtbar ...“ (S. 13), was die Transformation der Erde und die des eigenen Körpers unterstützt.

Eine natürliche Begleiterscheinung dieser Entwicklung wird auch die Erfüllung der Joël-Prophezeiung sein, nämlich daß die Menschen wieder empfänglich sein werden für den Geist Gottes: „Die vorliegende Schrift betrachtet das Wort, das seit Anfang ist und ewig sein wird, als Leitstern des Lebens im irdischen Dasein ... Es ist dieses *Wort* als die innere Stimme in uns eine *rein geistige Unterweisung* (Religio) ... [Der Verfasser ist nur empfangendes Wesen], das die empfangenen Mitteilungen dankbar weiterschenkt. Sie sind im *Geiste Jesu* mit Kenntnis auch der anderen Religionsbekenntnisse und der Weisheitslehren der Meister und Avatare Indiens entstanden.“ (S. 56)

In dieser geistigen Schau werden Weisheit und Einsicht offenbart, die den Instrumenten des Menschen verhüllt sind, wie z. B. die für die damalige Zeit völlig neue Einsicht in das kosmische Wesen unseres Sonnensystems in Beziehung zur Zentralsonne. So erfahren wir, daß die Präsenz der Dunkelheit auf Erden nun durch diese neue Lichtzeit aufgehoben wird, weshalb der Mensch schon seit langer Zeit aufgefordert wird, sich auf diese neue Zeit vorzubereiten. Doch die herrschenden Entwicklungen sind diesem Ziel diametral entgegengesetzt, so wie es auch die Johannes-Offenbarung mit der 666-Prophezeiung vorausgesagt hat:

> Nach der Offenbarung des Johannes sind die Menschen, bei denen das Malzeichen des Tieres an den Stirnen geschrieben steht, auch nicht den heilenden Wirkungen der Manasischen Vibration zugänglich, denn sie schwingen nicht in der Alliebe. (S. 117)

Bevor die Erde vollkommen in diese neue Daseinsweise übergeht, wird sie auch ihre äußere Position verändern, zum Beispiel komme es „durch den Eintritt des Sonnensystems in die Strahlzone des Leuchtringes der Zentralsonne“ zu einer Aufrichtung der Polachse.[193]

Die Höherschwingung des Planeten

Obwohl seit langer Zeit schon Prophezeiungen über kommende Veränderungen bekannt sind, ist das spezifische Detail der galaktischen Lichteinstrahlung ein Wissensgut der *neueren Zeit,* weil die Menschen erst heute in der Lage sind, solche Erklärungen zu verstehen. Wenn auf dem Weg der Menschheitsentwicklung bestimmte Informationen relevant werden, treten sie auf einmal an vielen Orten zutage, genauso wie gleiche Früchte zu gegebener Zeit fast gleichzeitig oder kurz nacheinander reif werden. Ebenso verhält es sich mit der Information über die nahende Lichtzonendurchquerung.

In den fünfziger Jahren veröffentlichte der amerikanische Wissenschaftler Dr. F. Sumner die Schrift *The Coming Golden Age* (dt. *Das kommende Goldene Zeitalter,* 1960), die bis heute zu den wichtigsten Grundlagenwerken über diese Thematik gehört. Er beschreibt ähnliches wie Paul Otto Hesse in seiner Vision:

> Unser gesamtes Sonnensystem rückt in eine neue kosmische Region himmlischen Lichtes vor, welches unseren ganzen Planeten und alles Leben auf ihm umwandeln wird. Wir treten ein in das „Goldene Zeitalter“ unseres Planetensystems in seiner Beziehung zu der Großen Zentralsonne, die wir in annähernd 26 000 Jahren einmal umkreisen, und zu gleicher Zeit gelangen wir in die belebenden Strahlen des Wassermann-Sternbildes, dessen gesteigerte Schwingungen alles Lebendige und alle Lebensvorgänge auf unserer Erde aktivieren. ... Unsere Welt wird jetzt von allen negativen und luziferischen Mächten gesäubert und zu neuem geistigen Höhenflug

> erweckt durch das Einfließen dieser transzendenten Schwingungen und geistigen Kräfte, die unter dem Gebot Christi stehen. Und Er nützt diese kosmische Gelegenheit, der Menschen Erleuchtung und Wohlergehen zu fördern. (S. 10–11)

> Sie [die Planeten] steigen zyklisch durch zunehmende Schwingungsfrequenzen in immer höhere Herrlichkeitsphasen auf. Und in demselben Maße, in dem sie sich höher entwickeln, entwickelt sich auch alles Lebendige auf ihnen empor und wird veredelt und erhöht … (S. 12)

Dr. Sumner warnte als Wissenschaftler bereits in den frühen fünfziger Jahren dringend vor der Atomspaltung und bezeichnete sie direkt als eine luziferische Inspiration. Damit vertrat er in der Atombombennation USA eine unpopuläre Ansicht, aber inhaltlich entsprach diese Erkenntnis genau den Botschaften, die seit Anfang der fünfziger Jahre in Amerika und bald auch anderswo medial empfangen wurden.

Im vorliegenden Kapitel, das eine kurze Übersicht über den Inhalt und die chronologische Entfaltung der medial vermittelten Botschaften geben soll, werden auch einige deutliche Zitate über die Atomspaltung angeführt. Die Wesen aus dem Weltraum betonen, daß die Kettenreaktion der Atomspaltung, vor allem in Form von Atombomben und Atombombentests, die Atmosphäre und den Planeten in größte Mitleidenschaft ziehen. Überraschend ist die Behauptung dieser Raumwesen, es sei allein auf ihr neutralisierendes Einwirken zurückzuführen, daß die Bomben und die vielen Tests die Erde noch nicht zerstört hätten! Wenn dies stimmt, dann hat sich die Menschheit ihnen gegenüber bislang als sehr undankbar erwiesen.

Tatsächlich wurde auch unter denjenigen, die im Zweiten Weltkrieg an der Entwicklung der Atombombe mitarbeiteten, die Befürchtung über möglicherweise verheerende Kettenreaktionen geäußert, doch ihre Meinung war nicht erwünscht. Schauen wir also, welcher Geist unter diesen Wissenschaftlern, Militärchefs und Politikern herrschte. Dann wird leichter nachvollziehbar, was die Raumwesen aus einer höherdimensionalen Sicht über diese Personen und Projekte sagten.

Der Geist der Zerstörung und Massenvernichtung

Das Gehirn hinter der Atombombenkonstruktion war der Physiker Robert Oppenheimer. Einer seiner Biographien, und zwar einer positiv gesinnten (Peter Goodchild: *J. Robert Oppenheimer,* Basel 1982), sind die folgenden Zitate entnommen. Nur schon diese wenigen Beispiele von verbürgten Worten und Ereignissen lassen erkennen, welche „höhere" Führung hier das Zepter schwang.

In Amerika herrschte große Panik vor einer deutschen Atombombe. Deshalb sagte ein US-Sondertruppführer nach der Kapitulation Deutschlands im Mai 1945 erleichtert:

> „Wenn die Deutschen keine Bombe haben, brauchen wir die unsrige auch nicht einzusetzen." – „Da kennen Sie Groves [den General hinter dem Atombombenprojekt] schlecht", lautete die Antwort des Vorgesetzten. *„Wenn wir eine solche Waffe besitzen, dann verwenden wir sie auch!"* (S. 115)

Mehrmals befürchteten einige der beteiligten Physiker unabschätzbare vernichtende Kettenreaktionen:

> Compton hat erzählt, wie die Physiker dieser Arbeitsgruppe an dem Problem herumkauten und schließlich, unter seiner Leitung, eine Wahrscheinlichkeit von drei zu einer Million berechneten. Drei Möglichkeiten in einer Million, daß die Welt zerstört würde ... (S. 65)

> [Mitte Juli 1945, kurz vor dem ersten Atombombentest:] Groves zog sich zurück und schlief gut. Oppenheimer blieb wach, rauchte pausenlos, hustete, versuchte etwas zu lesen. An diesem Abend kam Bainbridge ein Gerücht zu Ohren, das sich wie ein Lauffeuer im Lager verbreitete. Man hatte einige leitende Wissenschaftler sagen hören, die Bombe werde die Atmosphäre entzünden. Man hatte gehört, wie sie die Schnelligkeit und Reichweite dieser Reaktion abzuschätzen versuchten und Wetten abschlossen – erstens über die Vernichtung allen menschlichen Lebens auf dem Planeten und zweitens über die Vernichtung allen menschlichen Lebens im Staate New Mexico. Außer sich vor Wut ging Bainbridge zu Oppenheimer. Die beiden Männer waren sich einig, daß man den

> bis zur Erschöpfung ermüdeten Teams einen Aufschub fast nicht zumuten konnte und daß dieser neuerliche Panikausbruch nur ein Grund mehr war, den vorgesehenen Zeitplan einzuhalten. (S. 164)

Weil Deutschland kapituliert hatte und der Krieg praktisch entschieden war, mußte die große Vernichtungswaffe gemäß diktiertem Zeitplan sehr schnell fertiggestellt werden, denn die Zeit drängte: je später, desto schwieriger wäre es gewesen, ihren Einsatz der Welt gegenüber zu begründen. Der Massenvernichtungsschlag gegen Japan „mußte" aber noch durchgeführt werden. Welcher Geist verlangte hier nach der gleichzeitigen Brandopferung von Hunderttausenden von Menschen?

Was die Befürchtungen betrifft, die einige der beteiligten Physiker äußerten, so könnte man meinen, daß sie unbegründet waren. Was ohne die Neutralisation aus höherer Ebene geschehen wäre, wissen wir nicht. Aber auch ohne die Entzündung der Atmosphäre waren die Bomben mörderisch, sowohl unmittelbar als auch hinsichtlich der längerfristigen Folgen, insbesondere der gesundheitlichen und der genetischen Auswirkungen aufgrund der Radioaktivität. Die höherdimensionalen Wesen nahmen zusätzlich noch andere, weiterreichende Folgen wahr, insbesondere die Auswirkungen in den feinenergetischen und astralen Bereichen.

Ende Mai 1945 hatten einige Physiker, die aufgrund ihrer Berechnungen die Vernichtungskraft der Atombombe kannten, die Frage aufgeworfen, ob man nicht bloß *eine technische Demonstration der Bombe* als Drohung vorführen solle anstatt sie auf Zivilbürger abzuwerfen. Bei der entscheidenden Konferenz im geheimgehaltenen Konstruktionsort Los Alamos (New Mexico) vom 30. Mai „vertrat Oppenheimer die moralischen Bedenken der Wissenschaftler in bezug auf den Gebrauch der Waffe gegen Japan überhaupt nicht. *Er zog lediglich politische und strategische Gesichtspunkte in Betracht.*" (S. 144) Er führte ins Feld, er könne sich nicht vorstellen, daß irgendeine Demonstration eindrucksvoll genug sei, um die Japaner zur bedingungslosen Kapitulation zu bewegen. Oder es könnte den Japanern einfallen, amerikanische Gefangene in das Abwurfgebiet zu verlegen. Und außerdem sei es ungewiß, ob die Atombombe wirklich mehr Menschenleben kosten werde als die gewöhnlichen Luftangriffe auf Tokio.

> Aufgrund dieser Ausführungen Oppenheimers formulierte das Interim-Komitee drei wichtige Vorschläge: 1. die Bombe gegen Japan anzuwenden, 2. als Abwurfziel einen von ziviler Bevölkerung umgebenen militärischen Stützpunkt zu wählen, und 3. die Bombe ohne jede Warnung abzuwerfen. (S. 144)

Der Rest ist bekannte Geschichte – und trauriger Weltrekord: 300 000 Tote mit nur zwei Bomben! Der amerikanische Präsident Truman hatte Japan nach dem Abwurf der ersten Bombe gedroht: *„Ergebt euch bedingungslos oder erwartet einen Regen des Verderbens aus der Luft, wie ihn diese Erde noch nie gesehen hat!“* (S. 174) Drei Tage nach Hiroshima, am 9. August 1945, 12.01 Ortszeit, wurde die zweite Atombombe abgeworfen.

Am 14. August wurde in Los Alamos der Sieg über Japan gefeiert. Die monatelange Spannung unter den Wissenschaftlern wich einem wilden, begeisterten Jubel und Überschwang.

George Kistiakowsky, einer von Oppenheimers Hauptmitarbeitern, erinnert sich an die Siegesparty von Los Alamos:

> Die ganze verdammte Bande wollte 21 Salutschüsse abfeuern. Wir hatten aber keine Gewehre, und so holte ich mir einen meiner jungen Assistenten, und wir fuhren ins Sprengstofflager. Wir nahmen 21 Kisten mit, 21 50-Pfund-Kisten voll TNT-Mischung. Die stellten wir im offenen Feld auf und ließen sie explodieren. War das ein Spektakel! (S. 176)

Auch Truman, US-Präsident und Hochgradfreimaurer (nicht der einzige in dieser Geschichte), war begeistert von dem Meisterwerk aus Los Alamos:

> „Was dort geschah, ist die größte Leistung der organisierten Wissenschaft in der ganzen Geschichte. Sie wurde unter äußerstem Druck erbracht und war ein absoluter Erfolg. Wir haben zwei Milliarden Dollar für das größte wissenschaftliche Risiko der Geschichte aufs Spiel gesetzt – und gewonnen.“

Alles im Namen von „organisierter Wissenschaft“! Dies ist ein Paradebeispiel für eine gewissenlose Verdrängung und Rechtfertigung des Negativen (hier: Massenmord).

Auch nach dem Abwurf der beiden Bomben und der offensichtlichen Erkennbarkeit ihrer Vernichtungskraft sagte Oppenheimer in einem Interview – und es sollte zum Alibi-Statement der zukünftigen Forschung werden: *„Ein Wissenschaftler darf den Fortschritt nicht aufhalten aus Furcht vor dem, was die Welt mit seinen Entdeckungen machen wird."* (S. 177)

Einmal mehr stellt sich die Frage, was unter „Fortschritt" verstanden wird …

Die ersten Kontakte

Während die amerikanischen Geheimdienste rätselten, wie sie die Technologie der erbeuteten UFOs für sich nutzbar machen konnten, und durch das hochgeheime Projekt SIGMA die UFO-Wesen zu kontaktieren versuchten, wurden verschiedene unscheinbare zivile Menschen von „Außerirdischen" kontaktiert. Dabei handelte es sich jedoch nicht um die Wesen mit den abgestürzten UFOs. Ihr Anliegen war deshalb auch ein ganz anderes, als die Menschen mit Technologie zu verführen.

Ein früher Kontakt, der bekannt geworden ist, fand im Juli 1950 in New Mexico auf dem Raketentestgelände von White Sands statt. Dort begegnete der angesehene Raketentechniker Dr. Daniel Fry einem solchen Objekt und wurde sogar auf eine Fahrt mitgenommen. Als weitere Kontakte zustande kamen, trat Dr. Fry mit seinen Erlebnissen ab Mitte der fünfziger Jahre an die Öffentlichkeit. Es gelang ihm auch, Filmaufnahmen von solchen Objekten zu machen, die bis heute zu den besten ihrer Art gehören. Die „Außerirdischen", denen Dr. Fry begegnete, seien gar keine echten Außerirdischen, sagten sie selbst. Sie hätten vor langer Zeit in Lemurien gelebt, doch ihre Heimat sei durch einen Atomschlag von den Atlantern zerstört worden, und sie seien mit ihren Raumschiffen ins Weltall geflohen. Heute, wo die Menschheit vor einer ähnlichen Selbstzerstörung stehe, seien sie wieder zurückgekehrt.[194]

Bereits 1950 erschien in Amerika ein Buch über die paranormale Beschaffenheit der UFOs: *The Ether Ship Mystery and Its Solution* („Das Geheimnis der ätherischen Schiffe und dessen Lösung"), verfaßt vom Physiker Dr. Meade Layne. 1954 veröffentlichte er *The Coming of the Guardians* („Das Kommen der Wächter"). Dr. Layne führte neben seinen technischen auch parapsychologische Forschungen durch und verwendete für seine Bücher zusätzlich die Hilfe von medial empfangenen Botschaften (durch Mark Probert; siehe unten).

Der Anthropologe Dr. George Williamson kam im Jahr 1952 in Kontakt mit außerirdischen Lichtwesen, beschrieben in seinem Buch *The Saucers Speak* (1953):

> Die Raumwesen sprachen über die Atombombe und von ihrer Gefahr für die ganze Erde, und darüber, wie sie uns hier helfen könnten. Für unseren Planeten habe ein „Neues Zeitalter" begonnen, und die Kontakte hingen auf das engste mit dem derzeitigen kritischen Stadium unserer irdischen Entwicklung zusammen ... Sie deuteten auch an, daß sie Kontakte mit irdischen Regierungen einschließlich der Russen aufgenommen haben.[195]

Im Juli 1952 hatte auch der einfache Arbeiter Truman Bethurum eine erste Begegnung mit UFOs und sah sogar eines von innen; beschrieben in seinem Buch *Aboard a Flying Saucer* (1953).

1953 hatte der Italoamerikaner Orfeo Angelucci, Arbeiter bei den Lockheed-Flugzeugwerken, seine ersten Begegnungen. 1955 veröffentlichte er das Buch *The Secret of the Saucers,* das 1959 auch in Deutsch erschien.

Bereits erwähnt worden ist der Kontaktler George van Tassel, der im Juli 1952 die UFO-Parade über Washington ankündigte und dessen Rundbrief sogar das FBI abonnierte.

Ab 1952 bekam auch in Italien ein einfacher Mann, der Zollbeamte Eugenio Siragusa, erste mediale Botschaften von Raumwesen, was in den nachfolgenden Jahren zu persönlichen Begegnungen führte.

Dies sind nur wenige Beispiele von vielen. Der berühmteste Kontaktler war in diesen Jahren aber zweifellos *George Adamski* (1891–1965), der mit aufsehenerregenden Berichten, Fotos und Filmen an die Öffentlichkeit trat. In der oberflächlich-kritischen Literatur wird Adamski als Scharlatan und Fälscher bezeichnet, aber seine Fotos und Filme von UFOs wurden wissenschaftlich untersucht und überzeugten damals auch viele, die anfänglich skeptisch eingestellt gewesen waren.[196] Obwohl seine aus Polen emigrierten Eltern nicht sehr bemittelt waren, konnte der junge George dank mysteriöser Hilfe in den Tibet reisen und dort eine dreijährige Schulung durchlaufen.[197] Während des Ersten Weltkriegs war er Kavalleriesoldat der US-Armee. In den nachfolgenden dreißig Jahren verdiente er sich mit verschiedensten Anstellungen einen minimalen Lebensunterhalt, um möglichst viel Zeit für seine persönlichen Interessen zu haben. Er gründete einen Studienkreis, den er *The Royal Order of Tibet* nannte, und begann private Astronomie- und Himmelsstudien. 1946 hatte er seine erste bezeugte Raumschiffsichtung. Im November 1952 kam es in einem Wüstengebiet von Nordkalifornien zur Landung eines Raumschiffes und zu einer persönlichen Begegnung mit einem „Venusier", die von sechs Zeugen mitverfolgt wurde. Einer davon war der bereits genannte Dr. Williamson.

1953 erschien sein Buch *Flying Saucers Have Landed* (dt. *Fliegende Untertassen landen,* 1954), mit Desmond Leslie als Koautor, der die ersten drei Viertel des Buches verfaßte. Darin wies er nach, daß UFOs nichts Neues sind, sondern in zahlreichen legendären und historischen Berichten erwähnt werden, insbesondere in den altindischen Quellen, und er trug viele Berichte zusammen, aus der fernen Vergangenheit bis hin ins Jahr 1952. Obwohl Adamski als spektakulärer Zeuge im letzten Viertel des Buches „versteckt" wurde, geriet er sogleich ins Kreuzfeuer, was sich 1955 noch verschärfte, als er sein zweites Buch veröffentlichte: *Inside the Spaceships* (dt. *Im Innern der Raumschiffe,* 1958). Darin schildert Adamski seine Kontakte und Erlebnisse, die es ihm erlaubten, nicht nur die untertassenförmigen Kleinraumschiffe, sondern auch die großen Mutterschiffe zu fotografieren und detailliert in Außen- und Innenansicht zu zeichnen. Dabei zitiert er ausführlich die Belehrungen und Zukunftsvisionen, die ihm durch diese Kontakte zuteil geworden waren:

> „Eure Welt ist nicht die am niedrigsten entwickelte im Universum; sie ist wohl die am niedrigsten entwickelte in unserem eigenen Sonnensystem. Aber außerhalb desselben gibt es Welten, deren Völker euren Entwicklungsstand noch nicht erreicht haben, weder in sozialer noch in wissenschaftlicher Hinsicht. Auch gibt es Welten,

deren Entwicklung auf dem Gebiet der Wissenschaften sehr weit gediehen, aber auf dem des persönlichen und sozialen Verstehens niedrig geblieben ist, wenn auch von ihnen der Weltraum bereits bezwungen wurde.“ (S. 87)

„Es ist also nichts verkehrt mit eurer Erde oder mit ihren Bewohnern, außer daß sie durch ihr mangelndes gegenseitiges Verständnis eben noch kleine Kinder im allumfassenden Leben des Einen Allerhöchsten Wesens sind.“ (S. 94)

„Eure Luftstreitkräfte und eure Regierungen wissen, daß unsere Schiffe an eurem Himmel aus dem Weltraum kommen und nur von intelligenten Wesen anderer Planeten gebaut und gelenkt sein können. *Hohe Regierungsbeamte eurer Welt haben mit uns Kontakt gehabt. Einige sind gute Menschen und wollen keinen Krieg.*“ (S. 99; Hervorhebungen im Original)

„Für uns wäre es undenkbar, den erkannten Weltgesetzen nicht zu gehorchen. … Diesen Gesetzen zufolge muß jedes Individuum, jede Menschengruppe, jedes intelligente Leben auf allen Welten sein Schicksal selbst entscheiden, ohne die Einmischung anderer! … Wir können nichts anderes tun, als versuchen, zu helfen, wo immer sich eine Gelegenheit zeigt. Aber es ist so schwer, in genügender Zahl irdische Menschenseelen zu erreichen, weil die meisten auf Erden so wenig entwickelt sind.“ (S. 98, 212)

Atommißbrauch: die Neutralisation der Schäden

Bereits in den fünfziger Jahren teilten Weltraumwesen mit, daß die durch Atomexplosionen ausgelösten Schäden und Kettenreaktionen *durch sie* neutralisiert würden. Die folgenden medialen Erklärungen wurden von Mark Probert empfangen, mit dem der bereits erwähnte Dr. Meade Layne zusammenarbeitete.

Frage: *Welches ist die größte Gefahr, die dem Erdenvolk augenblicklich droht?*

Antwort: Die größte Gefahr, die der Welt droht, ist die Atomkraft und das Experimentieren damit. Das ist die größte Sorge der Welt, mehr als ihr dies heute *[1957]* schon erkennt. Wo auch immer der Mensch sich auf der Erde befinden mag, er wird davon betroffen. Wenn diese Experimente nicht eingestellt werden, wird die Menschheit unter einer bedeutenden und lange andauernden bösen Wirkung zu leiden haben. Tiefgreifende genetische Veränderungen werden das Resultat sein. ..."

Frage: *Was bedeuten die grünen und andersfarbigen Feuerbälle?*

Antwort: Die Wächter tun nach den kosmischen Gesetzen alles, um euch zu helfen. Sie senden diese großen Licht- und Feuerbälle in die Atmosphäre, um gefährliche, in den Kosmos dringende Strahlungen, die mit den Atomexperimenten zusammenhängen, zu neutralisieren. Sie absorbieren diese Strahlen und verwandeln sie in Formen, die für euch weniger gefährlich sind. ... Der Erdplanet ist eine höchst notwendige Schule, und der Mensch darf sie nicht zerstören.

Frage: *Würden diese Raumschiffe in einem schrecklichen Katastrophenfall einen Teil der Menschen von der Erde holen und sie anderswohin bringen?*

Antwort: Ja, das ist richtig. Aber alles wäre freiwillig. Diejenigen, die nicht wollen, brauchen nicht mitzugehen. ... Lernt beten, lernt, eure Gedanken und Gefühle zu kontrollieren, lernt Loslösung! Erfüllt euer Leben mit hilfsbereiter Liebe zu allen Geschöpfen![198]

Die Propheten des Atomzeitalters

Die persönlichen Begegnungen und Erlebnisse, die Orfeo Angelucci in seinem Buch *The Secret of the Saucers* (1955) beschreibt, erinnern an die Raumschiffvisionen des Propheten Ezechiel.

In seinen Kontakten ab dem Jahr 1952 wurde Angelucci mitgeteilt, daß es in unserem Sonnensystem einst zwischen den Bahnen des Mars und des Jupiters einen Planeten gegeben habe, der Luzifer hieß; der gleichnamige Fürst dieses Planeten habe begonnen, seine Kräfte zu mißbrauchen und nach Vorherrschaft zu streben; als Folge dieses Übermuts sei der Planet zerstört worden, und die Trümmer seien heute als Asteroidengürtel sichtbar. Luzifer und seine vielen Anhänger stürzten in die größte Verdichtung der Materie, was sie in direkte Verbindung mit der Erde brachte. Laut Angelucci sagen die Lichtwesen über sich selbst:

> „Wir gehörten zu denen, die nicht mit Luzifer bei seiner Revolte gegen die himmlischen Heerscharen zusammengingen. Als er und seine Anhänger unseren strahlenden Planeten im Gemetzel ihres Krieges zertrümmerten, gingen wir ein in die ätherischen, unstofflichen

Welten der höheren Oktaven des Lichtes als befreite Söhne Gottes. Luzifers Heerscharen aber fielen in den Traumzustand der Materie auf dem dunklen Planeten der Trübsal. ... Nein, nicht alle, aber eine große Anzahl Erdbewohner sind frühere Luziferianer."[199]

„Nach und nach wird die gesamte, in Zeit und Materie versunkene Menschheit wieder aufsteigen zur wahren Wirklichkeit ... Als Vorboten der baldigen Auferstehung der Menschheit vom lebendigen Tode befinden sich unsere Scheiben in eurer Raum-Zeitwelt. ... Alle stehen im Liebesdienst für ihre Brüder in der ‚Dunklen Welt'."[200]

Es ist offensichtlich, daß diese Raumwesen nie Übergriffe wie Entführungen oder Hybridexperimente machen oder auch nur gutheißen würden. Dies geht aus der folgenden Aussage klar hervor, ebenso wie die Tatsache, daß *ihre* Raumschiffe nie abgestürzt sind.

„Die angriffslustigen Menschen der Erde möchten sich unsere wissenschaftlichen Errungenschaften aneignen. Zu diesem Zweck würden sie unsere Fahrzeuge abschießen – wenn sie könnten. Aber neue wissenschaftliche Erkenntnisse können wir den Erdenmenschen nur auf eine Weise geben, die in Harmonie mit dem kosmischen Gesetz steht. ... Es ist nicht erlaubt, zu dem zerstörerischen Stadium der menschlichen Wissenschaft noch beizutragen. Wir arbeiten im Gegenteil jetzt daran, die Kenntnisse zu aufbauenden Zwecken zu lenken. ... So werden wir immer weiter wirken mit den Menschen und durch die Menschen."[201]

Ashtar Sheran und die ersten Kontakte in Deutschland

Die obigen Beispiele haben gezeigt, auf welche Weise die positiven Weltraumwesen mit den Menschen Kontakt aufnahmen. Die Wesen, die sich meldeten, gehörten unterschiedlichen Gruppen an, die alle ihre Aufgaben und irdischen Bezugspersonen hatten (und haben). Obwohl ihre Aussagen nicht in allen Details übereinstimmten, war die Kernbotschaft doch immer die gleiche. Nicht nur in Amerika, sondern auch in Europa kam es schon sehr früh zu Kontakten und Botschaftsübermittlungen.

Pionierarbeit leistete eine im Jahr 1952 gegründete Gruppe namens „Medialer Friedenskreis Berlin" unter der Leitung von Herbert Victor Speer (1903–1981). Anfänglich pflegten sie mediale Kontakte mit den hohen Lichtsphären im Namen Jesu Christi. Ab 1956 empfingen sie auch Botschaften von *außerirdischen* Wesen, was für die parapsychologischen Forscher des Friedenskreises etwas Neues und Verwirrendes war: „Plötzlich drängte sich eine andere übersinnliche Verbindung in den Vordergrund. Wir erhielten Botschaften von Raumwesen, welche sich als Besatzung der sogenannten ‚Untertassen' bezeichneten und uns ihre Verbundenheit und Freundschaft aussprachen. Wir konnten diese neuen Intelligenzen nicht sehen, doch unsere geistige Führung benutzte die vorhandene Medialität und Entwicklung, um uns mit diesen außerirdischen Wesen näher bekannt zu machen."

Von Oktober 1956 bis Dezember 1975 erschienen die Monatshefte *Mene-Tekel** mit insgesamt 231 Ausgaben (4900 Seiten) und zusätzlich 23 Broschüren mit rund 1700 Seiten. Zu den ersten und auch zu den am weitesten verbreiteten Broschüren gehörte die mehrteilige Serie: *Nicht von dieser Erde – Ein Tatsachenbericht über die interplanetarischen fliegenden Scheiben und über den Oberbefehlshaber der Raumschiff-Flotte ASHTAR-SHERAN* (ab 1957).

„An unsere Brüder und Schwestern auf der Erde ... Wir handeln im Auftrag von Gott und Jesus Christus. Unsere Mission ist, den Planeten Erde zu erhalten, und zwar durch Wirken des Menschen, als Paradies in Gottes Sinn. Und wir werden dies schaffen mit Hilfe der positiv, gut denkenden Menschen auf dieser Erde ... Wir kommen in brüderlicher Liebe und überbrücken Gefahren, Zeit und Raum, um der Erdenmenschheit, unseren Nachbarn, in jeder möglichen und vernünftigen Weise zu helfen – in der schwersten und schicksalhaftesten Zeit und Geschichte einer verirrten und in falscher Richtung denkenden Menschheit, die sich leider von Tag zu Tag in die unvorstellbare Gefahr einer vollkommenen Selbstvernichtung bringt./... In strahlendem Glanze und in den herrlichen Farben des

* Menetekel: „ernste Warnung; Vorzeichen"; aus der alttestamentarischen Geschichte von König Belsazar von Babylon, der sich „wider Gott erhoben" hatte; bei einem Festgelage des Königs erschien an der Wand plötzlich eine Schrift von unsichtbarer Hand: *Mene, mene, tekel, upharsin.* (Daniel 5,25)

göttlichen Lichtes ziehen unsere fliegenden Scheiben wie feurige Meteore über eure Erde dahin, und Tausende von Erdenmenschen können sie mit eigenen Augen sehen."[202]

„Die Erde (SHAN) wurde von uns schon seit einer langen Zeitperiode beobachtet. Schon zur Zeit, da die sogenannten Atlantier lebten, haben unsere Vorfahren Weltraumreisen bis in die Erdatmosphäre hinein unternommen. ... Die geistige Haltung nahm ständig ab, während die materialistische Haltung zugenommen hat. Die Atlantier haben ihre Erkenntnisse noch an andere Generationen überliefern können. Ein großer geistiger Abstieg der Erdenmenschheit löschte diese Erkenntnisse vor etwa 4000 Erdjahren aus. Von dieser Zeit an haben unsere Vorfahren die Flugreisen [zur Erde] eingestellt. ... Der Schöpfer hat uns erhört und uns als ‚Weltraumpolizei' [= Hüter und Wächter der Erde] einen Auftrag gegeben, den Planeten SHAN unter Kontrolle zu nehmen, ihn zu beschützen und die Menschheit dieses Planeten in das Goldene Zeitalter zu führen. ... Seit wir diesen Auftrag erhalten haben zum Schutze der göttlichen Schöpfung, sind wir dabei, den Planeten SHAN zu betreten. Wir haben andere Lebensgrundlagen als ihr, und wir müssen uns den völlig anderen Bedingungen nach und nach anpassen. Die kalten Regionen bieten uns hierzu die besseren Möglichkeiten. Ihr wißt, daß die Akustik in kalten Regionen größer ist. Auch die magnetischen und elektrophysikalischen Bedingungen sind in der Kälte anders als in Wärmebereichen. Unsere Raumschiffe fliegen deshalb vorzugsweise die Polarzonen an."[203]

Es ist tatsächlich bereits vielen Forschern aufgefallen, daß die UFOs oft aus Polarrichtung kommen oder in Richtung Polgegend verschwinden. Verwegene Theoretiker haben daraus schon den Schluß gezogen, dies könne nur bedeuten, daß die UFOs als irdische Geheimtechnologie am Südpol *gebaut* würden (Neu-Schwabenland!), oder noch kühner, die UFOs kämen aus angeblichen Polöffnungen, da die Erde hohl sei. Die obige Erklärung (aus den Jahren 1956/57) macht plausibel, warum UFOs die Polargegenden für den An- und Wegflug verwenden. Auffällig ist auch, daß all diese Quellen ein anderes Bild von der Vergangenheit der Menschheit geben als die materialistische Evolutionstheorie. Sie alle betonen, daß das Leben nicht aus der Materie, sondern aus geistigen Urgründen hervorgegangen ist.

Atomkraft und die Strahlen des Goldenen Zeitalters

Es folgen weitere Auszüge aus den genannten Raritäten der ufomedialen Pionierzeit in Deutschland (1956/57):

„Die Strahlen des Goldenen Zeitalters haben euch bereits erreicht. Sie werden zuerst von positiven Menschen erfaßt und wirken sich bei diesen aus. Ihr nennt dieses Zeitalter ‚Wassermann-Zeitalter', weil ihr euch nach den Sternen richtet. Es stimmt, daß die Sterne Strahlen aussenden, welche auch das menschliche Denken beeinflussen. Diese Strahlen, die jetzt auf euch zukommen, bieten der höheren Intelligenz, also dem positiven Denken, die Möglichkeit einer erhöhten Intensität."[204]

„Wir Interplanetarier sind nicht von dieser Erde – darum sind wir auch nicht in dieser Weise erdgebunden und können uns frei bewegen. Wir gehören nicht zur Schwer-Materie, und wir können schweben, wohin wir wollen./Ihr auf Erden seid zeitgebunden. Ihr könnt weder die Zeit überbrücken noch verkürzen. Eure Reisen scheitern an der Zeit. Euer Fortschritt scheitert an der Zeit, selbst eure Kriege scheitern an der Zeit. Euer ganzes Leben scheitert an einer Zeitrechnung, die falsch ist./Wir haben unseren eigenen Fortschritt im Laufe einer langsamen Entwicklung erreicht. Wir haben nichts überstürzt und sind damit schneller vorwärts gekommen als ihr mit eurer Hast ... Ihr nennt euch Menschheit. In unseren Augen seid ihr bestenfalls isolierte Menschen, die sich gegenseitig nicht achten und nicht einmal den Versuch machen, sich zu einigen, um eine Menschheit zu sein. Innerhalb dieser Menschheiten ist fast jeder Mensch ein Verführter, ein Magnet für das übersinnlich Böse."[205]

„Doch kann aus den Atomgebilden Energie auch auf andere Art gewonnen werden, ohne dabei die Kernspaltung durchzuführen. Das Atom darf nicht auseinandergerissen werden, denn hier trifft der Bibelvers zu: Was GOTT zusammengefügt hat, das soll der Mensch nicht scheiden! Das Atomgebilde ist ein Planetensystem im kleinen. Was würde geschehen, wenn das Sonnensystem mit allen Planeten auseinandergerissen würde? ... Das Wasser besteht aus Atomen, und diese sind auch nur verwandelte Atome feuriger Art; ... Wasser und Erde wurden aus einer Schöpfungsexplosion geschaffen. Die Rückverwandlung oder Umwandlung der materiellen Atome darf nicht durch eine zweite Explosion erfolgen, denn dann verwandelt sich das Atom nicht allein in Energie zurück, sondern es verwandelt sich gänzlich zu einer neuen Form. Diese Form steht im Widerspruch zum Willen und zur Ordnung des Schöpfers. Wenn diese gesetzwidrige Umwandlung der Atome dennoch weiter geschieht, so werden damit Schwingungen und Strahlungen erzeugt, die für die bestehende Weltordnung, die Schöpfung, katastrophale Folgen haben muß. Die Erdenmenschheit hat nämlich keine Ahnung davon, wie sich diese völlig neuartigen Strahlungen im Kosmos verhalten. ... Diese Energien sind im Universum in dieser Form noch nie dagewesen. Hier wird die Menschheit unter einem dämonischen Einfluß zum Schöpfer ...“[206]

„Doch wenn von uns Botschaften durchdringen, die auf GOTT und Seine Gesetze hinweisen oder das Wort Christus enthalten, dann lächelt man nicht nur, sondern man lästert obendrein und bezeichnet diese Botschaften als Lüge./Der augenblickliche Zustand auf dieser Erde ist völlig undurchsichtig. Es ist noch nicht abzusehen, wie sich die Dinge weiter entwickeln werden. Doch wenn die Erdenmenschheit zu einem dritten Weltkrieg schreiten sollte, so wird das ganze Interplanetarium dazu Stellung nehmen. Es wird zu einer Auseinandersetzung kommen, die nicht allein auf dieser Erde ausgetragen wird. Diese Möglichkeit ins Auge zu fassen, dazu fehlt eurer Wissenschaft und Politik der wahre Glaube.“[207]

„Der Mißbrauch von Alkohol und Nikotin sowie anderer Rauschgifte hat auf dieser Erde einen so unvorstellbaren Zerfall und ein so riesiges Ausmaß angenommen, daß die gesamte Menschheit zu einem Riesenmagneten negativer Geisteskräfte geworden ist, der aus dem Weltall mit all seinen vielen Sphären den Ausschuß des Irrtums und der Bosheit ansammelt. ... Die irdischen Staaten ziehen ungeheure Summen aus dem Giftemißbrauch und aus der Gottlosigkeit der verführten Menschen, um diese Riesensummen zur Aufrüstung für einen superlativen Massenmord zu verwenden.“[208]

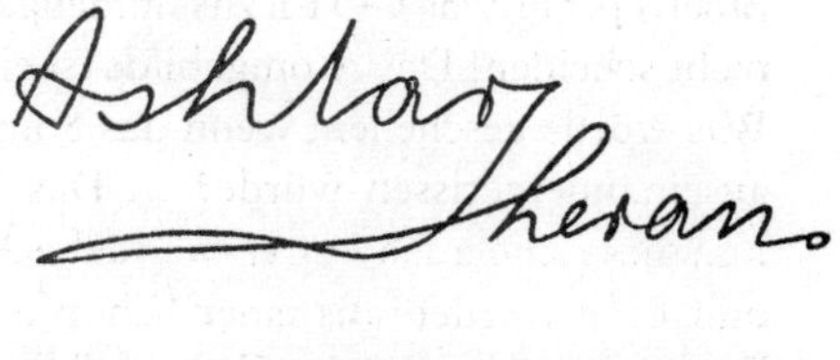

Unterschrift von Ashtar Sheran, von einem Schreibmedium telepathisch niedergeschrieben im Medialen Friedenskreis Berlin 1956.[209]

Sind alle „Raumgeschwister" positiv?

In den Berichten über Kontakte mit Weltraumwesen, die in der Anfangszeit (fünfziger bis siebziger Jahre) bekannt wurden, wird an vielen Stellen erwähnt, in den „Fliegenden Untertassen" befänden sich Wesen aus anderen Welten, die wohlwollend seien und der Menschheit nur dienen möchten. Weil viele dieser Bücher auch heute noch zu den Standardwerken der Ufologie gehören, lösen solche Aussagen immer wieder Mißverständnisse aus, vor allem wenn Ufologen auch noch behaupten, es gebe keinen einzigen Hinweis darauf, daß bei den Aktivitäten der Außerirdischen auch negative Elemente vorhanden seien. Als Beispiel:

> Allerdings möchten wir noch einmal betonen, daß es keinerlei Hinweise auf negative Außerirdische gibt ... Lassen wir alle Channelings – bei denen man nie weiß, wieviel Unbewußtes mit einfloß –, Ex-CIA-ler wie Virgil Armstrong und alle dubiosen und subjektiven Quellen beiseite, so haben wir definitiv keinerlei Beweise dafür, daß es so etwas wie negative Außerirdische gibt. ... [In bezug auf Entführungen durch die „Grauen":] Der Umgang mit den Abductees geschieht so schonend, daß die meisten sich an ihre Erfahrungen nur teilweise oder gar nicht erinnern können.[210]

Das obige Zitat ist typisch für ein voreingenommenes Vorgehen: Man verwirft – oft mit Polemik – alle Quellen, die etwas anderes als das aussagen, was man selbst glauben will, und bezeichnet sie pauschal als dubios und subjektiv. Damit besagt man indirekt, daß die eigene Meinung die einzig glaubwürdige und objektive sei. Aber auch die Ansicht, bei den Entführungen geschehe das Auslöschen der Erinnerung allein deshalb, damit die ganze Prozedur „schonend" sei, ist in höchstem Maße subjektiv.

Wenn in den Anfangsjahren von Kontaktpersonen und medialen Quellen gesagt wurde, alle „Außerirdischen" seien positiv, dann geschah dies nicht im Sinn einer undifferenzierten Pauschalisierung. Der Grund war vielmehr ein ganz einfacher: Mit dem Begriff „Außerirdische" waren nur die Raumgeschwister gemeint, die mit Gottes Plan harmonieren und tatsächlich dem Wohl der Menschen dienen.

In den fünfziger Jahren war das Phänomen der Grauen, der halbphysisch-reptilischen Wesen, der Entführungen und der Hybridexperimente noch gänzlich unbekannt. Der Roswell-Vorfall und alle nachfolgenden Unternehmungen unterlagen damals einer solch strikten Geheimhaltung, daß diese Themen erst in den achtziger Jahren wiederentdeckt wurden. Der Beginn des Technologietransfers mit den negativen Außerirdischen ist laut den heute verfügbaren Dokumenten und Zeugenaussagen auf die frühen sechziger Jahre anzusetzen, was jedoch ebenfalls erst in den achtziger Jahren durchsickerte, nämlich als die damit verbundenen unheimlichen Phänomene nicht mehr länger verheimlicht werden konnten.

Es wäre also verfrüht und sogar schädlich gewesen, die Menschen bereits in den fünfziger bis siebziger Jahren mit solchen Enthüllungen zu verwirren und zu überfordern. Die Menschen mußten zuerst ihr Weltbild erweitern und erkennen, daß es *überhaupt* andersgeartete, nichtirdische Wesen gibt. Wären in den medialen Botschaften gleich zu Beginn auch die negativen UFO-Machenschaften, die damals unbekannt und undokumentiert waren, erwähnt worden, wäre das ohnehin schon schwer zu fassende Thema der Realität außerirdischer Intelligenz gänzlich ins Unglaubliche gestoßen worden, und die positiven, zukunftsweisenden Aspekte wären untergegangen. Das Negative hätte das Positive überschattet, und das wäre eine Täuschung bzw. Ablenkung gewesen, denn das wirklich Wichtige ist die Realität und Präsenz der göttlichen, lichtvollen Wesen, die auch die große Mehrheit darstellen.*

Die Lichtwesen logen nicht und verheimlichten auch nichts, sondern sprachen einfach nur von den *Lichtwelten* – und von dort kommen wahrhaftig nur gottesbewußte, engelhafte Wesen. Es stimmt: Alle Raumgeschwister sind positiv und wohlwollend, denn die negativen Wesen werden nicht direkt zu den Raumgeschwistern gezählt, weil sie sich selbst – durch ihr Weltbild und ihr Ver-

*Aber genau wie auf einem weißen Tuch die Flecken oder in einem Orchester die falsch Spielenden auffallen, obwohl das Reine und Harmonische das Überwiegende und Tragende ist, so fallen auch in der UFO-Thematik zuerst die negativen Aspekte auf. Diese werden heute jedoch des öfteren ignoriert oder schöngeredet, was nicht die Lösung des Problems ist.

halten – von dieser universalen Gemeinschaft ausgeklammert haben. Wer die Botschaften der Weltraumwesen unvoreingenommen liest, erkennt, daß bereits in den *allerersten* Kontakten auch auf die potentielle Gefahr durch negative Außerirdische hingewiesen wurde! Die bereits angeführten Zitate haben dies deutlich zum Ausdruck gebracht.

So hieß es z. B. in den von George Adamski veröffentlichten Kontaktberichten: „Auch gibt es Welten, deren Entwicklung auf dem Gebiet der Wissenschaften sehr weit gediehen, aber auf dem des persönlichen und sozialen Verstehens niedrig geblieben ist, wenn auch von ihnen der Weltraum bereits bezwungen wurde." Dabei wurde auch erwähnt, daß die kosmischen Gesetze nicht nur für die Menschen gelten, sondern für *„jedes intelligente Leben auf allen Welten"*, also auch für die im „persönlichen und sozialen Verstehen" niedrig gebliebenen Wesen aus anderen Welten, die den „Weltraum bereits bezwungen" haben. Diese Beschreibung trifft, wie wir heute wissen, genau auf die „Grauen", die „Reptos" und ähnliche UFO-Wesen zu, die mit Manipulation für ihre eigenen, sehr rassistischen Zwecke arbeiten.

Vielleicht gingen diese vereinzelten, aber deutlichen Hinweise im Gesamtwerk von George Adamski unter, doch sie sind vorhanden, und es ist erstaunlich, daß auch gewisse Adamski-Anhänger verkünden, es gebe *keine* negativen Wesen aus anderen Welten.

Bereits zwei Jahre früher (1953) hatte Orfeo Angelucci von den Lichtwesen eine Erklärung erhalten, die klarstellt, was gemeint ist, wenn sie sagen, alle Weltraumwesen seien positiv:

> „Sie [die unidentifizierten Flugobjekte] kommen von anderen Welten und Weltrauminseln von verschiedener Dichte der Materie. Manche befinden sich an der Grenze von Stofflichkeit und Nichtstofflichkeit. Aber alle werden sie betätigt von Intelligenzen höchst geistiger Art. Alle stehen im Liebesdienst für ihre Brüder in der ‚Dunklen Welt'. Aber erst im Laufe der irdischen Zeitdimension wird die Menschheit ihre Absicht und ihren Zweck voll verstehen. Wir behaupten nicht, daß es nicht auch negative Wesen im Universum gibt, die bereits eine primitive Form des Raumreisens erreicht haben, aber zur Zeit [1953] ist die Erde völlig beschützt vor ihnen, sowohl durch kosmisches Gesetz als auch durch die himmlischen Heerscharen."[211]

Und genau diesen doppelten Schutz wollten die „Brüder aus der ‚Dunklen Welt'" durchbrechen, indem sie die Menschen mit ihrer Technologie köderten – eine Technologie, die in den Augen der hier sprechenden Lichtwesen „primitiv" ist. Doch für die Menschen stellt sie die Erfüllung ihrer Science-fiction-Träume von Macht und Allmacht dar, weshalb sie den Wunsch entwickelten, ebenfalls diese Form von Technologie zu bekommen. Dadurch wurde für die Wesen, die den Köder ausgeworfen hatten, das Tor zur Erde geöffnet (Gesetz von Karma und Resonanz), und weil die planetaren Wächter, die „himmlischen Heerscharen", den freien Willen der Menschen und auch den freien Willen der Dunkelwesen respektieren, stoppten sie diese Entwicklung nicht, denn dies wäre eine Handlung gegen den Willen der Beteiligten gewesen. Wenn die technologischen ETs darauf brennen, auf der Erde ihre Pläne durchzuführen, und wenn die Menschen nach solcher Technologie verlangen, so lautet die schicksalhafte Regel: „Dann tu, was du nicht lassen kannst." Das gilt sowohl in den irdischen als auch in den außerirdischen Bereichen.

So geschah es, daß die Menschen im Extrem des Individualismus (Egoismus) mit dem Gegenteil ihres eigenen Extrems konfrontiert wurden: mit dem totalen Kollektivismus der emotionslosen Wesen. „Der einzelne zählt nichts, nur das Überleben der Rasse zählt – koste es, *was es wolle.*"

Erst als die Menschen selbst hinter die Machenschaften dieser Wesen kamen (seit den achtziger Jahren) und dementsprechende Fragen zu stellen begannen, nahmen die gechannelten Außerirdischen zu diesen Themen Stellung. Auch hier gab es unterschiedliche Antworten entsprechend ihrer jeweiligen Gesinnung und Zugehörigkeit. Die Art, wie jemand das Negative definiert, sagt viel über den Standpunkt aus. Wird es gerechtfertigt, verharmlost, mit dem Positiven vermischt oder klar von ihm unterschieden?

Obwohl die deutlichen Aussagen erst in den 1980er Jahren kamen, finden sich bereits auch in den ersten Botschaften von Ashtar Sheran Hinweise auf diese bedrohlichen Faktoren. In den weiter vorne zitierten Auszügen sprach er von „einer Auseinandersetzung, die *nicht allein auf dieser Erde* ausgetragen wird", und er sagte im Jahr 1958 in bezug auf das Drogenproblem eine Entwicklung voraus, die einige Jahre später tatsächlich voll ins Rollen kam: durch die Drogenproduktion würden einerseits immense Gelder (für *black budgets*) erwirtschaftet, andererseits werde die Menschheit durch diese Einflüsse zu einem „Riesenmagneten negativer Geisteskräfte", was dazu führe, daß sich „aus dem Weltall mit all seinen Sphären" auf der Erde der „Ausschuß des Irrtums und der Bosheit ansammelt".

Heute, wo erkennbar wird, worin das Ungeheure dieser Machenschaften besteht, beginnt man zu verstehen, warum Ashtar Sheran bereits früh derart unmißverständliche Worte gebrauchte.

Die weitere Entwicklung der Erdenmission

Die medial empfangenen Botschaften lassen über die Jahrzehnte hinweg erkennen, daß sich auch in der Aufgabenstellung der planetaren Wächter Schwerpunktverschiebungen ergeben haben.

Zu Beginn der Kontaktaufnahme Anfang der fünfziger Jahre bestand noch die Möglichkeit, daß die Menschheit zur Vernunft gelangt und einen anderen Kurs einschlägt. Die Wächter und Weltraumwesen wollten diese Änderung fördern, indem sie häufig am Himmel erschienen, um so in den Menschen eine Erweiterung des Bewußtseins auszulösen. Diesen Wandel wollten und konnten sie aber nicht erzwingen – wie dies bei einer Massenlandung der Fall gewesen wäre. Sie gingen damals davon aus, daß sich die Regierungen und die Menschen (aufgrund der Sichtungen und Kontakte) zum Guten ändern würden, was den Dunkelmächten auf Erden von selbst jegliche Grundlage entzogen hätte.

Oft wurde in den ersten Botschaften mit Nachdruck wiederholt: Dies ist eure letzte Möglichkeit, umzukehren und ein anderes Schicksal zu wählen. Es steht ein großer Wandel bevor, und wenn ihr diese letzten Warnungen nicht ernst nehmt, ganz zu schweigen davon, wenn ihr an eurem Atommißbrauch und an eurer Negativität festhaltet, dann werdet ihr einen sehr unsanften Übergang in das neue Zeitalter erleben – der ansonsten auch harmonisch und freudvoll vor sich gehen könnte.

Sie hofften auf die Mitarbeit der Regierungen und auf die positive Kraft des Massenbewußtseins. Alles war noch offen. Ashtar selbst sagte 1958 im angeführten Zitat: „Es ist noch nicht abzusehen, wie sich die Dinge weiterentwickeln werden.“

Die Lichtwesen, die als kosmische Lehrer und planetare Hüter den freien Willen der Menschen respektieren, ahnten die zunehmende UFO-Vertuschung und Polarisierung bereits Anfang der fünfziger Jahre voraus, wie aus dem Zitat bei Adamski hervorgeht: „Wir können nichts anderes tun, als versuchen zu helfen, wo immer sich eine Gelegenheit zeigt. Aber es ist so schwer, in genügender Zahl irdische Menschenseelen zu erreichen, weil die meisten auf Erden so wenig entwickelt sind.“

Die Menschheit und insbesondere ihre Führer hatten die Wahl, einen anderen Entwicklungsweg zu wählen. Aber es war vorauszusehen und zeichnete sich immer deutlicher ab, daß sie ihren freien Willen verwenden würden, um am Alten festzuhalten und den Kurswechsel abzulehnen. Die herrschenden Mächte, die mit ihrer 666-Technologie nach der totalen Kontrolle über die Menschheit streben, lassen sich auch von den absehbaren Naturkatastrophen nicht umstimmen, im Gegenteil, sie rechnen sogar mit dem Chaos, um dann der verbliebenen Menschheit endgültig die Neue Weltordnung auferlegen zu können. Damit bestätigte sich, was die apokalyptische Prophezeiung bereits vorausgesehen hatte – daß die Menschen wie zu Noahs Zeiten die Ankündigungen ignorieren würden.

Die unsichtbaren Helfer

Während die Menschenzivilisation, blind für alle höheren Dimensionen, in ihrer kleinen Welt verharrt und auch diese noch verschandelt, bleiben die Lichtwesen unsichtbar aktiv. Viele Male schon bewahrten sie das Schulhaus Erde, trotz der unbelehrbaren Schüler, vor der Zerstörung.

Hunderte von Atombomben wurden in allen Erdteilen im Namen von „Wissenschaft“ und „nationaler Sicherheit“ gezündet, und in Selbstherrlichkeit bluffften die Verantwortlichen: „Seht ihr, es passiert gar nichts! Alle Proteste waren unbegründet.“

Im Hintergrund wirkten die Lichtwesen selbstlos, gelassen und verständnisvoll. Meteoriten wurden abgelenkt, nukleare Kettenreaktionen neutralisiert, die Elemente besänftigt. „Laßt weder Land noch Meer, noch Bäume der Vernichtung anheimfallen! Zuerst müssen wir die Diener unseres Gottes mit dem Siegel auf der Stirn kennzeichnen.“ (Offb 7,3)

Um nur eines von zahllosen Beispielen für diese unsichtbaren Präventivhilfen zu nennen: Im Juli 1979 drohte der Menschheit eine weitere selbstverschuldete Katastrophe. Das amerikanische Weltraumlabor *Skylab* war außer Kontrolle geraten und stürzte zurück auf die Erde. Wäre es auf bewohntes Gebiet gefallen, hätte man sich an Hiroshima erinnern müssen. Die Menschen waren in Aufruhr, und einige sprachen sogar Gebete aus Angst um ihre Haut. Am Abend des 11. Juli meldeten die Nachrichten, die Gefahr bestehe, daß *Skylab* über Nordamerika niedergehe. Die Berechnungen waren jedoch überraschenderweise gänzlich verfehlt. Bald darauf prallte Skylab auf die Erde, jedoch auf der *Südhalbkugel,* und zwar in den Indischen Ozean und auf unbewohntes Gebiet in Australien! Was war geschehen, daß die NASA-Physiker nicht einmal berechnen konnten, ob ihr Objekt auf der Nord- oder Südhalbkugel einschlagen würde?! Oder waren ihre Berechnungen *richtig* gewesen? Gab es vielleicht, Gott sei Dank, Faktoren, mit denen sie nicht gerechnet hatten?

Fünf Jahre später erschien ein aufsehenerregendes Buch, das nähere Hintergründe dieses mysteriösen „Zufalls“ enthielt. Es war die Biographie des „Magus von Strovolos“.[212] In diesem Buch beschreibt der Autor, Prof. Markides von der University of Maine, was er während seiner Besuche bei diesem sensationellen Heiler erlebte, u.a. im Juli 1979. In dieser Zeit hatte er persönlich miterleben dürfen, wie Daskalos als Mitglied der planetaren weißen Bruderschaft während des Skylab-Alarms mit seinem feinstofflichen Körper den grobstofflichen Körper verließ, um mit seinen geistigen Kräften den Kurs des havarierten Raumschiffes zu beeinflussen. Doch es gelang ihm trotz mehrerer Versuche nicht. Als er nach einem erneuten Versuch in Trance die Augen wieder öffnete, beschrieb er, was dort oben vor sich ging:

> „Eben habe ich drei Fliegende Untertassen gesehen. Die Wesen darin setzten sich mit mir [telepathisch] in Verbindung … Diese Wesen sind uns wirklich weit voraus. Sie leben in der höheren noetischen

Welt und haben keine äußere Gestalt. ... Diese Superintelligenzen arbeiten sehr hart. Wir sind so unbedeutend im Vergleich zu ihnen. ... ‚Wir sind die Hüter des Erden-Gartens', sagten sie. ... Diese Wesen lieben uns wirklich ... Ich hatte das Gefühl, daß sie eine Art von Licht waren, das vibrierende Intensität zeigte. Sie sind unzählbar. ... Ohne das Bemühen jener Superintelligenzen wäre Skylab höchstwahrscheinlich über Kanada niedergegangen."[213]

Das Kapitel, das diese Schilderung enthält, heißt bezeichnenderweise „Die Hüter des Planeten Erde".

Das Thema der Evakuierung

„Wir möchten zu euch sprechen von all dem Schönen, das euch erwartet, aber wir können es nicht unterlassen, die Welt daran zu erinnern, wie es wirklich um sie steht. Aufgrund der Ichsucht vieler wird es Kriege und Vernichtung geben, und ihr werdet eine schmerzvolle Reinigung durchstehen müssen, ehe die Worte, die ich zitiert habe, Wirklichkeit werden. Betet, daß die Zeit des Bösen abgekürzt werde."

– Dibitonto: *Engel in Sternschiffen* (1980)

Zu Beginn der fünfziger Jahre wurde den Menschen die Möglichkeit geboten, einen Weg zu wählen, der einen sanften Übergang in das neue Zeitalter bewirkt hätte. Trotz der hohen Wahrscheinlichkeit, daß dieses Hilfsangebot ausgeschlagen und unterdrückt werden würde, konzentrierten die Lichtwesen ihre Aktivitäten auf warnende Botschaften und Himmelserscheinungen, um die Menschen aufzurütteln.

Bald jedoch war es offensichtlich, daß die Menschen ihren Kurs nicht ändern würden und daß die herrschenden Mächte um jeden Preis das Licht „draußen" halten wollten. Die höherdimensionalen Wesen erkannten die Konsequenzen dieses Kollektivbewußtseins, weshalb für sie ein bisher nur als Notvariante gesehener Programmpunkt Priorität wurde: das Entrücken der Menschen, wenn die Not zu groß werden sollte.

Als eine realistische Abschätzung der Zukunft immer mehr auf dieses Szenario hinwies, bestand anfänglich die Hoffnung, *alle*

Menschen in die Evakuierung aufnehmen zu können. Doch dafür mußten die Menschen ein entsprechendes Bewußtsein entwickeln und vom Materialismus ablassen. 1953 wurde folgendes gesagt:

> „Eine schwache Hoffnung besteht noch, den Krieg, der das Ende der Erde bedeuten würde, abzuwenden; denn in der Zeitdimension liegt nichts absolut fest. Aber wenn der Krieg, der das *Ende eines Zeitalters* bringt, kommen würde, dann stehen unsere Heerscharen bereit, um all denen zu helfen, die geistig nicht gegen uns stehen."[214]

Schon früh hatten die Lichtwesen auf die Möglichkeit ihres direkten Eingreifens hingewiesen, z.B. in der weiter vorne zitierten Antwort auf die Frage: *Würden diese Raumschiffe in einem schrecklichen Katastrophenfall einen Teil der Menschen von der Erde holen und sie anderswohin bringen?* „Ja, das ist richtig. Aber alles wäre freiwillig ..." Das war 1957.

Seit Beginn der achtziger Jahre erwähnten die Lichtwesen die Evakuierung als eine ihrer Hauptaufgaben. Dies wurde sehr deutlich gemacht in einem der berühmtesten Kontaktfälle dieser Zeit:

> Vor der Sonne, über dem Tale, bemerkte ich einen Nebelflecken, der sich rasch abwärts bewegte und auf mich zukam. ... Es erschien mir wie ein großer Silberteller, stellenweise wie flüssiges Glas mit Zinn vermischt. Ringsherum hatte es Lichter von verschiedener Farbe ... Aus diesem leuchtenden Diskus hörte ich die Stimme Raphaels zu mir sprechen: „Es ist nicht das erste Mal, daß wir den Menschen der Erde auf diese Weise begegnen. Schon immer sprechen wir zu eurer Menschheit aus unseren Weltraumfahrzeugen, aus fliegenden Scheiben und Sternschiffen. In der Heiligen Schrift liest man, daß der Herr zu den Menschen der Erde aus einer Wolke sprach; was dir jetzt zum ersten Mal widerfährt, ist dasselbe, was eure Väter zu allen Zeiten erlebten."[215]

Die biblischen Engel als Weltraumwesen, die sprechenden „Wolken" des Alten Testaments als Sternschiffe, die Propheten als mediale Kontaktpersonen – ironischerweise fand diese modernisierte Offenbarung im katholischen Italien statt. Eingeleitet wurde sie, indem ein hoher Engel, der sich Raphael nannte, vor einem Mann namens Giorgio Dibitonto als leuchtende Gestalt sichtbar erschien.

Dies führte über telepathische Führung zur oben beschriebenen Begegnung mit einem Sternschiff (im April 1980).

Weil diese Begegnungen mit mehreren Zeugen stattfanden und dabei hochstehende Botschaften, Bibelerklärungen und Prophezeiungen empfangen wurden, bekam dieser Kontaktfall große Aufmerksamkeit. Als 1983 Dibitontos Buch *Angeli in Astronave* (dt. *Engel in Sternschiffen*) erschien, wurde es sogar von der katholischen Kirche lobend erwähnt, und ein Mitglied der vatikanischen Kurie, der Priester und Theologe Dr. Corrado Balducci, stellte das Buch in Rom öffentlich in einer christlichen Buchhandlung vor.

Aus den Worten dieser Lichtwesen wurde deutlich, daß das Kollektiv der Menschheit bereits 1980 in das apokalyptische Szenario eingeschwenkt hatte:

> „Andere Völker haben [im Verlauf ihrer Geschichte] andere Wege eingeschlagen, und auch ihnen wurde geholfen. Was die Bibel so wichtig und zeitgemäß macht, kommt von dem, was Jesus Christus gesagt und getan hat. Der ganze Text ist die Einleitung auf die große Offenbarung, welche in der Apokalypse zusammengefaßt ist. ... Alle Prophezeiungen haben sich immer wieder bewahrheitet. Jetzt stehen wir vor der Verwirklichung jener letzten."[216]

> „Solange die Kinder der Erde nicht endgültig auf das Böse, das in ihnen ist, verzichten, können wir ihnen keine neuen Erkenntnisse geben. Die Erde kann aber nicht in dem gegenwärtigen Zustand verbleiben; ein neues Zeitalter ist notwendig, um die ganze Menschheit so weit zu bringen, daß sie den richtigen Schritt vollziehen kann zu einer Entwicklung, der sie aus einer jahrtausendelangen Geschichte von Blut und Zerstörung erlöst. ... Keiner, wirklich keiner auf der Erde kann fortan den Planeten vor der Zerstörung retten, in die er von wahnsinnigen Menschen hineingerissen wurde. Die Rettung wird vom Himmel kommen, aber wir brauchen die Mitarbeit von allen und ein bißchen Güte und Hinwendung zum Guten. Dies kann wirklich jeder in sich und in seiner Umgebung erreichen ..."[217]

Wie aus dieser Aussage hervorgeht, war das selbstbestimmte Schicksal der Menschheit, das verursacht wurde durch die Führung „von wahnsinnigen Menschen", bereits Anfang der achtziger Jahre nicht mehr umkehrbar. Die Engel in Sternschiffen erwähnen deshalb die Entrückung durch den Levitationsstrahl der Raumschiffe als eine konkrete Zukunftsvariante:

> „Dann werden zwei Männer auf dem Felde sein; der eine wird mitgenommen und der andere zurückgelassen. Zwei Frauen werden an der Mühle sein; die eine wird mitgenommen, die andere zurückgelassen. – Nun wißt ihr, was es heißt, von der Erde mitgenommen oder aufgehoben oder entrückt zu werden. Ihr habt gesehen, und wir haben euch erklärt, auf welche Weise dies geschehen kann."[218]

Sie betonen, daß dieses Eingreifen auf jeden Fall stattfinden wird. Auch wenn „durch die Güte des Schöpfers und durch unser Eingreifen" das Schlimmste vermieden werden kann – „auf jeden Fall wird der Herr kommen und wir zugleich mit Ihm, um dem Bösen auf der Erde ein Ende zu bereiten, und diese Entrückung von der Erde für jene, die gerettet werden müssen, wird erfolgen, bevor das Ende gekommen ist."[219]

Die Aussage, daß der eingeschlagene Kurs seit Anfang der 1980er Jahre nicht mehr umkehrbar sei, ist keine absolute, aber auch nicht einfach eine pessimistische Feststellung, sondern eine realistische Einschätzung der Weltlage. Wie bereits erwähnt, besteht die Notwendigkeit der heutigen Zeit nicht mehr in einem Anrennen gegen die Übermacht im Äußeren, sondern in einem inneren Sichschützen, damit man von dieser Strömung nicht mitgerissen wird.

Obwohl die Lichtwesen ahnten, daß die Hilfe wahrscheinlich abgelehnt wird, blieben sie nicht untätig, und sie hofften, daß durch ihr Wirken ein Bewußtseinswandel eingeleitet wird, der einen harmonischen Übergang ermöglichen würde. Als ihre Hilfe abgelehnt wurde und Katastrophen, Krisen und Kriege in den Bereich der realistischen Wahrscheinlichkeit rückten, bestand die Hoffnung darin, daß im Notfall *alle* Menschen evakuiert werden könnten. Entgegen dieser Hoffnung, aber wie geahnt, erwies sich auch diese Möglichkeit bald als unwahrscheinlich. Wenn in den Botschaften, die Giorgio Dibitonto Anfang der 1980er Jahre in Italien erhielt, gesagt wurde, daß das apokalyptische Szenario bereits unabwendbar sei, so hieß es in Botschaften von Ashtar

Sheran, die 1996 in Deutschland empfangen wurden, daß die Menschheit an dem Punkt angelangt sei, wo sich die Mehrheit dafür entschieden habe, die „Titanic“ *nicht* zu verlassen:

> „Wir haben sehr lange versucht, im positiven Sinn Einfluß zu nehmen, ohne in die Entscheidungsfreiheit des einzelnen einzugreifen. Wir haben jedoch – aufgrund der unvorhergesehenen Ausweitung der Machtkämpfe um euren Planeten – nicht das erreicht, was wir erreichen wollten.“[220]

Damit ist die Entwicklung trotz aller Alternativen – weil sie ausgeschlagen wurden – an jenem Punkt angelangt, die von den Propheten und von Jesus vorhergesehen wurde. Es geht nicht mehr darum, die großen Prüfungen zu verhindern, sondern sie zu bestehen.

Die Vishnudûtas in Vimânas

Das Wort *Engel,* abgeleitet von grch. *angelos,* bedeutet wörtlich „Bote, Gottgesandter“ und hat dieselbe Bedeutung wie das Sanskritwort *Vishnudûta,* „Vishnu-Gesandter“. Die Engel in Sternschiffen sind in der indischen Offenbarung die Vishnudûtas in Vimânas:

> Zusammen mit den Vishnu-Gesandten, die dem Höchsten (Vishnu) mit reiner Liebe dienen, wurde der gerettete Gottgeweihte in einem goldenen Vimâna auf dem Pfad des Himmels erhoben ... Die Vishnudûtas, die sogar von den Lichtwesen *(devas)* verehrt werden, besitzen wunderbare Körpermerkmale, die denen Vishnus vollständig gleichen, und sind sehr selten zu sehen. Die Vishnudûtas beschützen die Gottgeweihten vor den Händen von Feinden, vor neidischen Wesen und sogar vor dem Einfluß des Todes und auch vor Naturgeschehen. (*Shrimad-Bhâgavatam* 6. Canto, 2.44; 3.18)

Diese Zusicherung bezieht sich nicht nur auf den Schutz der Seele, sondern auch auf den Schutz des Körpers im Fall von Angriffen, Verfolgungen oder Naturkatastrophen. Der Sanskrit-Übersetzer und Veda-Lehrer Swami Prabhupâda schreibt in seinen Erläuterungen zu den oben zitierten Versen, daß das Wirken der Vishnudûtas sogar den physischen Schutz im Fall eines Krieges mit Atomwaffen mit einschließt.

Boten der Heilung und Transformation

Auch im indischen Kulturkreis wurde bereits früh auf die kommende Transformation der Erde und des stofflichen Körpers hingewiesen. Herausragend war in der ersten Hälfte des 20. Jahrhunderts der Mystiker *Shri Aurobindo* (1872–1950). Er nannte die Transformation und Höherschwingung der Erde „die Herabkunft des Supramentalen“:

> Supramentale Vollkommenheit bedeutet, daß der Körper bewußt wird, mit Bewußtsein erfüllt ist und, da es das Wahrheits-Bewußtsein ist, all seine Tätigkeiten, Funktionen usw. durch die Macht dieses Bewußtseins in ihm harmonisch, leuchtend, recht und wahr werden – ohne Unwissenheit oder Unordnung. ... Im Veda ist die Rede von einem leuchtenden Körper, den die Wesen der höheren Ebenen besitzen. Von bestimmten Yoga-Schulen im Osten und Westen wird angenommen, daß in der endgültigen Umwandlung auf Erden der Mensch einen Körper mit diesen Eigenschaften entwickelt haben wird.[221]

Im Verlauf der Jahrzehnte wurden neben warnenden und instruktiven Kurzbotschaften auch umfassende Lehren offenbart, um die Menschen auf das kommende neue Bewußtsein vorzubereiten. Um nur zwei berühmt gewordene Lehrbücher des neuen Zeitalters zu erwähnen: *Die Schlüssel des Enoch* (1973; eine komplexe Aufrollung der metaphysisch-physikalischen Zusammenhänge der Transformation), niedergeschrieben von Prof. James Hurtak nach einer zweitägigen physischen Entrückung, die mit einer mystischen Wissensübertragung verbunden war; und *Ein Kurs in Wundern,* in dem auf 1200 Seiten mediale Christus-Unterweisungen niedergeschrieben sind als praktische Anleitung zu einem psychologischen Verständnis des transzendentalen Bewußtseins, das die kommende Zeit erhellen wird.

> Wenn das geschieht, wird das Bewußtsein jeder chemischen Zelle durch ... die sieben Chakren heraufgezogen und geht in eine schwe-

bende Lichtpyramide über dem Kopf im Bereich des achten Chakra ein. Wenn das vollendet ist, können das neunte und zehnte Chakra-Gitter zusammen mit der achten Chakra-Schablone alle Informationen aus früheren Zivilisationen durchbekommen. (aus: *Die Schlüssel des Enoch,* Schlüssel 110.15)

Wunder geschehen auf natürliche Weise, als Äußerungen der Liebe. Das wirkliche Wunder ist die Liebe, die sie inspiriert. In diesem Sinne ist alles, was aus der Liebe kommt, ein Wunder.

Alle Wunder bedeuten Leben, und GOTT ist der GEBER des Lebens. SEINE STIMME wird dich ganz konkret anleiten. Alles, was du wissen mußt, wird dir gesagt werden. ... Wunder zeugen für die Wahrheit. Sie sind überzeugend, weil sie aus Überzeugung entstehen. Ohne Überzeugung verkommen sie zu Magie, die geistlos und daher zerstörerisch oder, besser gesagt, die unschöpferische Verwendung des Geistes ist. ... Wunder transzendieren den Körper. Sie sind plötzliche Verlagerungen von der Ebene des Körpers weg ins Unsichtbare ... (aus: *Ein Kurs in Wundern,* Kapitel 1)

„Wunder transformieren den Körper." Dies kann im metaphysischen Sinn geschehen, aber auch im physischen. Geschieht letzteres, spricht man von Wunderheilungen, dem eindrücklichsten Phänomen, das beweist, daß der Geist über der Materie steht. Eine steigende Zahl von begnadeten Heilern der Gegenwart illustriert diese Wahrheit auf täglicher Basis. Die Energie des göttlichen Bewußtseins, die die ursprüngliche Harmonie, Ordnung und Liebe bis in die physischen Strukturen hineinzutragen vermag, wird zu einem Dimensionssprung der Erde führen und im Menschen die innewohnenden verdeckten Fähigkeiten erwecken:

Diese Schwingung, die hier Manasische Vibration genannt wird, ... ist der heilende Geist [der Heilstrom] der Liebesschwingung des Alls selbst ... jene kosmische Lichtstrahlung, in der auch alle die Menschen strahlen werden, die angenommen werden. ... Die manasischen Strahlenvibrationen durchdringen in ihrer Wirkung sämtliche Elemente und rufen bisher unvorstellbare Erscheinungen hervor.

Dies schrieb als erster in Deutschland der bereits erwähnte Paul Otto Hesse in seinem Buch *Der Jüngste Tag* (S. 7, 28, 50).

Es ist ein Beispiel von erstaunlicher Synchronizität, daß zum Zeitpunkt, als dieses Buch erschien (im Frühling 1949), ebenfalls in Deutschland eine Person auftrat, die diesen Heilstrom auf revolutionäre Weise transformierte und dadurch bei Tausenden von Menschen Wunderheilungen bewirkte: Bruno Gröning (1906–1959), ein einfacher Handwerker aus Danzig, damals Westpreußen, heute Polen, der nach dem Zweiten Weltkrieg als freigelassener Kriegsgefangener und Heimatvertriebener mittellos ins ausgebombte und hungerleidende Westdeutschland kam. Als 1949 die Kunde seiner Wunderheilungen über die Grenzen der privaten Empfehlungen hinausdrang, strömten Tausende, dann Zehntausende von Hilfsbedürftigen, die kriegsversehrt, blind oder sonst von Ärzten aufgegeben waren, zu ihm, worauf es zu den berühmt gewordenen „Massenheilungen" kam.

Der Journalist Dr. Kurt Trampler, der Augenzeuge war und selbst eine Heilung erfuhr, schreibt in seinem 1950 erschienenen Buch *Die große Umkehr – Fragen um Bruno Gröning:*

> Auch die Gesunden fragen, ob seine [Grönings] unerklärlichen Heilungen sich zu den Zeichen fügen, die eine Wende aller Zeiten ankündigen. Ja, vielen Kranken ist diese letzte Frage sogar noch bedeutsamer als ihre eigene Heilung.[222]

Obwohl sich die meisten Menschen heute mit der Existenz von Krankheit abgefunden haben und es als „normal" betrachten, daß man krank wird, widersprechen diese gestörten Gleichgewichte der göttlich-natürlichen Ordnung der Schöpfung. Diese soll mit dem „neuen Zeitalter" wiederaufleben, wodurch auch jede physische Krankheit von der Erde verschwinden wird, genauso wie es in der fünften Dimension und in den Lichtwelten keine Engel gibt, die krank sind.

Kapitel 16

Wendezeit: Machtwechsel im Zyklus der Zeiten

Wir sind dabei, die lange Reise dieses Buches abzuschließen, eine Reise, die uns durch Jahrhunderte und Jahrtausende und auch quer durch die lichtzugewandten und lichtabgewandten Dimensionen geführt hat. So wie die einzelnen Kapitel mit einer Zusammenfassung und einem Ausblick endeten, soll nun dieses letzte Kapitel insgesamt eine Zusammenfassung und einen Ausblick bieten – und weil der Ausblick in die Zukunft viel mit unserer Vergangenheit zu tun hat, wird auch hier nochmals ein Bogen aus der Vergangenheit in die Zukunft gespannt. Letztlich bedeutet Vergangenheit auch *Herkunft.* Wie begann unsere Reise hier auf Erden? Wie entstanden wir Menschen?

Über unsere Herkunft und ferne Vergangenheit wissen wir direkt nichts. Wir können nur Rückschlüsse ziehen. Die wissenschaftliche Forschung (Archäologie, Paläontologie, Anthropologie) hat viele Artefakte, Knochen und Versteinerungen sichergestellt und katalogisiert. Aber die *Interpretation* dieser Funde ist immer von einem Weltbild abhängig. Auch das heute vorherrschende Bild unserer fernen Vergangenheit ist eine Interpretation gemäß einem Weltbild, und zwar gemäß dem Weltbild des *Materialismus.* Mit dieser „wissenschaftlichen" Sicht glaubt man, Leben sei ein Produkt von Materie, das heißt, die Lebewesen seien aus einer zufälligen Kombination erster organischer Materieformen entstanden, aus denen sich dann durch Mutation und Selektion allmählich die höheren Organismen entwickelt hätten. Wer das glaubt, glaubt in der Konsequenz auch, daß das Bewußtsein des Menschen ein Produkt seines Gehirns sei.

Tatsächlich lehrt die moderne Anthropologie, daß der hominide

Tiermensch erst in jener Phase seiner „Evolution“ eine bewußte Selbstwahrnehmung, ein „Bewußtsein“, entwickelt habe, als sein Hirn genügend groß geworden war. Und die logische Konsequenz dieses (materialistischen) Glaubens: Mit dem Tod des Hirns erlöscht auch das Bewußtsein; es gibt kein Leben und kein Bewußtsein jenseits des Körpers; es gibt kein Leben nach dem Tod; es gibt keine Reinkarnation; der Mensch ist ein „evolviertes“ Tier, und genauso wie Tiere kein Leben nach dem Tod haben, hat auch der Mensch kein Leben nach dem Tod![223]

Konsequenz des materialistischen Menschenbildes

Nur wenige evolutionsgläubige Menschen denken den Gedankengang der materialistischen Evolutionstheorie konsequent zu Ende. Die Konsequenz wäre in der knallharten Ausformulierung für die meisten Menschen (momentan noch) zu schockierend, und deshalb laufen heute Kampagnen, um den modernen Menschen für diese hypermodernen Konsequenzen zu „sensibilisieren“. Evolutionsverfechter argumentieren in diesem Geist wie folgt:

„Der Mensch sollte wieder bescheiden werden und erkennen, daß er ein Teil der Natur ist.“ (Klingt doch sympathisch, oder?) „Der Mensch sollte deshalb erkennen, daß er ein Teil der Evolution ist. Er sollte bescheiden werden und nicht immer glauben wollen, er sei etwas Besonderes, ein ‚Ebenbild Gottes‘ oder ein ‚geistiges Wesen‘. Es ist nur das Ego des Menschen mit seinem primitiven, in mythologischen Zeiten stehengebliebenen Denken, das ihn hindert, den Fortschritt der Erkenntnis nachzuvollziehen und anzunehmen. Die biologische Wahrheit ist, daß der Mensch ein Tier ist. Alle religiösen und metaphysischen Vorstellungen sind nur Einbildungen, die sich der Mensch aufgrund seines großen bzw. zu großen Gehirns machen kann.“

Hier wird oft von der Ironie des menschlichen Daseins gesprochen: Die „Evolution“ habe dem Menschen ein großes Gehirn geschenkt, und mit diesem Gehirn bilde sich der Mensch nun ein, nicht mehr Teil der Evolution zu sein, sondern das Geschöpf eines Gottes. Auf diese Weise habe sich der Mensch aus der Evolution und somit aus der Natur ausgeklinkt.

Der letzte Schritt in diesem Gedankengang wird heute noch nicht offen ausformuliert, aber in gewissen Publikationen bereits angedeutet: „Der Mensch ist ein Tier, und Tiere werden gechippt. Also sollte auch der Mensch gechippt werden!“[224]

Dementsprechend enthielt ein großes Schweizer Wochenmagazin Ende September 2006 einen Artikel mit der Überschrift: „Sind Sie schon gechippt?“ Im Untertitel: „Die Zukunft hat begonnen.“[225]

Implantier-Chips: Fortschritt im Dienst der Menschheit?

In den Internet-Informationen des ZDF wurde am 20. Dezember 2001 berichtet:

> **US-Firma entwickelt implantierbaren Mikrochip für Menschen.** Die US-Firma Applied Digital Solutions hat einen Mikrochip entwickelt, der Menschen unter der Haut eingepflanzt werden kann. Das VeriChip genannte Produkt soll vor allem medizinischen Zwekken dienen und in drei Monaten erhältlich sein. ... Den Angaben des Herstellers zufolge lassen sich die Daten auch über Telefon oder das Internet übertragen.

Diese Meldung wurde am selben Tag auch von der Deutschen Depeschenagentur verbreitet. In dessen Bericht stand am Schluß noch folgender Zusatz:

> Man merke sich den Satz des Uni-Professors von Great Falls: „Ich wäre überrascht, wenn wir in 10 Jahren nicht einen Chip unter der Haut haben ...“

Die Firma, die die weltweiten Patentrechte für diesen Implantier-Chip besitzt, heißt Applied Digital Solutions (ADS). Daß gerade Ende 2001 eine neue Welle der Chip-Propagierung einsetzte, ist kein Zufall, wie der Website der renommierten Zeitung *Die Welt,* ebenfalls am 20. Dezember 2001, zu entnehmen war:

> Chefentwickler Keith Bolton [von ADS] glaubt, daß seit dem WTC-Unglück „die Gesellschaft offener für neue Anwendungen“ sei, wie implantierte Chips, die Ausweis und Bankkarte enthalten. Es dürfte den Verantwortlichen bei Applied Digital Solutions klar

> sein, daß an dieser Technik totalitäre Staaten Interesse zeigen werden. Für den Export der Chips, der in drei Monaten beginnen soll, ist keine besondere Genehmigung erforderlich. Der amerikanische Zukunftsforscher Paul Saffo glaubt, daß sich die Einstellung zu Implantaten in einer kommenden Generation grundlegend wandeln könnte.

Wie nach den Anschlägen vom 11. September 2001, so wurde auch nach der Tsunami-Katastrophe vom 26. Dezember 2004 eine Kampagne gestartet, um die Menschen „offener für neue Anwendungen“ zu machen. In verschiedenen Medienberichten wurde dabei erwähnt, daß das Auffinden und Identifizieren der Leichen kein Problem wäre, wenn die Flutopfer einen implantierten Chip hätten.

In diesem Zusammenhang sagte Dr. Wolf Dombrowsky, der Leiter der Katastrophenforschungsstelle in Kiel, in einem Interview (auf die Frage nach den „Lehren und langfristigen Folgen des Seebebens“):

> „Konkret fordere ich, dass für den Fall der Fälle jeder Tourist um den Hals oder um den Arm eine Kapsel mit Passnummer und anderen Infos (Blutgruppe, Medikamentenbedarf und so weiter) mit sich führt.“[226]

Die altmodische „Kapsel“ wird wohl kaum das Ende der Forderung sein.

Ein Chip hat viele Vorteile: er ist billig, sicher, kann nicht verlorengehen oder gefälscht werden, ermöglicht Verbrechensbekämpfung, hilft bei der Suche von Entführten oder Vermißten, erschwert Terroraktionen und illegale Geschäfte, enthält medizinische Informationen für den Notfall, ersetzt die vielen Bank-, Kredit-, Versicherungs- und ID-Karten, usw.

Es gibt optimistische Szenarien, die den wohlwollenden Versprechungen von Fortschritt und Sicherheit Glauben schenken. Es gibt aber auch pessimistische bzw. realistische Szenarien, die besagen, der Implantier-Chip werde zu einem diktatorischen Machtmittel des „Tieres“ werden (ImplanTier-Chip!), jener Macht, die im 13. Kapitel der Geheimen Offenbarung bereits vor zweitausend Jahren vorausgesehen worden sei.

Die Symbolik des „Herrn der Ringe“

In den Jahren 2001 bis 2003, gerade als die Implantier-Chips für Menschen mit den ersten großen Informationswellen bekannt gemacht wurden, erschien in den Kinos die dreiteilige Verfilmung von Tolkiens Fantasy-Klassiker *The Lord of the Rings*. Tolkien, der die Bibel gut kannte und die darin enthaltenen Warnungen und Prophezeiungen ernst nahm, verfaßte mit seiner Geschichte eine moderne Version der biblischen Warnung: Der Herr der Ringe, der niemand anders ist als der „Drache, die Macht, die die ganze Welt verführt“ (Offb 12,9), schuf eine Serie von königlichen Fingerringen mit einem magischen Hauptring, die alle mit dem Versprechen von Macht und Weltherrschaft verbunden waren. Diejenigen Menschenkönige, die sich von den Versprechen blenden ließen und den Ring annahmen, bekamen zwar kurzfristig eine illusorische irdische Macht, verkauften mit diesem Akt aber ihre Seele und gerieten in eine astrale Gefangenschaft. In der symbolischen Sprache der Geschichte: Sie wurden zu Nazguls, zu „Ring-Geistern“.

Dieselbe eindringliche Warnung geben auch die alten Prophezeiungen über das „Zeichen des Tieres“: Genauso wie der „Ring“ nie auf den Finger gesteckt werden darf, auch nicht aus der Illusion heraus, mit dieser Macht für das Gute kämpfen zu wollen, so sollte auch dieses Zeichen nicht angenommen werden, weder auf der Hand noch auf der Stirn.

Welche Zukunft hat begonnen?

Der bereits erwähnte Artikel vom 30. September 2006, „Sind Sie schon gechippt? ... Die Zukunft hat begonnen“, berichtet, wie die Chip-Hersteller (und ihre Hintermänner) direkt auf die allgemeine Chip-Pflicht für Menschen hinarbeiten, angefangen in den USA. Anlaß dieses Berichtes war, daß ab Oktober 2006 in den USA nur noch elektronische Pässe mit einem RFID-Chip abgegeben werden. RFID bedeutet *radio frequency identification,* das heißt, der Chip gibt nur dann seine Informationen ab, wenn er von einem Scanner über Radiowellen aktiviert wird.

Doch Sicherheitsbeauftragten ist es bereits gelungen, einen RFID-Chip zu fälschen. „Damit ist dieser bereits veraltet, noch bevor er richtig in Gebrauch ist. Die Zukunft geht unter die Haut – ein RFID-Chip, der im Körper eingepflanzt wird und alle Informationen enthält, die man sich nur denken kann", wird in diesem Artikel als einzig sichere Lösung beschrieben. „Get chipped!" „Lass dich chippen!" So lautet denn auch der Werbespruch der Firma ADS.

Ein zitierter Experte erklärt, warum der Chip nicht mehr entfernt werden kann: „Wenn man den Chip entfernt, zerstört man ihn gleichzeitig. Er ist mit einer Polyäthylen-Ummantelung versehen, die in das Gewebe hineinwächst."

Seit dem 12. Oktober 2004 hat die US-Behörde FDA (Food and Drug Administration) den Implantier-Chip „VeriChip" für medizinische Zwecke zugelassen. Aber dieser Durchbruch ist erst der Anfang. Der nächste Bereich ist die „Sicherheit". Der gegenwärtige ADS-Chef Scott Silverman betont: „Wir wollen nicht, daß jemand gegen seinen Willen ‚gechippt' wird. Das muß die Entscheidung des Individuums bleiben."

Doch wie der US-Korrespondent Peter Haffner berichtet, hat Silvermans Vorgänger, Richard Sullivan, im Mai 2002 in einem Interview angeregt, man könnte doch allen Ausländern, die in die USA einreisen wollen, einen Chip implantieren. Und Silverman setzte sich im Frühling 2006 für die Idee ein, daß alle Gastarbeiter in den USA einen Chip implantiert bekommen sollen.

Mit diesem und vielen anderen Artikeln über die angelaufenen Chip-Implantierungen auf allen Kontinenten soll die Öffentlichkeit informiert werden, daß eine neue Ära bevorsteht. Typisch in all diesen Artikeln ist die Lächerlichmachung aller Arten von Kritikern, insbesondere der „Verschwörungstheoretiker" und der „666-Warner". Ebenso wird angedeutet, daß das jetzige Chip-Modell erst der Anfang der neuen Ära ist.

Die Menschheit hat mit so vielen Problemen und Bedrohungen zu kämpfen, daß derartige Meldungen nur zweitrangig erscheinen. Doch mit diesen Meldungen dringt nichts Geringeres an die Öffentlichkeit als die Ankündigung, daß neuartige, futuristische Technologien die „Sicherheit" der Menschheit gewähren sollen.

Woher diese futuristische Technologie stammt, haben die ranghohen Armee- und Geheimdienstvertreter des *Disclosure Project* mit eidesstattlichen Erklärungen verraten: aus den geheimen Werkstätten, in denen die Flugobjekte der „grauen" ET-Wesen untersucht wurden, an gewissen Orten sogar in Zusammenarbeit mit diesen Wesen!

Soll diese Enthüllung demnächst in einem noch größeren Rahmen an die Öffentlichkeit weitergegeben werden? Wie es der Zufall so wollte, brachte genau am selben Tag, als in der Schweiz *Das Magazin* mit dem Chip-Artikel „Die Zukunft hat begonnen" erschien, der deutsche Fernsehsender ARD zu bester Sendezeit („Tagesthemen") einen Bericht über ein 45 Lichtjahre entferntes Sonnensystem namens Errai; es wäre möglich, daß es auf einem der dortigen Planeten außerirdisches Leben gebe. Deshalb wurden nun in diese Richtung Fernsehsignale gesendet. Zur Illustration wurde ein Bild von grauen ET-Wesen eingeblendet, die um einen OP-Tisch stehen, auf dem ein Mensch liegt; doch dieses Bild sollte zeigen, wie es *nicht* ist. Kommentar: Wenn wir Kontakt mit Außerirdischen bekämen, wäre dies „ein Grund, sich zu freuen".

Leider werden die Themen, die über den gewohnten irdischen Horizont hinausgehen, von den Massenmedien ignoriert, unterdrückt oder lächerlich gemacht. Ein typisches Beispiel sind die „Kornkreise". Angesichts ihrer Eindrücklichkeit und Fülle wären sie eigentlich Sensationen. Warum geben die Massenmedien nicht *diese* Bilder an ein Millionenpublikum weiter?

Die Korn-Piktogramme: Wer Augen hat, der sehe

Seit Ende der 1980er Jahre sind sie unübersehbar geworden, da ihre Anzahl sprunghaft zugenommen hat. Mit jedem Jahr wurden sie nicht nur zahlreicher, sondern auch formenreicher und komplexer. Sie erscheinen hauptsächlich in England, werden aber auch aus vielen anderen Ländern gemeldet.

Egal wer diese Piktogramme macht (über 100 pro Sommer!), sie sind Weltwunder, vor allem wenn man bedenkt, daß sie bewiesenermaßen *in kürzester Zeit* entstehen, und zwar meistens über Nacht, in einzelnen Fällen sogar während des Tages. Zum Beispiel flog am 7. Juli 1996 nachmittags ein Sportflugzeugpilot über ein Getreidefeld; als er 45 Minuten später zurückkehrte, prangte auf diesem Feld direkt neben der weltberühmten Monolith-Anlage von Stonehenge ein großes Spiralzeichen (siehe Bildteil): in perfekter Geometrie aus 149 Einzelkreisen komponiert, 85 Meter im Durchmesser, ausgerollt 182 m lang!

Trotz der sichtbaren und greifbaren Existenz dieser kosmischen Kunstwerke kommt es in den Massenmedien kaum jemals zu einer ernsthaften Darstellung. Meist wird behauptet, es sei erwiesen, daß es sich hier nur um ein unbedeutendes Machwerk von Spaßvögeln handle. Manchmal werden bei diesen Piktogrammen sogar Stöcke und Seile gefunden, damit gemeldet werden kann, die nächtlichen „Vandalen“ hätten in ihrer Eile eindeutige Indizien hinterlassen. Aber noch nie ist einer dieser Spaßvögel ertappt oder gefaßt worden, bei mittlerweile weit über 2000 Piktogrammen! Wer arbeitet hier über Jahre hinweg anonym, blitzschnell, hochpräzise – und ohne Profit? Bei einigen High-Tech-Piktogrammen, wie dem untenstehenden, drängt sich der Verdacht auf, daß irdische Geheimtechnologien zum Einsatz kamen. Mit gewöhnlicher Technik jedenfalls wären derartige Kreationen nicht möglich.

Ein Piktogramm aus dem Jahr 2002, das (wie nur wenige) aus dem geometrischen und energetischen Erscheinungsbild der gewohnten Formen herausfällt. Größe: 135 m lang, 80 m breit. Durchmesser der Scheibe: 35 m. Entstand es durch eine irdische Geheimtechnologie?
Die Scheibe ist in einem einfachen irdischen ASCII-Format spiralförmig bit-codiert und enthält einen Telegramm-Text auf Englisch: „Beware the bearers of FALSE gifts & their BROKEN PROMISES. Much PAIN but still time. BELIEVE [?]. There is GOOD out there. We OPpose DECEPTION. Conduit CLOSING.“[227]

Die Transformation der Erde

Die Erde und die Menschheit werden in der nächsten Zeit auf jeden Fall tiefgreifende Veränderungen erleben. Gemäß dem heute eingeschlagenen Kurs werden sich diese auf eine neuartige Kontrolltechnologie stützen, die zunehmend gefördert wird, je mehr die futuristischen Entwicklungen aus den geheimen Werkstätten zum Einsatz gelangen.

Die hochrangigen Disclosure-Vertreter und viele andere Zeugen haben bestätigt, daß die „exobiologischen Wesen" eine Realität sind und daß sie längst hier sind. Diese Aussage hat gravierende Konsequenzen, unter anderem eine, die nur selten ausgesprochen wird und anscheinend auch unterdrückt werden soll. Wenn es exobiologisches Leben gibt, d. h. Leben außerhalb der Erde, dann können „Leben" und „Bewußtsein" nicht zufällige Produkte einer irdischen Evolution sein. Die 51 katalogisierten Arten, die im Jahr 2001 erwähnt wurden, stellen bestimmt noch lange nicht das gesamte Spektrum des kosmischen Lebens dar. Wenn es überall im Kosmos Leben und Intelligenz gibt, dann ist dies eine definitive Widerlegung der materialistischen Evolutionstheorie! Das Leben auf der Erde entstand *nicht* aus toter, anorganischer Materie. Leben ist vielmehr ein *ewiges Prinzip,* dessen Bewußtsein sich in die Materie hineinprojizieren kann – und diese Kraft läßt Materie entstehen und Form annehmen.

Die Transformation der Erde wird daher ganz andere Formen annehmen, als die technologischen Mächte planen. Neben den materialistischen „exobiologischen" Wesen lebt in den höheren Dimensionen des Kosmos eine unendliche Vielzahl von Lichtwesen, deren Botschafter sich anfänglich sogar an die führenden Köpfe der irdischen Machthierarchien wandten. Gleichzeitig wandten sie sich auch an empfänglichere Menschen, und ihre Botschaft lautete: Der Mensch ist ein Geistwesen, dessen Bewußtsein nicht auf den irdischen Körper beschränkt ist. Der Körper wird von den Kräften des Geistes geprägt, und wenn der menschliche Geist von einem lichtvollen Bewußtsein erhellt wird, wird diese neue Einstrahlung letztlich sogar bis in die DNS-Struktur hineinreichen, wodurch die Verdichtung und das Vergessen aufgehoben werden.

Diese Entwicklung, die einen wahrhaften, natürlichen Bewußtseinswandel auslöst, wird verhindert, wenn die Menschen über Angst und materialistische Programmierung weiter in die Verdichtung geführt werden. Die 666-Technologie entspringt genau dieser Ausrichtung, und deshalb wird die Menschheit schon seit langem davor gewarnt.

Die geistige Herkunft des Menschen

Die alten Überlieferungen betonen, daß es die heute herrschende Spaltung und Spannung unter den Menschen nicht immer gegeben hat. In früheren Zeitaltern blühten Hochkulturen, die nicht den niederen Drang verspürten, die Natur oder die anderen Menschen manipulieren zu müssen. Sie kannten die höheren Ziele des Lebens und den Sinn ihres irdischen Daseins. Sie sahen sich als Teile des Ganzen und dienten dieser Ganzheit im Bewußtsein der *Einheit von Individualität und Ganzheit,* d.h. im Bewußtsein der Liebe. Sie waren sich der spirituellen Realität jenseits der materiellen Kulissen bewußt und entwickelten keine falsche Identifikation mit ihren physischen Rollen. So lebten sie in der vergänglichen Welt und erlebten Ewigkeit. Aufgrund dieser *liebenden Einheit mit Gott* waren sie frei von Machtsucht und genossen die Gegenwart im Licht der Ewigkeit. (Dem modernen Menschen erscheint dieses raum- und zeitlose Sein fern und unvorstellbar, ja sogar „langweilig". Die einzige uns noch verbliebene Erfahrung von Zeitlosigkeit ist das Schlafen. Hat man jemals während des Schlafens das Schlafen als langweilig empfunden?)

Die ursprünglichen Menschen lebten harmonisch im irdischen Bereich und standen mit den nichtirdischen Lichtwesen in Verbindung, da sie wußten, daß sie selbst inkarnierte Lichtwesen sind. Und mehr noch: Die ersten Menschen *waren materialisierte Lichtwesen.* Lichtwesen aus höheren Dimensionen schufen durch die Verdichtung ihres Lichtkörpers den physischen, organischen Körper. Und weil das Licht im Urgrund holographisch ist (der Teil enthält die Information des Ganzen), spiegelt sich dessen holographische Natur auch im Physischen: Jede Körperzelle enthält in ihrer DNS die Information des Ganzen, des Urgrundes. Diese

Information wurde später durch Verdichtung und Manipulation verschüttet, ist aber noch immer vorhanden – und in der heutigen Zeit soll diese Information wieder aktiviert werden, als Schlüssel zum kosmischen Erwachen der Menschheit.

Die Lichtwesen verdichteten sich auf der Erde als Menschen, weil sie voraussahen, daß die Erde aufgrund lichtabgewandter Einflüsse in eine tiefe Verdunklung und Verdichtung fallen würde. Da alles Materielle immer die Folge eines geistigen Einflusses ist, wußten sie, daß diese dunkle Phase nur durch geistige Impulse überwunden werden konnte, und zwar nur durch das Bewußtsein der direkten Verbindung mit dem Urgrund, durch die Einheit von Individualität und Ganzheit, *Liebe.* Die Mission der Lichtwesen war es also, Licht in die Dunkelheit zu bringen: höchste Liebe in die dichteste Dunkelheit. Die Liebe und Weisheit dieser Lichtwesen war so groß, daß sie diese Erlösung einleiteten, noch bevor es überhaupt Dunkelheit auf Erden gab.

Kreatoren oder Manipulatoren?

Die Verdunkelung geschah, als Wesen mit einem entsprechenden Bewußtsein auf die Erde kamen. Die Bibel spricht hier von den Nephilim, den gefallenen Elohim. Die sumerischen Quellen sprechen von Anunnaki, wörtl. „denjenigen, die vom Himmel *(anu)* auf die Erde *(ki)* kamen", und es heißt, sie seien gekommen, um die Rohstoffe der Erde auszubeuten, insbesondere das Gold. Offensichtlich hatten sie einen Mangel, und Mangel bedeutet immer Getrenntheit von der Quelle.

An einem gewissen Punkt begann die Phase des Übergriffs. Die „Götter" unterwarfen einen Teil der ursprünglichen Menschen mit Gewalt. Für die inkarnierten Lichtwesen war dies etwas völlig Überraschendes und noch nie Erlebtes: daß jemand nicht aus Liebe handelt und den freien Willen der anderen nicht respektiert.

Die „Götter" manipulierten das Bewußtsein der Menschen bis in die Genstruktur hinein, so daß deren Geisteskraft, Chakra-Funktion und Zellgedächtnis zunehmend eingeschränkt wurden. Sie schufen praktisch einen neuen Menschen, um ihn als Arbeitssklaven verwenden zu können. Deshalb löschten sie in den Menschen soweit wie möglich jede Erinnerung an die vorherige Zeit. Die Schreiber der Keilschrifttafeln berichteten später, früher sei der Mensch tierisch und primitiv gewesen, und die „Götter" hätten ihn zu etwas „Besserem" gemacht. Die Propaganda, daß der Mensch ein Tier sei und nur durch die Technik der „Götter" die nächsten Schritte der „Evolution" vollziehen könne, hat anscheinend schon sehr lange Tradition ...

Und heute versprechen die „Götter" wiederum, ihre Technik werde Fortschritt bringen, und zwar den endgültigen, totalen Durchbruch auf globaler Ebene. So unglaublich es klingt, aber Ankündigungen wie die des *Disclosure Project* deuten an, daß vielleicht sogar die „Götter" selbst hervortreten werden. Werden sie dann behaupten, sie seien unsere Schöpfer? Werden wir Kreatoren und Manipulatoren zu unterscheiden vermögen?

Auch der Insider Milton William Cooper bekam bei seinen unbefugten Einblicken in Top-Secret-Unterlagen Hinweise in diese Richtung zu Gesicht, die ihn sehr verwirrten:

> Die Außerirdischen sagten aus, daß sie uns durch genetische Manipulation in einem Laboratorium kreiert hätten. Sie erklärten, daß sie die menschliche Rasse über die Religionen, Satanismus, Hexerei, Magie und Okkultismus manipuliert hätten. ...
>
> Die Aliens zeigten ein Hologramm, von dem sie behaupteten, daß es die tatsächliche Kreuzigung von Jesus Christus zeigte. Die Regierung ließ das Hologramm filmen. Wir wußten nicht, ob wir ihnen glauben sollten. Benutzten sie unsere *echten* Religionen, um uns zu manipulieren? Oder sind sie die Quelle unserer Religionen, mit denen sie uns die ganze Zeit über manipuliert haben? Oder war dies das Anfangsszenario der echten *Endzeit* und der Wiederkehr Christi, wie es in der Bibel vorausgesagt worden ist? Ich kenne die Antwort nicht.[228]

Seelen aus allen Himmelsrichtungen

Die Menschheit wird immer begleitet von ihren „älteren" Geschwistern, die in den höheren Welten leben. Im Lauf der Zeit entschlossen sich viele von ihnen, ebenfalls als Menschen auf der Erde geboren zu werden, um durch das Leben in der Materie höhere und höchste Stufen der Vollkommenheit zu erreichen und auch für andere dieses Tor zu öffnen. Ihre Aufgabe bestand und besteht darin, *irdisch tätig zu sein, ohne das Bewußtsein der reinen Liebe zu verlieren.*

So entstand eine breitgefächerte Menschheit. Die Seelen der ursprünglichen Menschen reinkarnierten auf der Erde, weitere Wesen aus den Lichtwelten wurden unter den Menschen geboren, und auch Wesen aus den dunkleren Bereichen kamen hinzu.

Die „Außerirdischen" waren irdisch geworden.

„Paradies": Erinnerung an die Heimat

Es ist ein archetypisches Bild, daß die Menschen anfänglich in einem paradiesischen Zustand, in einem „Eden", lebten und dann verführt wurden. Die „Schlange" verbreitete Gedanken wie: „Iß vom Baum der Erkenntnis von Gut und Böse, dann werden dir die Augen aufgehen. Du wirst sehen, daß du wie Gott bist. Du kannst urteilen und werten und wirst sehen, daß du gut bist und daß die anderen weniger gut sind!" (siehe Genesis 2,17; 3,4–5)

Die Menschen fielen aus dem Gottesbewußtsein der Einheit in das Ego-Bewußtsein der Dualität, und sie wollten „wissen" und forschen, um „mehr" zu wissen als die anderen. Plötzlich gab es Wissenschaftler, die auf eigene Faust die Materie beherrschen wollten. Sie waren nicht mehr in der Einheit des höchsten Wissens, waren nicht mehr ganzheitlich (grch. *holos*) und nicht mehr *heilig*. Und die unheiligen Forscher mißbrauchten ihr Wissen – manchmal sogar bis zum Geht-nicht-Mehr, bis zur Katastrophe.

Selbsternannte weltliche und geistige Führer gründeten geheime Bünde. Sie hüteten eifersüchtig ihr Wissen, um es nicht mit anderen teilen zu müssen.

> Es entstanden zwei große Bruderschaften auf Erden [die „religiösen" und die „säkularen"] ... Zusammen bezeichnet man sie als die „Bruderschaft der Schlange". ... Die außerirdischen Lichtbringer [die luziferischen „Götter"] gaben den überlebenden Priestern von Atlantis genaue Anweisungen, die „Bruderschaft der Schlange" neu zu gründen. Als dritte unbekannte Macht ... inspirierten [sie] die jeweiligen Bruderschaften und deren weltliche Könige, um die Weltreiche zu bauen. Alle Kriege waren ein Mittel, um neue Ge-

> schichtsepochen und Zeitalter einzuleiten. Es war das alte Spiel – wenn zwei sich streiten, dann bleiben der Dritte und seine Ziele im Verborgenen. So wurden alle weltlichen Führer von der dritten Macht verführt ...[229]

Wer das Wesen dieser Dunkelmächte durchschaut, erkennt, daß hinter den sich bekämpfenden Parteien *dieselbe* diabolische Macht wirkt. Deshalb verwendete Jesus für die verschiedenen Fraktionen dieses Machtkampfes entlarvende und kompromißlose Begriffe: erstes Tier, zweites Tier, Schlangenbrut und Natterngezücht, Hure Babylon, Synagoge Satans (Offb 2,9 und 3,9).

Warum so harte Worte? Weil diese Dunkelmächte das Licht verzerren und verdecken, ja sogar angreifen und bekämpfen. Dies ist keine Verurteilung der jeweiligen Menschen, aber eine unmißverständliche Unterscheidung des *gottabgewandten* und *gottzugewandten* Weges. („Hasse die Sünde, aber nicht den Sünder!“)

Das dunkle Zeitalter als Prüfung und Chance

Die Veda-Schriften sagen, daß in der ersten Phase der Menschheitsgeschichte, im Satya-Yuga, noch keine negativen Wesen auf der Erde lebten. Diese erschienen erst im nachfolgenden Zeitalter, im Treta-Yuga, lebten aber in eigenen Gesellschaften und fanden keinen Zugang zu den gottzugewandten Kulturen. Im nächsten Zeitalter (Dvâpara-Yuga) kam es jedoch zu Übergriffen, und eine zunehmende Zahl der ursprünglichen Menschen und der inkarnierten Lichtwesen vergaß ihre wahre Identität, was dazu führte, daß sie sich auf die eine oder die andere Seite der spaltenden Kräfte ziehen ließen.[230]

Obwohl es immer wahrhaft Erleuchtete gab, die das hohe Bewußtsein behielten oder wiedererlangten, erfuhr die Mehrheit den Fall in die Dualität. Menschen begannen, aufgrund ihrer Fähigkeiten Macht anzusammeln, was bei anderen wiederum den Drang provozierte, sie von diesen Bestrebungen abzuhalten. Was anfänglich subtile Schlagabtausche waren, nahm bald die Form von okkulten Kämpfen und dann von offenen Feldzügen an. Vielerorts baute sich ein latentes Gruppen- und Völkerkarma auf, das sich sporadisch in verschiedensten Konstellationen entlud. Dynamiken wurden ausgelöst, die bis in die ferne Zukunft ihre Schatten vorauswarfen. Viele Eskalationen von Gewalt, die in der heutigen Zeit stattfinden, haben ihre Wurzeln weit in der Vergangenheit.

Vor langer Zeit also – in Ländern, die heute zum Teil nicht mehr existieren – stießen rivalisierende Wesen aufeinander und verstrickten sich in ein kompliziertes Täter-Opfer-Muster. Am Schluß des dritten Zeitalters war die Kluft zwischen den Lagern so groß, daß nicht einmal die Katastrophe der Vernichtung sie zu überbrücken vermochte. Wut und Rachsucht angesichts des Mißerfolges prägten das Bewußtseinsmuster jener, die den Niedergang verursacht hatten. Auf der anderen Seite – bei denen, die versucht hatten, den Niedergang mit allen Mitteln aufzuhalten, und nun meinten, versagt zu haben – blieben Gefühle der Ohnmacht, der Schuld und der Frustration. Andere zogen ihre Lehren aus diesem Rückschlag und erkannten die Ursache: *das Vergessen ihres Lebenssinnes und ihres Ursprungs.*

Mit dem Beginn des vierten Zeitalters wurden auf der Erde vermehrt Seelen geboren, die ein Leben in der dichtesten Materie durchmachen wollten oder mußten, entweder zum Zweck der Selbstschulung oder aufgrund ihres Karma-Weges. Durch das Erscheinen dieser Seelen, die sozusagen auf den fahrenden Zug aufsprangen, wurde die geladene Spannung noch intensiviert und das Tempo verschärft. Sie wurden zu den treibenden Kräften auf der Erde. Gleichzeitig aber erhielten sie auch die Chance, wieder mit dem göttlichen Licht in Kontakt zu kommen.

Scheinmacht, Ohnmacht und wahre Macht

In Lauf der Zeitalter fiel es den als Menschen inkarnierten Lichtwesen immer schwerer, gleichzeitig in der Materie zu leben und ihr ursprüngliches reines Bewußtsein aufrechtzuerhalten. Doch genau das war die Aufgabe: *auch in extremsten Umständen in ihrer inneren Mitte mit dem Ursprung verbunden zu bleiben.*

Aus heutiger Sicht waren die damaligen Umstände in keiner Weise extrem. Aber verglichen mit dem Lichtwesendasein war auch die bloße irdische Existenz bereits eine große Prüfung – und die Menschen bestanden sie über eine lange Zeit hinweg. In ihrem Bewußtsein waren sie immer mit den Lichtwelten verbunden, und aus dieser Verbindung schöpften sie ihre Kraft. Ihre Gebete und Meditationen fanden in der kosmischen Gemeinsamkeit der Lichtwesen statt. So erfüllten sie ihre urerste Aufgabe: Lichtstrahlen in der Materie zu sein.

Im Bereich der Dualität, zu dem die Erde gehört, treten jedoch immer Widerstände auf, die sich dem Licht entgegensetzen und durch ihre Lichtabgewandtheit Dunkelheit erzeugen. Die Lichtwesen selber kannten keine Dunkelheit, und so bedeutete diese Konfrontation für sie als Menschen eine völlig neue Herausforderung: Wie reagiere ich angesichts von Machtmißbrauch und Gewalt, (1) wenn ich selbst davon betroffen werde und (2) wenn ich sehe, wie andere davon betroffen werden?

Neben der einen Aufgabe, dem uneigennützigen Helfen und Lehren, kam nun eine neue Herausforderung hinzu, die nicht mehr nur die Lichtwesen betraf. Denn die verschiedenen Herkunftslinien hatten sich im Lauf der Zeit so weit vermischt, daß alle Menschen dieselbe Lektion zu lernen hatten: *das Erfahren, was Macht ist, und das Umgehen mit Macht.*

Im Zeitalter der Dunkelheit erlaubt die Verdichtung der Materie ein Versteckspiel mit Lügen und Unwahrheit. Plötzlich standen solche scheinbar wirksamen Machtmittel zur Verfügung, und die Prüfung bestand darin, dieser Versuchung zu widerstehen. Wenn es nichts zu stehlen gibt, ist es leicht, ehrlich zu sein. Aber wenn sich die Gelegenheit bietet, durch Diebstahl oder Unehrlichkeit große Vorteile zu erlangen, dann erst zeigt sich, ob man wahrhaftig ehrlich ist. Ebenso bot sich mit dem Anbruch des Kali-Yugas die Möglichkeit an, mit unehrlichen Mitteln Macht zu erlangen und Machtpositionen auszubauen, sei es in der Politik, in der Religion, im intellektuellen Konkurrenzkampf oder im Kampf um Reichtum und Profite. Die Mächtigen unterwarfen ganze Völker und verfolgten ihre Gegner, und die Unterlegenen fühlten sich oftmals hilflos und ohnmächtig. Aber beide, die Mächtigen und die Ohnmächtigen, unterlagen der Macht des Negativen, entweder dem *Zuviel* oder dem *Zuwenig* (siehe S. 45 ff.): Die Täter gestehen sich zuviel, die Opfer zuwenig „Macht“ zu.

Macht ist die Kraft, gemäß dem eigenen Willen handeln zu

können. Die entscheidende Frage lautet deshalb: „Was will ich?“ Wenn das eigene Wollen dem Bewußtsein der Liebe entspringt, ist Macht kein spaltender Faktor, sondern die Kraft, die alles verbindet und das Spaltende überwindet. Denn Liebe ist die höchste Macht: die Kraft, die uns mit der Quelle verbindet. Um es mit der bereits erwähnten Definition zu formulieren: Sie ermöglicht die *Einheit von Individualität und Ganzheit.*

Das Ende der Dualität von Täter und Opfer

Mit den Übergriffen begannen die irdischen Karma-Ketten: die einen Menschen wurden Täter, die anderen Opfer. Die ursprünglichen Menschen wurden zu unschuldigen Opfern, was im Bereich der Dualität unvermeidbar und auch abzusehen war. Die Lichtwesen waren bereit gewesen, sich diesem Risiko zu stellen.

Die schwierigste Prüfung – als sie dann tatsächlich „Opfer“ wurden – war nicht so sehr das Dasein als Opfer unter der Macht von Tätern, sondern das Vermeiden, in dieser Rolle in ein *Opferbewußtsein* zu fallen. Als Opfer wird man in die Extreme der Dualität gezerrt, aber die Frage ist: Identifiziere ich mich mit dieser Opferrolle und falle dadurch in ein Opferbewußtsein und in eine Opferhaltung? Oder gelingt es mir, auch in dieser schwierigen Situation mein inneres Gleichgewicht zu bewahren, indem ich mir meiner spirituellen Identität bewußt bleibe? Gelingt dies, erstrahlen die Lichtwesen wieder als das, was sie sind, sogar in ihrer physischen Erscheinung. Und dieses Licht erlaubt es auch den Tätern, sich als Lichtwesen zu erkennen und sich an ihre Herkunft zu erinnern. Denn Täter wird man aus einer Opferhaltung heraus. (Selbst Luzifer sah sich als Opfer und nicht als Täter).

Nicht jedes Opfer war Täter oder wird Täter, aber wer in eine Opferhaltung und dadurch in ein Opferbewußtsein fällt, wird auch zu einem Täter (siehe Luzifer-Archetypus). Die Überwindung dieser Spaltung von Tätern und Opfern ist das Verzeihen aus wahrer Liebe heraus: Ich verzeihe mir selbst, daß ich mich in die Dualität einklinkte, und ich verzeihe den anderen, die das ebenfalls taten.

Damit schließt sich der Kreis mit dem ersten Kapitel dieses Buches. Der wirkliche Machtwechsel auf der Erde beginnt mit der Heilung der Wunden, die vom zweischneidigen Messer der Dualität „Scheinmacht" und „Ohnmacht" verursacht wurden. Das Heilmittel ist die ganz natürliche Macht, die jedem Individuum innewohnt und eigen ist, wie das Licht dem Lichtstrahl.

Das Tor ist offen …

„Siehe, ich habe dir eine Tür geöffnet, die niemand mehr zuschließen kann."

– Offenbarung 3,8

Auch als Opfer in scheinbarer Ohnmacht muß man nicht in ein Opferbewußtsein fallen! Wahre Macht ist das *göttliche Selbstbewußtsein:* sich bewußt sein, wer man selbst ist, nämlich ein Strahl Gottes, ein ewiger Teil des Ganzen, des Allmächtigen. Die Teile und das Ganze sind immer verbunden, und diese vereinende Verbindung ist das, was *Liebe* ursprünglich ist. „Liebe deinen Nächsten wie dich selbst" – da alle ebenfalls Teile Gottes sind.

Im Licht dieser Liebe wird wahres Unterscheiden möglich: Was ist Liebe? Und was ist nicht Liebe? Liebe bedeutet nicht ein Schönreden oder Verharmlosen der „Dunkelheit", sondern ein Erkennen der Spaltung und eine entsprechende Heilung: das Überwinden der Faktoren, die Ungleichheit, Ungerechtigkeit, „Macht" und „Ohnmacht" erzeugen. Wenn „Macht" jemand anders ohnmächtig macht, dann ist dies nicht die Macht der Liebe. Und ein Machtwechsel ist notwendig.

Wendezeit bedeutet: Das Tor ist offen. Die Herabgestiegenen werden zurückgerufen, die Menschen eingeladen und die Dunkelwesen aufgefordert umzukehren. Das Angebot gilt für alle. Um so nachhaltiger ist die Entscheidung.

Nachwort

„Wenn die Regenzeit kommt, baut sich der Weise eine Hütte."

(Indisches Sprichwort)

Wenn der sinnbildliche Tropentourist von der Regenzeit hört, kann er auf unterschiedliche Weise reagieren.

Er könnte die Warnungen einfach ignorieren, z. B. mit der weitverbreiteten Logik: „Ich glaube nicht an eine Regenzeit. All dieses Gerede von Monsunen und Taifunen ist eine apokalyptische Hysterie von Pessimisten und Weltuntergangspropheten." Und er geht vielleicht sogar segeln oder surfen.

Oder er faßt den Monsun als eine reale Möglichkeit ins Auge und sieht in ihm eine Bedrohung, die man bekämpfen muß: „Der Monsun muß verhindert werden. Ich bestelle sogleich meinen ganz persönlichen Vorrat an Regenabwehrraketen."

Oder er könnte „esoterisch" reagieren und eine weltweite Antimonsunmeditation starten: „Laßt uns beten und meditieren, damit kein Monsun kommt!"

Oder er könnte sich einer Kirche oder Prophetengruppe anschließen, die verspricht: „Wenn du zu uns kommst, wirst du gerettet werden, während alle anderen in der Sintflut sterben!"

Oder er könnte selbst anfangen zu predigen: „Gott spricht nur durch ganz wenige Auserwählte, nämlich durch mich (oder die Person oder die Gruppe, die ich repräsentiere), und ich sage euch: Es wird ein Monsun kommen. Ihr werdet sehen, daß ich euch die Wahrheit gesagt habe."

Und wenn der Monsun kommt, werden seine Gläubigen die letzten Zweifel verlieren und sagen: „Er hat es vorausgesagt, und seht, es ist eingetroffen. Alles andere, was er sagt, muß folglich ebenfalls wahr sein!"

Es ist also möglich, auf denselben Monsun ganz unterschiedlich zu reagieren. Das zitierte Sprichwort mag wie eine Binsenwahrheit klingen, enthält aber eine tiefe Weisheit: „Wenn die Regenzeit kommt, baut sich der Weise eine Hütte."

Wir könnten den Monsun ignorieren, wegdiskutieren oder uns vor ihm fürchten. Wir könnten in Panik geraten oder die Gefahr überschätzen. Wir könnten uns denen anschließen, die behaupten, die „einzige Wahrheit" zu haben. Wir könnten auf einen „Retter" oder „Messias" warten, der kommt und sagt, was wir tun und was wir glauben sollen. Wir könnten sogar versuchen, aus der Situation Profit zu schlagen, indem wir selber zu Sensationalisten, Weltbekehrern oder Regenraketenverkäufern werden. Oder wir könnten resignieren und zu frustrierten, verbitterten Zynikern werden, da wir nicht die Macht haben, den Monsun zu verhindern. *Aber wer sagt uns, daß wir ihn verhindern müssen?*

Selbst wenn der Monsun kommt, heißt das nicht, daß wir ihm hilflos ausgeliefert zu sein brauchen. Das Wasser wird das Land überschwemmen, aber das bedeutet nicht, daß wir uns mitreißen lassen und ertrinken müssen. Wenn die Regenzeit kommt, baut man sich am besten einfach eine Hütte.

Was in diesem Gleichnis offensichtlich ist, ist im realen Leben nicht immer eine Selbstverständlichkeit. Im Zyklus der Zeiten kommt es zu Jahreszeiten, die unvermeidbar sind. Was den bevorstehenden „Monsun" betrifft, so ist das einst Vermeidliche unvermeidbar geworden. Es *könnte* verhindert werden, aber zu diesem Zweck müßten die Menschen gewisse Dinge tun und andere vermeiden. Wir können die Machtstrukturen der Politik und der Hochfinanz nicht direkt verändern, aber es gibt gewisse Dinge, die jeder tun könnte: Reduktion des Konsums von TV und anderen Massenmedien, Streßverminderung, eine gesunde, (möglichst) vegetarische Ernährung.

Diese einfachen Dinge würden ausreichen, um das Gesicht der Welt – und der Weltwirtschaft – grundlegend zu verändern, und wären Ausdruck eines grundlegenden Bewußtseinswandels. Aber wie hoch ist die Wahrscheinlichkeit, daß dies in den nächsten Monaten geschieht? Wenn man ohne diesen Wandel nach Frieden ruft oder für Frieden demonstriert, besteht die Gefahr, daß man einem falschen Frieden Vorschub leistet oder falschen Versprechungen Glauben schenkt.

Zu hoffen und zu beten, der Monsun möge nicht kommen, ist menschlich verständlich. Aber beziehen diese Hoffnungen und Gebete auch die Ursachen mit ein? Oder entspringen sie Gefühlen der Angst oder der Mentalität: „Mein Wille geschehe!“ (Warum will ich, daß diese Dinge nicht geschehen?)

Gebete im Bewußtsein des Vertrauens und der Furchtlosigkeit beruhen auf dem Geist des *Dein Wille geschehe:* „Was immer geschehen wird oder geschehen muß – bitte hilf mir, die Kraft zu haben, immer im Licht und in der Wahrheit zu bleiben.“

Die Zukunft aus spiritueller Sicht ist sehr ermutigend. Nach einer langen Reise durch die Höhen und Tiefen des materiellen Daseins stehen wir vor dem offenen Tor, durch das bereits seit langer Zeit Licht in unsere Welt kommt und das uns auch den Weg ins Licht weist. Die Inspiration zu diesen Schritten ins Licht bekommen wir durch die Fügungen göttlicher Hilfe, meistens durch den Kontakt mit Individuen, die bereits in diesem Bewußtsein leben, seien sie inkarniert oder „unsichtbar“. Durch solche inneren Einweihungen erkennen wir immer bewußter, daß wir selbst Lichtwesen und ewige Strahlen Gottes sind, und wir können diese spirituelle Realität in Meditationen, inneren Offenbarungen und inspirierten Kommunikationen erleben (allein, zu zweit oder in einer Gruppe).

Auf diese Weise bauen wir unsere symbolische Hütte. Welche Form von Monsun dann auch immer kommen wird, wir werden vielleicht „naß“ werden, aber die Wellen können uns nicht mitreißen. Wir werden berührt, aber nicht beeinflußt. Wir sind dank des Schutzes standhaft.

Und wir wissen, daß die Regenzeit nicht endlos andauern wird. Und wir wissen ebenfalls, daß die Natur nie so schön ist wie nach dieser Reinigung und Erneuerung.

Anmerkungen

1) Jemand, der das Aufscheinen des heutigen Umbruchs von der „Dunkelheit“ zum neuen „Tag“ bereits in den frühen, ersten Anzeichen erkannte und für die kommenden Generationen ankündigte, war der deutsche Dichter Friedrich Hölderlin (1770–1843). Was damals, vor zweihundert Jahren, für die meisten Menschen noch unverständlich und unvorstellbar war, wird heute eine herannahende Realität. Die Verheißung jedoch erhallt schon seit zweitausend Jahren und wurde durch die Jahrhunderte hindurch von einer zunehmenden Anzahl Menschen intuitiv bestätigt und zum Teil auch durch weitere Visionen konkretisiert. Die Hölderlin-Zitate am Anfang der drei Trilogie-Bände sind repräsentative „Denkmäler“ für diesen langen Bogen der persönlichen und globalen Vorbereitung.
Der vorliegende dritte Band beginnt mit den berühmten Anfangszeilen des hymnischen Gedichtes *Patmos*. Die Prägnanz des Zitats und auch die Überschrift des Gedichtes stehen in direktem Zusammenhang mit dem *Machtwechsel auf der Erde* und der prophezeiten Wendezeit, denn Patmos ist die Insel, auf der der Apostel Johannes im hohen Alter die Vision der Geheimen Offenbarung empfing. „Ich, Johannes, bin auf die Insel Patmos verbannt worden, weil ich Gottes Wort und die Wahrheit, die Jesus ans Licht gebracht hat, öffentlich verkündet habe.“ (Offb 1,9)
Wie die Ausführungen im vorliegenden Buch zeigen, ist diese Offenbarung heute aktueller denn je – aus dem einfachen Grund, weil sie sich auf die heutige Zeit bezieht.
(Die nachfolgende Betrachtung des Zitats ist nur für Poesie-Liebhaber interessant und kann auch übersprungen werden.)
Hölderlin beginnt die Patmos-Hymne mit mystischem Pathos: Gott ist nah, näher als alles andere, denn wir sind untrennbare Teile des Allgegenwärtigen. Sein Schöpfungsplan entfaltet sich vor unseren Augen, und dennoch ist dieser göttliche Plan schwer zu fassen, da der Mensch immer eine beschränkte Sicht hat. Deshalb ist Offenbarung notwendig, wie einst auf Patmos. Die heute offenbar werdenden Zeichen bestätigen die damalige Offenbarung und weisen auf große Prüfungen hin, doch: „Wo Gefahr ist, wächst das Rettende auch.“
Dies wird in den direkt anschließenden Zeilen durch das majestätisch-symbolische Bild der Adler illustriert, die immer am Rand des Abgrunds wohnen, in einsamen Felsenklüften:

Nah ist
Und schwer zu fassen der Gott.

Wo aber Gefahr ist, wächst
Das Rettende auch.
Im Finstern wohnen
Die Adler und furchtlos gehn
Die Söhne der Alpen über den Abgrund weg
Auf leichtgebaueten Brücken.
Drum, da gehäuft sind rings
Die Gipfel der Zeit, und die Liebsten
Nah wohnen, ermattend auf
Getrenntesten Bergen,
So gib unschuldig Wasser,
O Fittige [Flügel] gib uns, treuesten Sinns
Hinüberzugehn und wiederzukehrn.
So sprach ich, da entführte
Mich schneller, denn ich vermutet,
Und weit, wohin ich nimmer
Zu kommen gedacht, ein Genius [... nämlich nach Patmos]

Die „Adler" wohnen „im Finstern" (im finsteren Zeitalter) und sind immer mit dem „Abgrund" konfrontiert. Sie sind „die Söhne der Alpen" (Söhne sind Erben, aber auch Wächter des elterlichen Gutes; die Alpen sind Sinnbild für die unerschütterliche göttliche Ordnung). Als „Söhne der Alpen" sind sie „furchtlos" und überwinden Finsternis und Abgrund – ohne von ihnen berührt zu werden – auf „leichtgebaueten Brücken". Die Brücken der Adler sind so leicht und licht, daß sie unsichtbar sind. Nur dank der göttlichen Gabe der Flügel ist es den Adlern möglich, die durch Finsternis und Abgrund verursachte Abgeschiedenheit und Getrenntheit zu überwinden. Deshalb bittet der Dichter nun, ebenfalls Flügel zu bekommen, um die Abgründe zwischen den „Gipfeln der Zeit" überwinden zu können.
Die Gottgesandten, durch die in den verschiedenen Epochen göttliche Offenbarung geschieht, stellen jeweils den Gipfel ihrer Zeit dar. Doch durch diese einsame Höhe besteht auch die Gefahr, daß die Offenbarung unverstanden bleibt, da sie als „Gipfel" auch „getrennteste Berge" sind, denn Berge sind in keinem Punkt so weit entfernt und getrennt voneinander wie auf ihren Gipfeln.
Die Offenbarungen sind mittlerweile vorhanden, und die Zeiten spitzen sich zu: Die „Gipfel der Zeit" sind nun „gehäuft". Wohin man blickt, in allen Himmelsrichtungen („rings"), häufen sich die Zeichen der sich erfüllenden Offenbarungen („da gehäuft sind rings/ Die Gipfel der Zeit"). Doch leider werden diese Offenbarungen nicht erkannt und die Zeichen deshalb nicht richtig gedeutet. Wenn die ringsum gehäuften Gipfel des Westens und Ostens, Nordens und Südens nicht verbunden und im Gesamtbild gesehen werden, verlieren die einzelnen Offenbarungen (die Offenbarungen aller Kulturen) ihre Kraft („ermattend auf/ Getrenntesten Bergen"). Dies droht zu geschehen, wenn nichts Entscheidendes diese

Scheidung der Gipfel überwindet, und deshalb bittet der Dichter um göttliche Hilfe.
Die Gefahr, die göttlichen Zeichen zu verkennen, muß der Mensch in seinem eigenen Leben durch „l(e)ichtgebaute" Brücken überwinden, um seine persönliche Aufgabe in der „Finsternis" zu erkennen. Je größer die Gefahr ist, desto größer wird auch die entsprechende Hilfe (deshalb schreibt Hölderlin: „Wo Gefahr ist, *wächst* / Das Rettende").
Dies ist insbesondere in der gegenwärtigen Phase der Menschheitsgeschichte gültig, da sich ein großer zyklischer Kreis schließt („da gehäuft sind rings [ringsum] / Die Gipfel der Zeit"). *Nah* sind nun die großen Umwälzungen. Man beachte, daß das Anfangswort des Gedichtes – „Nah" – in der elften Zeile in der gleichen Hervorhebung (in Großschreibung am Zeilenanfang) wiederholt wird. Nah ist Gott, und nah ist auch das gottgewollte Ende der Finsternis, das angekündigt wird durch die prophetischen Gottgesandten. Sie, die „Liebsten", sind heute alle ebenfalls nah, weil die Erfüllung ihrer Prophezeiungen naht.
(Gott und seine Liebsten leben in liebender Einheit, die symbolisch dargestellt wird durch die kongruente Wiederholung des Wortes „Nah", gespiegelt über die Achse der sechsten Zeile, in der die „Adler" genannt werden. Sie sind es, die Gottes Nähe und die Nähe der Liebsten erkennen und deren getrennte Offenbarungen über die Abgründe von Finsternis und Zeit hinweg verbinden. Diese verbindende Funktion der furchtlosen Adler wird versinnbildlicht durch die zentrale Stellung der „Adler"-Zeile zwischen den beiden „Nah"-Zeilen, die sich auf „Gott" und auf „die Liebsten" beziehen.)
Jetzt, wo die Zeit sich zuspitzt und die „Liebsten / Nah wohnen ...", ist das Rettende angesichts der wachsenden Gefahr besonders notwendig. Der Dichter erbittet dieses Rettende in Form von zwei Hilfen, die er in mystischer Verschlüsselung als „unschuldig Wasser" und „Fittige" umschreibt. „Unschuldig Wasser" bezieht sich auf das reine Bewußtsein, das direkt aus der Quelle fließt und die Quelle mit dem Meer verbindet, d.h. die Trennung überwindet. Die Flügel sind, wie bereits erwähnt, die Brücken, die aus der Finsternis hinaus und über den Abgrund hinweg führen.
Mit diesen Gottesgaben des Wassers und der Flügel wird es möglich, zu den einzelnen Gipfeln der Zeit „hinüberzugehn und wiederzukehrn" und die Offenbarungen im Gesamtbild richtig („treuesten Sinns") zu verstehen, ohne sie zu verfälschen. Dies ist auch das Anliegen des Autors des vorliegenden Buches ...

2) Eine Zusammenfassung der Erkenntnisse der holistischen Wissenschaft findet sich z.B. bei Bohm, Sheldrake, Talbot (siehe Literaturverzeichnis).

3) Die synonymen Begriffe „höhere Dimensionen" und „höherdimensionale Bereiche" beziehen sich auf höhere, weniger verdichtete Welten des materiellen Kosmos, die von den physischen Augen der Menschen nicht wahrgenommen werden können. Bei diesen Begriffen geht es nur um eine physikalische, nicht um eine spirituelle Abstufung. „Höherdimensional"

ist also nicht immer gleichbedeutend mit hoher spiritueller Entwicklung, das heißt, es gibt auch höherdimensionale gottabgewandte Wesen.

4) Der Begriff „astral“ bezieht sich auf die höherdimensionalen Bereiche eines Planeten oder Sterns. Jeder Himmelskörper (grch. *astron,* „Gestirn“) ist verbunden mit feinstofflichen Parallelebenen, die deshalb auch „Astralebenen“ genannt werden. Diese Ebenen unterscheiden sich durch ihre verschiedenen Schwingungsfrequenzen. In den höheren Bereichen vereinigen sich die Astralebenen der verschiedenen zusammengehörigen Planeten, was bedeutet, daß einzelne Sonnensysteme und Galaxien über die höheren Astralebenen miteinander verbunden sind. Diese kosmische Hierarchie geht hin bis zur feinsten Dimension der Materie, durch die das gesamte Universum miteinander verbunden ist. (Im Sanskrit wird diese feinste Dimension die „Welt Brahmâs“ genannt.) Auch der menschliche Körper umfaßt verschiedene feinstoffliche Parallelkörper und ist über diese mit den kosmischen Astralebenen verbunden. Deshalb hat der Begriff „astral“ heute eine allgemeinere Bedeutung und ist ein Synonym für „feinstofflich-materiell“, im Gegensatz zum Begriff „grobstofflich-materiell“, der sich auf die physisch verdichtete Materie bezieht.

5) Der Begriff „außerirdisch“ bezieht sich auf Lebensformen, Einflüsse und Informationen, die nicht auf der physischen Ebene der Erde beheimatet sind. Jeder Planet hat astrale Parallelebenen; so ist es möglich, daß die Erde von Wesen aus den feinstofflichen oder halbfeinstofflichen (halbphysischen) Bereichen der Erde selbst oder der Venus, des Mars, der Plejaden usw. besucht wird. Wie aus Teil III dieses Buches hervorgehen wird, sind jedoch nicht alle „UFOs“ und „Außerirdischen“ außerirdisch.

6) „Buchbesprechungen“ im DEGUFORUM (Forum der Deutschsprachigen Gesellschaft für Ufo-Forschung, DEGUFO) Nr. 20, Dezember 1998; verfaßt von Hans-Joachim Heyer.

7) Ashtar Sheran, Botschaft vom 11. November 1995, in: *Mutter Erde wehrt sich,* 3. Auflage 2001, S. 218f.

8) 1) Weil man dadurch die Existenz der negativen Mächte und die Realität des kosmischen Kampfes verkennt. Dies läßt die Menschen in Unwissenheit über die äußeren Gefahren und Manipulationen, was wiederum zu falschen oder ungenügenden Reaktionen führt.
2) Wenn man meint, das Böse sei nur in einem selbst, kann dies zu Selbstmitleid, Minderwertigkeitskomplexen und Resignation führen. Eine häufige Folge ist religiöser Fanatismus, Unselbständigkeit und eine Abhängigkeit von Institutionen, Dogmen und Leitfiguren.
3) Wer die negativen Mächte im Äußeren nicht sieht, sieht auch die Notwendigkeit der göttlichen Hilfe von außen nicht, weshalb man dazu neigt, die entsprechenden Hilfsangebote zu ignorieren bzw. abzulehnen.

9) Weidner: *Zukünftige Ereignisse,* S. 124

10) Das Alte und das Neue Testament, die apokryphen Evangelien, dann auch Schriften wie die von Lorber, Greber, Steiner, Wolf, Hinz (Brunner), Daskalos, Weidner und anderen (Reihenfolge gemäß Chronologie ihres Erscheinens; siehe Literaturverzeichnis).

11) Monier-Williams: *A Sanskrit-English Dictionary,* S. 1063, 1051
12) Lorber: *Die Haushaltung Gottes,* Band 1, Kap. 5, Satz 12
13) Greber: *Der Verkehr mit der Geisterwelt Gottes,* S. 279
14) Der „Sohn" stieg auf die Erde hinunter und inkarnierte sich (wörtlich: „ging ins Fleisch"), indem er die Gesetze, die dort im Reich des Sterbens und Vergessens herrschen, annahm und den irdischen Kampf aufnahm. Als er sich seiner Sendung und Identität vollkommen bewußt war, war es Luzifer möglich, mit voller Gewalt gegen diesen (scheinbaren) Gegner vorzugehen, um ihn von seiner Gottestreue abzubringen. Doch am Schluß durfte Jesus sagen: „Es ist vollbracht." In seinem außerkörperlichen Zustand begab er sich direkt in die Dunkelwelt und konfrontierte Luzifer persönlich. „Von der Furchtbarkeit des Kampfes, der sich damals abspielte, ahnt die Menschheit, die Christenheit heute nichts mehr ... Luzifer bebte beim Gedanken, Christus werde ihm die ganze Herrschaft entziehen oder es sei gar jetzt der Augenblick gekommen, da er vernichtet würde. Doch Christus eröffnete ihm, daß ihm seine Herrscherrechte nicht ganz entzogen, sondern nur auf jene Wesen beschränkt würden, die ihm der Gesinnung nach angehörten. Aber die, welche aus seinem Reich zu Gott zurückwollten, müsse er freigeben. Er dürfe sie nicht mehr als seine Untertanen betrachten. Wohl stehe es ihm frei, sie durch Betörung und Verführung an sich zu fesseln – aber nicht mehr mit Gewalt wie bisher. ... Damit war das große Rettungswerk der Erlösung vollbracht ... Aber der freie Wille des einzelnen muß die Heimkehr bewerkstelligen. Er darf die Mühen nicht scheuen, die mit der Zurücklegung des Heimweges verbunden sind." (Greber, S. 294 f.; Hinz, S. 136 f.)
15) Greiner: *Christus und Luzifer,* S. 18 f.
16) ebd., S. 19
17) Greiner: *Das Antlitz des Bösen,* S. 44, 53
18) Der große Zyklus des Maya-Kalenders ist festgelegt durch den astronomisch beschriebenen Endpunkt, die Wintersonnenwende im Dezember 2012. Von dort zurückgerechnet, fällt der Anfangspunkt in das Jahr 3113 v. Chr. (Für weitere Ausführungen zum Maya-Kalender siehe: Calleman.) Sollten im Mittelalter, wie die chronologiekritischen Historiker (z. B. Illig, Topper) sagen, etwa 300 Jahre unterschlagen worden sein, so würde dies in der Festlegung der Daten nicht den Endpunkt, sondern den Anfangspunkt verschieben. Dasselbe gilt auch für den Anfangspunkt des Kali-Yugas, denn dieser wurde in den vedischen Schriften nicht mit einem Datum, sondern mit einer astronomischen Konstellation beschrieben.
19) Weirauch: „Michael ...", *Flensburger Hefte,* Nr. 26/1989, S. 37
20) Rudolf Steiner: *Anthroposophische Leitsätze,* S. 115
21) Rudolf Steiner: Vortrag vom 11. März 1921
22) Milton: *Paradise Lost,* Erstes Buch, „Inhalt" und 140–143, Zweites Buch, 664
23) ebd., Erstes Buch, 751, 780–782, 800–801; Zweites Buch, 379–382, 447–449, 468, 1336–1342
24) Rudolf Steiner: Vortrag vom 17. Oktober 1905

25) Greiner: *Das Antlitz des Bösen,* S. 29
26) Daskalos: *Esoterische Lehren,* S. 158 f.
27) Daskalos, in: Markides, *Der Magus von Strovolos,* S. 68
28) Überliefert von Augustinus in seinem Werk *De civitate Dei.*
29) Karl-Dietrich Erdmann: *Gebhard Handbuch der deutschen Geschichte,* Band 18 (dtv-wissenschaft 4218), S. 232
30) Farkas: *Wer beherrscht die Welt?,* S. 42
31) Diese zwei neuen Begriffe – Obertanen und Hintertanen – sind eine originelle Wortschöpfung des Buchautors Ronald Zürrer (Govinda-Verlag). Sie umschreiben die Machtverhältnisse, machen zugleich aber deutlich, daß auch die materiell Mächtigen nicht unabhängig sind, denn im spirituellen Sinn sind sie alle Untertanen; sie sind abhängig von ihrem Karma und von ihren materiellen Identifikationen sowie von zahlreichen anderen Personen und Faktoren.
32) Lundberg: *Amerikas 60 Familien,* S. 60
33) K. Algermissen, „Freimaurer", in: *Lexikon für Theologie und Kirche,* Freiburg 1960
34) Pfeifer: *Die Brüder des Schattens,* S. 37, 65
35) zitiert in: Des Griffin, *Wer regiert die Welt?,* S. 34
36) ebd. S. 37
37) Wie sehr das Thema der Geheimgesellschaften damals ein Gesprächsthema war, zeigen auch die Werke von Friedrich Schiller (1759–1805). In den Kommentaren zu seinem Drama *Don Carlos* (1787; Thema: Völkerfreiheit gegen Tyrannei) betont Schiller explizit: „Ich bin weder Maurer noch Illuminat." Und er führt aus, daß „beide Verbrüderungen einen moralischen Zweck miteinander gemein haben", von dem sie meinen, er sei „für die menschliche Gesellschaft der wichtigste", und daß sie „durch eine geheime Verbindung mehrerer durch die Welt zerstreuter tätiger Glieder" danach streben, „den größten Thron der Welt zu besteigen" *(10. Brief über Don Carlos).* Im Gegensatz zu Goethe ist Friedrich Schiller nie in die Logenkreise eingestiegen, obwohl (oder gerade weil) er sie gut kannte. Er stand den schönklingenden Parolen von „Freiheit, Gleichheit und Brüderlichkeit" sehr kritisch gegenüber, da er erkannte, was sich dahinter verbarg, und er wies in seinen Theaterstücken und Aufsätzen warnend darauf hin, angefangen mit seinem ersten Theaterstück *Die Räuber* (1781/82), in dem er anhand der „Brüder" Franz und Karl Moor die verschiedenen Motive für hinterhältiges Handeln präsentiert. Bei Franz ist es ein verschwörerisches Intrigieren aus Herrschsucht, bei Karl ein empörerisches, rächendes Faustrecht aus Verbitterung über die Trägheit und Bosheit der Menschen. Der egoistische, menschenverachtende Anti-Idealismus (bei Franz) und der enttäuschte, ins Gegenteil verkehrte Idealismus (bei Karl): beides endet in Tod und Verderben. Im Namen „Moor" läßt Schiller „Maurer" anklingen (in „Franz Moor" sogar die Initialen FM, die bekannte Abkürzung für „Freimaurerei"), bei der Ernennung Karls zum Anführer der Räuber („Libertiner, nachher Banditen") den Begriff „Illuminat": „Auch die Freiheit muß ihren Herrn ha-

ben. ... Und das muß ein erleuchteter Kopf sein. Versteht ihr? Ein feiner, politischer Kopf muß das sein ... sagt, muß das nicht ein erleuchteter, politischer Kopf sein?“
Dies ist keine Überinterpretation. Wenn Schiller zu Beginn seiner „Vorrede“ sagt: „Man nehme dieses Schauspiel *[Die Räuber]* für nichts anderes als eine dramatische Geschichte“, so will er damit nicht etwa die Brisanz seines Stückes verharmlosen oder leugnen, sondern einfach, wie er gleich danach ausführt, seinen Kritikern zuvorkommen, die das ganze Stück zerreißen könnten, weil er zugegebenermaßen die Charaktere der beiden Brüder und des Vaters überzeichnet: „Man wird mir einräumen, daß es eine widersinnige Zumutung [an den Autor] ist, binnen drei Stunden drei außerordentliche Menschen zu erschöpfen ...“ Er betont, daß es ihm nicht um individuelle, psychologische Biographien geht, sondern: „Hier war Fülle ineinander gedrungener Realitäten vorhanden, die ich unmöglich in die allzu engen Palisaden des Aristoteles oder Batteux einkeilen konnte.“ Und: „Jedem, auch dem Lasterhaftesten, ist gewissermaßen der Stempel des göttlichen Ebenbilds aufgedrückt, und vielleicht hat der große Bösewicht keinen so weiten Weg zum großen Rechtschaffenen als der kleine; denn die Moralität hält gleichen Gang mit den Kräften, und je weiter die Fähigkeit, desto weiter und ungeheurer ihre Verirrung, desto imputabler ihre Verfälschung.“ Ungeheure Verirrung, imputable Verfälschung, damit meint Schiller die Halbwahrheiten, die im vorliegenden Buch „Ideologie der Illuminaten“ und „luziferische Ego-Rechtfertigung“ genannt werden, die Schiller auch im Schauspiel *Die Räuber* exemplarisch ausformuliert und entlarvt – und reifer noch in seinen späteren Werken.
Als Schiller 1805 45jährig starb, hatten viele den begründeten Verdacht, daß er das Opfer eines Giftmordes von Logen-Seite war. Die offizielle Geschichtsschreibung leugnet diese Hintergründe von Schillers mysteriösem Tod (und Begräbnis!) vehement, so wie bei John F. Kennedy und vielen ähnlichen Fällen. Siehe Henning Fikentscher: *Zur Ermordung Friedrich Schillers* (1990, Neuauflage 2000); „Schillers mysteriöser Tod“ in: *Zeiten-Schrift* Nr. 12 (Sept./Nov. 1996); Paul J. Münzer: „Friedrich Schillers Tod“ in: *Magazin 2000plus* Nr. 214 (Sept./Okt. 2005) und *Friedrich von Schiller – Ein Mord mit tausend Lügen,* Argo-Verlag 2006.

38) Michel: *Die Sternenbruderschaft,* S. 69
39) Daskalos: *Esoterische Lehren,* S. 29, 110
40) nach: Neil Douglas-Klotz, *Das Vaterunser,* S. 34
41) Adler: *Die antichristliche Revolution der Freimaurerei,* S. 20
42) Scott: *Die Geheimnisträger,* S. 55
43) ebd., S. 65, 337 f.; Hervorhebung im Original
44) siehe z. B. Berlitz; Muck; Tollmann; Zanot
45) siehe auch *Gott und die Götter,* Kap. 6: „Buddha, Shankara, Caitanya“
46) siehe z. B. die neue Torah-Ausgabe *Etz Chaim* (2001) der „Rabbinical Assembly“ und der „United Synagogue of Conservative Judaism“ sowie die Bücher der führenden jüdischen Archäologen Israel Finkelstein und

Neil Silberman: *The Bible Unearthed – Archaeology's New Vision of Ancient Israel and the Origin of Its Sacred Texts* (2001; dt. *Keine Posaunen vor Jericho*) und *David and Solomon* (2006); dargestellt in A. Risi: *Licht wirft keinen Schatten*, Kapitel 10 und 11.

47) aus: Arthur Edward Waite, *A New Encyclopedia of Freemasonry*, Rückentext der Reprint-Ausgabe von 1996.

48) Die Information, daß die genannten Politiker und Hochfinanzmänner dem Freimaurer-Netzwerk angehörten oder, wie im Fall von Lenin und Stalin, in dessen Auftrag arbeiteten, stammt in bezug auf den Ersten Weltkrieg aus Karl Heises Buch *Entente-Freimaurerei und Weltkrieg*, 1919, und aus: Adler; Bainerman; Brüning/Graf; Pfeifer; Phelps. Nur schon die wenigen Namen auf dieser Liste zeigen, wie groß und auch gegensätzlich das, was „Freimaurerei" genannt wird, seit dem 18. Jahrhundert geworden ist. Der Historiker Karl Heise behandelt ausführlich die Verschiedenheit der deutschen bzw. europäischen und der angloamerikanischen Freimaurerei und wirft der letzteren (bereits 1919) vor, imperialistisch und skrupellos nach Weltmacht zu streben, was dem ursprünglichen Freimaurer-Ideal der Nichteinmischung diametral entgegengesetzt sei.

49) zitiert in: Adler, *Die antichristliche Revolution der Freimaurerei*, S. 73

50) Brüning/Graf: *Freimaurerei*, S. 399

51) Mary Bell Martinez, eine langjährige Korrespondentin des Vatikans, in ihrem Buch *Die Unterminierung der Katholischen Kirche* (dt. 1992, S. 119)

52) Aus einem Artikel des Hochgradfreimaurers Carlos Vazquez in der mexikanischen Wochenzeitschrift *Proceso*, 12. Oktober 1992

53) „Pastoralkonstitution über die Kirche in der Welt von heute" in: *Konziltext Heft 13*, S. 60, zitiert nach: Brüning/Graf, S. 401

54) Zwei Wochen nachdem der Venezianische Kardinal Luciani Papst geworden war, erschien im italienischen Politmagazin *O. P. (Osservatore Politico)* eine Liste mit den Namen von 121 Vatikan-Mitgliedern, die mit den Freimaurern verbunden oder selbst Freimaurer waren. Die Ausgabe mit dieser Liste erschien am 12. September 1978 und wurde sogleich zu Papst Johannes Paul I. gebracht. Der Redakteur des *O. P.*, Mino Pecorelli, ein ausgestiegener Freimaurer, wollte mit dieser präzis datierten Enthüllung den neuen Papst dazu bewegen, etwas gegen die heimlichen Freimaurer im Vatikan zu unternehmen. Wir wissen nicht, in welcher Form Johannes Paul I. zu reagieren gedachte, denn am 28. September 1978 war er bereits tot, genau 33 Tage nach seiner Wahl. Viele Indizien weisen auf einen Giftmord hin. Wenn es tatsächlich ein Mord war, dann hat die Länge seines Pontifikats eine verräterische Bedeutung. Die Zahl 33 bezeichnet den höchsten Grad der Freimaurer-Hierarchie. Es gibt 33-Grad-Freimaurer, und nun gibt es auch einen „33-Tage-Papst". Einige Monate später, im März 1979, war auch Mino Pecorelli tot. In seinem Fall war es ein offener Mord. (All diese Informationen stammen aus dem 1984 erschienenen Buch von David Yallop: *Im Namen Gottes? – Der mysteriöse Tod des 33-Tage-Papstes Johannes Paul I., Tatsachen und Hintergründe.*)

55) *I Millenari* bedeutet wörtlich „die Millennialisten" und ist die italienische Übersetzung des Begriffs „Chiliasten", Anhänger der theologischen Lehre des Chiliasmus (von grch. *chilioi,* „eintausend"). Diese Lehre gründet sich auf die Erwartung des „Tausendjährigen Reiches" unter der Führung des Messias, wie dies von jüdischen Schriften und von der biblischen Apokalypse (Kap. 20) verheißen wird. Hauptanliegen der „Millenari" war das Thema „Die Kirche im dritten Jahrtausend" – so der Titel des letzten Kapitels ihres Buches. Sie erwarteten offensichtlich, daß im Jahr 2000 etwas Schicksalhaftes geschehen würde: *„Dies ist die Stunde des Herrn,* der seine Kirche zu erwecken versucht, ehe der Hahn das letzte Mal kräht. ... *Dies ist die Stunde Mariens,* die in Fátima den Sieg der Kirche im Jahr 2000 vorhergesagt hat. In dem Jahr, in dem ihr unbeflecktes Herz das Reich des Bösen, das den heiligen Ort Gottes unsicher macht, mit Satansrauch umnebelt und schwärzt, besiegt haben wird." (S. 340; Hervorhebungen im Original)

56) Die Informationen, die von den Millenari beigesteuert werden, ergänzen und bestätigen die Enthüllungen in David Yallops Buch *Im Namen Gottes?* (1984); in einem ausführlichen Zusatz zur 1988-Ausgabe geht Yallop auch auf Sindonas Tod im Jahr 1986 ein.

57) Für eine Auswahl von Büchern über Opus Dei siehe Literaturverzeichnis: Allen (sympathisierend); Hertel; Hutchison; Phelps; Rupp, Walsh (kritisch)

58) Was im Buch *Der Glaube der Kirche* als „Lehrverkündigungen" veröffentlicht ist, entspricht inhaltlich genau dem, was die Vatikanische „Kongregation für die Glaubenslehre" mit ihrer Erklärung *Dominus Iesus* im Jahr 2000, einfach mit etwas diplomatischeren Worten, „in Erinnerung rief": „Die vorliegende Erklärung möchte den Bischöfen, Theologen und allen katholischen Gläubigen zu dieser Thematik einige unumgängliche lehrmäßige Inhalte in Erinnerung rufen ..."
Genau dieselben absolutistischen Ansprüche erhebt auch die „Loge" als Gegenkirche: „*Neben,* und wenn es ihr gelingt, *über* den Staaten und den übrigen gesellschaftlichen Gebilden stehend, in ihrer Tyrannei tausendfach als unerträgliche Last empfunden, aber schwer faßbar, weil in die Nacht des Geheimnisses geduckt, beherrscht die Loge einen nur allzu großen Teil der Menschheit. Mit der Prätension (in diesem Falle Anmaßung), die höchste Blüte der Kultur in sich darzustellen, rühmte sie sich von jeher als die alleinige Spenderin und Schützerin der Volksfreiheit, der Gerechtigkeit und der Humanität. ... Es war die Maurerei, die den Machtkrieg zu einem Kulturkrieg stempelte ... Jetzt ist es offenbar, was der maurerische Weltfriede, was maurerische Gerechtigkeit, Humanität, Freiheit zu bedeuten hat ... Und wie lautet das oberste Gesetz ihrer Freiheit? *‚Daß niemand mehr sich regen dürfe, als soweit es der Freimaurerei, dem Zar des Zaren, dem König aller Könige, genehm ist!'* – Das sind die eigenen Worte des ‚Bulletin du Grand Orient de France' 1889/90 und des ‚Bulletin du Grand Orient de Belgique' 1910/11." Dies sind Ausschnitte aus dem Leitartikel der *Neuen Zürcher Nachrichten* vom 4. Dezember

1915, verfaßt von einem Journalisten unter dem Schock des soeben ausgebrochenen Ersten Weltkrieges; zitiert nach Heise: *Entente-Freimaurerei und Weltkrieg,* 1919, S. 66.
Wir sehen hier einmal mehr, daß sich zwei weltumspannende Machtnetzwerke bekämpfen, die beide meinen, alleiniges Recht auf Weltherrschaft und Welterlösung zu haben.

59) Schuchert: *Kirchengeschichte* (1958), S. 207 f.
60) zitiert z. B. in: *idea-spektrum* 35/2005 und in: *Der Theologe,* Nr. 16: „Die Päpste Johannes Paul II., Benedikt XVI. und das Papsttum im Vatikan", Wertheim 2005, zit. nach www.theologe.de/theologe16.htm, Fassung vom 21.5.2006
61) zitiert auf der Rückseite der deutschen Ausgabe: *Wir klagen an,* 2000
62) Lincoln/Baigent/Leigh: *Der Heilige Gral und seine Erben,* S. 333
63) Picknett/Prince: *The Templar Revelation – Secret Guardians of the True Identity of Christ,* S. 196
64) Information aus: Haag, *Biblisches Wörterbuch,* S. 260
65) Lincoln/Baigent/Leigh: *Das Vermächtnis des Messias,* S. 148
66) Knight/Lomas: *Unter den Tempeln Jerusalems,* S. 385, 266
67) Lincoln/Baigent/Leigh: *Das Vermächtnis des Messias,* S. 83 f. Dasselbe Argument führt Michael Baigent auch sechzehn Jahre später in seinem Buch *The Jesus Papers* (2006) wieder an und fügt hinzu (dt. *Die Gottesmacher,* S. 41): „Als seine Jünger erwidern, sie hätten zwei Schwerter, sagt Jesus: ‚Es ist genug.' Hier wird Jesus in einen Kontext gestellt, der durch das intensive und häufig gewalttätige Streben der Judäer nach Befreiung von der römischen Herrschaft geprägt ist. Jede andere Interpretation läßt einen zu großen Teil der Texte außer acht." Wäre es tatsächlich Jesu Absicht gewesen, einen Aufstand durchzuführen, hätte er eine möglichst starke Bewaffnung gebraucht. Und hier nun soll Jesus, am Vorabend seiner Verhaftung, gesagt haben, zwei Schwerter seien genug! Offensichtlich meinte Jesus mit seiner Antwort etwas ganz anderes.
68) Allegro; Lincoln/Baigent/Leigh; Dimde; Eisenmann; Gardner; Knight/Lomas und viele andere.
69) Eine ausführliche Abhandlung über Jesu Identität aus spiritueller Sicht findet sich in: Risi, *Licht wirft keinen Schatten,* S. 411–428
70) *Babylonischer Talmud, Sanhedrin 43a;* aus: F. F. Bruce, *Außerbiblische Zeugnisse über Jesus und das frühe Christentum* (Gießen 1991), S. 46; zitiert aus McDowell/Wilson: *Jesus von Nazareth,* S. 118. Dort (S. 106 f.) finden sich auch die historischen Angaben und Quellenzitate bzgl. der Streichung jesusfeindlicher Textstellen im Talmud (im 17. Jh., entsprechend dem Beschluß der jüdischen Ältestenversammlung in Polen, 1631).
71) zitiert in: Picknett/Prince: *The Templar Revelation,* S. 424; siehe auch Rudolph: *Die Gnosis,* S. 316
72) Rudolph: *Die Gnosis,* S. 165
73) zitiert in: Picknett/Prince, *The Templar Revelation,* S. 438
74) ebd., S. 441

75) Scott: *Die Geheimnisträger*, S. 78

76) zitiert nach *Tagblatt der Stadt Zürich*, 22. Mai 2006, Reaktionen auf den am 18. Mai 2006 angelaufenen Film *The Da Vinci Code.*

77) Price: *The Coming Last Days Temple*, S. 352 f.

78) Albert von Aachen stellte kurz nach 1100 aus Augenzeugenberichten eine Chronik des Ersten Kreuzzuges zusammen. Darin schreibt er: „Mitten im Felsendom steht ein Felsblock ... Auf der einen Seite des Felsens führen Stufen in eine Höhle hinab, auf der anderen aber befindet sich nach dem wahrheitsgetreuen Bericht derer, die es mit eigenen Augen gesehen haben, ein kleines Türchen, das aber immer versiegelt ist. Dort sollen nach Meinung mancher Leute einige von den allerheiligsten Dingen bis auf den heutigen Tag verwahrt werden." (zitiert nach einer Faksimile-Ausgabe der historischen Fakultät der Universität Bochum, in: Terhart, S. 44)

79) D. Kimpel, R. Suckale: *Die gotische Architektur in Frankreich 1130–1270*, Hirmer Verlag, München 1985, überarbeitete Neuauflage 1995

80) Heinz G. Birk: *Die Kathedrale von Chartes*, 1996

81) Buttlar: *Auf den Spuren der Weltformel*, S. 61. „Die sieben Abteien von Caux bilden auf der Landkarte die Form des Sternbildes des Großen Bären. Eine solche Ausrichtung von mittelalterlichen Gebäuden auf ein bestimmtes Sternbild ist in Frankreich nichts Ungewöhnliches. So sind in Nordfrankreich die Liebfrauenkirchen oder auch Notre-Dame-Kathedralen eines bestimmten Gebiets so angeordnet, als habe man mit ihnen das Sternbild der Jungfrau abbilden wollen: Chartres, Reims, Amiens, Bayeux und Laon." (Terhart, S. 27) Siehe auch: Charpentier; Chatelain; Klitzke; Klug.

82) Die Sieger dokumentierten ihre Feldzüge. So schrieb z. B. Guillaume de Puylaurens in seiner Chronik: „Unsere Männer verschonten niemanden, unabhängig von Rang, Geschlecht oder Alter, und töteten fast 20 000 Menschen. Nach diesem großen Gemetzel wurde die ganze Stadt in einem wunderbaren Akt der Göttlichen Rache geplündert und niedergebrannt."

83) Ein Hinweis auf Templer-Reisen nach Amerika findet sich auch in der Steinkapelle von Rosslyn (Schottland), die durch Dan Browns Roman weltberühmt geworden ist. Dieses Kultusgebäude ist voller Steinmetzarbeiten, u. a. mit Pflanzenmotiven, darunter Reihen von Maiskolben und Aloe-Kakteen, typischen Pflanzen aus Amerika. Der Bau der Kapelle wurde um 1440 begonnen und gegen 1490 beendet. Die Pflanzenmotive sind in die Gesamtheit der Ornamentik integriert. Eine spätere Hinzufügung ist auszuschließen. Mais wurde erst im 16. und 17. Jahrhundert nach Europa gebracht, der Aloe-Kaktus noch viel später. (Knight/Lomas: *Unter den Tempeln Jerusalems*, S. 330 f. und Bildteil)

84) Knight/Lomas: *Unter den Tempeln Jerusalems*, S. 372

85) ebd., S. 375 f.

86) ebd., S. 391

87) ebd., S. 397

88) Pfeifer: *Die Brüder des Schattens*, S. 50. Ähnliches bzgl. der angloame-

rikanischen Logen schrieb auch der deutsche Historiker Karl Heise in seinem Buch *Entente-Freimaurerei und Weltkrieg* (1919).

89) Duchane: *Das Da Vinci Geheimnis – Wahrheit und Mythos in Dan Browns Sakrileg* (2006), S. 132 f.

90) Picknett/Prince: *The Sion Revelation,* S. 150 (mit den entsprechenden Quellennachweisen)

91) Ein Beispiel für eine Freimaurergruppe mit direkter Verbindung nach Rennes-le-Château: 1815 wurde in Frankreich von Misraïm-Freimaurern (Misraïm ist der hebräische Name für Ägypten) der Memphis-Ritus gegründet. Diese hatten an Napoleons Ägypten-Mission teilgenommen und waren dort von koptischen Rosenkreuzern eingeweiht worden. Einer von ihnen war *Gabriel Marconis de Nègre:* Er, der erste Großmeister dieser Loge, war ein Neffe von *Marie de Nègre d'Ablès,* der letzten Adligen von Rennes-le-Château (gest. 1781), die berühmt geworden ist, weil ihre Grabsteininschrift verschlüsselte Hinweise enthielt. Pfarrer Saunière ließ diesen Grabstein entfernen (er liegt heute zerbrochen in einer Ecke des Friedhofs) und zerstörte die Inschrift! Sie war aber nicht verloren, da Mitglieder der Heimatforschung von Carcassone einmal eine Zeichnung dieses alten Grabsteins angefertigt hatten. Jahrzehnte später wurde diese Zeichnung, die 1906 in einem kleinen Regional-Journal veröffentlicht worden war, von „Gral"-Forschern wiederentdeckt. (Picknett/Prince: *The Sion Revelation,* S. 147, 181, 335)

92) ebd. S. 184. Antoine Captier, der Enkel von Pfarrer Saunières Sakristan, berichtet: „Der Abbé machte keinen Hehl daraus. Wir alle wußten, daß er Freimaurer war", und zwar in der Linie des „Rektifizierten Schottischen Ritus". (Terhart: *Die Wächter des Heiligen Gral,* S. 181 f.)

93) zitiert nach Duchane: *Das Da Vinci Geheimnis,* S. 131, wo der gesamte Brief wiedergegeben ist.

94) Dieses Moltke-Zitat findet sich in zahlreichen Veröffentlichungen, z. B. Picknett/Prince, *The Sion Revelation,* S. 79; Lincoln/Baigent/Leigh: *Das Vermächtnis des Messias,* S. 426; Carmin: *Das schwarze Reich,* S. 329. Kritiker behaupten, dieses Zitat und der gesamte Artikel seien von Plantard selbst gefälscht worden. Solche Unterstellungen sind jedoch absurd, denn wie hätte es sich der junge Plantard erlauben können, im Namen von Prof. Le Fur, der ein Freund seines Geldgebers Prof. Moncharville war, eine plump gefälschte Selbstbeweihräucherung zu publizieren?

95) Picknett/Prince: *The Sion Revelation,* S. 88; dies entspricht schätzungsweise einem Wert von 50 Millionen Euro.

96) ebd., S. 90

97) ebd., S. 90

98) ebd., S. 100

99) ebd., S. 121–130

100) Gemäß einer neuen Theorie soll in Gisors der von den Tempelrittern in Jerusalem geborgene Schatz versteckt worden sein. Der junge Bernhard von Clairvaux habe im Jahr 1094 eine Vision gehabt, in der ihm ein Engel gesagt habe, man solle im Tempelberg von Jerusalem die in einer

Gruft verborgene Bundeslade bergen gehen und nach Frankreich bringen. Dies sei dann durch die Templer-Mission vollbracht worden. Der 1998 verstorbene deutsche Wissenschaftler und Logen-Eingeweihte Lothar Göring veröffentlichte kurz vor seinem Tod einige Schriften, in denen er sagte, ihm und anderen seien Dokumente aus diesem Fund zur wissenschaftlichen Aufarbeitung überreicht worden (dargestellt im Buch von Stefan Erdmann, *Geheimakte Bundeslade,* 2005). Was der Templerfund gemäß dieser Quelle enthalten haben soll, übertrifft sogar Dan Browns Angaben: „... die sogenannte ‚Bundeslade', die aus dem bedeutenden Schrein selbst, aber zusätzlich noch aus neunzehn steinernen Sarkophagen und dreißig Truhen bestand" (Erdmann, S. 154). Diese Behälter hätten Schriften und technische Zeichnungen sowie Modelle und Kristallobjekte enthalten.

Die Templer errichteten auf dem Mont Chauve in der Nähe von Nizza über einer Grotte eine etwa 3 m hohe Pyramide (die heute noch bis zur Hälfte vorhanden ist), um dadurch ein Kraftfeld zu schaffen, das es erlaubte, medial Zugang zum Schlüssel dieses alten Erbes zu bekommen. Bernhard habe in dieser Grotte die zweite Vision gehabt und dadurch erkannt, wie dieses Erbe zu behandeln und zu bewahren sei, bis es wieder konkret verstanden und schrittweise in die Menschheitsentwicklung integriert werden könne. Dies sei seit dem Anfang des 20. Jahrhunderts der Fall und solle nun am Anfang des 21. Jahrhunderts weiter vorangetrieben werden.

Nach Bernhards Vision seien die Jerusalem-Funde in der unterirdischen Kammer von Gisors versteckt worden, und zwar im Jahr 1313. (Wie im Text dargelegt, ist dieses Datum nicht plausibel. Falls es die Templer waren, die in Gisors etwas versteckten, dann mußte diese kurz nach den Jerusalem-Grabungen im 12. Jahrhundert geschehen sein. Mittelalterliche Gisors-Dokumente erwähnen tatsächlich eine unterirdische Kapelle, deren Lage heute unbekannt ist. Doch diese unterirdische Anlage wurde erst um 1530 erbaut. Die PdS behauptete später dementsprechend, der Gisors-Schatz stamme aus dem 16. Jahrhundert – und enthalte die PdS-Archive! Picknett/Prince, S. 122, 235) Lhomoy habe durch eine „Intuition", ähnlich wie einstmals Bernhard von Clairvaux, den Auftrag erhalten, dieses Versteck wiederzufinden. „Daß die Ausgrabung 1946 tatsächlich stattgefunden hat, ist von vielen damals lebenden Personen bestätigt worden. Denn dieses Gebiet war zu diesem Zeitpunkt für alle Privatpersonen gesperrt." (*Geheimakte Bundeslade,* S. 163; diese Ausgrabung fand erst 1963 statt.) Anfang der siebziger Jahre seien Teile dieser Funde an ausgewählte Logen-Wissenschaftler zur geheimen Auswertung weitergereicht worden, z. B. an Lothar Göring. (Die Annahme, in Jerusalem seien neunzehn Steinsarkophage und dreißig Truhen entdeckt worden, ist offensichtlich eine Weiterführung von Lhomoys Bericht und Gérard de Sèdes Buch.)

101) Der vieldeutige Begriff „Notre Dame" und die schwarzen Madonnen sind bereits des öfteren auf Isis bezogen worden. Interessanterweise ver-

birgt sich dieser Bezug auch im Namen SION, nämlich in den Initialen der Vierheit der Göttergeschwister Isis, Osiris, Seth und Nephtis (in der Reihenfolge männlich-weiblich-männlich-weiblich). SION umfaßt in dieser Deutung das gesamte Spannungsfeld der mythischen Götterkämpfe: Isis und Osiris sind die Eltern von Horus, Seth tötet Osiris, usw.
Die mythologisch-symbolische Bedeutung von Isis hat mit Tod und Transfiguration zu tun. In den ägyptischen Mysterien ist Isis diejenige, die die verstreuten Teile des Körpers des von Seth ermordeten Osiris wieder zusammenzufügen vermochte und dadurch dessen Auferstehung ermöglichte.

102) Picknett/Prince: *The Sion Revelation,* S. 347

103) zitiert aus: Gerhard Wehr, *Louis Claude de Saint-Martin,* S. 39

104) Die theosophische Gesellschaft von Madras lud Saint-Yves 1883 ein, ihr beizutreten, was er jedoch ablehnte. In der Folge schrieb die Gründerin, Helena Blavatsky, in der Zeitschrift *Le Lotus* (Juni 1888) eine gehässige Abhandlung über sein Buch *Mission des Juifs.*

105) Picknett/Prince: *The Sion Revelation,* S. 371

106) Saint-Yves d'Alveydre: *Mission de l'Inde en Europe,* S. 287

107) ebd., S. 259

108) ebd., S. 49, 189

109) Picknett/Prince: *The Sion Revelation,* S. 76

110) Saint-Yves d'Alveydre: *Mission de l'Inde en Europe,* S. 322

111) Picknett/Prince: *The Sion Revelation,* S. 406. Eine wichtige Diskussionsgrundlage für dieses alte und revolutionär neue Gesellschaftssystem ist das Buch *Varnashrama-Manifest der sozialen Vernunft* von Harikesha Swami (1981; Lektorat und Erstellung des Stichwortverzeichnisses durch den damals neuen Veda-Schüler Armin Risi). Trotz der an einigen Stellen erkennbaren institutionellen Voreingenommenheit des Autors ist dieses Buch eine wertvolle „Utopie".

112) Picknett/Prince: *The Sion Revelation,* S. 380

113) ebd., S. 368

114) zitiert nach Johannes Rothkranz: *JA zu Europa heißt NEIN zu Maastricht!,* S. 6; siehe auch vom selben Autor: *Der Vertrag von Maastricht – Endlösung für Europa* (2 Bände); zu Coudenhove-Kalergi siehe auch Picknett/Prince: *The Sion Revelation,* S. 402–405

115) zitiert in: Picknett/Prince, *The Sion Revelation,* S. 393

116) ebd., S. 395, 447 f., 461 f. (Gründung der EU und die Erwähnung der EU im „Synarchistischen Pakt")

117) ebd., S. 405

118) ebd., S. 402 f. (inkl. Coudenhove-Calergi u. a.), 403–405, 445–447

119) ebd., S. 455f. Dieser exemplarische Fall von Selbstinszenierung ist bekannt als „L'Affaire Observatoire".

120) ebd., S. 460

121) Johannes von Jerusalem: *Das Buch der Prophezeiungen,* Heyne 1995, Neuausgabe im Kopp Verlag 2005; Manfred Böckl (Hrsg.): *Johannes von Jerusalem,* Süd-Ost Verlag 1998

122) Bauer: *Die Tempelritter – Mythos und Wahrheit,* S. 205
123) Burstein; Cox; Duchane; Hillefeld; Langbein; Olson/Miesel
124) Lincoln/Baigent/Leigh: *Der Heilige Gral und seine Erben,* S. 395, weiter ausgeführt in ihrem Buch *Das Vermächtnis des Messias,* Kap. 22: „Widerstand, Rittertum und die Vereinigten Staaten von Europa"
125) Carmin: *Das schwarze Reich,* S. 296 f.
126) zitiert in: Marlowe, *Cecil Rhodes – The Anatomy of Empire,* S. 211
127) Reuveni: *Im Namen der „Neuen Weltordnung",* S. 30
128) Carmin: *Das schwarze Reich,* S. 630
129) Es ist also keine Übertreibung, wenn diese Komitees der geballten Macht „Global Manipulators" genannt werden, wie z. B. im Titel des Buches von Eringer; siehe auch: Kah; Perloff; Quigley, von Retyi.
130) Arsène de Goulevich: *Czarism and Revolution* (1962; engl. Omni Publications), S. 223, 230 – und er fügt an: „Der soeben genannte Financier [Lord Milner] war bei weitem nicht der einzige Brite, der die Russische Revolution mit großen finanziellen Spenden unterstützte." Siehe auch G. Edward Griffin: *The Creature from Jekyll Island,* S. 267 in Kap. 13, „Masquerade in Moscow".
131) *Federal Reserve Bank,* ausführlich erläutert in: Gary Allen; G. Edward Griffin; Mullins/Bohlinger; Phelps. Das Buch von G. Edward Griffin liegt seit 2006 auch in Deutsch vor: *Die Kreatur von Jekyll Island: Die US-Notenbank FEDERAL RESERVE – Das schrecklichste Ungeheuer, das die internationale Hochfinanz je schuf* (Kopp Verlag). Lassen Sie sich von dem emotional geladenen Titel nicht irritieren. Das Buch ist umfassend und seriös recherchiert und behandelt viel mehr als nur die direkte „Fed"-Geschichte: Finanzhintergründe des Ersten Weltkrieges, die Versenkung der Lusitania usw. bis hin zum Wirken dieser Banken in der Zeit nach Glasnost – und in der geplanten Zukunft.
132) Pfeifer: *Die Brüder des Schattens,* S. 130. Ausführlich in Tarpley/Chaitkin: „The Hitler Project" und „Bush in World War II", in: *George Bush – The Unauthorized Biography;* Epperson; G. Edward Griffin, Kap. 14.
133) Der Abschuß von KAL 007 wurde in vielen Publikationen behandelt, z. B. Epperson; Kardell; Kendel, S. 55, 193.
134) Epperson: *The Unseen Hand,* S. 5. Dieses 1985 erschienene Buch gibt es nun auch auf Deutsch: *Die unsichtbare Hand – Der Einfluß geheimer Mächte auf die Weltpolitik* (Kopp Verlag 2005); ein hochaktuelles Buch, das durch die von ihm damals prognostizierten Entwicklungen, die in den letzten zwanzig Jahren dann auch tatsächlich eingetroffen sind, vielfache Bestätigung gefunden hat.
135) Andreas von Rétyi: *Die unsichtbare Macht – Hinter den Kulissen der Geheimgesellschaften* (Klappentext)
136) veröffentlicht z. B. in: Des Griffin, S. 250–324, und Icke, *The Robots' Rebellion,* S. 139–234 (mit ausführlichen Kommentaren)
137) zitiert aus: „Protokolle der Weltdiktatur: Das neue Testament Satans" in: Des Griffin, *Wer regiert die Welt?,* S. 250, 253, 256, 262, 264, 277, 285, 316/18, 293, 281, 321

138) Orwell: *1984,* Übersetzung von M. Walter, Ullstein 1984, S. 206.
Orwells Buch *1984* ist die romanhafte Veranschaulichung der „Protokolle der Weltdiktatur", die er anscheinend gut kannte und deren Umsetzung er im Spanischen Bürgerkrieg und in der Weltkriegszeit am eigenen Leib miterlebte. George Orwell (Pseudonym für Eric Blair, 1903–1950) beschreibt, wie eine zukünftige Welt gemäß diesen Plänen aussieht: Die Welt ist in drei Blöcke unterteilt, Ozeanien, Eurasien und Ostasien, die sich gegenseitig militärisch bekämpfen. Der Krieg ist jedoch eine gegenseitige Vereinbarung, mit der sich die drei Teile derselben Supermacht einen Vorwand verschaffen, um ihre Bürger durch eine alldurchdringende Überwachung unter totaler Kontrolle zu halten. Dasselbe gilt auch für die Figur des angeblichen Staatsfeindes und Terroristenchefs „Emmanuel Goldstein". Immer wieder werden Droh- und Haß-Videos von ihm im Fernsehen gezeigt, und in seinem Namen geschehen inszenierte Terroranschläge.
Die vermeintliche Bedrohung durch angeblich feindliche Supermächte und medienkreierte Goldstein-Terroristen legitimiert jede Form von Diktatur und Willkür. Die Polizei verhaftet Bürger, die angeblich verdächtig sind oder denunziert wurden, so daß jeder Mensch ständig in Angst lebt, vor allem in der Angst, aufzufallen oder abzuweichen. Die Diktatur präsentiert sich selbst als Garanten für Freiheit und Sicherheit. Symbol hierfür ist „der Große Bruder", dessen Bild überall präsent ist, in jeder Straße, in jeder Wohnung, in jedem Lokal und in jedem Büro. BIG BROTHER IS WATCHING YOU. „Der Große Bruder sieht dich!"
Aber Orwells Buch ist nicht nur eine Veranschaulichung der Illuminaten-Protokolle, es enthält auch eine Wiedergabe ihres Inhalts, der genau dem entspricht, was in der zweiten Hälfte von Kapitel 7 dargelegt und zitiert wurde. Mitten im Roman *1984* fügt Orwell über vierzig(!) Seiten hinweg eine sachbuchähnliche, entlarvende Darlegung dieser Pläne ein, präsentiert als Auszüge aus dem fiktiven Buch „*Theorie und Praxis des oligarchischen Kollektivismus* von Emmanuel Goldstein". Darin wird u. a. erklärt: „Hauptziel der modernen Kriegführung besteht darin, die maschinellen Produkte zu verbrauchen, ohne den allgemeinen Lebensstandard zu heben. ... Gleichzeitig läßt das Bewußtsein, sich im Krieg [z. B. im „Krieg gegen den Terror"] und somit in Gefahr zu befinden, es als die natürliche, unvermeidbare Überlebensbedingung erscheinen, alle Macht einer kleinen Kaste zu übertragen." (S. 188, 192)

139) in: *ZüriWoche,* 7. Januar 1999, S. 28

140) zitiert: ebd., S. 28

141) Ende 2005 ging eine Meldung durch die Presse, in der es hieß, die „Teufelszahl" 666 sei falsch; die richtige Zahl sei 616! Ein Vatikansprecher sagte sogar, wenn es wirklich stimmen sollte, daß die Zahl 666 durch einen Übersetzungs- und Abschreibefehler zustande gekommen sei, dann werde die Bibel bei der nächsten Neuausgabe korrigiert.
Nun ist schon seit langem bekannt, daß es auch ein Bibelmanuskript gibt, in dem 616 statt 666 steht. So schreibt z. B. Jürgen Werlitz in seinem Buch

Das Geheimnis der heiligen Zahlen – Ein Schlüssel zu den Rätseln der Bibel (2000) auf S. 193 f.: „Zum anderen ist da eine antike, unter dem Sigel C bekannte Handschrift, der *Codex Ephraemi Rescriptus,* der in Offb 13,18 statt der Zahl 666 die Zahl 616 bietet. Zufall? – Wohl kaum, eher Methode! Die Zahl 616 läßt sich nämlich relativ einfach auf einen der erforderlichen Cäsaren beziehen, nämlich auf Caligula (37–41 n. Chr.) ... Doch abgesehen davon, daß nicht recht einzusehen ist, weshalb in der fortgeschrittenen Zeit, als die Apokalypse entstand, gerade Caligula mit dem Tier gleichgesetzt und seine Wiederkunft erwartet werden sollte, scheitert diese Deutung auch am Handschriftenbefund. Alle anderen bedeutenden Handschriften des Neuen Testaments bieten in Offb 13,18 die 666, und gerade weil mit der 616 das Rätsel ziemlich einfach zu lösen ist, kann man davon ausgehen, daß diese Lesart nicht die ursprüngliche ist, sondern mit ihrer Hilfe das Problem der 666 bewußt zu beheben versucht wurde."

Selbst wenn nun die Zahl 616 in die Bibel kommen sollte, ändert dies nichts daran, daß in allen Bibeln seit über eintausend Jahren die Zahl 666 steht. Diejenigen, die mit Zahlen und Technomagie arbeiten, haben diese Zahl aus der Bibel übernommen und in ihre Dienste gestellt, und der Erdplanet wird gegenwärtig mit einer 666-Technologie als Infrastruktur versehen. Worauf dies hinausläuft, ist leicht zu durchschauen, auch unabhängig von der Johannes-Offenbarung – obwohl wir dort eine sehr deutliche Beschreibung finden, egal ob die Zahl nun 666 oder 616 lautet.

142) Rothkranz: *666 – Die Zahl des Tieres,* S. 53

143) *Facts* (Schweizer Wochenmagazin) 33/1996; S. 54 f., 60

144) dpa-Meldung, zitiert aus: *Vorarlberger Nachrichten,* 12./13.12. 1998

145) Zeitschrift *Sous la bannière* (F-18260 Vaillysur-Sauldre), Nr. 56, Nov./Dez. 1994, S. 19

146) *Facts,* 13/2002, S. 154 (Rubrik „Forschung & Technik")

147) Brinkley/Perry: *Zurück ins Leben,* S. 60 f.

148) Rothkranz: *666 – Die Zahl des Tieres,* S. 81

149) Liebi: *Das neue Europa – Hoffnung oder Illusion?* S. 32

150) ebd., 34 f.

151) Lindsey/Carlson, S. 100

152) „China – Woher der Wind weht", in: *Der Spiegel,* 12/1998, S. 182

153) zitiert in: Lindsey/Carlson, S. 64

154) Als rund 300 Jahre nach Christus die institutionalisierte Kirche gegründet wurde, wurden die Apostel Petrus und Paulus als Leitgestalten hervorgehoben. Es war besonders verlockend, Paulus und seine missionarischen Schriften zu mißbrauchen, um einen Absolutheitsanspruch aufzubauen, denn Paulus predigte fast schon fanatisch über die Wichtigkeit und Einzigartigkeit Jesu. In seinen Briefen wurden gewisse Teile verändert und hinzugefügt, um die Dogmen der Kirche zu zementieren.

Aber auch in die andere Richtung wird Paulus mißbraucht und verfälscht. Ein Beispiel ist das Buch von Baigent/Leigh: *Verschlußsache Jesus – Die Qumranrollen und die Wahrheit über das frühe Christentum* (1991).

Darin behaupten die Autoren, der Vatikan unterdrücke die Veröffentlichung der Qumran-Schriften, weil in ihnen „die Wahrheit über das frühe Christentum" enthüllt werde: Der römische Agent Saulus alias Paulus habe nämlich das frühe Christentum infiltriert, um Jesus zum religiösen Messias zu machen; in „Wirklichkeit" sei Jesus ein politischer Aktivist gewesen. – Das alles wollen die Autoren in den Qumran-Schriften entdeckt haben!

Hauptquelle der Autoren war der Nachlaß des Qumran-Forschers John Allegro – der ein Logenbeauftragter gewesen war! Dies verraten die freimaurerischen Autoren Knight und Lomas in ihrem Buch über „Pharaonen, Freimaurer und die Entdeckung der geheimen Schriften Jesu", indem sie es dem Logenbruder Allegro widmen. Dieser hatte bereits in den 1950er Jahren den Auftrag gehabt, mit den damals neuentdeckten Qumran-Schriften das religiöse Jesusbild zu torpedieren. Er tat dies, indem er behauptete, in diesen Schriften würde versteckt Jesus erwähnt. Diese Behauptungen wurden von Baigent und Leigh weitergeführt, doch ähnlich wie bei den *Dossiers Secrets* der „Prieuré de Sion" durchschauten sie auch hier den Bluff nicht. Die Qumran-Schriften beschreiben nämlich gar nicht Jesus und Paulus, denn sie stammen aus dem 1. Jahrhundert *vor* Christus! Es sind alttestamentarisch-jüdische Texte. Über diesen offensichtlichen Sachverhalt sind sich praktisch alle Experten einig, und heute kann sich jeder selbst davon überzeugen, denn diese Schriften sind längst gesamthaft veröffentlicht.

„Als die englisch-amerikanische Originalausgabe des Werkes *Verschlußsache Jesus* im September 1991 unter dem Titel *The Dead Sea Scrolls Deception,* d. h. ‚Der Betrug an den Schriftrollen vom Toten Meer', erschien, waren etwa 80 Prozent des Textbestandes der Qumran-Funde veröffentlicht. Deshalb ist es eine grobe Irreführung der Leser, wenn im Klappentext des Buches gesagt wird: ‚75 Prozent der rund 800 in althebräisch und aramäisch abgefaßten Manuskripte [werden] der Öffentlichkeit vorenthalten.'" (Betz/Riesner: *Jesus, Qumran und der Vatikan – Klarstellungen,* S. 24f.)

Kurz nach dem Erscheinen von *Verschlußsache Jesus* erschien im Jahr 1992 ein Buch von Allegro-Nachfolger Prof. Robert Eisenmann: *Jesus und die Urchristen – Die Qumran-Rollen entschlüsselt.* Im Rückentext dieses Buches schreiben Baigent und Leigh: „Diese Veröffentlichung ist von höchster Bedeutung. Endlich sind die Texte, die lange unter Verschluß gehalten wurden, jedem zugänglich ..."

Sie geben also zu, daß jetzt nichts mehr unveröffentlicht ist. Jeder kann nun selbst lesen, welche (angeblich) sensationellen und brisanten Texte (angeblich) unter Verschluß gehalten wurden.

Dennoch heißt es auf dem Rückentext der späteren Taschenbuchausgabe (1993) immer noch: „Warum sind die meisten der sogenannten Qumran-Rollen bis heute nicht veröffentlicht und nicht einmal Gelehrten außerhalb einer bestimmten Gruppe zugänglich?"

Wie Allegro versucht auch Eisenmann mit übersetzungstechnischen

Wortspielereien zu beweisen, daß die Qumran-Rollen jünger sind und Jesus erwähnen. Das Urteil der Fachkräfte lautet deshalb zurecht: „Der ‚Historiker' Eisenmann macht sich einer *petitio principii,* der Erschleichung des gewünschten Resultats durch falsche Übersetzung, schuldig, die er kaltblütig als feinere Bedeutung und bessere Konstruktion deklariert: Wiederum wird der Text nach der eigenen Theorie gebogen!" (Betz/Riesner, S. 99)

Jesus selbst offenbarte deutliche Hinweise über seine kosmische Identität: „Gott hat mir unbeschränkte Vollmacht im Himmel und auf Erden gegeben." (Mt 28,18) „Ich versichere euch, bevor Abraham geboren wurde, war ich schon da (oder: Ehe Abraham war, war ich)." (Joh 8,58) „Vater, gib mir nun wieder die Herrlichkeit, die ich schon bei dir hatte, bevor die Welt geschaffen wurde." (Joh 17,5) „Ich bin das Licht, das über allem ist. Ich bin das All. Das All ist aus mir hervorgegangen, und das All ist zu mir gelangt." (Thomas-Evangelium 77a)

155) Blumrich: *Da tat sich der Himmel auf – Die Begegnung des Propheten Ezechiel mit außerirdischer Intelligenz,* 1972 (Ullstein 1994)

156) Blumrich: *Kásskara und die sieben Welten* (1979, Knaur 1985), S. 27, 29, 31

157) Johannes von Jerusalem, *Das Buch der Prophezeiungen* (Heyne), S. 99

158) Eine Schilderung meines Kontaktes mit Tom Smith findet sich im Buch *Das kosmische Erbe* (Einleitung und Nachwort) und in *TranscEnding the Global Power Game,* dort auch mit Ausschnitten aus unserem persönlichen Briefwechsel. Als *Machtwechsel auf der Erde* in den Jahren 1997 bis 1999 entstand, waren diese Texte von Tom Smith nur auszugsweise im Buch *Mutter Erde wehrt sich* veröffentlicht. Mittlerweile sind die restlichen Texte im Buch *Das kosmische Erbe* (2001) vollständig übersetzt und veröffentlicht worden.

159) Der Hinweis auf die Möglichkeit und Realität medialer Kontakte soll nicht die damit verbundenen Gefahren herunterspielen. Es wurde in diesem Buch bereits des öfteren betont, daß auch die Dunkelmächte mit medialen Aktionen arbeiten und daß unberufene Kontaktexperimente immer in den niederen Astralebenen abgefangen werden. Die Informationen aus diesen Bereichen haben keine hohe Qualität, aber einen hohen Preis.

160) aus: Susanne Osswald, Karl Schnelting, *Dein Wille geschehe jetzt!* (Govinda-Verlag 1998), S. 167–172, 178–180

161) aus: Smith/Braeucker: *Mutter Erde wehrt sich,* S. 199

162) in: *Die Bruderschaft* (Schrift für Freimaurer, hrsg. von den Vereinigten Großlogen von Deutschland), 10.2.1966; zitiert in: Pfeifer, S. 14

163) Es gibt bereits viele zusammenfassende Abhandlungen über die UFO-Thematik. Seriös recherchierte und detaillierte Beschreibungen enthalten die empfehlenswerten Bücher von Timothy Good, *Sie sind da* und *Jenseits von Top Secret.* Ebenfalls gute Darstellungen geben Paris Flammonde: *UFOs – Es gibt sie wirklich;* Richard Hall: *Ungebetene Gäste;* Michael Hesemann: *Geheimsache U.F.O.;* Herbert Lammer: *UFO-Geheimhaltung; Verdeckte Operationen.* Alle Angaben in diesem Kapitel

stützen sich auf diese und die weiteren Bücher, die im Literaturverzeichnis aufgeführt sind. Aber nicht alle genannten Autoren unterstützen die im vorliegenden Buch präsentierte Sichtweise. Einige vertreten die Ansicht, alle außerirdischen Einflüsse seien positiv und dienten nur dem menschlichen Wohl – eine Ansicht, die wiederum nicht von allen geteilt wird.

164) zitiert in: Flammonde, S. 195

165) *Lear Report,* 29. Dezember 1987; eine ausführliche Wiedergabe findet sich z.B. in: Ananda, *The Alien Presence,* und in: Johannes von Buttlar, *Gottes Würfel – Schicksal oder Zufall,* Kapitel 7: „Dreamland – Nachrichten aus der Schwarzen Welt". Über John Lears Bezug zu Bob Lazar: Lammer/Sidla: *UFO-Geheimhaltung,* S. 73. Verriß von John Lears und Bill Coopers Berichten aus materialistisch-ufologischer Sicht: Jacques Vallée, *Enthüllungen* (1991, dt. 1994); dieser Autor behauptet z. B. auch, der Roswell-Vorfall habe nie stattgefunden.
Zum Thema Verstümmelungen (engl. *mutilations*): Seit Ende der 1960er Jahre werden in Amerika und in weniger großem Ausmaß auch in anderen Ländern immer wieder Tierleichen gefunden (hauptsächlich Kühe und Pferde), die auf mysteriöse Weise umgebracht wurden. Die Leichen sind völlig blutleer; es wurden äußere oder innere Organe entfernt, wobei die Schnitte unerklärliche Eigenschaften haben, die von keiner heute bekannten chirurgischen Methode herrühren. Diese Vorfälle geschehen meistens über Nacht, ohne jegliche Spur der Täterschaft. Obwohl die Leichen manchmal in einem Gebiet von weicher Erde liegen, führt keine Fußspur zur zentnerschweren verstümmelten Tierleiche hin oder von ihr weg! Raubtiere meiden diese Kadaver, die Verwesung bleibt aus oder erfolgt unnatürlich schnell, und viele lokale Augenzeugen erwähnen, daß zum Zeitpunkt des Vorfalls ungewöhnliche Lichter oder Flugobjekte gesehen wurden. Zusammenfassend dokumentiert z. B. in: Good, *Sie sind da,* und Lammer/Sidla: *UFO-Geheimhaltung.*

166) Cooper: *Die Apokalyptischen Reiter,* S. 247

167) z. B. Hesemann, S. 331; Marrs: *Das UFO-Dossier,* S. 145

168) Cooper, *Die Apokalyptischen Reiter,* S. 258

169) ebd., S. 477 f. (Ausführliche Darstellungen der Panama-Affäre, Iran-Contra usw. liefert der Journalist Joel Bainerman in seinem Buch: *The Crimes of a President,* 1992)

170) *New York Times,* 28. Juli 1946, zitiert nach Flammonde, S. 63

171) *New York Times,* 11. August 1946, zitiert nach Flammonde, S. 63

172) *New York Times,* 11. Oktober 1946, zitiert nach Flammonde, S. 65

173) Eine Originalabbildung dieses Dokuments mit Hoovers Handschrift findet sich z. B. in Good: *Jenseits von Top Secret,* S. 521, und Hesemann: *Geheimsache U.F.O.,* S. 330

174) Originalabbildung in Good: *Jenseits von Top Secret,* S. 523; in diesem Buch findet sich unter Anhang A von S. 513 bis 587 eine Sammlung aller wichtigen Originaldokumente. Siehe auch Lammer/Sidla: *UFO-Geheimhaltung – Die Hintergründe des weltweiten Komplotts: Geborgene Wracks, Experimente an Tieren, Entführungen, Geheime Dokumente.*

175) Reeve: *Auf den Spuren außerirdischer Weltraumschiffe* (orig. 1957, dt. 1970), S. 55; George van Tassels Botschaften und Pentagon-Kontaktierungen sowie das FBI-Abonnement von *Proceedings* waren damals allgemein bekannt (Reeve, S. 57).

176) Ausführliche Beschreibungen der UFO-Erscheinungen über Washington und der nachfolgenden (lachhaften) Dementis durch die Luftwaffe finden sich in den Büchern der damaligen Forschungsbeauftragten Major Donald Keyhoe: *Flying Saucers from Outer Space* (1953; dt. 1954: *Der Weltraum rückt uns näher*), Kap. 4, „Die Juli-Krise", und Kap. 5, „Das Pulverfaß", und J. Allen Hynek: *Der UFO-Report* (1978), S. 23, 45 f. Siehe auch Flammonde, S. 129–158; Hesemann, S. 67–71 und ein ganzes Buch zum Thema: *Invasion Washington – UFOs over the Capitol; An Astonishing True Account of Alien Contact* (2001), von Kevin D. Randle, Offizier der US-Air Force.

177) Die Angabe, daß 1953 und 1954 große Objekte in hoher Erdumlaufbahn aufgetaucht seien, ist eine historische Tatsache! Im Mai 1954 hieß es in Pressemeldungen in ganz Amerika, daß Wissenschaftler auf dem Testgelände von White Sands, New Mexico, zwei künstliche Satelliten entdeckt hätten, die um die Erde kreisen. Diese Meldungen wurden in den folgenden Monaten schnell wieder in die Versenkung gegeben. Eine ausführliche Zusammenfassung findet sich im Buch von Harold T. Wilkins, *Flying Saucers Uncensored,* das 1956 erschien.

Im Buch *UFO Trek,* das 1977 erschien, schreibt der Autor, Warren Smith, ein renommierter Journalist, unter Berufung auf CIA-Quellen: „Im Jahr 1953 verzeichnete die US-Luftwaffe mit ihren neuen Radaranlagen in dreizehn Fällen Zeichen von großen Raumschiffen, die um die Erde kreisten. Sie entdeckten die Umlaufbahn dieser Objekte in Höhen von 100 bis 500 Meilen ... Das Erscheinen dieser Schiffe war derart bestürzend, daß auf dem Testgelände von White Sands eine Beobachtungsstation eingerichtet wurde, die von Dr. Clyde Tombaugh geleitet wurde, dem berühmten Astronomen, der den Planeten Pluto entdeckt hatte."

Dr. Tombaugh hat dies öffentlich bestätigt. In mehreren New Yorker Zeitungen, die Mitte Januar 1954 erschienen, erklärte er, daß er in White Sands den Himmel nach „kleinen Erdmonden" abgesucht hätte. Die Existenz dieser Beobachtungsstation bestätigte er auch in der Februar-Ausgabe (1954) des Rundbriefes der *Astronomical Society of the Pacific.* Dies führte dann zu einem Aufruhr wegen der anwachsenden Gerüchte um künstliche Objekte (Raumschiffe) im Erdorbit, die im Mai 1954 ihren Höhepunkt erreichten.

Damals war dies nicht nur in Amerika, sondern weltweit ein heißes Thema. Ein abschließender Artikel hierüber findet sich z. B. in der australischen Zeitung *Melbourne Sun* vom 25. August 1954: „Zwei neue Satelliten (natürlichen Ursprungs) – Zwei Meteore waren Satelliten der Erde geworden und kreisten mit ihr in 400 bis 600 Meilen Höhe *(had become satellites of the earth and were revolving with it 400 to 600 miles out in space).* Dies teilt das amerikanische Magazin *Aviation Week* in seiner

neuesten Ausgabe mit. Aus dem Bericht geht hervor, daß die Entdeckung der Satelliten in diesem Sommer unter den Vertretern der Luftwaffe eine große Verwirrung ausgelöst hatte. Der Alarm kam erst dann zur Ruhe, als sich herausstellte, daß sie definitiv natürlich und nicht menschengemacht waren *(had been identified definitively as natural rather than man-made).*" (zitiert aus: Ananda, *The Alien Presence*)
Wären diese Satelliten natürlichen Ursprungs gewesen, hätte dies bedeutet, daß die Erde zwei neue Monde bekommen hatte! Es wird jedoch deutlich in der Vergangenheitsform geschrieben: „... waren geworden und kreisten ..." Wenn die Erde einmal Meteore eingefangen hat, so daß sie eine Umlaufbahn haben, kommen sie aus eigener Kraft nicht mehr aus dem Einflußbereich der Erdgravitation heraus. Wie können Objekte natürlichen Ursprungs um die Erde kreisen und dann wieder wegfliegen?
Am 29. Dezember 1954 berichtete George van Tassel, es befänden sich zwei Raumschiffe von Ashtar in der Erdumlaufbahn. Einige Forscher meinen, die gesichteten neuen „Erdsatelliten" seien Ashtars Raumschiffe gewesen; die anderen, negativen habe es gar nie gegeben (Hesemann: *UFOs – Die Kontakte,* 1998, S. 76). Ende 1954 waren die „Erdsatelliten" jedoch schon wieder verschwunden, und in van Tassels Botschaft hieß es ohnehin, Ashtars Raumschiffe seien *unsichtbar* (ebd., S. 76).

178) Eine Zusammenfassung der Aussagen von Bill English u. a. (mit Quellennachweisen) findet sich z. B. in: Ananda, *The Alien Presence.*
John Lear berichtet, daß nicht nur Tiere, sondern auch schon Menschen verstümmelt werden. Er führt das Beispiel von Sergeant Jonathan Lovette an, der im Jahr 1956 vor den Augen eines ranghohen Zeugen in ein UFO „gebeamt" wurde. Nach drei Tagen habe man seinen verstümmelten Leichnam gefunden. Denselben Vorfall und noch weitere erwähnt auch Bill English; er habe sie im *Blue Book Nr. 13* dokumentiert gesehen und ein Beispiel hiervon einst selbst zu Gesicht bekommen.
Am Weltkongreß 1989 der MUFON (Mutual UFO Network) in Las Vegas hielt Don Ecker, ein Polizeichef aus Idaho, einen Vortrag vor 400 führenden Vertretern der wissenschaftlichen Ufologie und enthüllte dabei, daß er in seinem Bundesstaat bereits mehrere solcher Menschenverstümmelungen untersucht habe; seine weiteren Nachforschungen seien jedoch von höherer Stelle unterbunden worden. Eine Zusammenfassung der bekanntesten Fälle gibt Hartwig Hausdorf in seinem Buch *UFO-Begegnungen der tödlichen Art* (1998).

179) Hier einige interessante Stellen aus Corsos Buch *Der Tag nach Roswell:* „Die Roswell-Akte war das Vermächtnis aus den Stunden und Tagen nach dem Absturz, als die offizielle Vertuschung durch die Regierung einsetzte." (S. 16) „Wir sollten vielleicht die EBEs, wie sie in den medizinischen Autopsieberichten beschrieben wurden, statt als Lebensformen eher als humanoide Roboter, die speziell für Langzeitreisen durch Zeit und Raum konstruiert wurden, bezeichnen." (S. 117) „Aber viele Kongreßmitglieder wußten von der Tarnung [Vertuschung], waren ebenso besorgt über das Eindringen der EBEs, die Menschenentführungen und

die Viehverstümmelungen und unterstützten die Pläne der Militärs, das Waffenprogramm für das Weltall zu beschleunigen." (S. 297) „Außerdem machten die Sowjets große Fortschritte beim interplanetarischen Wettrennen. Und wir wußten nicht, ob sie vielleicht doch mit den EBEs zusammenarbeiteten. Um uns alle herum wurde es immer dunkler. 1961 begann die Luftwaffe mit zwei geheimen Projekten ..." (S. 302) „Diejenigen von uns im Militär, die wußten, was geschah, hatten das ungute Gefühl, daß wir einer Invasion ausgesetzt werden könnten, die schlimmer als eine Infiltration wäre. ... Diese Wesen waren keine wohlwollenden Außerirdischen, die gekommen waren, um die Menschen zu bessern. Sie waren genetisch veränderte Humanoide Automatons, geklonte biologische Wesen, die biologische Arten von der Erde für ihre Experimente holten. Solange wir unfähig waren, uns zu verteidigen, mußten wir es zulassen, daß sie bei uns nach ihrem Gutdünken eindrangen. ... Wir hatten mit ihnen eine Art Übergabe ausgehandelt, solange wir sie nicht bekämpfen konnten. Sie diktierten die Bedingungen, weil sie wußten, daß wir am meisten die Enthüllung fürchteten. Verberge die Wahrheit, und die Wahrheit wird zu deinem Feind." (S. 297, 307)

Corso sagt, das UFO sei in der Roswell-Wüste aufgrund eines Gewitters abgestürzt, und mit ihren Hochenergielaserwaffen, die in der Erdumlaufbahn stationiert wurden, hätten sie die Blitze, die zum Absturz geführt hatten, künstlich erzeugen können, und sie hätten 1974 zum ersten Mal ein UFO abgeschossen (S. 307).

Dieser gemeinsame Kampf „war einer der Gründe, weshalb 30 Jahre später Präsident Reagan und Michael Gorbatschow sich einander über die UFOs verständigen konnten und endlich den Kalten Krieg beendeten." (S. 301) „Und am Ende überdauerten wir nicht nur die Sowjets und beendeten den Kalten Krieg, sondern zwangen die Außerirdischen zu einem Patt, da sie sich letztlich doch nicht als unverwundbar erwiesen." (S. 19)

Wenn das alles stimmt, was Oberst Corso hier kurz vor seinem Tod veröffentlichte, dann ist dies eine Bestätigung für das kritische Szenario der unheiligen Allianz und somit auch der abgelehnten Hilfe. Die geheime Regierung ging einen Pakt oder „eine Art Übergabe", wie Corso es nannte, ein, um von den EBEs Technologie zu bekommen, und diese Technologie wollten sie dann verwenden, um die EBEs zu bekämpfen. Trotz Corsos Stolz auf diese Technik, an deren Entwicklung er als Waffenexperte mitbeteiligt war, besteht die Gefahr, daß die Errungenschaften der 666-Technologie nicht nur gegen die EBEs, sondern auch gegen die Menschen eingesetzt werden könnten. Auch sagt Corso nicht, wer hinter diesen „Humanoiden Automatons" steht ...

180) „Exopolitics or Xenopolitics" by Steven M. Greer, M.D., 2006, auf www.disclosureproject.com

181) aus Pritchard, Mack, Kasey, Yapp: *Alien Discussions*, S. 526, 527

182) Einen wichtigen Zeugenbericht veröffentlichte Ende 1982 ein Mitglied des britischen Oberhauses, der Earl of Clancarty. Ausführliche Beschreibung dieser Begegnung und der Zeugenaussagen in: Ananda, *The Alien*

Presence, Kap. 15: „Government Contact – The Confederation Meets Eisenhower"; siehe auch: Hesemann, *Geheimsache U.F.O.*, S. 119–122

183) Ein Beispiel für einen Zeugen aus den Reihen der amerikanischen Ureinwohner ist ein Apache-Hopi-Vertreter, dessen Stammesname übersetzt „Morning-Sky" (Morgenhimmel) bedeutet. Er nennt sich deshalb gegenüber der Zivilisation „Robert Morning-Sky". Der Autor konnte ihn im Rahmen des Zürcher UFO-Kongresses 1997 persönlich kennenlernen und von ihm einiges über diese Themen erfahren (siehe UFO-Kurier Nr. 30, April 1997). Er tritt seit Beginn der neunziger Jahre öffentlich auf, um die Menschen auf die Gegenwart der Sternenbrüder aufmerksam zu machen, aber auch, um die Warnung der Sternenbrüder an die Menschen weiterzugeben. Er bestätigt ebenfalls, daß in den Nachkriegsjahren im Süden der USA mehrere UFOs abstürzten. Die Indianer, die mehr als die weißen Menschen ihre Nächte im Freien verbringen, hätten dies schon immer gewußt, aber die Weißen hätten sich nie die Mühe gemacht, ihre roten Brüder zu fragen. Er sagt, die Sternenmenschen, die erschienen seien, um die US-Leader vor den Grauen zu warnen, seien seinem Volk schon lange bekannt; die Illuminaten hätten ein Abkommen mit den Kindern des Reptils geschlossen und sein Volk mit den Kindern der Feder. Denn gemäß den Hopi-Legenden gibt es die *Kinder der Feder,* die vom Himmel kamen, und die *Kinder des Reptils,* die aus unterirdischen Bereichen kommen.

In seinem schriftlichen Manifest, das Robert Morning-Sky an seinen Vorträgen auslegt und das auch im Internet veröffentlicht ist, faßt er unter anderem zusammen, was die Indianer über die Repto-Humanoiden wissen:

„*Die Echsenmenschen:* Sie sind kaltblütig. Die Wärme der Emotion ist in ihnen nicht vorhanden. Sie suchen die Wärme außerhalb von sich selbst und können nur überleben, indem sie die Wärme vom Feuer anderer Wesen stehlen. Das ist die Lebensart des Reptils./Die Kinder des Reptils haben in der Geschichte der Menschheit ebenfalls ihre Spuren hinterlassen. Täuschung und Lüge, Angst und Aufruhr, das sind die Spuren, die verraten, daß die Kinder des Reptils am Werk waren. Sie versuchen, in die Welt der Sonne einzudringen, indem sie sich vom Feuer anderer Wesen ernähren. Vergeßt dies nie! Haltet deshalb euer Feuer immer unter Kontrolle!/Betrachtet die Spur des Reptils, und ihr stoßt durch alle Zeiten hindurch auf die Fälle größter Arglist und Irreführung. Es war die ‚Schlange', die nach Gottes Position strebte. Es war die ‚Schlange', die von den Menschen verehrt werden wollte. Und es war die ‚Schlange', die nach des Menschen Seele griff. Diejenigen, die deine Emotion, deinen Geist und deine Seele wollen – das sind die Kinder des Reptils./Die Menschen waren sich damals [beim Abkommen] nicht bewußt, daß die Grauen bereits eine Verbindung mit den Kindern des Reptils hatten. Die unterirdischen Anlagen erleichterten den Kontakt und gaben den Kindern des Reptils die Möglichkeit, alle Aktivitäten direkt zu beaufsichtigen und zu dirigieren. ... Mit anderen Worten, wenn man die Ereignisse auf der Erde richtig beurteilen will, darf man die Kinder des Reptils nicht vergessen. Ihre Allianz mit den Grauen stellt eine ungeheure Macht dar. Diejenigen, die das UFO-Phänomen und die Präsenz der Grauen untersuchen, täten gut daran, wenn sie in Betracht zögen, daß die eigentliche Macht hinter den Grauen die Kinder des Reptils sind." (*Morning-Sky-Manifest,* § 25 und 26)

184) Phil Schneider, Sohn eines deutschen US-Auswanderers, der mit den Produzenten der bekannten Schneider-Objektive verwandt ist, trat mit Vorträgen und Interviews an die Öffentlichkeit und sollte im Januar 1996 in Washington angehört werden. Aber man fand ihn kurz davor tot in seiner Wohnung. Offizielle Erklärung: Selbstmord.
In einem Vortrag, der im Internet veröffentlicht ist und auch in den *Omega-Files* zu finden ist, sagte Phil Schneider unter anderem: „Zuerst möchte ich Ihnen kurz erzählen, wer ich bin. Ich absolvierte ein Ingenieurstudium. Die Hälfte meiner Ausbildung bezog sich auf dieses Gebiet, und ich erwarb mir einen guten Ruf als geologischer Ingenieur und auch als Architekt für Anwendungen im Bereich des Militärs und der Luftfahrt. Ich half, zwei der wichtigsten unterirdischen Anlagen der USA zu bauen, die auch in Bezug auf die Neue Weltordnung von Bedeutung sind. Hier spreche ich vor allem von der unterirdischen Basis in Dulce, New Mexico. ... Heute gibt es in den Vereinigten Staaten 129 solcher unterirdischer Anlagen. ... Die durchschnittliche Tiefe dieser Anlagen ist mehr als eine Meile! ... [Dann erwähnt er das Abkommen mit den Aliens und deren Präsenz in den unterirdischen Basen.] Langsam veränderten die Aliens den Handel, bis sie sich entschieden, sich gar nicht mehr daran zu halten. Im Jahr 1979 war dies eine offensichtliche Tatsache, und so kam es ziemlich durch Zufall zum Feuergefecht mit diesen Aliens in Dulce. ... Nachdem ich etwa zwei Jahre gebraucht hatte, um mich vom Vorfall im Jahr 1979 zu erholen, ging ich wieder zurück auf die Baustellen und arbeitete für Morrison and Knudson, EG&G und für andere Firmen. Auf der Area 51 arbeiten sie mit allerlei merkwürdigen Flugobjekten. Wie viele von Ihnen kennen Bob Lazar? Er war ein Physiker, der dort in der Area 51 angestellt war, um bei einem dieser Objekte das Antriebssystem zu entschlüsseln. Ich mache mir große Sorgen angesichts der Machenschaften unserer Regierung. Sie lügen die Öffentlichkeit an, sie haben Senatoren abgeblockt, und sie weigern sich, die Wahrheit über die Außerirdischen zu sagen. Ich könnte Ihnen hierüber Dinge erzählen bis morgen früh. Ich kann nicht verheimlichen, daß ich ziemlich empört bin." (Und er warnt eindringlich vor der Neuen Weltordnung und vor den „Kasernen", die jederzeit zu Konzentrationslagern umfunktioniert werden können.)
In den 1980er Jahren war John Lear mit seinen Nachforschungen auf die gleichen Informationen gestoßen. In seinem *Lear-Report* von 1987 schreibt er: „Eine dieser Anlagen befindet sich in der Nähe der kleinen Stadt Dulce in New Mexico. Diese [von Menschen und Aliens] gemeinsam besetzte unterirdische Anlage wird als enorm beschrieben. ... Wäh-

rend der Zeit zwischen 1979 und 1983 wurde es immer offensichtlicher, daß die Dinge nicht so liefen wie geplant. Es stellte sich heraus, daß viel mehr Menschen entführt wurden, als auf den Listen vermerkt waren, und zwar *viele Tausende* mehr. ... Im Jahr 1979 kam es in der Anlage von Dulce zu einer blutigen Auseinandersetzung. Ein bewaffneter Sondertrupp war gerufen worden, um eine Gruppe von unseren Leuten zu befreien. Diese wurden festgehalten, nachdem sie herausgefunden hatten, was wirklich vor sich geht."

185) Vallée: *Enthüllungen,* S. 55

186) Meldung im: *Magazin 2000,* Nr. 100, Juni-Sept. 1994; diesem Artikel sind auch die zwei nachfolgenden Fotos entnommen.

187) z. B. Haley; Hall; Hopkins; Jacobs; Mack; Royal; Turner

188) Helsing/Feistle: *Unternehmen Aldebaran,* S. 42 f.

189) Royal: *Besucher von Innen,* S. 57 f., 68, 94, 104

190) ebd., S. 135

191) Osswald/Schnelting: *Dein Wille geschehe jetzt!,* S. 130

192) zitiert von Dr. David Frawley, einem der bedeutendsten westlichen Veda-Gelehrten, in: *Ayurvedic Healing,* S. 256

193) Paul Otto Hesse: *Der Jüngste Tag,* S. 34; weitere Erwähnung der Aufrichtung der Polachse auf S. 44 und 60

194) Daniel Fry: *Das Erlebnis von White Sands – Ein Raketentechniker spricht mit einem Raum-Menschen und fährt in einer Fliegenden Scheibe* (1954; dt. 1956). Die Behauptung, in der Vergangenheit der Menschheit habe es einst einen Atomschlag gegen „Lemurien" gegeben, machte es den Kritikern leicht, Dr. Fry lächerlich zu machen. Hätte er sich die Geschichte ausgedacht, hätte er sie bestimmt mehr auf das Fassungsvermögen des Publikums zugeschnitten. Anscheinend gab er einfach ehrlich wieder, was ihm gesagt worden war. Zwanzig Jahre später verrieten die Hopi-Indianer erstmals einem Weißen, Joseph Blumrich, gegenüber die Stammesüberlieferung ihrer alten Geschichte, und auch sie erzählten von einem gewaltigen Bombenschlag des östlichen Inselreiches gegen das Inselreich ihrer Vorfahren, Kásskara, das heute meistens Lemurien genannt wird.

195) Reeve, S. 29

196) Schilderungen von Adamskis Person, Werk und Glaubwürdigkeit finden sich z. B. in Gray Barker: *Das Buch über George Adamski;* Hesemann: *Geheimsache U.F.O.,* S. 93–112 und *UFOs: Die Kontakte,* S. 37–63; Reeve, S. 51 f., 210

197) Die Verbindung mit Tibet ist ein mysteriöses Element, das immer wieder auftaucht. Gewisse Gebiete der Erde sind anscheinend Dimensionstore zu kosmischer Verbindung wie auch, aus kosmischer Sicht, zu irdischer Verdichtung. „Allem äußeren Anschein nach sieht Agam Des aus wie jedes tibetische Kloster, doch hier leben einige der höchsten spirituellen Meister der Erde. ... Seit Jahrhunderten sind die Raumfahrer in Agam Des angekommen, um sich auf die gröberen Schwingungen der Erde einzustellen. ... ist die Heimat einer alten Linie von Meistern, die die Seelenreise

beherrschen und große Verantwortung für die spirituelle Entwicklung der Erde tragen. Auch Studenten dieser alten Wissenschaft leben hier ..., wenige waren aus dem Westen. Einige von ihnen waren sehr jung, nur zwölf Jahre alt ...“ (Onec, S. 178 ff.) Genau in diesem Alter soll George Adamski laut seiner Biographie nach Tibet gekommen sein (Hesemann: *UFOs – Die Kontakte,* S. 38).

198) zitiert in: Reeve, S. 85–88. Aus all diesen Ausführungen wird ersichtlich, warum auch die positiven Außerirdischen und die Lichtwesen (die „Engel“) Raumschiffe oder, genauer gesagt, interdimensionale Lichtschiffe verwenden. Höherdimensionale Wesen können sich ohne äußere Hilfsmittel durch den Raum und die Dimensionen bewegen, indem sie sich durch Gedankenkraft teleportieren oder im Bereich der Erde materialisieren. Mit diesen Fähigkeiten ist es ihnen aber auch möglich, Hilfsmittel zu erzeugen, die ihren Aufgaben dienlich sind. Wenn sie sich *als Gruppe* gleichzeitig und gemeinsam an einen bestimmten Ort begeben wollen, sind Raumschiffe erforderlich. Die Fortbewegung mit bloßer Gedankenkraft ist eine individuelle Bewegungsart, die aber sehr energieaufwendig ist, vor allem wenn sie eine gewisse Verdichtung des Körpers erfordert (beim Hineingehen in Bereiche größerer Verdichtung).

Wenn Raumwesen sich für eine längere Zeit in ein anderes kosmisches Umfeld begeben, z. B. zum Zweck der Betreuung eines Planeten über Jahrtausende hinweg, manifestieren sie für sich Dimensionsoasen (Raumstationen und Mutterschiffe) sowie ufoähnliche Verdichtungshilfen für die weitere Annäherung an die nächstniedrigeren Dimensionen. Dies zeigt sich besonders deutlich bei der Betreuung der Erde, die in eine Wendezeit getreten ist, was für die Menschen eine Zeit der Entscheidung bedeutet. Wenn die Menschheit einen Weg wählt, der zur Selbstzerstörung führt, kann es zur Notwendigkeit einer Evakuierung kommen. In diesem Fall dienen die ufoähnlichen Kleinraumschiffe und die Mutterschiffe nicht mehr nur als stationärer Aufenthaltsort für die Lichtwesen, sondern auch als Hilfsmittel für Aktionen, um den Planeten vor Radioaktivität und anderen Zerstörungen zu schützen. Im Extremfall ermöglichen sie auch eine Rettung der lernbereiten Menschen, wenn ihr Überleben gefährdet ist. Dies kann sogar die Form einer Evakuierung annehmen, wofür die Raumschiffe unerläßlich sind, da die Menschen sich nicht aus eigener Gedankenkraft zu levitieren und zu teleportieren vermögen.

199) Angelucci: *Geheimnis der Untertassen* (dt. 1959, 1983), S. 123–25

200) ebd., S. 126–127

201) ebd., S. 56–57

202) Ashtar Sheran: *Wissen aus dem Kosmos,* S. 19–20

203) Herbert Victor Speer (Hrsg.): *Nicht von dieser Erde,* Band 1, S. 50–53

204) ebd., Band 1, S. 53

205) ebd., Band 2, S. 8

206) ebd., Band 2, S. 50, 52, 60

207) ebd., Band 2, S. 54

208) ebd., Band 3, S. 37

209) aus: *Nicht von dieser Erde,* Band 1
210) in: *Magazin 2000,* 1994/Nr. 3, S. 4; Text von Michael Hesemann
211) Angelucci: *Geheimnis der Untertassen,* S. 127
212) Markides: *Der Magus von Strovolos – Die faszinierende Welt eines spirituellen Heilers,* 1988; engl. 1985; eine Beschreibung seiner Person und seiner wissenschaftlich bewiesenen Kräfte wurde in Band 2, *Unsichtbare Welten,* gegeben, S. 256–259.
213) Markides: *Der Magus von Strovolos,* S. 209–213
214) Angelucci: *Geheimnis der Untertassen,* S. 146 f.
215) Dibitonto: *Engel in Sternschiffen* (dt. 1984), S. 21
216) ebd., S. 63
217) ebd., S. 108, 109
218) ebd., S. 162
219) ebd., S. 164
220) Ashtar Sheran: Botschaft vom 19. Mai 1996 im Santiner-Kreis Berlin (in der Nachfolge des Medialen Friedenskreises Berlin), veröffentlicht z. B. in Braeucker/Smith: *Mutter Erde wehrt sich* (1997), S. 295. Des weiteren wurde darin gesagt: „Die Beeinflussungen und Verwüstungen im seelischen Geschehen der Erdenmenschheit werden immer größer, da auf der kollektiven Seelenebene die Tür dafür geöffnet wurde. ... Mutter Erde wird ihren Reinigungsprozeß fortführen, und dieser wird in Zukunft gewaltige Dimensionen annehmen. ... Wir können bereits schauen, welch strahlender Juwel die Erde nach diesem Reinigungsprozeß sein wird."
221) Aurobindo, ca. 1940, in: *Briefe über den Yoga, Band 4,* „Die dreifache Umwandlung", S. 400
222) Kurt Trampler: *Die große Umkehr* (1950), S. 6; siehe auch: *Das Wirken des göttlichen Heilstroms: Heilung für Mensch und Erde – das Beispiel von Bruno Gröning (1906–1959)* auf armin-risi.ch; Dr. med. Matthias Kamp: *Revolution in der Medizin – Rehabilitation eines Verkannten* (1994); Thomas Busse: *Bruno Gröning – Leben und Lehre* (Govinda-Verlag 2007)
Grönings heilsames Wirken wurde sogleich durch eine gemeinsame Front von Pharma-Ärzten und Kirchenvertretern bekämpft, verstärkt durch eine alarmierte US-Besatzungsmacht. (1945–46 starben rund eine Million Deutscher in alliierter Kriegsgefangenschaft und bis 1949 rund zehn Millionen Zivilpersonen an Hunger und Unterversorgung; siehe z. B. James Bacque: *Der geplante Tod,* Ullstein 2002, „Erweiterte Neuausgabe mit Informationen aus dem KGB-Archiv".) Schon 1950 bekam Bruno Gröning ein gesamtdeutsches Heilverbot, und man überzog ihn mit Verleumdungen, um in den Menschen das neuerwachte Vertrauen in das geistige Heilen zu zerstören. Er wirkte von da an nur noch in privaten Kreisen, blieb aber in Deutschland, vielleicht weil dies der Ort war, der es am meisten nötig hatte, und er stellte sich den Gerichtsprozessen, die von seinen Gegnern über Jahre hinweg verschleppt wurden. Ohne Verbitterung, mit ungebrochener Liebe und Berufung, starb er 1959 mit den Worten: „Nun gehe ich dorthin, wo ich kein Heilverbot habe." Sein wichtigster Lehrsatz

steht auch auf seinem Grabstein: „Glaube und vertraue! Es hilft, es heilt die göttliche Kraft." Mit prophetischer Sicht sagte Bruno Gröning voraus, daß in der Zukunft (er sagte, „dreißig Jahre" nach seinem Tod), wenn die Wendezeit einsetzt, die gottgläubigen Menschen die Fähigkeit zur geistigen Heilung und Selbstheilung bekommen werden, und er lehrte, wie jeder sich mit dem göttlichen Heilstrom verbinden kann, denn es ist diese bewußte Kraft, die die ursprüngliche Ordnung in der Schöpfung und in unserem Geist und Körper verursacht und auch wiederherstellen kann.

223) Die Evolutionstheorie postuliert, die ersten Lebewesen seien aus Materie entstanden und aus den einfachen Lebensformen seien durch „Mutation" und „Selektion" allmählich die komplexeren entstanden: aus den ersten Einzellern seien die Pflanzen und die Tiere hervorgegangen; einige Weichtiere seien zu Fischen geworden, einige Fische zu Amphibien, einige Amphibien zu Reptilien und einige Reptilien zu Säugetieren; irgendwo seien unterwegs auch die Insekten und die Vögel entstanden.
Es gibt jedoch nicht einmal ein theoretisches Modell, das zeigt, wie diese Übergänge ausgesehen haben könnten, und auch kein einziges Fossil zeigt ein Tier in einem Übergangsstadium. Auch die heute ausgestorbenen Tiere waren allesamt perfekt ausgeformte Lebewesen: Muscheln, Amphibien, Insekten, Vögel, Reptilien usw. Keines dieser Tiere befand sich im Stadium einer „Evolution", und keines brauchte eine „Evolution". Sie starben nicht aus, weil sie einen evolutionär unvollkommenen Körper hatten, sondern weil sie durch gewaltige Katastrophen ausgelöscht wurden. Die hypothetische „Evolution" hat nie stattgefunden! Auch in dieser Hinsicht war die Vergangenheit ganz anders, als das materialistische Weltbild behauptet.
Eine grundlegende Zusammenfassung der wichtigsten Kritikpunkte am Darwinismus und auch am Bibelkreationismus findet sich in: Risi, *Licht wirft keinen Schatten,* Kapitel 10, und auf science-of-involution.org

224) Die Gründe, warum jemand die Evolutionstheorie ablehne, seien „bornierter Narzissmus und Allmachtsdenken", verkündete das P.M.-Magazin in seinem Leitartikel der Ausgabe vom Mai 2006. „Nicht ein weit über den Tieren stehendes Ebenbild Gottes zu sein, ... [das] zwingt uns zu einem viel bescheideneren Bild von unseren Möglichkeiten. Ganz zu schweigen vom erschütterten Glauben an die Unsterblichkeit unserer Seele ... Denn im Lichte der Evolution war es ja nur ein Zufall, der zu unserer Existenz geführt hat. Das heißt also, dass unser Leben – außer dem, was wir daraus machen – keinen höheren kosmischen Sinn hat."
Mit anderen Worten: Das Leben ist von Natur aus sinnlos, es gibt kein Leben nach dem Tod, der Mensch ist kein Geistwesen und kein Teil Gottes; dies seien nur „Illusionen", der Mensch sei einfach ein sterbliches Tier – und Tiere werden gechippt. Und so findet sich genau in derselben P.M.-Ausgabe (Mai 2006) auch ein Artikel über Mikro-Chips für Menschen! *„Elektronik, die unter die Haut geht: Ein kleiner Sender-Chip könnte unser Leben radikal verändern ..."* Zur Illustration: ein ganzseitiges Röntgenfoto einer Menschenhand mit einem implantierten Chip. La-

konischer Kommentar: „Technik-Freaks lassen sich schon heute winzige Funk-Chips unter die Haut implantieren."

Der Mensch ist ein Tier – das sei eine „Realität", heißt es im Evolutionsartikel, und den Evolutionskritikern gehe es nur um ein „Verdrängen unerwünschter Realitäten ... [weshalb] man sich im bewussten Denken umso verzweifelter an die verlorenen Illusionen klammert."

Hier ist keine Diskussion und keine kritische Forschung mehr möglich, sondern es geht nur noch um Dogmatik im Namen von Wissenschaft. Nur das Materialistische und Atheistische wird als „wissenschaftlich" anerkannt; alles, was nicht dem materialistischen Glauben entspricht, wird als eine „Illusion" und eine „Attacke gegen die Wissenschaft" bezeichnet.

Dabei ist Materialismus ebenfalls ein *Glaube* und die Evolutionstheorie nur eine *Theorie,* und zwar eine, die der Natur und den vorhandenen Fakten nicht gerecht wird.

225) *Das Magazin,* wöchentliche Beilage im Zürcher *Tages-Anzeiger,* Ausgabe 39/2006 (30. September): „Sind Sie schon gechippt?", Artikel von Peter Haffner, US-Korrespondent des TA-Magazins.

226) Wolf Dombrowsky, Interview mit dem *Migros-Magazin* (Schweiz, erscheint wöchentlich, Auflage rund 1 Million), 2/2005, 11. Januar.

227) „Hütet euch vor den Überbringern FALSCHER Geschenke & ihren GEBROCHENEN VERSPRECHEN. Viel LEID, aber immer noch Zeit. GLAUBT[?]. Es gibt GUTES dort draußen. Wir OPponieren TÄUSCHUNG. Verbindung WIRD BEENDET." (Wer warnt hier vor wem?)

Das Piktogramm ist optisch ähnlich wie ein Fernsehbild aufgebaut, ist aber technisch sehr anspruchsvoll. Zeugen, die der Forscher David Kingston befragte, sagten, daß dieses Piktogramm in zwei bis drei „Druckphasen" am 14. August 2002 entstanden sei, zuerst nur der Rahmen mit einer Lücke, wo später die Scheibe eingefügt wurde.

Eine umfassende Beschreibung des Kornkreisphänomens in seinem metaphysischen Zusammenhang gibt Eckhart Weber in seinem reich illustrierten Buch *Der Kornkreis-Code – Verborgene Botschaften in mysteriösen Zeichen,* Argo-Verlag 2005.

228) Cooper: *Die Apokalyptischen Reiter,* S. 270 f.

229) Elia: *Die Legende von Atlantis,* Band 1, S. 22–24

230) geschildert im *Padma Purâna,* siehe Zitat in: Risi, *Gott und die Götter,* S. 368

Der Autor

Armin Risi: (geb. 1962); Dichter, Philosoph und Sachbuchautor; besuchte das lateinische Gymnasium in Luzern; gehörte im Alter von 18 Jahren zu den führenden Schach-Junioren der Schweiz; 1978–1980: erste Gedichtsammlung und ein Drama in 5 Akten; 1980/81: Reisen und Naturaufenthalte, Austritt aus dem Gymnasium direkt vor der Matura; lebte danach für achtzehn Jahre als Mönch in vedischen Klöstern in Europa und Indien; während dieser Zeit hauptsächlich als Übersetzer tätig; Mitarbeit bei der Übersetzung von 22 Werken der Sanskritliteratur (aus dem Englischen ins Deutsche); Studium der indischen und westlichen Philosophien; lebt seit 1998 als freischaffender Schriftsteller und Referent; gründete 2005 das *Research Institute for the Science of Involution* (RISI, „Forschungsinstitut für die Wissenschaft der Involution").

Veröffentlichungen:

1988: *Vegetarisch leben – Die Notwendigkeit einer fleischlosen Ernährung* (6., vollständig überarbeitete und erweiterte Auflage 2006); ist mit einer Gesamtauflage von fast einer halben Million Exemplaren heute im deutschen Sprachraum die am weitesten verbreitete Schrift über Vegetarismus.

1992: *Völkerwanderung – Epische Galerie* (vergriffen) und *Der Kampf mit dem Wertlosen – Lyrische Meditationen* (700 Gedichte und Epigramme)

1995: *Da ich ein Dichter war – Reinkarnation: Gedanken, Gedichte und eine Begegnung mit Hölderlin* (vergriffen)

1995: „Der multidimensionale Kosmos", Band 1: *Gott und die Götter – Das vedische Weltbild revolutioniert die moderne Wissenschaft, Esoterik und Theologie* (5. Auflage 2002).

ab 1995: zahlreiche Artikel in grenzwissenschaftlichen und esoterischen Zeitschriften

1998, 2000, 2002: Armin Risis Gedichte „Die Karawane", „Sehnsuche" und „Morgengrauen" werden in die Anthologien *Ausgewählte Werke,* Band 1, 3 und 4, der Nationalbibliothek des deutschsprachigen Gedichtes (München) aufgenommen.

1998: „Der multidimensionale Kosmos", Band 2: *Unsichtbare Welten – Astrale und außerirdische Wesen im Hintergrund des Weltgeschehens* (4. Auflage 2004)

1999: „Der multidimensionale Kosmos", Band 3: *Machtwechsel auf der Erde – Die Pläne der Mächtigen, globale Entscheidungen und die Wendezeit* (4. Auflage 2003)

2001: *Das kosmische Erbe – Einweihung in die Geheimnisse unserer Her- und Zukunft* (mediale Texte von Tom H. Smith, übersetzt und erläutert von Armin Risi)

Januar 2004: *TranscEnding the Global Power Game: Hidden Agendas, Divine Intervention and the New Earth* (gekürzte und inhaltlich bearbeitete Übersetzung des *Machtwechsel auf der Erde* als Zusammenfassung der wichtigsten Inhalte der Trilogie auf Englisch)

September 2004: *Licht wirft keinen Schatten – Ein spirituell-philosophisches Handbuch* (2. Auflage 2005)

2006: *Machtwechsel auf der Erde,* fünfte, völlig überarbeitete Auflage (Govinda-Verlag); Taschenbuchausgabe im Heyne-Verlag 2007

Websites:
armin-risi.ch
science-of-involution.org
introvision.ch (zusammen mit Silvia Siegenthaler)

Email: risi@datacomm.ch

Literaturverzeichnis

Bibel-Ausgaben und Bibel-Lexika:

Die Bibel (in heutigem Deutsch), die Einheitsübersetzung, Deutsche Bibelgesellschaft Stuttgart 1982 (zweite, durchgesehene Auflage)*

Die Heilige Schrift des Alten und Neuen Testaments, unter Berücksichtigung der besten Übersetzungen nach dem Urtext übersetzt von Franz Eugen Schlachter, Genf 1981*

Die Heilige Schrift des Alten und Neuen Testaments (Die Zürcher Bibel), Verlag der Zwingli-Bibel, Zürich 1957*

Die Heilige Schrift – Das Neue Testament und die Psalmen, Revidierte Eberfelder Übersetzung, Wuppertal (Brockhaus) 1982*

Hoffnung für alle – Das Neue Testament, Brunnen Verlag, Basel/Gießen 1983/1996, 10. Sonderausgabe 1998*

Das Neue Testament, Übersetzung von Emil Bock, Urachhaus, Stuttgart 1983*

Das Neue Testament, Übersetzung von Johannes Greber, Teaneck 1966*

Das Neue Testament und frühchristliche Schriften, übersetzt und kommentiert von Klaus Berger und Christiane Nord, Insel Verlag, Frankfurt/M. 1999*

Haag, Herbert: *Biblisches Wörterbuch,* Herder, Freiburg im Breisgau 1971

Jerusalemer Bibel-Lexikon, herausgegeben von Kurt Hennig, Hänssler-Verlag, Neuhausen-Stuttgart 1990, ^{4}1998

Sanskrit-Schriften und Sanskrit-Wörterbuch:

Bhagavad-Gita: Die Übersetzungen in diesem Buch stammen von Armin Risi, in Anlehnung an die mit Wort-für-Wort-Übersetzungen versehenen *Bhagavad-Gita*-Ausgaben von Bhaktivedanta Swami Prabhupada (Bhaktivedanta Book Trust, Vaduz 1988) und Bhaktivedanta Narayana Maharaja (Gaudiya-Vedanta Samiti, Mathura 2000).

Frawley, David: *Ayurvedic Healing – A Comprehensive Guide,* Passage Press, Salt Lake City 1989

Monier-Williams, Sir Monier: *A Sanskrit-English Dictionary,* Oxford University Press 1899, 10. Neuauflage bei Motilal Banarsidass, New Delhi 1990

Padma Purâna, Ancient Indian Tradition and Mythology Series, vol. 39–48 (G. P. Bhatt, Hrsg.), Motilal Banarsidass, New Delhi 1992

Shrimad-Bhâgavatam: Cantos 1–10 (12 Bände), übersetzt und kommentiert von Bhaktivedanta Swami Prabhupada, dt. The Bhaktivedanta Book Trust 1976–1983

---

* Die Bibelzitate im vorliegenden Buch stützen sich auf diese Ausgaben, manchmal wörtlich und manchmal in Form einer Verbindung der verschiedenen Versionen.

Holistische Wissenschaft:

Bohm, David, und David Peat: *Das neue Weltbild – Naturwissenschaft, Ordnung und Kreativität,* Goldmann, München 1990

Buttlar, Johannes von: *Auf den Spuren der Weltformel – Die Wächter von Eden,* Heyne, München 1995

—: *Gottes Würfel – Schicksal oder Zufall,* Herbig, München 1992

Lipton, Bruce H.: *Intelligente Zellen – Wie Erfahrungen unsere Gene steuern,* KOHA-Verlag, Burgrain 2006

Meckelburg, Ernst: *Der Überraum,* Ullstein, Frankfurt/M. 1989

Sagan, Samuel: *Entities – Parasites of the Body of Energy,* Clairvision School, Roseville 1994

Sheldrake, Rupert: *Das schöpferische Universum – Die Theorie des morphogenetischen Feldes,* Ullstein, Frankfurt/M. 1993

Sheldrake, Rupert, mit Matthew Fox: *Engel – Die kosmische Intelligenz,* Kösel 1998 [„In den Engeln verkörpert sich eine das Universum und die gesamte Schöpfung, also auch uns Menschen durchwirkende Intelligenz. Engel sind viel gewaltigere und mächtigere Wesen, als wir je vermutet haben."]

Talbot, Michael: *Das holographische Universum – Die Welt in neuer Dimension,* Knaur, München 1992

Geistchristliche Lehren und Neuoffenbarungen:

Daskalos: *Esoterische Lehren,* Knaur, München 1991 [siehe auch: Markides]

Douglas-Klotz, Neil: *Das Vaterunser,* Knaur, München 1992

Deml, Franz: *Das Ewige Evangelium des Geistzeitalters – Theologie der Zukunft auf prophetischer Grundlage,* 2 Bände, Turm-Verlag, Bietigheim 1980

Greber, Johannes: *Der Verkehr mit der Geisterwelt Gottes – Seine Gesetze und sein Zweck,* Johannes Greber Memorial Foundation, Teaneck N. J. 1932/1958; [5]1977

Hinz, Walther: *Indizien statt Dogmatismus – Woher, wohin,* ABZ-Verlag, Zürich 1989 [Zusammenfassung eines medialen Gesamtbildes der Schöpfung, des Luzifer-Sturzes und der Rolle Jesu; Geistige Loge Zürich, Kreis des Mediums Beatrice Brunner]

Lorber, Jakob: *Die Haushaltung Gottes* (Band 1: *Die Urgeschichte der Menschheit;* Band 2: *Aufstieg und geistige Blüte des ersten Weltreiches Hanoch;* Band 3: *Die ersten Hochkulturen, Entartung und Untergang in der Sintflut*), Lorber-Verlag, Bietigheim [5]1981

—: *Die Geschichte der Urmenschheit nach dem dreibändigen Werk „Die Haushaltung Gottes", geoffenbart durch Jakob Lorber in den Jahren 1840–1844, für die Jugend nacherzählt und illustriert,* Lorber-Verlag, Bietigheim 1997

Markides, Kyriacos: *Der Magus von Strovolos – Die faszinierende Welt eines spirituellen Heilers,* Knaur, München 1988

McDowell, Josh, und Bill Wilson: *Jesus von Nazareth – Tatsachen und Argumente für die Wahrheit der Evangelien,* Hänssler-Verlag, Neuhausen-Stuttgart 1995

Steiner, Rudolf: *Aus der Akasha-Chronik,* Goetheanum-Verlag (Taschenbücher aus dem Gesamtwerk), Dornach [6]1986
—: *Anthroposophische Leitsätze,* Gesamtausgabe 1982, Bd. 26
—: *Der innere Aspekt des sozialen Rätsels – Luziferische Vergangenheit und ahrimanische Zukunft,* Gesamtausgabe 1982 (GA 193)
Trampler, Kurt: *Die große Umkehr – Frgen um Bruno Gröning,* Im Heering-Verlag, Seebruck am Chiemsee 1950
Wolf, Anita: *UR-Ewigkeit in Raum und Zeit,* Anita-Wolf-Freundeskreis, Ditzingen [4]1995
Weidner, Gisela (Hrsg.): *Zukünftige Ereignisse auf Erden – Aus geistiger Sicht,* Eigenverlag: Postfach 405, 1071 Wien

Über Dan Browns Roman *Sakrileg:*

Burstein, Dan: *Die Wahrheit über den Da-Vinci-Code,* Goldmann 2004
Cox, Simon: *Sakrileg entschlüsselt – Dan Browns Bestseller von A bis Z,* Heyne, München 2005
Duchane, Sangeet: *Das Da Vinci Geheimnis – Wahrheit und Mythos in Dan Browns Sakrileg,* White Star Verlag, Wiesbaden 2006
Hillefeld, Marc: Ein Code wird geknackt – *Dan Browns Roman „Sakrileg" entschlüsselt,* Egmont vgs, Köln 2006
Langbein, Walter-Jörg: *Das Sakrileg und die heiligen Frauen,* Rütten & Loening, Berlin 2005; Aufbau Taschenbuch Verlag, Berlin 2006
Olson, Carl E., und Sandra Miesel: *The Da Vinci Hoax – Exposing the Errors in The Da Vinci Code,* Ignatius Press, San Francisco 2004
Schick, Alexander: *Das wahre Sakrileg – Die verborgenen Hintergründe des Da-Vinci-Codes,* Knaur, München 2006
Shugarts, David A.: *Secrets of the Widow's Son – The Mysteries surrounding the Sequel to The Da Vinci Code,* Orion Books, London 2006

Über Opus Dei (hier relevant im Zsh. mit Dan Browns Roman *Sakrileg*):

Allen, John L.: *Opus Dei. Mythos und Realität – Ein Blick hinter die Kulissen.* Gütersloher Verlagshaus, 2006
Hertel, Peter: *Schleichende Übernahme. Josemaria Escriva, sein Opus Dei und die Macht im Vatikan,* Publik-Forum GmbH, Oberursel 2003
Hutchison, Robert: *Die heilige Mafia des Papstes – Der wachsende Einfluß des Opus Dei,* Droemer Knaur, München 1996
Rupp, Hartmut: *Opus Dei – Die dunkle Macht im Vatikan,* BoD 2002
Walsh, Michael: *Opus Dei: An Investigation into the Powerful Secretive Society within the Catholic Church,* Harper-San-Francisco, 2004
Siehe auch: Phelps, Eric Jon

Geheimgesellschaften, Geschichte, okkulte Traditionen:

Adler, Manfred: *Die antichristliche Revolution der Freimaurerei,* Miriam Verlag, Jestetten (Miriam) 1975 [aus katholischer Sicht]
Allegro, John M.: *Die Botschaft vom Toten Meer – Das Geheimnis der Schriftrollen,* Fischer Bücherei, Frankfurt/M., Hamburg 1957

Allen, Gary: *Die Insider – Baumeister der „Neuen Welt-Ordnung"*, Verlag für außergewöhnliche Perspektiven (VAP), Wiesbaden 1974, [10]1990

—: *Die Rockefeller-Papiere,* Wiesbaden (VAP), erste Auflage 1976

Bacque, James: *Der geplante Tod – Deutsche Kriegsgefangene in amerikanischen und französischen Lagern 1945–1946;* Ullstein Verlag, 9. Auflage (erweiterte Neuausgabe mit Informationen aus dem KGB-Archiv), 2002

Baigent, Michael: *The Jesus Papers – Exposing the Greatest Cover-Up in History,* 2006; dt. *Die Gottesmacher – Die Wahrheit über Jesus von Nazareth und das geheime Erbe der Kirche,* Lübbe, Bergisch Gladbach 2006

Baigent, Michael, und Richard Leigh: *Der Tempel und die Loge – Das geheime Erbe der Templer in der Freimaurerei,* Bastei Lübbe, Bergisch Gladbach 1991, [5]1996

—: *Verschlußsache Jesus – Die Qumranrollen und die Wahrheit über das frühe Christentum,* Knaur Verlag, München 1991; Taschenbuchausgabe 1993 [als Entgegnung auf die vielen Falschinformationen siehe: Betz/Riesner]

Bainerman, Joël: *The Crimes of a President – New Revelations on Conspiracy & Cover-Up in the Bush & Reagan Administrations,* S. P. I. Books, a division of Shapolsky Publishers, New York 1992

Bauer, Martin: *Die Tempelritter – Mythos und Wahrheit,* Heyne, München 1998

Bell Martinez, Mary: *Die Unterminierung der Katholischen Kirche,* Verlag Anton Schmid, Durach 1992

Ben-Itto, Hadassa: *Die Protokolle der Weisen von Zion – Anatomie einer Fälschung,* Aufbau-Verlag, Berlin 1998

Betz, Otto, und Rainer Riesner: *Jesus, Qumran und der Vatikan – Klarstellungen,* Herder, Freiburg 1993 [eine akademisch fundierte Widerlegung der Behauptungen von Baigent und Leigh, *Verschlußsache Jesus*]

Birk, Heinz Günther: „Die Kathedrale von Chartres – göttliches Erbe?" in: *Wissenschaft ohne Grenzen* (Suhl) 4/1996, S. 44 ff.

Brinkley, Dannion, und Paul Perry: *Zurück ins Leben – Die wahre Geschichte des Mannes, der zweimal starb,* Knaur, München 1994

Brüning, Erich, und Harry Graf: *Die unterschätzte Subkultur: Freimaurerei – Wolf im Schafspelz,* Schwengeler Verlag, Berneck 2001

Calleman, Carl Johan: *Solving the Greatest Mystery of Our Time: The Mayan Calendar,* Garev, London/Coral Springs, Florida, 2001

—: *The Mayan Calendar and the Transformation of Consciousness,* Bear & Company, Rochester, Vermont 2004 (www.calleman.com)

Carmin, E.R.: *Das schwarze Reich – Geheimgesellschaften und Politik im 20. Jahrhundert,* Heyne, München 1997; Sonderausgabe 2004

Charpentier, Louis: *Die Geheimnisse der Kathedrale von Chartres,* Köln 1972, München (Knaur) 1999

Charroux, Robert: *Trésors du monde, enterrés, emmurés, engloutis,* Fayard, Paris 1962 [erwähnt als erster Buchautor das Rätsel von Rennes-le-Château; eine Kopie des Rennes-Kapitels aus diesem Buch wurde 1966 von den Prieuré-de-Sion-Autoren den *Dossiers Secrets* beigelegt]

—: *Verratene Geheimnisse – Aus vorbiblischen Quellen,* Herbig, München 1967 [gewidmet „Jean Cocteau – in memoriam"]
Chatelain, Maurice: „Ägyptische Kathedralen in Frankreich", in: *Ancient Skies,* 1/1995
Christie, Agatha: *Die Großen Vier,* Scherz Verlag, Bern, München [17]1992
Cohn-Sherbok, Dan: *The Politics of Apocalypse – The History and Influence of Christian Zionism,* Oneworld Publications, Oxford 2006 [Der Autor ist Rabbi und Judaismusprofessor; beschreibt die Problematik des deterministischen Prophetieglaubens in der heutigen Politik.]
Conte, Arthur: *Die Teilung der Welt – Jalta 1945,* dtv, München 1967
Dendl, Jörg: *Wallfahrt in Waffen – Der erste Kreuzzug ins Heilige Land 1095–1099,* LangenMüller, München 1999 (Sonderausgabe 2000)
Dimde, Manfred: *Die Grals-Verschwörung – Geheimdokumente der Templer,* Falken, Niedernhausen 1997
Eisenmann, Robert, und Michael Wise: *Jesus und die Urchristen – Die Qumran-Rollen entschlüsselt,* C. Bertelsmann, München 1993
Elia: *Prophezeiungen von Elia zur Endzeit;* Band 1: *Die Legende von Atlantis;* Band 2: *Ein Zeuge der Götterdämmerung;* Band 3: *Geheimgesellschaften und der Mythos des 21. Jahrhunderts,* Sternentorverlag, 1996–2001
Epperson, Ralph: *The Unseen Hand: An Introduction to the Conspiratorial View of History,* Publius Press 1985; Adventure Unlimited Press 1989; dt. *Die unsichtbare Hand – Der Einfluß geheimer Mächte auf die Weltpolitik,* Kopp Verlag, Rottenburg 2004
Erdmann, Karl-Dietrich: *Gebhard Handbuch der deutschen Geschichte,* Band 18, dtv-wissenschaft Nr. 4218
Eringer, Robert: *The Global Manipulators – The Bilderberg Group, the Trilateral Commission: Covert power groups of the West,* Pentacle Books, Bristol 1980
Farkas, Viktor: *Wer beherrscht die Welt? – Die vertuschte Wahrheit über geheime Komplotte, verborgene Drahtzieher, UFO-Verschwörungen und die geplante Zukunft der Menschheit,* Orac, Wien 1997; überarbeitete Neuausgabe: *Vertuscht – Wer die Welt beherrscht* (Argo-Verlag 2002)
Fikentscher, Henning: *Zur Ermordung Friedrich Schillers – Der heutige Stand der Forschung über Friedrich Schillers sterbliche Reste und die Ursachen seines Todes,* Verlag für Ganzheitliche Forschung, Viöl 2000
Gardner, Laurence: *Das Vermächtnis des Heiligen Gral – Die Nachfahren Jesu und die geheime Geschichte Europas,* Heyne, München 1999
—: *Das Geheimnis der Gralskönige – Die Vorfahren Jesu und die Erblinie des Gral,* Ullstein, Berlin 2006
Goodchild, Peter: *J. Robert Oppenheimer,* Birkhäuser, Basel 1982
Goulevitch, Arsene de: *Czarism and the Revolution,* Omni Publications, Hawthorne, CA (ohne Jahresangabe), Neuauflage der Ausgabe von 1962
Greiner, Wolfgang: *Christus und Luzifer,* Goetheanum-Verlag, Dornach 1987
—: *Das Antlitz des Bösen,* Dornach 1984
Griffin, Des: *Wer regiert die Welt? Im Anhang die Protokolle der Weltdiktatur: „Das neue Testament Satans",* Verlag Diagnosen, Leonberg 1986

Griffin, G. Edward: *The Creature from Jekyll Island: A Second Look at the Federal Reserve,* 1994 [eine umfassende, leichtverständliche Darlegung der „Federal Reserve"-Verschwörung, dt. *Die Kreatur von Jekyll Island – Die US-Notenbank FEDERAL RESERVE,* 672 Seiten, Kopp Verlag 2006]

Hancock, Graham: *Die Wächter des heiligen Siegels – Auf der Suche nach der verschollenen Bundeslade,* Lübbe, Bergisch Gladbach 1992

—: *Die Spur der Götter,* Lübbe, Bergisch Gladbach 1995

Harikesha Swami: *Varnashrama-Manifest der sozialen Vernunft, The Bhaktivedanta Book* Trust, Vaduz 1981

Harris, Jack: *Freemasonry: The Invisible Cult in Our Midst,* 1983 [Harris war hochgradiger Freimaurer, der sich zu Jesus bekehrte; beschreibt luziferische Pläne und Rituale sowie die Unterwanderung des Christentums.]

Hauf, Monika: *Der Mythos der Templer,* Walter Verlag, Zürich 1995

—: *Die geheimen Botschaften, Manuskripte und Schätze der Templer in Rennes-le-Château,* Bohmeier Verlag, Leipzig 2004

Heindel, Max: *Freimaurerei und Katholizismus,* Rosenkreuzer-Gemeinschaft, Darmstadt (ohne Jahresangabe)

Heise, Karl: *Entente-Freimaurerei und Weltkrieg,* 1918, Faksimile Neuauflage im Verlag für Ganzheitliche Forschung, Struckum 1991

Hesemann, Michael: *Geheimakte John F. Kennedy – Warum der amerikanische Präsident sterben mußte,* Kopp Verlag, Rottenburg 2003

Hölderlin, Friedrich: *Hyperion, oder der Eremit in Griechenland,* 1797/99, Insel Verlag, Frankfurt am Main 1979 [In diesem Roman beschreibt Hölderlin anhand der fiktiven Alabanda-Episode, wie er 1795 von einem Logen-Vertreter kontaktiert wurde; dies war rund 20 Jahre nach der Gründung des Illuminaten-Ordens in Deutschland 1776.]

Icke, David: *The Robot's Rebellion – The Story of the Spiritual Renaissance,* Gateway Books, Bath 1994 [Liste all seiner Publikationen auf davidicke.com, ickemedia.com und bridgeoflove.com; dt. siehe mosquitoverlag.de]

Illig, Heribert: *Das erfundene Mittelalter – Hat Karl der Große je gelebt?,* 1996, Ullstein, [8]2005

—: *Wer hat an der Uhr gedreht? Wie 300 Jahre Mittelalter erfunden wurden,* 1999, Ullstein, [6]2006

Johannes von Jerusalem: *Das Buch der Prophezeiungen – Zukunftsvisionen eines großen Sehers für das dritte Jahrtausend,* Heyne 1995; Neuauflage im Kopp Verlag 2005; Manfred Böckl (Hrsg.): *Prophezeiungen für das neue Jahrtausend – Johannes von Jerusalem,* Süd-Ost Verlag, Waldkirchen 1998

Jung-Stilling, Johann Heinrich: *Das Heimweh,* 1794/96, Neuauflage im Goetheanum-Verlag, Dornach 1994

Kah, Gary: *En Route to Global Occupation: A High Ranking Government Liaison Exposes the Secret Agenda for World Unification,* Huntington House, Lafayette 1992 [ein ehemaliger hoher US-Regierungsbeamter, heute Christ, entdeckt geheime Weltherrschaftspläne]

Kardell, Franz: *The KAL 007 Massacre,* Western Goals Foundation, Alexandria, Virginia, 1985

Kendel, Robert: *Das wichtigste Geheimnis der Menschheit? So wird die Menschheit hinters Licht geführt,* Ewert-Verlag, Rhede 1994

Kimpel, Dieter, und Robert Suckale: *Die gotische Architektur in Frankreich 1130–1270,* Hirmer Verlag, München 1985, überarbeitete Neuauflage 1995

Klitzke, Axel: *Pyramiden – Wissensträger aus Stein,* Vorwort von Armin Risi, Govinda-Verlag, Jestetten 2005

—: „Geheimcode der Dollarnote", in: *Magazin 2000plus* Nr. 196, Mai/Juni 2004

Klug, Sonja Ulrike: *Kathedrale des Kosmos – Die heilige Geometrie von Chartres,* Hugendubel, München *2001*

Knight, Christopher, und Robert Lomas: *Unter den Tempeln Jerusalems – Pharaonen, Freimaurer und die Entdeckung der geheimen Schriften Jesu,* Scherz Verlag, München ²1997 (Original: *The Hiram Key,* London 1996)

Liebi, Roger: *Das neue Europa – Hoffnung oder Illusion?* Schwengeler-Verlag, Berneck 1996

Lincoln, Henry, und Michael Baigent, Richard Leigh: *Der Heilige Gral und seine Erben – Ursprung und Gegenwart eines geheimen Ordens. Sein Wissen und seine Macht,* Bastei Lübbe, Bergisch Gladbach 1984, ⁹1996 (Original: *The Holy Blood and the Holy Grail,* 1982)

—: *Das Vermächtnis des Messias – Auftrag und geheimes Wirken der Bruderschaft vom Heiligen Gral,* Bastei Lübbe, Bergisch Gladbach 1987, 1995 (Original: *The Messianic Legacy,* 1986)

Lindsey, Hal, und Carole C. Carlson: *Alter Planet Erde wohin? Im Vorfeld des Dritten Weltkrieges,* Gerth Verlag, Asslar 1971; 1990 [ein Klassiker der evangelikalen Prophezeiungsschriften; weltweite Gesamtauflage über 20 Mio. Exemplare; siehe auch: Stuhlhofer]

London, Jack: *Die Eiserne Ferse* (Roman), Ullstein, Frankfurt/M. 1984

Lundberg, Ferdinand: *Amerikas 60 Familien,* Verlag Allert de Lange, Amsterdam 1938 [Die deutsche Übersetzung stützt sich auf die damals erschienene siebte Auflage des englischen Originals.]

—: *The Rich and the Super-Rich. A Study in the Power of Money Today,* Lyle Stuart, New York 1968; dt. *Die Reichen und die Superreichen – Macht und Allmacht des Geldes,* Hoffmann und Campe, 1969; Fischer, 1971

Machiavelli, Niccolò: *Il Principe/Der Fürst* (Italienisch/Deutsch), Reclam Verlag, Stuttgart 1993

Mahieu, Jacques de: *Wer entdeckte Amerika? Geheimgeographie vor Kolumbus,* Grabert-Verlag, Tübingen 1977

—: *Die Templer in Amerika oder das Silber der Kathedralen,* Grabert-Verlag, Tübingen 1979

Maiski, Iwan M.: *Wer half Hitler?* (1964), Rüggeberg, Wuppertal 1992

Marlowe, John: *Cecil Rhodes – The Anatomy of Empire,* London 1972; siehe auch: Sarah Millin, *Cecil Rhodes,* 1933 [beschreibt bereits vor dem Zweiten Weltkrieg, daß eine britische Weltherrschaft das Ziel dieses Mannes war]

Millenari, I: *Wir klagen an – Zwanzig römische Prälaten über die dunklen Seiten des Vatikans,* Aufbau Taschenbuch Verlag, Berlin 2000

Milton, John: *Das verlorene Paradies,* Übersetzung aus dem Englischen von Hans Heinrich Meier, Reclam Verlag, Stuttgart 1986

Mullins, Eustace, und Roland Bohlinger: *Die Bankier-Verschwörung – Die Machtergreifung der Hochfinanz und ihre Folgen,* Verlag für ganzheitliche Forschung, Struckum, 2., erweiterte Auflage 1988

Münzer, Paul J.: *Friedrich von Schiller – Ein Mord mit tausend Lügen,* Argo-Verlag, Marktoberdorf 2006 (siehe auch: Fikentscher)

Orwell, George: *1984* (Roman), neu übersetzt von Michael Walter, Ullstein Ozeanische Bibliothek, Frankfurt am Main 1984

Perloff, James: *The Shadows of Power: The Council on Foreign Relations and the American Decline,* 1988

Pfeifer, Heinz: *Brüder des Schattens – Versuch einer Hintergrundanalyse zur Weltpolitik,* R. Übersax Verlag, Zürich 1983 [Analyse der luziferischen Pläne der Geheimgesellschaften; aus anthroposophischer Sicht]

Phelps, Eric Jon: *Vatican Assassins – Wounded in the House of my Friends,* gedruckt als Buch 2001, erweiterte Fassung (734 Seiten mit vielen Fotos) als CD-Rom 2004 plus zehn alte, nicht mehr erhältliche Bücher; kann als E-Book heruntergeladen werden unter www.vaticanassassins.com [Eine heftige Anklage gegen die geheimen Ränge des Jesuiten-Ordens und dessen Verbindung mit den Freimaurern und Zionisten; mit vielen Fakten über Federal Reserve, Titanic, WWI, WWII usw.; Phelps sieht in dem bereits seit 500 Jahren existierenden Jesuiten-Orden eine der mächtigsten Verschwörerkräfte der Gegenwart und sagt, das Oberhaupt der Jesuiten, der in Rom residierende „General", sei der Schwarze Papst.)

Picknett, Lynn, und Clive Prince: *The Templar Revelation – Secret Guardians of the True Identity of Christ,* Bantam Press, 1997; Corgi Books, 1998

—: *The Sion Revelation – Inside the Shadowy World of Europe's Secret Masters,* Time Warner Books, London 2006

Price, Randall: *The Latest Developments in Bible Prophecy – The Coming Last Days Temple,* Harvest House Publishers, Eugene, Oregon 1999

Quigley, Carroll: *Tragedy and Hope: A History of the World in Our Time,* MacMillan, New York 1966

Retyi, Andreas von: *Die unsichtbare Macht – Hinter den Kulissen der Geheimgesellschaften,* Kopp Verlag, Rottenburg 2003

—: *Macht und Geheimnis der Illuminaten,* Kopp Verlag, 2004

—: *Bilderberger – Das geheime Zentrum der Macht,* Kopp Verlag, 2006

Reuveni, Amnon: *Im Namen der „Neuen Weltordnung" – Vom unzeitgemäßen Herrschaftswillen und seinen Trägern in der Weltpolitik,* Goetheanum-Verlag, Dornach 1994

Robinson, John J.: *Born in Blood: The Lost Secrets of Freemasonry,* 1989 [ein freimaurerischer Autor, der nachweist, daß die Freimaurer aus dem verfolgten Templer-Orden hervorgegangen sind. Im Gegensatz zu Knight/Lomas beschreibt er auch die verschwörerischen Aspekte.]

Robison, John: *Proofs of a Conspiracy Against All the Religions and Governments of Europe Carried on in the Secret Meetings of Freemasons, Illuminati and Reading Societies,* 1797, Reprint: Kessinger Publishing, 2003

Rothkranz, Johannes: *Der Vertrag von Maastricht – Endlösung für Europa* (zwei Bände), Verlag Anton A. Schmid, Durach 1992
—: *JA zu Europa heißt NEIN zu Maastricht!* (Broschüre) Durach 1992
—: *Die kommende „Diktatur der Humanität"*, Durach 1992
—: *666 – Die Zahl des Tieres*, Durach, 1998
Rudolph, Kurt: *Die Gnosis – Wesen und Geschichte einer spätantiken Religion*, Leipzig 1977, Göttingen 1990
Rüggeberg, Dieter: *Geheimpolitik – Der Fahrplan zur Weltmacht*, Rüggeberg-Verlag, Wuppertal 1990, 1993
—: *Geheimpolitik Band 2: Logen – Politik*, Wuppertal 1994
Saint-Yves d'Alveydre: *Mission de l'Inde en Europe – Mission de l'Europe en Asie*, 1886, Facsimile-Neuauflage durch Gilbert Tappa und Claude Boumendil, 1981 (mit einer Einleitung von Jean Saunier); Edition Belisane, 11570 Cazilhac, Dépôt légal Nov. 1995
Schrick, Armin: „Gotische Baukunst – Stufen zum Kosmos?" in: Erich von Däniken (Hrsg.): *Neue kosmische Spuren*, München (Goldmann) 1992
Schuchert, August: *Kirchengeschichte – Von den Anfängen der Kirche bis zur Gegenwart*, Thomas-Verlag, Kempen-Niederrhein 1958
Scott, Ernest: *Die Geheimnisträger – Auf den Spuren der verborgenen Baumeister der Evolution*, Knaur, München 1989 [zeigt die Verbindung der alten abendländischen und islamischen Geheimschulen auf, unterscheidet jedoch nicht zwischen den negativen und positiven Bruderschaften, sondern vermengt sie in ein fiktives „Geheimes Direktorium"]
Sède, Gérard de: *Die Templer sind unter uns oder Das Rätsel von Gisors*, Ullstein, Berlin, Frankfurt 1963
—: *Das Geheimnis der Goten – Von den Runen zu den Kathedralen*, Walter Verlag, Olten 1980 (Pawlak Taschenbuch 1991)
Stuhlhofer, Franz: *„Das Ende naht!" – Die Irrtümer der Endzeitspezialisten*, Brunnen Verlag, Gießen/Basel 1992 [bibelchristliche Kritik an den evangelikalen Endzeitpredigern, mit Hinweisen auf die aktuelle Relevanz der Geheimen Offenbarung]
Sutton, Anthony C.: *America's Secret Establishment. An Introduction to the Order of Skull & Bones*, Liberty House Press, Billings 1986
—: *National Suicide: Military Aid to the Soviet Union*, Arlington House, New Rochelle, NY, 1974
—: *The Two Faces of George Bush*, Wiswell Ruffin Inc., Dresden, NY, 1978
—: *Wall Street and the Bolshevik Revolution*, Veritas Publishing, Morley 1981
—: *Wall Street and the Rise of Hitler*, 76 Press, Seal Beach 1966
Tarpley, Webster G. (Griffin), und Anton Chaitkin: *George Bush – The Unauthorized Biography*, Executive Intelligence Review, Washington D.C. 1992 [akribisch recherchiert, dokumentiert u.a. die Rolle von Prescott Bush im Zweiten Weltkrieg: Kapitel 2, „The Hitler Project", und Kapitel 6, „Bush in World War II"]
Terhart, Franjo: *Die Wächter des Heiligen Gral – Das verborgene Wissen der Tempelritter*, Bastei Lübbe, München 2001

Topper, Uwe: *Die „Große Aktion" – Europas erfundene Geschichte; Die planmäßige Fälschung unserer Vergangenheit von der Antike bis zur Aufklärung,* Grabert-Verlag, Tübingen ²2000
—: *Erfundene Geschichte – Unsere Zeitrechnung ist falsch,* Herbig, 1999
—: *Kalender-Sprung – Falsche Geschichtsschreibung bestimmt die Zukunft; Europas Religionswechsel um 1500,* Grabert-Verlag, Tübingen 2006
Waite, Arthur E.: *A New Encyclopedia of Freemasonry,* 1921, reprint 1996
Wehr, Gerhard: *Louis Claude de Saint-Martin,* Clemens Zerling, Berlin 1995
Weirauch, Wolfgang: „Michael im Kampf mit dem Bösen", in: *Michael – Januskopf Bundesrepublik,* Flensburger Hefte Nr. 26, Flensburg 1989
Werlitz, Jürgen: *Das Geheimnis der heiligen Zahlen – Ein Schlüssel zu den Rätseln der Bibel,* Pattloch Verlag, München 2000
Yallop, David: *Im Namen Gottes? Der mysteriöse Tod des 33-Tage-Papstes Johannes Paul I. – Tatsachen und Hintergründe,* 1984, Knaur, München 1988 (Taschenbuchausgabe mit neuem Nachwort)
Zillmer, Hans-Joachim: *Kolumbus kam als Letzter – Als Grönland grün war: Wie Kelten und Wikinger Amerika besiedelten,* LangenMüller, München 2004
—: *Die Evolutions-Lüge – Die Neandertaler und andere Fälschungen der Menschheitsgeschichte: Unterdrückte Fakten, Verbotene Beweise, Erfundene Dogmen,* LangenMüller, München 2005

Ufologie, Yuga-Forschung, mediale Texte:

Adamski, George, und Desmond Leslie: *Fliegende Untertassen landen,* Europa-Verlag, Zürich 1954; dann als: *Fliegende Untertassen sind gelandet,* Ventla Verlag, Wiesbaden 1956 (engl. Original 1953)
—: *Im Innern der Raumschiffe,* Ventla Verlag, Wiesbaden 1958, 1981 (engl. 1957)
Ananda: *The Alien Presence – The Evidence for Government Contact with Alien Life Forms,* Svinndal, Norway (Shekinah) 1992
Angelucci, Orfeo: *Geheimnis der Untertassen,* Ventla Verlag, Wiesbaden 1959, 1983 (engl. Original 1955)
Armstrong, Virgil: *Der Armstrong-Report – Außerirdische und UFOs,* Reichel Verlag, Weilersbach 1993
Ashtar: *In kommenden Tagen,* Ventla Verlag, Wiesbaden 1955, ⁵1990
Ashtar Sheran: *Wissen aus dem Kosmos,* Erkelenz-Verlag, Calden 1986 [Auszüge aus den Texten des Medialen Friedenskreises Berlin, 1958, herausgegeben von Herbert Victor Speer]
Barker, Gray: *Das Buch über George Adamski,* Wiesbaden (Ventla) 1967
Berlitz, Charles, und William Moore: *Der Roswell-Zwischenfall – Die UFOs und der CIA,* Zsolnay, Wien/Hamburg 1980; Taschenbuchausgabe: *Der Roswell-Zwischenfall – Die UFOs und die CIA,* Droemer Knaur 1998
Blumrich, Josef: *Da tat sich der Himmel auf – Die Begegnung des Propheten Ezechiel mit außerirdischer Intelligenz,* Ullstein, München 1994
—: *Kásskara und die sieben Welten – Die Geschichte der Menschheit in der Überlieferung der Hopi-Indianer,* Knaur, München 1985

Blundell, Nigel, und Roger Boar: *Die größten UFO-Geheimnisse der Welt,* Knaur, München 1993

Bramley, William: *The Gods of Eden – The Chilling Truth about Extraterrestrial Infiltration and the Conspiracy to Keep Humankind in Chains,* Avon Books, New York 1989; dt. *Die Götter von Eden,* 1993

Branton: *The Dulce Wars – Underground Alien Bases and the Battle for Planet Earth,* Inner Light Publications, New Brunswick 1999

Childress, David Hatcher: *Vimana Aircraft of Ancient India & Atlantis, including the complete Vimaanika Shastra text,* Adventures Unlimited Press, Stelle 1991

Cooper, Milton William: *Die Apokalyptischen Reiter,* Michaels Verlag, Edition Pandora, Peiting 1996 [dt. Übersetzung von *Behold a Pale Horse*]

—: *MJ-12 – Die geheime Regierung,* Peiting 1998

Corso, Philip J., und William J. Birnes: *The Day After Roswell – A Former Pentagon Official Reveals the U.S. Government's Shocking UFO Cover-up,* 1997, erweiterte Ausgabe 1998; dt: *Der Tag nach Roswell – Der Beweis: Die UFOs kamen wirklich,* Goldmann, München 1998

Däniken, Erich von: *Erinnerungen an die Zukunft – Ungelöste Rätsel der Vergangenheit,* Econ-Verlag, Düsseldorf/Wien 1968

—: *Zurück zu den Sternen – Argumente für das Unmögliche,* Econ 1969

Dibitonto, Giorgio: *Engel in Sternschiffen,* Ventla-Verlag, Wiesbaden 1984

Flammonde, Paris: *UFOs – Es gibt sie wirklich,* Heyne, München 1978

Friedman, Stanton T.: *Top Secret – Die Akte Majestic 12,* bettendorf, München 1997

Friedman, Stanton T., und Don Berliner: *Der UFO-Absturz bei Corona – Die Bergung eines UFOs durch das U.S. Militär,* Kopp Verlag, Rottenburg 1996 [über den UFO-Absturz von Roswell, der sich genaugenommen nicht bei Roswell, sondern im Gebiet der kleinen Ortschaft Corona ereignete]

Fry, Daniel: *Das Erlebnis von White Sands,* Ventla-Verlag, Wiesbaden 1955; erweiterte Neuauflage 1970 (mit seinem Vortrag an der Universität Mainz und seinem Interview im Südwestfunk)

Good, Timothy: *Jenseits von TOP SECRET – Das geheime Ufo-Wissen der Regierungen,* Zweitausendundeins, Frankfurt 1991*

—: *Sie sind da – Eine UFO-Dokumentation,* Zweitausendundeins, Frankfurt 1992 [dt. Übersetzung von *Alien Liaison – The Ultimate Secret,* 1991]*

—: *UFOs – Top Secret,* Knaur 1999; Neuauflage Knaur 2001: *Top Secret. Die Ufo-Akten – Begegnungen mit außerirdischen Intelligenzen*

—: *Unearthly Disclosure – Conflicting Interests in the Control of Extraterrestrial Intelligence,* Arrow Books, London 2001*

Greer, Steven M.: *Disclosure – Military and Government Witnesses Reveal the Greatest Secrets in Modern History,* 2001, www.disclosureproject.com

Haley, Leah A.: *Meine Entführungen durch Außerirdische und das US-Militär,* Kopp Verlag, Rottenburg 1996

* Mit einem Vorwort von Flottenadmiral Lord Hill-Norton, Chef des britischen Verteidigungsstabes 1971–73 und Vorsitzender des NATO-Militärkomitees 1974–77

Hall, Richard: *Ungebetene Gäste – Eine mit Dokumenten belegte Chronologie über UFO-Sichtungen, Entführungen durch Außerirdische und über Vertuschung,* Kopp Verlag, Rottenburg 1997

Hausdorf, Hartwig: *Wenn Götter Gott spielen – Die Schöpfung war programmiert,* LangenMüller, München 1997

—: *UFO-Begegnungen der tödlichen Art,* Knaur, München 1998

Helsing, Jan van, und Reiner Feistle: *Unternehmen Aldebaran,* 1997, Ama Deus Verlag, Fichtenau 2000

Hesemann, Michael: *Geheimsache U.F.O. – Die wahre Geschichte der unbekannten Flugobjekte,* Silberschnur-Verlag, Neuwied 1994

—: *UFOs – Die Kontakte,* 1. Auflage München 1990; erweiterte Neuauflage 1998 (Silberschnur-Verlag)

Hesse, Paul Otto: *Der Jüngste Tag – Ein Buch an die Menschheit, das von den kommenden Dingen spricht,* 1949; Turm-Verlag, Bietigheim [5]1995

Hopkins, Budd: *Von UFOs entführt – Dokumente und Berichte über aufsehenerregende Fälle,* Heyne, München 1982 [das erste Buch, das zu dieser Thematik in deutscher Sprache erschien]

—: *Eindringlinge – Die unheimlichen Begegnungen in den Copley Woods,* Knaur, München 1994

Hurtak, James J.: *Die Schlüssel des Enoch – Eine Lehre, gegeben auf sieben Ebenen in Vorbereitung auf die Bruderschaft des Lichts,* Academy for Future Science, 1973, 1996, CH-Brienz und D-Wasserburg 2006

Hynek, J. Allen: *UFO-Report – Ein Forschungsbericht,* Goldmann, München 1979

Jacobs, Prof. David: *Geheimes Leben – Dokumentierte Berichte über Entführungen durch UFOs,* Kopp Verlag, Rottenburg 1995

—: *Bedrohung – Die geheime Invasion der Aliens,* Rottenburg 1998

Jordan, Debbie, und Kathy Mitchell: *Entführung – Die Geschichte der Eindringlinge geht weiter,* Kopp Verlag, Rottenburg 1997

Jürgenson, Johannes: *Das Gegenteil ist wahr (Band 2) – UFOs und Flugscheiben als Waffen im Kampf um die globale Macht,* Argo-Verlag, Marktoberdorf 2003 [vertritt die Theorie, alle UFOs seien geheim weiterentwickelte Flugkörper des Deutschen Reiches und alle Theorien bzgl. einer außerirdischen Herkunft seien Desinformation]

Kanjilal, Dileep: *Vimana in Ancient India,* Sanskrit Pustak Bandar, Calcutta 1985

Keyhoe, Donald E.: *Der Weltraum rückt uns näher,* Lothar Blanvalet Verlag, Berlin 1954, dt. Übersetzung von *Flying Saucers from Outer Space,* 1953

Korkowski, Edward: *Kampf der Dimensionen – Visionen für das III. Jahrtausend,* Andersen-Verlag, Bochum [4]1990

Lammer, Helmut, und Oliver Sidla: *UFO-Geheimhaltung – Die Hintergründe des weltweiten Komplotts: Geborgene Wracks, Experimente an Tieren, Entführungen, Geheime Dokumente,* Heyne, München 1997

Lammer, Helmut und Marion: *Verdeckte Operationen – Militärische Verwicklungen in UFO-Entführungen: Mind Control, Bio-Chips, Untergrundbasen, Exotische Waffen,* Herbig, München 1997

Langbein, Walter-Jörg: *Das Sphinx-Syndrom – Die Rückkehr der Astronautengötter,* LangenMüller, München 1995

Mack, John: *Entführt von Außerirdischen – Der Alien-Report,* Heyne, München 1997

Marrs, Jim: *Das UFO-Dossier – Verstörende Begegnungen mit außerirdischen Intelligenzen,* Knaur, München 1998

Michel, Peter: *Die Sternenbruderschaft,* Aquamarin-Verlag, Grafing 1995

Muck, Otto: *Alles über Atlantis – Alte Thesen, neue Forschungen,* Knaur, München 1986

Onec, Omnec: *Ich kam von der Venus,* Myrddin-Verlag, Düsseldorf 1994

Osswald, Susanne, und Karl Schnelting: *Dein Wille geschehe jetzt! – Die Menschheit vor der globalen Transformation,* Govinda-Verlag 1998

Pope, Nick: *Die UFO-Akte – Die X-Files des britischen Verteidigungsministeriums,* Knaur, München 1998; mit einem Vorwort von Timothy Good.

Pritchard, Andrea, und David E. Pritchard, John E. Mack, Pam Kasey und Claudia Yapp (Hrsg.): *Alien Discussions – Von Außerirdischen entführt; Forschungsberichte und Diskussionsbeiträge zur Konferenz am Massachusetts Institute of Technology (MIT), Cambridge, über das Abduktionsphänomen,* Frankfurt/M. (Zweitausendundeins) 1996

Randle, Kevin: *Invasion Washington – UFOs over the Capitol; An Astonishing True Account of Alien Contact,* HarperTorch, New York 2001

Randle, Kevin, und Donald Schmitt: *Der UFO-Absturz bei Roswell – Die vollständige und unzensierte Geschichte über Amerikas bedeutendste Begegnung mit einem UFO,* Kopp Verlag, Rottenburg 1996

Reeve, Bryant und Helen: *Auf den Spuren außerirdischer Weltraumschiffe,* Ventla-Verlag, Wiesbaden 1970

Retyi, Andreas von: *Geheimbasis Area 51 – Die Rätsel von Dreamland,* Kopp Verlag, Rottenburg 1998

Risi, Armin: *Der multidimensionale Kosmos* (drei Bände) und *Licht wirft keinen Schatten – Ein spirituell-philosophisches Handbuch,* siehe Liste der Veröffentlichungen des Autors auf S. 569f.

—: „Die Kosmologie der altindischen Schriften – Älteste Analysen des UFO-Phänomens", in: *UFO-Kurier* Nr. 20, Juni 1996

—: „UFO-Beschreibungen in den altindischen Schriften – ‚Götter', ‚Dämonen' und außerirdische Einflüsse", in: *UFO-Kurier* Nr. 21, Juli 1996

—: „Tierverstümmelungen: Ein Zusammenhang mit Außerirdischen? Nachforschungen in altindischen und in medialen Quellen", in: *UFO-Kurier* Nr. 24, Oktober 1996

—: „Die Realität ist multidimensional" (Interview), in: *UFO-Nachrichten,* März/April 1997

—: „Ehemalige NASA-Mitarbeiter bestätigen die Existenz von UFOs – Was wird enthüllt? Was bleibt verborgen?" in: *Magazin 2000* Nr. 118, August 1997

—: „Ein ehemaliger NASA-Mitarbeiter über die Existenz von UFOs: ‚Ich mußte unwahre Aussagen machen'" (Interview mit Prof. Dino Dini), in: *Magazin 2000* Nr. 119, September 1997

—: „Geheimpolitik und die Unterdrückung der Nonkonformen – Wie paßt die UFO-Geheimhaltung in die globalpolitische Szene?“ in: *UFO-Kurier* Nr. 49, November 1998

—: „Unterirdische Anlagen und Experimente: Neue Indizien und Zeugenaussagen“, in: *Kopp-Dossier* Nr. 1, Mai 1999

—: „Wendezeit 2000 oder Weltenende 3797?“, in: *Magazin 2000* Nr. 140, Mai 1999 [Erklärung, was Nostradamus gemeint hat, als er sagte, seine Prophezeiungen gingen bis 3797]

Royal, Lyssa, und Keith Priest: *Besucher von Innen (Die Geschichte der Zeta-Reticuli),* G. Reichel Verlag, Weilersbach 1993

Sauder, Richard: *Underground Bases and Tunnels – What is the Government trying to hide?* 1995; dt. *Underground – Stützpunkte und Tunnelsysteme,* Michaels-Verlag, Peiting 1999 [Die Zitate im vorliegenden Buch wurden von A. R. aus dem engl. Original übersetzt.]

Scully, Frank: *Behind the Flying Saucers,* Henry Holt and Co., New York 1950

Stevens, Wendelle: ist als Oberstleutnant der US-Luftwaffe Autor von über zwanzig Büchern im Englischen; wird auch in vielen deutschen Büchern zitiert.

Sitchin, Zecharia: *Der zwölfte Planet – Wann, wo, wie die Astronauten eines anderen Planeten zur Erde kamen und den Homo sapiens schufen,* Knaur, München 1989

—: *Die Kriege der Menschen und Götter – Wie die Anunnaki von einem anderen Stern kamen, um Gold zu suchen, und den Menschen schufen,* Knaur, München 1991

—: *Das erste Zeitalter – Wie die Anunnaki die Entwicklung des Menschen beeinflußten und wie sie uns noch heute lenken,* 1994, Kopp Verlag 2004

—: *Das verschollene Buch ENKI. Erinnerungen und Prophezeiungen eines außerirdischen Gottes,* Kopp Verlag, Rottenburg 2006 [Sitchin ist der Hauptvertreter der Theorie, der Mensch sei durch eine Genmanipulation an angeblich primitiven Urmenschen, vollzogen durch Außerirdische, entstanden. Er interpretiert die sumerischen Schriften aus dem Weltbild der materialistischen Evolutionstheorie heraus und behauptet, alle Kulturen der Welt gingen auf diese sumerischen „Götter“ (Anunnaki) zurück. Hier werden Manipulatoren mit Kreatoren verwechselt und als die „Schöpfer der Menschen“ ausgegeben.]

Smith, Tom H., und Savitri Braeucker: *Mutter Erde wehrt sich – Über die Heilung des Planeten und die Aufgabe der Sterngeborenen,* Govinda-Verlag, Jestetten 1997, [3]2001

Smith, Tom H., und Armin Risi: *DNS, Devolution und der Kampf um die Erde: Das kosmische Erbe – Einweihung in die Geheimnisse unserer Her- und Zukunft,* Govinda-Verlag, Jestetten 2001, [2]2003

Speer, Herbert Victor (Hrsg.): *Nicht von dieser Erde – Ein Tatsachenbericht über die interplanetarischen fliegenden Scheiben und über den Oberbefehlshaber der Raumschiff-Flotte ASHTAR-SHERAN,* Teil 1–3, Medialer Friedenskreis Berlin 1957–1959

Summers, Marshall Vian: *The Allies of Humanity*
Vol. I: *An Urgent Message about the Extraterrestrial Presence in the World Today;*
Vol. II: *Human Unity, Freedom and the Hidden Reality of Contact*, New Knowledge Library, Boulder 2001/2005; alliesofhumanity.org [eine weitere Warnung und Hinweis auf die wirklichen Lichtwesen]

Sumner, F. W.: *Das kommende Goldene Zeitalter – Die großen, jetzt im Gang befindlichen kosmischen Veränderungen und unsere Zukunft,* Urgemeinde-Verlag, Wiesbaden [4]1989

Thompson, Richard L.: *Alien Identities – Ancient Insights into Modern UFO Phenomena,* Govardhan Hill Inc., San Diego 1993; dt. *Begegnungen mit Außerirdischen,* bettendorf, Essen 1997

Thompson, Richard L., und Michael Cremo: *Forbidden Archaelogy – The Hidden History of the Human Race* [Vollständige Ausgabe, 914 Seiten], Bhaktivedanta Institute, San Diego 1993

—: *The Hidden History of the Human Race. Major Scientific Cover-Up Exposed!* [Gekürzte Bestseller-Version] Badger 1994; dt.: *Verbotene Archäologie – Sensationelle Funde verändern die Welt,* bettendorf, Essen 1994

Tollmann, Alexander und Edith: *Und die Sintflut gab es doch – Vom Mythos zur historischen Wirklichkeit,* Droemer Knaur, München 1993

Turner, Karla: *Into the Fringe – A True Story of Alien Abduction,* Berkeley Books, New York 1992; dt. *Eingriff – Verstrickt in den Plan der Außerirdischen,* Kopp Verlag, Rottenburg 1996

Vallée, Jacques: *Passport to Magonia,* Henry Regenery Co., Chicago 1969

—: „Five Arguments Against the Extraterrestrial Origin of Unidentified Flying Objects", in: *Journal of Scientific Exploration,* Vol. 4, Nr. 1/1990

—: *Enthüllungen – Begegnungen mit Außerirdischen und menschlichen Manipulationen,* Zweitausendundeins, Frankfurt/M. 1994

—: *Konfrontationen – Begegnungen mit Außerirdischen und wissenschaftlichen Beweisen,* Zweitausendeins, Frankfurt/M. 1994

—: *Dimensionen – Begegnungen mit Außerirdischen von unserem eigenen Planeten,* Zweitausendeins, Frankfurt/M. 1994

Zanot, Mario: *Die Welt ging dreimal unter – Kometen, Sintflutmythen und Bibel-Archäologie,* Weltbild-Verlag, Augsburg 1991

Zunneck, Karl-Heinz: *Geheimtechnologien, Wunderwaffen und irdische Facetten des UFO-Phänomens – 50 Jahre Desinformation und die Folgen,* CTT-Verlag, Suhl 1998

—: *Die totale Manipulation – UFOs sind irdische Geheimwaffen,* Eigenverlag 2002 (Auslieferung Kopp Verlag) [eine interessante Sichtweise, die den oft unterschätzten Aspekt der irdischen Geheimwaffen hervorhebt]

—: *Ufos über Neuschwabenland – Die Wahrheit über „Vril", „Haunebu" und die Templer-Erbengemeinschaft,* Kopp Verlag 2005 [s. auch Jürgenson]

Zürrer, Ronald: „UFOs: Bedrohung oder Bereicherung? Das Ufo-Phänomen einmal anders" in: *Weg nach Innen – Ausgewählte esoterische Vorträge und Essais,* S. 223–267, Govinda-Verlag, Neuhausen [2]2000

Stichwortverzeichnis

B

C

D

E

F

H

I

J

K

L

M

O

P

R

S

W

Y

Z

Weitere Bücher von Armin Risi

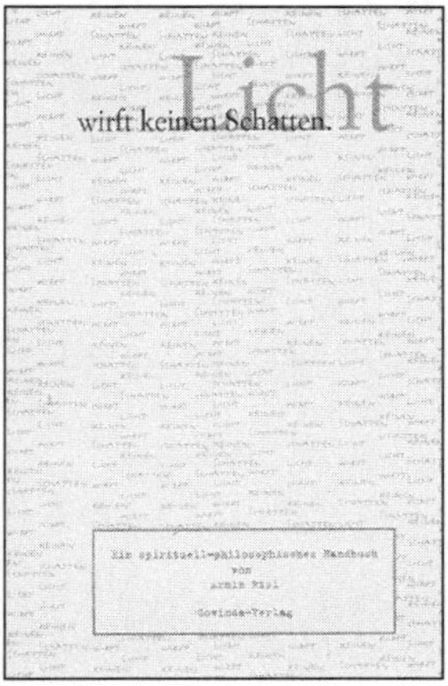

Das spirituell-philosophische Handbuch:

Die verschiedenen Weltbilder –
konsequent zu Ende gedacht

Licht wirft keinen Schatten ist eine scheinbar einfache, aber entscheidende Schlüsselerkenntnis, die hier auf einzigartige Weise dargelegt wird – bis in die letzten Konsequenzen, sowohl in Richtung Schatten als auch in Richtung Licht.

Welche Weltbilder stecken hinter Aussagen wie «alles ist relativ», «alles ist eins», «alles ist Gott»? Oder: «Gott ist Energie», «das Universum ist Gott», «wir alle sind Gott»? Sind das Wahrheiten oder Halbwahrheiten? Wie kann man unterscheiden, ohne zu urteilen?

Armin Risi
LICHT WIRFT KEINEN SCHATTEN
Ein spirituell-philosophisches Handbuch

Überall werden Weltbilder, Philosophien und Glaubenssysteme vertreten: von Wissenschaftlern, Politikern und Finanzmagnaten, von Geheimlogen, Religionen und Esoterikern.

Haben einige mehr recht als andere? Kann und darf man unterscheiden? Oder ist alles relativ? Sind wir einer philosophischen bzw. ideologischen Willkür ausgesetzt, ohne Kriterien und Maßstäbe für das, was Wahrheit ist? Gibt es überhaupt so etwas wie «Wahrheit»?

Armin Risi beschreibt eine philosophische Weltformel, die es ermöglicht, all die verschiedenen Weltbilder in einen höheren Zusammenhang zu stellen und aufzuzeigen, wer sie vertritt und warum. Was sind die verborgenen Motivationen? Was ist «Licht», und was erzeugt die Dunkelheit?

In diesem Licht können auch die Schattenseiten und Halbwahrheiten der heutigen Zeit durchschaut werden, selbst wenn sie sich mit schönen Worten wie «neue Weltordnung», «Weltfrieden» und «neue Ethik» tarnen.

Unterscheiden, ohne zu urteilen:

- Materialismus, Pantheismus, Dualismus
- Die Tücken des Advaita (Monismus)
- Atheistische und theistische Esoterik
- Dualität, Einheit und Individualität
- Karma: Schicksal, Prädestination, freier Wille
- Indische und ägyptische Mysterien
- Die inneren Einweihungen, einst und heute
- Befreiende Spiritualität
- Die Essenz unserer früheren Inkarnationen und Initiationen

ISBN 978-3-906347-62-2
2. Auflage, 489 Seiten, gebunden
€ 24,– / Fr. 43.20

Der multidimensionale Kosmos, Band 1:

Armin Risi

GOTT UND DIE GÖTTER

Das vedische Weltbild revolutioniert die moderne Wissenschaft, Esoterik und Theologie

Der Autor entschlüsselt die jahrtausendealten vedischen Quellen und entdeckt dabei, woher diese alte Kultur ihr Wissen bezog. Dadurch wird ersichtlich, daß die Vergangenheit ganz anders war, als heute gelehrt wird, und daß auch die Zukunft ganz anders sein wird.

Aus dem Inhalt:
- Zusammenfassung der Veda-Philosophie
- Ursprung und Aufbau des Universums
- Die Relativität der Zeit
- Höherdimensionale Parallelwelten
- Die ältesten Berichte über Ufos und außerirdische Zivilisationen
- Vedische Prophezeiungen und Nostradamus
- Ursprung von Yoga und Religion
- Individuelles und kollektives Karma
- Prädestination und freier Wille

ISBN 978-3-906347-30-1
5. Auflage, 432 Seiten, gebunden
€ 24,– / Fr. 43.20

Der multidimensionale Kosmos, Band 2:

Armin Risi

UNSICHTBARE WELTEN

Astrale und außerirdische Wesen im Hintergrund des Weltgeschehens

Irdische Ereignisse werden erst dann durchschaubar, wenn man die überirdischen Einflüsse mit in Betracht zieht. Denn die Erde existiert nicht isoliert im Weltall, sondern ist Teil eines multidimensionalen Kosmos: Sie ist verbunden mit astralen und außerirdischen Dimensionen.

Aus dem Inhalt:
- Die Kategorien von astralen und außerirdischen Wesen
- Göttliche und dunkle Mächte im Hintergrund des Weltgeschehens
- Freier Wille und Resonanz: Die Weltformel
- Was ist materiell, was spirituell?
- Die Manipulation der Menschheit
- Magie und Technologie
- Die Ideologie der «Illuminaten»
- Der Kampf um die Erde

ISBN 978-3-906347-31-8
4. Auflage, 384 Seiten, gebunden
€ 24,– / Fr. 43.20

Tom Smith / Armin Risi

Das kosmische Erbe

Einweihung in die Geheimnisse unserer Her- und Zukunft

DNS, Devolution und der Kampf um die Erde – eine neue Perspektive der Vergangenheit (und Zukunft) der Menschheit:

Die Ur-Zivilisationen entstanden nicht aus einer Tier-Evolution, sondern aus einer «Devolution»: Die Menschen kamen aus höheren Dimensionen des Kosmos hinunter in die Verdichtung der Erde. Das bedeutet: Wir sind Träger eines kosmischen Erbes, sowohl im geistigen als auch im biologischen Sinn.

Das geistige und genetische Erbgut der Menschen birgt höchste Potentiale in sich und wird gerade deshalb schon seit «Adams Zeiten» von denen, die die Menschen beherrschen wollen, negativ programmiert und manipuliert. Heute jedoch, im Jahrzehnt der Entscheidung, haben wir die Chance, uns endgültig zu befreien.

ISBN 978-3-906347-54-7
2. Auflage, 384 Seiten, gebunden
€ 22,– / Fr. 39.60

Armin Risi / Ronald Zürrer

Vegetarisch leben

Vorteile einer fleischlosen Ernährung

Seit Jahren eine der bedeutendsten und beliebtesten Schriften zum Thema – jetzt in vollständig überarbeiteter und aktualisierter Neuauflage als Taschenbuch!

Dieses Buch vermittelt die wichtigsten Informationen zur Diskussion über Vegetarismus und Fleischkonsum:

- Gesundheit und Vorbeugung durch vegetarische Ernährung
- Fleischessen und Zivilisationskrankheiten
- Wirtschaftliche und ökologische Problematik der Fleischproduktion
- Ausbeutung der Dritten Welt
- Tiermißhandlung durch die Fleischindustrie
- Ethik und menschliche Verantwortung
- Vegetarismus-Zitate aus 2500 Jahren
- Prominente VegetarierInnen
- Vegetarismus in den Weltreligionen
- Kollektives Karma und die Weltsituation

ISBN 978-3-906347-77-6
6. Auflage, 144 Seiten, Taschenbuch
€ 4,50 / Fr. 8.00